改訂版

境界の理論と実務

寳金 敏明◉——著

日本加除出版

改訂版はしがき

初版を上梓してから10年近くが経過した。初版の上梓は，筆界特定制度発足後間もない頃であったが，改訂版では，筆界特定制度の発足を一つの契機として裁判所における筆界の判断手法が大きく変貌を遂げつつあることを紹介しつつ，その後の境界に係る裁判例の動向につき，詳細に言及している。

また筆者は，退官後，全国の地方自治体職員や土地家屋調査士の方々等から数多くの実例を学んだ。その中で，境界争いが人の心をむしばんでいることや，とりわけ官民境界が適切に管理されていないため，副次的に周囲の境界を歪めていることを知った。それゆえ，改訂版では，官民境界の法律関係をクリアにすることに一つの力点を置いている。さらに，地籍調査の法律問題や公図等の精度の分析，道路内民有地等についても説明も補訂している。

また，市民の権利意識の向上に伴い，境界問題を住民訴訟で解決しようとする機運が高まっていることを紹介している。

その他，所有者不明土地や変則型登記など最近にわかに脚光を浴びている問題も，境界立会の問題に関わることから，できるかぎり分かりやすく言及している。

初版同様，実務の手引書としてご活用願えれば幸甚である。

なお，手引書としての便宜性を高めるため，初版同様，参照すべき個所（レファレンス）を項目でなく，頁で示している。

それは大変な作業だが，初版同様，レファレンスの作成を含め企画・編集・校正など本書の刊行全般にわたって日本加除出版の朝比奈耕平氏に献身的なご尽力をいただいた。この場を借りて厚く御礼を申し上げたい。

2018（平成30）年12月

寳　金　敏　明

初版はしがき

本書は，登記官，国有地・公有地の管理担当職員等，土地家屋調査士，地籍調査担当者，公共測量その他土地測量に携わる者，不動産業者など，実務家が現地で土地の境界を調査し，あるいは境界について協議しようとする際，どのような法律問題に留意して事務を進めればよいのかをできる限り平易なことばで解説しようとするものであって，「民事研修」600号（平成19年４月）から617号（同20年９月）まで18回にわたり連載した原稿に大幅な加筆・補正を施してこれを集成したものである。

土地境界の確定のために４年半を超える年月を要したという六本木ヒルズ再開発事業の例を挙げるまでもなく，国土が狭隘でしかも山がちなため利用可能な土地範囲が限られている我が国にあって，境界をめぐる法律問題は，長年，国民や実務家をわずらわせている。ところが，問題解決の指針となるはずの実務解説書は意外と少ない。加えて，土地の境界は，民法，民事訴訟法，不動産登記法，国土調査法，公物管理や行政訴訟を中心とした行政法のほか，法制史，地理学，測量学等にまたがる学際的分野であることから，学者も，境界確定訴訟の本質論に係る一部論考を除いて，あまり活発に論じていない。

本書は，土地境界の現地調査についてのみでなく，境界の生成過程，境界を紡いだ成果として作成される地図や図面等の精度，筆界特定制度や境界に関する裁判など，境界をめぐる法律問題を取り扱う裁判官，弁護士，司法書士等の法律実務家にとっても参考となる事項にも多く言及していることから，それらの法律実務家にも読んでいただきたいと願っている。

筆者が，裁判実務や法務局実務あるいは法務総合研究所教官等を長年経験して改めて思うことは，土地境界に係る事務を所管する官公署が多種多様であり，境界についての理解や取組みもさまざまであって，相互の連携に乏しく，情報の共有等の点で縦割り行政の弊害が顕著に現れているということである。本書は，これまであまり試みられたことのない各種の境界実務の横断的な把握と検討を行っている。もちろん筆者の実務経験は限られたものである上，資料収集等の能力にも限界があることから，極めて不十分なものではあるが，実務に携わる者の一人として，実務上生起する法律問題をできる限り多く取り上げた。その意味において民法学者，行政法学者の方々にも参考となればと思っている。

本書の刊行に当たっては，日本加除出版の朝比奈耕平さんに一方ならずお世話をいただいた。この場を借りて厚く御礼申し上げたい。

2009（平成21）年４月

寳　金　敏　明

総　目　次

細　目　次

第1編　境界の基礎知識

第2編　境界判定の手法

第3編　境界立会

第４編　境界に関する協議

第6編　地籍調査

第７編　境界に関する裁判

凡　例

【法令等】

・法令については，括弧内では以下の略称を使用した。

不登法　…　不動産登記法

不登令　…　不動産登記令

不登規　…　不動産登記規則

不登準則　…　不動産登記事務取扱手続準則

・以下の法令については，本文中においても，以下の略記を使用した。

地籍調査準則　…　地籍調査作業規程準則

地籍調査運用基準　…　地籍調査作業規程準則運用基準

【裁判例】

・本書における裁判例の略記例は以下のとおり。

最（3小）判平成7年3月7日民集49巻3号919頁

→　最高裁判所第3小法廷平成7年3月7日判決・最高裁判所民事判例集49巻3号919頁

東京高決昭和58年9月30日行集34巻9号1697頁

→　東京高等裁判所昭和58年9月30日決定・行政事件裁判例集34巻9号1697頁

熊本地玉名支判昭和46年4月15日下民22巻3・4号392頁

→　熊本地方裁判所玉名支部昭和46年4月15日判決・下級裁判所民事裁判例集22巻3・4号392頁

大判大正10年5月16日民録27輯923頁

→　大審院大正10年5月16日判決・大審院民事判決録27輯923頁

【書誌・文献等】

・以下の文献については，ゴシック体の箇所を略記として使用した。

秋山幹男・伊藤眞ほか編『コンメンタール民事訴訟法Ⅰ〔第2版補訂版〕』（日本評論社，平成26年）

荒堀稔穂編集代表『Q＆A表示に関する登記の実務（第1～5巻）〔新版〕』（日本加除出版，平成19年）

幾代通『不動産物権変動と登記』（一粒社，昭和61年）

内田貴『民法Ⅰ〔第4版〕』（東京大学出版会，平成20年）

建設省財産管理研究会編著『**公共用財産管理の手引**〔第2次改訂版〕』（ぎょうせい，平成7年）

佐藤甚次郎『**明治期作成の地籍図**』（古今書院，昭和61年）

鮫島信行『**新版日本の地籍―その歴史と展望**』（古今書院，平成23年）

塩野宏『**行政法Ⅲ**〔第4版〕』（有斐閣，平成24年）

谷口知平ほか『新版注釈民法⑹〔補訂版〕』（有斐閣，平成21年）

土地家屋調査士会連合会編『**土地境界基本実務Ⅰ～Ⅴ**』（平成18年）

友次英樹『**増補版土地台帳の沿革と読み方**』（日本加除出版，平成19年）

福島正夫『**地租改正の研究**〔増訂版〕』（有斐閣，昭和45年）

寳金敏明『**里道・水路・海浜**―長狭物の所有と管理〔第4版〕』（ぎょうせい，平成21年）

寳金敏明・右近一男編著・西田寛・河原光男・西尾光人著『**山林の境界と所有**―資料の読み方から境界判定の手法まで』（日本加除出版，平成28年）

吉野衛『**注釈不動産登記法総論（上）**〔新版〕』（金融財政事情研究会，昭和57年）

・筆者が聴き手を務めた以下の対談論稿については，「シリーズ対談（第◯回）」と略記した。

柳平幸男「シリーズ対談　土地家屋調査士と境界確定の技法（第1・2回）登記基準点整備作業⑴・⑵」登記情報614・615号（平成25年）

小野孝治「シリーズ対談　土地家屋調査士と境界確定の技法（第3～5回）最小二乗法の活用⑴～⑶」登記情報619～621号（平成25年）

西田寛「シリーズ対談　土地家屋調査士と境界確定の技法（第6・7回）裁判・ADRにおける土地家屋調査士の役割⑴・⑵」登記情報633・634号（平成26年）

菅原浩明「シリーズ対談　土地家屋調査士と境界確定の技法（第8回）最小二乗法の活用による判決について」登記情報655号（平成29年）

高見雅之「シリーズ対談　土地家屋調査士と境界確定の技法（第9回）ドローンと土地家屋調査士業務」登記情報669号（平成29年）

小野伸秋「シリーズ対談　土地家屋調査士と境界確定の技法（第10・11回）第4次産業革命を見据えた境界確定技法の進化（上・下）」登記情報671・672号（平成29年）

・雑誌については，以下の略記を使用した。

（公的刊行物）

下民	下級裁判所民事裁判例集
行集	行政事件裁判例集
行録	行政裁判所判決録
刑集	最高裁判所刑事判例集
	大審院刑事判例集
高民	高等裁判所民事判例集
集民	最高裁判所裁判集民事
訟月	訟務月報
東高時報	東京高等裁判所判決時報
民月	民事月報
民集	最高裁判所民事判例集
	大審院民事判例集
民録	大審院民事判決録
判解	最高裁判所判例解説民事篇

（私的刊行物）

ジュリ	ジュリスト
新聞	法律新聞
登研	登記研究
時法	時の法令
判自	判例地方自治
判時	判例時報
判タ	判例タイムズ
判評	判例評論（判例時報付録）
ひろば	法律のひろば
民研	民事研修
民商	民商法雑誌

【用語の定義】

境界	境界をその種類にこだわらずに言い表すときにのみ「境界」と表記。
公刊物未登載	私的に収集したもののほか，有料会員等，特定の者に限定して提供されている裁判例は，すべて公刊物未登載の裁判例とした。
公図	断りのない限り，後記の「和紙公図」それ自体を指す。
公図（広義）	不動産登記法14条５項の定める図面。
所有権界	土地所有権の及ぶ範囲のうち縁の部分（占有界・地上権界・借地権界・永小作権界も同様）。
法14条地図	不動産登記法14条１項の定める地図。同条５項の「図面」は，これに含まれない。
和紙公図	原始筆界が描かれている明治初期に作成された公図。

第１編

境界の基礎知識

第１章

境界概念の多様性

第１節　境界の種類と淵源

第１款　概　説

１　境界の種類

裁判官，法務局・財務局の職員，地籍調査担当者，公共用地管理担当者，弁護士，土地家屋調査士，司法書士，さらには測量士，土地区画整理士，不動産取引関係者など土地境界についての実務を取り扱う者が，最も初歩的な知識として理解しておかなければならないのは，「境界」概念の多義性である。一般市民が土地の「境界」を口にするとき，その内容は一律ではない。これを法律に照らして分類するときは，所有権界，筆界，占有界，地上権界・借地権界・永小作権界，公物管理界，行政界など，様々な「境界」を指している。しかもやっかいなことには，これらは，とりわけ紛争のある境界について，しばしば別の位置に存在する（24頁２）。しかし本人はもちろん境界についての調査等の事務を取り扱う者もその事実に気づかず，混乱の原因になることもまれではない。

境界概念の多様性につき，結論を先に述べるなら次のとおりである。

①土地と土地との境界には，所有権界と筆界があり，両者は原則的に一致すべきだが，一方が存在して他方が存在しないことがあり，また，異なる位置に在存することもある。所有権界は私的存在であり，民事実体法理に由来するのに対し，筆界は公的存在であり，不動産登記法理に由来する。

②土地所有権の一部にも，あるいはそれを超えても存在し得る私的境界として，占有界と地上権界・借地権界・永小作権界があり，いずれも民事実体

法理に由来する。

③行政的必要から定められた境界として，公物管理界と行政界があり，いずれも行政法（公物管理法・行政組織法）法理に由来する。

2　本書における「境界」の使い分け

本書においては，境界をその種類にこだわらずに言い表すときにのみ「境界」と表記し，それ以外の場合は，「所有権界」等，前記１に述べた法律的分類としての各種分類の表記に従うこととする。

第２款　所有権界

不動産登記法132条１項５号の「所有権の境界」すなわち土地の所有権が及ぶ範囲のうち，その縁（へり）を，実務では「所有権界」と呼びならわしている。所有権の客体としての土地とその隣地との境界に，なぜ所有権界と筆界という２種類があるのかを理解するためには，境界の成り立ちについて歴史的に見ていく必要がある〈1〉。

1　所有権界の歴史的成立過程

土地と土地の境界は，有史以来，とりわけ土地の排他的支配を生産活動の基礎とする農耕社会において顕著に存在している。しかし，現行法上の土地「境界」と同じ意味内容における境界が成立したのは，近代的土地所有権が成立した後のことであり，我が国においては，明治初年であった。

明治維新政府は，町地や農地の類については旧幕藩体制時代から「近代的所有権に最も近い土地支配権」（所持＝支配進退の権利）を有していた者に，原則として所有権を付与し，同時に土地の分割は市民の自由とした（明治５年２月15日太政官布告50号地所永代売買の禁制を解除。90頁２(1)）。旧幕藩体制の下では，現在の土地所有権と同一内容の排他的・絶対的な土地支配権は存在して

〈１〉　以下の説明は，私見にすぎないが，その大部分は（特に断りのない限り）法務省訟務局の過去の準備書面における主張（以下，法務省訟務局の見解という。）と，ほぼ軌を一にしている。

いなかったことから〈2〉，観念的には，土地所有権が法律で認められたこの時点で，近代的意義における土地所有権と土地所有権の境すなわち所有権界（私的境界）が形成されたといえる〈3〉。

もっとも，明治初年に創設された土地所有権の大部分は，旧幕藩体制下で土地について「所持＝支配進退の権利」を有していた者にそのまま付与されたので，明治初年に形成された原始的土地所有権界の位置が争われる場合には，旧幕藩体制下で作成された名寄帳・検地野取帳・水帳（御図帳）・国絵図等〈4〉に記載の地番・地目・面積・地形・地物等も重要な証拠資料となることに留意する必要がある〈5〉。

この排他的・絶対的な「所有権と所有権がぶつかり合うところ」という意味での境界は，所有権界（所有権の及ぶ範囲）を意味する。したがって，所有権界は民法（民事実体法）に由来する概念といえる。

明治初年に創設された所有権は，その後，明治29年法律89号として制定された民法（厳密には民法施行法36条）によって民法上の物権として追認され，現在に至っていることから，最も古い所有権界は明治初年に形成されたといえるのである。

2　所有権界についての民法の規定と実務

土地の相隣関係を調整することを目的として民法第２編「物権」第３章「所有権」中に223条から238条にかけて「境界」に関する規定が置かれている。その概要及び関連する実務は以下のとおりである。なお，民法は「筆

〈2〉　法務省訟務局の見解であるが，異説もある。詳細は，『里道・水路・海浜』１編２章２節参照。

〈3〉　民法起草者の一人・梅謙次郎『民法要義　巻之二　物権篇〔三版〕』（和佛法律學校ほか，明治29年）117頁の223条注釈は，「彊界」は「所有権ノ範囲」を明らかにするものであるとしている。

〈4〉　旧幕藩体制下の資料は，地元の市町村，資料館，法制史・近代史の史家，旧家等に当たって調査すべきことになる。将来的には法務局の不動産登記部門や，土地家屋調査士法25条２項に基づく資料管理センター（179頁注〈159〉）等に情報を集積すべきである。

〈5〉　旧幕藩体制下の土地の特定方法と，明治期以降の地番との関係につき，『山林の境界と所有』のＱ57及びＱ58（74頁以下）参照。

界」を想定していないので，この款で「境界」という場合，特に断らない限り「所有権界」を指すこととする〈6〉。

⑴　境界確認・障壁築造等のためにする隣地の使用請求権

ア　障壁・建物の築造・修繕のためにする隣地の使用

土地の所有者は，境界又はその付近において障壁又は建物を築造し又は修繕するため必要な範囲内で，隣地の使用を請求することができる（民法209条１項本文）。ただし，その住家に立ち入ることは，隣人の承諾がなければできない（同項ただし書）。

隣地使用請求に対し，隣地所有者が承諾しないとき，現に隣地を使用するためには，隣地所有者の承諾ないしこれに代わる判決（民法414条２項ただし書）が必要と解される〈7〉（境界標設置請求につき，後記８頁⑵参照。）。

イ　境界（筆界を含む。）が不明な場合の調査・測量のためにする隣地の使用

前記アの規定は，境界（所有権界又は筆界）が不明な場合に境界を調査・測量するために隣地内に立ち入ることまで想定した規定か否か，必ずしも明らかでない。しかし，障壁又は建物の築造又は修繕のためにする隣地の使用が認められるのであれば，その前提としての境界を明らかにするための調査・測量についても，相隣関係の根底にある信義則（民法１条２項）〈8〉に照らすとき，合理的な範囲で隣地使用請求権が認められると解される。

ウ　隣地が所有者不明土地の場合

隣地使用請求権の行使は，隣地所有者に対する意思表示による。しかし，隣地につき，所有者の所在不明や，所有者が誰か不明の事態を生じている場合，意思表示の相手方を確定できないことから，法の建前としては，困難な所有者の特定作業を行うか，あるいは筆界特定制度を利用する他はない（所有者不明土地に関する332頁以下）。しかし，測量目的等で隣地立入りを必要とする範囲が空地であるなど，客観的に支障がないと認められる場合には，上記

〈6〉　相隣関係の規定は，地上権者相互及び地上権者と所有権者の間についても準用されている（民法267条）。

〈7〉　東京地判平成15年７月31日判タ1150号207頁。

〈8〉　新田敏「相隣関係における信義則の機能と限界」法学研究60巻２号（昭和62年）126頁は，相隣関係は信義則適用にふさわしい法律関係であり，信義則の適用により「法的処理においてより弾力的な適用が期待できる」としている。

の手続を取ることなく隣地に立ち入ったとしても社会的相当行為として違法性が阻却される場合があり得よう。隣地所有者が不明とはいえない事案に関する東京地判平成25年12月25日（公刊物未登載）は，自己所有地上に敷かれたコンクリートを一部損壊する際，隣地に無断で立ち入ったと推認されるケースにつき，立ち入った場所は隣地の境界付近の若干の土地部分にすぎなかったと認定の上，同立入り行為が不法行為を構成するほどの違法性を有するものとまで認めることはできないと説示している。

エ　隣地所有者に対する境界確認請求

前記イの隣地使用請求権は，さらなる基本的な請求権としての隣地所有者に対する境界確認請求権を前提としている。この請求権については，民法上明確な規定はないが，以下に略述するとおり，裁判実務では，その存在を当然の前提としている。

①　裁判所構成法（明治23年法律６号）14条は「不動産ノ経界ノミニ関ル訴訟」は区裁判所の管轄に属すると規定していた。

②　旧民法（明治23年法律28号・未施行）239条は「凡ソ相隣者ハ地方ノ慣習ニ従イ樹石杭杙ノ如キ標示物ヲ以テ其連接シタル所有地ノ界限ヲ定メント互イニ強要スルコトヲ得」と明記していた。

上記２つの法律を併せ読むときは，明治期に法律が創生された当初から，相隣地所有者は，互いに境界（厳密にいえば，①は筆界〈9〉，②は所有権界）の確認を相手方に対して請求できる権利を有することが，当然の前提とされていた。今日においても，所有権の範囲（所有権界）確認請求，筆界確定請求のいずれについても直接の明文根拠はないが，以下の判例に現れているとおり，法律に規定するまでもなく明白だというのが，裁判実務の根底にある（551頁以下）。

③　現行民法（明治29年法律89号）の下で，大判明治44年12月23日民録17輯886頁は，相隣地所有者間で地積更正の当否が争われた事案につき「土地ノ所有者ハ其権利ノ安全ヲ確保スルニ必要ナル限リ土地所有権ノ効力

〈9〉　裁判所構成法14条の対象を筆界とすることの当否につき，七戸克彦監修『条解不動産登記法』（弘文堂，平成25年）729頁以下〔小柳春一郎＝下川健策〕。

トシテ隣地ノ所有者ニ対シ適当ナル共助ヲ請求スルコトヲ得ルヲ当然ノ法則ナリトス」としている。

オ　境界に関する交渉応諾義務

前記エの境界確認請求の前提として，円満な相隣関係を保持するために必要がある場合には，相隣地所有者間において信義則上，真摯に交渉する義務を生じると解される〈10〉。

⑵　境界標の設置権

ア　境界標の設置権・設置費用

土地所有者は，隣地所有者〈11〉と共同の費用で境界標を設置することができる（民法223条）〈12〉。設置・保存の費用は両者が折半し，測量の費用は相隣地の広さに応じて分担する（民法224条）。そのため，境界線上に設けた境界標，囲障，障壁，溝及び堀は，相隣者の共有に属するものと推定される（民法229条。一棟の建物の一部を構成する境界線上の障壁は，民法230条により除外）。

ただ，これらは強行規定ではないので，実際には，境界標を必要とする一方当事者が隣地所有者の了解を得て単独で設置する例が多い。

相隣地所有者が他方の承諾を経ずに境界石その他の境界標を設置した場合には，その境界標の設置はそのこと自体が相隣地所有者の所有権を妨害しているものと認められ，土地所有権に基づく妨害排除請求の対象となる〈13〉。それを避けるために，一方の土地所有者が単独で境界標を設置する場合，設置者の所有地内にいわゆる逃げ杭ないし方向杭を設置していることも少なくないようである。

イ　境界標の設置請求権

隣地所有者に対し，境界線上に杭や鋲などの境界標を設置せよとの請求権があるのか。この点につき，東京地判平成23年７月15日判時2131号72頁は，民法223条（及び225条１項）それ自体を直接の根拠として，主文において要旨

〈10〉　大阪高判平成10年１月30日判時1651号89頁。382頁注〈2〉参照。
〈11〉　地上権界者に準用されている（民法267条）。
〈12〉　この境界標は，当然には所有権界・地上権界を示す。境界標の多様性につき，69～73頁参照。
〈13〉　岡山地判昭和35年８月23日下民11巻８号1761頁。

（境界標につき）「被告は，原告に対し，被告の費用負担を１，原告の費用負担を１とする割合の費用負担をもって，別紙図面一及び二の点ロと点ハ上にコンクリート杭製の境界標を設置せよ。」（囲障につき）「被告は，原告に対し，被告の費用負担を１，原告の費用負担を１とする割合の費用負担をもって，別紙図面……を直線で結ぶ線上に，点ロを起点として既存のブロック塀が存する地点まで，高さ1.62m，幅0.1mの８段積みブロック塀を築造せよ。」と判示している〈14〉。

これまで述べてきたとおり，相隣関係は，信義則適用にふさわしい法律分野であり，信義則の適用により「法的処理においてより弾力的な適用が期待できる」としていると解されるが，上記裁判例はその好例をなすものであり，今後の裁判例の累積が期待される。とりわけ，原告が筆界確定訴訟で勝訴（確定）しても，なお被告が境界標の設置を拒むことが見込まれる場合には，筆界確定訴訟の提起と同時に上記請求を併合提起することを検討すべきであろう。

⑶　囲障設置権

ア　囲障の設置請求権

所有者の異なる２棟の建物があって〈15〉，その間に空地があれば，各建物所有者は，他の建物所有者と共同の費用で，両地の所有権界に塀や垣根などの囲障を設けることができる（民法225条１項）。囲障の種類・構造について，当事者の協議が調わないときは，高さ２ｍの板塀又は竹垣類とする（民法225条２項）。設置・保存の費用は折半である（民法226条）が，増額分を自分で負担するのであれば，一方当事者は，さらに良い材料，より高さのある囲障を設けることができる（民法227条）。ただし，異なる慣習があればそれに従う（民法228条）。前記⑵イ掲記の裁判例は，境界標の設置とともに，位置・材質・体積を特定した囲障の設置請求をも是認している。

〈14〉　東京高判平成29年10月19日（公刊物未登載）は，設置すべき境界標の種類を特定することなく設置妨害禁止請求を認容している。

〈15〉　東京高判平成12年４月19日（公刊物未登載）は，民法225条１項は，所有者の異なる２棟の建物の間に空地がある場合の規定であるから，一方の土地に建物が建っていない場合には適用の余地がないとしている。

イ　囲障の一方的な設置

相隣地の一方の土地所有者等（土地賃借権者等や建物所有者等，相隣関係にある者を広く含む。以下同じ。）が勝手に囲障を設けることは許されないが，だからといって当該囲障を実力で撤去すれば，原則として不法行為（民法709条）となり，損害賠償の責任（不法行為責任）を免れない〈16〉。

ウ　囲障の撤去請求権

一方土地所有者等が勝手に作った囲障が，正しい所有権界等に存在せず，他方所有地等を侵害しているときは，他方土地所有者等は，土地所有権等に基づいて当該囲障の撤去を請求できる。

当該囲障が正しい位置に設置されたときであっても，他方土地所有者等に損害を生じることを認識しながらあえて囲障としては著しく不当と認められる材質・規模・構造のものを設置した場合には，他方土地所有者等は，受忍限度を超える部分の除去を請求することができると解される〈17〉。

⑷　境界標・囲障等の所有関係

土地所有権の境界線上に設置された境界標・囲障・溝等は相隣地所有者の共有と推定される（民法229条）〈18〉。ただし，①１棟の建物の一部である障壁等，②高さの異なる２棟の建物を隔てる障壁の，低い方の建物を超える部分は，防火障壁以外であれば，共有の推定を受けない（民法230条）。

なお，共有障壁の高さを増そうとするとき，一方の土地所有者は相手所有者の同意がなくとも，自分の費用と責任において増設でき，増設部分の所有権は増設者に帰属する（民法231条）。それにより隣人が損害を受けたときは，増設者は償金の支払義務を負う（民法232条）。

〈16〉　最（３小）判昭和40年12月７日民集19巻９号2101頁。

〈17〉　同旨，大阪高判昭和42年９月18日判時512号54頁。自己所有内に設置した場合につき，神戸地判昭和56年11月26日判タ467号154頁。

〈18〉　同一所有者に属していた相隣地を甲と乙にそれぞれ譲渡するに際し，その所有権界の線上に設けられ両土地にまたがって存在するブロック塀を甲と乙に二重譲渡した場合，同ブロック塀の所有権は，対抗要件（民法177条）によって決せられるのでなく，甲と乙の共有となると解すべきである。同旨，東京地判昭和50年１月24日下民26巻１～４号103頁。

⑸　枝・根の除去

土地所有権の境界線を越えている枝は，竹木の所有者に切らせ，根は自ら切ることができる（民法233条）〈19〉。

⑹　境界付近の工作物築造

建物は，別段の慣習がある場合を除き，所有権界から50cm〈20〉以上離さなければならない〈21〉。もっとも，建築着手時から1年経過又は建物完成後は，差止めを求めることができず，損害賠償を求め得るのみである（民法234条，236条）。ただし，隣地建物所有者から，50cmの距離保持に関する協議申入れがあるにもかかわらず，合理的理由もなくこれを拒み続ける場合には，不法行為（民法709条）が成立することがある〈22〉。

なお，50cm離されているか否かは，建築確認手続（建築基準法6条1項）中では審査の対象とされていない〈23〉。そのためか，建築確認通知書に添付された図面は，実務上，境界（所有権界又は筆界）の判定のための証拠資料としては，価値が低いものが多いようである。

また，防火地域・準防火地域内にある建物で外壁が耐火構造のものについては，慣習の有無にかかわらず，民法の特則である建築基準法65条に基づいて，接境建築すなわち外壁を隣地境界線（所有権界）に接して設けることができると解されている〈24〉。

ブロック塀等の工作物が隣地に越境する瑕疵があった場合，売主は契約不適合責任（平成29年改正民法562条～564条）を負うことになろう〈25〉。

〈19〉　新潟地判昭和39年12月22日下民15巻12号3027頁は，越境樹枝の剪除を行うに際し，単に越境部分のすべてについて漫然それを行うことは許されず，相隣関係の規定が設けられた趣旨から，当事者双方の具体的利害を充分に較量して剪除の妥当な範囲を定めなければならないと解すべきであるとしている。同旨，横浜地判平成21年6月5日（公刊物未登載）。

〈20〉　昭和41年メートル法施行前の建物は，1尺5寸。

〈21〉　民法234条1項にいう50cmの間隔は，建物の側壁及びこれと同視すべき出窓その他張出部分と所有権界との最短距離を定めたものであるとするのが裁判例である。東京地判平成4年1月28日判タ808号205頁。

〈22〉　大阪高判平成10年1月30日判時1651号89頁。382頁注〈2〉参照。

〈23〉　最（3小）判昭和55年7月15日判時982号111頁。

〈24〉　最（3小）判平成元年9月19日民集43巻8号955頁。塩月秀平「判解」平成元年度309頁。

⑺　観望制限

所有権界から１ｍ未満の距離に他人の宅地を見通すことのできる窓・縁側・ベランダを設ける場合には，別段の慣習がある場合を除き，目隠しを付けなければならない（民法235条，236条）〈26〉。プライバシー保護を目的としている規定であるから，工場・倉庫・事務所の敷地等を見通せても，同規定の適用はない〈27〉。

⑻　掘削制限

①井戸・用水だめ・下水だめ・肥料だめを掘るには，所有権界から２ｍ以上，②池・穴蔵・し尿だめ〈28〉を掘るには，所有権界から１ｍ以上の距離を保たなくてはならない。また，③導水管を埋め，又は溝・堀を掘るには，上述の②と異なり，所有権界から１ｍを超えることを要しないが，所有権界からその深さの２分の１以上の距離を保たなければならない（民法237条）。

所有権界の近くで上述①～③の工事をする場合には，土砂の崩壊又は水・汚液の漏出を防ぐために必要な注意をしなければならない（民法238条）。

3　民法の規定と他の境界との関係

⑴　筆界・公物管理界・行政界との関係

前述２は，基本的には所有権と所有権がぶつかり合うときの私権調整の規定であるから，厳密にいえば，地番境の位置を公にしているにすぎない筆界については，これらの権利調整規定は適用されない。また，行政法規に由来する公物管理界・行政界についても同様である。

〈25〉　東京地判平成25年１月31日判時2200号86頁（改正前民法上の瑕疵担保責任（平成29年改正民法の契約不適合責任）に関するもの）。

〈26〉　裁判実務においては，隣接建物の所有者から，新築建物の一部撤去請求が提起されることが多い。その場合，建ぺい率・容積率には違反するが日影規制には違反しないことを理由に日照阻害等が受忍限度内であるとして棄却される一方，目隠設置請求については認容するというケースが目立つ。所有権界から１ｍ未満にある新築建物１階北側の窓につき目隠設置を命じた例として，東京地判平成３年１月22日判時1399号61頁。

〈27〉　東京高判平成５年５月31日判時1464号62頁。

〈28〉　所有権界から１ｍ未満の位置に設置された「し尿浄化槽」につき，民法237条の適用を否定した例として，東京高判昭和50年８月28日判タ333号211頁。

⑵　地上権界・借地権界・永小作権界との関係

地上権・借地権・永小作権と，相隣接する土地の所有権・地上権等とがぶつかり合う地上権界・借地権界・永小作権界については，所有権界同士のぶつかり合いと同じく，私権（相隣関係）の調整場面であるから，地上権界については，所有権界についての調整規定が明文で準用されている（民法267条）。借地（賃借）権界についても同規定は準用されるべきである〈29〉。

第3款　筆　界

1　歴史的成立過程

⑴　明治維新以前

筆界の形成も前記2款1（4頁）の所有権界と同様，明治初年に遡る。近代的土地所有権の成立とともにこれを公示するための仕組みとして地番と，その境としての筆界（地番境）も形成されていった〈30〉。旧幕藩体制下ないしそれ以前においても，土地の筆と筆との境は存在していた〈31〉が，所有権界を表象するものでなかったことは，前記2款1で述べたとおりであり，厳密には現行法上の「筆界」とはいえない。

⑵　原始筆界の形成過程

明治維新政府は，新政府の財政的基盤を地租に求め，そのために明治5年には壬申地券を発行して壬申地券地籍図の作成を始めたが，測量を伴わないのを原則としていたため，各土地の正確な区画・面積・地目の把握に努めるべく，明治6年7月28日制定の地租改正条例（太政官布告272号）により，改

〈29〉 借地権界をめぐる裁判例として，熊本地玉名支判昭和46年4月15日下民22巻3・4号392頁，東京地判昭和60年10月30日判時1211号66頁，東京地判平成28年10月7日（公刊物未登載）等。

〈30〉 地番・地目・地積それ自体は，旧幕藩体制下の表示をそのまま流用したものも多い。しかしながら，法理念的には近代的土地所有権創設前の地番境は，土地所有権を表象するものではないことから，筆界確定訴訟（570頁）や筆界特定制度（423頁）の対象となる筆界は，明治初年以降に創設されたものだけであるといえる。ただ，原始筆界が旧幕藩体制下の地番境を流用したものである場合においては，結論において旧幕藩体制下において形成された地番境を頼りに筆界の判定を行うこととなる（5頁）。

〈31〉 1819（文政2）年11月成立の境界協議を基に境界を判定した事例として，大阪高判昭和36年5月27日下民12巻5号1209頁。

めて全国の土地を測量の上，収穫量を査定して地価を更正し，改正地券〈32〉を発行するという方針に転換した（93頁）。その実地測量作業においては，村役人が現地に赴き，「土地ノ所有ヲ定ムルニ当リ其最先ツ検セサルヘカラサル者ハ経界ナリ」との大方針〈33〉の下に，民有地と隣地との境界すなわち所有権界を所有者立会いの下で確認し，地番を付した上で，それを字又は村単位で集成した「一字限図」「一村限図」を作成し，県の改租担当官に提出する。改租担当官は自らも現地に赴き地押丈量と呼ばれる検査，確認を行う。その成果として字限図及び村図が作成された（手順の詳細は，122頁２）。これらは地租改正地引絵図（登記実務では一般に改租図，他に地租改正図・字切図・字限図・字図・野取絵図・地券図）と呼ばれ，村役場等に課税の基礎資料として備え付けられた（各図面の精度につき，131頁以下）〈34〉。

このようにして県の改租担当官によって民有地の所在が確認され，付番されて地券・地租台帳等に登載され，さらには地租改正地引絵図（改租図）等に地番の境として筆界が記入されることで，公法上の境界すなわち筆界（地番と地番との境。区画線）が形成されていった〈35〉。

この明治初期に近代的土地所有権の区画を示す地番境として原初的に形成

〈32〉 明治５年発行の壬申地券に対する概念。壬申地券は，測量を行わないで発行するのを原則としていたが，すぐに改正地券にとって代わられることになる。この改正地券の発行を受けないと，未定地や隠田等として扱われ，民有地と認められないことすらあった（『里道・水路・海浜』１編２章３節５）。そのことからも，明治維新政府による筆界の形成は，近代的所有権の創設作業であって，単に旧幕藩体制下の「所持＝支配進退の権利」（いわゆる所持権）の確認作業にとどまらなかったことがうかがわれよう。

〈33〉 明治15年２月（日付なし）大蔵卿松方正義から太政大臣三条實美あて地租改正報告書第２款「地種」第１項「経界ノ更正」の冒頭の記述。

〈34〉 各府県庁は，地租台帳・地図・野取絵図等，郡区役所は地券台帳・地租台帳，町村戸長役場は土地台帳・名寄帳・野取絵図等を各保管した。詳細は，福島正夫「旧登記法の制定とその意義」日本司法書士会連合会編『不動産登記制度の歴史と展望』（昭和61年）25頁。

なお，原始筆界の形成過程は，筆界判定の基礎知識として重要なので，後記（87頁以下）でやや詳しく述べる。

〈35〉 このように税制改革を目的とした地租改正作業の中で筆界が作成されていったことは，筆界にとって不幸な生い立ちであった。徴税目的のためには，地目と地積こそ重要であったが，地価の低い土地の形状（筆界の位置）はさほど重要でなかったからである。

された筆界は，実務上「原始筆界」と呼ばれ，その後，地租に関する事項を登録した土地台帳制度（土地台帳附属地図を含む。）（明治22年３月22日勅令39号土地台帳規則１条。174頁），不動産登記制度（116頁２款）において承継されて現在に至っている〈36〉。

原始筆界は，現代の登記情報（登記簿・登記記録・地図・公図〈37〉，地積測量図など登記所保有情報全般を指す。101頁）上で見ると，表題部登記記録中，地番欄の本番（支号のないもの）と本番の境界として表示されている〈38〉。その後，分筆・合筆・再分筆が繰り返される都度，新たな筆界が創設されていった。実務ではこの分筆界等のことを「創設筆界」と呼んでいる。

⑶　原始筆界であることの効果

筆界の判定に先立って行う登記情報等の資料調査においては，分・合筆に係る来歴の調査を行う必要がある（171頁）。その筆界の来歴を調査するに際し，前述⑵の「原始筆界」は，これ以上遡って調査する必要がない筆界という意味を持つ。

原始筆界には，①前述の地租改正時に形成された筆界のほか，②埋立て等によって新たに生じた土地について形成された筆界，③旧耕地整理法・土地改良法・土地区画整理法等に基づく土地区画整理事業・土地改良事業・都市再生法等による権利変換の確定後に形成された筆界なども，これに含まれる。②及び③は，①との対比において，「後発的原始筆界」とでもいうべき存在であろう。

これらのうち，土地改良法は，農地改革後，農地行政を統一する目的で昭和24年に耕地整理法，水利組合法等を改廃吸収して制定されている。発足当初，土地改良事業〈39〉は，農家が自主的に組織した「土地改良区」による事

〈36〉　地券制度（91頁）は，明治22年に土地台帳制度に変わり，土地台帳は，国税（昭和６年地租法），府県税（昭和22年地租法廃止・土地台帳法制定），市町村の固定資産税（昭和25年）の基礎資料とされた後，一元化（174頁）によって廃止されるまで続いた。

〈37〉　本款で「公図」というとき，断りのない限り，明治初期に作成された「和紙公図」それ自体を指す。121頁。

〈38〉　新井克美『登記手続における公図の沿革と境界』（テイハン，昭和59年）86頁。

〈39〉　土地改良事業は，①農業用用排水施設，農業用道路（中略）の新設，管理，廃止又は変更等，②区画整理，③農用地の造成，④埋立て又は干拓，その他広範囲にわ

業が中心であったことから，その成果である土地改良図には，公図地区との間に重複や空白地帯を生じているなど，筆界判定上，困難を伴うものが少なくないとされている。

⑷　筆界の発生事由

筆界の調査方法は，発生事由によって大きく異なる。あらかじめここで整理しておくと，筆界には，前述の①原始筆界，②分筆界（いわゆる創設筆界）の他，③地租改正時以降の埋立てなどによる新たな地番設定によって発生した後発的原始筆界（その１），④旧耕地整理法〈40〉・土地改良法・土地区画整理法等に基づく換地処分に伴う後発的原始筆界（その２），⑤境界査定処分により再形成された筆界（33頁），⑥筆界確定訴訟により再形成された筆界（591頁）がある。

2　筆界についての不動産登記法等の規定

⑴　平成17年改正後の不動産登記法

平成17年法律29号による改正後の不動産登記法123条１号は，「筆界」を定義して「表題登記がある１筆の土地（以下，単に「１筆の土地」という。）とこれに隣接する他の土地（表題登記がない土地を含む。以下同じ。）との間において，当該１筆の土地が登記された時にその境を構成するものとされた２以上の点及びこれらを結ぶ直線をいう」としている。これは，所有権界とは別個独立の概念としての「筆界」を立法的に初めて明確にしたものといえる。

この規定は，直接的には筆界特定制度（423頁）における用語を定義したものにすぎないが，「土地の所有権の境界」すなわち所有権界は筆界とは別個の存在であることを明言し（不登法132条１項５号），従来「境界」確定訴訟と呼ばれていた訴訟類型を「筆界の確定を求める訴え」と言い換えていることから，所有権界と別個独立の存在としての筆界を認めている従来の判例・通説（552頁以下）を立法的に採用したことは明白である。

この規定が現れる前には，次の⑵で述べるとおり，法律より下位の法令等

たっている（土地改良法２条）。

〈40〉 対象を農耕地に限るとする規定がなかったことから，実際には宅地開発を目的とする耕地整理も多数実施されている。

以外には「筆界」に関する明確な規定は存在しなかった。

⑵　平成17年改正前の不動産登記法等

筆界の縁由は，前記1⑵のとおり地券・地租台帳・土地台帳等の土地公簿制度ひいてはこれを承継した不動産登記制度にある。しかし不動産登記法上，地図に関する規定が置かれるようになったのは，昭和35年改正（不動産登記制度と土地台帳制度の一元化の完了（174頁））の折であり，しかもわずかに17条，18条の2か条のみであった〈41〉。

それゆえ平成17年改正前不動産登記法それ自体には「筆界」についての手掛かりとなる規定はなかったが，旧法を受けた省令等には，筆界という用語が存在していた。例えば，不動産登記法施行細則（省令）42条ノ4第2項には，「筆界」に境界標があるときは，地積測量図にその旨記載しなければならないとされていた〈42〉。

また，国土調査法（昭和26年法律180号）上の地籍調査に関する同法施行令別表第4は，一筆地調査等の測量誤差の限度を定めるにつき，「筆界点間の図上距離……と直接測定による距離との差異の公差」を求めている。さらに，地籍調査準則3条2号は，「一筆地調査に基いて行う毎筆の土地の境界（以下「筆界」という。）……」と定義して，国土調査法上「境界」とある文言を意識的に「筆界」と読み替えている。これらの規定は，意味内容に照らして，いずれもその用語どおり，公的存在である「筆界」についての規定であると解される。

このように，平成17年不動産登記法の改正前においては，少なくとも形式的意味における法律には，筆界という用語は存在していなかった。そのこともあって，当時の有力な学者や裁判実務家の一部は，「境界」とは，すなわち「所有権界」を意味するのであって，ことさら「筆界」を観念するのは有害無益である等とする筆界概念不要論を唱える者もいた〈43〉。

〈41〉 枇杷田泰助「私の法務局経営管理論」青山正明編『民事法務行政の歴史と今後の課題（上）』（テイハン，平成5年）395頁。

〈42〉 現・不登規77条1項。

〈43〉 筆界概念不要論の代表として，宮崎福二「経界確定訴訟の性質について」判タ49号（昭和30年）1頁。学説を整理するものとして，大橋弘「判解」平成7年度330頁。詳細は，551頁以下参照。

筆界概念不要論の主張にもかかわらず，前記(1)の平成17年改正以前から法令中には筆界という概念が存在していたし，そもそも明治初年において原始筆界（89頁）が形成されていったその時点で，既に地番境としての筆界概念（裁判所のいう「公法上の境界」）は誕生していたと評し得る。ましてや平成17年改正後は，所有権界とは別の筆界の存在を否定する見解は成り立ち得なくなったといえる。

3　筆界の法的位置付け

筆界についての不動産登記法123条1号（前記2(1)。以下，本項で「定義規定」と略称する。）は，筆界の法的意義について，いくつかの重要な示唆を含んでいる。

(1)　不動産登記法上の存在であること

定義規定は，筆界が「表題登記がある1筆の土地」の外縁であるとしており，筆界は表題登記のある土地に随伴するものであることを明らかにしている。これにより，筆界は不動産登記法上のいわば公的な存在であり，所有権界が登記の有無にかかわらず民法上存在するのと次元を異にすることを知り得る。

(2)　筆界は不動であること

定義規定は，筆界とは一筆地が「登記された時」にその境とされた結線情報を指すとしており，登記時点で一旦形成された筆界は，それ以降，不動の存在であることを示している。この点は，所有権界が，所有者間において自由に処分され，いつでも変動し得るものであるのと異なっている。

なお，「登記された時」とは，登記されている地番の原始筆界については，地租改正事業により当該土地につき地番とその区画が形成された時をいうと解される。登記法（明治19年法律1号）の制定を待つまでもなく，筆界（地番境）に係る表示登記法制は，明治6年7月28日制定の地租改正条例（太政官布告272号）に基づいて実施されている（13頁(2)）からである。

(3)　表題のない土地の筆界も論じ得ること

定義規定は，対象となる一筆地に隣接する他の土地は，「表題登記のない土地」でもよいとしている。これにより，隣地が脱落地や国有無番地等であっても，表題登記のある一筆地と当該土地との間に筆界を認めることができることが明らかにされている。同規定は，登記された土地と登記されていない土地との間にも筆界が存在するというというものであり，最高裁判例〈44〉に沿うものである。

しかし，この定義規定は，２つの点で疑問を残している。１つは，無番地相互間では，筆界を認め得ないのかという点である。この点については，後述する（26頁⑶）。

もう１つの疑問は，表題登記のある一筆地は，海や河川敷との間に筆界を持つのかという点である。私見によれば，１筆の土地は必ず四囲に筆界を持つ。たとえ四囲を海に囲まれている１筆の土地であっても，海面下の地盤は原則として国有無番地と解する〈45〉ことから，筆界を持つことになる。これに対し，海面下の地盤につき所有権の成立を否定する通説・法務省民事局の見解によれば，海面下の地盤に隣接した一筆地は，海面側には筆界を持たないことになる。３編５章５節２款（293頁以下）でやや詳しく述べる。

⑷　筆界判定の最小単位は筆界「点」であること

定義規定によれば，筆界は，筆界「点」及びその結線情報である。これを突き詰めると，筆界調査における調査・判定の対象は，筆界「点」（いわゆる屈曲点）であるということになりそうである。しかし，筆界確定訴訟及び筆界特定における実務は，１点のみの確認を求めることは許されないとする（440頁）。もっとも，京都地判平成11年９月30日（公刊物未登載）は，原告所有地と国有地１との境界は，双方主張線である万年塀の東外縁をもって確定し，「原告所有地と国有地１及び国有地２との接点」についても，双方主張線である万年塀の東外縁線と北外縁線の「交点」をもって確定するとの判示を行っている。さらに，福岡高判平成14年６月27日（裁判所ウェブサイト）は，甲地と乙地は，全体としては隣接しておらず，ａの１点で接すると認められると認定した上，甲地と乙地の境界はａ点であると判示している。１点だけの確認に実務上の合理性がある限り，これを否定する理由はないように思われる。

〈44〉　最（３小）判平成５年３月30日訟月39巻11号2326頁。
〈45〉『里道・水路・海浜』２編３章２節４参照。

なお，定義規定は，筆界は筆界「点」を結ぶ「直線」としているが，筆界には沿革的に円形その他の曲線も存在することから，本書のように「結線情報」とすべきであろう〈46〉。

第2節　所有権界と筆界の関係

1　所有権界と筆界の原則的一致

(1)　所有権界・筆界が一致すべき理由

近代的土地所有権の成立に伴い，私的所有権のぶつかり合うところが所有権界と認識されることとなった（5頁）。その所有権界をなぞって地番境が確認され，その地番及び地番境が公簿・公図等で公示されることによって，地番境としての筆界が成立した（13頁1(2)）。そのため，所有権界と筆界は成立した時点では紙の表裏であり，元来，両者は一致しなければならない（42頁）。

ところで，「1筆の土地」の外縁すなわち筆界は，地番の成立とともに当然に成立し，不動のものとして存続するが，目に見える存在ではない。極端な例を挙げれば，「地番」が登記情報上存在する以上，その記載が無効でない限り，たとえ地図が作成されていなくとも，あるいは地図混乱地域（151頁以下）内であっても，地番の付番それ自体が無効でない限り，地番境としての筆界は地上のどこかに必ず存続するといえる。このように目に見えない存在であるところの筆界を探す手掛かりは，不動産登記法14条1項に定める地図（法14条地図。116頁）あるいはその淵源ともいうべき公図（土地台帳附属地図・和紙公図。121頁），さらには地積測量図（163頁2）等あるいは古くは一筆図（一筆限図。122頁2(1)ア(ア)）である。しかし，現地で筆界を一義的に指し示すことのできる地図や地積測量図等は，境界標又は恒久的地物の記載（平成5年法務省令32号による改正後の旧不動産登記法施行細則42条ノ4第2項）・筆界点間の距離及び基本三角点等による座標値等〈47〉（不登規77条1項6号・7号）のある地積測量

〈46〉　西本孔昭編著『筆界特定制度と調査士会ADR』（日本加除出版，平成19年）9頁。「直線」と表現するのはコンピュータ処理の都合によるもののようである。
〈47〉　これがあれば，GNSS測量により即座に境界標を復元できるという。

図並びにこれらと同程度の精度を有する地籍図以外〈48〉は，むしろ極めてまれであろう。

そこで，筆界を探す必要があるときは，成立時においては表裏一体であった所有権界が現地で現在どこにあると認識されているかを調査すべきこととなる。その結果，確認された所有権界をそのまま筆界と見ても，登記記録・地図その他の登記情報，地形地物その他の資料と矛盾しないならば，当該所有権界をもって筆界と推認するという手順を踏むことになる。一般市民が「○番地の土地」を売買しようとする場合に行う「境界」確認作業は，多くの場合，現地において隣同士の所有権がぶつかり合っているところ（所有権界）を調査・確認し，そこが当然「○番地の土地」と他の土地との地番境（所有権界兼筆界）であると認識するという手続を行っている。無意識のうちに上述の所有権界から筆界を推認するという手順を踏んでいるといえよう。

⑵　所有権界と筆界の推認関係

ア　現地復元性の高い地図等が存在する場合

筆界が形成された時期が最近であって，例えば，基本三角点等の公共座標値に基づく数値情報が保存されており，現地における境界標も明確であるなど，現地復元性の高い地図・境界標等が存在する場合であれば，当該情報に基づいて現地で復元される筆界の存在し得る範囲は，許容誤差を考慮してもなお，限りなく線に近いものとなる。

その場合，相隣地所有者間等において所有権界と認識されている境界線が，仮に上記筆界の存在し得る範囲をはみ出しているとすれば，特段の事情（後記24頁2の事由）がない限り，所有権界についての認識が誤りである可能性が高いことから，筆界に適合するよう所有権界についての認識を改めるのが筋であろう（なお，83頁参照)。

イ　筆界の現地復元に係る情報が乏しい場合

前記アと反対に，例えば，筆界が形成された時点が明治初年に遡る原始筆界の場合であり，しかも当該一筆地が古来，雑木地や荒野など財産価値の低

〈48〉　これらの地積測量図・地籍図の中にも，境界標の位置それ自体の誤り等が原因で，筆界が精確に反映されていないものが少なくないという。

い土地であった場合などにおいては，当該筆界を形成した時点での情報それ自体が粗雑である可能性を否めない（142頁）。そのようなケースにおいては，地図情報のみから得られる筆界情報には大幅なブレがあり得る〈49〉ことから，現地で復元される筆界の存在し得る範囲は，線ではなく，相当の幅を持つ帯状の土地範囲とならざるを得ない。このように，地図情報のみでは許容されてしまう大幅なブレの範囲を解消ないし縮小する役割を果たすのが，所有権界である。なぜなら土地所有権はその貴重さゆえに，特段の事情がない限り，筆界形成当時の位置を大きくそれることがないのが通例であることから，現地において所有権界が現にぶつかり合っている位置に筆界があると推認するのが，経験則に合致するからである（211頁６）。

それゆえ筆界特定制度において，筆界そのものを特定できないときは，ブレの範囲すなわち「筆界の位置の範囲」（不登規231条４項５号・６号）のみを特定すべきものと規定しているが，同規定が適用されるのは，筆界に関する地図情報等が著しく乏しい上，所有権界ないしそれを推測せしめる占有界それ自体すら明らかでないか，あるいはそれらに関する私的紛争が存在していて容易に決着をつけ難いというような例外的ケースに限られよう（460頁）。

⑶　境界合意の意味するところ

ア　筆界合意の法的意味

実務上，「境界」につき相隣地所有者間の合意を目指す場面は多い。けれども，所有権の及ぶ範囲（所有権界）は合意で決まる（民法176条）が，筆界は不動（不登法123条１号。18頁⑵）ゆえ，「合意」は筆界を変えるものではない。とすれば筆界の合意は法的意味を持たないのか。

この点については，筆界についての相隣地所有者の「認識の一致」により，地積更正・分筆・地図訂正あるいは地籍調査等の各担当官は，次の行政的手順（地積更正等の登記実行〈50〉や地籍図に筆界を記入する手続）に進むことがで

〈49〉　筆者の経験では，東北地方などの深山幽谷の地においては，地図情報が大雑把な上，占有関係も希薄なことから，当事者双方が主張する筆界・所有権界の位置が，複数の分水嶺をまたぐほどずれることも珍しくない。裁判例として，142頁注〈68〉参照。

〈50〉　筆界を確認できない場合には，登記官は地積更正登記申請を却下しなければならない。昭和38年１月21日民事甲129号民事局長回答。

きる，という法的効果を生じるという意味合いがあると考えられる。その実益は後記イにある。

イ　筆界「認識の一致」の撤回の法的意味

地積更正等や地籍調査の手続において，相隣地所有者の一方が一旦筆界につき認識の一致を表示しながら，後に撤回した場合，どのような法的意味を持つのか。この点については，①その行政的手順の終了前で，かつ要素の錯誤（民法95条）があれば，撤回が認められるべきであるし，②その行政的手順の終了後の撤回は許されない（筆界特定あるいは筆界確定訴訟で決着すべきことになる。）と解される。

⑷　筆界についての集団和解方式による解決

筆界は土地取引や差押え・課税等の客体たる一筆地を区画し，筆界それ自体が行政界を兼ねることも多い。それゆえ筆界は公的な存在であり，私人が勝手に変更できるものではない〈51〉。

しかしながら，地図混乱地域内の土地であるため，筆界特定制度や筆界確定訴訟によっても筆界を判定できないなど，特段の事情があるときは，集団和解の方法で筆界を事実上再形成することは可能であると解されている（568頁）。地図混乱地域内の一筆地のように，公的機関においてすら筆界の位置を判定し難いときは，筆界と表裏一体を成すはずの所有権界について地域全体で和解ができた場合には，筆界も同じ位置にあると見て公的にも私的にも支障を生じないと考えられるからである。この集団和解方式においても，筆界それ自体について「和解」が認められるのでなく，所有権界につき集団和解が成立したことを契機として，いわば緊急避難的に筆界の復元が図られるにすぎない〈52〉。

〈51〉　ただし，市街地の再開発事業の施設建物敷地が異なる町・丁目にまたがってしまう場合などには，町界・字界を変更することによって，再開発後の敷地境界が１個の町あるいは字の内に収まるよう，町界・字界の変更手続が用意されている（地方自治法260条）。

〈52〉　相隣地の土地所有者間に境界についての合意が成立したことのみをもって，合意のとおりに筆界を確定することは許されない。最（２小）判昭和31年12月28日民集10巻12号1639頁，最（３小）判昭和42年12月26日民集21巻10号2627頁ほか確定した判例である。

2　例外としての所有権界と筆界の不一致

⑴　不一致の原因

一般市民は，土地と土地の境界には，これを法律的に見れば，所有権界と筆界があるということを多くの場合知らない。さらに，両者は本来一致すべきものだが，様々な理由で現地において両者はしばしば別のところに存在するということも認識されていない。

特に指摘しておかなければならないのは，境界に争いがあるケースや，地図や地積測量図等と相隣地所有者が指し示す境界とが齟齬しているケースにおいては，かなりの頻度で所有権界と筆界のかい離が見られるということである（３頁）。所有権界と筆界が不一致を来す主な原因を敷えんすると次のとおりである。

ア　一方が不存在ゆえの不一致

「所有権を分割しながら登記記録上，未分筆の土地」については，所有権界はあるが筆界はない（詳細は，３頁）。また「相隣接する２筆の土地が，同一の所有者に属する場合」には，筆界はあるが，所有権界はない〈53〉。これらは，一方が不存在ゆえの不一致といえよう。

イ　見かけ上の筆界と真の所有権界との不一致

測量技術や作図技術の拙劣が原因で，あるいは縄伸び・縄ちぢみ等の意図的な原因で，地図その他の図面が作出された当初から，地図等から読み取れる筆界と真の所有権界とが原初的に不一致を来している場合がある。いわば故意・過失によって作出された「見かけ上の筆界」と所有権界との不一致といえる。その場合は，真実の所有権界に合わせて筆界が作図されるべきだったのにとどまることから，当該地図等を真実の筆界・所有権界に合わせて訂正すれば足りることとなる。

ウ　真の筆界と真の所有権界の不一致

時の経過に伴って筆界の位置が不明確化した後，①偽もうや錯誤等によって真の筆界以外の位置を誤って筆界と認識して，そこを所有権界として占有

〈53〉　同一所有者に属する２筆間の筆界については，地積測量図等の表示上，当該筆界の記述が正確性を欠く嫌いがあるといわれている。

するに至り，あるいは②筆界付近地の時効取得の成立や，③境界和解等により所有権界が変動したことに起因して，後発的に不一致を来すことがある〈54〉。いわば「真の筆界」と「真の所有権界」との不一致といえよう〈55〉。

⑵　不一致への対処

所有権界は民法の法理に由来している（５頁）ところ，所有権は意思表示のみで変動し，一部だけの譲受も可能である（民法176条）。それゆえ所有権界は，土地の一部売却，境界和解，時効取得などにより，事実上も法律上も動く。

これに対し，筆界は不動産登記法理に由来した公的な存在である。筆界は土地の取引単位を画するものとして公示され，強制執行や課税の際の識別根拠となる上，しばしば市町村界等の行政界（39頁２）をも兼ねる。そのため筆界は，見かけ上（前記⑴イの場合）はともかく，法律上は不動であり〈56〉，その変更は分筆・合筆・分合筆の登記等（不登法39条１項・不登規108条）によるべきこととされている〈57〉。

所有権界と筆界は，これまで見てきたとおり，法的根拠も認定の要件も法律効果も全く異なることから，裁判所においても紛争解決手続として，所有権界については，所有権の範囲の確認訴訟〈58〉，筆界については，筆界確定訴訟という異なる２種の裁判手続を用意せざるを得なくなっている（551頁）。

また，裁判外における境界の判定ないし境界に関する紛争処理の制度とし

〈54〉 隣地Ｂ所有者が境界を超えてＡ地番の一部を時効取得しても，これによって当然にＡＢ地番の筆界が移動するものではない。東京高判昭和30年２月28日判タ49号62頁。

〈55〉 かつて大判大正３年12月11日民録20輯1085頁は土地の一部を譲渡する前に分筆の手続を必要とし，大判大正11年10月10日民集１巻575頁は土地の一部を任意に分割して，長年自己の物として占有を続けた場合であっても土地は一筆ごとに所有権が認められるとして土地の一部についての時効取得を否定していた。理論的には物権的合意及び登記を所有権移転の要件とするドイツ法の影響が強いといえようが，むしろ財政地籍の規律を重んじた結果であろう。

〈56〉 最（２小）判昭和31年12月28日民集10巻12号1639頁。例外として，筆界確定訴訟の確定判決や，境界査定があった場合と，天変地異の場合がある（60頁３）。

〈57〉 隣接する分筆残地の縄伸び部分を取り込んで地積更正の登記をしても，無効であり，取り込んだ隣地の一部の土地の所有権取得を第三者に対抗することはできない。東京高判昭和48年３月29日東高時報24巻３号65頁。

〈58〉「所有権界確認訴訟」あるいは「隣接型（境界紛争型）所有権確認訴訟」と呼ばれることもある。

ても，所有権界については，いわゆる調査士会ADR（385頁4），筆界については，筆界特定制度（423頁）と，別々の法制度が用意されている。

3　未分筆地，無番地と境界との関係

未分筆地内の土地の分割線上や，無番地の土地の外縁などに境界はあるのか，あるとすれば，どのような種類の境界があるのかについては，裁判その他でしばしば問題となる。

(1)　分割・未分筆の分割線上

1筆の土地を分割したけれども分割登記の手続を経ていない場合（例えば，兄弟で共同相続した土地を合意で遺産分割して居住しているが，分筆登記は済ませていないという場合）であっても，分割線を所有権界として2つの所有権が併存する。土地の分割は意思表示のみで成立するからである〈59〉。そうすると，分割後未分筆の土地の分割線上には，筆界はないが所有権界はある，ということになる。

(2)　無番地と有番地間

里道・水路・二線引畦畔などの（旧）法定外公共物は，その多くが市町村等に譲与されているが，今なお相当数が無番地の未登記不動産である。しかし，前述(1)の分割・未分筆の土地の分割線上とは異なり，隣接の有番地との間には，所有権界はもちろん筆界も存在する〈60〉。後述(3)の説明を待つまでもなく，隣接する有番地の土地自体が周囲に筆界を持つことの反射的効果として，筆界を想定できるからである。

(3)　無番地相互間

無番地の土地（里道・水路・海浜などの長狭物を含む。）といえども地租改正時における地押調査等の結果，公図その他の登記情報上，一個の国有地として認知され，隣地との筆界が描かれているならば，その事実から他の筆（あるいは他の無番地）との筆界の形成を認定することができる。したがって，無番

〈59〉　最（2小）判昭和30年6月24日民集9巻7号919頁。25頁注〈55〉引用の大審院判例を変更した大審院連合部判決を踏襲している。

〈60〉　有番地の土地と国有無番地の土地の間の筆界確定訴訟に関する最（3小）判平成5年3月30日訟月39巻11号2326頁。前掲注〈44〉。

地と有番地の境（前述(2)）はもちろん，登記情報上その存在が認められている無番地同士（例えば，里道敷と国有無番地の官舎敷地）あるいは当該無番地と脱落地（260頁）間においてすら筆界を認めることができると解される。

平成17年改正後の不動産登記法123条1号の定義によれば，相隣地の少なくとも一方が「表題登記がある1筆の土地」でなければ筆界が存在しないかのようである。しかし，明治初年以来，民有に帰属したことがないが一まとまりの国有地として認知されて公図や官林図等に記載されている無番地の土地は，里道や水路等の（旧）法定外公共用財産のほか，皇室用財産，国有林，官舎敷地等，枚挙にいとまがない。これらの無番地の土地についても「表題登記がある1筆の土地」に準じて，相隣地との筆界を確認する必要があり得ることは明らかゆえ，これらの国有無番地相互間あるいはこれらと脱落地との間についても筆界を認めるのが相当である。

(4)　無番地中の異種地目間

国有海浜地として存在する土地もこれを子細に見れば，都道府県知事の管理する行政財産たる国有海浜地と，それに隣接する財務省財務局管理の普通財産たる国有雑種地があり，その間には，境界標が掲げられていることもある。しかし，その間には，無番地の国有地内部の機能管理の問題があるにすぎず，「筆界」はない。この場合は，所有権界もなく，公物管理界（29頁1）があるのみである。

第3節　占有界・地上権界等

1　占有界

所有権界が「所有権と所有権がぶつかり合うところ」であるのに対し，占有界は，事実的支配であるところの「占有と占有がぶつかり合うところ」を意味する。

通常は，占有あるところ本権あり（民法188条）と推定されることから，他に特段の事情のない限り「占有界のあるところ所有権界あり」との事実上の推定が働く〈61〉。

また「所有権界あるところ筆界あり」との事実上の推定が働くことは，前述（20頁）のとおりゆえ，占有界は，境界の判定に当たっては相当な重みを持つ〈62〉。したがって，所有権界の調査であれ，筆界の調査であれ，現地において占有界を正確に把握し，その占有の経緯・根拠等を調査しておくことは，基本中の基本といえる〈63〉〈64〉。

ただし，公図その他の資料（121頁）を調査することなく，占有界をそのまま筆界と即断してしまう過ち（登記実務上，単に「現況主義」〈65〉とか「悪しき（不適切な）現況主義」と呼ばれるもの）が境界判定の実務を狂わせていることに留意する必要がある（535頁2）。

最高裁判所も，現況道路の位置が公図上の道路の位置と一致していない可能性を無視して，所有権界の判定を行った疑いがあるケース等にあっては，原審を破棄し差し戻している〈66〉。

さらに，実務上，傾斜地に盛土をする，あるいは隣地を少しずつ削り取って自分の耕地等にする（さくり込み）などの方法により，占有界が移動し，所有権界・筆界とかい離する事象はしばしば経験する。

2　地上権界・借地権界・永小作権界

ア　地上権界等の形成

地上権，借地権，永小作権は，民事実定法の規定又は設定契約によって成立する（地上権につき民法265条，388条，民事執行法81条，借地権につき借地借家法10

〈61〉　経験則上当然のことであり，我が国の判例（大判昭和11年3月10日民集15巻9号695頁）も同趣旨である。105頁(4)ア。

〈62〉　ドイツ民法920条は「正当な境界が知れないときは，占有状態を標準として境界を定める」としている。

〈63〉　東京高判昭和39年11月26日高民17巻7号529頁。

〈64〉　また，いわゆる地図混乱地域においては，争いのない占有界を基に所有権界について集団的に和解し，その成果に基づいて筆界の是正（地図訂正）を求めるという方法がある。485頁4参照。

〈65〉　公式文献でも用いられている例として，河瀬貴之「登記所備付地図整備の現状と今後の課題　地図混乱地域の現状と今後の課題」民事月報平成22年号外227頁。

〈66〉　最（2小）判平成8年9月13日・野山宏「最高裁民事破棄判決の実情(1)平成8年度」判時1598号7頁〔19頁〕。

条，永小作権につき民法270条等)。これらの物権的土地支配権は，１筆の土地の一部にも，あるいは数筆にまたがっても存在し得る。これらの物権的土地支配権と，他の土地所有権等とがぶつかり合う境界線上に，地上権界・借地権界・永小作権界が形成される。

イ　地上権界等の効果

土地所有権・地上権・借地権に基づいて，所有者の異なる２棟の建物が建てられ，その間に空間が存在するときは，各建物所有者は共同の費用をもって，当該所有権界・地上権界・借地権界に囲障を設けることができる（民法225条１項，267条)。その他の相隣関係の規定（５頁２）も地上権につき準用されている（民法267条)。

ウ　地上権界等の判定

地上権界・借地権界・永小作権界が現地のどこに存在するのかは，当該地上権等の範囲がどのように約定されているのか等の問題である〈67〉。

公共用地の取得〈68〉や民間における地上権等の売買においては，当然のことながら，これら地上権界等と他の一筆地等との境界も慎重に判定されなければならない。

第４節　公物管理界・行政界

１　公物管理界

(1)　公物管理界の意味と特質

公物管理界とは，公物管理の及ぶ範囲（縁）を示す境界を指す〈69〉。公物

〈67〉　地上権者は，所有権界の訴訟については当事者適格を有しないが，地上権界の訴訟については当事者適格を有する。富山地判昭和41年５月31日下民17巻５・６号459頁。実務上，境界紛争に地役権が絡むことが少なくないが，公刊物登載の裁判例のほとんどは地役権の存否それ自体に係る争訟である。

〈68〉　国土交通省公共測量作業規程の準則443条２項は，公共用地取得測量に際しては，地上権・借地権界等の境界も確認することを予定している。

〈69〉　道路法45条による「道路区画線」のうち道路外側線など，公物の範囲内において管理者が必要に応じ，単独で定める管理界は，本書でいう「公物管理界」には含まれない。

管理界は，道路や公共用水路等の公物管理を行う行政担当者が，自身が機能管理すべき公物の範囲を確定するために，隣地所有者の意見を聞きつつ設定している。実務で「官民境界」というとき，公物の機能管理の範囲を意味する公物管理界のみを指すのか，公物の財産管理対象である所有権界兼筆界をも指しているのか，曖昧な場合も多い。

公物管理者であれば法令上の根拠規定がなくても当然に，かつ必要に応じ，自己の管理すべき土地の範囲すなわち公物管理界を確認し設定できるとされている。この点において，法定の要件の下に法令上の根拠に基づき創設・画定される市町村界（地方自治法7条・9条等），河川区域（河川法6条）など行政界と異なる（後述2）。

⑵　公物管理界の成因

ア　公物管理界のみしか成立し得ないケース

㈠　国有又は公有の公物相互間の境界を定める場合

例えば，房総九十九里海岸の国有海岸（公物・市町村管理）とその奥に広がる国有無番地（雑種地・財務局管理）との境界がこれに当たる。そこには，筆界も所有権界もなく，公物管理界のみがある。公物管理界を示す意図であろうか，現地には境界石が設置されている。

㈡　公物管理の権能しか有しない者が境界を定める場合

例えば，里道や公共用水路につき譲与を受ける前の市町村（公物の機能管理者）が財産管理者たる財務局（その受任者たる都道府県知事）の関与のないまま境界協議を行った場合には，公物管理界についての協議としての効力のみを有すると解されている（406頁イ）。

都道府県道等の一部につき機能管理のみを委託された市町村が，境界協議を行う場合等にも同様の問題を生じ得る。

㈢　私有公物につき，機能管理をする場合

例えば，道路敷が私有である場合の，市町村道の境界管理は，公物管理界についてのものである。いわゆる狭隘道路（建築基準法42条2項道路等）につき，市町村への所有権移転のないままにセットバックを終えている場合の道路境界もこれに含まれる。

㈣　未登記里道等の長狭物内に現地確認不能の民有地がある場合等の地籍調査

実務上，地籍調査において，長狭物の管理者が指し示す「長狭物の両側の境」が地図に記載されることがある（37頁）。その境界は，いわゆる道路内民有地との関係では所有権界や筆界ではあり得ず，公物管理界のみを意味するといえる。同様に，民有一筆地の一部が長狭物に取り込まれているのに，取り込まれた部分が地図上表記されていないときは，地図上，現況道路界に沿って描かれた直線は，公物管理界を意味するにとどまることとなる。

イ　ずさんな財産管理に由来するもの

例えば，道路・水路・鉄道を拡幅するに伴い，一筆地のうち公物として必要な範囲を分筆して買収すべきなのに「全筆買い」をしてしまい，公物として管理すべき部分に標識を設置して公物管理界とするものがある。残余の買収部分は不要ゆえ放置しているケースも少なくない。地価が安いため分筆の費用より，不必要な部分まで含めて１筆地全体を購入した方が安く済む場合などに行われているという。

ウ　あえて公物管理界のみに特化して公物管理をしようとするもの

公物管理の主体（例えば市町村）が財産管理の権能と公物管理の権能をともに有する場合（すなわち所有者兼公物管理者。例えば里道の譲与を受けた市町村）でも，一定の範囲の公物管理者（例えば市の道路管理事務所）には，財産管理の権限すなわち所有権界兼筆界の管理権限を与えず，公物管理の一環としての公物管理界の設定・管理のみを行わせている例がある。

かつては，そのことを意識しないままに境界明示や境界協議を行う例が大半であったと推測される。しかし最近では，特に官民境界明示につき，その法的効力は公物管理界に限られる旨を明記する例が目に付くようになっている（37頁㈦）。

⑶　公物管理界と他の境界との関係

地方公共団体の条例・規則や要綱等を見ると，前記ウの，あえて公物管理界のみに特化して公物管理をしようとする実務と，所有権界兼筆界をも勘案して公物管理をしようとする実務の２つの態様がある。そのいずれかが曖昧なままの実務も少なくない。

ア　概　要

実務で「官民境界協議」とか「官民境界明示」等と言うとき，これを境界の種類の観点から観察すると，以下の３種に大別される。

(ア)　筆界兼所有権界（兼公物管理界）の確定手続を意味する場合

旧国有林野法あるいは旧国有財産法等に基づく境界査定がそれに当たる。現行法令上は存在しないが，過去に存在し，現に法的効果を有する手続である（61頁(3)）。

(イ)　筆界についての認識の一致があったことを前提に，所有権界（兼公物管理界）について協議することを意味する場合（財産管理型）

公共用財産を含む国有財産・公有財産全般についての財産管理者による境界協議・境界明示などがこれに属する。(ア)の境界査定手続が，戦後，民主的な手続に変容を遂げたものと位置付けることができる。本書では，財産管理に着目したこの官民境界協議等を「財産管理型」と呼んでいる。

(ウ)　公物管理界のみについての境界判定手続を意味する場合（公物管理型）

公共用財産を含む公物の機能管理者による境界協議・境界査定・境界明示（以下「境界明示等」という。）がこれに該当する〈70〉。本書では，公物の機能管理に着目したこの手続を「公物管理型」官民境界協議と呼んでいる。

実務で「官民境界」の協議と言うとき，この公物管理界のみについての協議を意味する場合（公物管理型）と，所有権界（兼筆界）を含めた包括的な協議として語られる場合（財産管理型）とがあるので，注意しなければならない。

イ　境界明示等に二義がある理由

国有・公有財産たる公物の管理には，公物としての機能（物の効用）を維持管理するための「機能管理」と，財物としての価値に基礎を置く「財産管理」があり，両者は行政法上別個の権能である〈71〉。

(ア)公物の機能管理権のみしか有しない者による境界明示等は，公物管理界についてのものでしかあり得ず，所有権界について協議しても法的な効力を

〈70〉　厳密に言えば，公物でない（普通財産等たる）国有・公有財産についての境界明示等もあり得るが，実務で語られる境界明示等はほとんどが公物についてのものである。

〈71〉　塩野『行政法Ⅲ』382頁，387頁。

生じない（後記34頁イ）。これに対し，(イ)その公物管理者が機能管理の他，財産管理の権限まで付与されている場合には，その者の行う境界明示等は，公物管理界のほか，所有権界兼筆界についてのものでもあり得る〈72〉。

前記(ア)(イ)いずれの法的効果を生じる協議であるのかは，その根拠となる法令（条例・規則）や要綱等の定めや慣行によって判断される。

(4)　公物管理界設定の法形式

公物管理界の定め方は輻輳しているが，沿革をたどれば，以下のとおり分類されよう。

ア　境界査定及び財産管理型の境界協議等

(ア)　境界査定

かつては，国有財産を管理するために，旧国有林野法や旧国有財産法等に法的根拠を置く行政処分形式での「境界査定」が行われた。その場合は，所有権界兼筆界を再形成する法的効果すら有するものであった（61頁(3)）。そのため，公物たる国有財産を管理する場合でも，公物管理界を設定するという認識は希薄であったろうが，例えば国有林については，公物管理界たる林班界の外枠として位置付けられていたので，境界査定は，所有権界兼筆界（公物であれば兼公物管理界）を形成する効果があったといえる。

(イ)　財産管理型の境界協議等

行政処分形式を採る前記(ア)の「境界査定」が昭和23年に廃止されて以降，国有財産については，契約方式を建前とする「官民境界確定協議」が法定されている（410頁）。ただ，国有財産法においては現在でも行政側が一方的に境界を確定できる場合があるが，その場合でも同意が法律によって擬制されるのみであって，行政処分が行われるわけではない（国有財産法31条の4，31条の5〈73〉）。国有財産法上の協議には，筆界確定の効果はなく，所有権界のみが確定すると解されている。しかし，通常は，筆界についての認識の一致を確認した上，同じ位置に所有権界を確認することになる〈74〉。

〈72〉　所有権界兼筆界の協議は，その実質において境界付近地の物々交換に等しい法的効果を生じるからである。390頁5。

〈73〉　議論の詳細は『里道・水路・海浜』3編4章3節3参照。

〈74〉　財産管理型の例として，渋谷区公有財産管理規則第5条の規定に基づき土木清掃

この点につき，財産管理型境界管理を行っている大阪府は，都市整備部所管公共用地境界確定事務取扱要綱・運用基準２条に係る「解釈」として「土地の境界は，公法上の境界と私法上の境界があり，通常行っている業務は，もっぱら私法上の境界の確定業務である。しかし，この境界は公法上の境界と一致するのが原則であり，そのように取り扱うものである。」と記述している。至当であろう。

さらに，公物の境界協議の場合，前記(ア)と同様，公物管理者には，公物管理界をも確認しようとする合理的意思が認められよう。そうすると，財産管理型の場合，筆界についての認識の一致，所有権界兼公物管理界についての合意があると推認できよう。

(ウ)　前記(ア)(イ)いずれの場合にも，境界査定・境界協議等の対象が公物管理界でもある場合には，同じ位置にある公物管理界も定められたものと解されるが，後記イの場合と異なり，多くの場合，所有権界確定の効果に基づく排他的な権利行使が可能なことから，ことさら公物管理界を論じる実益は乏しいので，通常は議論の対象とされていない。

イ　行政処分形式ないし公物管理型による境界明示等

(ア)　戦後間もない頃までの行政処分形式による境界明示等

戦後間もなくの頃まで，内規にすぎない通達や要綱さらには先例のみに基づいて，行政処分形式により，すなわち隣地所有者の意見を徴しつつも形式的には一方的な意思表示として「境界明示」，「境界査定」，「境界決定」等のかたちを取る官公署が相当数存在した。

これらの行政実務は，戦後間もない頃までの「公物管理権者は公管理権に基づいて当然に行政処分形式を採用することができる」とする公所有権論〈75〉由来の学説に依拠していたと推測される。そのため，当時は，公物管理界の判定のみならず公物管理に係る許認可それ自体が，しばしば法令上の

部が所管する公共用地に係る境界確定事務の手続に関する要綱。東京都内では，府中市をはじめこの形式が多いように推測される。他に，大阪府，愛知県，静岡県，山梨県，福岡市，金沢市，さいたま市，松江市，草津市，周南市，丸亀市など。

〈75〉　田中二郎『新版行政法（下）〔全訂第２版〕』（弘文堂，昭和58年）431頁，432頁の注(3)。

根拠を欠いていた〈76〉。その場合，隣地所有者との合意は（少なくとも法形式としては）存在せず，また法律上の明文根拠を有しないことから，現在における法効果としては，筆界ないし所有権界を変動せしめる効果も，行政処分としての公定力その他の効果も生じない〈77〉。そのため，これらの境界明示等は現時点においては，原則として公物管理権に基づく公物管理界の創設の効果のみが存在していると解される。

ただし，行政処分形式を採りつつもその実質において隣地所有者との所有権界の合意を要件としていたと認められ，かつ行政官署の担当者が財産管理の権能をも有していたと認められる場合がある。その場合には，通達や要綱の定めいかんにもよるが，特段の事情がない限り，意思の合致の効果としての所有権界の和解（405頁），筆界についての認識の一致の効果（22頁）が認められると解すべきであろう。

(イ)　公物管理型の境界明示等

公所有権論は，解釈論としては戦前において既に衰退していた〈78〉。しかし，行政実務においては，前記(ア)のとおり戦後もその影響下，とりわけ通説の代表格である田中二郎説の影響で，法文上の根拠のないままに「境界明示」等の行政処分形式が慣行的に採用されており，今日に至っている。

ただ，今日における境界明示等は，管理者の一方的判断で国民の権利義務を変動させる行政処分ではないことを明確に意識しつつ，公物管理のための非権力的行政作用として隣地所有者の承諾の下に実施されている〈79〉。

その実態を端的に説明するものとして，ある官公署におけるウェブサイト

〈76〉　法律上の明白な根拠がないままにされた皇居外苑の使用不許可処分につき，行政処分性が肯定されたものとして，最大判昭和28年12月23日民集7巻13号1561頁。南博方原編著『条解行政事件訴訟法〔第4版〕』（弘文堂，平成26年）45頁〔高橋滋〕。

〈77〉　最（1小）判昭和30年2月24日民集9巻2号217頁，最（1小）判昭和39年10月29日民集18巻8号1809頁が掲げる行政処分の要件のうち，法律根拠性を欠いている。

〈78〉　田中二郎「公物の法律的構造―特に公物所有権を中心とする公物と私法との關係の素描」国家学会雑誌54巻12号1591頁（田中二郎『公法と私法』（有斐閣，昭和30年）に再録），『里道・水路・海浜』1編3章2節，塩野『行政法Ⅲ』373頁。

〈79〉　一例として，太田市行政境界確認実施要綱。どの境界を対象としているか明確でない要綱も多いが，瀬戸市などその多くは，単独意思表示形式であり，公物管理型と推測される。

上の記述がある〈80〉。そこでは「市町村が定めた要綱等に基づき，道路等の管理者が道路等の公物の範囲を明らかにすることによって，道路等の管理・保全を図り道路等と私有地との境界をめぐる紛争を未然に回避するために，隣地所有者の立会いを得て調査し，異議がない場合には境界標を設置し，境界明示書を交付することがある。この境界明示は，行政権である機能管理権の行使に当たり，公物の範囲・区画を定める（公物法の適用範囲を確定する）ための行為であって，財産管理者として土地の所有権の範囲を確定するものではない。（建設省財産管理研究会編著「公共用財産管理の手引」〔第2次改訂版〕115頁）」と記述している。

要するに，市町村が道路管理として行う境界明示等は，①必ずしも法令に基づくものではなく（要綱でもよい。），②公物管理としての機能管理にすぎず，③財産管理（すなわち所有権界を変動せしめる管理行為。）の性質を有するものではないと論理的にかつ明快に述べている。

法的根拠の明確でない境界明示等についての裁判例の大勢も結論において同趣旨と推測される〈81〉。

さらに付言するならば，このような公物管理界の確認のみを目的とする境界明示等は，侵害行政ではないので，法的根拠としては，公物の機能管理権が存在すれば足り，通達ないし要綱すら不要と解される。現に先例・慣行のみに基づく例も経験する。

公物管理型の典型例として，横浜市公有財産規則83条1項がある。そこでは「市長は，公有財産について，その管理権限のおよぶ範囲を明確にするため必要があるとき」に境界協議を求めることができるとしている〈82〉。

もっとも，官民境界明示等のすべてが，公物管理界のみの確定を目指す手

〈80〉　2016（平成28）年7月15日時点。

〈81〉　公物管理型の実務に言及する裁判例として，大阪地判昭和53年10月12日判時928号57頁，横浜地判昭和55年7月16日行集31巻7号1494頁，千葉地松戸支判平成13年8月31日判時1761号98頁。なお東京高判平成13年4月18日（公刊物未登載）は，一般に道路境界査定の目的は民有地（道路以外の国有地を含む。）間の境界の確定を目的とするものではないと判示しているが，財産管理型の存在を等閑視しているように思われる。

〈82〉　東京高判平成20年12月18日判時2031号18頁は，同規定に基づく公衆道路の境界確定手続に際し，係争地の所有権のことが問題とされたとは認められないとしている。

続であると即断してはならないことは，前述（29頁1(1)）したとおりであり，慣行に基づいて所有権界につき協議している例もある〈83〉。

㈦　公物管理型における公物管理界と所有権界・筆界との不一致を想定した実務

公物管理界は所有権界・筆界と一致させることが望ましい。ましてや，国民が公物管理者に境界明示等を求めるのは，その多くが登記所提出書類として所有権界兼筆界を証する書面が必要だからであり，公物管理界のみの証明では厳密にいえば，意味をなさない。しかし，とりわけ原始筆界を探し出して判定する行為は必ずしも容易ではない。そのためか，公物管理界と所有権界・筆界との不一致を想定した実務も少なからず存在する。

その代表例が，未登記里道等の長狭物の敷地内に現地確認が不能な登記された民有地が存在する場合，地籍調査において作成される地図には「長狭物の両側の境」が記載される（地籍調査運用基準14条3項・4項）が，その境界は公物管理者の指示に基づくものであり，公物管理界そのものである。

また，道路の官民境界明示につき京都市が用意している隣地所有者提出「同意書」の定型文例には「立会して確認した下記地先の道路区域については，別添朱書のとおり異議なく同意します。また，道路区域内の私が所有する土地の使用貸借についても承諾します。」というものがあり〈84〉，明らかに所有権界等が公物管理界と異なった位置に存在していてもよいことを前提とした表現振りになっている。

市町村における道路管理台帳記載の境界についてのウェブサイトの中には，記載の道路界が所有権界・筆界とは必ずしも一致しないことを明記している例が少なくない。

さらに，富山県内の市営公園の管理については，あえて所有権界兼筆界でなく，公園管理に必要な範囲（公物管理界）に境界標を打設している例もある

〈83〉　金沢市は，慣行に基づき，公物についての境界協議を所管課ごとに，しかも協議の対象を所有権界と明記して行っている。

〈84〉　官民境界明示は，道路区域決定のある道路についても行われている。官によって一方的に定められた道路区域を現地で合意の上確認するとの手続と解される。その旨を明言する要綱もある（後述41頁注〈96〉）。

【図表 1-1】

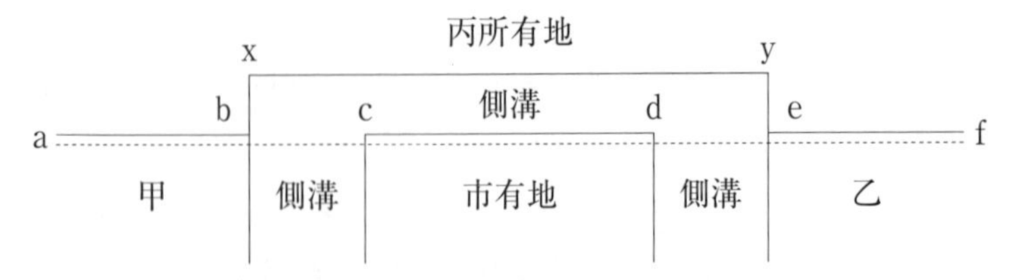

x，yは公物管理界にすぎないが境界標が打設されている。筆界兼所有権界は，a－b－c－d－e－fを結んだ点線で，争いがない。

という（【図表 1-1】参照）。

⑴　行政作用形式でありながら所有権界・筆界の合意を肯定できる場合

前述(ア)のとおり，行政作用形式を採りつつもその実質において隣接所有者との意思の合致を要件としていると認められる場合で，行政官署の担当者が当該公物につき機能管理権と共に財産管理権をも有すると求められる場合には，ア(イ)（33頁）と同様，意思の合致の効果としての所有権界の和解（390頁），筆界についての認識の一致の効果（22頁）が認められてよい。境界明示等を申請する国民の側から見れば，所有権界を確認してもらい，筆界についての認識の一致を得ることで，分筆等の登記申請手続を進めることができるとの動機で境界明示等を申請しているのに，その法的効果を生じないのは不合理だからである。加えて，前述ア(イ)（33頁）のとおり，同じ公物管理としての境界の合意でありながら，境界協議の方式（財産管理型）を採る場合には，所有権界兼筆界についての合意を肯定するのが原則であることとのバランスの問題もある。

(オ)　境界明示等に対する不服

法律に基づかない境界明示等には前述(ア)(イ)のとおり行政処分性が認められないので，これに対する不服申立ては，抗告訴訟（行政事件訴訟法３条１項）ではあり得ず，端的に筆界確定訴訟ないし所有権の範囲（所有権界）の確認訴訟を提起すべきであろう〈85〉。筆界ないし所有権界が明らかにされ，公物管

〈85〉　理屈としては，境界明示等は公物管理行為ゆえ，公法上の実質的当事者訴訟（行政事件訴訟法４条後段）としての公物管理界確認訴訟を提起すべきことになろうか。しかし一般に迂遠であろう。

理界に係る境界明示等が不適切だと判明すれば，公物管理者側は，職務義務として境界明示等を是正すべきこととなるからである。

2　行政界

(1)　行政界の種類及び相互関係

行政区域の境界としては，都道府県界，市町村界，公有水面界，郡界，字界（大字界又は小字界。現在では通常は，大字界を指す。）等がある。

都道府県の境界は，市町村の境界に従う（地方自治法６条２項）。また，市町村の境界変更は，関係市町村の申請に基づき，知事が当該都道府県の議決を経てこれを定め，総務大臣に届け出ることが必要とされている（同法７条１項）。

市町村界，郡界〈86〉，字界は，一定区域内の一筆地や道路・河川等を囲ったもの〈87〉であって，それぞれの境界が一筆地の縁であるときは，行政界は当該一筆地の筆界と一致する。一筆地が同時に２つ以上の行政界に属することはない（不登規97条，98条。後記(4)）。その意味においても筆界は公的な存在であり，私人が自由に変動し得る存在ではないことが分かる。

これらのうち，字界を明確にすることは，地租改正事業の第一歩とされ，山，河川，森林，堤塘，道路など，地形上自然の区域に沿って定められるのを通則としていた〈88〉。現在の「小字界」に相当する。さらに，明治21・22年における町村合併推進の際，町村合併標準其他に関する訓令（明治21年６月13日内務省訓令352号）６条により「旧町村ノ名称ハ大字トシテ之ヲ存スルコトヲ得」とされた結果，旧町村界がそのまま「大字界」とされることとなっ

〈86〉 郡の区域の設定・廃止・変更は知事が定めるが（地方自治法259条１項），郡の区域内で市の設定があったとき，郡の区域の境界にわたって市町村の境界の変更があったときは，郡の区域もまたおのずから変更する（同条２項）。

〈87〉 市町村の区域内の町又は字の区域の設定・変更・廃止は，当該市町村議会の議決による（地方自治法260条）。都市再開発事業等のため変更することもある。

〈88〉 大蔵省主税局『地租便覧明治19年１月』（農林省農地局農地課，昭和25年）前款の叙述。これに反し，東京高判昭和57年６月30日行集33巻６号1439頁の事案では，山の分水嶺が境界となるのではなく，古来からの沿革に基づき，甲町に属する山頂の神社の境内地と，右境内地に接し現在は乙町に併合あるいは編入されている村との幕末期における境界が，そのまま現在の両町間の境界と認められるとした。

た〈89〉

なお，公有水面界（地方自治法9条の3）は，登記実務によれば「土地」の境界でないことになるが，私見によれば土地の境界（市町村界）の1つであることになる（278頁(2)イ）。

(2) 行政界についての地方自治体相互の争訟

市町村の境界につき争いがあるときは，自治紛争処理委員による調停（地方自治法9条1項，251条の2）や，知事による裁定（同法9条2項）及びこれに対する不服申立訴訟の手続が用意されている（同法9条8項）〈90〉。

また，調停や裁定が開始されないときや，一定期間内に手続が進行しないときは，関係市町村は，「市町村の境界の確定の訴」を提起することができる（地方自治法9条9項）〈91〉。

都道府県界や市町村界などの行政界は，直接には私人の境界とは無縁であり，市町村界に関する争訟は，機関訴訟類似の行政機関相互間の争訟である〈92〉。

しかしながら，市町村界についての争いが，私人間あるいは私人と市町村等との所有権争い，さらには公物管理界についての争いを端緒としている場合もある〈93〉。私人間あるいは市町村等と私人との間において所有権界の争いがあり，その原因が市町村界など行政界についてのものである場合，裁判所は市町村界の位置を判断することがある。しかし，その判断は，その裁判限りの理由中の判断にすぎないことから，その訴訟で行政界が変動することはない〈94〉。その場合には，本書で述べる境界の探索方法がおおむね妥当する。

〈89〉　佐藤『明治期作成の地籍図』128頁。

〈90〉　筑波山頂付近の郡界が争われた例として，最（1小）判昭和61年5月29日民集40巻4号603頁。泉徳治「判解」法曹時報38巻9号150頁。

〈91〉　市町村界の判断要素を示した裁判例として，水戸地判昭和38年4月16日行集14巻4号844頁がある。

〈92〉　都道府県の境界につき争いがある場合には，総務大臣は，当事者の又は職権により，調停に付することができる（地方自治法251条の2）。

〈93〉　公物管理界（国有林の林班界）についての争いが，県境についての争いに結び付いた例として，山形地判昭和62年3月30日判時1240号104頁，その控訴審である仙台高判平成7年1月23日高民48巻1号1頁。根岸秀治『蔵王県境裁判三十年の軌跡』（秋田営林局森林活用課，平成8年）。

〈94〉　岐阜地判昭和38年12月18日下民14巻12号2559頁。

(3)　筆界調査における行政界の取扱い

行政界については，公的管理が厳格に行われているのが通例であることから，行政界と境界線が一致する筆界の調査においては，まず地図等によって現地の市町村界，字界等を確認した上，関係市町村等から資料提供や立会いを求めて行政界の認定を先行させるのが合理的である。そのため，例えば国土調査法に基づく地籍調査を行う者は，現地調査（一筆地調査。地籍調査準則20条）に着手する前に市町村界を調査すべきものとしている（地籍調査準則22条1項）。同調査に当たっては，関係市町村の関係職員の立会いを求めるとともに，行政界に接する土地の所有者その他の利害関係人又はこれらの代理人を立ち会わせ，それらの者の同意を得て行政界を認定することとしている（地籍調査準則22条2項）。

(4)　行政界の変更と筆界

一筆地の筆界はその所属する市区町村界・大字界等の行政界（地番区域）を超えることはできない（不登法34条1項1号，不登規97条）〈95〉。そのため，市区町村界等の変更（地方自治法7条）により，一筆地の一部がこれらの行政界（地番区域）によって分割されることとなるときは，土地表題部所有者又は所有権登記名義人は，分筆登記の申請をすべきであり，それがない場合，登記官は職権で分筆登記をしなければならない（不登法39条2項）。その点，自己都合による土地の分割に起因する分筆登記の申請の場合と異なる。

(5)　道路区域・河川区域等と公物管理界

道路区域（道路法18条1項）や河川区域（河川法6条1項，100条1項）は，一度定められれば，変更決定をしない限り動かない（道路法18条1項，河川法6条4項）。その点において筆界（18頁）と類似する。しかし，それらの区域の縁（へり。区域界）がどこに位置するのか不明な場合，実務では公物管理界を定めるのと同じ手順により，境界協議を行うことがある〈96〉。

〈95〉　町界・字界の変更手続（地方自治法260条）につき，39頁注〈87〉。

〈96〉　名古屋市道路等境界確認事務取扱要綱16条は，「区域確認」として，道路区域，準用河川の区域，名古屋市長の管理する一級河川及び二級河川の区域につき，境界確認を行っている。なお，614頁注〈12〉参照。

第５節　各種境界の相互関係

1　原則的な相互関係

以上見てきたとおり，一般市民の間で土地の「境界」と呼ばれているものには，所有権界，筆界，占有界，地上権界等，公物管理界，行政界など，様々な種類があり，法律的に見れば，根拠法令・成立要件・管理主体等も異にした別個独立の存在である。複数存在する理由は，各種境界を所管する官公署が複数にまたがり，法令上の要件も様々に規定されているためである。しかし，国民から見れば，隣地との「境界」は１本でしかない。本来的には，これらの境界は整合性を保ちつつ存在すべきものである。土地取引や相続財産の分割等によって，所有権の及ぶ範囲すなわち所有権界が変動すると，登記所に申請・通知され，新たな所有権界をなぞって，土地の新たな取引単位としての一筆地とその筆界が形成される。その際，新たな所有権の範囲が複数の行政界にまたがるときは，行政界をまたいで一筆地は存在し得ないことから，当該行政界を筆界とする複数の一筆地が形成される。

一方，現地においては，所有権界や地上権界等に沿って塀や生垣がめぐらされて占有界を形成する。

当該一筆地と接する道路や河川等の境は，所有権界を確認しつつ定められる。

このように，所有権界，筆界，占有界，地上権界等，公物管理界，行政界等は，本来的には整合的に存在し，重複するときは１本の線で重なるべきものである（20頁）。

2　各種境界の不整合の原因

⑴　所有権界と筆界

境界についての紛争が絡む事案においては，本来一致すべき所有権界，筆界，占有界，公物管理界，行政界等が錯そうし，整合性を有しないこともまれではない。

これらのうち，所有権界と筆界の不一致については既に述べている（24頁

２）。

⑵　占有界と所有権界・筆界

占有界と所有権界・筆界の不一致は，一筆地とそれに隣接する土地の，一方ないし双方の管理が不十分な場合にしばしば見られる。一筆地所有者が隣接する里道・水路・海浜等の（旧）法定外公共物や山林・原野等の管理不十分を奇貨として，当該公共用財産等を侵害している例は極めて多い〈97〉。

また，錯誤ないし詐欺によって，真実の所有地以外の土地を自己所有地と誤認して占有を開始した場合も，占有界と所有権界・筆界の不一致を生じる。これらの場合には，例外的にではあるが，占有界の存続が所有権界の移動すなわち時効取得を導くことがある。なお，時効取得の成否については，占有開始の時期や根拠等を，証拠資料を基に慎重に判断する必要がある（46頁３）。

⑶　公物管理界と所有権界・筆界

公物管理界については，上述した（35頁(イ)）とおり，公物管理型の境界明示等が行われることも少なくない。そのため，公物管理界の位置について民有地所有者と公物（機能）管理者が合意したとしても，所有権界についての合意の効力がない場合も多いことに留意する必要がある（34頁イ）。加えて，公物（機能）管理者にとっては，道路の機能管理・河川の機能管理に必要な範囲を確保すれば足りるので，必ずしも民有地との所有権界と一致させる必要はないと感じることもあるようである。そのためか，公物管理界が隣接民有地との所有権界より後退して設定される例も，その逆も見受けられる（37頁(ウ)）。

さらに，所有権界と筆界についても，いわゆるブロック移動に近い状態を生じ，所有権界と筆界が一般的に齟齬（そご）している事案も見受けられる〈98〉。

〈97〉　占有界（山林と畑の境）が境界であると認識しつつ，なお他人の所有地まで取り込んで造成工事をした行為が，不動産侵奪罪（刑法235条の２）に当たるとされた例として，福岡高判昭和62年12月８日判時1265号157頁。

〈98〉　札幌地判平成３年11月７日判時1420号112頁。

第2章

境界の移動

第1節　所有権界の移動

1　合意による所有権界の移動

所有権界の移動は，隣地所有者間で自由に行われる。すなわち，民法が意思主義を採用していることから，相互に隣接する土地所有者間で，互いの所有権の及ぶ範囲を話合いのみによって自由に変更できる（民法176条，206条）。自己所有地の一部を，隣地所有者に譲渡するのがその典型例である。新たな所有権界を現地で指し示して合意が成立した以上，当事者が当該土地の地番を何番と認識していたかは重要でない。例えば【ケース①】，下図において，客観的には甲所有の1番地はc-dから左側部分（【図表1-2】の▒部分）であるのに，a-bより左側のみが1番地と誤認した上，a-b-d-f-e-c-aの土地範囲を2番地の一部と表示して，その範囲の所有権を乙から甲に譲渡したとしても，c-d-f-e-cの範囲の所有権が有効に甲に移転するだけで，a-b-d-c-aの土地範囲が1番地から2番地へ地番の変動を生じることはない〈1〉。【ケース①】においては，乙から甲への土地の一部譲渡契約によって，甲所有地と乙所有地の間の所有権界は，（甲・乙の主観においては，a-bからe-fに移動させたつもりであったが）客観的には，c-dからe-fに移動させたことになる。登記官はc-d-f-e-cを2番地から分筆の上，当該土地部分の所有権につき乙から甲に所有権移転登記手続をすることになる。

〈1〉　1番地の所有者甲が，自己所有地a-b-d-c-aまで乙所有2番地の一部と誤認して，乙から有償で譲受する契約をした場合には，売買契約の錯誤（民法95条）や詐欺（民法96条）の問題を生じ得る。後記2参照。

【図表1-2】

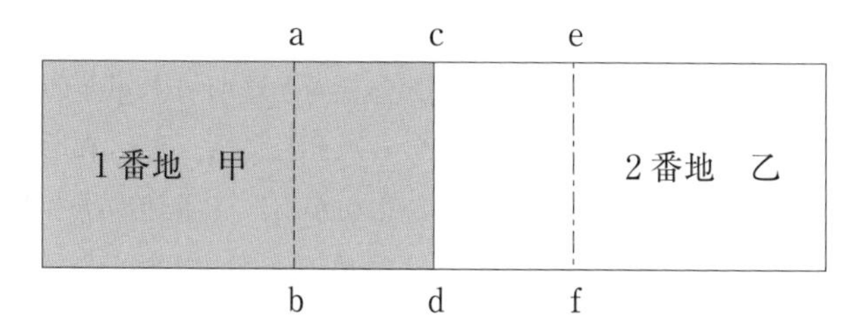

2　錯誤・詐欺による所有権界の移動

【図表1-2】において，例えば【ケース②】，1番地はc-dまでであるのに，1番地の所有者甲は，前所有者丙から1番地と2番地の筆界はe-fと聞かされ，その言を信じてe-fまでを実測してその範囲の土地を1番地と表記の上，丙から購入したとする。その場合，e-fまでの全部を1番地と認識し，e-fに塀や境界標を設置したならば，2番地との所有権界あるいは筆界はc-dからe-fに移るのか。

このような事例は，隣接土地が不在地主であったり，所有者不明であったり，管理の脆弱な（旧）法定外公共物であったりするとき，かなりしばしば発生する。

しかしながら，1番地の前所有者丙と現所有者甲との間に，境界の認識について錯誤や詐欺があったとしても，隣地2番地の所有権者たる乙には何ら関わりのない話（c-d-f-e-cは他人物売買。民法560条）ゆえ，甲所有地と乙所有地間の所有権界には当然には変動を生じない。

また，筆界は現在の土地所有者の認識とは無縁の客観的かつ公的存在ゆえ，上記の事実に影響を受けるものではない。したがって，【ケース②】においては，e-fに塀や境界標が設置されたとしても，それは占有界を示すにすぎず，所有権界も筆界も従前どおり不変（設例のc-d位置）である。ただし，e-fまでの占有が永年継続しているときは，次の3に述べる取得時効の問題を生じることとなる。

3　取得時効と所有権界の関係

(1)　概　説

前記２で述べたとおり，１番地の前所有者丙と現所有者甲との所有者の間に，境界の認識について錯誤や詐欺があったとしても，甲所有地と乙所有地間の所有権界には変動を生じない。しかしながら，１番地の所有者が，何らかの契機によって，筆界を越えて隣接２番地の一部（設例のe-fまで）を占有するに至った場合は，それが所有の意思を伴う占有（自主占有）であれば，時効取得により，甲所有地と乙所有地の所有権界がc-dからe-fに移動する可能性を生じる。

これに対し，筆界を越えた占有が所有の意思に基づかない占有（他主占有）の場合は，所有権界の移動の問題を生じない。

また，甲所有に隣接する土地（**【図表1-2】**の乙所有地）が道路敷地や河川敷地その他の公共用物であるときは，時効取得の成否（したがって，所有権界の移動の有無）については，公物の時効取得の是非という格別の法律問題を生じる（52頁(5)）。

これらは実務上，問題の多いところなので，以下にやや詳しく述べる〈2〉。

(2)　所有の意思を持ってする占有の開始の場合

ア　所有の意思

【図表1-2】において，例えば【ケース③】，１番地は，c-dまでであるのに，１番地の所有者甲は，前所有者丙から１番地と２番地の筆界はe-fと聞かされ，e-fまでを実測してその範囲の土地を１番地と表記の上，丙から購入したとする。甲がe-fに塀を設置し，全体を１番地と認識して長年占有〈3〉を続けた場合，所有権界はどうなるのか。

〈2〉　法律問題一般につき，藤原弘道『取得時効法の諸問題』（有信堂高文社，平成11年）。土地家屋調査士の実務を詳述したものとして，馬渕良一『土地境界紛争処理のための取得時効制度概説』（日本加除出版，平成20年）。

〈3〉　自主占有が認められるためには，客観的に明確な程度に排他的・独占的な支配が確立されていなければならず，他の者の利用を許したり，あるいは立札や境界石を埋設したりした程度では足りない。最（３小）判昭和46年３月30日判時628号52頁，東京地判昭和62年１月27日判タ639号165頁，東京地判平成21年１月27日（公刊物未登載）。これに対し，国が河岸周辺地を買い取った際，登記漏れとなった係争地につき，国が境界杭を設置し，巡視員による定期的な監視や除草等が行われていたこと

丙が1番地の範囲をc-dまででなくe-fまでであるとした理由が，丙・甲の錯誤による場合には，丙・甲間の売買契約には錯誤による無効・取消原因（民法95条）があり，丙の嘘言によるものであれば，丙・甲間の売買契約には詐欺による取消原因（民法96条）がある可能性がある。しかし，いずれにせよ甲がe-fまで購入したと思い込んで，所有の意思を持ってe-fまでの占有を開始した場合には，後記イウの要件を考慮した上ではあるが，甲はe-fまでの土地範囲を時効取得する可能性がある（いわゆる境界紛争型時効取得）。

これを所有権界の観点から見れば，甲所有地と乙所有地の所有権界は，甲がc-d-f-e-cの土地範囲を時効取得したことによって，c-dからe-fに移動することになる。

その場合でも，1番地と2番地の筆界がc-dであることに変動はない。時効取得を援用した甲は，乙に対し，2番地の一部であるc-d-f-e-cを分筆の上その所有権登記を甲に移転するよう請求すべきことになる〈4〉。

イ　善意・無過失

【ケース③】において，(i)甲が占有を開始する時点において過失がない場合（例えば，e-fを筆界と認識するのが登記情報等に照らしても，取引通念上自然である上，e-fに塀を設置することを乙が黙認している場合等）には占有開始から10年を経過した時点で，(ii)甲に過失がある場合でも，甲による占有開始から20年を経過した時点で，甲はc-d-f-e-cの土地範囲を時効取得する（民法162条）〈5〉。すなわち甲が取得時効を援用（民法145条）すれば，甲は占有の開始

をもって，国による係争地の短期時効取得を肯定した裁判例として，高松高判平成18年10月24日（公刊物未登載）。

〈4〉　その移転登記請求を怠る場合，乙がc-d-f-e-cを含む2番地を第三者に譲渡すると，当該土地部分につき二重譲渡の問題を生じることになる。登記と時効取得との関係一般については，内田『民法Ⅰ』451頁参照。なお，内田説は，境界紛争型のケースでは，登記なしに時効取得を主張できるとされるが，その考え方は，実務上定着してはいないように思われる。実務については，331頁，395頁，567頁15参照。

〈5〉　過失の有無に関するリーディング・ケースとしては，最（3小）判昭和50年4月22日民集29巻4号433頁があり，隣地所有者や公図等の確認をしないで占有を開始した場合には過失がないとはいえないとする。これに対し，最（1小）判昭和52年3月31日判時855号57頁は，公図等を確認しなくても，隣地所有者との間に境界に関する紛争もなく6年余にわたって経過した土地を買い受けた場合につき，無過失と認

時に遡って所有権を取得することになる（民法144条）。占有の始めにおいて過失がなければ，その後の調査や乙からのクレーム等により１番地はe–fまで及ばないとの疑いを持つべき事情を生じたとしても，過失による占有に転化するわけではない。

ウ　平穏・公然

他人の土地を時効取得するためには，【ケース③】における甲の占有は，「平穏かつ公然」のものでなければならない（民法162条）。

境界争いの実際では，例えば【ケース③】における甲が，丙の言葉を信じてe–fまでの占有を開始したものの，その後，何らかの事情で自己の購入した１番地の範囲はe–fにまでは及ばないのではないかと思い至りながらなお占有を継続したとか，隣地所有者乙から依頼を受けた土地家屋調査士や測量士等の立入りを甲が強く拒んだというケースも多いであろう。しかしながら，それのみでは甲の占有が平穏性・公然性を欠くものとはいえない。自己の所有地が甲に侵略されていると考えるなら，乙は甲を平和的に説得し，それが不可能ならば明渡訴訟を提起するなどの法的手段を採ることが求められる。それをしないで甲による自己所有地占有を拱手傍観していたのであれば，乙は「権利の上に眠る者」として評価されてしまうことになる〈6〉。

⑶　所有の意思を伴わない占有の開始の場合

【ケース④】【図表1-2】において，１番地の所有者甲は，当初は筆界c–dまで占有していたが，次第に乙に無断で筆界を越えて耕作をするようになり，やがてe–fまで耕作するようになったとする。このような無断借用が長年にわたったとしても，客観的には所有の意思を伴う占有ではないことから，当然には時効取得が認められるわけではない〈7〉。

同様に，【ケース⑤】【図表1-2】において，１番地所有者甲の建物の屋根の一部が，本来の所有権界であるc–dを越えて建築されていたとしても，

定している。境界争いの場合は，20年の時効期間が適用されるケースが多い。内田『民法Ｉ』384頁。

〈６〉　同旨の裁判例として，東京高判昭和46年11月30日判タ274号257頁。

〈７〉　購入した土地を越えて里道まで占有を開始しても，里道部分については自主占有と認められないとする裁判例として，東京高判平成３年８月26日訟月38巻４号569頁。

当然には乙所有地の一部についての時効取得が認められるわけではない〈8〉。

その理由は次のとおりである。すなわち民法上，所有権の時効取得が認められるためには，①自主占有と，②一定期間の占有の継続が必要である（民法162条）。①の自主占有とは，「所有の意思をもって」する占有でなければならない。所有の意思のない占有，すなわち他人の所有権が存在することを容認する意思をもって物に対してする事実支配（他主占有）の場合は，所有権の取得時効は成立しない。そして，この所有の意思の有無は，占有者の内心的意思によって決せられるのではなく，占有の性質に従って客観的に決定される〈9〉。したがって，他人の土地の占有者（【ケース④⑤】の甲）が時効取得を主張するためには，占有の取得が客観的・類型的に所有の意思を伴う性質のものであること，例えば，売買や贈与等によって隣地（図のc-d-f-e-c）の占有を開始したものであることを主張しなければならない。

もっとも，占有者は所有の意思をもって占有しているとの推定を受ける（民法186条1項）ので，実際には被占有者（【図表1-2】の乙）において，①占有者の無断借用を端的に立証するか，②占有者が使用借権（民法593条）等その性質上所有の意思のないものとされる権原に基づいて占有を取得した〈10〉との事実を証明するか，あるいは，③占有者が占有中，真の所有者であれば通常はとらない態度を示し，もしくは所有者であれば当然とるべき行動に出なかったなど，外形的・客観的に見て占有者が他人の所有権を排斥して占有する意思を有していなかったものと解される事情を証明しなければならない〈11〉。具体的には占有者が当該係争地（【図表1-2】のc-d-f-e-c）につき，乙に明渡しの猶予を求めている場合や，固定資産税の分担を拒否している場

〈8〉 熊本地玉名支判昭和46年4月15日下民22巻3・4号392頁は，屋根の越境部分につき，黙示の土地使用貸借（他主占有）の成立を認めている。

〈9〉 最（1小）判昭和45年6月18日集民99号375頁。

〈10〉 土地の使用関係が行政処分（占有許可）に基づくとの理由により所有の意思を否定した裁判例として，東京高判昭和60年7月25日（公刊物未登載），横浜地判平成24年10月30日訟月60巻6号1211頁その控訴審たる東京高判平成25年4月10日訟月60巻6号1199頁。

〈11〉 最（1小）判昭和58年3月24日民集37巻2号131頁，浅生重機「判解」昭和58年度59頁。

合などは，前記③の要件に該当することが多いといえよう〈12〉〈13〉。

この点につき，東京高判平成20年12月18日判時2031号18頁は，社寺領上知令等により国有地となり，無償で貸与されていた土地について，宗教法人の成立時までに所有の意思の表示による他主占有から自主占有への転換を認め，時効取得を肯定している〈14〉。

⑷　占有開始者の相続人が現占有者である場合

ア　他主占有から自主占有への転換

民法185条は，権原の性質上，占有者に所有の意思がないとされる場合であっても，「新権原」によって更に所有の意思をもった占有（自主占有）を開始すれば，時効取得の要件である自主占有を認め得るに至るとしている。それならば，他主占有者甲を相続した丁は，相続という「新権原」によって自主占有に転換したといえないのであろうか。

仮にそういえるとすると，例えば【ケース⑥】甲が乙地の一部（【図表1-2】のc-d-f-e-c）を一時的に無断借用するつもりで占拠し始めたとしても，その事情を知らない甲の相続人丁が，亡父甲において買い受けた土地等と誤信して占有を開始した場合，当該土地部分は，時効取得の対象となると

〈12〉　福岡高那覇支判平成10年４月21日（公刊物未登載）は，国土調査法に基づく地籍調査成果図を閲覧した際に，訂正の申出をしなかった者の占有について，所有の意思を否定している。また，自己占有地の払下げや用途廃止を申請している者の自主占有を否定した例として東京地判平成12年12月11日訟月47巻11号3346頁，公共用地境界明示において境界を異議なく承諾した者の所有の意思を否定した例として東京地判平成13年10月15日訟月48巻10号2401頁（水路敷）がある。これに対し，最（２小）判平成７年12月15日民集49巻10号3088頁，田中豊「判解」平成７年度1041頁は，占有者が所有権移転登記を求めず，また固定資産税の負担を申し出なかったとしても，直ちに所有の意思がないとはいえないとする。同旨，東京地判平成10年２月23日判タ1016号158頁，東京地立川支判平成25年４月22日訟月60巻３号531頁。

〈13〉　時効完成後にこのような行為が行われたときは，時効の利益の放棄と認められる場合もある。取得時効完成後に官民境界確定協議（410頁）を行ったことにより時効援用権を喪失したとされた例として，416頁注〈7〉掲記の裁判例のほか，東京地判平成12年２月４日訟月47巻１号164頁，東京地判平成12年２月８日訟月47巻１号171頁。喪失しないとされた最近の例として，東京地立川支判平成25年４月22日訟月60巻３号531頁（買収未墾地）があるが，同判決は，筆界の問題と所有権の範囲・帰属の問題とは区別されるべきものであり，筆界を確認（確定）したことが，直ちに筆界を基準線として所有権の範囲・帰属を認めることにはならないとしている。

〈14〉　同旨，山形地判平成25年10月21日（公刊物未登載）。

解する余地が生じる。

この点について旧来の判例及び多数説〈15〉は，相続は「新権原」に当たらないと解していた。しかるに最（３小）判昭和46年11月30日民集25巻８号1437頁は，相続という事実があっただけでは「新権原」を認め得ないものの，それによって新たに相続財産を事実上支配し，客観的に所有の意思があると認められる占有を開始したときは，民法185条にいう「新権原」による占有の開始と認め得るとしている〈16〉。したがって，【ケース⑥】における丁は，自主占有者と認められる余地があり得ることになる。もっとも，この場合における丁は当然には自主占有者との推定（民法186条１項）を受けないので，相続ないしそれ以降の時点で新たに所有の意思を持った占有を開始した旨の主張・立証責任は，丁にあると解される〈17〉。

イ　瑕疵ある占有から瑕疵なき占有への転換

民法187条は，前主の占有に悪意，有過失等の瑕疵がある場合，その占有を承継した者は，瑕疵ある前主の占有期間と自己の占有期間を併せて主張してもよいし，自己の瑕疵のない占有のみを単独で主張してもよいとしている。そうすると，（【ケース⑥】において）過失により２番地の一部（【図表1-2】のc-d-f-e-c）を１番地と誤信して購入した甲の地位を相続した丁は，自己の善意・無過失による占有のみを選択的に主張することができるのであろうか。甲の占有期間が７年，丁の占有期間が11年の場合を考えてみると，丁は甲の瑕疵ある占有を承継するのみであるとした場合，有過失の場合の時効期間は20年（民法162条１項）なので，丁の時効取得は否定される。逆に丁は自己の瑕疵なき占有のみを主張できるとすると，善意・無過失の場合の時効期間は10年で完成する（同条２項）ので，丁の時効取得の主張は認められるこ

〈15〉　大判昭和６年８月７日民集10巻763頁，我妻栄『物権法』（岩波書店，昭和27年）319頁。

〈16〉　被相続人の占有により取得時効が完成した場合，その共同相続人の一人は，自己の相続分の限度においてのみ取得時効を援用できるにとどまる（最（３小）判平成13年７月10日判時1766号42頁）。

〈17〉　柳川俊一「判解」昭和46年度402頁，最（３小）判平成８年11月12日民集50巻10号2591頁。他主占有から自主占有への転換を否定した例として，東京地判平成12年12月11日訟月47巻11号3346頁。徳本伸一「自主占有における「所有の意思」について」民研494号（平成10年）14頁。

とになる。

判例は，この場合の相続人は民法187条（占有の承継）にいう「承継人」に当たるとしており，瑕疵の有無は相続人のもとで変更するものと解すべきであるとしている〈18〉。そうすると，上記設例における丁は，自己の善意・無過失による占有が11年に及ぶことを理由に時効取得の成立を主張できることになる。

⑸　公共用物の時効取得との関係

ア　公共用物についての特則

道路敷や水路敷に民家がはみ出して築造され，長年を経ている例がある。その場合，当該民家は，たとえ悪意による不法占拠であっても，前記⑴〜⑷に述べたところに従い，20年の経過により，占拠する土地範囲を時効取得することとなるのか。

一般の民有地あるいは国公有地のうちの普通財産（国有財産法３条３項，地方自治法238条４項）については，民法の定める要件を満たす限り，時効取得が認められる。これに対し，公物特に直接一般公衆の用に供されている道路敷や水路敷等の公共用物（公共用財産。国有財産法３条２項２号，地方自治法238条４項）については，当然に取得時効の対象になるのかどうか法文上必ずしもはっきりしておらず，元来，公法的規律に服すべき公物（公共用物）に関し，私法である民法がどの範囲で適用されるのかという問題の一環として，判例，学説上，古くから争いがある〈19〉。

しかしながら，この問題については，最（２小）判昭和51年12月24日民集30巻11号1104頁（以下，「昭和51年最高裁判決」という。）が，いわゆる黙示の公用廃止による時効取得の成立を条件付きで是認しており，現在では同判決の掲げる公物の時効取得の条件についての射程距離が，実務上問題とされている。

〈18〉　最（２小）判昭和37年５月18日民集16巻５号1073頁，宮田信夫「判解」昭和37年度212頁。

〈19〉　国有財産法18条，地方自治法238条の４は，行政財産については私権の行使が制限されることを当然の前提としているようにも理解できる。詳細は，『里道・水路・海浜』１編４章参照。

イ　判例の掲げる要件

昭和51年最高裁判決は，公物の時効取得の要件につき，次のとおり判示している。

「①公共用財産が，長年の間事実上公の目的に供用されることなく放置され，②公共用財産としての形態，機能を全く喪失し，③その物のうえに他人の平穏かつ公然の占有が継続したが，そのため実際上公の目的が害されるようなこともなく，④もはやその物を公共用財産として維持すべき理由がなくなった場合には，右公共用財産については，黙示的に公用が廃止されたものとして，これについて取得時効の成立を妨げないものと解するのが相当である。」（①～④の符号は，筆者）

昭和51年最高裁判決の事案は，公図上水路として青線で表示されている公共用水路（幅員２～３ｍ）が，古くから水田や畦畔に造り変えられて，公共用水路としての外観を完全に喪失し，その状況は，甲の祖父が当該水路敷部分をその隣地の一部として第三者から借り受け耕作していた当時から全く変わっていないというものである。そのような状況の下で，最高裁判所は，国から自作農創設特別措置法による売渡しを受け，長年耕作してきた甲の時効取得（10年）の主張を相当とした原判決〈20〉を維持した。

ところで，昭和51年最高裁判決の掲げる，黙示の公用廃止認定のための上記①～④の４要件については，(i)管理されることなく放置された期間がどのくらいであることを要するというのか，(ii)公共用物としての形態，機能の喪失とは，どのような場合に認められるのか，(iii)公の目的とは，公共用物の供用開始当時の目的に限定されるのか，(iv)公共用物として維持すべき理由がなくなったとの判断基準は何か，(v)４要件は，時効取得を主張する者の占有開

〈20〉　仙台高判昭和50年10月６日高民28巻４号309頁。旧水路敷につき時効取得の成立を否定した例として，福岡地飯塚支判平成９年３月31日判自172号106頁。市道予定地につき時効取得の成立を認めた例として，金沢地判昭和52年５月13日判時881号136頁。水路につき取得時効の成立を認めた例として，福岡地判昭和54年７月12日訟月25巻11号2775頁。市道の拡張予定地につき時効取得の成立を否定した例として，東京高判昭和63年９月22日判時1291号69頁。区有道路につき取得時効の成立を認めた例として，東京地判平成10年２月23日判タ1016号158頁。なお，取得時効の完成後に目的物（民有畑地）を取得した第三者につき，背信的悪意者たるを否定した例として，福岡高判平成10年１月27日判時1639号57頁。

始時に存在しなければならないか否か，等々その意味内容は必ずしも明確とはいえない。(i)〜(v)の各論点を緩やかに解すれば，時効取得全面肯定説に限りなく近い結論になるし，逆に各要件を厳格に解釈・適用すれば，従前の判例と同様，時効取得否定説に等しい結論になる〈21〉。

ウ　公共用財産を放置していた期間

その後の下級審裁判例を見ると，まず，(i)の論点に関しては，私人が無許可で水路を埋め立てた当時，農業用水路として機能していた上，原告が占有を開始した当時は，埋立てから６年経過していたにすぎないことを理由に，その該当性を否定した大阪高判平成４年10月29日訟月39巻８号1404頁（水路）（最（３小）判平成５年７月20日（公刊物未登載）にて維持）がある。

エ　道路敷・水路敷等にはみ出した民家

(ii)の論点に関しては，現に供用されている道路敷や水路敷等の公共用物の一部にはみ出して民家が長年築造されていた場合，当該道路や水路それ自体は「公共用財産としての形態，機能を全く喪失している」との要件に当てはまらないと解さなければならない〈22〉。その場合は，(iv)の論点である「公共用物として維持すべき理由がなくなった」との要件をも欠くことになろう。時として，道路や水路にはみ出した部分のみに着目して形態，機能の喪失を主張する者がいるが，そのような凸凹のある道路や河川等であっては公物（公共用施設）としては危険きわまりないのであり，時効取得を否定した趣旨に反することとなる。

〈21〉　適用要件についての詳細は，『里道・水路・海浜』１編４章３節参照。

〈22〉　同旨の裁判例として，里道敷の一部占拠に関する山口地判昭和55年１月23日訟月26巻３号463頁，広島高判昭和57年４月26日建設省財産管理研究会編『公共用財産管理の手引〔全訂版〕』（昭和60年）397頁＝最判昭和58年２月22日（公刊物未登載）にて維持，寺院の参道の一部占拠に関する長野地判昭和61年４月30日訟月33巻７号1753頁，市道の一部占拠に関する大阪地判平成７年９月19日判自143号78頁，農業用水路敷の一部占拠に関する大阪高判平成４年10月29日訟月39巻８号1404頁（前記ウ），松並木敷に関する宮崎地判平成８年３月29日判自162号85頁，官舎敷地の一部占拠に関する大阪地判平成８年８月28日訟月43巻７号1615頁等。反対の裁判例として，里道敷の一部占拠に関する広島高判昭和61年３月20日訟月33巻４号839頁＝最判昭和61年11月27日（公刊物未登載）にて維持，いわゆるブロック移動現象を生じている市道敷の一部に関する札幌地判平成元年６月21日判自70号46頁。

オ　公物の転用

(iii)の論点に関し，機能を喪失した水路を付近住民らが道路として自由に利用しているようなときも「公の目的」は失われていないとする裁判例として，岐阜地多治見支判平成16年３月23日（公刊物未登載）がある。農業用水路が，都市化に伴って都市下水道に転用されている例を多く見かけるが「公の目的」は失われていないと解すべきであろう。

カ　公共用物の付替え

里道や水路については，近隣住民らが無断で付け替える事例が後を絶たない。しかし，そのような場合であっても，用途廃止・払下げの手続を経ていない以上，国有地（譲与後は公有地）のままである。そのため旧里道敷・水路敷は地籍調査においては地籍図上（法務局では法14条地図上）に独立した公共用地として明記されるし，黙示の公用廃止の４要件を満たさない限り，時効取得の対象とはならない。私有地上に代替道路・水路が敷設されたことにより，事実上元の里道敷・水路敷を維持すべき理由がなくなっても，当該私有地所有者が代替施設に異議を唱えれば直ちに支障が顕在化する場合には，法律上は(iv)の論点の「維持すべき理由がなくなった」とはいえないとする裁判例として，前記注〈22〉の山口地判昭和55年１月23日がある。同様に，後記注〈23〉の大阪高判平成４年10月29日は無断付替え水路につき時効取得を否定した。これに対し，東京地判昭和61年６月26日判時1207号67頁は約40年前に無断付け替えされた水路につき，高松高判平成16年11月11日訟月51巻８号2076頁は，代替水路が存在している国有水路・土揚場につき，それぞれ時効取得を肯定している。

キ　黙示の公用廃止の成立時期と不法占拠の開始時期との関係

(v)の論点に関しては，厳格な解釈すなわち時効取得を主張する者の占有開始時前に，既に黙示の公用廃止がなければならないとの見解を採用するものが多い〈23〉。公物は公物のままで時効取得されることはないという黙示の公

〈23〉　那覇地判昭和55年１月22日訟月26巻３号456頁（無願埋立地），福岡地小倉支判昭和58年４月28日訟月29巻11号2046頁（市道），広島高判昭和61年３月20日・前掲注〈22〉，東京高判平成３年２月26日訟月38巻２号177頁（国有道路敷），大阪高判平成４年10月29日訟月39巻８号1404頁（水路），大阪地判平成７年９月19日判自143号78

用廃止に関する理論〈24〉からは，当然の成り行きといえよう。

ク　裁判例の集積

４要件については，今後の裁判例の集積を待たなければならない部分が多いが，帰するところ，公物の管理が希薄で実態が喪失していることを契機として占有を開始，継続，承継した者の私法的利益と，時効完成の結果奪われる公共の利益ないし行政的利益の強弱とを，比較衡量して決すべきであろう〈25〉。

第２節　筆界の移動

１　概　説

筆界は公的存在であり，元来不動の存在でなければならない（18頁）。そのため，例えば１番地と２番地の筆界を移動させたいときは，両筆を一旦合筆し，移動させたい位置に新たな分割線を入れて分筆するか，あるいは，この作業を一連の手続として行う分合筆の登記によるほかはない（不登法39条１項，不登規108条）〈26〉。

しかし，実務上は筆界が移動したような外観を呈する場面がある。

第一に，真の筆界は移動しないが，見かけ上（地図上）移動する場合がある。

第二に，例外的ではあるが，見かけ上のみならず，法律上も筆界が移動することもある。

頁（元里道・市道），さいたま地判平成17年６月８日判自275号55頁（水路）。

〈24〉『里道・水路・海浜』１編４章２節参照。

〈25〉裁判例，学説を整理したものとして，最高裁判所事務総局編『公物・営造物関係行政事件執務資料』（法曹会，昭和62年）320頁，岩佐勝博「公共用財産の取得時効をめぐる裁判例の総合的研究」法務研究報告書76集５号（昭和63年）。『里道・水路・海浜』１編４章参照。

〈26〉錯誤による筆界を真実の位置に訂正したいときの実務につき，荒堀『Q＆A表示に関する登記の実務（第１巻）』443頁。

2　筆界の見かけ上の移動

(1)　所有者等の申出による筆界の訂正

ア　所有者等の訂正申出権

筆界の位置を確認する直接的な資料は，地図ないし地図に準ずる図面（公図等）及びそれらの淵源たる地積測量図等である（20頁）。しかし，地図に表示された土地の区画，あるいは，地図に準ずる図面に表示された土地の位置，形状〈27〉に誤りがあるとき（要するに，見かけ上の筆界が真実の筆界と異なる場合）は，表題部所有者若しくは所有権の登記名義人又はこれらの相続人その他の一般承継人には，訂正申出権が与えられている（不登規16条１項）〈28〉。そのため，登記官は，申出に係る事項を調査した結果，地図又は地図に準ずる図面を訂正する必要があると認めるときは，地図又は地図に準ずる図面を訂正しなければならない（同条12項）〈29〉。記載されているはずの筆界が地図等に記載されていない場合も同様である〈30〉。

イ　和紙公図に記載された原始筆界の訂正

明治初年に創設された原始筆界（15頁）は，その後の分筆・合筆等のいわば土台となり，それ自体は法律上不動である（不登法123条１号，18頁）。また，原始筆界を知るための第一級の資料は和紙公図とされている（121頁）。そのためか，和紙公図記載の原始筆界の訂正は許されないとの誤解がある。しかし，和紙公図の記載には，沿革的な理由により，曖昧さと歪みが不可避的に存在する（131頁以下）。そのことは，和紙公図と登記記録等，地形地物，古い資料，証言等とを総合的に照査することにより判明する（不登法143条１項）。したがって，その成果に基づき和紙公図の記載の曖昧さや歪みを訂正することは当然に許される。その成果を広範囲で求め，和紙公図を全面的に

〈27〉「区画」（１筆）と「位置，形状」は，筆界の形状という意味では同じだが，記載自体で特定できる「区画」とそうでないものというニュアンスがある。

〈28〉平成17年の改正不動産登記法施行以前は，訂正申出に権利性は付与されていなかった。申出権者以外の者は，現在でも登記官の職権発動（不登規16条15項）を促す方法によることとなる。

〈29〉実例を紹介するものとして，京都地方法務局登記事務研究会『平成４年・登記所に提出する各種図面等の作成例及び地図等の訂正事例』（平成４年）。

〈30〉荒堀『Ｑ＆Ａ表示に関する登記の実務（第２巻）』404頁，451頁。

書き改める（見かけ上の筆界を動かす）作業が地籍図や法14条地図の作成作業（116頁，510頁）だといえる。

ウ　分筆申請に錯誤がある場合の訂正

イの場合と異なり，分筆申請に錯誤があったにとどまる場合は，登記官によって形成された筆界が分筆申請（地積測量図）と一致する以上，地図訂正（図面の訂正も含む。以下本項において同じ。）の方法によって筆界を移動させることはできない（498頁５）〈31〉。

エ　地積更正登記・地図訂正・地図修正と筆界の移動との関係

①地積更正登記（不登法34条１項４号）は，ある地番の区画（筆界で囲まれた１筆地）の面積表示を訂正しただけであり，②地図訂正（不登規16条）は，ある地番の区画（筆界で囲まれた１筆地）についての表示が存在していなかったり，存在していても不正確であったりした場合に，その区画表示を補正しただけである。①と②は，いずれも，区画（筆界）それ自体に変更を加える登記官の行為ではない〈32〉。

これに対し，③地図の修正は，筆界の移動原因である分筆・合筆・分合筆があった場合に，それに合わせて地図を修正する登記官の行為であり，地図の変更手続（不登準則16条１項本文・４号・５号等）を要する〈33〉。

実務では，③の地図修正（地図変更）の手続を経ないまま，現地に合わせて②の手続のみで地図を書き換えてしまう行為が横行しているが，権利関係の錯そうを招く違法行為である（488頁オ，518頁）。

オ　筆界特定の成果による筆界の訂正

筆界特定（423頁）の成果に基づいて地図訂正・地積更正等が行われる場合も，地図上，筆界の移動はあっても，真の筆界が移動するわけではない。のみならず筆界特定の成果が公にされた後であっても，地図上の筆界の訂正は，原則として，当事者の申請がない限り行われない（465頁，例外につき466

〈31〉　昭和43年６月８日民事甲1653号民事局長回答。

〈32〉　平成17年施行の不動産登記規則16条２項は，地図の訂正を申し出る場合に，地積の錯誤があるときには地積更正登記申請と併せてしなければならないとしているが，それも筆界の移動なり再形成を意味するものではない。

〈33〉　荒堀『Ｑ＆Ａ表示に関する登記の実務（第２巻）』428頁。

頁(4))。

(2) 国土調査の成果に由来する筆界の修正記載

ア　地籍図における筆界の修正記載

国土調査の一環として地籍調査が行われているが，その成果として作成される地籍図（国土調査法17条）は，筆界等に関する測量の結果を記録したものにとどまり，これによって土地に関する国民の権利義務を創設し，変更し，又はその範囲を確定するような法的効果を伴うものではない〈34〉。したがって，当該地籍図（ないしその成果が承継された法14条地図）が，公図に記載された筆界を見かけ上移動せしめるものであったとしても，真の筆界を移動せしめる効力を伴うものではない。

イ　地籍調査の成果に伴う分筆，合併の処理

地籍調査の成果によって，現地の実態が分筆・合筆の登記をすべき状態にあることが判明した場合，当該土地所有者の同意の下に，分合筆等の処理が行われることがある（国土調査法32条，32条の２）。この手続は，便宜的に代位登記の一種を認めたものであって，地籍調査の法的効果として真の筆界が移動したり，再形成されたりすることを認めたものではない。したがって，その手続に原始筆界を無視した違法があると判明すれば是正されることとなる。

なお，里道や公共用水路等の（旧）法定外公共物について調査立会〈35〉があったことを根拠に，公図上民有地に孕在していた里道・水路等の国有財産が地籍図及びそれを承継した法14条地図上，大量に抹消されている例が多い。しかしながら，地籍調査の成果に基づき合筆処理（国土調査法32条）を行い得るのは，同一所有者に属する場合であることに加え，昭和51年最高裁判決（52頁）の要件判断もされていない不適切な手続ゆえ，これらの取扱いは疑問である〈36〉。公図上存在し，地籍図及びこれを承継した法14条地図上消

〈34〉　それゆえ，筆界線の表示が誤っていることを理由とする地籍図更正の申出（国土調査法17条２項）の却下は，行政処分性を有せず，抗告訴訟になじまない。前橋地判昭和60年１月29日訟月31巻８号1973頁＝最（２小）判昭和61年７月14日（公刊物未登載）にて維持，最（３小）判平成３年３月19日判時1401号40頁。

〈35〉　昭和54年12月５日国土庁54国土国436号土地局長通達。

〈36〉　『公共用財産管理の手引』146頁。なお，法務省民事局『三訂国土調査登記詳解』（平成３年）105頁以下も，本書本文中の取扱い実務を容認する趣旨ではないと解さ

去されている里道・水路等の帰属や境界が問題となったときは，消去の経緯等〈37〉を確認し，慎重に対処する必要があろう。地図と登記の不一致をもたらす別の問題として，道路内民有地の取扱いがある（350頁）。

ウ　地籍調査の成果の補正

主として初期の地籍図については，作成がずさんであり，それを承継した法14条地図も著しく不正確という例が多い（535頁）〈38〉。中には法14条地図への指定すら取り消すべきではないかと思えるものがある。しかし，現行法上，明快な是正手段は用意されていない（531頁３，538頁４）。

以上，いずれの手段によるものであっても，地図に描かれた見かけ上の筆界を修正するにとどまる点が，後述３の筆界の法律上の移動と異なる。

３　筆界の法律上の移動（筆界の再形成）

(1)　概　説

筆界は，地番が形成された時点でその位置が確定し，その後，所有権界に移動が生じたとしても，これに随伴して移動することはない。分筆・合筆の手続を経て，改めて引き直されることがあるだけである（18頁，56頁）。

しかし，例外がないわけではない。その第１は，所在が分からなくなってしまった筆界を法律手続によって改めて引き直すものであり，筆界確定判決と，かつての境界査定処分〈39〉がこれに該当する。その第２は，自然現象に伴う筆界の移動であり，天変地異があった場合，寄洲（よりす）など海岸における海進・陸進があった場合，洪水による河道の恒久的変更があった場合等である。

れる。そのためか，平成13年３月30日財務省財理1268号「取得時効事務取扱要領」は，昭和51年最高裁判決の４要件の遵守を要請している。

〈37〉　地籍調査の際，当該里道等の財産管理権者が立ち会ったか，その者に当該里道を無償譲渡する権限があり，譲渡手続が取られたのか等々。

〈38〉　拙稿「境界の確認をめぐる各種手続の現状と問題点（下）」登記情報40巻10号（平成12年）25頁以下，寺田逸郎ほか「高度情報化社会における登記（第３回・完）登記所地図のコンピュータ化について」登研630号（平成12年）105頁以下。

〈39〉　筆界特定制度の立法過程では，同制度によっても筆界の再形成ができるよう企画されていた（民月56巻11号216頁以下，民事法情報214号62頁）が，その点の立法化は見送られた。425頁２。

⑵　筆界確定判決

筆界確定訴訟（境界確定訴訟）は，裁判官が筆界を探索し，それが不能のときは改めて筆界を引き直す裁判手続である（570頁）。その判決の本質は，実務上，形式的形成訴訟であると解されており，既判力とともに筆界を再形成する形成力を有するとされている。そのため，判決で示された筆界が，仮に旧来の真の筆界と異なることが判明したとしても，判決が示す新たな筆界が真の筆界として取り扱われることになる。その意味において，筆界確定訴訟の確定判決により，真の筆界の移動を伴う場合があるといえる。

⑶　境界査定処分

境界査定処分は，明治17年10月から昭和23年３月までの間，実施されていた〈40〉。その概略を述べると，明治32年旧国有林野法（同年法律85号）においては，国有林野の境界査定では隣地所有者の立会いを求めるが，立ち会うことができなくても境界査定を実施することができ（４条），境界査定を終えたときは直ちに隣地所有者に通告（５条），境界査定に不服があれば通告後60日以内に行政裁判所に出訴できる（７条）とされていた。大正10年旧国有財産法（同年法律43号）においても，国有財産の境界査定につき，同趣旨の規定が置かれていた（10条，11条，13条）。加えて同法では，隣地所有者の住所居所がいずれも不明なときは通知の要旨を公告すれば足りるとされ（12条），また，境界査定に不服のある者の行政裁判所への出訴には，期間の制限は設けられなかった（13条）。

境界査定の目的は，官有地を保全するため，土地の官民境界をはっきりさせることそれ自体にあった。その点，一般の境界判定作業が，地租改正作業の一環として，徴税目的で行われたのとは，趣を異にし，むしろ地籍編纂事業（505頁）に通じるものがある。そのため，これらの査定処分の成果を記載した境界査定簿・境界査定図は，古い時代のものであってもかなり信頼性が

〈40〉　明治17年10月14日から同23年10月末までは，官林境界調査心得（明治17年10月14日外340号達）１条，同23年11月１日から同32年６月末までは，官林境界踏査内規（明治23年10月20日農商務省訓令丙林371号）１条，４条，同32年７月１日から大正11年３月末までは，旧国有林野法（明治32年３月22日法律85号）４条～７条，大正11年４月１日から昭和23年６月末までは，旧国有財産法（大正10年４月７日法律43号）10条～13条。

高いといえる。

さらに重要な特色は，境界査定には形成的行政処分としての効果が与えられていたことから，査定の成果が仮に旧来の所有権界及び筆界と齟齬（そご）を来していたとしても，所有権界（国有地の範囲）及び筆界を書き換える効果が付与されていた点にある。言い換えれば，所有権界（国有地の範囲）のみならず，筆界も査定成果どおりに移動するという形成的効果さえ認められていた。〈41〉もっとも，境界査定線の一部が相手方でない者の所有地内を走行する形で引かれた場合には当該部分に限り無効となるとする裁判例がある〈42〉。

官民境界についての境界査定制度は，新国有財産法（昭和23年７月１日施行）にて廃止されているが，廃止の理由は違憲だからというわけではなく，その効果は現在でも有効である〈43〉。

⑷　天変地異による筆界の補正

大震災があった場合，それに伴う地殻変動により境界点はもちろん公共基準点等も位置が物理的に移動する。移動の仕方は，おおむね次の３種に分類される。

ア　単純な平行移動があった場合

境界点と基準点の相対的な位置関係は変わらない。そのため，いわゆる逆打ちによる境界復元が可能とされる。阪神淡路大震災は，その一例といえる〈44〉。

〈41〉　東京高判昭和35年９月21日訟月６巻10号1895頁，仙台地古川支判昭和36年４月24日訟月７巻５号1038頁，東京高判昭和43年３月27日訟月14巻５号494頁，高知地判昭和44年４月25日訟月15巻11号1300頁，盛岡地判昭和44年６月19日訟月15巻８号900頁，福岡高判平成５年９月７日訟月40巻９号2184頁，宮崎地都城支判平成18年７月４日（公刊物未登載＝福岡高宮崎支判平成18年12月６日（公刊物未登載）にて維持）等。なお，札幌高判昭和61年10月16日判タ632号230頁は，処分性のある確認行為であるとする。

〈42〉　熊本地判昭和40年９月28日訟月11巻11号1603頁，前橋地判昭和57年９月28日訟月29巻３号400頁。

〈43〉　前橋地判昭和57年９月28日・前掲注〈42〉。

〈44〉　平成７年３月29日法務省民三2589号民事局長回答，松尾武「地殻変動と土地の筆界」登研601号（平成10年）97頁，井上隆晴・西田寛「地震と土地境界―登記上の問題をも含めて」ジュリ1079号（平成７年）67頁。

イ　ポテトチップ状の変動がある場合

東日本大震災のように，移動量は均一ではなく，ポテトチップ状の歪みを生じている場合には，境界の復元がより困難になる。その場合には，歪んで移動した境界点（座標値）の補正にはパラメーター変換（すなわち，処理結果に影響を与える，外部から投入される変動要素の変換データを用いること）により，筆界点の補正を行う〈45〉。その結果，道路幅が狭くなって法定の要件を満たさなくなったり，四角い土地にポテトチップ状の歪みが生じている地域については，集団和解によってあるべき形状に復元することが望ましい。

ウ　局部的な地表面の土砂の移動（崖崩れ等）の場合

通常の土砂崩れと同じく，土地の筆界は移動しないものとして取り扱うこととなる。その結果，隣地に自己の家が移動してしまうという事態を生じ得るが，当面は，その状況を隣地の所有者が受忍し，再築の時に改めて協議するのが最良であろう。

原因が主に地殻変動によるものなのか，地滑りなどによるものなのか，言い換えれば，地滑りした場所も地殻変動は起こしているはずだが，平均的な地殻変動を超える移動が地滑りによって起こっているのかの見極めは難しい。その場合も，イに準じて，集団和解の手法によるのが合理的といえる。

⑸　寄　洲

海に隣接する甲所有地の脇に寄洲（よりす）が形成されたとき，筆界は動くか。登記実務は，海と陸（有番の土地）との筆界は，「春分秋分における満潮位」としている〈46〉。また，寄洲とは，土砂が風や波の作用で堆積し，新たな陸地となったものを指すが，海に接した民有地に寄洲が形成され，その上に建物が建てられたとき，「寄洲は，その附合した土地の一部であるから，当該土地の地番をもって（寄洲上の）建物の所在を表示すべきである」としている〈47〉。

この2つの先例を見る限り，寄洲の分だけ隣接民有地が膨張し，筆界（真

〈45〉　応急措置を定めるものとして，平成23年3月18日法務省民二695号民事第二課長通知。

〈46〉　昭和31年11月10日法務省民事甲2612号民事局長事務代理回答。

〈47〉　昭和36年6月6日法務省民事三発459号民事局第三課長電報回答。

の筆界）も海側に移動するという考えのようである。しかし，そうすると例えば，海没によって甲所有地が滅失し，その上に寄洲が形成されると，旧甲所有地は隣接する乙の所有地になるとの不合理な結果となってしまう〈48〉。

⑹　後発的原始筆界の形成

かつて筆界が存在していた地域について，土地区画整理事業や土地改良事業，都市再生法等によって権利変換が行われ，その確定によって新たに筆界が形成されることがある。その場合は，旧来の筆界が全面的に消去され，白紙の状態で筆界が形成される（後発的原始筆界。15頁）のであって，既存の地番境（筆界）が移動するわけではない。

⑺　原始筆界と後発的原始筆界との間の齟齬（そご）

実務上，原始筆界がベースとなっている公図地区と，後発的原始筆界がベースとなっている換地地区との間で地図上隙間が生じたり，逆に重なりを生じてしまったりすること（公図地区と換地地区のずれ）がある。その場合は次のとおり考えるべきであろう。

①それぞれの地区につき，筆界復元作業を行って現地に筆界（杭）を復元する，②その結果，㋐復元後の杭が現地で整合するなら，公図・換地図を訂正して，地図の接合をさせる，㋑現地に空白地ができるなら，換地地区側に未処分の保有地（余裕地）があることになる，㋒換地地区の杭が公図地区の杭にかぶる場合，それが小規模であれば，換地地区側の地図訂正で足りる〈49〉，㋓換地地区が公図地区を大きく侵害しているのであれば，換地処分に重大・明白な瑕疵があるため，換地処分のやり直しを促すか，重複部分重複部分の旧公図地所有者＝勝訴見込み者が，換地地区側に対し，換地処分の無効を前提とする所有権確認請求等の各種訴訟を提起する他はない〈50〉。

〈48〉　詳細は，寺田逸郎ほか「実務座談会⑸不動産登記に関する最近の実務上の問題点をめぐって」登研582号（平成８年）２頁参照。私見は，海没や隆起などの自然現象があっても，筆界は不動であると考えている（321頁）。

〈49〉　換地地区側が応じなければ，相隣地所有者間で筆界特定・筆界確定訴訟の手続により解決すべきこととなる。

〈50〉　侵害が大規模の場合，照応原則違反・公平原則違反を生じていることから，公図地区と換地地区の境に位置する相隣地所有者間のみでの解決は相当ではない。また，換地が完了している場合には，提訴してもいわゆる事情判決（行訴法31条）で請求が棄却される可能性が大きい。

③公図の精度が悪いため公図から筆界を復元することができない場合には，それにもかかわらず換地手続を適法と考えるべき特段の事情がない限り，両地区双方につき地図混乱を生じていることになる。その場合は，地図混乱一般の手法すなわち集団和解の手続に従うこととなろう。

⑻　集団和解と後発的原始筆界との関係

真正の地図混乱地域やポテトチップ状の異変を生じた震災地域等において集団和解等の方式により新たに地番境につき合意する場合（155頁），そこに手続上の違法事由が見当たらないときは，事実上，後発的原始筆界の形成に類する効果を認めるべきこととなろう。

第３章

境界標

第１節　境界標の基礎知識

1　境界標の種類と効用等

⑴　境界標の種類

境界標の代表例は，石杭，コンクリート杭，プラスチック杭，木杭，金属標などの境界標であるが，このほか，境界塚，境界木，境界林，柵などをもって境界標としている例もある〈1〉。

天頂に十文字を表示した角杭の場合，特段の事情がない限り，当該杭の天頂の十文字の中心が境界点である〈2〉。

⑵　境界標の効用

境界が判明している場合，例えばGNSS測量〈3〉でもたらされたピンポイント情報がある場合などを除いて，その位置をいかに高度な地図情報として図面等で記録して保存したとしても，測量には誤差が伴うことから，現地で境界をピンポイントに示すことはできない。その意味で，現地に設置された境界標は，本来は目に見えない存在であるところの境界をピンポイントで示し得る重要な存在であるといえる。

また，境界標の存在は，境界の判定に当たり当事者を納得させ，紛争を未然に防ぐのに大きな役割を果たす。

⑶　境界標の限界

境界標は，あるべき位置に設置されていてこそ初めて有用である。反面，

〈1〉　板塀を境界標とする例として，東京地判昭和60年10月30日判時1211号66頁。
〈2〉　福岡高判昭和46年７月22日判時653号93頁。
〈3〉　Global Navigation Satellite System 測量。旧来の GPS 測量。

あるべき位置でないところに境界標が設置されている場合には，境界標が設置されていない場合よりかえって支障が大きいといえる〈4〉。

実務上，工事関係者による不正確な位置への打設あるいは移設等の原因により，正しい位置でない地点に境界標が移設されていたり，地震等の災害で移動していることもまれではない。さらには，単なる占有界や公物管理界，あるいは所有権界を示すにすぎないものであって，筆界についての標識ではないのに，それらを筆界に係る境界標と誤認していないか等を慎重に検討しなければならない。言い換えれば，境界標が現地に存在するからといって安堵するのではなく，その形状，推定作成年代，維持管理の状況，他との対比，図面等との比較検討など，あるべき位置に設置されている真正な境界標か否かの吟味を怠ってはならない。

2　境界標の現状

(1)　境界標の地図等への記入

土地の境界に境界標を設置することは古くから行われてきた。しかし，その存在を表示登記や地籍調査の成果と関連付けて公図や公簿に記録しておく作業が行われるようになったのは，比較的近時のことである。すなわち，昭和52年不動産登記事務取扱手続準則の改正に伴い，現地に永続性のある石杭又は金属標等の境界標（いわゆる永久筆界標）があるときは，地積測量図にその旨を記載することとされた〈5〉（167頁イ）。

また，国土調査においては昭和55年４月以降，それまで筆界標示杭として木杭を設置していたのを改め，筆界標示杭のうち，一筆地の特定に必要な位置に設置された筆界基準杭については永続性のあるコンクリート杭等を設置してこれを地籍図に表示すべきものとした（512頁）〈6〉。

この筆界基準杭は，法務局における上述の地積測量図に記載すべき境界標

〈４〉　一大疑獄事件にまで発展した例として，拙稿「境界確定の難しさ」登記情報37巻11号（平成９年）４頁。

〈５〉　昭和52年12月７日法務省民三5941号民事局第三課長依命通知。木杭，空洞プラスチック杭，金属鋲など移設の容易なものはこれに該当しないことから，地積測量図に記載する必要はないとしている。

〈６〉　昭和55年４月４日国土庁55国土国146号土地局長通達。

の一つであることから，ここにおいて地籍図と，これを受け入れて作成される法務局備付地図（法14条地図・当時の法17条地図）及び地積測量図の整合性が高められるに至っている〈7〉。

⑵　境界標設置の義務化

境界点を正確かつ永続的に表示する石標などの境界標の設置は，主として費用面の問題があることから，官公署が関与して設置する場合（後述３節）を除き，なかなか義務化されないのが実情である。ところが，境界標が設置されていないことが，かえって多額の費用を要する争訟の原因となっているという皮肉な現象を生じている。

境界の実務に携わる者は，境界標の設置・保存の大切さ，たとえ仮杭であっても現地に残すことの大切さを土地所有者に伝える責務があるといえよう〈8〉。

なお，筆界特定の成果については，境界標の設置が義務付けられていないため，その後の実務に支障を生じることが多い。その場合，逃げ杭ないし方向杭を設置することは可能と解される（467頁５）。境界標設置請求につき，１章１節２款２⑵イ（８頁）参照。

３　境界標の意味するもの

境界標は，筆界を意味するというのが実務の常識であるという〈9〉。

確かに，不動産登記規則77条１項９号は，「境界標」を定義して「筆界点にある永続性のある石杭又は金属標その他これに類する標識をいう。」としている。しかし，民法223条は，所有地の境（所有権界）に境界標を設置できるとしているところ，実際には，既に述べたとおり（24頁），所有権界，筆界は必ずしも一致しないし，現実問題として，それらと別の位置にある公物管理界に境界標を設置する例（37頁）もある。境界を扱う者としては，その現実を忘れてはならない。

〈７〉　昭和55年４月24日法務省民三2609号民事局第三課長依命通知。

〈８〉　日本土地家屋調査士会連合会は，かつて「杭を残して悔いを残さず」という全国キャンペーンを実施していた。

〈９〉『土地境界基本実務Ⅴ』34頁。

以下，境界にいくつかの種類があると同様，境界標の指し示す内容も，必ずしも同一ではないことを見ていく。

第2節　私人が設置する境界標

1　私人が設置する境界標の法的意味

私人が，相隣接する土地の「境界」に合意に基づいて境界杭その他の境界標を設置している場合，その境界標は，特段の事情がない限り，互いの土地所有権がぶつかり合う境（所有権界。4頁）を意味している。仮に，私人相互間で相隣接する一筆地の地番境（筆界）について合意した上，その地点に筆界標識を設置したとしても，筆界は公法上のもので私人間の合意になじまないものであることから，その標識は筆界を表象するものではない〈10〉。

もっとも，地番境（筆界）をもって所有権界（所有権界兼筆界）と認識している場合が通例であろうし，私人間において当該境界が所有権界であるとともに筆界でもあると認識していたというのであれば，当該境界標は「所有権界についての合意」のほか「筆界についての認識の一致」の証拠となるものであり，登記官による筆界調査や国土調査における一筆地調査に際しての有力な資料となる〈11〉〈12〉。

2　私人が境界標を設置する手順

隣地所有者が境界標の設置に応じようとしない場合，隣地所有者に対し，境界線上に杭や鋲などの境界標を設置せよとの請求権を行使することになる（8頁）。

〈10〉　盛岡地一関支判昭和40年7月14日判時421号53頁。384頁(2)。

〈11〉　筆界についての当事者の認識が一致しても，筆界自体が変動するわけではない。最（2小）判昭和31年12月28日民集10巻12号1639頁。

〈12〉　筆界確定につき，私人が境界標石を尊重してきた経緯をしん酌して，これに重きを置いて筆界を判定した例として，東京高判昭和56年7月22日判時1014号74頁。

第3節　官公署が関与して設置する境界標

1　概　説

官公署が関与して境界標を設置するケースとしては，①官公署が相隣地の一方の所有者（財産管理者）として関与する場合，②公物の機能管理者として関与する場合，③筆界調査の成果として設置する場合などがある。

官公署が境界の調査に関与する場合には，その成果として確認された境界につき，境界標それ自体か，少なくとも地図作成上の基準点標識について，これを設置・保存することを義務付けているのが一般である。

2　土地所有権者としての設置

官公署といえども，一筆地の土地所有者（正確には，当該官公有地の財産管理者）として，相隣地の所有者と合意の上，「境界」標識を設置する場合には，前節1と異なるところはない。すなわち当該標識は第一義的には「所有権界」を表象している。例えば，国有財産法31条の3による官民境界確定協議の対象は所有権界である（414頁）ことから，その成果に基づいて境界標を設置する作業は，主位的には「所有権界」を明示することにあり，副次的に「筆界について相隣地所有者の認識が一致する地点」を意味することとなる。

境界確定協議が調った場合には，私人間の場合と異なり，各官署は境界標を設置し，その番号及び位置を境界確定協議書上明記しなければならない（国有財産法施行細則1条の3，1条の4）。

3　公物管理者としての設置

道路や水路等の公物管理者（機能管理権限はあるが，財産管理権限のない者）が，当該公物管理権の行使として設置した境界標は，当然には自己の公物管理権の及ぶ範囲すなわち「公物管理界」を表象するものにすぎない。なぜなら，公物の機能管理の権限を有する者は，特段の法令（条例・規則）上の根拠がない限り，当然には財産管理をする権限を有せず，所有権界について合意する権限はない。同様に，特段の法令（条例・規則）や通達上の根拠がない限り，筆界に係る境界標を設置する権限もないからである。

最近では，公物管理界が筆界・所有権界と理屈の上で無関係であることを認識しつつ，あえて筆界でないことを知悉しながら公物管理界に境界標を設置する例も増えているので留意しなければならない〈13〉。

4　筆界調査の成果等としての設置

⑴　設置の義務性と設置の法的意義

法務局や市町村等の官公署が，土地所有者ないし公物管理者の立場を離れ，法14条地図の作成ないし地籍調査の観点から，地番境を確認しつつ境界標を設置していく場合がある（地籍調査準則21条，22条〈14〉等。512頁）。その作業により設置されるのは，「筆界」を表す境界標である。

当該境界標それ自体は官費で恒久的なものを設置できない。しかしながら地図作成上の基準点標識については，官費で設置・維持・復元が行われている〈15〉。

なお，筆界特定制度の成果として筆界の位置が判明しても，当然には境界標は設置されない（467頁）。設置には費用を要するところ，申請主義を採っている同手続において，設置費用の負担を義務付けると筆界特定制度利用の門戸が狭められるとの配慮であろうか〈16〉。しかし，設置の権限すら規定していないことに対する国民の戸惑いも多く耳にする。

⑵　筆界標の設置と所有権界の帰すう

筆界と所有権界が別のところに存在する場合には，筆界の存在するところ

〈13〉　富山県内の公園管理の例（36頁），全筆買いをした土地のうち，公物として利用する部分のみに境界標を設置する例など。

〈14〉　地籍調査の際に，市町村界（38頁）を調査し，その成果として設置する境界標は，筆界と同時に市町村界を表象している。

〈15〉　法務局による維持・管理については，「基準点標識の維持管理の方策の策定について」（平成4年10月7日法務省民三5782号民事局長通知）に詳しい。

〈16〉　立法担当者は，筆界特定には行政処分として国民の権利義務に影響を与える効果を与えないとした関係で，境界標の設置を義務付ける規定が置かれていないと説明している。清水響「不動産登記法等の一部を改正する法律の概要」民月60巻5号（平成17年）67頁。しかし，国民の権利義務に影響しないという点では，境界杭を設置している地籍調査の成果も同様ではなかろうか。

に筆界標が設置されるべきであり，相隣地番の所有者が筆界を承認した（正確には，筆界につき認識の一致をみた）としても，所有権界の帰すうには当然には影響しない〈17〉。

5　境界のあるべき実務

官公署が設置する境界標が，上記のように様々な法的意味を持つということは，国民にとって理解し難いであろう。また，過去において官公署の「境界」調査担当者の多くは，筆界と所有権界等との違いを意識することなく境界標を設置してきたのではないかと危惧される。そのこと自体は，通常は，格別不都合ではない。なぜなら，時効取得や，境界和解，一部譲渡などの理由により，筆界と所有権界等が不一致を来すケース（24頁）を除いて，境界とは「所有権界兼筆界（兼公物管理界）」を指し，筆界と所有権界等を峻別する必要はないからである。

ただ，国民の目線で見たとき今後のあるべき実務としては，官公署の実施する境界標の設置は，「筆界兼所有権界」を示すものでなければならない。例えば，国有地と民有地との間の官民境界確定協議は，法律上は「所有権界」を確定するものでしかあり得ない（414頁，416頁）が，協議の過程で，境界付近に時効取得の対象となった土地部分があることが判明した場合には，「筆界と異なる位置に所有権界が新たに形成されていること」を認識しつつも，「筆界は権限外であるから関与しない」という態度であってはならない。時効取得部分の分筆・土地所有権移転登記の手続を同時に進めることにより，協議によって確定される官民所有権界は，結果的に筆界（正確には，当事者双方が一致して筆界と認識している地点）でもあるという処理をした上，境界標を設置するよう心掛けるべきである〈18〉。

〈17〉　所有権界が，いわゆるブロック移動に近い状態を生じ，所有権界と筆界が一般的に齟齬（そご）している事案について，筆界標の設置に同意したとしても，所有権の時効取得の進行に影響を及ぼさないとした事例として，札幌地判平成３年11月７日判時1420号112頁。

〈18〉　しかしながら，実態としては，行政庁間の縄張り意識に加え，裁判制度の仕組みと，その根拠となる実定法規に阻まれて，柔軟な扱いは相当困難な状況にある。後述の立法試案すなわちADRの仕組みを利用した行政委員会による境界確定制度

なお，私人宅に係る境界標の数値情報は，個人情報であるとして開示を拒む官署が一部にある。しかし，①同じ数値情報を記載している地積測量図は，広く一般国民の閲覧・謄写に供されている，②地図情報ないし地形地物情報にすぎない，③自己情報コントロール権ともプライバシー権とも親和性がない。それゆえ，境界標の数値情報は，秘匿すべき個人情報には該当しないというべきであろう〈19〉。今後は，地理空間情報活用推進基本（NSDI）法の精神にのっとり，筆界標に係る数値情報は公法上の境界を公示する機能を高めるべく，不特定多数の国民に情報が公開されることが望ましい。

第4節　所有権界・筆界・境界標の相互関係

1　問題の所在

図面・地図等から推定される筆界と所有権界，あるいは境界標が不一致の場合どう処理すべきか。以下に設例を用いて述べることとする。

【図表1-3】で，P_1とP_5は，最初に出現して，その後の各分筆時点で，P_2～P_4が順次設置されている。図面・地図上，さらには地積測量図では，P_1からP_5まで直線に描かれている。ところが，そのような場合でも，現地ではP_2～P_4の境界標が当該直線上にない。どう理解したらよいのか。実務では，普通に見られる現象であるという。

（425頁）は，この点の克服をも目指すものであったが，日の目を見るに至らなかった。

〈19〉 そもそも不動産に関する情報のうち，どこまでが開示を予定されている情報であって，どこからが不開示情報であるのかは，あまり議論が深まっていない。拙稿「不動産情報の開示をめぐる若干の問題」民研582号（平成17年）3頁。

【図表 1-3】

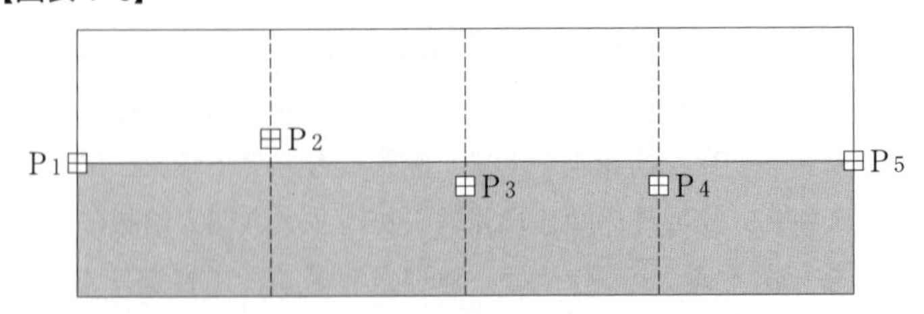

問題を単純化するために，図面・地図等は，平板測量によって作成された図面・地図等であり，それと地積測量図との間に矛盾はないものとする。

2　P_1 と P_5 の地点における所有権界・筆界・境界標の相互関係

⑴　P_1 － P_5 が原始筆界を示す場合

P_1 － P_5 の境界線が，明治初年に作出された原始筆界（15頁）あるいは土地改良・土地区画整理等によって作出された後発的原始筆界（15頁）の場合，現地に設置された P_1 と P_5 の境界標は，それが原始筆界形成時に設置されたものと推認される限り，明治期に新たに形成された所有権界等を表章すると解され，筆界はそれをなぞったものゆえ，筆界もそれと一致すると推認される〈20〉。そのため，特段の事情がない限り，それらの形成時に設置された境界標の位置が所有権界兼筆界を示すと解してよい。

⑵　P_1 － P_5 の境界線が原始筆界から最初に分筆された分筆界（創設筆界）の場合

P_1 と P_5 の境界標が原始筆界線上に存在すると推認され，かつ分筆当初のものであることが推認される限り，前記⑴と同じく，P_1 と P_5 は所有権界兼筆界を示す境界標と解してよい。

なお，P_1 や P_5 それ自体が，原始筆界線上に存在すると認められない場合（例えば【図表 1-3】の縦の外枠線上にない場合）は，次に述べる P_2 ～ P_4 と同じ法律状態にあることとなる。

〈20〉　境界標は所有権界の位置に限りなく近い位置に設置されるゆえ，原始筆界の基点たる目標物 P_1 と P_5 は（移動が証明されない限り）所有権界を示す点と推認される。地割権者による筆界の作出（493頁）もそのことを前提としている。

3　P_2～P_4の法的位置付け

(1)　問題の所在

設例においてP_1－P_5の作図を行った地割権者（登記官等。493頁）は，P_1－P_5を一直線として筆界を作出している。それなのになぜ，P_2～P_4は，その直線上にないのか。また，筆界・所有権界・境界標相互間をどう考えたらよいのか。

(2)　ブレの原因が許容限度内の技術的要因にある場合

境界標の設置には，測量誤差と境界標埋設誤差が必然的に伴う。すなわち，境界標設置当時に使用された測量機器，担当者の計算能力，作業の質（力量）によって避けることのできない誤差を生じる。それゆえ，P_1－P_5の線上にあるはずの筆界点からずれた位置に境界標が設置されることは避けられない〈21〉。その場合，移設等の問題を生じるのか。

実務の大勢は，境界標設置当時の測量精度を勘案して次のとおり判断するというもののようである。

①理屈をいえば，P_2～P_4のそれぞれを分筆するに際し，現地の測量成果たるP_2点等を測量した者から示され，そこを所有権界と了解して占有を開始したのであれば，そこを所有権界と定めて筆界を設置したのは，正当といえる。したがって，P_2等の境界標をそのまま存続させることに問題はない。ただし，筆界はP_1－P_5の直線上にあることから，厳密にいえば，所有権界と筆界との不一致を生じていることになる。そのため，筆界確定訴訟の提起があった場合には，境界標とは別のP_1－P_5の直線上に筆界があると判定される可能性も否定できない〈22〉。

②P_2～P_4の相隣地所有者が①の結果を嫌い，所有権界と境界標をP_1－P_5の直線上に移動させるということで合意するというのであれば，それも適法といえる。その場合，筆界との不一致は是正される。

〈21〉　実務では，作図基準である公差（国土調査法施行令別表第4）の範囲内か否かを論じる者が多いが，設例の場面で公差を論ずべき論理的必然性はない。ただ，既存の測量成果の質を判断する資料とはなるであろう。

〈22〉　裁判所は筆界を再形成する権限を有することから（591頁），P_2～P_4をそのまま是認してギザギザのある筆界と認定して筆界を再形成することも可能であろう。

(3)　ブレの原因が不適切な手抜き測量にある場合

設問の場合，P_2等を設置するに際しては，本来，P_1及びP_5を起点とした復元測量をすべきところそれを怠ったために，不適切な位置に境界標が設置されていることも十分あり得る。「境界石は，あるべき所にあって初めて境界を示す」のであるから，ブレの原因が不適切な手抜き測量にあることが判明した場合，それを発見した担当者としては，放置すれば将来の境界紛争の引き金となるおそれを告げ，正しい筆界兼所有権界への境界標の移設を促すべきであろう〈23〉。

第５節　境界標の損壊

1　民事上の問題

境界標は，原則として相隣接する土地所有者の共有物である（８頁）。その場合，第三者がこれを損壊した場合には，共有者は自己の持分権に基づいて（保存行為として），損壊した者に対して原状回復を求めることができる。

また，もともと存在した境界標が何者かによって損壊されたときは，特段の事情がない限り，誰が損壊したかを問うことなく，従前と同じ形状で同じ材質の境界標を設置すべきことを相隣地所有者に求めることができる〈24〉。境界標の設置請求権は，相隣関係の規定に基づき法律上当然に，相隣地所有者に求め得るものだからである（８頁イ）〈25〉。

観点を変えるなら，境界標は，それが結果として真正な境界の上に存在しないと判断されるものであっても，正当な法的手続により否定されるまでは

〈23〉　もっとも，さいたま地方法務局不登他(1)70号第１の２(4)は「古い図面と比較して，たとえ筆界点間距離が公差内にあっても，今後は訂正申出の手続が利用される可能性がある。あらためて訂正申出をするための諸条件をうかがいたい」との問いに対し「地積測量図の訂正（不動産登記規則88条）の申出は，同77条の内容（地積や点間距離等）に形式的な誤りがなければできない」と回答している。

〈24〉　東京地判昭和39年３月17日下民15巻３号535頁。

〈25〉　その場合の設置費用の負担は，共有物たる境界標の設置・管理費用の分担の問題となる。損壊の原因者，過失割合その他を総合的に判断して公平の見地から負担割合が決せられることとなろう。

暫定的な保護が与えられることに法的存在意義があるといえよう〈26〉。

2　刑事上の問題

(1)　境界標の損壊

境界を示すものとして認識されている境界標を抜き取って焼却し，あるいは境界標を跡形もなく破壊してしまうなどして，境界を一般人が認識できなくしてしまった場合には，境界毀損罪（刑法262条の２）が成立し，最高で懲役５年の刑が科せられる。境界標を損壊したもののいまだ境界が不明にまで至らない場合であっても，器物損壊罪（刑法261条）が成立し，最高で懲役３年の刑が科せられる〈27〉。

境界標は，長年にわたり設置・存続していて，それを境界標として人々が承認してきたものである以上，正当な法的手続により否定されるまでは暫定的な保護が与えられるべきであるから，たとえそれが真正な境界を表象するものではなかったとしても，これを毀損して境界を認識不能にする行為は，境界毀損罪に該当する〈28〉。

(2)　障壁・擁壁等の損壊

障壁や擁壁を損壊した上，隣地を侵奪するまでに至ったときは，不動産侵奪罪（刑法235条の２）が成立し，最高で懲役10年の刑が科せられる。

〈26〉　山野目章夫「土地境界概念における対物性と観念性の相克」登記情報590号（平成23年）14頁以下。

〈27〉　最（２小）判昭和43年６月28日刑集22巻６号569頁。

〈28〉　東京高判昭和41年７月19日高刑19巻４号463頁，東京高判昭和61年３月31日高刑39巻１号24頁。

第２編

境界判定の手法

第1章

境界判定の手法の概要

第1節　境界判定の基本

1　境界判定の流れ

実務上，問題となる「境界」は，そのほとんどが「筆界を伴う所有権界」か，あるいは「筆界」そのものである。それらの場合，境界が現地のどこに位置するのかを探る手法は，基本的には同じである。すなわち，第1に，証拠資料の収集・現地踏査などの「調査」を行い，第2に，当該資料を基にいわゆる画地調整等の「検討」を行い，第3に，それらの成果に相隣地所有者等の立会いの結果をも加味して，境界の「判定」を行い，第4に，その判定結果を「告知」する〈1〉。①弁護士・司法書士・土地家屋調査士等の関与する境界協議，②登記官による分筆・地積更正・地図訂正等の前提作業としての筆界認定，あるいは筆界特定，③市町村・土地家屋調査士・測量士等による地籍調査，④裁判所による境界に係る裁判等のいずれの手続かによって，境界を判定する手順には，様々なバリエーションがある。しかしながら，いずれもその内容は基本において違いはない。

2　境界調査における基本

(1)　常識としての「境界」概念の受容

前編で述べたとおり，①明治初年に私的所有権が認められるに至った時点で，相隣接する所有権がぶつかり合うところに所有権界が生まれ，②ほぼ同

〈1〉『土地境界基本実務V』8頁以下も同旨か。同書は，筆界判定の技法について，平易かつ詳細に解説しており，参考になる。

時期に地租改正作業の過程で，所有権界をなぞるようにして地租改正地引絵図（改租図）等に地番が記載されて筆界が形成されていき，その後，③新たに土地の区画割が行われ，新たな所有権界が創設されるたびに，当該区画割線をなぞって新たな筆界も創設されていった（20，21頁）。

そうだとすれば，所有権界といい筆界といっても，もとをたどれば同じ線（所有権界兼筆界）である。相隣地の所有者が抜かりなく境界を維持管理しているならば，境界は一つしか存在しないはずであり，「一方がそこにあるのなら他方も同じ位置にある」という推定が働くから，多くの場合，さほど神経質になる必要はない。

長年平穏な占有関係を続けている地域にあっては，所有権界と筆界の峻別は，有害無益であるとすらいえる。筆者は，常日頃，登記官や土地家屋調査士の方々に対し，私人に境界を確認する際には，特別の事情がない限り「所有権界」,「筆界」という用語を避け,「境界」の呼称で確認作業を進めた方が無難だと進言している。境界確認という言わば寝た子を起こす作業においては，境界が股裂き状態になっていることを前提とする用語は，人々の神経を逆なでして，相隣関係を悪化させかねないので，使用には十分留意が必要である。

⑵　「境界」の多様性についての説明責任

反対に，調査（所有権界調査又は筆界調査）の過程で所有権界と筆界が別のところに存在する疑いを生じた場合には，私人が用いる「境界」の意味には多義があること（3頁）を分かりやすく説明する責務を有するといえる。

世上多く見受けられるのは，相隣地の一部を交換・譲渡した結果，当事者間で合意によって「境界」を移動し，それに伴って境界杭を移設しておきながら，登記手続をしていない例である（設例としての園芸用地の譲渡ケース。518頁【図表6-1】)。境界杭移設の事実は，①地図や地積測量図と現地の境界杭が一致していないという客観的事実に加え，②当事者の立会調査の結果判明することが多い。

そのような事例において，移設前の「境界」を真の筆界と認定して当事者の同意を得ようとすると,「境界は，移設後の境界杭を結ぶ線上なのだから，同意しない」と反論されることとなろう。そのような事例においてこそ，当事者が取り決めた新しい所有権の境（すなわち所有権界）は，法務局に知らせていないのだから，地番境（すなわち筆界）は，移設前の境界線のままであること，地番境を現在の所有権界の位置に動かすためには，法務局においてそれなりの手続すなわち，分筆と同土地部分の所有権移転登記が必要であることを説明する責務を生じる。その際には，所有権界と筆界の違いを正確に説明することが，当事者の理解を得るのに必要不可欠といえよう。

3　境界のプロとしての基本的態度（境界のあるべき実務）

前述のとおり，境界を調査・判定するに当たっての基本は，今自分が判定しようとする対象が，世上，多様な意義で用いられる境界のうちのどれであり，私人が語っている境界がどの意義の境界なのかを冷静に見極めることである。

例えば，地籍調査の際に相隣地所有者が立ち会い，境界について認識が一致した事実をもって，境界について合意が成立したという認識を示す専門家が多い。しかし，①地籍調査はどの類の境界を調査する作業で，②一筆地調査での立会時の私人の申述は何を意味するのか，③筆界について合意が成立し得るのかを冷静に考えれば，「地籍調査の際の境界合意」なるものの危うさを理解できるはずなのである（詳しくは，399頁(4)）。

参考のため，境界の現地調査と称して土地の所有者を訪ねる者がいた場合，その主催者，現地調査の目的，調査・確認すべき境界の種類，当該手続の法律効果を一覧した表を【図表2-1】に掲げる。あくまで例示であり，例外もあるが，主催者・要件・効果が様々であることを再認識願いたい。

本章においては，以下に，所有権界及び筆界に係る境界判定の手順について概観する。

【図表2-1】

主催者	現地調査の目的	判定の対象	判定の法律効果
登記官	地積更正申請があったことから，相隣接する土地の境界を確認する	筆界	当事者の筆界認識一致を確認
登記官	土地の一部売却＝分筆のため，現在の境界と新たな分割線を確認する	既存の筆界＋新・所有権界	分割線に沿って筆界を創設
法務局	法14条地図作成のため，境界を調査	筆界	事実上の証明力
筆界調査委員	筆界特定申請の対象となっている境界を調査する	筆界	事実上の証明力
市町村等	国土調査（地籍調査）のため一筆地を調査	筆界	当事者の筆界認識一致を確認
調査士会ADR	紛争の対象となっている境界の調査・確認	筆界	当事者の筆界認識一致を確認
		所有権界	和解その他
財務局	国有地とその隣地との境界につき協議	所有権界	和解
公共用地取得主体	用地取得のため，取得予定地の境界を確認する	所有権界・筆界・地上権界・借地権界等〈2〉	当事者の境界認識を確認
隣地の所有者	隣地との境界を確認	所有権界・地上権界等	事実確認のみか又は和解
公物の機能管理者	道路等と隣地との境界明示のため，現地確認	公物管理界	当事者の境界認識一致を確認
公物の財産管理者	私人の申出により，境界を協議する	所有権界兼筆界	所有権の和解，筆界の認識の一致
知事	市町村相互の境界につき争いがある〈3〉ため，現地を調査する	市町村界	市町村界の再形成
境界査定官〈4〉	国有林野等の境界査定に隣地所有者として立会・調査	筆界＋所有権界	筆界＋所有権界の再形成
裁判所	相隣地の範囲に争いがあるため，境界を調査	所有権界又は借地権界等	所有権等の範囲につき既判力
裁判所	境界損壊の罪に関し，現場検証	（境界標）	（証拠収集）
裁判所	境界確定訴訟の現場検証	筆界	筆界の再形成

〈2〉 国土交通省公共測量作業規程433条，434条2項によれば，筆界（1筆を範囲とする画地）のほか，「1筆の土地であっても，所有権以外の権利が設定されている場合

第２節　所有権界の判定

1　未分筆の所有権界の判定

(1)　概　説

筆界の存在しない所有権界（一筆地内の未分筆の所有権界。26頁以下）については，所有権の範囲（所有権界）は，物権変動に係る意思主義に基づき，意思表示のみで変動する（民法176条）ことから，いかなる意思表示が行われたのかは，民事紛争における所有権確認の一般的手順に従い，物証，人証を総合して判定する以外にない。調査・探索すべき証拠を敷えんして述べれば，以下のとおりである。

(2)　分割図，分割協議書等

土地分割（所有権界の形成）の位置について記述した分割図，（遺産）分割協議書，売買契約書など。これらは，いうまでもなく所有権界についての第一級の証拠資料であり，直接証拠である。その真偽の判定のために，筆跡鑑定が必要となるケースもある。

(3)　占有状況・境界標等

占有の状況，すなわち①境界標の有無，②塀や生垣等の囲障の有無，③建物・工作物の設置状況及び①～③に係る設置の経緯や変更の有無。現地における占有界が所有権界を推定させることから，占有状況の把握は重要である。しかし，法14条地図・公図や地積測量図があるときは，占有状況等は劣後的な判断資料にとどまること（28頁）に留意しなければならない。

所有権界の形成が古い時代のものであるときは，所有権界が形成された当時以降の上記①～③の状況を示す古い写真・空中写真，住宅地図等の図書・資料，さらには古老の証言等も探索する必要がある。

継続している占有状況につき，異議を述べた事実があるか否か，あるとす

は，その権利ごとの画地」すなわち地上権界・借地権界・永小作権界等を確認すべきものとしている。

〈３〉　地方自治法９条。

〈４〉　旧国有林野法等に基づくものであり，現在は廃止。61頁参照。

れば，誰が，いつ，いかなる内容の異議を述べたのかも，重要である。

⑷　証　言

土地分割に立ち会った者，その親族や近傍に在住する者などの証言及びその裏づけ資料も収集する。

⑸　地形地物

通路や水路との関係，高低差等，どのように分割するのが合理的かも知る必要がある。

⑹　慣　習

土地分割が相続や売買であるときは，分割についての当該地域の慣習も知っておく必要がある。

2　筆界を伴う所有権界の判定

筆界は，所有権界をなぞって形成されることから，筆界を伴う所有権界（所有権界兼筆界）の探索に当たっては，前記１の所有権界を直接探る方法に加えて，次節に述べる筆界を判定する方法をも併せて調査・探索する必要がある〈5〉。

現に，国有財産に係る官民境界確定協議（410頁）においては，第一次的に筆界を調査・探索しつつ，その筆界から推認される所有権界について協議し，和解するという手法を採用している。

また，例えば大阪地裁計画審理検討小委員会〈6〉は，所有権界確認訴訟（隣接紛争型土地所有権確認訴訟）における判断要素として，①公簿面積比，②分筆の経緯，③地図・公図上の形状・位置関係，④境界標，⑤係争部分の過去・現在の利用形態，⑥占有状況，⑦紛争の経緯，⑧関係者間の合意の存否等があるとしている。これは，次節の筆界判定における判断要素と同一のものである。

〈5〉　これに対し，登記官による筆界認定，地籍調査における一筆地調査に際しては，所有者の認識する所有権界を手がかりにして筆界を推認している例が多いようである。

〈6〉　山下寛，田中俊次，大竹昭彦ほか「訴訟類型に着目した訴訟運営⑵隣接紛争型土地所有権確認訴訟の審理」判タ1117号（平成15年）22頁以下。

上記の判断要素は，それ自体誤りではないが，留意しなければならないのは，次節に述べる方法により筆界が判定されたとしても，当該筆界をもって直ちに所有権界と即断するのではなく，時効取得，二重譲渡，和解等，筆界と所有権界がかい離すべき特段の事情（24頁ウ）がないかどうか改めて確認する必要があるということである。

第３節　筆界の判定

第１款　原始筆界の形成過程についての基礎知識

１　筆界「判定」の意味

本書で筆界の「判定」とは，分筆・地積更正・地図訂正等の前提作業としての登記官による筆界の認定のみならず，筆界特定，地籍調査の際の一筆地調査，筆界確定訴訟における筆界確定，その他，土地家屋調査士あるいは公務員・測量士等による筆界の調査・探索作業をも広く含む意味に用いている。いずれの手続においても，調査→検討→判定の手法を採るべきことについて，大差はない（81頁１）からである。

２　筆界判定の基準時

既に略記したとおり（13～16頁），筆界には，明治初年における近代的土地所有権の生成時に形成された原始筆界と，その後，分筆のたびに新たに創設されていった後発的筆界（いわゆる創設筆界）等がある。いずれにせよ，筆界が現地のどこに位置するかについての判定作業の基本は，「現在，現地で地番境がどこと認識されているか」でなく，「かつて，筆界形成・創設の時点で認識されていたはずの筆界の位置はどこか」を判定することである。

その基本を忘れ，「現在の土地所有者が筆界はここだと指示しているから，そこを筆界と判定してよいのだ」という「悪しき（不適切な）現況主義」は，筆界の歪みの元凶となり，やがて筆界の不接合やミニ地図混乱地域の発生原因，さらには市民が土地を失う遠因とすらなっている（535頁）。

3　原始筆界の判定資料

調査・探索の対象となる筆界が明治初年に創設された原始筆界であるか否かは，登記簿上の分・合筆の経緯を調査することと，当該区域についての和紙公図等の図面（121頁以下）を確認することにより判明する。

原始筆界は当時の所有権境界を確認して形成されたものゆえ，地租改正地引絵図（改租図（122頁）），更正地図（更正図等（124頁）などの図面上の点と所有者又は管理者が管理している所有権の範囲を確認して図面と現地が一致している点を準拠点（復元計算の基準とする点をいう。）として復元することとなる。その際の所有権の範囲（所有権界）は，当然のことながら，明治初年以来動いていない所有権界でなければならない。

明治初年に形成された筆界を現地で再現することは，多くの場合それなりの困難を伴うが，資料等の調査・分析により相当明確に筆界が判定されることも少なくない。古い時代に作成された資料でも，証拠価値は必ずしも一様でなく，重要な判断材料を提供し得る資料も少なからず存在することに留意しなければならない。

その意味において懸念されるのは，筆界確定訴訟の判決や筆界特定等において，個々の公図につき，当該公図の信ぴょう性を判断することなく，無前提的に「公図の精度は……程度のもの」という判断基準を無前提的に措定して筆界を判定するケースが目に付くことである。公図を始めとして，筆界判定の手掛かりとなる資料の証拠価値は，次項で述べるとおり，作成された目的や求められている精度，時代背景等を一応のベースとしつつも，資料のそれぞれが精度において強い個性を有するものであることを忘れてはならない。

4　原始筆界の信ぴょう性についての大まかな把握

原始筆界を公図や公簿等で確認するとき，その公図や公簿の一般的な信ぴょう性を知ることは，筆界判定を誤らないための第一歩である。そこで，筆界形成の背景を知るため，明治初年における近代的所有権の生成とそれに伴う原始筆界の形成過程を以下にやや詳しく述べる。

ポイントとなるのは，当面，調査・探索の対象となる原始筆界ないしそれを外縁とする一筆地が，当時どのような種類の土地であり，以下に述べるどの段階で，どのような手順で，どのような精度をもって，筆界が形成されていったのかを一筆地ごとに個別に把握することである。すなわち，明治初期に作成された公図（和紙公図）は，①壬申地券地引絵図（91頁），②地租改正地引絵図（122頁），③地籍編製地籍地図（109頁，186頁），④更正地図（124頁）に大別されるが，地域ごとで作られた種類や地図・図面の性格が大きく異なる〈7〉。①及び②では農民が主体となって土地調査や地図作成を行った場合が少なくなかった。ただ，②～④においては，一部地域において平板測量（132頁２(1)）が行われ，測量知識を有する者（和算家）の参画もみられるなど，地域ごとに大きな開きがみられる。

なお，以下の記述は，筆界判定に際して欠くことのできない基礎知識であることに加え，筆界を判定すべき一筆地に隣接する，墳墓地やため池等の所有者の特定（後述３編５章（252頁以下））に関しても，相応の手掛かりとなり得る〈8〉。

第２款　明治初年における所有者の確定と原始筆界の形成

１　明治維新政府の基本方針

明治維新政府が，最初に着手した大きな事業は，税制の確立であった。同政府にとって，政府運営のための財政的基礎を確保することが当面の緊急課題だったからである。

そのためには，まず，①全国の土地を正確に把握しなければならず，その上で，②封建的領主支配のもとでの複雑な土地支配形態を整理して，１つの土地は１人の所有者の包括的支配に委ねることとし（一地一主の原則の採用），その所有名義人を課税の名宛人とすべきことを法的に明らかにする必要があった。

①のためにする主な作業が，土地の測量と公図の作成であり，②のために

〈7〉　古関大樹「滋賀県における明治前期地籍図の成立とその機能の変化――佐藤甚次郎説の再検討を通して」歴史地理学51巻１号（「歴史地理学における絵図・地図」特集号，平成21年）21頁。

〈8〉　ため池の所有者の判定は，一般に相当の困難を伴う。詳細は，『里道・水路・海浜』２編２章２節参照。

する主な作業が，官民有区分と地券の発行であった。

このような土地所有を基準とする課税を「地租」といい，地租徴収のための法的手続を整備する作業を「地租改正事業」という。近代的土地所有権の生成が，地租改正事業の一環として行われたことは，原始筆界の探索，あるいは原野や公共用物のように一見しただけでは所有者を判定することが難しい土地について所有者を判定するに当たって，決して見逃すことのできない重要な事柄である。なぜなら，課税の対象となる土地については，相当厳格に所有権認定作業及び筆界確認作業が推し進められた反面，財産的価値の高い山林等を除く山林原野や公共用物など課税の対象とならないような土地については，所有権認定作業及び筆界の認定がどうしても不十分になる傾向を生じたからである。もっとも，地租改正事業とほぼ同時に開始された内務省による地籍編纂事業は，地目・官有民有のいかんを問わず，土地境界の確認それ自体を目的とするものであった（186頁）が，一部の地域ではその成果が取り入れられたため，原始筆界の把握が比較的容易な場合もある〈9〉。

それゆえ，原始筆界の場合，公図に記載されている調査対象土地の明治初年当時の地目，さらにはその公図の由来を知っておくことが肝要である。

2　地租改正事業の経緯

(1)　土地私有及び売買の自由の宣明（明治元年～5年）

明治3年7月，明治維新政府は，太政官達・検見規則を発して徴税の方針を示した〈10〉。その内容は，農民等から抵抗の強い検地（土地の測量）は行わずに，いわゆる坪刈りによって収穫高を把握し，それに全国一律の税率（5公5民）を掛けることにより，課税するというものであった。

徳川幕藩体制下に存在した土地に対する各種の制約の解除については，まず，田畑夫食取入ノ余ハ諸物品勝手作ヲ許ス（明治4年9月7日大蔵省47号）に

〈9〉　その詳細は，今なお不明とされている。

〈10〉　明治初年の頃は，立法の形式も未整備であった。そのため，太政官の発する布告や達のほか，各省の布達や内訓，伺指令等の行政指導，更には府県長官の発する官令のごとき地方法令すらも，実質的意味の立法とみるべき場合がある。福島正夫「財産法（法体制準備期）」鵜飼信成等編『講座日本近代法発達史一』（勁草書房，昭和33年）4頁。

よって，作付け及び地種転換の制限が撤廃され，次いで明治５年２月15日太政官布告50号により，「地所永代売買ノ儀，従来禁制ノ処自今四民共，売買致所持候儀被差許候事」と定めて，身分のいかんを問わず何人も土地を所持し，売買する自由があることを宣言した。

これらによって，封建社会における領主的支配が撤廃され，土地も資本制社会の基本である商品交換体系の中に組み入れられることになった。ことに太政官布告50号は，我が国で初めて土地の私的所有と売買の自由を公に認めた画期的な意義を持つものであったといわれている〈11〉。

(2)　壬申地券の発行・地引絵図（明治４年～６年）

土地の取引を安全，確実なものとするためには，旧幕藩体制下の煩わしい重畳的ゲヴェーレ（同一土地に対する複数人の重畳的支配）を廃した上，１つの土地は１人が所有するとの原則（一地一主の原則）を確立し，しかも誰の所有に属するのかを公示する手段を設ける必要があった。また，課税物件としての土地の地積及び納税者すなわち所有者を確定することも急務であった。そこで明治政府は，東京府下地券発行地租収納規則（明治４年12月27日太政官布告682号・明治５年１月（日不明）大蔵省ヨリ東京府へ）等を発して，従来無税であった町地や武家地等の市街地についても，申告に基づき所有者に「地所持主タル確証」である地券（いわゆる市街地券）を発行し，また地所永代売買許可ニ付地券渡方規則ヲ定ム（明治５年２月24日大蔵省達25号）を定め，田畑及び農村の宅地についても地券（いわゆる郡村地券）を発行するに至った。

今日では，市街地券と郡村地券をあわせて，明治５年の干支（えと）にちなみ「壬申地券」と呼んでいる。地券発行の手続は，発行を受けようとする者から，「地引絵図」（後述する地租改正時の地引絵図と区別するため「壬申地券地引絵図」と呼ばれる〈12〉。），反別，地価等を申告させ，審査，確認することにより行うこととされていた。

〈11〉　明治13年２月17日司法省内訓によると「明治５年第50号布告以前ニアリテハ凡ソ土地ナルモノハ人民ノ私有ニアラザリシハモトヨリ言ヲマタザルナリ，故ニ人民ハタダコレヲ使用シテソノ利得ヲ収納セシニスギザリシニ，該布告ヲ以テ初メテソノ借有土地ヲ各人民ノ所有ニ帰セシメタルハ主ニ行政上特別ノ恩典ニ出タルモノトス」としている。

〈12〉　佐藤『明治期作成の地籍図』29頁以下。

この壬申地券発行・壬申地券地引絵図作成の時点では，土地の検査や測量は行われないのを原則としていた。また，壬申地券に記載された土地の時価は，一応の参考にすぎないとされ，確定的な課税標準として機能することは予定されていなかった。

いずれにせよ，この地券の控え（副紙）を編綴したものが，地券台帳（大帳）であり，後の土地台帳や登記制度の淵源になる〈13〉。

壬申地券を発行するについては，公共用物や入会地など所有者を確定し難い土地をどう取り扱うかが問題となった。そこで，①寺社郷蔵の類，埋葬地などで所有者未定のものについては，壬申地券地引絵図にその旨記載する，②村持の山林や池沼の類については，公有地地券を発行した上，壬申地券地引絵図上に色分けして明示するなどの応急施策が定められるが，本格的な施策は，次に述べる官民有区分に持ち越されることになる。

壬申地券は，耕地につきおよそ半数，山林原野については，わずかしか発行されないうちに，次に述べる改正地券にとって代わられることになる。

⑶　官民有区分の基準の設定（明治6年・7年）

地券発行の基準を明確にするため，地券発行ニ付地所ノ名称区別共更正（旧地所名称区別）（明治6年3月25日太政官布告114号）による土地の分類基準が制定される。同布告は全国の土地を皇宮地，神地，官庁地，官用地，官有地，公有地，私有地，除税地の8種類に分けることにした。

しかし，同布告は，基準として明確性を欠くものであり，とりわけ「公有地」の性格が曖昧であったために，翌年，地所名称区別改定（明治7年11月7日太政官布告120号）によって改正された。同改正布告が全国の土地分類基準として極めて重要な役割を果たすことになる。この地所名称区別改定が定める基準によって，前述のような複雑な性格を有する幕藩体制下の土地支配形態を解体し，更に民有か官有かはっきりしない前述の公有地を解消すること

〈13〉　権利の登記制度の前身は，戸長による公証制度であり，地所質入書入規則（明治6年1月17日太政官布告18号）に基づく。これに対し，表示の登記の前身たる地券台帳（大帳）には，土地の地目，面積，地番，所有者等が記載され，変更があるたびに所要の記入をすることとされていた。その機能は，昭和22年土地台帳法による土地台帳・同附属地図（公図）制度，昭和35年不動産登記法改正による今日の表示登記制度へと承継される。

とし，全国の土地を官有地と民有地に仕分けしつつ，近代的土地所有権を作り出していったわけである。それゆえ，地所名称区別改定は，官民有区分の全事業の根拠法となったとさえいわれている。

地所名称区別改定では，全国の土地を民有地と官有地に大別し，民有地については更に第一種から第三種までに分け，そのいずれについても地券を発行することとし，官有地については更に第一種から第四種に分類することとしている〈14〉。

所有者の判定に当たって重要な規定は，官有地第三種（地券を発行せず，地方税を賦課しない土地）に関する規定である。そこでは，「山岳丘陵林藪原野河海湖沼池澤溝渠堤塘道路田畑屋敷等其他民有地ニ有ラザルモノ」を官有地第三種と規定している。これによると，民有地に編入され，地券の発行された，いわゆる私有公物たる道路や水路敷等以外の公共用物は，すべて官有地に分類すべきことになる〈15〉。

官民有区分とは，この地所名称区別改定の基準に基づく全国の土地の区分作業を指す。

⑷　改正地券の交付，官民有区分の実施（明治6年～14年）

ア　地租改正地引絵図（改租図）の作成と改正地券の発行

明治6年7月28日，地租改正条例（太政官布告272号・同布告別紙）が公布された。その内容は，①改めて全国の土地を測量のうえ，収穫量を査定して地価を更正し，改正地券を発行する，②地券調査が済み次第，地価の100分の3を地租と定める，というものであった（13頁）。

壬申地券を廃止して新たに改正地券を発行することにしたのは，壬申地券の場合と異なり，土地の実測を必須の要件とすべきものと考えたことと，改正地券に記載された地価に課税標準としての機能を持たせようとしたからで

〈14〉　官有地は，第一種が皇宮地と神地，第二種が皇族賜邸や官用地，第三種が本文に述べたもののほか，鉄道線路敷等，第四種が学校，病院等とされていた。これらのうち，地券を発行すべきものとされたのは，第二種官有地のうちの皇族賜邸及び府県所用の地を除いた官用地だけであった。

〈15〉　これにより里道（赤道）や水路敷（青線）は，国有無番地とされたが，平成12年4月1日以降，市町村等に譲与され，新たに付番されたものも多い。詳細は，『里道・水路・海浜』3編8章4節2参照。

ある。

改正地券の発行に至る過程で，地押丈量が実施され，その成果として作成された地租改正地引絵図〈16〉（改租図，字図，野取絵図とも呼ばれる。）が今日の公図のルーツ〈17〉の１つになっている（地租改正地引絵図は，原始筆界の復元にとって最重要資料の１つなので，その精度につき，後に改めて詳述する。131頁以下）。

このようにして，民有地については，検査，確認の上，後記イの要領で地番が付され，地租改正地引絵図（改租図）に表示され，１筆ごとに１枚の地券が発行された。この時点で，壬申地券は，原則として廃止され，回収されることになる。

イ　地番・筆界の創設（付番）

前記アの地押丈量の成果として，調査の重複や脱落を防止するために，土地に地番が付され，その反射として地番と地番の境に筆界が創設されていった。付番の方法については，地租改正の手順を定めた地租改正条例細目（明治８年７月８日地租改正事務局議定）３章が，要旨次のとおり定めている〈18〉。

１条　道路，水路，堤防，河川等には地番を付さない。その他の土地は地目や官有・民有を問わず，地押丈量の順に一村を通して付番する。

２条　甲村の地所が乙村内に飛び地としてある場合には，協議により乙村に組み替えるべきだが，協議が調わないときは，地引絵図〈19〉中で色分けした上，地番は甲村の末番を付番する。

３条　従前，地続きの数筆を同一人が所有している場合には，願いにより，一筆地として付番する。

４条　付番後，分筆した場合は，１番地のうちイ号，ロ号とし，イ号をさらに分筆するときは，一方は元番のままとし，他方は１番地のうちハ号として支号を付番する〈20〉。

〈16〉　佐藤『明治期作成の地籍図』92頁以下。

〈17〉　現在の公図の原本という意味で，「原公図」と呼ばれることもある。

〈18〉　土地の地番及び地番の表記についての詳細は，有馬厚彦「不動産表示登記詳論〔第９回〕」登記情報41巻１号（平成13年）133頁以下。

〈19〉　地租改正地引絵図を指す。

〈20〉　分筆・合筆の際の付番については，地租条例施行上取扱方（明治32年４月10日大

５条　　付番後，田畑を合筆するときは，壊した畦畔を丈量して合算の上，番号は「何番何番併合」と記載する。

上記３条によれば，所有者が同一の連続する数枚の田や畑は，畦畔部分を含めて一筆の土地とされ，このような畦畔は民有地として取り扱われることとなる。

現在において地番は，市区町村，字又はこれに準じる地域内で定められ（不登規97条），地番を定める権限は登記官の専権とされており（不登法35条），地域ごとに起番して土地の位置が分かりやすいように定める（不登規98条）ことが必要だが，上記議定のような縛りはない。

ウ　官民有区分の実施

民有地につき前記アの方法で所有者を確定していく作業のかたわら，政府は，官有地の確認作業も進め，特に，民有地としての申出がなかったか，あっても民有であるとの確証のない土地については，前述の官有地第三種として積極的に官有地に認定していった。

もっとも，元来私的所有の意識が薄弱であり，当時としては財産的価値もほとんどなかったような小規模な道路敷や河川敷，ため池などについては，官有地とも民有地とも定められないままに終わった脱落地もかなり多かったようである。いずれにせよ，1874（明治７）年頃に始まった官民有区分ないし地租改正事業は，1879，1880（明治12，13）年に耕地や市街地の部分が終了し，山林原野については少し遅れ，全体としては1881（明治14）年６月に一応終結した。

しかし，道路や畦畔については，上記の事情により，地租改正事業では十分に把握されず，地籍調査等の新たな調査を待たなければならなかった〈21〉。

また，官民有区分を含め，土地所有者を確定するための手続は，地方・地域ごとに粗密がある〈22〉ので，筆界の判定に際し，具体的に隣地の所有者の

蔵省訓令秘349号）が定めている。

〈21〉　丹羽邦男・福島正夫「土地に関する民事法令の形成」福島正夫編『日本近代法体制の形成（下）』（日本評論社，昭和57年）51頁。

〈22〉　例えば，丹羽邦男『すりばち池の土地所有権決定過程について』（昭和62年）（286頁注〈74〉）によれば，京都府内においては1883（明治16）年頃から地籍編纂に着手し，1886（明治19）年12月に一応終えているが，中途で終えた地域もあるという。

確定が問題となるときは，当該土地について単に公図のみに頼るのでなく，当時の各種文献を慎重に調査する必要がある。

(5)　官民有区分の実際

ここで，筆界の判定においてしばしば問題となる「公有地」〈23〉の官民有区分と河川敷や道路敷等の官民有区分について，概観しておく。

ア　公有地の官民有区分

壬申地券の発行の段階（91頁）では，①幕府や藩がこれまで直轄管理してきた山林及び人跡未到の山林原野は官有地，②幕藩体制下で作成された検地帳に記載のある山林は民有地，③その他の山林，例えば，１村ないし数か村の集落住民が入り会っていた山林原野（入会林野）については公有地に区分するとの考え方であったようである。しかし，公有地は官有地なのか民有地なのか，判然としない状態であった。

そこで，公有地という分類を廃止してしまい，全国の土地を官有地と民有地に截然と分類しようとしたのが，地所名称区別改定（92頁）である。

しかし，地所名称区別改定は，極めてあっさりした法律なので，具体的な官民有区分作業には多大の苦労が伴うことになる。

最終的には，1899（明治32）年制定の国有土地森林原野下戻法（以下「下戻法」という。）２条で，所有の事実を証するものとして，後記の各書面のいずれかを要求するに至っている〈24〉。

①公簿，公書，②租税納付の証書，③売買，質入れ等の証書，④木竹等の売却代金証書，⑤木竹等の自費植栽を証する書面，⑥私費開墾の証書。

イ　道路，河川敷等の官民有区分

前述した地所名称区別改定は，官有の公共用物のほかに，民有の「用悪水路，溜池敷，堤及井溝敷地」や民有の「公衆ノ用ニ供スル道路」の存在をも認めている〈25〉。そこで，これらの公共用物についても官民有区分が行われ

〈23〉　明治６年３月25日太政官布告114号によると，公有地とは「野方秣場ノ類郡村市坊一般公有」の土地をいうとされている。

〈24〉　下戻法の解釈規定として，国有土地森林原野下戻法適用ノ儀（明治35年５月20日農商務省訓令12号）がある。

〈25〉　明治８年10月９日太政官布告154号で追加。

ることになるが，その基準なり当該公共用物の敷地の範囲の認定方法などについて地租改正事務局の発した規則は，さほど明確なものではなかった。

やや詳しく規定しているのは，地所処分仮規則（明治８年７月８日地租改正事務局議定）第４章「道路堤塘処分ノ事」である。そこでは，道路堤塘等が耕地や宅地などによって侵犯され，占拠されている場合には，これを原状に復帰せしめて，道路堤塘等の一定の幅員を確保するなどの規定が置かれているが，官民有区分の基準としては，いささか不十分であった。

ただ，具体的な官民有区分に際し，いくつかの地租改正事務局に対する伺いと，それに対する指令が発せられているので，それらが所有権の帰属や所有権の及ぶ範囲を考える際の参考となる。

例えば，かつて人民の所持していた土地をつぶして公共用水路を作った場合であっても，当該水路敷が徳川時代において無税地であったときは，原則として官有地に編入することとしている。ただ，その場合でも，敷地提供の対価として人民において何がしかの代償を得ているときは，敷地提供者からの申請があれば，官側が有償で借り受けた場合に類するものとみなして，民有地と認めて地券を交付すべきこととされていた。

ここで重要なことは，民有地と認定された道路，水路敷等には他の民有地と同様，付番の上，地券が発行されるのが建前だったが，その他の道路，畦畔，水路，堤塘などの敷地には，一般に地番を付さず，たとえ官有地と認定された場合でも地券すらも発行を要しないとされていた点である。すなわち地租改正事業の要領を定めた地租改正条例細目（明治８年７月８日地租改正事務局議定）第３章１条ただし書，第２章６条によれば，これらの公共用物については，地番を付することなく，実測も要しない。ただ境界を判然と調査する必要があり，従前当該公共用物の幅員等の記録がある場合には，その旨記載しておくこととされていた。その他の土地については，たとえ官有地といえども，土地の種類を問わずすべて地番を付すべきこととされていたのとは，大きく異なる。

そうなると，道路，畦畔，水路，堤塘などの公共用物については，官有地に編入された土地であるのか，あるいは官民有区分の行われていない未定地や脱落地であるのか，分からなくなりそうである。ただ，前述の地所処分仮規則第１章８条において，「渾テ官有地ト定ムル地処ハ地引絵図中へ分明ニ色分ケスヘキコト」と規定されており，このことと，これらの官有地が和紙公図上無番地として表示されていることが，当該公共用物が官有地に編入されたことの大きな手掛かりになる〈26〉。

なお，官舎の区画や一部の二線引畦畔（271頁）のように公図上着色されていなくとも脱落地たる国有無番の土地とされ，財務局が管理している長狭物もある〈27〉。

⑹　再度の地押調査と更正地図の作成（明治17年〜23年）

ア　地租改正地引絵図（改租図）の更正

地租改正事業が一通り終了した時点で，地租ニ関スル諸帳簿様式（明治17年12月16日大蔵省達89号）が定められるが，そこでは，地租に関する台帳を土地台帳として全国の町村戸長役場に備えることとされた。しかし，人民の提出した実測図を基礎とした地租改正地引絵図（改租図。122頁）は，測量技術が拙劣なものが混在していたことに加え，租税回避のため故意に歪曲化された図面が少なくなかったことや調査漏れの土地が多かったことなどから，大蔵卿ヨリ各府県知事県令へ発シタル訓令（明治18年２月18日主秘10号）及び地図更正ノ件（明治20年６月20日大蔵大臣内訓3890号）が発せられ，再度の地押調査と地図更正が行われた。この時点では，地図更正ノ件に「地図トハ各町村ノ実況ヲ詳カナラシムルモノニシテ地租ノ調査上ハ勿論土地百般ノ徴證ニ欠クヘカラサルモノトス」とあるように，当時としては相当の精度の地図が作成されることが期待されていた。この更正された地租改正地引絵図（改租図）

〈26〉　このほか，藩有林については，明治２年の大政奉還に伴い，従来の藩有林が官林に編入され，その場合には，御林帳のごとき公簿に登載された。また明治４年１月５日太政官布告４号（いわゆる寺社上知令）により，神社や寺院の領地を，境内地（社殿・堂宇などの敷地及び祭典・法要のための広場）を残して上知（上地）した。そして，上知された土地は，その大部分が払下げや下渡しによって民有地とされたが，国有地に編入されたものもある。その概要については，拙稿「地租改正等による国有財産の取得」『国有財産訴訟の実務』（新日本法規出版，平成６年）165頁以下，五味高介「社寺領上知令と社寺上地処分の理論と実際」民研461号（平成７年）30頁，京都地判平成２年９月27日訟月37巻11号1971頁（ため池）参照。

〈27〉　官有地と無番地との関係については，258頁２参照。

が「更正地図」（更正図）である〈28〉（その精度につき，124頁(2)）。

イ　再度の地押丈量

1889（明治22）年に地租条例が改正（同年11月29日法律30号）され，地租条例施行細則（同年12月29日大蔵省令19号）が定められる。同細則では，以下のとおり，現時点で原始筆界の位置を知るに際しての重要な手掛かりが規定されている〈29〉。

５条　測量は，原則として三斜法によるが，山林原野等は，地形により，適宜の方法でよい。

６条　田・畑は畦畔際より，宅地は境界線より測量する。

７条１項　田・畑の畦畔のうち，恒常的なものは，本地から除外してその面積を外書する。所有者が自由に変更できる畦畔については，本地の面積に算入する。

７条２項　畑や宅地に通じる道路や，所有者が便宜に設ける小径等は，すべて本地の面積に算入する。

７条３項　崖地で①鍬入れに必要な土地，②相当に収益のある土地は，本地の面積に算入するか，別筆とする。

７条４項　田・畑・宅地の中に若干の別地目が混在しているときは，これを本地の面積に算入した上，内書とする。

(7)　下戻処分（明治15年～33年）

地所名称区別改定の基準に従い，民有の確証ある土地については，民有地に編入された上，地券（改正地券）が発行されたが，民有地として地券発行の申請をしたのに，民有の確証がないとして申請が却下された例も多いようである〈30〉。そのため，請願規則（明治15年12月12日太政官布告58号）に基づく官

〈28〉　佐藤『明治期作成の地籍図』320頁以下。同「公図のルーツと特色を探る　明治期における地籍図類の作成経緯」登記先例解説集350号（平成３年）100頁以下。

〈29〉　もっとも，地租改正に関する法令のすべてに妥当することであるが，各県は独自に「取調手続」とか「取扱心得」の類を発しており，必ずしもこの細則だけを根拠に原始筆界の位置を判定できるものではないことに留意しなければならない。更正地図（更正図）作成要領の詳細については，『土地境界基本実務Ⅰ』83頁以下に詳しい。

〈30〉　下戻法による下戻申請は，２万672件（207万4,000町歩）にも及んだが，許可になったのは1,335件（30万4,000町歩）にすぎなかったということである。中尾英俊

民有区分に関する不服の申立てが相次ぎ，政府は，再度吟味した結果，民有と判定できるものについては，これを私人に下げ戻す処分を行うことにした。

しかし，無期限に不服申立てを許すわけにもいかないので，民法施行（明治31年7月16日）後間もない1889（明治32）年4月17日，国有土地森林原野下戻法を制定して，1900（明治33）年6月30日の経過をもって下戻しの申請を許可しないこととした。ここにおいて官民有区分の効力が一応確定することとなった。

すなわち，下戻法1条は，「地租改正又ハ社寺上地処分ニ依リ官有ニ編入セラレ現ニ国有ニ属スル土地森林原野若ハ立木竹ハ其ノ処分ノ当時之ニ付キ所有又ハ分収ノ事実アリタル者ハ此ノ法律ニ依リ明治三十三年六月三十日迄ニ主務大臣ニ下戻ノ申請ヲ為スコトヲ得」と規定し，更に官民有区分未了の土地（未定地）や脱落地についても，同条3項において「地租改正処分既済地方ニ於ケル未定地脱落地ニ付テハ此ノ法律ノ規定ヲ準用ス」としている。

この法律は，時限立法ではあるが，地租改正事業の総決算を企図するものであった。この法律が制定された結果，1900（明治33）年6月30日までに申請がなく民有地と認定されなかった土地は，脱落地に相当し，申請期間経過後は，官有地として取り扱われるというのが当時の行政解釈であった〈31〉〈32〉。

第3款　筆界判定の理念型と多様な実務

1　筆界判定の理念型（境界のあるべき実務）

前述したところ（87頁以下）から，筆界を判定する手法がおのずと明らかとなる。確認的に整理すると，以下のとおりである。

「林野関係法（法体制確立期）」鵜飼信成等編『講座日本近代法発達史10』（勁草書房，昭和36年）77頁。なお，官有地に編入した道路の下戻しの当否が争われた（棄却）例として，大判明治34年12月5日行録11輯614頁がある。

〈31〉 大正7年1月26日付け11号大蔵省主税局から東京府知事あて回答。

〈32〉 社寺地の上知（上地）処分後，官有地に編入された土地森林原野等についても，御料地及立木竹下付規程（明治33年5月24日宮内省告示7号）によって，明治34年6月30日限りで下付申請を打ち切ることとしている。

ア　登記情報等の調査

筆界を判定するための第一級の資料は，原始筆界その他の筆界が形成されたそれぞれの時点において，その成果を記した資料であるところの，登記所備付の登記簿・登記記録，地図・公図（和紙公図），登記簿附属書類・登記記録添付情報等（登記情報。15頁。）である。それによって，調査対象の筆界が，明治初年の原始筆界なのか，その後の一時点で分筆された筆界なのか，いわゆる後発的原始筆界（15頁）なのかを知らなければならない。

これらの登記情報等は，筆界創設が明治初年のものであるならば，精度が相対的に劣るのが通例であろうし，最近のものであっても，地図や公図，地積測量図等の精度は，作成時期や地域などによって看過し得ない重大な差異がある。したがって，筆界を正しく認定するためには，これらの登記情報等についての鑑定的な知識が極めて重要となる。

イ　境界に係る慣習等についての文献・図面等の調査

前記アの登記情報等に加え，これらを補完するための文献的資料として，官公署や土地家屋調査士，土地所有者等が保管する筆界に係る慣習等についての文献，図面，空中写真等がある。

ウ　現地における裏付け・補充資料の調査

前記ア及びイの資料に基づく推認を現地において裏付けし，相互に補完する資料として，境界標，地形地物，証言等が存在する。

エ　行政界・街区の外枠たる各種境界・近隣の所有権界等との整合性の検討

法14条地図作成や国土調査の一環としての地籍調査に当たっての筆界調査など，広範囲の筆界を同時に判定する場合においては，一筆地ごとの前記ア～ウの調査に先立って，①行政界，②街区の外枠たる公物管理界・所有権界等，③街区内側の占有界・所有権界等との整合性を調査する（41頁）。

境界紛争を契機とする筆界調査の場合，どうしても当該係争地についてのみの前記ア～ウの調査をもって必要十分であると判断してしまう傾向がある。しかしながら，そのような言わばミクロ的な筆界調査であっても，街区内の他の筆界・所有権界についての整合性が懸念される事案においては，当該調査を行う必要があろう。

オ　理念としての筆界判定手法

理念型としての筆界判定手法は，前記ア～エにおいて述べた調査をその順に従って，あるいは一部同時並行的に推し進めればよいことになろう〈33〉。しかしながら，筆界の判定に関する法令の定めや筆界確定訴訟における判定の実務は，次の2に述べるとおり，相当に異なっている。

2　筆界判定に関する法令等

⑴　概　説

筆界が現地のどの位置にあるのかを判定するためには，どのような要素を考慮すればよいのか。この点については，地籍調査及び筆界特定・法14条地図作成に関し，若干の規定が置かれている。いずれの手続による筆界の判定作業であれ，探し出されるべき筆界は1つなのだから，筆界の判定要素に差があってよいはずはないのだが，それぞれの規定ぶりには看過できない微妙な差異が認められる。

法令及び裁判実務が掲げる筆界判定の要素は，いずれも重要であり，実務においては，それらの要素につきすべて調査・探索して，総合的に判断しなければならない。

そこで，まず後記⑵～⑷及び次款において，法令及び裁判実務を鳥瞰し，次に2章（115頁）において，筆界の判定要素を各論的に掘り下げて検討する。

⑵　地籍調査に関する法令

国土調査法に基づく地籍調査（同法2条5項）においては，一筆地ごとに，その所有者，地番，地目，地積とともに，筆界〈34〉の実地調査も行う。この一筆地調査においては，「筆界は，慣習，筆界に関する文書等を参考とし，

〈33〉　もっとも，筆界と所有権界は，本来同じ位置に存在すべきことから，両者がかい離すると推測できるような特段の事情（24頁）がない限り，実務では，筆界を探るための登記図簿等と所有権界を探るための民間資料の双方を収集すべきこととなる。

〈34〉　国土調査法（昭和26年6月1日法律180号）2条5項は，「境界」の調査をすると規定しているが，同法を受けた施行令（昭和27年3月31日政令59号）別表第5（一筆地測量及び地積測定の誤差の限度）や，地籍調査準則30条（筆界の調査）は，「境界」を「筆界」と読み替えている。

かつ，土地の所有者等の確認を得て調査する〈35〉」と規定されている（地籍調査準則20条，30条１項）。また，土地所有者等の立会いが得られなくとも，そのことについて相当の理由があり，かつ，筆界を確認するに足りる客観的な資料が存在する場合においては，当該資料により作成された筆界案を用いて確認を求めることができる（同条２項）が，それ以外の場合は，筆界は未定として取り扱うこととされている（同条３項）。

要するに，地籍調査の際の筆界判定において考慮すべき要素は，①「慣習」の調査，②「筆界に関する文書等」の調査，③所有者等による確認とされている。

上記の規定は，筆界判定の手順を定めるものとしては，いささか漠然としすぎるといわざるを得ない。のみならず，後記の筆界特定・法14条地図作成作業についての規定のような，地形地物に関する調査が欠落しているのは不合理であろう。しかしながら，上記の準則は，あくまで筆界判定に当たって考慮すべき要素を例示したにすぎないと解されるのであって，地籍調査において上記①～③のみをもって筆界を判定すべきという趣旨であると解することはできない。

地籍調査によって認識される筆界と法務局によって認定される筆界，さらには裁判所によって確定される筆界との間の実務における看過できない微妙な差異については，後記４款（107頁以下）において，やや詳しく述べる。

⑶　筆界特定手続・法14条地図作成手続に関する法令

ア　法令の定める判定手法

不動産登記法143条（平成17年法律29号による改正後）は，筆界特定に当たり考慮すべき要素について規定している。そこでは，登記所に保管されている①登記記録，②地図又は地図に準ずる図面，③登記簿の附属書類の内容を調査する他，地形地物すなわち（対象土地・関係土地の）④地形，⑤地目，⑥面積，⑦形状，⑧工作物，⑨囲障，⑩境界標，⑪その他の状況，⑫上記⑧～⑪

〈35〉　旧規定は「土地の所有者その他の利害関係人又はこれらの者の代理人の確認を得て調査する」とされていたためか，一部地域で地元代表の立会いのみで足りるとの誤解を生じていた。もっとも，現在でも地籍調査準則20条が「所有者等」につき，同趣旨の定義をしているので，地籍調査準則30条１項の実質内容は変わらない。

の設置の経緯，⑬その他の事情を総合的に考慮すべきものとしている。同規定では，⑭「関係官公署及び所有者その他利害関係人が所有する書類等」に係る規定が欠落しており，その不合理性が指摘されていた〈36〉。そのためであろうか，最新の法務省不動産登記法第14条第1項地図作成作業規程（基準点測量を除く）22条は，⑭も調査対象として追記している。

イ　判定手法の理念型との対比

上記不動産登記法143条・法務省不動産登記法第14条第1項地図作成作業規程22条の定める手法は，前記1の筆界判定の手法についての理念型にかなり近いといえる。筆界判定についての第一次的資料たる登記情報等（①～③）をベースとして，現地の地形地物との対比を行うという構造だからである。

しかし，理念型のうち，官公署以外の旧家等が保有する古い空中写真や測量写真・記録写真等さらには古い絵図面等に触れていないのは，やはり不十分であろう。

さらに，現地の調査に当たっては，上記の地籍調査に係る準則が掲げる「慣習」の調査も欠いてはならないはずである〈37〉。

ウ　不動産登記法143条・法務省不動産登記法第14条第1項地図作成作業規程22条の趣旨及び射程距離

不動産登記法143条・法務省不動産登記法第14条第1項地図作成作業規程22条は，前記の地籍調査に係る規定と同様，前記アに定める諸要素のみを考慮すれば足りるとの趣旨ではなく，筆界を調査・探索するに際しての主な要素を例示したものにすぎないと解される。実際の調査・探索に当たっては，以下（115頁）に掲げる資料の全般にわたり，抜かりなく調査・探索することが必要である。その意味において不動産登記法143条・法務省不動産登記法第14条第1項地図作成作業規程22条は，言わば当然のことを確認的に規定したものにすぎないといえる。

〈36〉　例えば，本書初版83頁。もっとも，筆界特定施行通達87は，法務局補助職員の職務として他の官署・民間等が保有する資料の収集を想定している。

〈37〉　当事者間の話合いの中では，関係者の占有の状況，紛争の経緯，係争地付近に関する関係者間の合意等がしばしば重視されるが，不動産登記法143条がこれらを明記していないのは，「悪しき（不適切な）現況主義」排除の目的があるのかもしれない。

それゆえ，筆界の判定作業に当たっては，不動産登記法143条・法務省不動産登記法第14条第１項地図作成作業規程22条に掲げられている筆界判定の諸要素，さらには，地方ごとの慣習や資料館等保管の古文書等をも調査して，筆界の判定を行わなければならない。そのことは，筆界特定や法14条地図作成作業のみならず，分筆・地積更正・地図訂正等の前提作業としての登記官による筆界認定，地籍調査の際の一筆地調査，筆界確定訴訟，土地家屋調査士・測量士その他による筆界の調査・復元作業全般において，十分に考慮されなければならない。

⑷　筆界確定訴訟における実務

ア　裁判実務における旧来の筆界判定手法

筆界確定訴訟において，筆界確定の手法ないし筆界判定に際して考慮すべき要素を規定した法令はない。そのため，大判昭和11年３月10日民集15巻695頁を先例とする旧来の裁判実務では，ドイツ民法920条を参考にすべきものとしている。すなわち，①占有状態を標準として筆界を判断できるときは，占有界によるべきであり（27頁１），②占有状態が明らかでないときは，係争地を平分するのが相当であり，③上記①及び②によることが，土地の確定した事情，すなわち相隣接する一筆地の公簿面積比率，地形地物等の実情と一致しないときは，その実情をしん酌しつつ公平に適した方法で境界を定めるべきものとしている。

イ　判定手法の理念型との対比

アの裁判実務は，前記１に掲げた筆界判定の理念型と相当異なることに注目しなければならない。筆界判定の理念型では，登記情報等の文献調査が第一であるのに，裁判実務では，前記ア①において，占有界を筆界確定に際して判定要素の第一とすべきであるかのようにしている点に特色がある。もっとも，そのこと自体は，地籍調査及び筆界特定をはじめとする登記実務において，現地調査の際には，まず現地における境界標や塀・生垣等の占有界を確認しているのと平仄が合うのであって，旧来の裁判実務が誤りというわけではない。

また，前記ア②及び③は，我が国の登記実務において，相隣接する一筆地の公簿面積割合と，占有や当事者の主張を基準とした実測面積の割合とを比較検討しつつ筆界判定が行われているのと同じ発想であろう。

しかしながら，筆界判定の理念型と対比してみれば明らかなように，ドイツ法を借用してきた旧来の裁判実務では，登記情報等をはじめとする文献調査の手法が大きく欠けており，この点が旧来の裁判実務の最大の特色であり，欠点であったといえる。

ウ　裁判実務の是正

もっとも近時では，例えば，大阪地裁が提唱する境界確定訴訟の審理モデル〈38〉においては，①占有状況のほか，②面積，③公図等の図面の内容，④境界標，⑤地形などを筆界判定の要素とすべきものとしており，前記1において指摘した理念型における第一の判定要素である③を判定要素の1つとしている。しかし，筆者の印象では，裁判官は現在でもなお③の要素をないがしろにする傾向があることを否定できないように思われる〈39〉。

裁判実務において，旧来，登記情報等の文献調査の手法が欠落していた1つの原因は，裁判官や弁護士が地図・図面（とりわけ和紙公図）等についての鑑定的知識に乏しいことにある。法務省の訟務実務においては，地積測量図（163頁）の存在すら知らずに筆界確定裁判が行われた例があることが，新任研修での語り草となっている。「法曹は登記情報等について鑑定的知識を有しない」ということを端的に物語る典型例（すなわち新任訟務検事への戒め）として語り継がれているのである。

筆界特定制度発足に先立ち議論された「ADRによる筆界確定制度」（425頁2）は，このような裁判実務の欠点を是正すべく，筆界についての専門知識を有する者によって構成されるADRによる筆界確定制度を筆界確定訴訟に前置させるという立法案であった。この制度は，日の目を見なかったが，実務の運用としては，裁判所は筆界特定制度の成果を活用（不登法147条）す

〈38〉　小佐田潔・山下寛・大竹昭彦ほか「訴訟類型に着目した訴訟運営」判タ1077号（平成14年）4頁以下。最近のものとして，大阪土地家屋調査士会「境界問題相談センターおおさか」編『事例解説境界紛争解決への道しるべ』（日本加除出版，平成28年）。

〈39〉　従来の筆界確定訴訟の判決書と，新たに発足した筆界特定手続における筆界特定書の「筆界判定の理由」を読み比べてみると，公図その他の文献的資料にどの程度ウエイトを置いて筆界を判定しているか，違いが分かって興味深い。

ることにより，自らの欠点の是正を図るべきであろう。現に，裁判実務は，筆界特定制度の発足を契機として，ドイツ法を参考とする旧来の占有重視の思考を改め，不動産登記法143条ないし法務省不動産登記法第14条第１項地図作成作業規程（基準点測量を除く）22条に掲げる手法を採る裁判例が増えてきているような印象を受ける。

第４款　筆界判定に係る２つの手法と差異の克服

１　筆界判定実務における違和感

地図訂正等の表示登記手続，筆界特定手続，地籍調査作業，法14条地図整備作業，筆界確定訴訟手続を横断的に経験したことのある実務家は，それらの間にある筆界判定の手法と結論のギャップに気付いている。本款では，その原因と対応策について簡略に述べる。

２　不動産登記の場面で認識される「筆界」

(1)　登記筆界的判定手法の誕生

明治初年に近代的土地所有権制度が成立し，資本制取引社会の実現が図られる。そのための基盤作りとして地租改正事業が実施され，その過程で現在の不動産登記制度の前身たる地券制度及びこれに理論上不可分的に内在する土地取引・課税単位としての土地区画（地番及び筆界）が作り出されていく。

地租改正の事業の際に形成された原始筆界は，地券・地租台帳等から土地台帳制度（明治22年）に引き継がれる。このようにして作成された土地台帳と同附属地図は，筆界の位置形状を知る直接かつ第一級の資料だが，昭和25年７月31日土地台帳法等の一部改正により，土地台帳事務は登記所に移管されることとなり，昭和35年における土地台帳と登記簿のいわゆる一元化作業の完了によって，以降，法務省において筆界情報の管理及び明確化が図られることとなる。

このように，我が国の地籍すなわち，土地の位置・形質及び所有関係等に係る公的記録は国家としての必要からいわゆる財政地籍〈40〉としてかたち作

〈40〉　地籍の沿革には，「財政地籍」（cadastre financier）と「民事地籍」（cadastre civ-

られてきた〈41〉ものであり，これを承継している不動産登記法が規定している筆界（不登法123条1号）は，不動産登記上の地番境を指すといえる。この観点において「筆界」を探し出す作業を，ここでは，議論の便宜上，登記筆界的判定手法と呼ぶこととする。

⑵　登記筆界的判定手法の厳格性

我が国における地籍は，その沿革において財政地籍としての特質を顕著に有しているといえる。①税負担の軽減を意図する「縄伸び」が多く存在していること，②土地台帳上，「官地成（官有地成）」して課税対象でなくなった土地情報を台帳から除外する取扱いであったことなどが，その顕れといえよう。

そのような沿革を有する筆界は，官が管理し，官によって公示された境界であり，その後，権利に係る登記情報と一体を成すものとして現行法に引き継がれていることから，多分に公的な存在である。そのため筆界は，登記簿上の地番と不離不可分のものとして，①課税・徴税の単位を画するのみならず，②土地取引の単位とされ，③土地交換価値把握の単位として抵当権等の目的となり，④強制執行の目的となるなど，公益性を色濃く帯びており，所有の自由を基本理念とはするものの分筆・合筆等の登記手続を経ない限り，所有者個人の意のままに動かせる存在ではないという特色を有する。言わば官の必要によって誕生した土地の公示制度を体現する存在として「筆界」は認識され，今日に至っている〈42〉。

裁判・登記実務では，このような観点から厳格に筆界を判定する手法，すなわち登記筆界的判定手法が採られていると考えられており，それ以外に，以下に述べる地籍図筆界的判定手法によって筆界が認識される場合があるとは，想定されていない。

---

il）があるといわれている。小柳春一郎「フランスにおける土地境界確定と地籍」土地家屋調査士669号（平成24年）18頁所収の報告。フランスにおける境界確定の手法につき，詳しくは，同「フランス法における境界確定訴訟と土地所有権⑴（2-完）」民商138巻6号（平成20年）22頁以下，139巻1号（平成20年）1頁以下参照。

〈41〉　大判大正11年10月10日民集1巻575頁は，登記の前に土地台帳上の手続を要するのは地租徴収等行政上理由による旨を明言している。

〈42〉　我が国の判例は，ドイツの境界確定訴訟を模写しつつ「登記された筆界は不動」という財政地籍の論理を採用し，フランス流の「境界確定訴訟は境界のへりのみの訴訟」という日本独自の論理を構築していったといえよう。

3　地籍調査の場面で認識される「筆界」

⑴　地籍図筆界の沿革

前述２の財政地籍創設の流れとは別に，1874（明治７）年以降，国土保全の理念に基づき筆界を調査し，その成果を地図等のかたちで残してきたという潮流がある。国域を守り邦境を堅固にするためにその基盤となる正確な地図を作成するという観点からの，地籍編纂事業（どちらかといえば，いわゆる民事地籍〈43〉を志向するもの）である。

この流れは，地租改正事業における地図作成に一定の影響を与えつつも，1890（明治23）年６月に一旦途絶え，第二次世界大戦後，新たな国土調査事業の一環として，事実上，復活することになる。

地籍編纂事業の成果として地籍地図（明治年間のそれは「地籍編製地籍地図」と呼ばれる。186，505頁）が作成され，そこに地図情報としての筆界が書き込まれる。地籍地図の大半は法務局に送付され，法17条地図（平成18年以降，法14条地図）として備え付けられる。この地籍図作成作業の過程における筆界の判定手法は前述２の登記筆界的判定手法とは異なる特色を有するものであり，仮に地籍図筆界的判定手法と呼ぶべき存在である。

⑵　所有権界に寄り添う地籍図筆界的判定手法

前述の地籍編纂事業に由来する地籍編製地籍地図作成の事業は，その本質において民事地籍の創設を志向するものであったと解される。そこでは，現所有権者の意思を反映した地図作りという目的ゆえに，①現況重視の地図情報として，また②現に土地を所有する相隣地所有者の意思を重視しつつ筆界を記入していくという特色がある。その判定手法の特色こそが，前記登記筆界的判定手法との対比において仮に地籍図筆界的判定手法と呼ぶべきとするゆえんである。

4　判例の認識する「筆界」

筆界確定訴訟の沿革は，「経界ノミニ関スル訴訟」を認めているフランス法に倣ったものであり，「経界ノミ」とは「時効取得等による所有権争いが

〈43〉　小柳「フランスにおける土地境界確定と地籍」前掲注〈40〉18頁。

ない境界確定の場合」であり，日本においては「経界ノミ」だから所有権の範囲を画する所有権界ではなく筆界が対象だとする考えが生まれ，これにより日本の境界確定訴訟法理が生まれたとされている〈44〉。ところが，後に詳述する（551頁以下）とおり，我が国では，「境界のみ」の訴訟という発想が，上述の財政地籍に由来する国家により管理され〈45〉，公示された筆界（公法上の境界）は，不動でなければならないとの登記筆界的判定手法と結び付き，筆界と所有権界は，別の位置にあってもおかしくない，という判例法理〈46〉として定着するに至っている。

裁判所の「筆界」判断の手法は登記筆界的判定手法と親和性がある。というより，筆界特定その他の登記筆界的判定手法の判断手法は，大審院判例以来の最高裁判例の流れに忠実に従ったものといえる。

5　登記筆界と地籍図筆界との判断作業の比較検討

これまで述べて来たところを図表化すれば，**【図表 2-2】**のとおりである。

【図表 2-2】登記筆界的判定手法と地籍図筆界的判定手法との比較検討表

	登記筆界的判定手法	地籍図筆界的判定手法
地籍の沿革	財政地籍（地租改正事業）	民事地籍（地籍編纂事業）
調査の重点	登記時点の筆界（不登法123条）	相隣地所有者が合意する筆界（地籍調査準則30条１項）
存在理由	筆界＝課税・取引・交換価値・強制執行の指標	地図＝事象をありのままに記述・情報化。所有者意思の投影
所有権界との関係	所有権界とは異なる「公法上の境界」として独自性を保持	筆界は時効取得なき所有権界を表象するものにすぎない　母法＝フランス法流

〈44〉　小柳「フランスにおける土地境界確定と地籍」前掲注〈40〉18頁。

〈45〉　土地台帳上の処理を経ない限り，分筆登記は受け付けられないとする判例として，大判大正11年10月10日民集１巻575頁。

〈46〉　最高裁判所事務総局編『境界確定訴訟に関する執務資料』（法曹会，昭和55年）611頁にも「公法上の境界線は合意では動かせません」とある。

占有界との関係（悪弊）	占有は一つの判定資料（占有界を軽視するのが，いわゆる筆界原理主義）	重要な判定資料（占有界のみに頼るのが，悪しき（不適切な）現況主義）
判定の根拠規定	不動産登記法143条	地籍調査準則30条１項
主な資料	登記記録・和紙公図・地形地物	慣習・筆界関係文書・所有者等の合意
証拠の調査	図面・地物中心・入念	地形地物・本人供述中心・迅速
無番地の境	記載せず（賓金＝反対）	記載する
病理現象	筆界原理主義…原始筆界を全力で探求。１㎜も動かさない	悪しき（不適切な）現況主義…修正主義を超え，現況のありのままを地図に記載する
所管	法務省	国土交通省（市町村＝自治事務）
共通認識	地籍図筆界は，登記筆界を高精度で再現するためのもの	

6　登記筆界的判定手法と，地籍図筆界的判定手法とで，結論に差異を生じやすい理由

(1)　問題の所在

筆界を所管する官署が，法務省と国土交通省とに分かれている上，前者はいわゆる財政地籍の流れの中で登記筆界的判定手法を墨守する傾向が見られるのに対し，後者はいわゆる民事地籍の流れの中で地籍図筆界的判定手法を広範囲に紡ぎ出すことを使命としていることから，それぞれ筆界判定手法に看過できない差異があるように見える。典型的には，「和紙公図上，Ｓ字型のアカミチを現況のとおり直線としてよいのか」あるいは，「和紙公図上長方形である相隣地の間の境界を現況どおりクランク型に直してよいのか」〈47〉という問題提起に現れる。登記筆界的判定手法の実務では，双方を

〈47〉　福井地方法務局平成29年６月15日筆界特定（公刊物未登載）は，昭和50年空中写真では現地が直線に変えられているが，昭和23年空中写真では旧公図に似たＳ字の耕作境につき，旧公図どおりに筆界を特定している。

否定する傾向があり，地籍図筆界的判定手法の実務では，双方を肯定する傾向がある。

その食い違いは，解釈指針の再構築と，両者の担当者による真摯な話合いと協調によって克服されるべきものと考える。

⑵　食い違いの根源にあるもの

我が国の筆界判定の現状を子細に観察するとき，左の極に①現況図面化主義（いわゆる「悪しき（不適切な）現況主義」），右の極に②いわゆる「筆界原理主義」があるように思われる。現状を直視しつつ，現時点での印象を，あえて直観的に述べるなら，以下のとおりである。

ア　登記筆界的判定手法の存在理由

裁判・登記の実務担当者や筆界特定実務の担当者は，当然のことながら，筆界特定制度の発足に伴って平成17年施行の不動産登記法123条１号に明文化された「筆界」の定義規定に従うべきこととなる。その結果，その原始筆界が明治初年に形成されたものであれば，まずはその当時の筆界を判定するについての直接証拠である和紙公図や一筆限図をベースに地形地物等と比較検討（画地調整）しつつ筆界を判断するという作業を行う。悪しざまにいえば，あたかも古文書学の世界に似た作業となり，相隣地所有者にとって思わぬ形の筆界が判断されるという現象も否めない。当然のことながら現所有者の意思は，当面，度外視されることとなる〈48〉。

このように，おそらく一般の市民感覚からやや外れた結果をも受容するよう求めることになりかねない議論であるが，既に確認したとおり，この筆界判定の手法は，地租改正の理念，判例理論から生まれたものであり，不動産登記法123条１号は，その理論を立法的に確認したものにすぎない。ただ，この判定手法を無情なまでに推し進めると「筆界原理主義」とやゆされるような剛直な登記・法14条地図作成の実務を生むこととなりかねない。

〈48〉　筆界特定制度の前の構想（いわゆる民事局要綱案）の初期に関わった者として弁明するならば，当初案は，裁判所の筆界確定訴訟を廃止し，法務局による「筆界確定」を前置するという構想であった（425頁以下）。その場合，今のような剛直な筆界原理主義とはならず，現行裁判制度と同じく「筆界の再形成」を目指す柔軟な手続となったはずである。筆界特定制度の問題点を見据えたさらなる法改正の検討が望まれる。

イ　地籍図筆界的判定手法の存在理由

地籍図筆界の担当者は，①地図は事象をありのままに記述・情報化することを本質とすることから，「筆界」と認識されている対象のあるがままを重視し，また②民事地籍の具現化が目的であることから，相隣接する現所有者の「筆界合意」を重んじることに傾く。したがって，国土調査法に基づく地籍図作成のための地籍調査の過程において，原始筆界を表す和紙公図は，あくまで参考資料の１つであり，占有の現状に合わせた地図作りを基本とするという方針が生じるのは，むしろ自然であるということになる。関係当事者が納得し，現状を的確に反映した使い勝手の良い地図の作成という視点からは，この手法はよく理解できることとなる。

ただ，それが極端になると，地番・筆界が相隣地所有者の合意でいかようにも変動させることができるとの認識となり，現況図面化主義（登記実務で「悪しき（不適切な）現況主義」と呼ばれているもの。現況重視のすべてが悪いという議論ではない。）に至る。

そうなると，登記された地番が，担保を含む不動産取引や，強制執行，課税の単位となっているという公共的利益を阻害することになりかねない。のみならず，前記(1)のクランク型の設例においては，相隣地所有者の変動時に権利を喪失するリスクすら生じる（518頁【図表 6-1】）。ましてや，「筆界」は登記された時点で固定されているという不動産登記法123条１号の明文に反し，判例理論により長年にわたり強固に積み重ねられてきた「筆界」（公法上の境界）概念を根底から否定する結果となってしまう（筆界は私人の意思で動かし得ないとする裁判実務（553頁【図表 7-1】の⑤）にも適合しない。）。

7　問題解決の方向性（私見――境界のあるべき実務）

筆界情報を基盤とする地籍制度ないし登記制度は，日本の場合，国家としての必要から設営され，今日に至っている。そのことは，現在の地籍制度ないし登記制度が，前述のとおり，地租改正事業の柱として誕生したという沿革から明らかである。しかし，土地台帳制度と登記制度が一元化され，法務省が管理するようになった現在，財政地籍という沿革にとらわれ過ぎることなく，筆界は，国民の利益のための存在でもあることを改めて認識する必要があろう。そのことを考えるとき，以下のようにこの問題を整序するのが相当と思われる。

地図作成においては，例えば，精度の高い和紙公図上明らかにＳ字状の記載があるのに遅くても100年前には既に直線状になっていることが確認される場合，Ｓ字を再現して分筆・合筆処理を行った上でなければ地図上直線状に描けないという結論には違和感がある。そうすると，あくまで，事案にもよるが，集団和解の場合（485頁）と同様，①その筆界が長年にわたり，いわゆる現地安定筆界と認識されており，②それを追認することが民法・不動産登記法に背反して市民に実害を与えるおそれ（536頁）を生ぜず，③税法を潜脱する結果とならないものであるときは，筆界確定訴訟を行う裁判所は，その筆界再形成の権能を行使して，当該現地安定筆界に沿った筆界の再形成を行うべきことになるであろう。そのような場合は，例外的に，地図作成の際にも登記筆界的判定手法に従わなくてよいとする特段の事情があると考えてよいのではないか。

あるいは，上記①～③の要件を満たすときは，地図作成に際しては，地籍図筆界的判定手法の手法により「軽やかに」筆界線を引いておき，筆界特定や筆界確定訴訟等の個別の紛争に対しては登記筆界的判定手法の手法による修正を行う，という言わばダブルスタンダード論の採用も検討されるべきである。これまで見てきた地籍調査と筆界特定に係る双方の法令が併存する現状を合理的に説明するためには，その方がより説得的ともいえよう。

いずれにせよ，最近では，法務省のみならず，国土交通省，都道府県，市町村のいずれもが地図における原始筆界の重要性を相当程度認識するようになってきているように思われる。地籍図筆界と登記筆界との整合性を高めるためには，法務省，国土交通省，都道府県，市町村，さらには土地家屋調査士・測量士等との連携を強化する取組みこそ肝要であろう。

第２章

筆界判定の証拠資料等

第１節　筆界判定に際して調査・探索すべき資料等

１　概　説

前章３節３款２（102頁以下）において，筆界を判定する手法ないし考慮すべき要素を規定した法令や裁判実務を概観した。そこでは，各法令及び裁判実務の掲げる「筆界判定の手法ないし判定に当たって考慮すべき要素」は，まちまちであるとの印象があった。しかし，同じ筆界を判定するのに，調査・探索すべき事項に差があってはならない。

筆界判定の手法の理念型（100頁１）に従って，調査・探索すべき要素を大別すれば，第一に，登記記録（登記簿）等，筆界形成時に引かれた筆界線を直接推認させる図面や公簿，特に原始筆界については和紙公図，分筆界については地積測量図，第二に，これらを補強する文献的資料，第三に，筆界を推認する手がかりとなる占有状況を把握するための境界標，地形地物その他現地の状況（現地踏査及び現地測量の成果），第四に，占有界や境界標等と真の筆界との関係を探るため等の証言や旧来の慣習に分けることができる。

このほか，第五として，関係当事者の筆界位置に関する認識を知るための立会調査も，実務上極めて重要である。当事者の立会いについては，法律上も事実上も問題が多いので，項を改めて述べる（207頁以下）。

２　所有権界の判定に際して調査・探索すべき資料等との関係

本章に掲げる資料等は，直接的には筆界を探し出すのに必要な証拠資料である。しかし，通常の場合すなわち筆界と同じ位置に所有権界が存在する所有権界兼筆界の場合は，当然のことながら，所有権界の調査・探索に当たっては，前述（85頁）した所有権界判定の資料等に加え，本章に掲げる資料等をも調査・探索すべきことになる。

第２節　法務局備付けの地図及び地図に準ずる図面等

第１款　概　説

筆界調査・探索の第一次的資料は，法務局（地方法務局・支局・出張所を含む。以下，同じ。）に備え付けられ，又は保管されている登記情報，すなわち登記記録（登記簿），不動産登記法14条１項に定める地図（法14条地図），同条５号の地図に準ずる図面（いわゆる公図，広義の公図），土地所在図などの各種図面，地積測量図，建物図面，土地台帳等である。これらのうちでも，筆界を調査・探求するのに最も直接的な資料は，筆界形成時に税務官吏・登記官等が認識した筆界をそのまま表示・記入したはずの地図又は地図に準ずる図面（とりわけその原図たる和紙公図）である〈1〉。

第２款　法務局備付け地図（旧・法17条地図，現・法14条地図）

１　1960（昭和35）年以前の法務局備付け地図

地券制度が廃止され，登記法（明治19年８月13日法律１号）が施行されたのは，1887（明治20）年２月であり，不動産登記法（明治32年２月24日法律24号）が施行されたのは，1889（明治32）年６月16日であったが，以降，1960（昭和35）年までは，法務局（その前身の裁判所等）において筆界を示す地図を作成することは予定されていなかった。ある一筆地が現地のどこに存在し，筆界がどこに位置するのかは，地券制度に代わるものとして税務官署が管理する土

〈1〉　上記の地図，地図に準ずる図面，土地所在図，地積測量図，建物図面等の保存期間は原則として永久である（不登規28条２号・３号・13号）。

地台帳（174頁），同附属地図（公図）（122頁）によることとされていた。そのため，筆界を始め不動産の表示に係る情報は不動産登記法では把握されず，まさに砂上の楼閣であったといえる。そのため，分筆・合筆等による筆界の移動を生じた場合は，登記所による登記の変更の前に，税務官署管理の土地台帳・同附属地図の書換手続を必須のものとしていた〈2〉。

2　1960（昭和35）年～2005（平成17）年作成の地図（法17条地図・現法14条地図の前身）

1960（昭和35）年不動産登記法の改正により，初めて表示登記の充実が図られることとなる。その一環として，新たに法務局に地図（いわゆる法17条地図）を備えることとされ，「各筆ノ土地ノ区画及ビ地番ヲ明確ニスル」（不登法18条）こと，すなわち現地復元性のある地図であることが指向された。そのため，申請人に対し，地積測量図を提出することを義務付け（不登法80条2項），地図整備に協力する義務を課した。

法17条地図の作成要領については，縮尺を従来は600分の1としていたのを改め，500分の1とするのを原則とすること（不登法施行細則10条ノ2）としたが，それ以外は実務に委ねられていた。ただ，法務局では遅々として作成が進まず，①国土調査の際の地籍調査において作成される地籍図，②土地区画整理法や③土地改良法に基づいて作成される確定図（所在図），④新住宅市街地開発法，⑤首都圏の近郊整備地帯及び都市開発区域の整備に関する法律等による所在図も法17条地図に取り込むことにより，地図整備が図られてきた（旧・不登準則28条2項〈現・不登規10条6項〉，国土調査法2条5項・20条1項，土地区画整理法（昭和29年5月20日法律119号），土地区画整理登記令旧6条2項2号〈現4条2項3号〉，土地改良登記令旧6条2項2号〈現5条2項3号〉等）。

なお，昭和61年改正測量法11条1項1号に基づく公共測量作業規程の改定に伴い，地積測量図の作成に当たっては，旧来の図解法をやめて土地の1筆ごとの測量について，数値法（国土調査法施行令別表第一による平面直角座標系。当時は日本測地系の座標値）によることとされ，2002（平成14）年1月以降は世

〈2〉　そのことを明言する判決として，大判大正11年10月10日民集1巻575頁。

界測地系の座標値に移行し，同時に電子基準点の活用が図られるに至っている（不登規13条1項4号）。

法17条地図は，申請人提出の地積測量図とあいまって，一般論としては，現地における筆界の位置を相当程度推認せしめる地図として機能し得るものが多いといえる。しかしながら，比較的初期に作成された地籍図に由来する法17条地図を中心に，地図作成時に主として筆界の一筆地調査が不十分であったり，土地交換・分筆・合筆などの登記手続を経ずに現地のありのままを記載したために，最悪の場合，土地台帳附属地図にすら劣るといわれ，さらにはその成果を信じた国民が権利を喪失するおそれすら生じかねない地図が存在する（536頁）〈3〉。

そのほか，隣接する地図と整合しない地図や，道路や公共用悪水路の拡幅に際して，ラインを引き間違え，拡幅後の筆界線を連続的に誤記している例も少なからず経験するので，法17条地図といえども信頼性が一様でないことに留意すべきである〈4〉。信頼性が著しく低い地図については，その法17条（現・法14条）指定を解除する方途がない現時点においては，所有登記名義人（不登規16条）あるいは市町村（地方税法381条7項）による申出により，和紙公図に立ち返って筆界を復元する方法（141頁）により，地図訂正や地積更正を繰り返す以外にないであろう。

法17条地図は，平成17年新法施行後は，同法における「法14条地図」（同法14条1項に基づく地図。以下同じ。）として扱われることとなった。

3　2005（平成17）年以降作成の地図（法14条地図）

(1)　公共座標値と認定登記基準点の活用

現行法上，筆界は，不動産登記記録の表示登記事項（不登法34条）と法14条地図の記載（不登法14条1項，不登規10条）によって認識されるのが建前である。

〈3〉　筆者が見聞した例としては，初期の地籍図の中に滋賀県下，香川県下で少なからず存在していた。座談会「登記所のコンピュータ化について」登研630号（平成12年）105頁以下。鮫島『日本の地籍』172頁。

〈4〉　甲府地判平成17年6月29日（裁判所ウェブサイト）は，山林の所有者と公衆用道路の所有者等との筆界争いにつき，法17条地図に基づく復元を正当としている。

不動登記法は，「各土地の区画を明確に」する（不登法14条２項）必要があることから，地図は地番区域又はその適宜の一部ごとに，精確な測量及び調査の成果に基づいて作成することを義務付けていて現地復元性の高い地図を目指している（不登規10条１項）。それゆえ測量の基点は，将来，境界標の滅失等により基点が不明になるのを防止するため，できる限り任意座標値を避け，公共座標値すなわち基本三角点（測量法２章による基本測量の成果である三角点・電子基準点，不登規10条３項），国土調査法２条２項，19条２項・５項によって認証・指定された基準点等の公共基準点を基礎として表示することが要請されている（地籍調査準則38条）。

なお，不動産登記規則10条３項所定の「基本三角点等」として取り扱う〈5〉ことができるものとして日本土地家屋調査士会連合会が認定した登記基準点〈6〉（すなわち認定登記基準点）は，法14条地図作成のみならず，地籍図（528頁）の作成に当たっても，地籍調査準則38条所定の「基本三角点等」と同等に扱われる〈7〉。

⑵　作成時に要求される地図の精度

新たに作成図する地図に求められる精度は地域によって以下のとおり異なる（不登規10条２項～４項）。

①　市街地地域（主に宅地が占める地域及びその周辺の地域）

縮尺は250分の１又は500分の１。精度区分は，国土調査法施行令別表第４・甲２まで。

②　村落・農耕地域（主に田，畑又は塩田が占める地域及びその周辺の地域）

縮尺は500分の１又は1,000分の１。精度区分は，同表乙１まで。

③　山林・原野地域（主に山林，牧場又は原野が占める地域及びその周辺）

縮尺は1,000分の１又は2,500分の１。精度区分は，同表乙３まで。

以上のとおり，法14条地図は，筆界が，現地のどこに位置するのかを再現

〈５〉　その根拠は，平成20年６月12日民甲16790号民事第二課長依命通知。

〈６〉　登記基準点の実際につき，下斗米光昭「登記基準点からの登記測量」土地家屋調査士607号（平成19年）46頁，柳平幸男「シリーズ対談（第２回）」登記情報614号（平成25年）１頁，同615号（平成25年）13頁。

〈７〉　平成29年３月31日国土交通省地籍整備課長補佐事務連絡。

する性能すなわち現地復元性を持つことを指向するものといえる。しかしながら，地域によって精度誤差に開きがあり，市街地ですら公差で20㎝が許容されていることから，いかに精度の高い法14条地図であったとしても，最終的な筆界点の判定は，地積測量図その他の資料の他，境界標その他の地形地物・相隣地所有者の認識など，現地調査の結果をも加味して総合的に行う必要は否定できない。

(3)　法14条地図の供給源

法14条地図においても，旧・法17条地図（117頁2）と同様，国土調査法20条1項により登記所に送付された地籍図（528頁），土地改良登記令5条2項3号又は土地区画整理登記令4条2項3号に基づく所在図等の相当数が法14条地図に認定されている（不登規10条5項・6項）。さらに，公共用施設の用地取得や宅地造成等に伴う測量成果などのうち，地籍調査と同等以上の精確性を有するものについては，国土調査法19条5項の指定を受け，登記所に送付されることにより，法14条地図として法務局に備え付けられるに至っている（国土調査法19条5項指定地図）〈8〉。

2005（平成17）年以降に新たに形成された筆界については，法14条地図と地積測量図（163頁）の記載によって筆界が判定されることが予定されている。

(4)　法14条地図作成の効果

これまで見てきたように，法14条地図として備え付けられているものの中にも，筆界復元に際しての信ぴょう性には，様々なものがある（116頁以下）。しかしながら，2005（平成17）年以降に作成されたものを筆頭として，法14条地図の信頼性は，筆界特定の成果に次いで，相当高いといえる。そのため，法定の作成手続が厳格に履践されているものであれば，特段の事情がない限り，記載の位置に筆界が存在するという「事実上の推定力」が強く働くことから，筆界確定訴訟においても，他に強力な反対証拠がない限り，そこが筆界と認定されよう。ただ，いわゆる「悪しき（不適切な）現況主義」（28頁）で作成されたものであることが証明されれば，特段の事情があることになり，事実上の推定は覆る。

〈8〉　平成25年3月13日民二220号民事第二課長通知。

⑸　近未来の展望

2018（平成30）年４月運用開始の衛星放送を活用した電子基準点（任意座標）を用いることにより，公共基準点を用いなくても２，３㎝の誤差しかない地積測量図が可能となるという。その衛星測位による基準点情報を法務局等に集約することにより，精度の高い地図情報を迅速に構築する仕組みが模索されている〈9〉。

第３款　地図に準ずる図面（公図等）

１　公図の意義

前款で述べた法14条地図が整備されていない地域においては，「地図に準ずる図面」（不登法14条４項）すなわち土地の位置，形状及び地番を表示する図面〈10〉が備えられているのが通例である。この地図に準ずる図面全般を指して，実務において「公図」と呼ぶことがある（広義の公図）。これに対し，地図に準ずる図面のうち土地台帳附属地図（次項）のみを指して「公図」と呼ぶこともある（狭義の公図。「和紙公図」あるいは「絵図公図」とも呼ばれる。）〈11〉。本書では，説明の便宜上，後者を公図と称しているが，特に「和紙公図」と明記することもある。公図は筆界が形成された当時の土地の位置・形状及び地番を公に示すものである〈12〉ことから，筆界判定についての最も基礎的な資料の１つである〈13〉。

〈9〉　地理空間情報活用推進基本法16条～21条は，衛星測位を登記情報にも活用することを掲げている。小野伸秋「シリーズ対談（第11回）」登記情報672号（平成29年）57頁以下。

〈10〉　これらの図面は，旧不動産登記法の昭和35年改正で「法17条地図」が法制化されたことにより，法的根拠を失っていたが，旧法の平成５年改正で備付文書としての法的根拠を与えられるに至った（旧法24条ノ３）。

〈11〉　法務総合研究所の研修教材『不動産登記法（表示に関する登記）〔第６版〕』（法務総合研究所，平成18年）64頁では，狭義に用いている。

〈12〉　和紙公図を写し取ったいわゆるマイラー図（136頁）等は，ここで言う公図ではない。

〈13〉　公図の精度に関する記述は，本書初版（平成21年）と相当異なる。全国の登記官，土地家屋調査士会，地方公共団体職員等の実務家から情報を得，さらには本書記載の各文献等を通じて，精度の高い公図が全国各地に多数存在することを確認したからである。

なお，公図については，実務上しばしば，その精度ないし証拠価値が問題となるが，その点については，多様な公図を２以下で概観した後に，項を改めてまとめて詳述する（131頁以下）。

２　土地台帳附属地図（狭義の公図）

⑴　地租改正地引絵図（改租図）

ア　地租改正地引絵図の作成手法

土地台帳附属地図は，前述（93頁）のとおり，1973（明治６）年から1881（同14）年にかけて実施された地租改正事業に際して作成された地租改正地引絵図（改租図）に源を発しており，後述する更正地図（更正図）とともに，原始筆界の位置を知る根源的資料といえる。

従来，地租改正地引絵図の多くは，十字法（不整形の土地を目測によって長方形に引き直し，縦横の間数をかけて面積を測る方法）によっていると説明されていた。

しかし，多くの実例を見聞して，十字法で道路・水路・筆界の形状を現存する和紙公図（地租改正地引絵図・更正地図等）の精度で描けるのかという疑問を生じていたところ，十字法についての説明は面積測量の手法の説明にとどまり，筆界の測量すなわち地形測量とは異なるということを知った。小野孝治土地家屋調査士が文献調査をされた結果によれば，要旨，以下の㈠～㈢及びイのとおりである〈14〉。

地租改正地引絵図の作成過程には，以下の３類型があるとされる。

㈠　一筆図から字図，さらに村図を作成する方法

まず一筆図（一筆限図）を600分の１で丈量（地形測量）し，これを接合して字図（字一筆限図，字限図）を縮尺600分の１で作成し，さらに字図を接合して村図（全村図）縮尺3,000分の１又は6,000分の１を作成したことがあるという。しかしながら，佐藤甚次郎『神奈川県の明治期地籍図』（暁印書館，平成５年）85頁によれば「地引絵図編製に付十字縄にて地押之事」とあるものの「この史料はまだ実見し得ない」と記述されている上，この方法では字図を

〈14〉　ご本人の許可を得て引用。

作成することは現実的でないことは測量技術者なら分かっていることであり，佐藤甚次郎『千葉県の公図』（暁印書館，平成11年）249頁にも同趣旨の記載がある。

要するに，「十字法により描かれた一筆図」を接合して字図，公図（土地台帳附属地図）の基となる地租改正地引絵図が作成されたと考えることは，非現実的であり，その実証例はないという。

(イ)　村図から字図と一筆図を作成する方法

まず，村の境界を確認してから村全体の外周を測量した村図を作成し，次に字界，民地界を確認して官地（道路，水路等），民地の区別なく測量した成果に基づいて字図を作成する方法がある。この方法では同時に一筆図も作成される。

その一筆図を基にそれぞれの丈量（求積測量）がなされ，境界に違いがあれば字図の訂正も行われたとされている。

この場合，土地の所有者は字図の丈量（地形測量）時と地番ごとの丈量（求積測量）時の二度にわたって境界の立会，確認をしたようである。例証として，東京府について明治８年１月付け地租改正ニ付キ人民心得書６条「一村限地引絵図を製し」，７条「実地の景況を写し」との記載〈15〉があり，熊谷県（現埼玉県）でも前掲佐藤『神奈川県の明治期地籍図』53頁，第14図にも同様の方法が記述されている〈16〉。

さらに，静岡県では，明治８年11月付け静岡県租税課布達乙167号は「初メニ該村周囲ノ境筋，隣村戸長立会之上分間スヘシ」，「次ニ道路堤塘河川溝筋等ヲ分間スヘシ苟モ是等之経線正シカラサレハ耕地宅地等ノ経界ヲ謬リ迷フコトアリ該種ノ分間畢レハ耕地一字限リノ周囲ハ自カラ定マルヘシ」として，道路などの長狭物と民地との境界を正確に分間すれば，これに囲まれた字（現在の小字）も正確となる，「次ニ耕地宅地其他各種ノ地所一筆限リヲ丈

〈15〉　東京府に係る東京土地家屋調査士会『丈量等の制度変遷』（平成15年）64頁，98頁。同書には「道路分検野帳は……宅地分見野帳より約半年ほど早く取りかかっている」との記載があり，字図が先に作成された様子がうかがえる。

〈16〉　泊善三郎『埼玉県における地籍図の作成』（埼玉県，昭和60年）73頁，74頁の「字内訳絵図，第１番図，第２番図，第３番図」にその雛形図が掲載されている。

量スヘシ」としている〈17〉。

地租改正地引絵図には，この(イ)の手法で作成されたものが多いようである。その場合，明治初期から存在する里道その他の道路や水路の位置や幅員のみならず，それらに沿って存在する民地の境界についても精確に図化されていると考える余地があり，慎重に精査・検討すべきであろう。

(ウ)　字図から村図を作成する方法

前掲佐藤『千葉県の公図』247頁には「字の輪郭を実測したものに各筆の実測図をはめ込んで字図を作成し」た例があることが記載されている〈18〉。

イ　地租改正地引絵図の丈量（地形測量）に用いられた測量機器

各地の資料〈19〉により，角度と距離を実測する中方儀・小方儀（コンパス測量の機器）を用いて分間法〈20〉により地図・図面（縮尺図）を作成したことがうかがえる例も少なくない。この方法によれば，道路・水路は精確に測量され図面として作成される。機器の古さや測量技術による誤差や図の歪みは補正しなければならないが，明治初期から普遍的に存在する道路・水路及びそれらに沿って存在した民地の境界も精確に図化されていると考えられる。なお，公図の精度一般については，後記４款（131頁）参照。

(2)　更正地図（更正図）

地租改正地引絵図（改租図）は，その作成目的からすれば，筆界を知るための直接証拠となるべきであるが，実際には小方儀や平板測量の手法によったと思われるもの（前述(1)）を除き，一般的に極めて不正確なものが多かった。地図更正ノ件（明治20年６月20日大蔵大臣内訓）によると，地租改正地引絵

〈17〉　渡邉成彦「法定外公共物（里道）の変遷と分権譲与後の管理」自治総研474号（平成30年）11頁による。

〈18〉　佐藤甚次郎『千葉県の公図』（暁印書館，平成11年）92頁には「切図共取揃本区会所へ」提出した（字図，村図の順に提出させられた）との記録がある。

〈19〉　東京府につき，東京土地家屋調査士会『丈量等の制度変遷』（平成15年）64頁，神奈川県につき，佐藤甚次郎『神奈川県の明治期地籍図』（暁印書館，平成５年）127頁，埼玉県につき，泊善三郎『埼玉県における地籍図の作成』（埼玉県，昭和60年）75頁，千葉県につき，前掲『丈量等の制度変遷』108頁。

〈20〉「分間（図）」とは「縮尺（図）」のことであり，明治９年「山林原野調査法細目」は，山林ですら「(一) 筆限リ耕地同様ニ丈量シ……廻リ分見或ハ板分見等」で丈量すべきものとして，コンパス測量ないし平板測量を志向していた。『山林の境界と所有』56頁。

図（改租図）は「各地方ノ便宜ニ任セ，技術不熟練ナル人民ノ手ニナリシモノナルカ故ニ概ネ一筆ノ広狭状況等実地ニ適合セス，或ハ脱漏重複又ハ位置ヲ転倒スル等不完備ヲ免カレサルモノ多キニ居ル」状態であった。そのため，1884（明治18）年から地図更正に着手する（98頁）が，全筆につき全面的に丈量（総丈量）をやり直したのは，山口県長門国，福岡県筑前国・豊前国，大分県豊後国，岡山県美作国，岐阜県飛騨国の五地域のみであり〈21〉，他の地域においては地租改正地引絵図（改租図）に手を加えただけか，あるいは地租改正地引絵図（改租図）をほとんどそのまま更正地図（更正図）としている。

具体的には，町村地図調製及ヒ更正手続（明治20年６月大蔵省内訓3890号）５項には「字図ハ一間ヲ以テ一分即チ六百分ノ一トス」とあり，それと同じ時期に示された「町村製図略法」では，平板測量によることが推奨されている。ただし当該更正地図が現実にその手法によっているか否かは個々に確認する必要があり，更正地図には，①既存の地図を模写したもの，②新規丈量に基づいて製図されたもの，③土地台帳制度発足後しばらく経ってから再製されたものがあるという〈22〉。

更正地図（更正図）は，全国の総筆数の約３分の１程度作成されている〈23〉。

(3)　土地台帳附属地図

地租改正地引絵図（改租図）あるいは更正地図（更正図）は，1889（明治22）年に土地台帳規則が制定されたことに伴い，土地台帳附属地図として，正本は府県庁郡役所（その後，収税署から税務署へと引き継がれる。），副本は市町村役場に保管されることになる。そして1950（昭和25）年の台帳事務の登記所への移管に伴って土地台帳附属地図（通称「公図」）は税務署から登記所（法務局）に移され，土地台帳法が昭和35年４月１日に法律14号によって廃止された現在においても登記所が引き続き保管することとされている。

〈21〉　有野敬重（福島正夫解題）『本邦地租の沿革』（御茶の水書房，昭和52年）124頁。
〈22〉　古関大樹「地籍図類の歴史（16）」登記情報671号（平成29年）45頁。
〈23〉　福島『地租改正の研究』501頁，澤睦「一七条地図その他登記所備付の図面」『不動産登記法講座Ⅱ総論（二）』（昭和52年）390頁。

(4)　和紙公図（絵図公図・閉鎖公図・原公図）調査の重要性

筆界を判定するに当たっては，たとえ地籍調査の成果としての地籍図（528頁）が作成され，さらには法14条地図（116頁）が整備された地域の筆界調査であっても，あるいはいまだ公図に依拠せざるを得ない地域の筆界調査であっても，それらの地図・公図等の原資料である公図，さらには当該公図が再製図であった場合，再製前の公図（最終的には，明治初年に作成された前記土地台帳附属地図）すなわち和紙で作成された公図をも調査する必要を生じる場合がある〈24〉。これらを調査する過程で，現在の登記記録に記載された地番や筆界の位置・形状，長狭物の幅員など，筆界の判定に決定的な要素となる部分につき移記されていない記載があったり，移記に誤りがあることが発見されることもまれではない（147頁）〈25〉。特に原始筆界について疑義あるいは争いがあるときは，筆界が「登記された時にその境を構成するものとされた」結線情報（不登法123条１号）を直接に観察できる資料ゆえ，必ず参照しなければならない資料といえる。

和紙公図は多くの場合閉鎖公図とされているが，その場合も公図と同じ要領で閲覧・謄写をすることができる。ただし，毀損・汚損のおそれがあるときは，原本それ自体の閲覧は制限される〈26〉。

3　北海道における公図

(1)　土地処分図

北海道においても，明治初年において永住人の宅地や開墾地であった土地については，私的所有が認められ，地券が発行されたようである〈27〉。しかしながら，本州以南の地域と異なり，明治初年の北海道は大部分が原生林や

〈24〉　これに対し，土地区画整理事業地域など新たな行政処分によって筆界が全く新たに再形成されている場合には，当該事業全体を無効とすべき特段の事情がない限り，換地前の公図を詮索することには意味がない。その場合は，換地に関する資料の調査が有効である。

〈25〉　法務局保管の公図と，市町村保管の公図の写し（副図。179頁１(2)）との間に記載の差異があることも，しばしば経験するところである。

〈26〉　昭和26年３月８日法務省民甲457号民事局長通達。

〈27〉　明治５年９月北海道地所規則，明治10年12月13日北海道地券発行規則。

原野・湿原等であり，農耕社会特有の土地私有制度が十分成熟していなかった。そのような土地は，すべて官有に編入され，民間への売渡しや譲与が行われていった。

その売渡し，譲与の土地範囲を明確にするために，北海道国有未開地処分法（明治30年３月27日法律26号）に基づく「土地処分図」（売払図・付与図・交換図などとも称される。）が1945（昭和20）年まで作成された〈28〉。道庁・支庁，法務局に備え付けられている。

(2)　連絡査定図

前記の土地処分は，原生林，いばら・かずらの中を簡易な測量で行ったもののため，誤差を生じ，また，処分後に境界標が腐朽するなどして，官民，民民の筆界が不明となる事態が多発した。そこで，筆界を調査し，各筆ごとに位置・形状を実測する「土地連絡調査」が行われた。その成果が，北海道土地連絡査定調査規則（明治29年庁令26号）に基づく「土地連絡査定図」である。道庁・支庁，市町村役場，登記所に備えられている。

連絡査定図には，一筆地ごとの土地台帳，土地処分図（前記(1)）等を参考に，土地所有者が立会いの上，実地調査した状況及び筆界が記入されている。調査に際しての測量は，陸地測量部の三角点を基礎として小三角点を測設し，図根点を設けて一筆地の細部測量を行っている。そのため，同時代に作成された本州等の公図に比し，精確性は相当高いものがある〈29〉。

もっとも，「連絡査定」図と言っても，旧国有財産法10条等に基づく「境界査定」の成果を記した図面（61頁，179頁）とは異なる。境界査定には，筆界を再形成する効果と，所有権界についての和解の効果を伴うが，連絡査定については，法律上の根拠がないため，そのような強い効果を認めることはできない〈30〉。連絡査定についても，土地所有者の立会いによる「査定」が

〈28〉　同類の図面として，殖民地に区画を測設するための「区画設置心得」（大正７年２月北海道庁決議）に基づく「殖民区画図」（縮尺5,000分の１）が作成され，道庁・支庁に保管されている。

〈29〉　北海道庁方式による座標値に従って土地を１～1.5m掘ると，木杭が出てくるという。鎌田薫ほか「平成16年・17年不動産登記法改正（上）」ジュリ1297号（平成17年）125頁。

〈30〉　大正13年北海道庁訓令82号北海道地方費財産取扱規程28条に基づく「境界査定」

行われ，境界についての認識の一致が確認されているが，その効果は，官民境界確定協議（410頁）や民間相互の境界協議（381頁）と同様，①所有権界についての和解の効果の他，②筆界の位置についての「相隣地所有者の認識の一致」という事実上の効果が生じるにとどまるというべきであろう。

土地連絡調査は，1965（昭和40）年に地籍調査（505頁）に移行し，終了した。

(3)　分・合筆の混乱，未記入等

明治維新から第二次世界大戦終了までの間は，前記(2)において述べたように，処分図，連絡査定図等が，徴税目的ではなく，地籍の明確化を本来の目的として作成されていることから，筆界は良好に管理されてきた。しかしながら，終戦後の農地改革においては，北海道の農地全体の半数近くが，その対象となったようであり，昭和27年の自作農創設特別措置法廃止まで，地図の整備・管理上の混乱が続き，土地台帳附属地図における分・合筆等の処理においても，本来の地図の機能を損ねるような管理が行われた〈31〉。

農地改革のさなか，昭和25年法律227号による土地台帳法改正によって，土地台帳附属地図の管理事務は，法務局に引き継がれることとなった。法務局職員の地図に関する意識が徹底しないうちに，上記農地改革による混乱に加えて，開発ブームが起こり，現地と符合しない農地改革図面に合わせた粗雑な分・合筆図等を多く受け入れ，混乱に拍車をかける結果となった。

本来の連絡査定図等が精確であったのに，その後の分・合筆の記入による精確性の低下を生じたことを懸念した法務局では，分・合筆を容易に公図に記入しないという扱いを行うようになる。その結果，北海道では，分・合筆等の表示登記の処理は，地積測量図を基に行うという特殊な方法が採られることとなった。

しかしながら，地図・公図のコンピュータ化〈32〉を1つの契機にして，現

は，法律上の根拠が不明であり，旧国有財産法10条に基づく境界査定と同一の効力を認めることはできないが，所有権界についての合意（公法上の契約）の効果を認めることができるとする裁判例として，札幌高判平成4年4月21日判タ795号174頁。

〈31〉『土地境界基本実務Ⅴ』128頁。

〈32〉平成16年法律123号（新不動産登記法）。地図等を電磁的に記録できることとした。他に，登記済証・保証書を廃止する一方，登記識別情報，不動産特定番号の登記事項化，土地家屋調査士の作成した「調査に関する報告」の活用等の施策を導入

在では，地図・公図への適正な分筆線の記入を目指している。

このように北海道では，本州以南と異なり，筆界調査の基礎となる公図は，徴税目的でなく，官がその所有する土地を譲渡することを目的として，さらには筆界の判定それ自体を目的として，精度の高い測量に基づいて作成されている。そのためか，北海道内では，土地の境界について争われることは，少なくとも終戦前までは，目立って少なかったようであるし，現在でもかなり少ないとの印象がある〈33〉。

４　沖縄における公図

沖縄県では，明治初年に村が百姓地等を地割し，人民に配当した場合や，村の百姓地等を屋敷地として配当した場合などに，私的所有権を認めることとされていた〈34〉。しかし，第二次世界大戦の被害により，土地の形質が変更され，又は土地登記簿等や地図が滅失したことにより，各筆の位置や筆界が明らかでなくなってしまった土地が広範に発生した。占領軍は，土地所有権の認定，証明及び登記に関する布告を発した〈35〉。さらに，当該地域における境界協議や地図作成等を支援するための法律として，沖縄県の区域内における位置境界不明地域内の各筆の土地の位置境界の明確化等に関する特別措置法（昭和52年５月18日法律40号）が制定されて地籍調査に準じた調査が実施され，その成果としての地図等が作成されている。

このような経緯により，沖縄県では，戦前に作成された公図を基に筆界を判定することは，ほとんどないようである〈36〉〈37〉。

した。

〈33〉　もっとも，札幌の中心街・すすき野でも大規模な境界紛争が発生した例があり，測量ミスや製図ミスに由来する筆界争いは，不可避的に発生する可能性はある。筆界と所有権界との間にいわゆるブロック移動に近いかい離が発生している例として，札幌地判平成３年11月７日判時1420号112頁。

〈34〉　沖縄県土地整理法（明治32年３月10日法律59号）２条，４条。

〈35〉「財産ノ管理」（昭和23年４月７日米国海軍軍政府布告７号），「土地所有権」（昭和26年６月13日米国民政府布告８号）等。

〈36〉『土地境界基本実務Ｖ』130頁。

〈37〉　大唐正秀「沖縄の地図文化⑴〜（３・完）」登記インターネット94号139頁，95号68頁，96号54頁（平成19年）。

5　公図（広義）の多様性

不動産登記法14条４項には，前述した土地台帳附属地図（地租改正地引絵図（改租図）・更正地図（更正図）。122頁。狭義の公図）のほか，以下のように，様々な図面（広義の公図）がある。

ア　地籍編纂事業時に作成された地籍地図（地籍編製地籍地図）

戦後の地籍調査の先駆を成すものであるが，実施時期及び範囲はわずかのため，それ自体として残存する数量は限られている（186頁）。

イ　耕地整理確定図

耕地整理法（明治42年法律30号・昭和24年廃止），同法施行規則17条の２に基づく農業基盤整備事業において，換地処分による土地の交換分合等が行われた。その成果図は，「耕地整理確定図」と呼ばれている。整理確定図そのものは，平板測量により作成されたと推定され，その精度は公図より高いといわれている。しかし，当該事業に対応する土地範囲の旧公図は閉鎖され，耕地整理確定図に相当する図面が，公図（土地台帳附属地図）の一部として法務局に備え付けられた（耕地整理登記令旧３条３号〈現４条〉，同施行細則５条４号）ことから，法務局では土地台帳附属地図並みの取扱いを受けることとなる。

ウ　土地改良法による所在図

前記イを引き継いだ土地改良法（昭和24年法律195号），土地改良登記令旧６条２項２号・現５条２項３号に基づく換地処分の成果図は「所在図」と呼ばれる〈38〉。所在図そのものは平板測量やトランシット（セオドライト）によっており，局地的な図面ではあるが，土地の位置・形状についての精確性は土地台帳附属地図より高い〈39〉。しかし，法務局では，前記イと同様，元来精度の低い土地台帳附属地図の一部として取り扱われたため，これと融合することとなる。

〈38〉　耕地整理確定図や，土地改良・土地区画整理などの所在図は，それ自体は整然とした換地の成果図であるが，換地処分以外の区域との接合関係が記載されておらず，そのため隣地の筆界との関係でトラブルになるケースもある。

〈39〉　昭和39年９月14日民事甲3044号民事局長通達で，換地処分等に基因する登記嘱託に際しての所在図の規格が定められ，同51年６月16日民三3469号で改正された。昭和51年改正後は，基準点や座標値の記載等，現地復元性の高い図面が多くなり，法17条（現・14条）地図としての適格を有する所在図が増大した。

これに対し，国土調査法の求める精度を有する所在図は，同法19条５項による指定を受けて，法17条（現・法14条）地図として法務局に備えられている（117頁）。

エ　その他の所在図等

前述（117頁）の国土調査法による地籍図，土地区画整理法・新住宅市街地開発法に基づく所在図のほか，農地法や公有水面埋立法による土地の所在図等も，法17条（現・法14条）地図として備え付けられなかった場合の取扱いは，前記ウと同様である。

オ　大規模住宅団地等の地図

大規模な住宅団地開発によって分・合筆がされた場合，開発業者が作成した図面を法務局が受け入れ，公図の一部としている例がある。しかしながら昭和40年代（1965～1975年頃）後半の列島改造ブーム当時作成の大規模宅地開発地図の中には，元来が山林等の大雑把な公図を基にするものである上，受け入れた図面がずさんで使いものにならないものも多く，地図混乱の原因となっている場合もある。

カ　その他の図面

古くなった土地台帳附属地図の複写図，地方特有の来歴を有する図面など。

第４款　各種の地図及び地図に準ずる図面の精度

１　地図・公図の分類と精度との関係

これまで概観してきた法務局保管の各種の地図及び地図に準ずる図面（広義の公図）についての精度に係る法令を検討すると，法14条地図は「各土地の区画を明確に」するためのものと位置付けられている（不登法14条２項）のに対し，公図は一般的な精度の低さから「土地の位置，形状」（同条５項）を明らかにする機能しか期待されていない。

しかしながら筆界を判定するに際して，法14条地図なら現地復元性があり，公図の精度は低いものとして画一的に扱うことは，経験則上，極めて危険である。例えば，前述のとおり，地図の中でも，初期の「地籍図」由来の法17条地図（117頁）の一部については，現地のありのままに（悪しき（不適切な）現況主義で）地図を作成してしまっている作図例があると指摘されている

(113頁，535頁)。現に，「地籍図」由来の「公図」のように，1975（昭和50）年頃までに作成された地籍図の中には，筆界調査が不十分であったり，形状が現地と一致していない，相隣接する図面が接合しないなど，現地復元性が著しく欠けるため，法14条地図に指定されていない地籍図すらある〈40〉。これに対し，近時作成の「地籍図」は，修正主義の理念を忠実に守った精度も信頼性も高いものが多い（529頁)。要するに，法14条地図に指定された「地籍図」か否かで資料価値を画一的に論じるのではなく，個々の地図・図面につき，法令の根拠ごと，作成時期ごと，作成地域ごと，さらには同一図面の中ですら，地目ごとなど，作図の基準や信頼性等には様々な濃淡があることに留意しつつ，個々の地図・図面ごとに精度を吟味する必要がある。

同様に，土地改良法等に基づく「所在図」（前記3款5ア～エの図面）についても，おおむね1975（昭和50）年代頃までに作成された図面のうち，座標値によらず，現地の境界標と点間距離が一致しないなど，現地復元性が乏しいものは公図とされ，同じ図面でありながら前述した（117頁）法14条地図に指定されていないものがある。

要するに，「公図」，「地籍図」，「所在図」など，図面の種類分けをもって筆界を復元する能力を一律的に断定してしまうことがあってはならない。

2　地図・公図の多様性

(1)　地域ごとの調査の重要性

一般には，境界裁判について実務経験の乏しい裁判官・弁護士を中心として，全国一律の基準ないし精度で地図・公図類が作成されているものと思っている人たちが相当数おられる。

精度に著しい開きがあるこれらの地図・公図類を参考に筆界を調査・探索するためには，その前提として，これらの多種多様な来歴を有する地図・公図類についての鑑定的な知識が不可欠である〈41〉。ところが，地域ごとの具

〈40〉　鮫島『日本の地籍』172頁も初期の地籍図に不完全なものが少なくないことを指摘している。

〈41〉　その意味で重要な労作として，佐藤『明治期作成の地籍図』がある。ただ，同著作の記述には偏りがあるとし，評価し直すべき部分があるとする文献として，古関

体的な知見を持ち合わせている専門家は，必ずしも多くはない。筆者自身，各地の境界問題を検討するに際して，地元の専門家の助力なくして問題を解決しようとすることの危うさを痛感している。筆界特定制度の利用が順調に伸びている今，公図ごとの精度ないし筆界復元能力についての鑑定的知識を有する専門家の育成は喫緊の課題といえよう。

特に留意しなければならないのは，全国各地の明治期の地図・図面の精度を正しく理解するためには，政府の政策指示過程と，府県ごとの政策実行過程にすら大きなズレが生じていたことに留意した上，同じ年代の地図・図面であっても地域ごとに精度は千差万別だという点である。すなわち，和紙公図のうちの相当数を占める地租改正地引絵図（改租図。122頁）１つを取ってみても，幕藩体制下の検地を参考に農民が土地調査や地図作成を粗々に行った例が少なくない一方で，地域の資料（195頁(3)）や現存する和紙公図の精度から逆算することにより，調査・測量に精度の高い小方儀（コンパス）測量や平板測量の手法を用い，さらには和算を駆使した測量専門家が参画していることが確認される例や西洋の精密な測量技術が導入されていることが窺える例〈42〉すら見られる。後者の高精度の作図方法による場合，道路，水路は精確に測量されて図面上に表されている。そのため，明治初期から移動していない道路，水路さらにはそれらに沿って存在する民有地の境界も精確に図化されていると考えられる。

さらに，精度が悪い見取図程度の明治初期作成の和紙公図であっても，筆界を判定するのに十分な情報が含まれているのに，それを読み取れず，誤った筆界判定を行ってしまう例も後を絶たない（後記141頁４）。

要は，まずは地図・図面の精度を地形地物・空中写真等との照合等で確認した上，その精度に相応した筆界を総合的に判定することが肝要である。

大樹「滋賀県における明治前期地籍図の成立とその機能の変化――佐藤甚次郎説の再検討を通して」歴史地理学51巻１号（「歴史地理学における絵図・地図」特集号，平成21年）21頁。

〈42〉　佐藤甚次郎『千葉県の公図』（暁印書館，平成11年）280頁，世田谷郷土資料館『世田谷区の土地』（平成27年）92頁，古関大樹「地籍図類の歴史（20）」登記情報679号（平成30年）25頁，などに専門家の関与についての記載が見られる。

⑵　東京都の例

公図類の多様性を物語る一例として，東京都内における地図に準ずる図面の概要について，東京法務局の例を次に掲げる〈43〉。

ア　都内における土地台帳附属地図の作成根拠と作成手法

1872（明治５）年に土地の私的所有権を公証するための壬申地券が発行されている。その発行に伴って作成されたと思われる公図類が，東京府の朱引内（おおむね現在の山手線付近の区域で，文京区，台東区，豊島区，中央区，千代田区，渋谷区，港区，新宿区等の各区の一部地域を除く。朱引内地域については，数度にわたる変更がある。）の地域の武家地や町地につき作成されている。しかし，その作成手法は，1873（明治６）年の地租改正における地引絵図及び1875（明治８）年の地租改正事務局の発足に伴う地租改正図（地租改正地引絵図）の各作成手法とは異なっている。さらに，文京区内の公図類を精査してみると，1885（明治18）年～1889（明治22）年の再度の地押調査事業に基づく地押調査に伴う地図とも地図の作成手法が異なっていることが判明する。

他県の多くでは，人民心得書等の指示が残っていたり，発見されていて，それらが境界判定の手掛かりとされている。これに反して，上述した都心部の公図類の作成に関してはいまだに指示文書類が発見されていない。これらは，その作成手法から推測して，1872（明治５）年の内務省による地籍編纂事業による地籍地図（地籍編製地籍地図）ではないかと考えられるが，憶測の域を出ない。この他，元来品川県内だった東多摩郡をはじめ，荏原郡や豊島郡，葛飾郡等，さらには旧神奈川県に属していた南・西・北多摩郡等については，公図類の指示文書や作成手法から更正地図であることが明確であるものの，官民の境界確認や縄伸び率，赤道や水路についての幅員がどのような基準で作図されたかなど明確でない〈44〉。

なお，登記所によっては，地押調査更正図（更正地図）との位置付けであ

〈43〉　東京法務局の佐藤恒秀総括表示登記専門官（当時）の私的勉強会における講演録から同氏の承諾を得てその要旨を抜粋した。

〈44〉　世田谷区内の玉川上水と甲州街道に挟まれた耕作地・宅地防風林に係る和紙公図の精度が極めて高いと判断された例として，東京高判平成29年２月15日（公刊物未登載）がある。

りながら，実は，その前の地租改正地引絵図（改租図）の一部を修正しただけで，そのまま更正地図として備え付けたり，地租改正地籍図（改租図）に「一部修正」と貼り紙しただけの例もある。

イ　都心部の震災復興図

1923（大正12）年の関東大震災からの復興を目的とする土地区画整理事業は，内務省により，1924（大正13）年～1930（昭和５）年にかけて，東京市（100万坪）と横浜市（30万坪）の焼失地域を中心に実施された。

東京市内では，都心部が中心であり，当時の麹町区（一部地域を除く。），神田区（一部地域を除く。），日本橋区の全部，京橋区（一部地域を除く。），芝区（一部地域を除く。），赤坂区（一部地域を除く。），本郷区の全部，下谷区（一部地域を除く。），浅草区（一部地域を除く。），本所区（一部地域を除く。），深川区（一部地域を除く。）の市内地域，さらには，北豊島郡の日暮里町と三河島町，南千住町，砂町の一部地域について区画整理事業が行われた。その結果，各区域ごとに，町（丁目）内の各道路の真ん中に基準点（任意座標値）が設けられ，その点から各筆の測量が行われて，各筆の辺長が記載されている。そのため，登記実務上，筆界の位置を知り得る資料として活用されている。ただし，この区域内にあっても，戦災により基準点が移動したり，不明になっていて，図上の基準点を現地のどこに落とすか問題となることもある。

ウ　戦災復興図

震災復興図と似て非なるものとして，戦災復興図がある。

1945（昭和20）年の東京大空襲により，東京都内の市街地は焼け野原となり，政府は，同年12月閣議決定を行い，国として戦後復興都市計画を実施することを決めた。当時の内務省・戦災復興院は，東京をはじめ全国６大都市の戦後復興都市計画の実施を決め，東京都は，この基本方針に基づき土地の区画整理事業を実施することを決定した〈45〉。

この区画整理は，原則的には，1923（大正12）年の関東大震災による復興土地区画整理が行われているところは除外し，焼失地域や駅周辺地区等の都民生活の中心地等の41地区と，組合認可の特別地区９区を事業の対象として

〈45〉　筆者注；特別都市計画法（昭和21年９月11日法律19号），同日施行に基づく。

実施された。

換地処分の成果は，早いところで1956（昭和31）年，遅いところになると1983（昭和58）年に登記されている〈46〉が，登記所における復興区画整理確定図（戦災復興図）の活用は，該当する各登記所によって一様ではない。すなわち，分筆登記等の際には，「東京土地区画整理図」において，実施地区の番号が付られている区域については，（震災復興図作成時の国家基準点が参考となるため，）東京都が保管する任意座標値で表した資料を添付して登記申請事務が行われている。

これに対し，この区域外についても戦災復興区画整理確定図（戦災復興図）が保管されているはずであるが，震災復興図の地区以外は，座標値を用いての活用はされていない。その理由は定かではないが，都において戦災復興図の座標値を管理し，公示すること自体，不要であると判断したか，あるいは，登記所には戦災復興図を公図＝見取図的なものとして送付すれば足りると考えていたのではなかろうか。そのような経過からか，現に登記所が保管している戦災復興図は，震災復興図ほどの精度は持たない公図の一種として位置付けられている。

エ　公図の再製図

東京都内には，昭和40年代（1965～1975年頃）に土地台帳附属地図を転写したものと思われるマイラー化された公図がある。これらの中には，転写の信用性が著しく劣るものもあり〈47〉，それらのマイラー図〈48〉については，職員が元図のさらに原図（和紙公図）を確認することとしているが，和紙公図の劣化が甚だしく，検証不能のものも少なくない。マイラー図，和紙公図は，その多くが現在，デジタル化を終えている。

〈46〉　戦災復興事業は，全国112の主要都市の再建を目的に実施され，早いところでは昭和20年代に終えたところもあったが，遅いところでは平成年間に入ってようやく完成しているという。『土地境界基本実務Ⅴ』49頁。

〈47〉　都内の登記所に保管されている図面でありながら，地区によっては，信頼性が著しく落ちる図面（旧公図の複製図）がある。同図面の一定の特性から，登記官の間では「エヌ図」と呼びならわされている。

〈48〉　ポリエステルあるいはアルミケント紙を用いて再製した図面。

3　精度の高い和紙公図の存在

(1)　和紙公図の再認識の必要

これまで見てきたように，公図の来歴は様々であり，その精度は様々である。それゆえ単純に公図のみを手掛かりとして，筆界の位置やこれと隣接する道路・水路等の長狭物の幅員を判断するのは早計といえよう。ただ，公図（とりわけ，前記126頁(4)の和紙公図）は筆界が形成された当時（不登法123条1号にいう「登記された時」）の形状を直接に物語る第1級の貴重な証拠資料であることを忘れてはならない。

2005（平成17）年に筆界の定義が法文上に明定されるまでは，登記実務家の中に「登記された時」の筆界を復元するのではなく，所有権界・占有界などから「総合的に」筆界を判断するという曖昧な実務が，一部においてではあるが，横行していた。筆界確定訴訟における審判の対象は，「公法上の境界線」であり，私的所有権とは無関係の公簿上の「地番と地番の境界」（筆界）とするのが判例であり〈49〉，そのことは，公簿上の地番をつかさどる不動産登記実務においても，当然の常識とされていた。しかし，平成18年改正不動産登記法に定義規定が置かれる以前においては，筆界とはそれが登記された時の結線情報であり，したがって原始筆界の判定には公図（和紙公図），分筆界（創設筆界）については，地積測量図の記載が重要であるという基本的な原則がないがしろにされる傾向があった。

現時点においてすら，実務家の中には，明治期に作られた公図が精確なはずがないとの先入観を持つ者が少なくない。しかし，多くのベテラン登記官や土地家屋調査士等が指摘するところによれば「原始筆界より分筆界（創設筆界）の方がよほど不精確」なのであり，それを裏付ける裁判例も散見される〈50〉。分筆界が不精確となった原因としては，①悪しき（不適切な）現況主義による測量が繰り返された，②公図自体の縮尺の曖昧さ，③かつての税務

〈49〉　倉田卓次「境界確定の訴について」最高裁判所事務総局編『境界確定訴訟に関する執務資料』（法曹会，昭和55年）590頁，611頁。

〈50〉　古くは長野地飯田支判昭和31年4月9日下民7巻4号903頁，新しくはさいたま地熊谷支判平成26年12月19日菅原浩明「シリーズ対談（第8回）」登記情報664号（平成29年）3頁以下。

官署，一元化後の法務局は，筆界について精査もせず機械的に分筆線の筆入れを行っている，④残地求積による分筆が行われていた，などが考えられる。特に④の悪影響は大きいとされている（165頁，496頁）。

なお，日本土地家屋調査士会連合会は，境界標識の設置等において地方の慣習等による影響が極めて強いとの認識を基に，各土地家屋調査士会へ地域慣習に関わる地図等の歴史的資料類及び慣習等を調査するよう付託している。これに対し，愛知県土地家屋調査士会の郷土史編纂委員たる土地家屋調査士は「尾張地方の更正図の形状は，驚異的なほど精確である。」と報告している〈51〉。また，岐阜県の土地家屋調査士の報告〈52〉によれば，岐阜県の法務局備付けの公図は，中方儀や小方儀（コンパス測量の器具）が使用されるなど，地籍編纂事業の精密測量の成果を基にしているものが多いとしている。

既に知られている高い精度を保っている公図としては，北海道の「連絡査定図」（127頁）や徳島県の「一分一間図（いちぶいっけんず）」〈53〉，東京都の「震災復興図」，愛媛県の「畝順帳（せじゅんちょう）」〈54〉 等がある。

また，地籍編製地籍地図（186頁）由来の図面が，和紙公図に溶け込んでいる例も各所で見聞する。その場合も，元来が境界の明確化を目的とする作図であったことから，一般に精度は高いといわれている。

最近では，裁判所を含め，不動産登記法123条１項を意識した実務の傾向が顕著となっている。例えば，京都地舞鶴支判平成23年８月30日（公刊物未登載）は「本件筆界は，原始的な筆界といえるところ，そうであれば，本件筆界を特定するにあたり，地租改正がなされた明治初期にさかのぼって，原告土地，被告土地及びその周辺の必要な土地に関する所有者やその利用状況の変遷等を考察して，推論し，その結論を導くべき（以下，略）」としている。

〈51〉 西本孔昭『登記所が現地と登記に対応する地図を整う灯を消さないで』（日本加除出版，平成21年）203頁の清水正明氏の報告。

〈52〉 2017年度日本地理学会秋季学術大会発表要旨・飯沼健悟「岐阜県の地籍編製事業と公図との関係」より抜粋。

〈53〉 明治中期までに作成された「一歩一間図」に基づいて里道（国有市道）の筆界を確定した裁判例として，徳島地判平成16年３月18日（公刊物未登載）。

〈54〉 里道・水路等の幅員が明記され，現地とよく整合している。『里道・水路・海浜』１編２章４節２参照。

⑵　公図の精度の確認・補正の方法

ア　一般的手法

公図の精度は，作成時の測量・作図機器の性能に由来する計測誤差・作図誤差（公図の歪み），さらには描かれた線分の拡大により不可避的に生じる一定の太さのブレ幅などによって左右される。

そのため，公図の精度を確認することは，通常，公図や地積測量図等の地図情報と，境界標（66頁）やその間の距離データ，一筆ごとの面積比率・地形等の現地情報を総合勘案する一過程として行われる。その過程で，公図が長狭物の記載のない魚鱗図〈55〉であるとか，地図混乱地域（151頁）の図面である場合を除いては，公図と実測図（理想的には古い時代の空中写真。193頁）とを「重ね図」として筆界を判定する技法が多く用いられ，公図に歪みがあっても，画地調整の手法で補正される〈56〉。

イ　最小二乗法の活用

㋐　具体例

上記の，公図と実測図を重ねる作業を確率論・統計学の手法で行うものとして，最小二乗法を用いる手法がある。これは，①公図の作図に由来する歪み等については，アフィン変換やヘルマート変換などの幾何学的手法で補正し，②現地で確認した測点のうち，統計的にあり得ない測点を統計学上の「検定」の手法で排除する。そのようにして選択された準拠点を用いて最小二乗法による座標変換を行い，筆界が存在し得る位置・範囲を見定めるというものである〈57〉。

その手法を活用することによって，明治初期に作成された和紙公図であっても，さらには耕作地についても平板測量によったと推認されるものが多数あることなどが判明している〈58〉。平板測量は，昭和50年代前半頃（1975～

〈55〉　土地の形状が魚のうろこのように描かれている。中国の宋代から明・清代にかけて徴税用に作られた図面に似るという。

〈56〉　『土地境界基本実務Ｖ』10頁，99～103頁。455頁エ。

〈57〉　小野孝治「筆界と誤差　登記実務からの考察」登記情報583号（平成22年）４頁。同「シリーズ対談（第３～５回）」登記情報619号（平成25年）６頁，同620号６頁，同621号８頁。

〈58〉　小野孝治土地家屋調査士が東京高判平成29年２月15日・前掲注〈44〉事件において

1980年頃）まで広く行われた手法であることを考えるとき，そのような精度の高い和紙公図ならば筆界の判定に欠くことのできない資料であることを忘れてはならない。

最小二乗法を用いたある調査〈59〉によれば，①『土地境界基本実務Ⅰ』111頁以下に掲載されている農耕地の公図地域を対象とした1875（明治８）年作成の宅地分見野帳は，廻り分間法〈60〉による測量データであるが，その精度は，現行の地図作成要領（国土調査法施行令別表第４）に照らしても甲３（平均二乗誤差15cm・公差45cm以下）に相当する，②東京都（東京府），神奈川県，埼玉県，千葉県，秋田県〈61〉には，土地の区画形状（筆界）のみならず面積も精確に実測している例があるという。

また，最小二乗法による筆界の復元を採用した裁判例として，さいたま地熊谷支判平成26年12月19日〈62〉，東京高判平成29年２月15日（いずれも公刊物未登載）がある。

(イ)　国土交通省ウェブサイトの「公図と現況のずれＱ＆Ａ」について

「都市再生街区基本調査及び都市部官民境界基本調査の成果の提供システム」として「公図と現況のずれＱ＆Ａ」がある。一定の公図地域における公図と現況のずれが，最小二乗法を用いた分析結果として可視的に表されているものであり，地域全体の傾向を知るには，極めて有益といえる。ただ，同ウェブサイトの注意書〈63〉には「現地で測量した点は土地の所有者に筆界であることを確認した点ではありません。また，一筆ごとの土地それぞれについて公図とのずれを示す目的で作業をしたものでもありません」とある。さらに，同ウェブサイトで比較しているのは，①和紙公図でなく，現公図であること，②原始筆界は精確なのに，分筆界（創設筆界）が不精確という例が多

鑑定的な意見書として裁判所に提出した意見書による。なお，登記官の共同執筆になる荒堀『Ｑ＆Ａ表示に関する登記の実務（第２巻）』380頁は，「字限図」は，技術的には未熟だが「概ね平板測量と同様の方法」によって作成されているという。

〈59〉　小野・前掲注〈58〉意見書による。

〈60〉　小方儀と間縄を使ったコンパス測量。佐藤『明治期作成の地籍図』199頁。

〈61〉　秋田地租改正研究会『秋田県における地租改正研究会（公図は平板測量によってつくられた）』（平成17年）も同趣旨。

〈62〉　菅原浩明「シリーズ対談（第８回）」登記情報664号（平成29年）２頁。

〈63〉　同ウェブサイトのＱ３に対する回答欄の記述。

いこと（137頁３⑴）に留意しなければならない。現公図において追記されている分筆界（創設筆界）がずさんであることに由来して，現公図の精度が低いと同ウェブサイトで分類されているが係争の原始筆界の記載自体は精確であると判示している裁判例として，前掲㈠の東京高判平成29年２月15日がある。

要するに同ウェブサイトで「公図と現況のずれ」が大きい区域に属する土地とされている場合，その筆界の精度が一律に劣悪という意味ではないことに注意する必要がある。

㈢　最小二乗法を用いた筆界復元作業に際しての留意事項

前記㈠㈡から，最小二乗法を活用するに際しての次の留意事項を知ることができる。すなわち，①公図作成後に加筆された分割点，分割線は使わない，②和紙公図作成後に改修され，あるいは往来により自然に拡幅した道路や水路に関しては現況の点をそのまま座標変換の準拠点に使うことは避ける，③民々境界で管理状態の良い点（いわゆる現地安定筆界）を準拠点に含めることを考慮する。

４　精度の高くない和紙公図の活用

前記３のレベルに達しない，精度が相対的に劣る和紙公図であっても，狭い田畑を生活の基盤としてきた我が国固有の農耕文化の特質（212頁）を思うとき，和紙公図に描かれる自己所有地の形状には，相隣地所有者が神経を使ったことが容易に推測される。現に，魚鱗図のような極端なものを除き，「法務局に備え付けられている公図のうち，かなりのものが通常程度の精度を有していることができる」〈64〉のであり，境界判定に使うことが可能であるとされている。

そのことを踏まえてか，公図は定量的にはそれほど信用できない〈65〉が，境界が直線であるか曲線であるか，一点で交わっているか，崖になっているか平地になっているかという定性的な問題については，かなり利用できると

〈64〉　藤原勇喜『公図の研究〔第５版〕』（朝陽会，平成18年）11頁。
〈65〉　小野・前掲注〈58〉意見書によれば，筆界の形状のみならず，面積の記載すら精度の高いものがあるという。

いわれている〈66〉。定量的信用性が乏しい場合が多いのは，公簿面積が課税額に直結するからである〈67〉。他方，定性的な信用性が高いのは，それが対「隣地所有者」の筆境の承認関係であり，狭い国土にひしめく農耕民族の寸土を譲らない気風に由来するといえる。

かつて深山幽谷の地であった地域の公図については，定性的信用性すら疑問のあるものも存する〈68〉。特に，現在は市街地であっても，公図作成当時には，山林・原野であったり，急峻な傾斜地であったりした場合には，定性的信用性にも注意が必要とされる。しかし，一般論としては，和紙公図は精度に相当のばらつきがあること（131頁）を念頭に置く必要があるものの，各土地のおおよその形状や相互の配列関係等については，比較的精確に表していることから，境界を判定するに当たって看過してはならない〈69〉。それゆえ，不動産登記法123条1号，143条1項は，後発筆界（創設筆界・分筆界）だけでなく原始筆界であっても「筆界が登記された時」（多くの場合，明治時代）に作成された公図（地図に準ずる図面）等を基礎資料としつつ地形地物等及びそれらの設置経緯等を踏まえて，筆界を特定するように指示している。

そのため，公図は，たとえ平板測量等によるものと明らかでない，相対的

〈66〉 賀集唱「公図の効力」『不動産登記法講座Ⅱ総論（二）』（昭和52年）400頁。同旨の判決として，東京高判昭和62年8月31日判時1251号103頁（民民の地番争い）がある。なお，同判決は，現地が現状で安定し，公図の記載を裏付ける何らの形跡，物的証拠が提出されない以上，公図の記載のみでは客観的事実関係に裏付けられた認定判断を動かせない，としているが，当該公図特有の問題としてでなく，一般論として述べているのは疑問である（150頁）。

〈67〉 作図精度の悪さが原因なら，面積が過小も過大もあり得るが，現実には過小なものばかりであり，地租改正条例細目2章7条は，1反当たり10歩の過小申告を黙認している。

〈68〉 仙台高秋田支判昭和39年3月25日下民15巻3号605頁，盛岡地一関支判昭和43年4月10日判時540号68頁，長野地諏訪支判昭和56年12月21日訟月28巻2号296頁，青森地判昭和60年4月16日訟月32巻1号23頁の事案は，かつて深山幽谷の地であった山林の公図ゆえ，定量的正確性のみならず，定性的信用性すら疑問視された例（北と東の誤り，各地番の位置・大小関係の混乱等を認定した例）である。

〈69〉 藤原勇喜『公図の研究〔3訂版〕』（大蔵省印刷局，昭和61年）11頁によると，法務局に備えられている公図約250万枚のうち，5分の4程度の約200万枚は通常程度の精度を有しており，残り約50万枚が見取図程度のものということであった。これに対し，同第5版（朝陽会，平成18年）11頁は，ほとんどが通常程度の精度を有するとしている。

に精度が劣る公図であっても，他に信用性の高い資料がないときには，筆界の位置・形状，道路・水路などの幅員を判定するのに用いられることがある。その場合，まず公図上の筆界の位置や形状等，さらには長狭物の幅員等を測り，これを公図の縮尺（600分の１）で除して長狭物と隣地との境界を決めるのが通例である〈70〉。筆界の位置や長狭物の幅員が現地において全く不明の場合は，このようにして算出した筆界の位置や長狭物の幅員等を基に機械的に境界（厳密にいえば，所有権の及ぶ範囲）につき調停なり裁判上の和解をする例も多く見られる。

５　地図・公図等の欠陥の原因とその対策

⑴　概　説

地図及び地図に準ずる図面それ自体は，元来，相当程度信頼のおけるものであったのに，移記やその後の分筆等の際に，図面の全部又は一部の記載が信用できないものになってしまったという例も相当数ある。筆界調査・探索に当たっては，この点のチェックを怠ってはならない。

反対に，元来不精確な図面であるのに，現地復元性のある図面であるかのような体裁の図面もある。

ここでは，これらの図面の信頼度を判断するにつき，陥りやすい問題点を敷えんしておく〈71〉。

⑵　大規模宅地開発地図の無前提的な受入れ

昭和40年代（1965～1975年頃）後半の列島改造ブームを契機として，大規模な宅地開発が全国で大量に発生した。その際，多くの法務局で，極端な人手不足の中，業者が作成した大規模宅地開発の地図をそのまま公図の一部として受け入れ，当該部分に対応する旧地番の公図部分を閉鎖した。その結果，現地に境界標がないか，あっても点間距離が相異するなどのため，公図と現地が一致しない例（いわゆる地図混乱地域。151頁）が多発し，最悪の場合（真正

〈70〉　町村地図調製及ヒ更正手続（明治20年６月20日大蔵大臣内訓3890号）５項に「字図ハ一間ヲ以テ一分即チ六百分ノ一トス」とある。125頁⑵。

〈71〉　地図の精度・復元について土地家屋調査士の立場から論述したものとして，福永宗雄『14条地図利活用マニュアル』（日本加除出版，平成19年）。

地図混乱地域）は地図の閉鎖を生じている。

⑶　再製時の移記の誤り

土地台帳附属地図の老朽化・劣化に対処すべく，法務局では公図をマイラー化し，現在はそれをさらにデジタル化している。ところが，マイラー化時に転写を誤ったために筆界の記載が不正確・不明確になってしまった例も多い。その場合，通常は，和紙公図（原公図。126頁）を参照することが必要となるが，原公図が磨耗して参照できないものもある。その場合は，さらに市町村等に備え付けられている土地台帳附属地図副本や空中写真（193頁１⑵）等をも比較参照して復元を図らなければならない。

前述２⑵エ（136頁）に言及した都内に存在する旧公図の再製図は，古くなった公図を再製するに際して，不正確に移記したため，同図面全体が信用性を失ってしまった典型例であろう〈72〉。

⑷　地籍図と法14条地図・公図との食い違い

ア　分・合筆不能の土地が分・合筆されている例

地籍調査の際，登記所による分筆又は合筆を予定して作図する例（国土調査法32条）は多い。しかし，それらのうちには要件に適合せず，登記処理が不能に終わるが，地籍図は分・合筆された表示のままという例も多いようである。

イ　法14条地図への記入漏れ

国土調査の際に，所有者その他の利害関係人による筆界の確認が得られなかったとき，地籍図上は，筆界未定とされる（地籍調査準則22条）。その地籍図が法務局において法14条地図に指定された後になって，当該土地部分につき分・合筆の申請があった場合，当然のことながら，当該法14条地図に分筆又は合筆の書入れをしなければならない。ところが，分筆又は合筆による筆界の書入れを旧公図等に書き入れ，法14条地図には書き入れないという慣行が一時期あったようである。そのため，法14条地図上，分筆又は合筆の記入漏れとなっている例がある。

〈72〉　公図の再製が行われていない場合の筆界調査に当たっては，当然のことながら，旧土地台帳・同副本，市町村備付け地図，空中写真その他の資料等に基づいて，一筆調査素図を作成すべきことになる。昭和30年12月16日法務省民事三発753号回答。

ウ　地籍図の受渡時の追記未済

地籍調査後，その成果たる地籍図・地籍簿が法務局に備えられるまでは１年以上を要するが，その間に分・合筆が行われた場合，法14条地図に追加記入するという後追い作業が間に合わず，分・合筆が未記入のまま地図上公示されることとなる。

⑸　公図への未記入

1960（昭和35）年の法17条地図導入（117頁）以降，しばらくの間，公図はもはや法的存在ではなくなったという理由で分・合筆等が行われても公図に手を入れなかった時期があるといわれている。

⑹　詐欺師の横行

ア　残地の記載を悪用したもの

公図上，残地（分筆元地・枝番の１）が大きな空き地として表示されているが，現地調査の結果，残地はないか，あっても微々たる土地でしかないという例は多い。その原因の１つは，1971（昭和46）年まで，図上分筆すなわち地積測量図を公図に合わせて図上のみで計測，分筆するという手続が認められていた（164頁⑶）のを奇貨として，あるいは，その後も現地調査が十分に行われていない（現地調査を行っても，残地は実測しない）ことを奇貨として，詐欺師等が分筆後生じた新たな土地（枝番の２以下）を小さく表示し，公図上残地（枝番１）を大きく表示したことに由来する。単純な詐欺事例としては，登記記録上の残地は実際には小さな土地にすぎないのに，公図上は大きな空白として残っているのを奇貨として，現地付近の広い空き地（実際には数筆にまたがる空き地）を示して，それが公図上の上記残地（広い空白区域）であるかのように装って売り付ける例がある。

イ　額縁分筆（日の丸分筆）

隣接する他人の土地を取り込んで地積更正を受けようとしても，地積更正登記のための隣地所有者の「承諾」を得られない。そこで，自己所有地を額縁のように切り取って分筆し，中側の土地につき地積更正を伴う分筆をして詐欺に利用するという方法が，昭和50年代（1975〜1985年頃）まで横行した。前記アの例では，公図上大きな空白であっても，登記記録上の地積は小さいので，買い手が警戒してしまうが，この額縁分筆（日の丸分筆ともいう）による地積更正を経ることによって，公図上も登記記録上も大きな地積を有する架空の土地を創出できた。詐欺的な額縁分筆が疑われる場合，隣地（所有者は分筆申請者の関係者）のさらに隣地の所有者の筆界承諾を求める〈73〉とされて以降，この詐欺は下火となった〈74〉。

(7)　デジタル化した地図等への過大な信頼

法務局が閲覧の用に供している地図及び地図に準ずる図面は，その大部分がマイラー化（ポリエステル又はアルミケント紙を用いて再製）され，その後デジタル化されて閲覧の用に供されている。そのため，一見すると，精巧に作成された図面に見えるが，真実は和紙公図を書き写しただけのものが多い。また，里道や水路の色付けを省略してあるものも多い（その対策として後記(8)）。

さらに法務局では，登記事務全般のオンライン化を目指しており，地図情報のデジタル化もほぼ終えている（158頁）。本来ならば，デジタル化は，現地復元性のある法14条地図に限るのが理想だが，前述（116頁以下）のとおり，法14条地図ですら精度が一定せず，ましてや地図に準ずる図面にあっては，１つ１つ精度が異なるといっても過言ではない状況にあるため，当面，法務局に備え付けられて閲覧の用に供されているすべての地図等を座標読取機（デジタライザー）等によりデジタル化して，あるがままの地図情報を提供するという作業が進められた。

その結果，和紙公図の中でも特に現地復元性に乏しい談合図（地租改正地引絵図（改租図）の中でも見取図的な図面）に表記された境界点をデジタル化して読み取っただけの図面もある。デジタル化した図面をアウトプットした場合，元来，見取り図程度の図面なのに，あたかも精密測量をした図面と誤解を生じるおそれが生じている。

(8)　閉鎖公図の調査の重要性

地図や地図に準ずる図面には，前記(7)に述べた問題点が潜むことが多い。そのため，筆界を判定するに当たっては，たとえ地籍調査の成果としての地

〈73〉　藤原勇喜『公図の研究〔５訂版〕』（朝陽会，平成18年）328頁。

〈74〉　額縁分筆後の地積更正登記申請を，適法な筆界承諾書の添付がないとして却下した登記官の行為が，適法とされた例として，甲府地判昭和53年５月31日訟月24巻８号1609頁。

籍図が作成され，さらには法14条地図が整備された地域内の筆界調査であっても，あるいはいまだ公図に依拠せざるを得ない地域の筆界調査であればなおさらのこと，それらの地図・公図の原資料であるマイラー図，さらには当該公図が複製和紙公図を転写したものであった場合には，必要に応じ，複製前の和紙公図（最終的には，明治初年に作成された原公図・和紙公図）をも調査することが肝要である（126頁注〈24〉参照）。とりわけ，明治初期に形成された原始筆界，例えば旧里道・水路の位置や筆界が争いとなっているケース，あるいは土地の形状の推移が問題となるケースなど，特に慎重な判断を要するケースについては，閉鎖されている原図（和紙公図）の調査を怠ってはならない。なぜなら，これらを調査する過程で，現在の登記記録に記載された地番や筆界の位置など，筆界の判定に決定的な要素となる部分の移記が省略されていたり，誤りがあることが発見されることがまれではないからである〈75〉。また，和紙公図には，①公図の作成時期，作成者，その肩書き，②道路，水路，堤塘等の色分け，③道路，水路等の幅員，④公図作成時の田畑，宅地，山林，湖沼等の地目・等級，⑤張り紙等による元番からの分筆の経緯，書き直し以前の筆界，⑥×印等で抹消された元の筆界など，再製・複製の公図にはない情報が記載されている。これらの情報から，争いの根源が判明することもまれではない。和紙公図もマイラー図同様，可能な限り電子化され開示されている。

6　公図の読み方に関する実務・裁判例

(1)　住宅地図や航空測量図等との重ね読みの必要

公図のゆがみや占有界の移動の有無を検討するためには，公図と住宅地図・航空測量図・空中写真（193頁）等を同一縮尺で重ね合わせ（重ね図を用い）て分析調査することが必要である。現に多くの筆界確定訴訟で採用されている手法である。筆者の経験に照らすとき，旧来の村落及びその周辺地域に限っていえば，道路や水路等の長狭物の位置は，地租改正地引絵図（改租

〈75〉　法務局保管の公図と，市町村保管の公図副本（副図）等との間に記載の差異があることも，しばしば経験するところである。

図）・更正地図（更正図）であっても，古い航空測量図・空中写真（オルソフォトグラフ）と驚くほどに一致することが多い〈76〉。それらを比較検討することにより，①道路・水路それ自体が付け替えられたのに，その事実が登記記録（171頁）に反映されていない可能性，②局地的な占有状況の変動があったのに，その事実が登記記録に反映されていない（言い換えれば，当該所有権界の移動ないし筆界の恣意的な移動があった）可能性を知ることができる。

上記①の点につき，最高裁判所〈77〉は，現地に存在する道路が，公図上の道路と一致するか否かを吟味することなく，漫然と両者が一致することを前提に境界（所有権界兼筆界）の位置を判定した事例につき，審理のやり直しを命じている。

⑵　土地の位置関係・形状

ア　位置・形状の判定

裁判例の多くは，公図は，一筆地の区割と地番を明らかにするために作成されたものであることから，筆界が「直線であるか否か，あるいはいかなる線でどの方向に画されるかというような地形的なもの」〈78〉，「土地のおおよその位置関係，境界線のおおよその形状」については，その特徴をかなり忠実に表現しているのが通例であり，「特に公道等は比較的良好な精度を保つのが通例である」〈79〉と判示している。ただし，公道等については，筆界あるいは所有権界と公物管理界との混同が多々あることには留意が必要である（29頁）。

一方，「村落の中心部でないような場所等」においては，「多少屈曲した線を直線として表示するなどその表示に多少の単純化がされていると認められることは我々の経験するところである」〈80〉とするものもある。

公図作成当時，雑木主体の山林や農耕に適さない原野など財産的な価値が

〈76〉　その理由の１つは，廻り分間法（コンパス測量）を用いたことにあるのだろうか。124頁イ，同注〈20〉参照。

〈77〉　最（２小）判平成８年９月13日・野山宏「最高裁民事破棄判決の実情⑴」判時1598号７頁〔19頁〕。

〈78〉　東京地判昭和49年６月24日判時762号48頁。

〈79〉　東京高判昭和32年１月30日判タ68号93頁。

〈80〉　東京高判昭和57年１月27日判タ467号109頁。

低い土地については，見取り図程度の公図が作成された例が多いことから，公図ごと，さらには同一公図内の記載であっても，対象土地の地目・地域ごとに記載事項の精確性を判定していくという判定手法は，当該公図の精度を入念に検討した上であるならば，妥当であろう〈81〉。

イ　公図上の位置・形状と心証形成

土地の位置関係や筆界の形状につき，公図の記載が信用できる場合，公図と現況を対照して筆界を判定するには，「両者が一致するような線」が筆界としてより合理性がある〈82〉。

それゆえ，公図上において曲線なりクランク型が記載されているのに，判決の中で筆界は「単純な一直線」であると判定するには，特別の理由が必要であり，その理由が記載されていない判決は，経験則に違反し，又は理由付記に不備があって違法である〈83〉としている。同一公図内の地域において，公図記載の形状と現地の占有界がおおむね一致するのに，一部に形状が一致しない部分がある場合には，不法占拠あるいは筆界と所有権界の不一致（24頁）を疑うべきであることから，上記の判旨は妥当であろう。

筆界確定判決に限らず，筆界と一致する所有権界の確認判決や，筆界特定においても同様のことがいえよう。

これに対し，宅地相互間の筆界で，塀・垣根，溝，建物等による占有界が長年にわたり明確であるという場合には，公図の形状と甚だしい違いがない限り，公図の記載よりむしろ占有界に従って筆界を判定する方が妥当との裁判例〈84〉もあるが，「悪しき（不適切な）現況主義」（28頁）に留意する必要がある。帰するところ，それぞれの公図の精度の問題であろう〈85〉。

〈81〉　山林公図特有の境界判定方法につき，詳しく述べるものとして，『山林の境界と所有』。

〈82〉　東京地判昭和49年６月24日・前掲注〈78〉。

〈83〉　東京高判昭和53年12月26日判時928号66頁。なお，名古屋地豊橋支判平成18年１月12日（公刊物未登載）は，公図上，わずかに「くの字」状に屈折しているのは，樹木や道路に照らすとき，現地の筆界も同様に屈折しているためであると判示している。

〈84〉　岡山地判昭和42年４月19日ジュリ416号３頁。

〈85〉　東京高判平成29年２月15日（公刊物未登載）は，公図の記載を重視すべきものとする。

土地の現況その他筆界の判定に当たって重視されるべき客観的な資料がいろいろ存在する場合には，たまたま一方の主張する筆界線が公図上の筆界線の形状に一致するというだけで，他の資料を無視して当該主張線を正当とみなすことは許されないとする例〈86〉があるが，総合的に判断すべきは当然であろう〈87〉。

⑶　土地の面積・筆界の辺長・起点からの距離

土地の面積・筆界の辺長・起点からの距離など，数量的な事項については，公図の作成経緯に照らし，「正確性には疑問がある」〈88〉とする裁判例が主流である。相対的に精確であるはずの田畑においても，地租を少しでも軽くしようとして土地の公簿面積を実面積より小さく申告する「縄伸び」が全国的に行われている。反対に，財産保有資格をクリアするために公簿面積を実面積より大きく申告する「縄ちぢみ」も一部ではあるが行われている。さらに，測量技術の稚拙さが原因の場合もある。

その公図の作成当時の現況地目が山林・原野・湖沼等の場合には，数量的な事項は著しく信用性が低い〈89〉。

ただ，だからと言って，「公図の証拠価値は，筆界杭，畦畔等の物的証拠及び古老や近隣の人の証言等の人的証拠がないときは公図のみでは何の役にも立たず，本証としてはもちろん反証としてもその証拠価値を認めることはできない」〈90〉という説示は，明らかに行き過ぎである。その点を厳しく諫め，山林公図記載の分筆線こそでたらめだが，原始筆界は公図を読むことにより位置を判定できるとする刮目すべき判決もある〈91〉。他に，物証，人証がない場合は，筆界形成の原初的資料である公図の記載に依拠すべきであろう。特に明治初年以来存続している里道の幅員は，各個の状況により様々に

〈86〉　水戸地判昭和39年３月30日下民15巻３号693頁。

〈87〉　筆界を判定するに当たり，公図をどう読むべきかにつき，具体例を挙げながら解説するものとして，中村隆監修「登記のための測量学」登記先例解説集17巻９号（昭和52年）57頁がある。事例ごとに分かりやすく解説しており，参考になる。

〈88〉　千葉地判平成９年３月26日判自172号106頁。

〈89〉　名古屋地判昭和53年９月22日下民29巻９～12号276頁，青森地判昭和60年４月16日訟月32巻１号23頁，前掲注〈88〉の千葉地判平成９年３月26日。

〈90〉　東京高判昭和62年８月31日判時1251号103頁。142頁。

〈91〉　長野地飯田支判昭和31年４月９日下民７巻４号903頁。

異なっているが，他に信頼性の高い資料がなく，現地にも目立った徴表がないときは，まず公図上の幅員を測り，これを公図の縮尺（600分の１）で除して里道と隣地との筆界・所有権界を判定するのが通例である〈92〉。

(4)　同一地域について複数の公図があるとき

公図は，明治初年に原公図（89頁以下，126頁）が作成されて以降，マイラー化，電子地図化等を契機として新しいものに改製されている。その場合，原公図とそれ以降作成の公図に相違があるときは，換地処分などにより後発的原公図が作成された場合を除いて，少なくとも数筆の土地の基本的位置関係については，古い公図（和紙公図・原公図）の表示を尊重すべきである〈93〉。

なお，耕宅地と山林原野は調査の要領が別であり，図面も別々に作成されたが，現存する和紙公図では，同じ字限図に耕宅地と山林原野が描かれていることがある。そのような公図（字限図）の場合，耕宅地部分と山林部分との接続関係が現地と齟齬（そご）する場合があり，公簿面積を比較することにも問題がある〈94〉。

第５款　地図混乱地域

１　地図混乱地域とは

(1)　地図混乱地域の概要

地図混乱地域とは，一定範囲の広範な地域で，その全部にわたって，公図等に表示された土地の位置及び区画と，現地の位置及び区画が著しく相違し，登記記録（171頁）上の土地を現地で特定することができない地域をいう。地図混乱地域は，全国で約570地域ほど存在し，大規模なものとしては，栃木県那須のツムジガ平，兵庫県西宮市の甲陽園，大分県湯布院町，山梨県大月市，滋賀県大津市の住吉台，大阪府枚方市などがある。このほか，登記記録・公図類の焼失等によって地図が空白となっている，いわゆる地図

〈92〉　最（３小）判昭和33年10月21日判時166号79頁，神戸地洲本支判平成８年１月30日判自158号83頁。里道の位置の認定実務につき，『里道・水路・海浜』２編１章１節４参照。

〈93〉　東京高判昭和57年12月22日東高時報33巻10～12号165頁。

〈94〉　『山林の境界と所有』66頁。

空白地域〈95〉も，地図混乱地域に準じて取り扱われている。

一口に地図混乱地域と言っても，混乱の度合いは，①栃木県ツムジガ平や，沖縄県境界明確化法〈96〉制定前の空爆等による形状激変地域など，占有関係すら成り立たない地域，②西宮市甲陽園や大阪府枚方市などのように，一応の占有関係は成立しているが，紛争が存在する地域，③現地と公図との間にズレや歪みはあるものの，占有関係は安定している地域などがある。①では「相隣地」の概念が成り立たず，筆界特定の申請も筆界確定訴訟を提起することもできない等の特色があることから，本書ではこれを「真正地図混乱地域」と呼ぶこととする。

また，地図混乱が，一枚の公図の一部についてのみ生じることがあり，そのような場合でも実務上，集団和解方式による地図訂正が認められる場合がある。そのような地域を本書では「ミニ地図混乱地域」と呼ぶこととする。

⑵　地図混乱地域の問題点

地図混乱地域では，道路・下水道整備等の社会基盤の整備，固定資産税の課税等の行政事務に支障を来し，事業・住宅資金の借入れのための担保権の設定等の経済活動も阻害され，開発事業においても，土地の境界確認に膨大な時間を要する等の弊害が生ずるおそれがあると指摘されている。

2　地図混乱地域等の発生原因

⑴　現地先行・未登記型

現地における土地の位置・区画が変更されているのに，登記手続が未了のまま放置されたことに起因するものがある。具体的には，①土地改良・区画整理事業等が，一時利用地・仮換地の指定まで終えながら，中断したまま放置されている，②私的な土地改良・区画整理の完了後，未登記のまま放置されている，③川の氾濫等による災害後，未登記のまま任意に耕作・占拠され

〈95〉 平成元年１月31日法務省民三178号通知別紙によると，昭和63年当時，地図空白地域は，約5,370㎢存在していた。山口県の山林地区には，ほとんど公図がないという。

〈96〉 沖縄県の区域内における位置境界不明地域内の各筆の土地の位置境界の明確化等に関する特別措置法（昭和52年５月18日法律40号）。

ている，④軍用地の無秩序な返還後，未登記のまま推移している，という類型がある。

⑵　図上分筆型

分筆の登記はされたものの，極めてずさんな図上分筆（166頁）等であったため，土地の位置・区画が公図等と全く相違するに至っているという例がある。山林の一部を大規模に宅地造成しながら，分筆はでたらめで，デベロッパーが行方不明となってしまっているケースがその典型例である。

⑶　作成時基因型

地図，とりわけ原公図それ自体が，作成当初から全く現地を反映していないものがある。例えば，現地から見たとき北海道は現実には西に見えていたのに，北に見えるはずと勘違いしたらしい人物が，字限図の中に一筆地の形状を方位を間違えたまま記入してしてしまった例がこの類型に属する。

また，明治初年に同一地区につき，和紙公図がほぼ前後して作成され，対比すると一部地域の区画形状の記載ぶりが異なる場合がある。当該一部区域では，前公図に整合的な部分と後公図に整合的な部分が混在し，ミニ地図混乱の様相を呈しているという類型がある。

⑷　地図消失型

地図その他の登記情報が，火災その他の事由で滅失してしまい，登記手続に支障を生じている地域（地図空白地域）がある。

3　地図混乱地域等の解消策

⑴　応急措置

ア　表示登記情報の凍結

このため，地図混乱地域に対しては，法14条地図の作成作業などによる抜本的な対応が求められるが，このような対応が図られるまでの間，法務局では，当面の措置として，まずは地図混乱地域の範囲を明確にし，混乱の発生原因及び土地の利用状況等の実態を把握することとなる。

その結果，真正の地図混乱地域や，各所で占有関係に争いを生じている場合には，法務局は，その地域を地図混乱地域として指定する。その指定を受けた場合には，当該旧公図（字限図）等に「非備付図面」及び「注意　地図と現況が相違する地域があります」等と表示され，当該地域における登記の表示部，地目，地積，分・合筆の変更は凍結される〈97〉〈98〉〈99〉。

この点につき，大阪高判平成28年10月7日（公刊物未登載）は，地図混乱地域に存する土地の分筆登記申請につき，登記重複地の所有者の承諾を要するとする登記実務上の取扱いは，関係人の権利への配慮及び不動産の公示という登記制度の目的に照らして，その合理性を否定し難いとしている。

イ　基準点の設置などの地図混乱地域対策事業

地図のない地域や直ちには法14条地図が作成できない地図混乱地域などについては，平成4年に「基準点標識の維持管理の方策」〈100〉が策定され，順次実施されている。具体的には，①基準点設置作業を実施し，②分筆や地積更正等の登記においては，この基準点を与点とした測量を実施することにより，当該地域内の各筆の土地の位置関係を特定して登記の事務を処理する，③現地を特定した測量図を作成したら，その成果を地図情報システム（次款158頁）上の地図に書き込んでおき，その集積によって地図を完成させることを目指している。このほか，基準点設置の成果を維持管理しつつ，それを利用して国土調査事業の導入を推進し，あるいは集団和解方式による地図の作成等も選択肢としている。

⑵　解決策

ア　分・合筆等による是正

分筆錯誤又は合筆（不登法39条）によって地図・公図を元の広大な一筆地に戻し，現況に適合するように改めて分筆し，所有権移転登記等の申請を行う

〈97〉　平成元年1月31日民三178号民事局長通知「地図整備の具体的推進方策」は，「地図混乱地域に在る土地については，表示に関する登記の申請の受理を停止している事情にある」としている。

〈98〉　地図混乱のため公図の備付けがない地域において，不動産会社が他人の土地を自己所有地の分筆後の地番の土地と称して多数の者に別荘地として分譲した事案について，不動産会社の同土地に対する占有の開始は善意・無過失とはいえないとの理由により，被分譲者らの時効取得の主張が認められなかった例として，東京高判昭和53年9月26日訟月24巻12号2525頁がある。

〈99〉　この他，地図のない地域も，昭和63年当時で全国に5,370㎢ほどあるという。藤原勇喜『公図の研究〔5訂版〕』（朝陽会，平成18年）34頁。

〈100〉　平成4年10月7日法務省民三5782号民事局長通知。

という方法によって是正できる場合がある。一旦元に戻し，改めて地図等と登記記録を是正するという，最も原則的な是正策である。この方法は，規模の小さいミニ地図混乱地域については有効であるが，広域にわたる場合には，的確な資料に乏しく，登録免許税の負担の問題もあることから，事実上困難とされている。

イ　土地区画整理事業等による換地の活用

対象地域が土地区画整理事業（土地区画整理法2条1項・2項，89条）あるいは土地改良事業（土地改良法2条2項，53条）の要件を満たしている場合には，現状に合わせた換地手続を行うことによって抜本的解決を図ることが可能である。

しかし，財産的価値の高い宅地造成事業については，適用の前提要件を満たさない場合も多い。

ウ　集団和解による地図訂正

地図混乱地域であっても，土地所有者等の全員の合意がある場合には，いわゆる集団和解による地図訂正（不登規16条）の手法により，地図混乱が収束される。詳しくは「地図訂正」（480頁5編2章）参照。

エ　地籍調査による是正

地籍調査（国土調査法2条）につき，昭和30年10月4日経済企画庁国土調査課長の照会に対する同年12月16日法務省民事三発753号第三課長回答は，市町村備付地図，空中写真その他の資料に基づいて一筆地調査図を作成して現地調査を行うことは差し支えないとしている。そのため，対象地域内の関係者全員の合意があれば，それに基づく現況図面を調査図素図（513頁）として地籍図（528頁）を作成することができるとされている。これは地籍調査の機会に上記ウの集団和解に基づく地図訂正を行うというものであろう。それ自体は合理的であって，地籍調査を契機とする地図混乱地域の是正は，実務上，最も有効な手段といえる〈101〉。なお，地図混乱区域においては，事実上再形成される筆界が適正か，集団和解方式としての手続的適正が図られてい

〈101〉　しかしながら，一部ではあるが，土地所有者や公物管理者の適正な同意を得ることなく，現状どおりに地図を作り変えていくという「悪しき（不適切な）現況主義」により，かえって混乱の元となっている場合がある。535頁。

るかなど，判断に相当の困難が伴うことから，法務局との協議を十分に行うことが求められている〈102〉。ちなみに，地図空白地域については，地籍図作成に当たっては「管轄登記所と協議の上」，土地の登記簿（登記記録）の記載，市町村保存の地図，空中写真等に基づいて作成されることとされている（地籍調査運用基準8条2項）が，同じ趣旨であろう。

オ　国土調査法19条5項による申請の活用

道路整備や大規模開発などのために調査・測量が行われ，その精度が国土調査において求められるものと同等以上の場合，国土交通大臣等が指定することにより国土調査の成果と同様に扱うことができる（国土調査法19条5項）。そのため，この指定を受けた地図は，登記所に送付され（同法20条1項），法14条地図として備え付けられる（不登規10条5項）。地図混乱地域について集団和解の手法により，この国土調査法19条5項地図を作成して地図混乱を解消する方法がある。

カ　法務局による法14条地図の作成

法務局は，1968（昭和43）年以降，法17条地図（116頁）作成事業を実施していたが，2004（平成16）年以降，都市部における地図混乱地域を対象として法14条地図の作成を急いでいる（546頁）。その手続においても，前記エと同じ手法による地図混乱の是正が図られている〈103〉。

キ　地方税法による申出の活用

土地・建物に対する固定資産税の課税は，登記事項に依拠して行われるが，登記事項等を是正する必要があると認めるとき市町村長は是正を申し出ることができる（地方税法381条7項）。地図混乱がある場合には課税上の支障は当然ゆえ，市町村長による是正の申出は義務とすらいえよう。もっとも，この方法による場合にも集団和解方式（485頁）の場合と同様，対象地域内の土地所有者等全員の同意が要件となる。

〈102〉　前田幸保「地籍調査における一筆地調査（上）」登研765号（平成23年）10頁。
〈103〉　秦慎也「地図整備の推進方策について」登記インターネット6巻11号（平成16年）79頁。

ク　集団所有権確認訴訟・集団筆界確定訴訟の活用

境界について一部の所有者からの合意が得られない〈104〉ものの，安定した占有状態が長年に及び，それぞれの占有地につき時効取得が完成していると推認される場合がある。そのようなときは，地図混乱地域全体で，長狭物の管理者たる国や地方公共団体，占有者の有志等が集団で原告となって，占有状態に合わせた所有権確認訴訟を提起し，その成果に基づいて境界管理をする方法もあり得よう。その場合，所有権確認訴訟に加え，集団的に行う筆界確定訴訟による地図混乱地域全体の筆界の再形成が是認されるべきであろう。裁判所のみが有する筆界の再形成権限が，このような場合にこそその真価を発揮するであろうからである〈105〉。

⑶　真正地図混乱地域の解消

前記⑵の解消策は，いずれも主として占有関係が安定している地図混乱地域の場合の解消策である。これに対し，地図も現地も混乱して収拾がつかない状態にある真正の地図混乱地域については，現在のところ有効な解消策はない。沖縄における土地明確化法（129頁）のように，対象地域ごとの立法が効果的であろう〈106〉。

４　地図混乱地域の解消と不動産登記法123条１号「登記された時」との関係

⑴　集団和解と「悪しき（不適切な）現況主義」との関係

集団和解の対象となる地図混乱地域については，明治初年の原始筆界が不明となっているため，筆界が復元できない一方，復元は欠くことができない。そうすると，全当事者が「この線が登記された時の筆界であるとの認識で一致した」ということであれば，それを基に筆界を復元することが最も合理的といえる。筆界復元が可能であるのにそれを無視して行われる「悪しき

〈104〉　実務上，所有者不明土地であるとか，合理的根拠を欠く合意の拒絶の場合がある。

〈105〉　かつて，筆界特定制度の原構想たる「筆界確定委員会制度」（426頁）においては，同委員会による筆界の集団的再形成も想定されていた。

〈106〉　土地明確化法に関する裁判例として，福岡高那覇支判平成３年５月30日判時1396号63頁。

（不適切な）現況主義」とは明らかに異なる〈107〉。

⑵　集団和解と筆界特定・筆界確定訴訟との関係

集団和解方式によって作成される地図には，相隣地所有者が合理的な推量の基に「筆界として認識が一致した線」が描かれることが想定されている。その筆界線が，原始筆界であるのに和紙公図の線と異なる場合など，厳密な意味において「登記された時の筆界」そのものでないと判断される場合には，筆界特定や筆界確定訴訟において是正されることとなる。

しかし，当該地図に描かれた「筆界としての認識の一致のある境界」が，上記の地図訂正，地籍調査，法14条地図作成のいずれの集団和解方式で作出されたものであっても，そこに描かれた「筆界」は，筆界判定のあるべき手法（特に113頁７）によって復元される真の筆界とは異なるものの，いわゆる現地安定筆界として仮の筆界を形成しており，取引安全の礎となる。したがって，その仮の筆界を追認することが，民法・不動産登記法に背反して市民に実害を与えるおそれを生ぜず，かつ税法を潜脱する結果とならないものであるときは，筆界確定訴訟を行う裁判所は，その筆界再形成の権能を行使して，当該現地安定筆界に沿った筆界の再形成を行うべきであろう。

そうだとすれば，筆界特定手続においても，適正な集団和解が成立していると認められる限り，当該集団和解の境界を筆界と特定することは合理的と考えられる〈108〉。

第５款　地図情報システム

１　地図管理システム

⑴　地図管理システム導入の目的

昭和61年改正測量法11条１項１号に基づく公共測量作業規程の改定を契機として，法務局に送付される地籍図及び提出される地積測量図は，土地の１筆ごとの測量について，数値法によることとされるようになった（119頁，167頁）。しかしながら，当時の法務局には，これらの数値データを維持・管

〈107〉　河瀬貴之「地図混乱地域の現状と今後の課題」民事月報2010（平成22）年号外385頁も同趣旨か。

〈108〉　集団和解で確認された線以外を筆界として特定することも，当然可能である。

理できるような機器がなく，数値化された地図・図面に係るデータを入手しても，十分に活用できない状況にあった。

そこで，これら地籍図等の数値化された地図の受入れを可能にし，その精度の維持・管理を行うとともに，分筆登記等の際に提出される地積測量図の審査，実地調査及び地図の変更等を適正かつ効率的に行うことを目的として，1997（平成９）年頃以降〈109〉，地図管理システムが導入され，逐次全国の法務局に展開されるようになった。もっとも，このシステムは，本格的な稼働を目的とするのではなく，地図のコンピュータ化のための事前準備（ノウハウ及び数値化された地図情報の備蓄）という位置付けであった〈110〉。

⑵　地図管理システムの概要及び限界

ア　地図管理システムの機能

地図管理システムの機能を筆界に着目して概観すると，①地図等について，各筆の筆界（筆界点座標値及び結線データ）及び属性情報（所在，地番，計算面積，地図の分類，座標値の種別，地図番号，精度区分，縮尺，方位，座標系番号又は記号，材質，作成年月日等）をデータベース化し，これを管理する，②数値法により作成された地籍図等の基準点成果を管理する，③規格又は縮尺の異なる地図を一体的に管理する，④分筆等に伴う地図の変更などの異動履歴を管理する，⑤新たな地図の備付けにより閉鎖された地図を管理する，⑥地番等により土地を検索する，⑦土地の図形情報・属性情報について，一筆単位・図面単位・任意の集成図形単位による画面表示や写しの交付を行う，⑧筆界点等の任意座標・機械座標（図上での読取座標）から公共座標へ一括変換をする，⑨地積測量図のイメージ情報を読み取り，これをデジタル情報に変換する，⑩分筆登記等において地積測量図等のイメージ入力等に基づく異動の処理を行う，⑪図形情報・属性情報に基づいて図化する，⑫トラバース計算・面積計算など各種測量計算を行う，⑬図上の筆界点の座標値を読み取る，⑭

〈109〉　1989（平成元）年から1997（平成９）年にかけて，地図情報のコンピュータ化についての調査・研究が行われ，その成果に基づいて地図管理システムが導入された。ネットワーク化を想定していない（スタンドアローン）システムであることに最大の特色がある。

〈110〉　地図管理業務の業務・システム最適化計画（平成17年法務省情報化統括責任者（CIO）決定）。

地積測量図・建物図面等を作成するなどの機能を有する。

イ　副図方式

地図管理システム当初から平成17年に新不動産登記法が施行されるまでの間は，紙に書かれた地図・公図等が「原本」（原図）であり，デジタル化されたものは，それらの「副本」（副図）にすぎなかった。そのため，地図等への記載は，コンピュータシステムで行うが，一般の閲覧に供する場合には，分筆や地図訂正等の変更があった都度，当該異動部分を含む全部をコンピュータから出力し，これを原図と合わせて行うという方式（いわゆる副図方式）を採用せざるを得なかった。

ウ　ネットワーク化への未対応

地図管理システムは，元来，他のコンピュータシステム（例えば，登記簿に係る事務処理について既に稼動している登記情報システム）やインターネットと接続することが制度設計されていなかった。そのため，データの改ざん防止という観点からは優れているものの，情報化社会ないし国民のニーズへの対応という観点からは，閉鎖的・消極的なシステムといえる。

2　地図情報システム

(1)　地図情報システムの導入

上記1に述べたように，地図管理システムは，地図情報の「コンピュータ化」を図ったものではあったが，地図情報の「ネットワーク化」を図ったものではなかった。しかしながら，政府は，世界有数の電子政府の実現を目指して，e-Japan 計画〈111〉を進めているところ，地図情報を含む不動産登記情報は，その重要な一翼を担わなければならない。そのためには，①地図等をコンピュータ化（数値化）して維持・管理するという，これまでの地図管理システムを発展させ，②コンピュータ化した地図情報に，同じくコンピュータ化した地積測量図や建物図面など1筆・1区画ごとの図面情報をも入力して，「地図情報システム」を構築し，③さらにこれをネットワーク化して登記簿情報に係る登記情報システムと連動させることにより，法務局（登記

〈111〉　平成16年6月IT戦略本部決定。IT重点施策の基本方針である。

所）の保有情報の高度化・一体化を実現し，④e-Japan計画の中核的存在である「国土空間データ基盤」〈112〉の一環として，不動産登記情報・地図情報をオンラインで国民に提供することを目標としなければならない。

(2)　地図情報システムの概要

地図情報システムは，①ペーパーによる地図等の廃止による業務の適正化・効率化（改ざんや持ち去りの防止，異動情報の処理精度の向上，証明書の交付時間の短縮化等），②登記情報システム等との連携による業務の効率化・国民の利便性の向上，③インターネットを利用した地図情報の公開やオンラインによる地図証明書の送付請求への対応のために構築された。全国の登記所に備え付けている地図（約680万枚）及び各種図面（約1億1千万枚）をすべて電子化して，これらに係る事務をコンピュータシステムにより処理するシステムであり，2011（平成23）年までに導入を終えている。最終的には，既にコンピュータシステムにより処理している登記情報との一体的な処理を行うことを目的としている〈113〉。

(3)　今後の展開

行政が保有する不動産に係る情報は，法務省が保有する地図情報システム等の不動産登記情報の他にも，国土交通省の土地総合情報システム，市町村の固定資産課税台帳・農地台帳・林地台帳等がある。政府（内閣官房）は，それぞれの不動産データベースをブロックチェーンの技術を用いて統合する方針という〈114〉。それにより，空き家・空き地の有効活用，防災，都市再開発での権利調整，徴税の負担軽減を図る一方，不動産取引を効率化する「不動産テック」など民間による新サービスの創出も期待されている。

(4)　地図管理（情報）システムと筆界情報

地図情報を，地理的・位置的情報を持ったデータ（空間データ）として活用

〈112〉　地理情報システム（GIS：Geographic Information System）は，地理的・位置的情報を持ったデータ（空間データ）を総合的に管理・加工して視覚的に表示するシステムであり，その中核となる地図データ，台帳・統計等のデータ，空中写真・衛星写真等のデジタルデータ等の集積が「国土空間データ基盤」である。

〈113〉　法務省「地図情報システムについて」（平成22年12月1日電子行政に関するタスクフォース　ヒアリング資料）

〈114〉　日経新聞2017（平成29）年6月14日朝刊ほか。

するという目的のためには，電子情報化された地図及びそこに表記されている筆界点は，それ自体が現地復元性のあるデータでなければならない。しかし，法14条地図の整備が遅々として進まない現在〈115〉，いきなりそのような高精度の情報の提供を求めることは，事実上不可能であることから，土地台帳附属地図等の地図に準ずる図面をも，数値処理して地図情報システムに取り込むこととされている〈116〉。

そのため，地図情報システムを活用して筆界点を探る場合，コンピュータ上に現れる意味ありげな数値に惑わされることなく，出典となる地図・図面の精度を確認して当該情報の信頼性を見極める態度が常に必要である。

第３節　登記記録及びその添付書類等

１　概　説

登記簿（閉鎖登記簿を含む。）・登記記録及びその添付書類・添付情報等の中にも，筆界調査に係る立会調書や筆界承認書等（356頁），筆界を判定するに当たっての重要な資料があり得る。特に，原始筆界でなく，後発的な分筆によって形成された筆界（分筆界・創設筆界）の場合，分筆時，登記官は分筆申請に添付された地積測量図を拠り所として筆界を形成したはずだから，地積測量図（閉鎖図面を含む。）は筆界認定の決定的な証拠資料となり得る。表題登記，地積更正さらには地図訂正の際にも，地積測量図が添付される。また，事案によっては，調査・探索の対象となる筆界を共有する一筆地だけでなく，その対側地についての地積測量図を調査・探索することも必要となる。元番から順次分筆を重ねた土地については，数次にわたる分筆の際の地積測量図相互を比較検討することも時に有用である。

隣接土地との接合関係が問題となる事案においては，土地の表題登記申請や地図訂正等の申出の際に提出が義務付けられている土地所在図（不登令７

〈115〉　平成21年度末現在，法務局備付け図面約675万枚のうち，地図は約390万枚，残り285万枚は地図に準ずる図面（主として土地台帳附属地図）である。
〈116〉　前掲注〈110〉の平成17年法務省情報化統括責任者（CIO）決定。

条１項６号・別表４項，不登規16条５項２号）も参考となる（170頁）。

また，登記記録（登記簿）により，対象土地の地目や河川区域内であるかどうか，地積，更には分筆の経緯を知ることができる。さらに筆界特定の成果がある場合には，その旨が記録されている（171頁）。

2　地積測量図

(1)　地積測量図の位置付け

地積測量図は，かつては，地図を修正ないし訂正するための基礎資料という位置付けであった。すなわち，新たに生じた土地や，無番地の土地など表題登記がない土地についての表題登記（不登法36条），地積の変更・更正の登記（不登法37条，38条），分筆・合筆の登記（不登法39条），土地の表示登記に変更を生じる登記の申請や，地図訂正の申出（不登法16条）など，登記記録及び地図等で公示された地図情報を変更しようとするとき，申請人は地積測量図を提出しなければならないとされている（不登令７条１項６号，別表４項・６項・８項，不登規16条５項２号）。そのため地積測量図には，分筆申請当時の土地の実測面積や，境界標の有無，接合状況等，筆界を判定するについての貴重な情報が記載されている過去の資料と位置付けられていた。

しかし，新不動産登記法が施行された2005（平成17）年以降においては，以下に詳述するとおり，法14条地図が現に備えられているか否かを問わず，常に法14条地図と同一の精度を有し（地図の許容誤差に係る不登規10条４項を地積測量図に係る77条４項が準用），しかも一筆地ごとの詳細情報の記載が義務付けられている。それゆえ，地積測量図には地図の詳細情報を日々発信する役割が与えられるに至っている。その意味において，筆界情報を知る資料として，地図・和紙公図とともに，最重要の資料と位置付けられている。

かつて地積測量図は，過去の分筆経過等を知るための資料であり，個人情報でもあるとの位置付けから，閲覧・謄写は制限されていたが，現在では，地図・公図と同様に，誰でもその閲覧及び写しの交付を請求できる〈117〉こと

〈117〉　行政機関の保有する情報の公開に関する法律（平成11年法律42号）の制定を契機に，不動産登記法が改正され，地積測量図は，利害関係部分の閲覧請求のみならず，写しの交付請求が認められるようになった。現在ではオンラインによる閲覧請

とされている。したがって，筆界を調査しようとする者は，地積測量図を調査する必要がある。

もっとも，後記(4)に述べるとおり，地積測量図は，作成時期によって，精度に著しい差があるので，筆界の判定に当たっては十分留意しなければならない。いずれにせよ，2005（平成17）年以降に創設された筆界（分筆界・創設筆界）については，地積測量図が直接的な第一級の資料であることを忘れてはならない。

(2)　地積測量図の作成

地積測量図には申請人のほか作成者が署名押印すべきものとされている（不登規74条２項）。その趣旨は，当該土地の現況を精確に登記簿の表題部に反映させる必要上，作成者に対し調査・測量の成果を精確に地積測量図に表示することを要請し，それにより当該登記申請の真正さを担保とするとともにその結果に対する責任の所在を明確にするためである。それゆえ，地積測量図の作成者欄に署名押印するべき者は実際に現地を調査・測量し，その結果に基づいて地積測量図を作成した者でなければならない。

地積測量図は，電磁的記録によっても作成することができる（不登規73条１項）。

(3)　地積測量図の保管

地積測量図は，土地台帳法（昭和22年３月31日法律30号）が施行されていた頃から作成され，税務官署で保管されていたが，保存期間は10年とされていた（土地台帳法施行細則３条２項）ため，法務局等にその写しが移管され，保管されている例は少ない。ただ，東京都下の市町村など一部の地方には，昭和20年代（1945～1955年頃）以降の古い地積測量図の写しを保管している例もある。また，土地台帳法の施行時，土地の表示，分筆，地積更正の各申告書の副本は，現在と同様，市町村に送付されていた。この副本（副図）が現在に保管されている例もある。

1960（昭和35）年の不動産登記法改正により，法務局・地方法務局において順次，土地台帳と登記簿の一元化作業を行うこととされ，1961（昭和36）

求も可能となっている。

年から1970（昭和45）年にかけて実施された。その作業が完了した法務局等から順次，登記申請書に添付された地積測量図が法務局等において保管することとされ，現に保管されている。

そのほか，後述(4)のとおり，古い時代の法務局提出の地積測量図それ自体は精度を欠いていても，その基となった地積測量図その他の一筆図には，筆界の位置を推測せしめるのに十分な記載があり，そのような図面等を登記申請人本人あるいは土地家屋調査士が保管している例もある。

地積測量図は土地図面つづり込み帳に，地番区域ごとに地番の順序に従って編綴（てつ）され（不登準則55条１項），永久保存とされている〈118〉（不登規28条13号）。誰でも閲覧し，写しの交付を受けることが可能である（不登法121条１項・２項，不登令21条１項）。電磁的記録で保管されている場合には，出力により閲覧等を行う（不登規202条２項）。

(4)　地積測量図の精度

ア　1960（昭和35）年～1977（昭和52）年９月30日

現在の地積測量図には，①地番区域の名称のほか，②方位，③縮尺，④地番（隣地の地番を含む。），⑤地積及びその求積方法，⑥筆界点間の距離，⑦国土調査法施行令第２条第１項第１号に規定する平面直角座標系の番号又は記号，⑧基本三角点等（119頁）に基づく測量の成果による筆界点の座標値（近傍に基本三角点等が存しない場合その他の基本三角点等に基づく測量ができない特別の事情がある場合にあっては，近傍の恒久的な地物に基づく測量の成果による筆界点の座標値），⑨境界標（筆界点にある永続性のある石杭又は金属標その他これに類する標識）があるときは，当該境界標の表示，⑩測量の年月日を記録しなければならないとされている（不登規77条１項各号）。

地積測量図には上記①～⑤を記入すべきものとする規格は1962（昭和37）年に定められたが，測点としての境界標の明示は義務付けられていなかった。登記情報としての地積が判明すれば足り，筆界情報は重要でないと考えられていたためであろう。

〈118〉　永久保存とされたのは，土地台帳と登記簿との一元化指定期日以降であり，指定期日は登記所によって異なる。

地積測量図の底辺・高さの単位は，昭和41年３月末までは間，同年４月以降はメートル（m），地積の単位は昭和41年３月末までは坪（畝歩），同年４月以降は平方メートル（㎡）で表示されている。

縮尺は，住宅地域では300分の１又は500分の１，農耕地域では500分の１又は1,000分の１，林野地域では1,000分の１又は3,000分の１であった。

求積には，平板〈119〉を用いた三斜法が主に用いられ，底辺・高さとも図上読取りによることが多かった〈120〉。また，残地の辺長は必ずしも実測されていない場合も多く，残地の地形は公図の寸法を机上で写したものにすぎないことがある。実測する場合も境界立会（207頁）が行われていないこともあったようである。

この時期の地積測量図の中には，現地測量を省略し，机上で公図写しに分割線を引き，それをスケールで読んで三斜求積を行っているだけの，いわゆる「図上分筆」のほか，土地家屋調査士等が規格に則った真正な地積測量図を作成したにもかかわらず，法務局等に対しては，公図類への記入がしやすいように，公図上記載された一筆地の外枠に合わせて分筆線等故意に変形させた「按分分筆」用の地積測量図を提出している例も多い。その弁明として，しばしば「精度の低い公図に分筆線を迅速に書き込むための方便だ」，といわれてきたが，現実には明治初期に和紙公図に描かれた原始筆界それ自体の精度は高いのに，その後に描かれた分筆線（創設筆界。15頁）のみがずさんであることも少なくない〈121〉。

なお，上記のとおり，残地の地形は公図の寸法を机上で写したものにすぎないこともあるなど，この時代に作成され，法務局に保管されている地積測量図には，信頼性のおけないものが目立つ〈122〉が，その場合でも，土地家屋

〈119〉　平地では平板測量が主体であったが，山間部では，コンパス測量（まれにトランシットを使用）であったという。

〈120〉　図上分筆線にすぎないとして，公図と異なる筆界を認定した事例として，東京地判昭和55年12月18日判時1001号82頁。

〈121〉　菅原浩明「シリーズ対談（第８回）」登記情報664号（平成29年）３頁以下。

〈122〉　分筆時の地積測量図の精確性を否認した例として，東京地判昭和55年12月18日判時1001号82頁。反対に地積測量図を基準に土地の範囲を特定することが許されるとする裁判例として，大阪地判昭和57年12月27日判タ496号147頁。

調査士や所有者本人の手元に真の筆界を記入した地積測量図が保管されていることがあり得ることから，当該図面の存否を確認する必要がある。

イ　1997（昭和52）年10月１日～2005（平成17）年３月６日

(ア)　1993（平成５）年以前

昭和52年10月改正後の旧不動産登記法施行細則42条ノ４第２項により，地積測量図には，前記①地番区域の名称，②方位，③縮尺，④地番，⑤地積・求積方法のほか，⑧につき，土地の筆界に境界標（いわゆる永久筆界標）があるときは，これを記載し，境界標がないときは，その土地の位置関係を明らかにするため，適宜の複数の筆界点について，近傍の恒久的な地物との位置関係（距離・角度等）を記載しなければならないとされるに至っている〈123〉。さらに，残地の地形・辺長は，実務上一筆地の外枠全体を測量することが義務付けられた〈124〉。測量機器も，平板からトランシット（セオドライト）に移行していった。

昭和52年改正により，地積測量図は原則として250分の１ないしそのＮ等倍，すなわち，市街地地域では100分の１又は250分の１，村落・農耕地域では250分の１又は500分の１，林野地域では500分の１又は1,000分の１となった。

この昭和52年改正以降，地積測量図の現地位置特定の機能は飛躍的に強化されるに至った。ただ，上記⑧の境界標の表記は，平成５年旧不動産登記法施行細則42条の４第２項の改正までは，任意のものであった。

(イ)　1993（平成５）年以降

平成５年10月１日に境界標の表記が義務付けられて以降の地積測量図は，筆界を知る極めて重要な資料価値を有することとなる。また，立会・承認（207頁以下）の手続も慎重に行われるようになった。

〈123〉　昭和52年法務省令54号による旧不動産登記法施行細則42条ノ４第２項の改正・昭和52年９月３日民三4472号民事局長通達。恒久的地物には，材質が堅固で容易に移転しないよう埋設された境界標（66頁）のほか，鉄道用の鉄塔，橋梁，トンネル等の出入口，マンホール，防波堤，水門，ビル，石段，電柱，記念碑，ポスト，煙突，給水塔，石油・ガスのタンク，サイロ，灯台など，材質が堅固で設置状態に永続性があり，しかも基準とする点の位置が一義的に特定できるものも含まれる。

〈124〉　『土地境界基本実務Ⅰ』189頁によると，1978（昭和53）年から1993（平成５）年頃までに作成された地積測量図の中には，まだ残地部分が測量されていないと考えられるものも見受けられるという。

なお，昭和61年改正測量法11条１項１号に基づく公共測量作業規程の改定に伴い，地積測量図の作成に当たっては，土地の１筆ごとの測量について，数値法（119頁）によることとされるに至っている。特に世界測地系（118頁）に基づく筆界等の位置情報が整備されることにより，登記情報及び各種の事業情報が統一されることとなった。

実務上も，上記イ(ア)の時期には求積方法が，三斜法やヘロン法〈125〉から座標法に変わっていった。すなわち，トランシットやトータルステーション〈126〉などの測量機器を用い，コンピュータ図化機により作成された地積測量図すなわち座標計算により求積される図面が主流となった〈127〉。座標値は，任意座標によるもののほか，公共座標によるものも増えているようである。座標法の採用により，登記官・土地家屋調査士は，地積測量図の中に境界点の座標値を記載すること及び筆界復元の重要性を再認識するに至ったという。

また，2002（平成14）年以降，電子基準点を活用した測量が可能となったが，機材が高価なためか活用は必ずしも活発ではない〈128〉。

ウ　2005（平成17）年３月７日以降

平成17年３月７日施行の現・不動産登記法において，地積測量図の現地復元機能は，一層強化された。すなわち，③縮尺は，土地の状況その他の事情があるときを除き，250分の１によることを原則とする，⑥筆界点間の距離を記載する，⑦筆界点は，基本三角点（119頁），街区基準点（543頁(4)），認定登記基準点（119頁）等の公共基準点に基づく測量の成果による座標値（公共座標値）を用いて表示する（基本三角点等の公共基準点に基づく測量の成果による座標値を用いて筆界点を表示する場合には，その基本三角点等の名称・座標値を表記す

〈125〉　任意の三角形の３辺ａ，ｂ，ｃの長さから面積Ｔを求める公式。

〈126〉　距離を測る光波測距儀と，角度を測るセオドライトとを組み合わせたもの。

〈127〉　昭和63年に相隣地所有者が確認し，トラバース測量で丈量され，設置された境界杭が正確な筆界を示しているとする裁判例として，大阪高判平成18年６月16日（公刊物未登載）。

〈128〉　岩手県では全域で，電子基準点を用いた登記基準点の設置と維持管理が行われている。柳平幸男「シリーズ対談（第１・２回）」登記情報614号（平成25年）２頁・615号２頁。

る），近傍に公共基準点が存しない場合その他，公共基準点に基づく測量ができない特別の事情があるときは，近傍の恒久的な地物に基づく測量の成果による座標値（任意座標値）を用いて表示する（不登規77条1項・2項），その結果，高精度の地図が備えられる地域内において，分筆登記等の申請がされた場合，数値地図（デジタル・マップ）の筆界点成果である座標値を基準として，当該分筆のための測量成果を対照する等の審査を行い，その測量成果を採用するときには以後，当初の筆界点成果とともに，当該測量成果も当然にデータとして維持・管理を行うこととなる。さらに，特別の事情がある場合を除き，全筆求積を行うとされている（不登準則72条2項）〈129〉。

数値地図の採用と平衡して，地積測量図の精度も，法14条地図の精度（119頁）と同程度のものが要求されるに至っている（不登規77条3項・4項）〈130〉〈131〉〈132〉。これらの施策を用いて公共基準点に基づく座標値を介して地積測量図と地図とを結び付けることにより，現行法は地積測量図の地図作りへの活用を図っている〈133〉。

現・不動産登記法施行（平成17年）以降に新たに形成された筆界については，特段の事情がない限り，法14条地図と地積測量図の記載によって筆界が

〈129〉　平成15年12月9日法務省民二3641号通知（測量法及び水路業務法の一部を改正する法律の施行に伴う不動産登記事務の取扱いについて）により，基本三角点等の公共座標値に基づいて測量した場合には，地積測量図中に「日本測地系（旧測地系）」（与点の基本三角点等の座標値が旧測地系の場合），「世界測地系」（与点の座標値が測量法11条3項に定義されている世界測地系の場合）等の表記が求められることとなった。なお，平成18年8月15日法務省民二1794号第二課長通知は，当面，地積測量図の記載につき，街区基準点の成果に基づくべきことを強調している。

〈130〉　不動産登記規則73条1項（80条1項で準用する場合を含む。）に規定する電子申請における土地所在図，地積測量図，建物図面及び各階平面図並びに地役権図面は，インターネットで公開されている「図面情報ファイルの仕様」に従って作成すべきものとされている。

〈131〉　作図についての詳細等，本節の記述は，『土地境界基本実務Ｖ』61頁以下によっている。

〈132〉　同規則が引用する国土調査法施行令別表第4（一筆地測量等の誤差の限度）によれば，もっとも厳しい甲1地域内の一筆地測量におけるスタート点（与点）から各筆界点までの平均の位置誤差は2㎝まで，最大でも6㎝を超えてはならないとされている。

〈133〉　古畑泰雄「土地家屋調査士業務と基準点」土地家屋調査士2000年3月号（平成12年）3頁。

判定されることが予定されている。

なお，最近では，準天頂衛星を活用した高精度の電子基準点（分類上は任意基準点）を使った極めて精度の高い地積測量図作りと，その位置情報をいくつも結び付けることにより，地籍図や法14条地図作りを待つまでもなく地図を紡ぎあげていくという手法が注目されるに至っている〈134〉（地籍調査に代わるものとして，535頁(4)）。

3　土地所在図・建物図面等

(1)　土地所在図

土地所在図は，分筆登記など土地の表題登記関連の登記や地図訂正等を申請するに際して申請情報とともに登記所に提供される１筆の土地の所在を表示した図面である（不登法36条，74条１項，不登令別表４項添付情報イ・28項添付情報ホ・31項添付情報ロ，不登規16条５項２号）。道路や水路等の長狭物や広大地の分筆の際にも提供が義務付けられる〈135〉。

地積測量図の縮尺がその土地について作成すべき土地所在図の縮尺と同一であって，当該地積測量図によって土地の所在を明確に表示することができるときは，便宜，当該地積測量図をもって土地所在図を兼ねることができるとされており（土地所在図兼地積測量図。不登準則51条４項），その例は多い。土地所在図は，地積測量図と同じく，登記官が地図上に申請土地の筆界線を記入するための資料となるものであることから，後に筆界を判定する際の重要な資料となる。電磁的に作成された図面はコンピュータ上に保存され，その他は土地図面つづり込み帳に編綴(てつ)される。表示の変更等により図面が除去された場合を除き，土地所在図は永久保存される（不登規18条３号，20条１項，28条13号）。

(2)　建物所在図

登記申請の際に提出される建物図面は，建物の敷地と建物１階の位置・形状を明確にするものでなければならず（不登規82条），建物から境界までの距

〈134〉　小野伸秋「シリーズ対談（第11回）」登記情報672号（平成29年）56頁以下。
〈135〉　昭和39年10月２日法務省民事甲3191号民事局長通達。

離が記載されている。しかし実務においては，1955（昭和30）年以前の建物所在図には境界の位置を示す情報の記載がなく，関係当事者の立会いは必要的でないなど地積測量図ほど筆界の特定が厳格に求められているわけでもないことから，あくまで参考資料の１つとしての位置付けにとどまる〈136〉。

4　登記記録（登記簿）

⑴　概　説

登記記録（閉鎖登記簿を含む。）の調査により，調査対象土地の所在，地目，地積や分・合筆の経過等のうち，1960（昭和35）年のいわゆる一元化後のもの（後記５参照）が判明する。この調査は，筆界認定の対象となった２筆の土地についてだけの調査で終わらせてはならない。例えば，登記簿記載の地積から縄伸び率の情報を収集するに際しては，当該２筆だけでなく，地域全体についての縄伸び率を把握することも必要となる。さらには，分筆の経過を追跡調査する中で，現地における筆界の歪みが分筆過誤に由来することが判明することもある。

⑵　所　在

深山幽谷の地や，地図混乱地域ないしそれに準じるような地域にあっては，公図からは有意な情報が乏しく，登記記録（登記簿）や土地台帳記載の古い所在地名（「…池」，「…岩」等）が筆界を探る手掛かりとなる場合がある。

⑶　地　目

登記記録（登記簿）や土地台帳に記載された地目すなわち土地の用途が，筆界を挟んで隣接する土地と異なる場合には，現地における地目の違いと対比することにより，筆界を知り得る場合がある。

典型的には，登記記録上の地目の一方が道路敷で他方が宅地の場合，たとえ現状が全体として更地であったとしても，上土を剥がしてみることにより，道路敷の砂利や敷きつめた炭など，道路位置を認定する証拠となる資料

〈136〉　建物登記簿・建物図面の前身である家屋台帳記載の旧建物の位置関係から，筆界を探索している鑑定例として，『土地境界基本実務Ⅰ』348頁以下があり，参考になる。

が現れることもある〈137〉。

(4) 地　積

ア　原　則

筆界を挟んで相隣接する土地の，登記記録記載の地積（公簿面積）と，実測面積を各々対比することにより，現在の占有界が筆界と合致しているか否かを検証できる場合が多い。のみならず，筆界が判定されると，所有権界もそこにあると推定されることが多いことから，土地の公平な分配を図るために，登記記録記載の地積と実測面積との対比は，筆界認定に当たっては，参考のため実施すべきものである〈138〉。

ただし，筆界調査の現場では，縄伸びの慣行を熟知するがゆえに，自分の土地を実測させず，相隣地が公簿面積を確保していることを挙げつらって，現占有界を筆界とすべきだと主張する者がいるという。また，山林公図と耕宅地の公図が１つの現公図となっている場合には，山林の公簿面積は信用できない〈139〉ことから，面積割合で筆界を推認する方法は相当ではない。

なお，公簿面積と公図から計算される面積とに相異がある場合には，前者の方がより正確であることが多いといわれている〈140〉。

イ　例　外

原始筆界（14頁）が山林や原野に関するものである場合には，当該土地の地積（公簿面積）は，一般に相当不精確である〈141〉。ましてや相隣接する地番が山林公図上の地番と里公図（耕地・宅地の公図）上の地番の場合，両公図の

〈137〉　もっとも，たとえ一部分であっても上土を剥がすことについては，関係者の同意が必要であろう。

〈138〉　東京高判昭和39年11月26日高民17巻７号529頁，福岡高判昭和46年５月17日判時645号82頁，東京高判昭和48年８月30日判時719号41頁，東京高判昭和48年12月12日判時734号52頁，東京地判昭和51年４月30日下民27巻１～４号246頁。

〈139〉　『山林の境界と所有』64頁。

〈140〉　逆に登記記録が誤りであり，公図の記載が正しいとする裁判例として那覇地判昭和52年３月30日判時865号84頁。

〈141〉　山林の「公簿買い」をした者が，市所有地も自己が買い取った土地の一部であると主張したが，山林の公簿面積が現実の地積と大きくかい離していることは公知の事実であるとして，同主張を斥けた例として，千葉地判昭和63年９月30日判自63号71頁。山林において公簿面積の比較をする場合の留意事項につき，『山林の境界と所有』69頁。

精度は著しく異なるゆえ，両地番の公簿面積を単純に比較することは著しく不合理であろう。

一筆地の一方あるいは双方につき，土地の位置あるいは地積を偽ろうとして，登記記録上，真実に反する筆界を記載している悪質な事案も多い。例えば，地面師の行う日の丸分筆や額縁分筆の事案では，分筆後地積更正を行って土地を過大に見せかけようとするものがある（145頁）。さらに，相隣接する２つの一筆地の一方につき，差押えを受け，あるいは強制執行を受けそうになっている場合に，筆界をずらすことにより，その土地の範囲を縮小しようとするものがある〈142〉。これらを看過しては，正しい筆界の判定はできない。

より厳密な筆界の判定のために，筆界を共有する相隣地のみならず，周辺地についても登記記録上の地積と実測（概測）面積を対比する作業が必要となることもまれではない。

いわゆる縄伸び（150頁）がある場合には，特段の事情がない限り，両地の両側境界線の長さに按分して２基点を定め，それを直線で結んで筆界を画定すべきであるとする裁判例がある〈143〉。

⑸　分筆の経緯

登記記録・登記簿・土地台帳（174頁）記載の分筆の経緯及び分筆の時期を調査することによって，調査の対象となっている筆界が，いかなる時期にいかなる状況の下で形成されたのかが判明する。この作業は筆界調査の第一歩といってよい。

登記記録等から判明する分筆の経緯に照らし，調査対象の筆界が原始筆界（14頁）であれば，公図に記載されている筆界の精度は，各種公図（原公図）の精度（131頁）と相関する。これに対し，その筆界が公図作成後に加筆された分筆線（「１番の１」と「１番の２」のように，相隣接する同一本地番にそれぞれの支号を付したもの）は，分筆登記の時期によっては，分筆測量図作成のために求められる測量方法の精度や公図への分筆線記入のルールに相当の精粗がある。その分筆線が，図上分筆あるいは按分分筆（166頁）によるときは，その

〈142〉　その一例として，高知地判昭和51年12月６日訟月22巻12号2763頁。拙稿「境界の確認をめぐる各種手続の現状と問題点（上）」登記情報466号（平成12年）23頁。

〈143〉　東京地判昭和55年10月31日判時999号75頁。

分筆線の精確性を慎重に精査する必要がある。

とりわけ，当該一筆地が全筆測量を行っていない時代における元番（○番の1）である場合には，当該土地は，公図に記載された当該元番の形状自体の信ぴょう性はもちろん，土地の存在自体が疑わしい場合も多い（144頁）。短期間のうちに頻回に分筆され，しかも地積の過大な増歩更正が繰り返されているような事案は，特に注意が必要である〈144〉。

5　土地台帳

(1)　土地台帳制度と登記制度の発足

明治維新における近代的土地所有権制度の発足とともに土地所有権者に与えられた地券とそれを管理する地券台帳等の仕組み（91頁(2)）は1889（明治22）年3月に廃止され，地租の徴収は土地台帳に登録した地価によることとされた〈145〉。これに伴い，以降，土地の分筆・合筆がある場合のほか，地目や所有者等に変動がある場合には，土地台帳及び同附属地図を照査の上，これに記入することとされた〈146〉。

この仕組みは，地租法（昭和6年3月31日法律28号）及び土地台帳法（昭和22年3月31日法律30号）へと引き継がれる。

しかし1950（昭和25）年のシャウプ勧告に基づく税制改革によってそれまでの地租税が廃止され，市町村が独自に固定資産税を課することとされた。それを機会に土地・家屋台帳制度を不動産登記制度に一元化すべく，台帳及び台帳事務は税務官署から登記所に移管されることとなった（昭和25年法律227号）。移管後の10年間，両制度は並存していたが，昭和35年法律14号による法改正によって，表示登記制度が創設され，土地台帳制度は廃止された

〈144〉　その例として，大阪地判平成2年2月19日訟月36巻10号1803頁，大阪高判平成3年4月26日判時1399号48頁。このケースでは，ずさんな分筆を受け付けた登記官の過誤も認定している。

〈145〉　土地台帳規則（明治22年3月22日勅令39号），地券廃止（明治22年3月23日法律13号）。

〈146〉　島庁及収税部出張所地租事務取扱手続（明治22年6月20日大蔵省訓令45号）1条～3条，分筆ノ場合地番号取扱方ノ件（明治35年12月主税局通牒7号）等。

（登記制度と台帳制度の一元化）〈147〉。

このように，不動産登記制度は明治19年の登記法に端を発しているが，一元化（1960（昭和35）年に一元化作業が開始され，1970（昭和45）年度に完了）以前には，一筆ごとの権利情報のみを扱い，それらの筆界等の土地の現況の把握は，専ら土地台帳（同附属地図）制度に依拠するという「砂上の楼閣状態」にあったといえる。

⑵　土地台帳と官地成（官有地成）

土地台帳は地租に関する地租に関する事項を登録することを目的としている（土地台帳規則1条）。課税台帳ゆえに国有地には土地台帳法の適用がない（地租法88条，土地台帳法44条。ただし，98頁注〈26〉参照。）。

そのため，道路や水路等の新設・拡幅のために土地台帳に登録されている民有地が「官地成」（官有（国有）道路成，官有（国有）水路成も同じ。）した場合には，土地台帳の綴りの中に当該土地台帳用紙が編綴されていても，課税の対象とならない除租の土地ゆえ何らの手入れをする必要もない土地となり，そのままの状態で推移している。そのような経緯から，上記「官地成」の処理がされている土地については，土地台帳に記載のない土地とみなされ，土地台帳と登記簿との一元化作業（後記⑷）に際して，登記簿表題部の新設は要しないとされている〈148〉。

なお，「年月日官有道路成年月日除租」と記載がされて，地目，地積の両欄にかけて朱の斜線が引かれているのみで，所有者欄に官有となった経緯が記載されていないものも，前所有者から国に所有権が移転された土地と考えて差し支えない〈149〉。

⑶　官地成につき民有地の登記がある場合

境界調査において現況道路の一部に民有地が含まれていることが判明し，紛争の種となることもまれではない。その多くは筆界の問題に帰着するが，

〈147〉　その詳細は，昭和35年4月1日民事甲685号法務省民事局長通達「登記簿・台帳一元化実施要領」。

〈148〉　昭和35年5月27日法務省民事甲1279号民事局長回答は，国有道路成で除租の記載のある土地台帳について，一元化作業に際して，登記簿表題部の新設は要しないとしている。友次『土地台帳の沿革と読み方』74頁。

〈149〉　友次『土地台帳の沿革と読み方』72頁，74頁。

ときに当該民有地につき，土地台帳の沿革欄に「官地成」と記載されているのに，一元化の際に表題部が改製され，登記簿上の所有権の登記名義人が土地台帳上「官地成」と記載される前の所有者となっている場合がある〈150〉。

前述(2)のとおり，「官地成」して「除租」となった土地については，一元化の時点では，現に生きている記載事項ではない。そのため，一元化作業の際に前所有者名義での表題部を改製したのは誤りゆえ，当該登記は「表題部新設錯誤」を理由に職権抹消されなければならない〈151〉〈152〉。

(4)　一元化作業における筆界の取扱い

前記(2)(3)のほか，一元化作業において境界に関連する留意事項とされていた部分は要旨，以下のとおりである〈153〉。

ア　表題部登記の改製・新設

(ア)　既登記の土地に係る表題部の改製（表題部の作り直し）

①　土地台帳に登録があり，既登記でもある土地については，現に効力を有する登録事項を新用紙に移記して新表題部とする。

②　土地台帳に登録はないが，既登記の土地については，登記簿の旧表題部の現に効力がある事項を新用紙に移記して新表題部とする。

(イ)　未登記の土地に係る表題部の新設

土地台帳に登録されていても未登記の土地については，土地の表題部に関する事項及び所有者の氏名，住所を新用紙に移記し，登記簿に編綴（てつ）する。

イ　分筆登記が未了の場合

土地台帳上では分筆処理がされているが，登記簿上では分筆処理が未了の場合は，職権により新しい登記簿を作成し，その上で，新登記用紙の「原因及びその日付」欄にその沿革を記載した。例えば，１番の土地を２つに分筆にしてある場合，１番１の新用紙に分筆登記の記載をし，１番２については，

〈150〉「官地成」した道路内民有名義の土地を国有地と認めた裁判例として，名古屋地豊橋支判昭和59年11月13日訟月31巻７号1553頁（里道）がある。

〈151〉　昭和59年８月６日大津地方法務局登記部門首席登記官通知。

〈152〉　大阪高判平成元年11月28日及びその上告審である最（３小）判平成２年10月16日（公刊物未登載）も同旨。友次『土地台帳の沿革と読み方』114頁。しかし，抹消には不動産登記法33条２項の承諾が必要ゆえ実際には容易でない。

〈153〉　登記簿・台帳一元化実施要領（昭和35年４月１日民事甲685号民事局長通達）。

新用紙を作成するとともに，職権で１番１の土地の登記用紙中，現に効力を有する事項を転写し，その末尾にその旨を記載した。

ウ　合筆登記が未了の場合

土地台帳上合筆処理がなされているが，登記が未了の場合，①不動産登記法上の合併禁止規定に抵触するときは，合筆がなかったものとして表題部の改製をした。②合併禁止規定に抵触しないものは，職権をもって単一の所有権の登記をするとともに，登記済証を作成して所有権登記名義人に交付した。

エ　土地台帳に二重登録があり，そのまま二重登記となる疑いがある場合

職権で一方のみを抹消するのではなく，それぞれ新登記用紙の地番枠の右側（その後改正により上部欄外）に「二重登記」，「何番と二重登記」のように記載した。

オ　地積の移記の場合

新用紙の地積欄の右側に台帳の記載どおりに移記するものとし，その左側余白には，将来メートル法による記載〈154〉を予定した（この場合，地積の単位が坪である旨を附記した。）。さらに，①移記に際し，小数点の扱いが不動産登記法の規定に合わないものは，修正して新用紙に記載し，②土地台帳上に，外畦畔，石塚，崖地等の地積が外歩として記載されているときは，本地の地積に合算した。③土地台帳上の登録の一部が，原野，墓地など，不動産登記法の下では別の地目でなければならない場合は，本来分筆すべきものなので，内歩又は外歩の区別を明らかにした上で，そのまま移記した。

⑸　一元化後の土地台帳の取扱い

土地の地番や分・合筆の経緯など，地租改正事業の結果把握された事項のその後の変遷については，土地台帳に登録し，税務官署において保管することとされていた。現時点で，筆界の調査に当たり，旧来の地番・地目・地積の変遷や分・合筆の経過を探ることは必須（101頁）であるが，登記記録・登記簿には，昭和35年～45年度の間の土地台帳との一元化作業完了時以前の

〈154〉　計量法実施に伴い，昭和41年４月１日から登記申請書等には，尺貫法とメートル法を併記，図面はメートル法で作成することとされた。換算率及び換算方法等については，昭和41年３月１日法務省民事甲279号通達。昭和48年１月１日以降メートル法に統一されている。

分・合筆の経過の記載がないため，土地台帳を閲覧して，分・合筆の流れ及び地目・地積（畝歩）の変遷を調査する必要がある〈155〉。

一元化により閉鎖された土地台帳は，所有権や地目・地積・筆界等の来歴を知る重要な手掛かりとなり得ることから，法務局に永久保存され，閲覧が可能となっている。

第4節　他の官公署及び民間の保管する地図・図面等

1　法務局保管の地図・公図等と相似の関係にある図面等

法務局が保管する筆界判定の基礎となる地図・図面（不登法143条1項）と，相類似する関係にある地図・図面が，他の官公署や民間に保管されている例も多い。

(1)　国土調査による地籍図

その典型例は，国土調査に基づく地籍図（528頁）である。国土調査においては，毎筆の土地について，その所有者，地番及び地目の調査並びに境界及び地積に関する測量が行われている。地籍図は，精度の著しく劣るものを除き，その大部分が法務局において法14条地図として備え付けられている（国土調査法20条）。そのため，一般には，法14条地図のほかに地籍図を調査・探索する実益は乏しい。ただ，地籍調査後の土地の異動については，地籍記録の写し又は電磁的記録を用いて継続的に補正が行われている（地籍調査準則89条2項）。したがって，数値地図における数値の確認や，法14条地図への未記入や改ざんなどが問題となっているときには，地籍図及びこれと同じに作成されている地籍簿の調査・探索も必要となる。

地籍調査における立会いの効力その他詳細については，項を改めて述べる（516頁）。

〈155〉　土地台帳の判読に必要な知識を説明するものとして，友次『土地台帳の沿革と読み方』。

⑵　法務局に送付・交付する関係にある者が保有する記録その他

市町村等が土地台帳法37条の４に基づいて保管する土地台帳・同附属地図の写し（副図），土地改良・土地区画整理の換地確定図（所在図）（計算等を含む）その他法務局に送付・交付する関係にある者が保有する記録，さらに旧内務省地理局所管の地籍地図〈156〉などは，法務局備付けの地図・図面等と沿革的に近い関係にあることから，一般には，いずれかの筆界記入ミスを他の図面等で発見・修正できることが多い〈157〉。また，原公図が磨耗しているなどの理由により判読し難いときには，これらの図面等の探索は欠かせない。

まれに双方の図面が著しく食い違う上，地形地物，占有界その他の証拠によっても，いずれの図面が正当か確定し難い例もある。その場合は，どちらの図面等によることもできないことから，公簿面積割合に頼らざるを得ないこともあろう〈158〉。

⑶　民間が保管する一筆図等

土地家屋調査士〈159〉や本人が，調査対象土地について，筆界形成の直接の基礎となる貴重な資料を保管する例もある。分筆申告図，一筆図，土地分割図・地積測量図，払下げ図等がその例である。

一筆地単独の実測図については，筆界についての立会・承認（207頁以下）の有無が重要である〈160〉。

2　官民境界査定図・官林図等

前述（61頁）のとおり，旧国有林野法７条や旧国有財産法10条等による境

〈156〉　明治年間に作成された地籍編纂事業のための地籍地図（109頁，186頁）と混同してはならない。

〈157〉　法務局備付けの公図と税務事務所保管の公図が食い違うとき，法務局図面によるべきとした裁判例として，前橋地判昭和40年５月17日判タ176号145頁，東京地判昭和43年９月26日判時556号71頁，横浜地横須賀支判昭和45年２月６日訟月16巻４号352頁。

〈158〉　前橋地判昭和40年５月17日判タ176号145頁。

〈159〉　土地家屋調査士会は，表示登記申請資料（例えば筆界に関する現地調査書。226頁）が保存期間後廃棄されてしまうことから，「資料管理センター」への集約を図っているという。

〈160〉　もっとも，土地家屋調査士が立会関係書類を第３者に開示するについては，個人情報保護の観点からの制約がある。

界査定処分は，単に隣地との境界を調査確認するだけにとどまらず，その確定によって区分される官有地の区域を決定する形成的行政処分である〈161〉から，たとえそれが事実誤認に基づく不当な境界の認定であったとしても，裁決又は判決によって取り消されることなく確定した以上，これに基づいて所有権界とともに筆界も確定することになる。その成果に基づいて作成された官民境界査定図及びこれと一体を成す境界査定野簿は，筆界を判定するについての第一の資料である〈162〉。

営林官署が保管している図面として，他に①官林調査仮条例（明治９年３月５日内務省決議）に基づく官林図（差出図）と，②官林境界測量製図規程（明治15年農商務省令）に基づく官林図がある。①は見取図的な団子絵図であるのに対し，②は官林界を多角線で表示した図面である。

3　国有・公有財産についての境界協議に基づく記録

国の財務局や都道府県・市町村の財務事務所等，財産管理権能を有する公官署の職員が隣地所有者と協議して作成した官民境界確定協議書・公民の境界協議書及びそれらの添付図面，払下関係記録等は，筆界の判定について最も重要な資料の１つとなる（403頁，410頁）。官が作成した官民土地境界図のほか，市区町村職員の立会いの下で行われる民有地所有者が測量・作成した土地境界図もある。調査対象の筆界に直接関係する境界協議書でなくとも，例えば同一の道路や街区全般を考慮しての境界協議書であるときは，少し離れた土地に関する境界協議書であっても，資料としての価値は高い〈163〉。

もっとも，その境界協議書等が古い時代のものであるなどの理由のため，測量や製図の技術が拙劣で資料価値が低いという例もあることは，他の図面と同様である。のみならず，境界協議を担当する公務員の不慣れや手抜き慣行等の理由により，時代のいかんを問わず信用し難い記録も少なくない〈164〉。

〈161〉　東京高判昭和43年３月27日訟月14巻５号494頁。

〈162〉　大阪地判昭和61年２月17日（公刊物未登載）は，境界査定図上，里道の幅員が1.21m幅で記載されていることを根拠に，当該里道の幅員は３尺（0.91m）であるとの原告主張を退けている。

〈163〉　大阪地判昭和54年１月16日判時928号83頁。

〈164〉　同一水路の境界協議なのに，のり尻・天端・管理道路脇と担当者によってまちま

このほか，国有財産・公有財産台帳及びその附属図面も重要な資料となり得る。

4　近隣の所有権界についての図面・契約書等

⑴　民民の境界合意書等

私人相互間で成立した所有権界についての資料等は，多くの場合，同位置に筆界があることを推定させることから，重要な証拠資料となる（381頁）。すなわち，判定の対象となる筆界以外の近隣土地についての実測図・分筆図，境界協議書（境界合意書），筆界の記入された売買契約書等であっても，総合判断の一助として参考となる。筆界は，近傍の一筆地と横並びの関係にあるとか，田の字型やＴ字型に交叉するなど，一定の法則性をもって現地に存在するのが通例である。そのことから，近傍の一筆地についての筆界認識ないし占有状況や，その筆界認識ないし占有関係の正当性を物語る資料は，現に調査・探索の対象となっている筆界の位置を知るためにも重要となる。

また，大規模開発が行われた地域に関しては，デベロッパーの保有する図面その他の資料の調査・探索が，重要な意味を持つ。

⑵　民民の境界に関する判決書

近傍の一筆地についての境界に関する判決書は，それが筆界に関するものであれば，登記実務上，特段の事情が認められない限り，無視できない資料として扱うのを原則としている。他の筆界判定の実務においても，同様に扱われるべきであろう。

所有権界（所有権の範囲）が争われた事件の判決書は，元来，当事者限りの効力しか有しないものではあるが，判決の理由中に筆界認識についての記述等があれば，登記実務上，その部分を傍証として利用することがある。

ちの事案は多い。その一例として，仙台地大河原支判平成28年10月21日（公刊物未登載）。

5　公物管理についての記録

(1)　国土基本図，都市計画図等

国土基本図及び市区町村が作成する都市計画図は，筆界調査を行う区域全体を把握するのには便利であり，一定の広がりを持つ筆界調査について参考とされる。地域全体を鳥瞰するための資料であり，それ自体，筆界判定の直接の資料となるものではない〈165〉。

(2)　道路台帳・同附属地図等

ア　公物管理の基礎となる図面等

筆界の認定作業においては，一筆地の多くが公共道路や水路敷に面していることから，相隣接する土地の一方の当事者が国や市町村等である場合が多い。その道路管理者や河川管理者が，隣接する一筆地の所有者と「境界明示」を行い，その成果として道路設置図，道路事業測量図，道路確定図，道路区域変更図等という名称を冠した道路管理に関する図面，あるいは河川管理区域図，用途廃止図等の河川管理に関する図面を作成して，公物管理の適正を期している。とりわけ道路台帳・同附属地図（道路台帳平面図，道路区域線図等）は，道路の路線名や幅員などを図面や調書などで表した道路行政の基礎的資料であり，当該道路を管理する市町村等に広く備え付けられている。

イ　活用に際して留意すべき事項

これらの図面も隣地所有者と逐一所有権界を確認した結果を記載したものである限り，筆界判定の重要な資料となる。ただ，筆界の判定に用いるには，相応の留意が必要である。

第一に，境界明示の目的を確認することが必要である。道路や河川管理者などの公物管理者が行う「境界」の確認は，しばしば公物管理界（29頁）の確認にとどまる（公物管理型，35頁）。その場合，作成の主たる目的は，公物管理の区域的限界を確定することにあり，手続の中で隣接する一筆地との境界（筆界ないし所有権界）の確認をすることがあっても，それは，隣地の所有権を侵害しないためのほか，道路や河川管理に必要な区域を確定することにあ

〈165〉　地図混乱地域での地図作成に際しては，他に資料がない場合，調査図素図として用いられることがある。513頁。

る。そのためか，実務上，真の筆界から一定程度後退した線を境界（公物管理界）としたり，公物管理に必要のない土地部分については，筆界から大幅に後退させて境界（公物管理界）を設定していたり，反対に管理上必要な場合には，民有地内に登記等の手続のないまま公物用の構造物を設置して，これを公物管理界とし，民有地を占有・使用している例もある。

第二に，道路境界査定等を行う者が，財産管理の権能を有するか否かを確認する必要がある。所有権界及び筆界を確認する権限は，原則として所有権を管理・処分する権能（財産管理権）を有する者でなければならない（403頁）。現に条例・規則・要綱や裁判例を参照する限り，東京都，大阪府，愛知県，福岡市〈166〉，金沢市などは，所有権界兼筆界を判定している（財産管理型）と考えられるが，京都府，横浜市など〈167〉では，事案により公物管理界のみを判定している例（公物管理型）もあると推定される（公物管理界に関する36頁以下）。この例で，横浜市で境界明示を行う者は，財産管理権能を有しない。それゆえにこそ，上述のとおり，筆界から自由に離れて筆界とは別の位置に公物管理界を設定できるともいえる〈168〉。

以上の2点を筆界判定の側面から見れば，道路事業測量図や河川管理区域図に描かれた境界は，そのまま筆界認定の根拠とするのは，作成目的に照らしても，権能に照らしても，危険であり，根拠法令・要綱等，境界明示の基礎資料等を確認しつつ，時に位置補正をしながら筆界を探る必要があるということになる。

その点を意識した公物管理実務も存する。例えば，「道路台帳図の道路線は，測量時の市道の現況を示したもので，土地の境界を示すものではありません。敷地と市道の境界の確定には，境界確認申請が必要です。」と明言する市町村も存在する〈169〉。

以上の留意点を踏まえた上であれば，相隣地所有者は，多くの場合，確認

〈166〉　福岡高判平成21年2月4日（裁判所ウェブサイト）。
〈167〉　東京高判平成20年12月18日判時2031号18頁。
〈168〉　国民及び登記所は，所有権界兼筆界の確認を求めており，公物管理界の確認で足りるとする市職員との意識の差は大きい。
〈169〉　鈴鹿市ウェブサイト。2018（平成30）年10月の情報。

された公物管理界をもって所有権界ないし筆界と認識しているであろうから，公物管理界を定めた記録といえども，相隣地所有者の境界認識の確認という観点で，筆界判定の資料の１つとなり得ないではない。

6　建築確認済証添付図面

筆界について紛争を生じたときや筆界調査の際，証拠資料の１つとして，建築確認済証に添付されている建物配置図や敷地図面（建築基準法６条１項，同法施行規則１条の３）が提出されることがある。建築基準法上，敷地面積（同法53条の２）や建物外壁の後退距離（同法54条，65条），高さ制限（同法56条），日影制限（同法56条の２）などの関係で，隣地との「境界」（所有権界。３頁）が問題となることから，上記図面には，敷地境界線及び境界から建物までの距離が記載され，当該図面上の記載から算出される面積は，建ぺい率や容積率等の適合性判断の根拠となっている。

しかしながら，上記図面作成に当たって，「境界」をどのように確認すべきかについての法令上の根拠が明確でないこともあって，現実には，建築確認に際して建築主事の調査は行われていないようである〈170〉。そのためであろうか，図面上の記載が，現地の状況と異なっていたり，真の筆界と相違していたりすることが少なくないというのが，登記や筆界裁判実務に携わる者の印象である。土地家屋調査士の認識も同様のようである〈171〉。

7　地租改正関係記録

明治初年に形成された原始筆界の位置が争われるケースにおいては，当時作られた公簿や地図の類が地元の県や市町村役場さらには地元の旧家等に残存しているか否か，確認すべき場合がある。

明治17年12月16日大蔵省達89号「地租に関する諸帳簿様式」によれば，次の記録が備え付けられることとなっていた。

〈170〉　最（３小）判昭和55年７月15日判時982号111頁。

〈171〉　松岡直武「オンライン申請制度と筆界特定制度の活用」民事法情報237号（平成18年）１頁。

① 府県庁

郡区地租台帳，荒地台帳，開墾地台帳，反別地価帳，地図，野取絵図

② 郡区役所

地券台帳，地租台帳，地券証印税帳

③ 町村戸長役場

土地台帳，土地所有者名寄帳，地租延納年賦金台帳，反別地価帳，地図，野取帳

このほか，当事者や地元の旧家が原始筆界についての一筆限図を保管していたり，郷土資料館・図書館・市町村役場等が土地台帳法施行当時の分筆・合筆申告書，同添付の地形図等を保管している場合がある。

8　国絵図，町絵図，境内絵図等

山林や，神社仏閣等の江戸時代から続く土地の筆界については，国絵図，町絵図，境内絵図，下戻し関係の図面等，資料館保管の図面や地方史誌・古文書も参考となる。

国絵図は，徳川幕藩体制の頃に，各藩の領土範囲を45度程度の鳥瞰図として地形，地物を描いた絵図面である。領土争いを避けるために，国境の位置については，峰通りか，沢沿いか，河川の中央か等が，神経質に書き分けられているものが多いという〈172〉。

郡境を描いた郷帳・水帳（御図帳）も同類であろう。これらの絵図は，行政界を兼ねる筆界が争われる場合に参照される〈173〉。

江戸や大坂の町絵図や有名神社・仏閣の境内絵図などのうち，緻密なものは，土地争いのほか，下肥等重要な利権に関わる事実が記載されたことから，極めて仔細に土地・建物の配置状況を記載している。そのため現代においても，基本的な地物の位置関係を知る上で役立つことがある。

〈172〉　蔵王県境事件についての山形地判昭和62年３月30日判時1240号104頁においては，国絵図が山嶺の根拠の１つとして主張されている。

〈173〉　筑波山頂事件についての水戸地判昭和38年４月16日民集40巻４号678頁。

9　地籍編纂事業に由来する地籍地図

公図（土地台帳附属地図）は，当時の大蔵省主税局が所管した地租改正事業の際に収税のための地図作成の過程で作られていったものであるが，これとは別に同じ明治年間に，内務省地理局が行った地籍編纂事業（地籍調査）の際に作成された図面として，地籍地図（国土調査事業の成果図と区別するため「地籍編製地籍地図」とも呼ばれる。）がある〈174〉。

すなわち，地租改正事業（明治6年～同14年）の実施とほぼ同じ頃，全国地籍編纂調査トシテ官員派出ニ付取調雛形（明治7年12月28日内務省達乙84号）をもって，内務卿から各府県あて地籍編纂を実施する旨と地籍の雛形が達示された。前述した地租改正地引絵図（改租図）や更正地図（更正図）が地租賦課の対象となった民有地の把握に主眼が置かれたのと異なり，「地籍ハ国郡村ノ地境ヲ正シ方積ヲ明ニシ地積所有ヲ詳別シテ全国土地尺壊寸土モ漏スコトナク之ヲ図面ニ明記シ外ハ以万国ニ対シ国域ヲ守リ邦境ヲ固フスルノ具ト為シ内ハ以施政百般ノ基本ト為シ官民ヲ問ハス各箇所属地ノ境界ヲ明ニシ人民ヲシテ遂ニ訴ナカラシムヲ要領トス」る（明治9年6月20日滋賀県から各区戸長あて「地籍編製ニ付区戸長心得書」）ものであった〈175〉。このように官有地や公有地についても詳細に調査することを目的としており，三角測量に基づくものであったが，当時地租改正事業が並行して実施されていたことから，地方によっては地租改正地引絵図（改租図）がそのまま流用されたり，作成されなかったりするなどの事態が相次ぎ，明治23年6月26日の内務省官制の改正とともに事業半ばにして地籍編纂の事業は取りやめられている。その間全国でどのくらいの成果が得られたのか今日なお明らかでないようである。

しかし，地方によっては詳細な地籍帳や官有地調査簿，地籍地図などが作成されている例があり，これらが筆界の位置・範囲の決定に重要な役割を果たすことがある〈176〉。例えば，京都府の一部に係る「官有地一筆限調簿」，

〈174〉　佐藤『明治期作成の地籍図』283頁以下。

〈175〉　『彦根市史（下）』135頁（昭和39年）。国土調査による地籍図（452頁）と混同してはならない。

〈176〉　地籍調査の際に作成された官有地の一筆限調査簿に，官有ため池である旨明記されている例として，明治29年5月23日甲4号内務省県治局長回答。

「上京区地籍図」，「下京区地籍図」が京都府に保管されており，それにより和紙公図には，一筆の広大な民有地として描かれているにすぎない土地に孕在するため池が，官有であることが判明している〈177〉。

さらに，地籍編製地籍地図由来の公図は，地租改正で除地として取り扱われた道路・水路・河川・堤塘・並木道（通路部分とは別に附番）などに地番が与えられたのが特徴ともいわれている〈178〉。

地籍地図は，正本を地方庁（府県），副本を町村で保管するものとされている。しかし，地租改正地引絵図（改租図）や更正地図（更正図）との混同や兼用が相次いだためか，正規の地籍地図として保管されているものは多くないようである〈179〉。

10　陸地測量図，航空測量図等

旧陸軍参謀本部が作成した測量図として陸地測量図がある。特に明治年間に作成された古い陸地測量図は，資料として貴重である。同図面は現在国土地理院に引き継がれている。また，時代はやや下るが，旧国鉄作成の測量図や，航空測量図等もときに有力な資料となる。これらは，独立して筆界を判定する資料となるのではなく，地図や公図と重ね合わせることにより，地図や公図の精度を判定し，さらには相隣接する土地所有者双方のいずれの主張が，地図・公図あるいは旧来の占有状況との整合性を有するかを判定するための好個の判断材料となる。

11　土地宝典

土地宝典は，明治期から昭和期にかけて作成された地番・地目・地価・所有者名などを記載した，地図帳形式の文献である。公図や土地台帳をベースに，地番・地目・地価・所有者名などを記載している。個人や出版社が編集

〈177〉　すりばち池事件に関する京都地判平成2年9月27日訟月37巻11号1971頁がある。

〈178〉　古関大樹「地籍図類の歴史（11）」登記情報665号（平成29年）48頁，同「（20）」登記情報676号（平成30年）29頁。

〈179〉　地籍地図と分かるものにも，精度の低いものがあるという。『山林の境界と所有』59頁。

し，記載事項や出版時期は様々であり，全国を網羅するものではないようである。出版当時の土地の形状や境界を知る資料として利用されている。筆界を示す根拠の資料としても，時折引用されるが，正確性ないし精度は一様ではないようなので留意が必要である。各地の図書館や歴史資料館等に保管されている。

12　市販の住宅地図

法務局や市町村役場に備え付けてある市販の住宅地図は，国土地理院発行の地形図をベースにしていることから，公図と重ね合わせて検討する作業（148頁）の際，有用である。ただ，元来は住居表示・地番と居住者に関する情報の提供を主としており，占有界や筆界を示すための図ではないことに留意する必要がある。

13　森林関係図簿

民有林については，森林基本図（地形図），森林計画図（施業図），森林簿，国有林については，境界査定簿，境界査定図，国有財産台帳・同付属図面，官民境界協議書，官林図などがある。しかし，地方自治体のウェブサイトにおいては，森林簿や森林計画図は，所有権，境界，面積等，土地に関する権利情報を証明するものではないと明記するものが多い〈180〉。

山林に係る古い図面であるというだけで筆界の復元には何の役にも立たないと考えるのは経験則に反する（141頁４）。例えば，東京高判昭和28年11月26日東高時報４巻６号189頁は，町役場備付の1879（明治12）年作成の山岳図が係争山林の境界判定上最も信頼し得る証拠資料であるとしている。

14　行政の不動産情報統合

政府は，ブロックチェーンの技術を用いて，法務省の不動産登記情報システム，国土交通省の土地総合情報システム，市町村の固定資産課税台帳・農地台帳・林地台帳などを統合的に運用し，それらの情報のうち，個人の権利

〈180〉『山林の境界と所有』Q51～59，Q72参照。

利益の侵害とならない不動産情報に限り，私人にも開放しようという実験を進めている。

第5節　地形地物

1　地　形

(1)　概　説

地籍編製地方官心得書（明治9年5月23日内務省達丙35号）7条は，境界を定めるに当たっては，地形を利用すべきものとしている。また，市町村界（39頁）は，識別の明確さが要請されるため，従来，尾根（主脈・支脈）等の分水線，谷・沢等の合水線，湖沼，河川等の地勢上の特性，巨岩・怪岩等の自然物を目標として定められることが多い。そのため，市町村界の確定訴訟においては，これらの自然的条件を考慮に入れなければならない〈181〉。

公図上は隣接しているにもかかわらず，地番が連続していない場合には，当該場所に山や谷など，何らかの地形的障害が存在していたことが推測される〈182〉。

現地を踏査し，精確に測量した上，地図・公図と地形・地物を見比べるのは，筆界判定の基礎的作業といえる。特に，山林，原野など，開発の手が入っていない土地については，これらの証拠価値は一般に高い。山林に詳しい土地家屋調査士は，山林の公図は地形図と考えて筆界を調査すべきだとしている〈183〉。

なお，現在では，市町村等が空中写真を活用して地形図を作成しており，現在の地形を知る的確な資料となる〈184〉。

〈181〉　県界・市町村界は，動くことのある山道でなく，不動の山嶺であると認定した例として，広島高松江支判昭和39年9月30日下民15巻9号2400頁，山形地判昭和62年3月30日判時1240号104頁。

〈182〉　東京法務局筆界特定研究会「筆界特定と認定資料等の評価の概要」登記情報545号（平成19年）8頁。

〈183〉　『山林の境界と所有』31～34頁，42頁。

〈184〉　山林筆界判定の要素として，尾根・谷，樹齢，樹種，伐採・植栽を重視した例と

⑵　のり面

一般に，高低差のある土地相互間においては，そののり尻に境界があり，のり尻からのり肩までののり面は，高い方の土地に属するものとされている。崖地処分規則（明治10年２月８日地租改正事務局別報69号達）１条は，「凡ソ甲乙両地ノ中間ニ在ル崖地ハ上層ノ所属トスヘシ其従来ヨリ下底所属ノ確認アルモノハ旧慣ノ儘ニ据置クヘシ」としており，同規則に由来するものと思われる〈185〉。

ただ，上述の「のり面」が何度くらいの傾斜を意味するのかは，当該地方の慣行に委ねられる。斜度20～25度の傾斜面であっては，上記規則の適用はないとする裁判例もある〈186〉。

なお，公図上，アカミチ（里道）と隣接する一筆地との間ののり面部分が薄墨色や緑色で着色されている場合が多い。こののり面は，里道とは別の二線引畦畔であり，当該里道が市町村等に譲与されている場合は，通常，その二線引畦畔も同時に市町村等に譲与されている〈187〉。

公共用水路と水面（水流が常時一定の場合を除く。）との間に堤塘敷の記載がない場合，特段の事情がない限り，のり面（のり尻まで）は隣接民地の所有権に帰属するという裁判例として，仙台地大河原支判平成28年10月21日，その控訴審である仙台高判平成29年６月15日（いずれも公刊物未登載）がある。

２　地　物

⑴　地物一般

地積測量図に記載すべき恒久的地物については，前述したとおりである（167頁）。

そのほかの地物すなわち現地に存在する古い建造物，土留め，万年塀，石

して，大阪高判平成24年１月27日民月71巻７号29頁。

〈185〉　堤防敷，公有水面，農地・畦畔，宅地等ののり面とその隣地との筆界につき，土地家屋調査士の共通認識に基づいた判定基準を示すものとして，『土地境界基本実務Ⅰ』194頁以下。なお，後記８節（196頁）参照。

〈186〉　仙台高判昭和45年12月16日判時631号66頁。

〈187〉『里道・水路・海浜』３編８章４節３参照。

垣〈188〉，樹木，植栽物，穴，段差，溝，敷石，古塚，石仏，古井戸なども，筆界を現地に再現するに当たって重要な役割を果たすことが多い。とりわけ旧道の位置は，少し掘ってみることにより，砂利や溝が出現して判明することもある〈189〉。

これらのうち境界標となる地物の設置方法については，地方ごと・時代ごとに慣習の違いがあり得る。また，地物については，①いつ頃，②誰が，③何を目的に，④何を根拠に設置したのか，⑤隣地所有者が設置をどう認識していたのか，⑥関係者が異議を唱えることはなかったのか，等々の付随的情報が重要である。境界標となる地物が移設されていたことが後から判明した場合，境界協議等の錯誤の理由ともなるので，注意が必要である。

⑵　境界木

山林の境界標としては，石標のほか，地方ごとの慣行に従い，境界木を設置する例も多い〈190〉〈191〉。境界木は，一般にその地方では自生しない樹木を植栽する例が多いようである。境界木は，必ずしも木の中心が筆界なのではなく，例えば「小さい木は3尺，大きい木は6尺」など，地方によっては，筆界線から一定の距離を後退させて境界木を植栽する慣行があることはよく

〈188〉　公図の記載より，石垣の存在を重視した例として，山梨簡判昭和53年5月30日判時937号100頁，排水設備・改築工事・石垣等を重要な資料とした例として，東京地判平成9年8月1日判タ971号258頁。

〈189〉　地中に埋もれた石積みや残存するコンクリートブロックの位置から里道の位置，幅員を判定した例として，高知地判平成16年12月27日（公刊物未登載）。

〈190〉　工藤典人『山林境界確定事件の検証調書作成に関する実証的研究』（裁判所書記官研修所，昭和45年）94頁，『土地境界基本実務Ⅰ』202頁など，各種資料・報告書によると，①北海道では，とどまつ，からまつ，なら，くり，とうひ，②東北では，まつ，すぎ，うつぎ，けやき，ひば，からまつ，さくら，③関東では，うつぎ，うしころし（うちころし），あすなろ，まさき，④中部では，しょうごい，かすうすぎ，りょうぶ，からまつ，⑤近畿では，あせび，まつ，すぎ，ひのき，つが，ひいらぎ，しょうごい，⑥中国では，まつ，すぎ，ひのき，ひいらぎ，もろき，しで，くり，ふくらしば，あすなろ，りょうぶ，もみ，⑦四国では，もみ，まつ，ひいらぎ，とが，やまもも，⑧九州では，きんちく，あすなろ，はぜ，たぶのき，まつ，すぎ，ひのき，かや，あせび，つばき，けやき，くすのき，あおぎり等であるという。

〈191〉　山林の境界木として，「牛殺し」を植える慣習があることを主たる根拠とした境界確定の例として，東京高判昭和54年6月19日判タ392号71頁。

知られている。

⑶　溝

ア　排水溝

宅地間に排水溝がある場合，それが境界である場合が多い。その排水溝が合意によって設置され，境界の位置が明らかであれば問題ないが，それ以外の場合には，溝のどの部分が境界か問題となる。その排水溝を隣地所有者の双方が利用しているときは，排水溝の中心線を境界と推定し，いずれか一方の宅地専用であるときは，排水溝は当該土地の所有に帰属すると推定するのが合理的であろう。

イ　側　溝

宅地と道路の間に側溝（Ｌ字溝）があるときは，道路管理者側の法令通達から境界の位置を推定できるのが通例であろう。一般には，Ｌ字溝は道路管理者が設置していることから，境界はそのＬ字溝と宅地が接する位置が境界と推定できよう〈192〉。

ウ　河川法の適用のない「溝渠」

河川法の適用のない溝渠は，流水部分のみを指し，その概念には，両岸の護岸施設は含まれない（したがって，水路と民地との筆界は，のり尻である）とする裁判例として，仙台高判平成29年６月15日（公刊物未登載）がある。

第６節　占有状況

⑴　林　相

山林の筆界が争われる場合，山林に係る公図の記載は，一部の例外はあるものの，一般に精確性に乏しい（149頁，189頁）ことから，現地のどの範囲にいかなる種類の植栽がされているのか，あるいは雑木であるのか，さらには，現地のどの地点にいかなる木の，樹高がどれくらいで，樹齢何年の切り

〈192〉　側溝その他の地物の設置と境界の位置関係については，『土地境界基本実務Ⅰ』195～206頁が参考となる。

株が残っているのか等々，林相や植栽（植林・補植），管理状況（下刈り・枝下し・間伐）の調査を怠ってはならない〈193〉。山林の筆界は通常大雑把なものが多いため，林相・植栽状況等は，その他の地形地物とともに山林の筆界認定で決定的資料となることが多い〈194〉。

その他，占有状況の変遷を注意深く調査することにより，境界を侵奪する様子が具体的に判明することもまれではない。

⑵　その他の占有状況

境界付近地につき，誰がいつ頃，どのような工作物等を設置して占有していたか，あるいは誰も占有していなかったかという占有状況は境界を推定する上での基礎資料となる（27頁）。占有状況は地物（前節）や物証・人証（次節）によって明らかとなる。

第7節　写真・証言等の物証・人証

1　物　証

⑴　写　真

近傍開発や道路敷設当時の記録写真，占有開始時の記念写真のほか，何気ない記念写真，スナップ等も，時として筆界判定の強力な傍証となる。

⑵　空中写真（航空写真）

ア　空中写真の有用性

空中写真，とりわけ終戦直後（1947（昭和22）年～1951（昭和26）年）に米軍によって撮影された国土地理院保管の空中写真は，古い時代の地形地物，占有状況を直接語る証拠物として重要である〈195〉。その後も国土地理院（1960

〈193〉　工藤典人『山林境界確定事件の検証調書作成に関する実証的研究』（裁判所書記官研修所，昭和45年），『山林の境界と所有』31頁以下が詳しい。

〈194〉　植栽林か天然の雑木林かという林相の相異を決め手として筆界を認定している例として，富山地判昭和41年５月31日下民17巻５・６号459頁。

〈195〉　地域によっては，1928（昭和３）年，1935（昭和10）年，1942（昭和17）年頃に陸軍が撮影した空中写真もある。空中写真については，『土地境界基本実務Ⅰ』207頁以下が詳しい。

（昭和35）年頃以降）や林野庁（1952（昭和27）年頃以降）がほぼ５年周期に撮影しており，一般に入手できる。これらの空中写真を公図，住宅地図等と合わせてみることにより，占有界・所有権界の移動の有無が判明する〈196〉。特に原始筆界を探索する場合には，和紙公図と古い時代の空中写真（後記イの写真地図）との重ね図による検討が重要となる。

イ　オルソフォトグラフ（写真地図）

空中写真の場合，上空から真下を撮影した場合と異なり，斜め方向にある被写体や凹凸のある地形について土地の形状や道路の幅員等を正確に知るためには，相応の補正が施されなければならない〈197〉。ところが，実務上，その補正作業を行うことなく，１枚の空中写真をそのまま手書きでなぞって空中写真図（物証）としている例が散見される。複数枚の空中写真を入手し，実体鏡を用いて補正データを得る作業が必要となる。実体視（立体視）を目的としない境界調査の場合には，空中写真の歪みを補正したオルソフォトグラフ（オルソー化した画像，正射写真，写真地図）の活用が行われる。

最近の裁判例においては，このオルソフォトグラフを公図や地形図（等高線図）と重ねて比較検討する手法が多用されている。不動産登記法123条に筆界の定義規定が置かれた2005（平成17）年前後から，原始筆界の位置を判定するのに公図と現地（オルソフォトグラフ）との重ね図が重要であることに裁判関係者が気付き始めたためであろうと推測される。

ウ　ドローンの活用によるオルソー化画像等

山林，崖地，湿地など境界調査に難渋する場所について，地形地物を把握したり，オルソー化した現地画像を得るなどのために，ドローン等の無人航空機〈198〉（航空法２条22項，同法施行規則５条の２）の活用が図られている〈199〉。市

〈196〉　昭和23年空中写真から水路の位置を判定した甲府地都留支判平成16年１月16日，昭和37年空中写真から里道の位置を判定した宮崎地日南支判平成18年３月10日・福岡高宮崎支判平成18年11月29日，昭和23年の空中写真から海浜地の範囲を判定した福井地判平成18年４月26日，昭和21年空中写真から堤塘の位置を判定した大阪地堺支判平成19年３月14日（いずれも公刊物未登載）。

〈197〉　空中写真を図面に投影させる手法を定めるものとして，地籍調査準則79条以下。

〈198〉　ドローンは俗称であり，正式名称は，UAV（Unmanned aerial vehicle）。

〈199〉　高見雅之「シリーズ対談（第９回）」登記情報669号（平成29年）64頁以下。

販の写真地図と異なり，超低空から適宜にしかもピンポイントでの画像や地図データを得ることが可能となる。

エ　３Ｄ地形データを利用した原始筆界の復元

山林など高低差のある原始筆界を復元する方法として，３Ｄ画像モデルを作成し，それと和紙公図や林班図〈200〉などを重ね合わせることにより，筆界の位置を復元する方法が開発されつつある。３Ｄ画像モデルを作成する方法としては，①ヘリコプターや無人航空機（ドローン等）からのレーザー照射によって得られた数値を用いる方法と，②過去の空中写真から標高データを作ってモデル化する方法があるが，①であれば，木の下の地表面の位置と，途中の木の枝に当たったデータ，木の先端に当たったデータのすべてが得られるので，より精密な筆界の復元が期待できるという〈201〉。

⑶　地方史誌，古文書等

古い時代の境界の形状等を知るため，あるいは古い慣行を知る手掛かりとして，地方史誌，古文書の探索が有益な場合もある。府県界・市町村界など，大規模あるいは世間の耳目を集める境界紛争の場合，地域の図書館，公文書館，歴史資料館等において関係資料を探索することを怠ってはならない。

２　人　証

境界標の作成経緯，占有界（27頁）の生成・移動状況，さらには境界標その他の地形地物と筆界との関係についての慣行等を知るために，近傍在住の古老，関係する土地の旧所有者，デベロッパー等の証言も調査・探索の対象となる。

なお，調査対象の筆界を共有する土地所有者の供述や合意〈202〉は，真の筆界を調査・探索するに当たって，重要な人証となるのみならず，法的にさら

〈200〉　詳細は『山林の境界と所有』14頁，95頁。

〈201〉　小野伸秋「シリーズ対談（第10回）」登記情報671号（平成29年）57頁以下。①の手法によるものとして，小野貴稔「レーザ計測データを活用した地形・地物の現地確認について」土地家屋調査士737号（平成30年）５頁，②の手法によるものとして，今瀬勉「３Ｄデータを利用した山林の原始筆界復元手法のとりくみ」日本土地家屋調査士会連合会平成26年度研究報告がある。

〈202〉　大阪地判昭和54年１月16日判時928号83頁。

に重要な意味を持つことがある（211頁６⑴）。

もっとも，証人が「境界」を語るとき，念頭にあるのは所有権界（４頁）であって，筆界（13頁）ではないのが通例であることに十分留意しなければならない（82頁）。

第８節　慣習・慣行

１　時代と地域による相異

その時代その地域で，①どのような測量器具が用いられ，②どこからどこまでを計測することとされていたのか，③境界標とりわけ境界木は，どのような種類のものを，④どのような位置に設置していたのか（筆界上か，後退しているか），⑤現存する溝や石垣は，誰が築造し，境界との位置関係はどうだったのか〈203〉等々，実際の境界の判定においては，地域ごとの慣習・慣行〈204〉を調査しなければならないことが多い。

２　構築物による差異

土地家屋調査士会連合会1980（昭和55）年９月１日「調査測量実施要領」によると，各種「境界」（所有権界兼筆界の意味であろう。以下，本節において同じ。）の参考基準は，以下のとおりである（表現ぶりは同基準のそれによっている。）。

⑴　山　林

ア　通　例

人為的に分割された場合を除き，おおむね山の尾根又は谷が境界となっている〈205〉。また，樹齢，樹種の差異及び伐採，植林等の山林区分が境界と

〈203〉　自然石をとびとびに並べたり，石積みを築いたりする慣行を認めた例として，東京高判昭和52年２月17日判時852号73頁。

〈204〉　1877（明治10）年に司法省が編纂した「民事慣例類集」はこの点に関する貴重な資料である。

〈205〉　山林公図は地形図といわれるゆえんである。189頁。

なっている場合が多い。

イ　山林と農地間

山林と農地が隣接している場合，農地の管理権は，影害防止のための刈上げ場（通称グロ）に及ぶが，その場合でも土地所有権は山林側にあり，境界は山すそである例が多い。

⑵　堤防敷と隣地との間

ア　犬走り（小段）が付設されている場合

犬走りの下方ののり尻を境界とする（【図表2-2】）のが通例である。

【図表2-2】

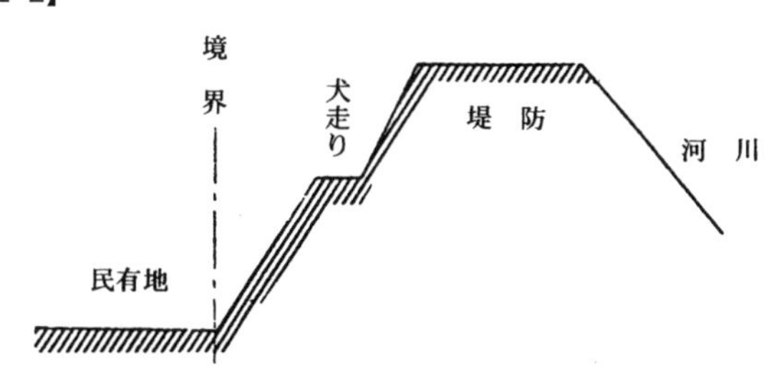

イ　犬走りが付設されていない場合

のり尻より約１ｍを隔てた位置を境界とする（【図表2-3】）場合がある。

【図表2-3】

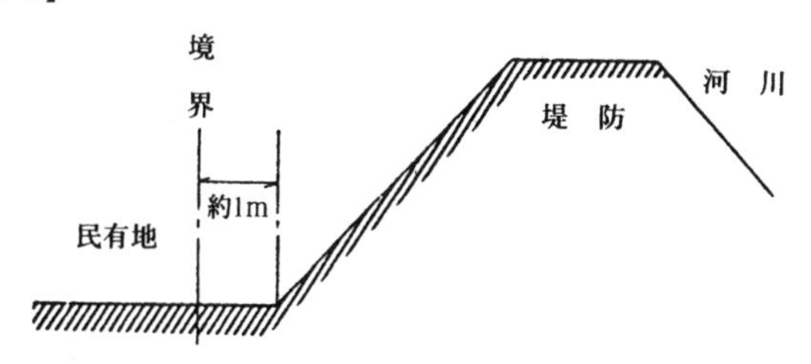

ウ　のり尻に側溝が付設されている場合

側溝の外側を境界とする（【図表 2-4】）のが通例である。

【図表 2-4】

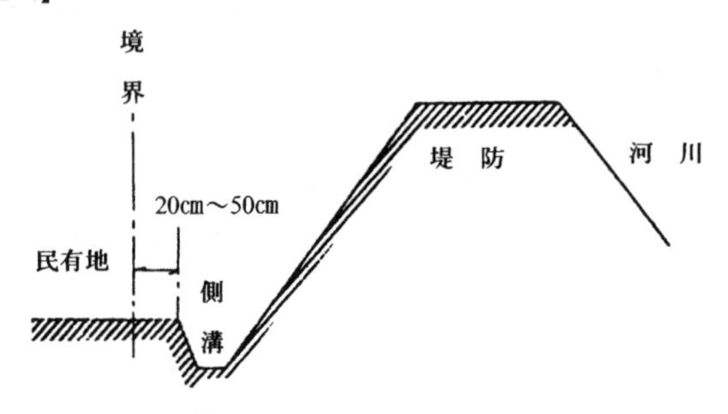

【図表 2-5】

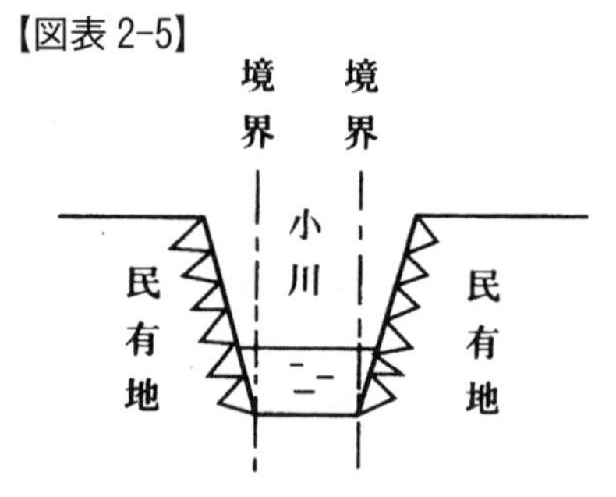

エ　小規模河川の場合

⑺　昔ながらの石積護岸を施した民有地を流れる「小川」の場合

両岸の石垣も民間で維持修繕を行っているときは，石垣の根元が境界（【図表 2-5】）と思えば大概間違いない。明治時代に築造のものに多い〈206〉。

【図表 2-6】

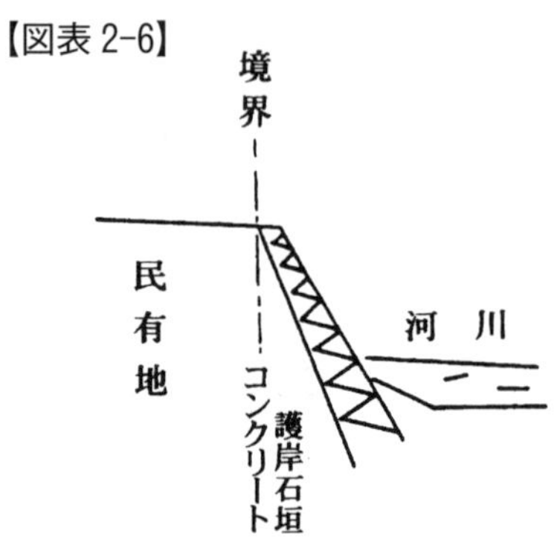

⑷　コンクリート護岸石垣の場合

コンクリート護岸石垣の積石の尻までが河川敷である（【図表 2-6】）。専ら昭和中頃までの普通河川（281頁）に見られる例に多い（このようなものは大正時代から昭和の初めにかけて県で護岸を改修した場合）。

〈206〉　仙台地大河原支判平成28年10月21日及びその控訴審である仙台高判平成29年６月15日（共に公刊物未登載）は，河川管理者（市）と民有地所有者との間で，明治初年以降の慣行等を参考に，のり面の境界は，のり尻であると判断し，河川管理者ののり面補修義務を否定した。

⑼　昭和12，13年頃以降のコンクリート護岸石垣の場合

護岸石垣が隣接する民有地側の工作によって害を受けないよう，必要最小限の幅員１ｍを国有地として残して護岸を設置している例がある（【図表 2-7】の境界Aの場合)。

【図表 2-7】

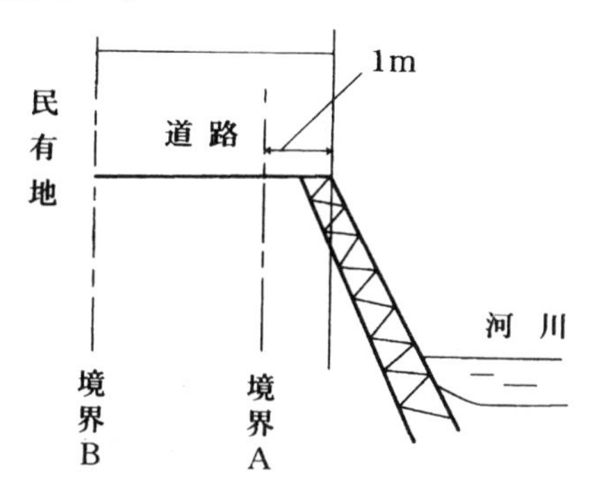

川堤を道路として利用している場合には，道幅いっぱい（【図表 2-7】の境界Bまで）を河川敷と定めている場合が多い。

⑶　公有水面と民有地との間

大きな河川や海面など干満の差のある公有水面と民有地との境界は，春分，秋分における満潮位を，その他の水流水面については，高水位を標準として定められる。

公有水面に面した宅地が，公有水面埋立法（大正10年法律57号）の適用以前に築造されている場合は，石垣の根が境界であったが，同法適用後の護岸は，最高満潮位を境界としている（【図表 2-8】)。

【図表 2-8】

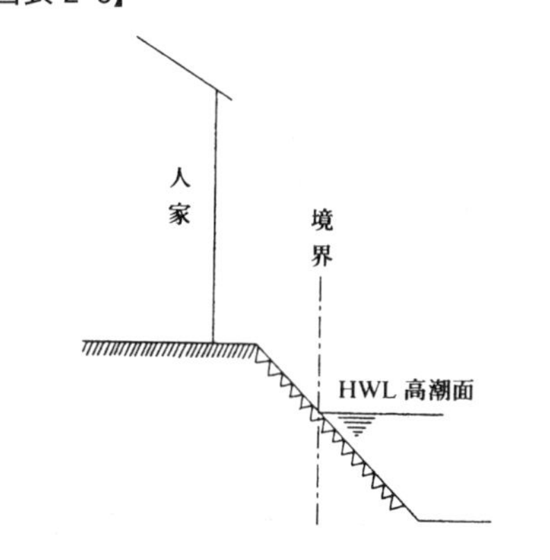

⑷　農地及び畦畔の境界

ア　灌漑用水路と農地の間

灌漑用水路と農地の間の境界は，両側に泥揚地がある場合には，泥揚地の農地側ののり尻を境界とするのが通例である（【図表2-9】）。ただし，地域によっては，これと反対の場合もあるという〈207〉。

【図表2-9】

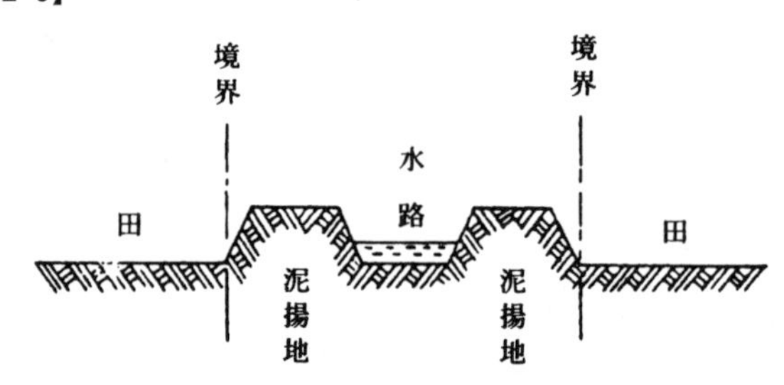

イ　高低差のない農地間の畦畔

落し水の関係にある場合落し水を落とす田の所属とし（【図表2-10】），その他の場合には，畦畔の中央を境界とする（【図表2-11】）のが通例である。

【図表2-10】

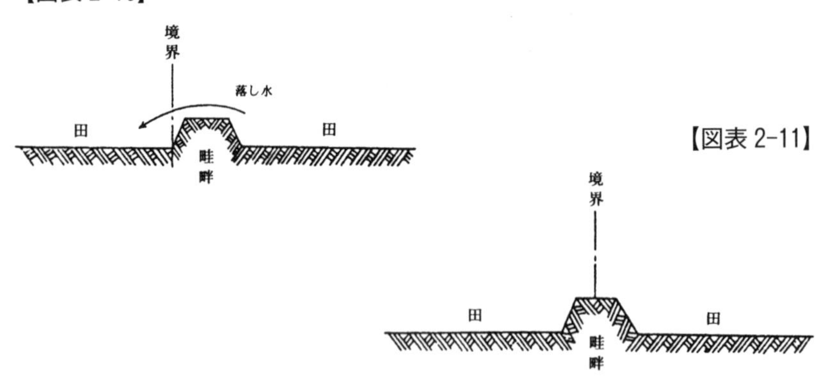

【図表2-11】

〈207〉　荒堀『Ｑ＆Ａ表示に関する登記の実務（第１巻）』46頁。

ウ　高低差のある農地間の畦畔

傾斜がおおむね15度以上の場合には高地の所属とし（【図表 2-12】），その他の場合には刈草の線又は中央を境界とする（【図表 2-13】）のが通例である。

【図表 2-12】

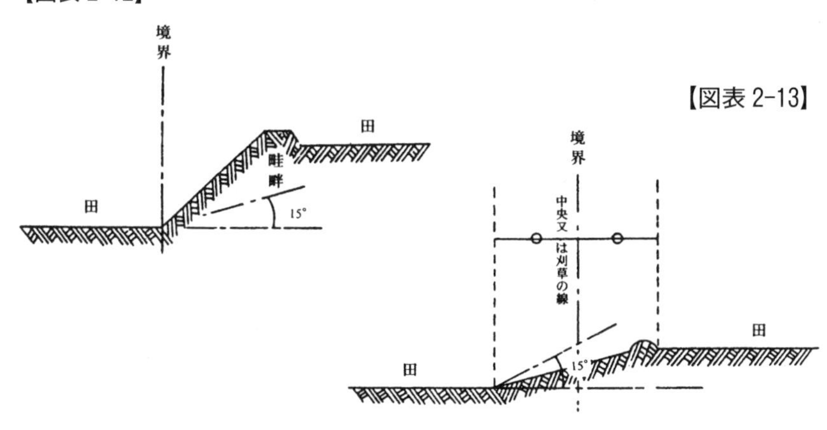

【図表 2-13】

エ　段々畑

段々畑の境界は，傾斜地ののり尻を境界とするのが通例である（【図表 2-14】）。ただし，傾斜地を造成したような場合には，のり面の刈草の線が境界となっている場合がある。

【図表 2-14】

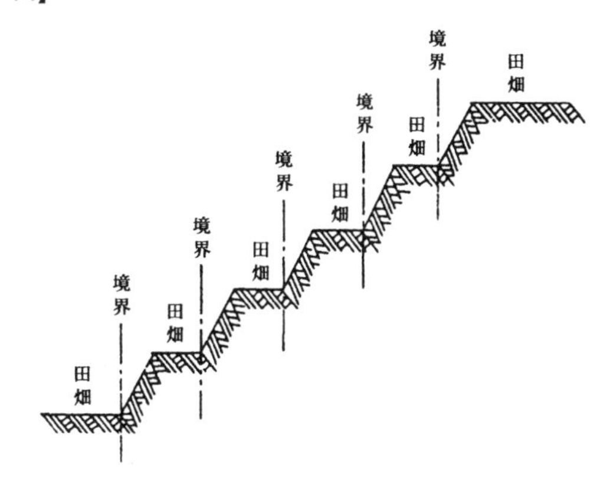

オ　二線引畦畔等の帰属と筆界

二線引畦畔（271頁）の帰属と筆界については，そこに指摘した解釈通達（275頁）がある。

また，道路や水路に隣接している二線引畦畔については，昭和42年５月31日大蔵省関財財調56号関東財務局長通知が，さらに詳細な筆界判定基準を示している〈208〉。

⑸　宅　地

ア　接近した家屋がある場合

明確な境界がない場合，一般には，両建物の庇の先端と先端間の中心を境界と解することができる（【図表 2-15】）。ただし，一方だけに汲取用通路等の専用部分がある場合には，別である。

【図表 2-15】

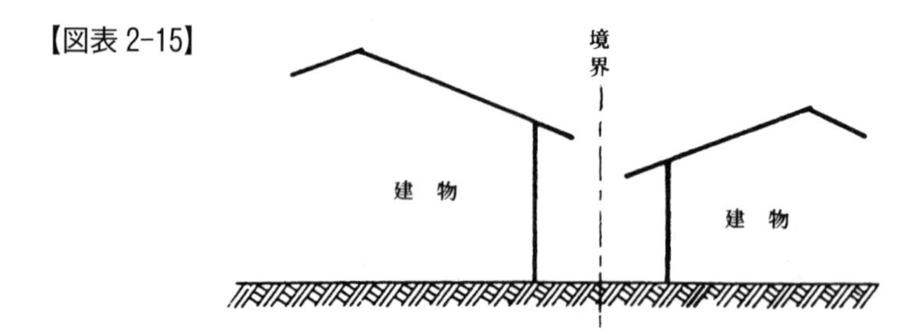

イ　建物の反対側が空地の場合

明確な境界がなく，壁面後退規制もない場合，軒先の先端を境界としている場合がある（【図表 2-16】）。

【図表 2-16】

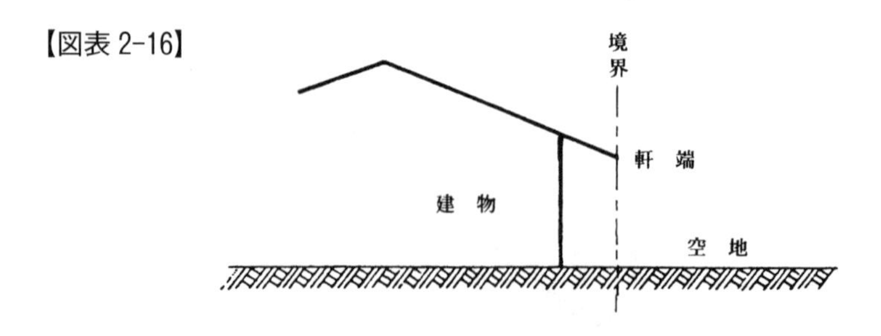

〈208〉　藤原勇喜『公図の研究〔５訂版〕』（朝陽会，平成18年）106頁以下に詳細な引用がある。

ウ　擁壁により隣地と区画されている場合

(ア)　擁壁下に溝がない場合

擁壁の下端（基礎面）を境界とする（【図表 2-17】）のが通例である。

【図表 2-17】

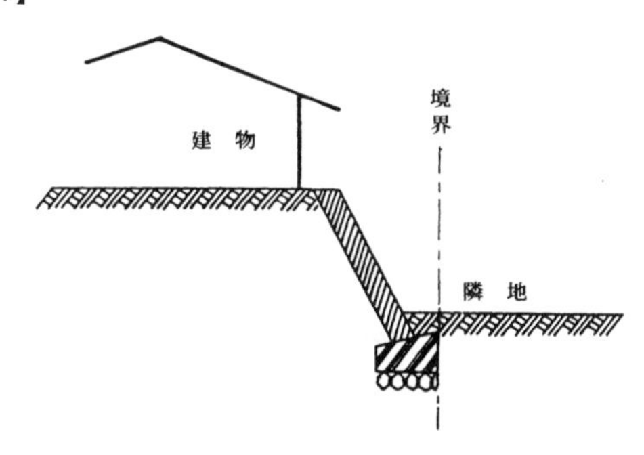

(イ)　擁壁下に溝がある場合

おおむね溝の下端を境界とする（【図表 2-18】）が，高地側からこの溝に汚水等を流している場合には，低地側の溝の利用状況を勘案し，溝の中心（【図表 2-19】）又は溝の全部を高地側に含めて境界とする（【図表 2-20】）のが通例である。

【図表 2-18】

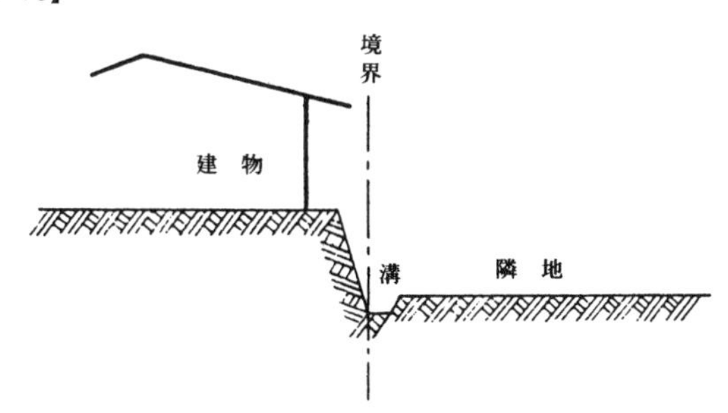

【図表 2-19】

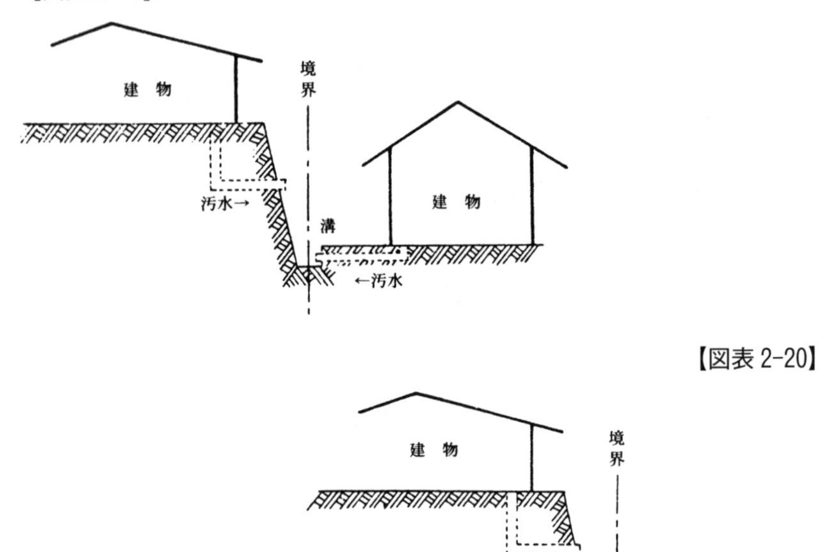

【図表 2-20】

第3編

境界立会

第１章

立会・承認についての基礎知識

1　立会・承認の意味するところ

所有権界，筆界，公物管理界のいずれについても，境界調査においては，実地調査（一筆地調査）を行い，その際，一定の利害関係を有する者（関係当事者）が現地において立ち会い，境界の位置を相互に確認する作業が行われるのが通例である。境界調査のうち実務上最も重い作業であるといっても過言でない。立会・承認の作業手順は，所有権界についての調査と，筆界についての調査，さらには公物管理界についての調査とで，実務上大差はないものの，法的観点から眺めたとき，「立会・承認」の意味する内容は相当に異なる。

結論を先に述べれば，立会・承認によって，①所有権の範囲（所有権界）についての合意の効果を生じるもの，②筆界の位置についての相互承認の効果を生じるもの，③公物管理をなし得る範囲（公物管理界）を確認する効果を有するもの，④事実確認にとどまり，何ら法的効果を生じないもの，がある。

2　所有権の及ぶ範囲（所有権界）の調査において立会・承認を求める法的根拠と法効果

⑴　民間の境界協議・ADRにおける立会・承認と法効果

所有権界についての話合いを目的とする，民間相互における境界協議（381頁）においても，所有権界についての調停を目的とする調査士会ADR（385頁）においても，所有権界を調査するに際しては，現地において関係する一筆地所有者あるいはその代理人の立会いを求め，各人の認識する所有権界を指し示めさせて，相互承認を得るのが通例であろう。これらの法的効果としての所有権界（土地所有権の範囲・外縁）の確定の効果は，民法上の和解（民法695条，696条）に基づくと解される（390頁５）。これらの規定は，境界の

「合意」（相互承認）こそ和解の要件事実としているが，「立会い」までは要件事実としていない。しかし，契約書・同添付図面上の合意のみであっては，許容誤差等の問題を生じ得ることから，合意の効果を一義的で確実なものとするために，実務では現地で立会いの上，合意（相互承認）に達することを通例としているのであろう。実際上も，実測図上に関係人の主張する所有権界を再現し，主張の調整を図り，さらには後日の証しとなる境界標を設置するなどのため，立会・承認は実務上極めて重要な作業といえる（例外につき後記7）。

(2)　財産管理者による官民（公民）境界確定協議等における立会・承認と法効果

国有財産につき財産管理の権限を有する者が行う財産管理型の官民境界確定協議等は，所有権界を確定する手続と解されている（414頁）。同協議においては，隣地所有者の立会・承認は必須の要件とされ（国有財産法31条の3第2項），やむを得ず立会いを得られないまま境界を決定するときには，専門家等から成る審議会の答申を得る必要があるとされている（同法31条の4。412頁）。また，保有している公有財産につき財産管理の権限を有する地方公共団体主催の境界協議（403頁）については，財産管理条例・規則や要綱等を制定して，その要件に従って手続を進めることになるが，多くは上記国有財産の場合と同様の手続が定められていると推測される〈1〉。

これらの協議は，その実質において前述(1)の民間の境界協議等と同質の対等当事者間の手続であり所有権界を確定する効果を有すると解されている〈2〉ことから，そこにおける当事者適格や立会・承認の法律効果等については，民間協議のそれに準じた取扱いが行われている。

〈1〉　例えば，横浜市公有財産規則83条1項，千葉市公有財産規則17条1項など。もっとも，京都市公有財産規則13条のように，現地における立会・承認を要件としていない例もまれではない。

〈2〉　協議の本質は，境界付近の土地につき，万が一，結果的に自分に不利であっても，紛争解決のため互いに諦めるという，土地の一部交換類似の法的効果を生じることにある。財産管理の権能を有する者が境界協議の主体となる場合には，明示の留保がない限り，所有権界についても和解協議を行っていると解されるし，そう解することが相手方当事者たる国民の期待にも沿うといえる。

この点につき，福岡市条例に係る福岡高判平成21年２月４日（裁判所ウェブサイト）は，福岡市においては，国有財産法31条の３～31条の５に類似した規定を福岡市公有財産規則として規定しているのであるから，同規則に基づいてなされた本件境界確認協議は，私法上の契約の性質を有するもの（財産管理型）と解するのが相当であるとしている。

これに対し，東京高判平成20年12月18日判時2031号18頁は，横浜市との水路，公衆用道路の境界確定について立会協議及び承諾の手続については，所有権のことが問題とされたとは証拠上認められないとしており，横浜市における官民境界確定協議（市公有財産規則83条１項）は，公物の機能管理者による境界明示（公物管理型。35頁）にすぎないことをうかがわせる説示となっている。

このように，境界調査における立会・承認は，官公側の根拠規定の違いにより大きく異なることに留意しなければならない。

3　筆界調査において立会・承認を求める法的根拠と法効果

(1)　法務局主催の筆界調査における立会・承認

分筆，地積更正あるいは地図訂正の手続等（480頁）においては，通達〈3〉によって，登記官が相隣接する土地の所有権登記名義人等に立会いを求め，筆界の承認を得ることは，特段の事情がない限り，必要な手順とされている。同様に，筆界特定の手続においても，筆界調査委員の行う実地調査に際しては，関係する一筆地の所有権登記名義人等に立会いの機会を与えなければならないとされている（不登法136条１項）。

法務局作成の法14条地図（旧法17条地図）の作成作業においても，通達〈4〉により，立会・承認の要否に係る手続が求められている（546頁２）〈5〉。

これらの法務局による調査は，筆界についての調査であり，所有権界につ

〈3〉　例えば，東京法務局土地建物実地調査要領（平成８年６月）20条。

〈4〉　例えば，法務省法14条地図作成作業規程「現地調査実施要領」第７。

〈5〉　福岡高判平成15年９月４日（裁判所ウェブサイト）は，法17条地図（現法14条地図）に立ち会った所有者が同地図に描かれた筆界線に異議を述べなかったからこそ，法務局が地図上に筆界線を記入したと推認している。

いてのものではない。

⑵　地籍調査等における立会・承認と法効果

地籍調査に関する国土調査法25条1項，公共測量作業規程の準則443条2項2号も，同様に境界を挟んで対峙する所有者等の立会いの上，その承認を得ることを原則的な要件としている（516頁5）。

これらの手続においては，基本的に筆界調査の権限を有する公務員と民間人等との間で筆界を確認するための立会・承認が行われるのであり，当然には相隣地相互間の所有権界の合意を目指すものではない。

4　機能管理者による官民（公民）境界明示等において立会・承認を求める法的根拠と法効果

主として公有財産において，前記2⑵の官民（公民）境界協議等でなく，公物の機能管理権限の権限を有する者がその権限に基づいて官民（公民）境界明示，境界確定協議等を行うこと（公物管理型）も多い。これらにおいては，その名称いかんを問わず，また立会・承認を求める根拠法令の有無にかかわらず，実務上，立会・承認は，原則的な要件とされている（地籍調査等についての228頁1，公物管理界についての35頁参照）。

公物管理の権限それ自体は条例・規則等を含む法令あるいは要綱等の内規に，何らかの根拠を有する。その場合，自己の管理すべき公物の範囲（公物管理界）を確定することは，管理を適正に行う前提作業として必須ゆえ，それ自体の特段の根拠規定は要しない。現に，実務では，単なる先例や要綱のみに基づいて官民境界明示を行っている例も少なくない。

官民境界明示等を行うにつき，法令上財産管理の権能を付与されていない公物管理者が私人と境界協議を行っても，所有権の範囲（所有権界）につき合意することはできず，したがってこれと密接な関係を有する筆界についての協議もできないと実務上認識されている。そうすると，財産管理の権能を付与されていない公物管理者が私人と境界協議を行った場合，生じる法律効果は，公物管理の権能それ自体に内在する「公物管理できる土地の範囲（公物管理界）を確定する権限」に由来する公物管理界を確定する効果しかないことになる（35頁以下）。

近年では，道路や水路等の公物管理を行うためには，公物管理界が確認されれば十分と考え，所有権界・筆界に対する意識の希薄な官民境界明示が行われる傾向が強い（市民の側から見た問題点につき37頁(ウ)）〈6〉。

5　裁判手続と立会・承認

所有権界の争いに対しては所有権（の範囲の）確認訴訟，筆界の争いに対しては，筆界（境界）確定訴訟が用意されている（551頁）。

これらの裁判手続においては，前記2，3の手続における立会・承認適格を有する者は，原則として裁判の原告・被告となる適格（すなわち当事者適格）を有する者として扱われる（所有権確認訴訟につき563頁，筆界確定訴訟につき575頁）〈7〉。当事者適格を有する者であるか否かは，争いがあれば，厳格に審査される。ただ，裁判手続内で，関係当事者を現地において立会させ，境界の確認を求めることは，裁判の特質上，まれである。裁判では，立会いに代わる手続として，当事者尋問の手続が実施され，実測図や公図その他の各種証拠を参照しつつ，当事者の指し示す境界の現地における位置と主張の根拠を詳述させるのが通例である。

6　地図等の資料の他に立会・承認が必要とされる現実的理由

(1)　立会・承認の存在意義

境界の認定資料としては，本書2編2章（115頁以下）に述べたように地図等の様々な資料があり，それらが境界認定のより直接的な資料である。それなのに，実務上，境界が現地のどこに存在するかを調査するに際し，なぜ関係当事者の立会・承認を重視しているのか。言うまでもなく，地図には不可

〈6〉　単なる公物管理界を示すにすぎないコンクリート杭を筆界と誤認していた例として，さいたま地熊谷支判平成26年12月19日登記情報665号67頁。なお，東京高判平成28年3月24日登記情報667号80頁では，道路管理者が官民境界線上のコンクリート杭の1つにつき，「境界」（著者注；筆界あるいは所有権界）を示すものではないとの証明書を提出している。

〈7〉　所有権登記名義人ではあるが，真の所有者ではない者は，分筆登記の際の申請人となり，筆界立会・承認の適格を有する者ではあるが，筆界確定訴訟の当事者適格はない。後記213頁7参照。

避的に誤差があるが，実務での立会・承認には地図等の誤差の問題を超えた重みがある。

この疑問に関し，枇杷田泰助先生〈8〉は，要旨次のように述べておられる。すなわち，①かつては「地域社会における土地区画の承認関係の存在」があり（すなわち，農山村的定住社会ゆえ，どの土地がどこにあり，誰が所有しているのか明確で，地図及び登記簿は補完的役割のみ有していた。），②「土地の形質の普遍性の継続」があった（人の出入りがないため，土地の造り替えもない。したがって，争いになっても，古老の証言で事足りた。）。ところが，昭和35年頃から人口の都市集中が始まり，大規模な宅地造成等が行われるようになって，①②の前提が崩壊するに至った。そのことが境界紛争多発の原因として挙げられる。

境界調査に当たっては，上述の基本認識を忘れてはならない。すなわち，最近の公共基準点・登記基準点等で数値管理されていて現地復元性のある地図情報（119頁，165頁）が出現する以前の境界に関する地図等の文献的資料は，帰するところ関係当事者の境界についての認識を補完する役割を負っていたにすぎない。境界の位置を示す文献的資料それ自体からは，境界が多かれ少なかれ一定の幅を持った域内のどこかに存在すると推測することまでしか推認できないのが，むしろ自然であることを強く認識する必要がある。これを証拠価値の観点から言い直すと，多くの場合，地図等の客観的資料から認識できる境界が存在するはずの土地部分は，精確な数値地図と境界標が整備されている場合を除き，一定の幅を持った帯状の土地範囲のどこかに存在するといえる程度にとどまる〈9〉。したがってまた，その帯状の土地範囲内のうち，現地のどこを境界と定めるかは，関係当事者間の「土地区画の承認関係」に委ねられ，だからこそ立会いとその成果としての境界の承認は，和紙公図など他の諸々の客観的証拠資料と矛盾しない限り，他の資料に勝る存在として位置付けられているといえる〈10〉。

〈８〉「地図の現状と将来」民月25巻11号（昭和45年）13頁。

〈９〉 特に明治期の原始筆界については，間竿（けんざお）の性質，測定値の丸め，距離測定の端数切り捨て等によって，一筆地間の隙間が不可避的に生じるという。

〈10〉 明治初年における原始筆界の記入に際しては，課税逃れのための縄伸び，あるいは，一定の資格を得るための縄ちぢみ，さらには隠田などの不正申告が横行した。それにもかかわらず境界争いが多発しなかった理由は，現地における「土地区画の

⑵　立会・承認の限界

立会・承認に法的価値が与えられるのは，地図等の証拠資料の調査結果を分析した成果（画地調整や最小二乗法等による解析〈11〉。455頁，139頁）において許容される範囲（前記⑴における帯状の土地範囲のいずれか）でなければならない。そうでなければ，通常（所有権界兼筆界）の場合，公的存在である筆界を客観的にあり得ない位置に付け替えてしまう結果となるからである。登記に関するトラブル事例を見ていると，初期に作成された地籍調査図等における筆界の恣意的な「付替え」を漫然と見逃し，後日，地積更正や固定資産税の課税，さらには土地の位置・範囲の争い〈12〉等の場面で問題が表面化する例が少なくない。

7　立会・承認の適格を有する者

境界について，立会・承認を求める意味が，前述６のとおり，関係当事者間の「土地区画の承認関係」に由来することからうかがわれるように，境界の位置を調査するに際しての立会・承認を行う者としての適格は，相隣接する一筆地の所有者のみにあるのを原則としており，利害関係があれば誰にでも認められるという類のものではない。

のみならず立会・承認の適格者の範囲は，調査の対象となる境界が，①所有権界であるか否か，②境界についての究極的な紛争解決を目指すものであるか否か，③調査の対象となる境界が筆界あるいは公物管理界である場合，当該調査の目的・法的効果は何か，④調査の主体は誰か等々によって，相応に異なってくる。また，⑤「所有者」とは「所有権登記名義人」を指すのか，真の所有権者を指すのかも手続ごとに異なる。

さしあたり立会・承認を行うについての適格者は誰かにつき，結論のみを

承認関係」が存在していて土地の位置・形状が公図上神経質に描かれたためであろう。

〈11〉　公図の接合部に空白が生じるのを画地調整により修正した事例として，東京地判平成19年３月22日（公刊物未登載）。

〈12〉　那覇地沖縄支判平成23年９月５日（公刊物未登載）は，初期に作成された地籍調査図等における里道の恣意的な「付替え」記載につき，その法的効果を否定している。

敷えんして述べれば，次のとおりである〈13〉。

(1)　所有権界の協議

所有権界についての民間協議（381頁），国有財産につき財産管理の権限を有する者が行う官民境界確定協議等（410頁）・保有している公有財産につき財産管理の権限を有する地方公共団体主催の境界協議（403頁）は，いずれも所有権界（所有権の及ぶ土地範囲）を確定するための和解契約に向けた手続であり，調査士会 ADR（385頁）は所有権界を確定するための調停手続である。したがって，それらの前提作業としての立会・承認につき適格を有する者は，和解契約の当事者すなわち相隣地の真の所有者である〈14〉。

(2)　所有権界の裁判

所有権界（所有権の及ぶ範囲の）確認訴訟の当事者適格を有する者は，(1)と同じく相隣地の真の所有者である。前述4のとおり，裁判手続では現地における立会・承認はまれにしか試みられず，立会・承認の適格の問題は，訴訟の当事者適格の問題に吸収される。

(3)　筆界の行政的調査

登記官による筆界調査（481頁(3)），筆界特定（423頁），法14条地図の作成作業（546頁），国土調査における地籍調査（506頁2）など，筆界の行政的調査（以下，これらを総称して「筆界調査」ということがある。）において，立会・承認の適格を有する者は，相隣地の所有者（典型的には，不登法123条5号の「所有権登記名義人等」）である。

(4)　筆界の裁判

筆界確定訴訟においては，所有権界確認訴訟におけるのと同様，立会・承認の適格は一般には問題とならず，事実上，同裁判手続の当事者となる適格の問題に吸収されている。

筆界確定訴訟で，当事者適格を有するのは，「当該筆界を確定するにつき

〈13〉　本編では，主として立会・承認適格者（裁判手続については当事者適格）の範囲を中心に，217頁2章以下で詳しく述べることとし，境界調査についての手続及び法律効果一般についての詳細は，手続の各論（本書4編～7編）において述べることとする。

〈14〉　もっとも，登記記録上の所有権登記名義人は反証のない限り，当該不動産を所有するものと推定される。最（1小）判昭和34年1月8日民集13巻1号1頁。

最も密接な法的利害関係を有する者」である。その範囲は，単に所有権登記名義人にすぎない者が排除されるなど，前記(3)の筆界調査の立会・承認適格を有する者と微妙に異なる（229頁）。

8　立会いの省略

現地において相隣地所有者等の立会いを求めるのは，境界調査の基本であり（211頁６），多くの場合，法令・通達あるいは慣行によって必要とされている手続である。のみならず当事者の誤解や後日の紛議を予防する意味においても，現地立会は有効な手段であるといえる。しかしながら，現地復元性の高い地図・地積測量図等に加え，境界標その他の資料等によって，境界が確認でき，あるいは承認を得ることができるのであれば，立会いは省略してもよいはずである。

現に，所有権の範囲（所有権界）確認訴訟や筆界確定訴訟においては，現地立会を求める例はむしろまれである。

また，登記官による筆界調査においても，現地復元性の高い地図・地積測量図と現地の境界標・点間距離が一致する場合には，争いがない限り，現地立会を省略してもよいとするのが実務である（争いがある場合につき，483頁２）。

これに対し，国有財産につき財産管理の権限を有する者が行う官民境界確定協議においては，国有財産法は適正手続確保のため，隣地所有者の立会いを要件としている（国有財産法31条の３，31条の４）。しかし，同法においても，法文上は常に「現地での」立会いまで求めているとまでは，読み取れない。したがって，例えば正当理由があって隣地所有者に現地立会を求めることができないときは，これを省略し，現地復元性の高い地図，地積測量図，境界標等の現場写真その他の資料を用いて，適宜の場所で協議しても差し支えないと解される。保有している公有財産につき財産管理の権限を有する地方公共団体主催の境界協議（401頁）についても同様であろう。

ただし，現況を過度に重視することにより，筆界でも所有権界等でもない単なる占有界を過信して境界判断を誤るケースが後を絶たないことにも留意しなければならない（28頁，535頁）。

9 「立会・承認」と似て非なる境界確認の実務

本書で検討の対象とする「立会・承認」は，所有権界あるいは筆界が現地のどこに位置するのかを，①法律的に確定させて争いのないものにしたい，②権限のある行政機関が調査して公証することによって，事実上の通有力を確保し，その結果，取引の安全に資するものとしたい，との意図において実施される法律的な意味を持つ手続に関するものである。

ところが実務においては，上記①②とは別に，法律的にはほとんど意味を持たない「立会・承認」が行われることがある。例えば，隣地を借り受けたいと願う市民から境界の位置を尋ねられた土地所有者ないしその家族が，境界の位置確認に立会し，境界を指し示すケースである。さらに微妙なケースとしては，相隣地所有者が，単なる事実確認を行うために立ち会っただけという例も見受けられる。これらの場合の「立会・承認」は，法的にはほとんど意味を持たない。実務ではこれらが①②の「立会・承認」と混同して語られることがままあるので，留意が必要である（220頁2章2節）。

第２章

所有権界についての立会・承認の適格

第１節　和解の効果を生じる協議についての立会・承認適格

１　概　要

民間相互あるいは国や地方公共団体が主催して行う所有権界の調査における立会・承認は，その目的や主催者，立会当事者等によって，実務上様々な種類のものがあり，当該立会いの際における「境界の承認」に，法律上あるいは事実上，所有権を処分する効果が予定されているか否かによって，立会・承認の効果は，相当に異なる。したがって，また，そのような効果の違いに相応して立会・承認の当事者たり得る適格者の範囲にも差異が認められる。

２　和解の効果を生じる所有権界協議についての立会・承認適格等

⑴　相隣地の真の所有者

不明な所有権界の位置を確認し，後日の紛争を防止するために所有権界を確定してしまおうとする協議において，当事者として立会し，現地において所有権界の位置について承認をする権限を有する者は，対象となる所有権界において相隣接する土地の真の所有者である。所有権界すなわち所有権の及ぶ範囲が明確でない場合，所有権帰属不明の土地（係争地）を生じる。当該係争地において「自己の所有権が食うか食われるかの関係にある相隣地の真の所有者」のみが立会・承認の適格を有する。

その理由は，所有権界についての和解が成立すると，当事者は，後になって所有権界が別の位置にあると主張することは，原則としてできなくなり

(390頁５)，その反射として，仮に自己所有地の一部（上記係争地）を相手方所有地の一部と勘違いして和解したとした場合，係争地は和解によって相手方に譲渡したのと同じ結果を生じてしまうことになるからである。

⑵　一筆地内の一部区画の所有者

真の所有者であれば，一筆地内の一部区画（筆界を伴わない所有権界。26頁３）の所有者であってもよい。例えば，共同相続し，土地分割の協議は成立したが未分筆であるという相隣接する分割地所有者相互間においても，未分筆部分の所有権界協議を行う適格を有する。

⑶　相隣地の土地所有権登記名義人等

一筆地の所有権登記名義人等（不登法123条５号）であっても，真の所有者でなければ所有権界和解の当事者適格はない。仮にこれらの者が所有権界の和解協議に立会し，位置について「承認」を与えたとしても，それは古老の証言（195頁２）と同じく，証言として価値を有するにすぎない。当該所有権界の和解協議に相隣地の真の所有者ないし同人から和解についての委任を受けた代理人〈1〉が協議の当事者として参加していなければ，所有権界の和解としての効力は生じない。

⑷　抵当権者，借地人等

所有権界が不明な土地につき抵当権や借地権を有する者は，所有権界が不明であれば，事実上の不利益を生じる。しかし，これらの者は，所有権界が不明な土地範囲（係争地）につき，その所有権を処分する権能まで有するわけではないことから〈2〉，所有権界和解の当事者たる適格を有しない。同様の理由により，これらの者が債権者代位権（民法423条）を行使して，立会・承認して和解を成立させることもできない〈3〉。

〈１〉　弁護士法72条違反（非弁活動）とならないよう留意が必要である。司法書士・土地家屋調査士に関しては，調査士会 ADR に関与できる場合の実務基準（386頁ウ）を参考とすべきであろう。法律効果が同じだからである。

〈２〉　地目変更等，所有権処分とは関わりのない表示登記請求権については，債権者代位による申請が許されている。それと混同してはならない。筆界確定訴訟の当事者適格については議論がある（576頁⑵）。

〈３〉　土地の一部を取得した者については，実務上，代位権の行使が認められている（576頁⑵）。

⑸　隣人同士の話合いにより所有権界和解の効果を生じる場合

相隣接する一筆地の真の所有者同士が現地で立会し，境界の位置を確認した結果，①境界標を新たに設置したとか，②境界標の位置が真の境界と異なるとして，相互の承認の下に境界杭等を移設した場合，③相互に承認された境界線上に費用折半で塀を構築した場合，④立会・承認の成果を現地復元性のある図面に記載し，立会人の署名・押印を残すなどの外形的事実行為を行っているなどの場合には，隣地所有者相互において，その境界につき，今後の紛争を絶とうという意図がうかがわれる。その場合は，所有権界についての和解（民法695条）が成立したと解することができる。

これに対し，相隣地所有者が立会・承認類似の行為をしたとしても，上記のような事実関係を構築するに至っていない場合には，所有権界についての和解が成立したとまでは認められない場合が少なくない（後記２節）。

3　調査士会 ADR における立会・承認適格等

いわゆる調査士会 ADR（385頁）における調停は，通常，現地で立会し，その成果を基に話し合い，最終的に一定の譲歩を行って現地における所有権界を互いに承認する手続であるが，その場合も実体法上は和解（民法695条）の効果を生じることとなる。それゆえ，前記２と同様，当事者適格を有し，境界につき立会・承認をする適格を有する者は，真の所有者のみである。

4　財産管理権を有する者による官民境界確定協議等・公民境界協議における立会・承認適格等

これらの協議（財産管理型）は，形式的には国又は地方公共団体と民間との間の契約であるが，両者は対等な当事者であり，その実質において民間協議と同質の手続と解されている（208頁２⑵）。そのため，国や地方公共団体が主催する境界に係る協議の相手方として当事者適格を有し，立会・承認の適格を有する者は，前記２と同様，真の所有権者であり，所有権登記名義人ではない〈4〉。

〈４〉　仮に，所有権登記名義人ではあるが真の所有者でない者を立会させ，その承認を

5　機能管理者による官民境界明示等における立会・承認適格等

公物管理界についての立会を求める手続としての公物管理型の境界明示等（34頁）における立会・承認の適格者は，それぞれの手続の根拠となる条例や要綱等によって定められている。その多くは，所有権登記名義人のようである〈5〉。

第2節　単なる事実の確認にとどまる場合の立会・承認

1　所有者が立会・承認してもなお弱い効果にとどまる場合

(1)　売却準備作業にとどまる場合等

例えば，土地の売却を検討している一筆地所有者が，現地において隣地所有者の立会いの下に，塀や境界杭の設置者を確認したとしても，それのみにとどまり，前記（219頁2(5)）のような外形的事実行為を伴わない場合には，単なる事実の確認が行われただけであり，立会時点で新たな民法上の所有権界和解が成立したとまではいえないのが通例であろう〈6〉。ただし，立会時点で隣地所有者が所有権界について「承認」し，あるいは異議を述べなかったという事実は，その後の境界調査に際し，1つの証拠としての価値は有することとなろう。

(2)　筆界調査における立会・承認

法務局による筆界特定・筆界調査等（481頁(3)）や国土調査としての地籍調査（506頁2）等の手続において，相隣地の所有権登記名義人等は，立会・承認適格者としての地位が想定されている。しかしながら，法務局職員や市町

得て境界協議が成立したとしても，当該協議は，要素の錯誤により取消事由（平成29年改正民法95条）となる。

〈5〉　所有権界を確定する手続ではない（36頁）ことから，真の所有者でなくともよいとする趣旨であろうか。

〈6〉　東京地判平成28年5月24日（公刊物未登載）は，問題となった立会確認書は，「現状の確認に立ち会ったにすぎない」（だから，立会時点での境界の合意はない。）との弁明を是認している。

村等の担当者が相隣地所有者の立会いを求め，筆界について双方の承認を得たとしても，当然には相隣地所有者相互間における所有権界についての和解の効果は生じない（224頁２。例外につき398頁）。

２　立会いを求める者が所有権者でない私人の場合

私人間であっても，例えば，①ある土地の買受けを検討している者や不動産業者に対し，隣地所有者が求められるままに立会して，自己の認識する「境界」を指し示すことがある。また，②一筆地の借地人が物置を建てるために，隣地の所有者に立会してもらって，土地の境界を確認することもある。その場合の買受希望者・不動産業者・借地人等は，相隣地の所有権者ではなく，所有権の範囲につき話し合って互譲する権限を有しないことから，立会・承認の効果は，前記（219頁２(5)）の民間協議等のそれと同一視することはできない。

同様に，土地の抵当権者や差押債権者等も，所有権界についての和解（所有権移転の効果）を生じる協議についての立会・承認適格者とはなり得ない（218頁２(4)）。

第3章

筆界についての立会・承認の適格

第1節　所有権者・抵当権者等の筆界調査における立会・承認の適格

1　筆界についての「立会・承認」の基礎知識

(1)　私人の「立会・承認」を必要とする沿革的理由

筆界は，公的かつ不動の存在である（18頁）という，その性質論から極論すれば，基本三角点（不登規10条3項）等ないし登記基準点（119頁）と同じ次元の存在であるといえる。したがって，本来であれば，筆界の位置を現地で特定するために私人の立会・承認を必要とする方がおかしいとすらいえる。それにもかかわらず，行政機関による筆界調査において私人の立会・承認適格を想定し，裁判所による筆界確定訴訟において，私人たる相隣地所有者に当事者適格を与えているのは，ひとえに「土地区画の承認関係」（212頁）を基礎として筆界を確認してきたという沿革的な理由に由来するといえよう。言い換えれば，頼りない公図しかない地域においても長年筆界についての問題が多発しなかったのは，現地における明白かつ永続的な土地区画の承認関係があったためであり，現在においても，地図・公図等を補完する存在として，土地区画の承認関係を確認することは多くの手続において必須とされているのである。

(2)　私人による「立会・承認」の法的位置付け

前記(1)のとおり，①現状においては，地図・公図等の公的資料は，多くの場合，一義的な意味における現地復元性を持たない，②そのため，関係当事者が現地で指し示す争いのない筆界が，地図・公図等に照らして矛盾しない範囲のものである限り，これを根拠として筆界を判定することが適切である，ということが「立会・承認」の存在理由だとすれば，「立会・承認」は，あくまで行政手続としての筆界判定手続の過程で，関係当事者が「筆界についての認識の一致を申述した」という関係にとどまる。それにより筆界が確定するわけではないから，後日，異なる位置を筆界と判定することの妨げとなるわけではない。また，関係当事者間で所有権界の合意が成立するわけでもないから，後日，「立会・承認」と異なる位置に所有権界が存在すると主張することの法的妨げとなるわけでもない〈1〉。

⑶　立会・承認の適格を有する者は誰か

筆界が公的存在であり，所有権界とは別個の存在であることを思えば，筆界調査等において立会・承認すべき適格を有する者は，基本的には「当該筆界を認定するについて最も密接な利害関係を有する」と認められる者であれば足りる。その者は，通常，相隣地の「真の所有者」であろうが，筆界調査担当者に「真の所有者」か否かまで判定させるのは適切でない。私的自治の観点及び迅速処理の観点から，筆界調査の担当官が，所有関係の実質審査まで行うのは好ましくないからである。したがって，行政的な筆界調査に際しては，原則として「所有権登記名義人等」（不登法123条５号）が立会・承認適格等を有することになる。すなわち，①「表題部所有者」（所有権の登記がない不動産の登記記録の表題部に，所有者として記録されている者。不登法２条10号）又は②「所有権の登記名義人」（不登法37条，39条１項），並びに③上記①②の相続人その他の包括承継人（一般承継人）〈2〉が立会・承認適格等を有することになる。

筆界については，相隣接していない土地の所有者にも，立会・承認の適格を認めるべき場合がある。いわゆる額縁分筆（145頁イ）が疑われる場合には，額縁の外の土地所有者に立会・承認の適格が認められる。この他，相隣接していなくとも，分筆の必要上，筆界を判定するについての当事者適格等

〈1〉　もっとも，世上一般の境界（所有権界兼筆界）についての「立会・承認」であれば，後日，裁判所や調査士会ADRが，所有権界を認定するについての１つの有力な資料となり得る。

〈2〉「包括承継人」（相続・合併）か否かは，登記や戸籍の記録で判明するので，ここでも筆界調査担当者は，真の所有関係について実質審査に踏み込むわけではない。

が認められることがある（248頁【ケース⑯】）。

2　筆界調査における相隣地所有者等の法的地位

⑴　所有権登記名義人

登記官等，筆界調査担当者に対する相隣地の所有者としての立会・承認は，直接には財産権の処分行為ではない。筆界調査についての立会・承認は，筆界という公的存在を探し出すために協力する行為（私人の公法行為）にすぎないからである。その意味で，筆界についての立会いの義務（調査協力義務）は，裁判手続における証人としての出廷義務と似た側面を有する（民訴法190条・193条，不登法29条・162条比較参照）。

しかしながら，筆界の判定は間接的ながら所有権界の帰すうを実質的に左右するものであることから，「当該筆界を判定するについて最も密接な利害関係を有する者」は，原則として相隣地の所有者であるといえる。そのため，行政機関の行う筆界調査においては，真の所有者とおぼしき者〈3〉すなわち所有権登記名義人等（不登法123条５号）に筆界調査に参画する地位が与えられている。その結果，これらの立会・承認適格を有する者が立会・承認を拒んだときは，筆界未定として処理するのを原則とすることとなる。

⑵　表題部所有者

所有権登記のない不動産登記の「表題部」に記載されている所有権者（表題部所有者。不登法２条10号）もこれらの立会・承認の適格を有する。同人はいつでも所有権保存登記を獲得できる地位を有している（不登法74条１項１号）ことから，「当該不動産についての，いくぶん弱い一種の公証，という機能を有する」〈4〉といえるからである〈5〉。

⑶　真の所有者

信託者，仮登記（１号仮登記）権利者，時効取得者その他真の所有者と称す

〈３〉　この点，真の所有者が誰かを判断する権限を有する裁判所の場合は，所有権登記名義人であっても，既に所有権を他に譲渡してしまっている者には，当事者適格が認められていないのと異なる（後記５節【ケース③④】＝234，235頁等参照）。

〈４〉　幾代通・徳本伸一補訂『不動産登記法〔第４版〕』（有斐閣，平成６年）336頁。

〈５〉　そのためか，最（３小）判平成９年３月11日訟月44巻10号1776頁は，登記官が表題部所有者を記載する行為に処分性（596頁）を例外的に認めている。

る者については，承認印の適格者の項（364頁以下(7)〜(10)）参照。

(4)　実務の戸惑い

筆界調査において立会・承認をする適格者としての所有権登記名義人等の地位は，所有権界の協議と異なって売買契約の当事者（真の所有者）それ自体というわけでもなく，さりとて，調査の対象としての証人の地位に甘んじているわけでもなく，一種の手続参画権者としての曖昧な地位であることから，実務上，手続への参画を強いられる私人の間に戸惑いや誤解を生じているといえよう。

3　筆界調査における地上権者・抵当権者等の立会・承認適格等

筆界が公的存在であるとすれば，所有権者でなくとも，地上権者，土地賃借人，抵当権者，さらには立木所有者など，筆界が不明なために社会経済生活上不都合を生じている者があれば，その者に立会・承認の適格を認めてもよさそうなものである。しかし，筆界が認定されれば，所有権界も同じ位置にあると推定される（19頁）関係にあることから，所有権者以外に立会・承認の適格を認めるのは相当ではないと考えられている。そのため，これらの者には筆界調査についての立会・承認適格は否定され，筆界確定訴訟の当事者適格も否定されている〈6〉。

4　筆界調査時における代理人による立会・承認の可否

所有権界の和解についての立会・承認は，財産処分行為の一種であることから，所有者の代理人による立会・承認は当然可能である。

これに対し，筆界調査担当者に対する相隣地の所有権登記名義人等としての立会・承認は，前述のとおり，筆界という公的かつ不動の存在を現地で探し出すことに協力する公法行為であることから当然には代理になじむか否か

〈6〉　地上権者につき最（１小）判昭和57年７月15日訟月29巻２号192頁，土地賃借人につき大判大正10年５月16日民録27輯923頁，岡山地判昭和43年７月18日判時550号75頁，抵当権者につき大判大正９年７月６日民録26輯958頁は，筆界確定訴訟の当事者適格を否定している。立木所有者につき東京地判昭和46年10月８日訟月17巻11号1720頁。もっとも，学説上は，地上権者につき，所有権者を代位するかたちで肯定する見解も有力である。秋山＝伊藤ほか『コンメンタール民事訴訟法Ｉ』282頁。

問題はある。しかし，筆界調査についての立会・承認は，筆界があるところ所有権界もあるとの推定が働く結果（19頁），間接的ながら所有権界の帰すうを実質的に左右するものであるので，財産の処分行為〈7〉類似の行為とみて，代理人による立会・承認を認めるのが実務である。

第２節　登記実務における立会・承認

１　表示登記の実務における立会・承認の適格を有する者

分筆・合筆（不登法39条），地積更正（不登法38条），地図訂正（不登規16条）の申請・申出があれば，登記官は当該一筆地の外枠につき筆界の判定を行う。これらの手続において登記手続の申請権等がある者は，「表題部所有者若しくは所有権の登記名義人又はこれらの相続人その他の一般承継人（会社の合併がその典型）」である〈8〉。登記があることを前提としているから，表題登記（初めてする表示に関する登記。不登法36条）のない土地の所有者は除かれているが，その他の土地についての申請人適格者は，筆界特定における「所有権登記名義人等」と同じである。

これらの手続において立会・承認の適格を有する者は，上記の所有権登記名義人等である。

２　表示登記の実務における立会・承認の手順

上記１の表示登記の実務では，①土地家屋調査士（同法人を含む。以下同じ。）の作成する現地調査書に関係人すなわち相隣地の所有権登記名義人等

〈7〉　私見は，処分行為（民法251条）でなく，保存行為（民法252条ただし書）ないし管理行為（同条本文）にすぎないと考えている（255頁注〈5〉）。

〈8〉　分筆及び地積更正の登記申請については，相続人その他の一般承継人は明文の根拠を欠いている。しかし，これらの登記申請について一般承継人は本人と同一視できることから，申請人適格を認めることができると解されている。これに対し，１筆の土地の一部を取得したにすぎない者や，抵当権者は，当然には申請権を有せず，代位申請（不登令３条４号）によるべきことになる。大正４年11月６日法務省民1701号法務局長回答，昭和55年７月15日法務省民三4086民事局第三課長通知。

（不登法123条５号）の筆界承認書（356頁）の添付ないし筆界承認を示す署名・押印があれば，原則として，実地調査を省略することが許される〈9〉。②承認印等がなければ，筆界が明白である場合を除いて，登記官が現地に赴いて，関係人の立会いの下に筆界を調査し，関係人の承認の有無等を確認しつつ，当該分筆申請等の当否を判断することとされている（不登規93条）。

この手続は，法的観点からすれば，現地で筆界を共通にする隣地所有者の立会いを求め，その承認を得ることを前提としているといえる。上記②は，登記官自らがこれらの手続を実施しているのに対し，①は，土地家屋調査士がその手続を代行していると評される。

法14条地図の作成事業においては，立会・承認は，担当官の面前で行われるのを通常の手順としている（546頁２⑵）。

3　権利の登記との相異

筆界調査において相隣地所有者（土地所有権登記名義人等）は，立会・承認の適格を有する者としての地位を与えられているとはいっても，その地位は，権利の登記における利害関係人（例えば，根抵当権の極度額の変更登記における後順位抵当権者。民法398条の５）よりさらに弱い地位でしかない。例えば，上記２の手続で求められている関係人の承諾書は，権利の変更・更正登記に添付する承諾書と意味合いを異にしており，法定の添付書類ではない。そのため，不動産登記法66条，67条の適用はなく，相隣地所有者の承諾書の添付等がなくとも，分筆申請等が却下されることはない。筆界承認書の添付あるいは筆界承認を示す署名・押印がなくとも，関係資料，他の権利者の証言，物証等から筆界の位置を明確に確認できる場合には，申請を認容して妨げないのである〈10〉〈11〉。

〈9〉　土地家屋調査士は虚偽の調査・測量を行うことが罰則をもって禁じられている（土地家屋調査士法23条，71条）ことから，その作成に係る現地調査書は一般に信頼性が高いとされている。

〈10〉　公図の訂正に関する昭和52年12月７日法務省民三5936号回答。

〈11〉　所有権界調査において立会・承認の適格（当事者適格）を誤れば，所有権界の協議は無効になるのに対し，筆界調査において立会・承認の適格を誤っても，その筆界判定の信頼性が低下するにとどまり，同判定を基礎とする分筆や地積更正等の登

第3節　地籍調査，国交省公共測量作業における立会・承認適格

1　地籍調査作業等の実務

地籍調査に関する国土調査法25条1項，地籍調査準則30条1項，公共用地取得に係る国土交通省公共測量作業規程の準則443条は，いずれも筆界を確認する作業において，隣地「所有者その他の利害関係人又はこれらの者の代理人（地籍調査準則20条）」の立会・承認を前提としている。

これらの筆界調査手続は，前節の登記実務における筆界調査と，理論的には同じ場面であることから，登記実務と同様の取扱いを定めていると理解できる〈12〉。すなわち，相隣地の「所有者その他の利害関係人」の立会いを求め，その者の筆界承認が得られない場合には，原則として「筆界未定」として処理される。その意味で相隣地所有者には，立会・承認の適格を有する者としての地位が与えられているといえる。

さらに，地籍調査準則30条2項は，隣地所有者の立会いが得られない場合であっても，立会いが得られないことについて相当の理由があり，かつ，筆界を確認するに足りる客観的な資料が存在する場合においては，当該資料により作成された筆界案を用いて確認を求めることができるものとしている。やはり前節（226頁）の登記実務と同様，筆界調査における立会・承認を証拠資料の1つとして捉え，立会・承認の適格の問題を本質的に当事者適格でなく，むしろ証人適格に近いが独立した利益を有する者の手続参画権に類するものとして処理しようとしているといえよう。

2　登記実務と地籍調査作業との整合性

登記実務では，分筆，地積更正，地図訂正，法14条地図の作成，筆界特定等のいずれを問わず，立会・承認適格を有する相隣地所有者は「所有権登記

記が無効になるわけではない。

〈12〉　境界明示等の公物管理界（29頁）に関する調査についても，本章において述べる筆界調査に準じて，立会・承認の適格を認定すべきである。

名義人等」（不登法123条5号）に限定している。その理由は，登記・地図作成を担当する行政官が，公的資料の範囲を超えて，土地の真の所有者が誰であるのかを職権で探索することは，私的自治の理念に反する上，迅速処理の理念にも反するおそれがあるからである。

ところが，前記1の地籍調査準則20条，30条を見る限り，立会・承認の適格を有する者は，地籍調査実務では「所有者その他の利害関係人」とされている。しかし，地籍調査担当者も，登記官同様，土地の真の「所有者」が誰であるのか公的資料の範囲を超えて探索すべきでない。立法時の資料もこの点を明言している〈13〉。ましてや，「その他の利害関係人」までが立会・承認適格を有するとするのは，前述した立会・承認の本質（213頁7）に照らし，疑問であろう。

このように行政的な手続としての筆界調査手続の理念は，登記・筆界特定手続のほか，地籍調査作業や公共用地取得に係る国土交通省公共測量作業にも広く妥当する。

第4節　筆界確定訴訟における当事者適格

筆界確定訴訟においては，当該筆界を確定するについて最も密接に利害関係を有すると認められる者に当事者適格が認められる〈14〉。したがって，立会・承認の適格を有する者すなわち相隣地所有者〈15〉は，筆界確定訴訟においては，裁判の当事者の地位が与えられることとなる〈16〉。原則として「真の所有者」であることを要するが，当事者間に所有権関係に争いがなけれ

〈13〉　経済審議庁国土調査課編著『国土調査・土地及び水の基礎構造』（昭和29年）83頁。

〈14〉　最（3小）判平成7年3月7日民集49巻3号919頁。判例の詳細については，石川明「境界確定訴訟の当事者適格に関する最高裁判例覚書」自由と正義2001年4月号130頁，同「境界確定訴訟の当事者適格」登記インターネット3巻7号26頁。

〈15〉　最（3小）判昭和38年2月26日集民64号679頁，最（1小）判昭和47年6月29日集民106号377頁。なお最（1小）判昭和59年2月16日判時1109号90頁は，公簿上相隣接しても中間に第三者の所有地が介在する場合につき，当事者適格を否定している。

〈16〉　大判昭和10年12月10日民集14巻2077頁。

ば，特段の立証を要しない。

裁判の当事者としての地位が認められるといっても，筆界は公的で不動の存在であり，当事者たる相隣地所有者といえども筆界の位置を自由に決められるものでないことから，当事者としての地位は著しく制約される。筆界確定訴訟における当事者は，筆界を再形成する責務を負う裁判官に協力して，証拠を収集・提出する役割を担っており，その本質において筆界調査時の調査協力義務者（224頁2(1)）の地位とあまり異ならないといえよう。このように，筆界確定訴訟の当事者の地位は，少なくとも理念上は，その特殊性から，一般の民事訴訟における当事者とは相当異質なものである。

しかし，現実の裁判実務では，裁判官は登記官等と異なり，筆界についての鑑定的知識に乏しいことから，裁判官自らが主体的に筆界を探し出すというスタンスは採らず，傍観者に徹するのが常であり，一般の民事訴訟たる所有権確認訴訟に限りなく近いかたちで運営されている〈17〉。

第5節　「相隣地」といえるか否かの判定

所有権界の協議における立会・承認適格ないし当事者適格の判定は，比較的容易である。現地において現に隣接し，食うか食われるかの緊張関係にある2つの土地の所有者が立会・承認の適格を有するとともに，協議（和解契約。217頁2）の当事者適格を有することとなる。

これに対し，行政機関の行う筆界調査や，裁判所の主催する筆界確定訴訟における立会・承認適格ないし当事者適格については，やや複雑な問題を生じる。とりわけ，所有権界と筆界が現地において一致していると推定される事案については，所有権界協議に準じて考えてよいが，現地における所有権の範囲（外枠）と一筆地の筆界が大きく齟齬（そご）しているケースや，一筆地の一部が譲渡・時効取得等によって所有権登記名義人等とは別の者の所有になっ

〈17〉　裁判官は，筆界に係る鑑定的知識に乏しいことから，筆界特定制度を利用することなく直接に筆界確定訴訟が提起されたとき，裁判官が筆界特定制度の活用を促すことも珍しくない。

ている場合には，立会・承認適格ないし当事者適格の有無は，慎重に見分ける必要を生じる。

筆界調査において，誰が「相隣地」所有者として立会し承認をする適格を有するのかという問題と，筆界確定の裁判において，誰が「相隣地」所有者として原告・被告となる適格を有するのかという問題は，おおむね重なる。この問題については，筆界確定訴訟に関する判例の蓄積があるので，まず裁判例を検討し，必要に応じて登記官及び地籍調査担当者等による筆界調査における立会・承認適格のケースに言及することとしたい。

1　公図等と現地にズレがある場合

【ケース①】

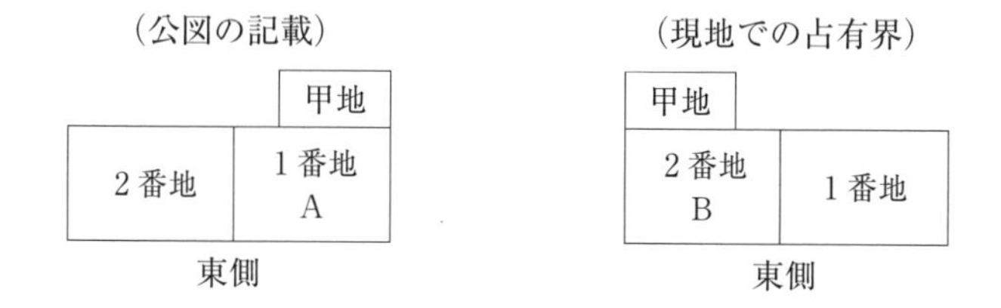

上図において，甲地は，公図上１番地と隣接しているが，現地においては１番地とは隣接しておらず，公図上隣接していない２番地と現に隣接している場合，筆界調査の立会・承認適格を有し，筆界確定訴訟の当事者適格を有する者は，１番地所有者Ａなのか，それとも２番地所有者Ｂなのか。

結論を先にいえば，筆界は，現に甲地と隣接する２番地の所有者Ｂとの間で確定されなければならない。筆界は，特段の事情がない限り，所有権界をなぞった形で存在するのであり，現地において甲地とぶつかり合っているのが１番地でなく２番地であるならば，筆界調査において立会・承認の適格を有し，筆界確定訴訟の当事者適格を有する者は，２番地所有者Ｂである〈18〉。筆界は，現地のどこかに客観的に存在するはずの観念的・抽象的な

〈18〉　筆界確定訴訟に関する最（１小）判昭和59年２月16日判時1109号90頁も同趣旨。たとえ，境界査定であっても，査定された土地が現地で相接していない限り，無効であるとする裁判例として，熊本地判昭和40年９月28日訟月11巻11号1603頁。な

結線情報であって，法14条地図や公図の記載といえども甲地の筆界がどの一筆地と境を接するのかを判定するための１つの手掛かりにすぎないからである〈19〉。

なお，土地登記記録，土地台帳さらには公図上には一筆地が存在するものの，公図と現地の間にズレがあるため，現地がどこにあるのか確認できない場合には，筆界特定手続における申請人適格あるいは筆界確定訴訟における当事者適格は認められない。また，法14条地図の作成手続や地籍調査等の筆界調査手続においては「筆界未定」として処理せざるを得ない〈20〉。

２　２筆の間に無番・未登記の土地が介在する場合

【ケース②】

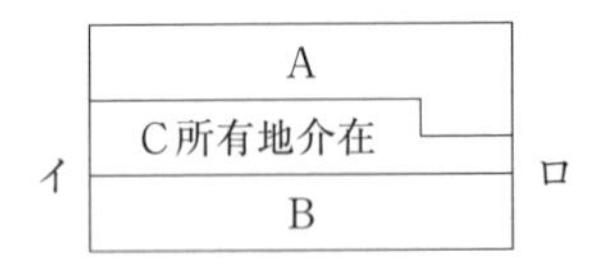

Ａの所有する一筆地とＢの所有する一筆地の間に，現実には第三者Ｃ所有の無番・未登記の土地（多くの場合，長狭物）が介在するケース。

⑴　筆界確定訴訟の場合

筆界確定訴訟において判例〈21〉は，登記情報（15頁）上で相隣接する特定地番の土地の所有権登記名義人等である（図のＡ）というだけでは足りず，現実に被告（相手方）Ｂの所有地と隣接していることが必要だとしている。前述の【ケース①】は，公図等の記載が不正確な，いわゆるミニ地図混乱地域のケースであったが，【ケース②】では，公図等それ自体は正常な図面であ

お，筆界特定も同趣旨であることにつき，435頁⑶参照。

〈19〉　現地との齟齬（そご）が判明したならば，速やかに地図訂正（不登規16条）を行うべきであるが，地図訂正が終了するまで筆界調査ができないものではない。

〈20〉　地籍調査についての昭和33年10月５日経済企画庁・経企土121−２号通達。その場合，法14条地図上には当該一筆地は表記されず，地図の枠外の適宜の箇所に地番を記載し，筆界未定の旨を付記することとなる（昭和40年11月６日法務省民事甲3187号通達）。

〈21〉　最（１小）判昭和59年２月16日判時1109号90頁，前掲注〈18〉。

るが，なおＡの土地と筆界を接するＢ所有地との間に，現実には第三者Ｃの無番・未登記の土地が介在しているというケースである。そのような場合でも，【ケース①】と同様の理由により，筆界イ－ロ付近でＢと現に所有権界を接するのはＣであることから，Ａの当事者適格は否定される。そのため，公図上，Ａ・Ｂ両当事者の所有地間に無番地の青線や赤線がある場合，あるいは公図等にはそのような記載はないが，現地に脱落地たる道路や水路等（277頁，284頁ウ）が介在する場合には，特に留意が必要である〈22〉。

筆界確定の当事者適格を相隣地の所有権者のみに認める理由が，前述（19頁）のとおり，筆界確定に伴い所有権界も事実上推定されるという利害を有することにあるとするならば，事実上隣接しない土地所有者間にあっては，このような利害関係は成り立たないので，たとえ公簿上地番を接する土地の所有者間であっても，【ケース①】の場合と同様に，当事者適格が認められないのは，原則論としては当然のことと思われる。

このケースと似て非なるケースとして，(i)介在するＣ所有地がＡ所有地から枝分かれした未分筆地である場合，及び(ii)両地番の間にある赤線・青線の全部をＡ又はＢが時効取得（52頁(5)）しているケース等（後記【ケース⑧】の判例及びその射程距離にあると思われる【ケース④⑤⑦】）がある。その類型の場合は，後述するとおり，現に地番が隣接しない土地所有者相互間においても，筆界確定の当事者適格が例外的に認められる。

(2)　筆界調査（全般）の場合

前記(1)と同じく，Ａには立会・承認についての適格あるいは筆界特定の申請人適格は認められない。

問題は，介在するＣ地が(i)独立した無番地の土地なのか（その場合，Ａの当事者適格は認められない），あるいは，(ii)Ａ地又はＢ地から枝分かれした未分筆の土地なのか（それらの場合，Ａの当事者適格は認められる。）の判定であるが，

〈22〉　公図上，Ａ・Ｂ両当事者の所有地間に青線（沢流れ・国有）があることから，Ａ・Ｂの当事者適格を否定した例として，東京高判昭和55年12月16日判時993号57頁。また，広島地呉支判平成16年11月22日（公刊物未登載）は，Ｘ所有地と県道との間には，登記に現れない無願埋立地ないし海浜地が存在しており，Ｘ地と県道は相隣接しないことを理由に筆界確定の訴えを不適当としている。

これらは筆界調査担当者が登記記録や公図等から判定すべき事柄である。また，現地に脱落地と見られる道路や水路等が介在することは，しばしば現地調査で判明するが，その場合には，当該脱落地の所有者（261頁３）との間で筆界の立会・承認をすべきであり，Ａ・Ｂ間で立会・承認の手続を行ってはならない。

３　当事者双方が筆界付近地全域譲渡・登記の事実を主張しない場合

【ケース③】

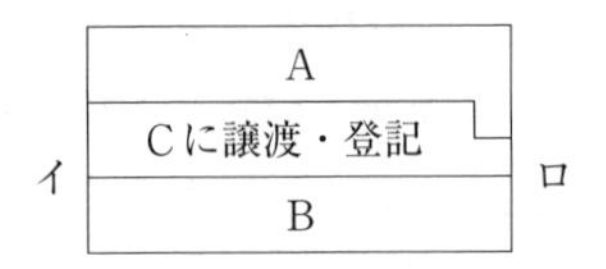

一筆地所有者Ａは同土地のうちイ－ロに接する全部を第三者Ｃに譲渡し，その移転登記を了したが，ＡもＢもその事実を主張しないというケース。

⑴　筆界確定訴訟の場合

Ａ所有地とＢ所有地が現実に相隣接しない限り，Ａは筆界イ－ロの確定に際しての当事者適格を有しない（ただし，【ケース④⑤⑦⑧⑪⑫】のように，Ａ地から枝分かれした未登記土地が介在している場合を除く。）。ましてやＡが所有地をＣに譲渡して登記済みの場合は，いかなる意味でもＡに当事者適格は認められない。

しかし，訴訟の原告Ａ・被告ＢがＣの介在を主張しないで判決手続まで経由した場合の法的効果について，判例〈23〉は，Ａの当事者適格に欠けるところはないとしている。訴訟法独自の問題と筆界確定訴訟の本質論が絡む難問だが，大場茂行調査官〈24〉は「実質上，当事者適格を欠く当事者についてなされた原判決が形式上確定することになるが，右原判決は，判決本来の効力が認められないものと解すべきであろう」としておられる。ここに言う判決本来の効力とは，筆界を形成する効力を指すものと思われる。判決それ自体

〈23〉　最（３小）判昭和31年２月７日民集10巻２号38頁。
〈24〉　前掲注〈23〉事件に係る「判解」昭和31年度７頁。

は有効に存在するが，適正な当事者間の訴訟でないため，判決の目指していた筆界の形成効は生じないという意味であろう。その場合，イ－ロの筆界はB・C間の訴訟で改めて確定すべきことになる。

(2)　筆界調査（全般）の場合

Cへの売却が既登記である限り，筆界調査に先立つ登記情報の調査のみで，Aが立会・承認の適格を欠く者であることは容易に確認できるはずである。

4　筆界付近地全域を第三者に譲渡・未登記の場合

【ケース④】

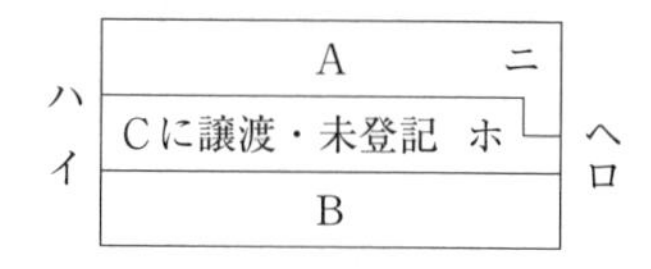

一筆地所有者Aは，イ－ロに接する全域を第三者Cに譲渡したが，その移転登記を了していないというケース。

(1)　筆界確定訴訟の場合

当事者適格は，真の所有権者に認められる（229頁）ので，Aでなく，現在の土地所有権者たるCに原則的な当事者適格を認めることとなる〈25〉。

ところで，農地法の適用のある農地の場合，農地転用許可があるまではCへ所有権は移転しないが，同許可が未了でもCの当事者適格を認めるべきであるとする裁判例〈26〉がある。やや行き過ぎの感もあるが，所有権者のみに当事者適格を認めるべき実質的理由（222頁）は，事実上AからCに移っていると考えられるので，決して不当な判決ではないと思われる。

ただし，図のハ－ニ－ホ－ヘから下（南）側土地部分をCに譲渡したが，イ－ロの筆界部分が明らかでないため，AからCへ移転登記すべき範囲が確定しないという場合は，【ケース⑧】に準じてAにも当事者適格が認められ

〈25〉　京都地判平成3年4月30日（公刊物未登載）。秋山＝伊藤ほか『コンメンタール民事訴訟法Ⅰ』281頁。

〈26〉　京都地判平成5年12月28日（公刊物未登載）。

ると解すべきであろう〈27〉。その場合のA対B，C対Bの各訴訟は，類似必要的共同訴訟となると解される〈28〉。

なお，【ケース④】の場合，AはCに対し，イ－ロの境界を明確にすべき義務を負うのが通例であろう。その場合，Cの授権に基づいてAが任意的訴訟担当〈29〉をすることも許容されると解される。

⑵　筆界調査（筆界特定を除く。）の場合

A，Bはそれぞれ（Cへ譲渡した土地部分を含め）相隣地の「所有権登記名義人等」であるのに対し，Cはこれに該当しない。したがって，分筆・地積更正・地図訂正等のほか，地籍図・法14条地図の作成等に当たっては，AとBのみが立会・承認の適格を有する。もっとも，AのほかCも立会し，イ－ロについて承認するというのであれば，証拠資料としてのCの証言を拒む必要はない。

⑶　筆界特定の場合

筆界特定にあっては，所有権登記名義人等（不登法123条5号，131条1項）が申請人適格を有する。このほか，「1筆の土地の一部の所有権を取得した者」も申請人となることが予定されている（不登規207条2項4号）。したがって，【ケース④】については，Aのほか公的資料によって所有権を証明できるCも申請人適格を有すると考えられる〈30〉。

〈27〉　もっとも，大橋弘調査官は，Aの当事者適格は否定されるとしておられる。大橋弘「境界の全部に接続する土地部分の時効取得と境界確定の訴えの当事者適格（平成7.3.7最高三小判）」ジュリ1079号（平成7年）101頁参照。

〈28〉　裁判実務では，類似必要的共同訴訟とは考えられていないが，証拠共通の原則が働く上，自白法理等が働かないことから，事実上，同じ結論に達しよう。

〈29〉　最大判昭和45年11月11日民集24巻12号1854頁は，任意的訴訟信託を強制法規違反がなくかつ合理性がある場合につき許容している。

〈30〉　筆界確定訴訟の場合，Cに原則的な適格があるのに対し，筆界特定制度にあっては，Aに原則的な申請人適格が認められている。所有権者の判定を実質的に行える（裁判所）のか，確定判決や公正証書等の公的資料がある場合にのみ行える（法務局）かの差異であろう。

5　筆界付近地全域を第三者が時効取得・未登記の場合

【ケース⑤】

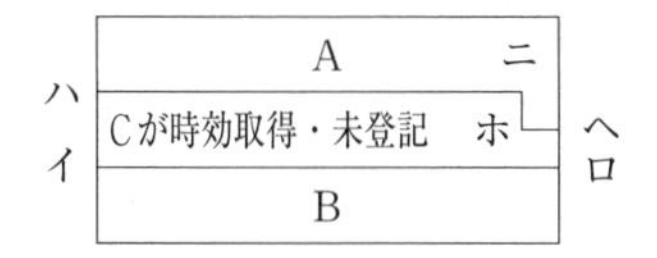

A所有一筆地のうち，イ－ロに接する部分の全域を第三者Cに時効取得されてしまっているが，その旨の登記は未了であるというケース。

(1)　筆界確定訴訟の場合

このケースについては，裁判例が見当たらない〈31〉。基本的には【ケース②】のパターンに類似するので，当事者適格はCのみにあると一応はいえそうである。

しかしながら，【ケース④】と同様，BとCとの間の筆界（イ－ロ）が確定しない限り，A所有地のうちどれくらいをCに分筆すべきなのか不明という場合であるとすれば，後述の【ケース⑧】に類似するので，Aにも当事者適格が認められることとなろう。また，極端な例ではあるが，Aは自己所有一筆地がイ－ロより下（南）側に及ぶと主張し，Bは自己所有一筆地がAとC間の占有界ハ－ニ－ホ－へよりさらに上（北）側にあると主張する場合にもAに当事者適格が認められることとなる。

(2)　筆界調査（筆界特定を除く。）の場合

A，Bはそれぞれ（Cに時効取得された土地部分を含め）相隣地の「所有権登記名義人等」であるのに対し，Cはこれに該当しない。したがって，分筆・地積更正・地図訂正等のほか，地籍図・法14条地図の作成等に当たっては，AとBのみが立会・承認の適格を有する。もっとも，AのほかCも立会し，イ－ロについて承認するというのであれば，証拠資料としてのCの証言を拒む必要はない。

〈31〉　Cが，A所有一筆地の一部（時効取得地）についての所有権移転登記請求権を代位原因として，Aに代位してBを被告として筆界確定を求めた事案につき，千葉地判平成13年６月５日訟月48巻８号1899頁はCの訴えを不適法としている。

⑶　筆界特定の場合

筆界特定にあっては，所有権登記名義人等（不登法123条５号，131条１項）が申請人適格を有する。このほか，「１筆の土地の一部の所有権を取得した者」も申請人となることが予定されている（不登規207条２項４号）。したがって，前述の【ケース④】についてと同様，Ａのほか公的資料によって所有権を証明できるＣも申請人適格を有すると考えられる。

6　隣地所有者に筆界付近地全域を譲渡・登記した場合

【ケース⑥】

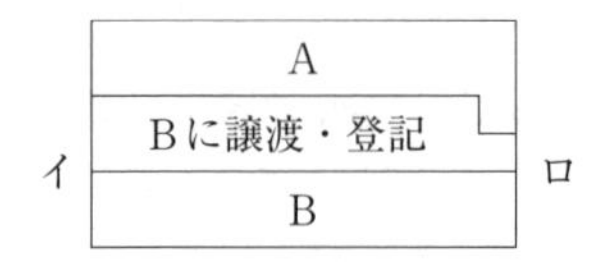

一筆地所有者Ａがイ－ロに接する部分を隣地所有者Ｂに譲渡し，その移転登記を了しているケース。

⑴　筆界確定訴訟の場合

筆界は，同一人物Ｂの所有地内に存在することになった上，Ｂへの分筆・移転登記も了しているならば，分筆前のＡ所有地の外枠（そこにはイ－ロも含まれる。）について争う利益は消失しており，後述【ケース⑧】の問題も解消している。したがって，紛争性がないので，Ａは当事者適格を失う。

⑵　筆界調査（全般）の場合

【ケース③】と同じ形になる。Ａにイ－ロの筆界の確認を求める利益はない。

地籍調査や法14条地図作成作業においては，イ－ロの両側の地目が同一であり，かつ所有者Ｂの同意があれば，両土地の合併があったものとしてイ－ロの調査を省略できる場合がある（地籍調査準則25条，不登法39条３項）。

7　隣地所有者に筆界付近地全域を譲渡・未登記の場合

【ケース⑦】

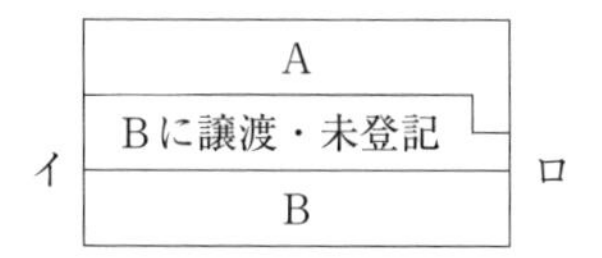

一筆地所有者Aは，同土地のうちイ－ロに接する土地部分の全域をBに譲渡したが，移転登記は未了というケース。

(1)　筆界確定訴訟の場合

判例〈32〉は，後記【ケース⑧】の判例を引用しつつ，AとBに当事者適格を認めている。【ケース⑦】における筆界は，隣地番の所有者と同一人物であるBの所有に属することになっているので，原則論からすれば，Aにはイ－ロの筆界についての当事者適格は認められないはずである。しかし，イ－ロの位置（分筆前A所有地の外枠）が確定しない限りAがどれほどの自己所有地をBに分筆・移転登記したらよいか判明しないという場合であれば，後述の【ケース⑧】に準じて当事者適格を有すると解すべきこととなる。

(2)　筆界調査（全般）の場合

AがBへの分筆の前提として，イ－ロの筆界の確認を求め，Bがこれに立会いをするならば，むしろ典型的なケースとして，A，Bに立会・承認の適格が認められる。

筆界特定や地籍調査においても，A，Bに申請人適格ないし立会・承認の適格が認められる。

〈32〉　最（2小）判平成11年2月26日判時1674号75頁。このケースは，一筆地所有者Aは，同土地のうちイ－ロに接する土地部分の全域をBに譲渡したが，移転登記は未了のまま，自己所有地の残余部分をCに譲渡し，未分筆のままCに登記してしまったというケースであり，ケース⑦の応用ケースといえる。その場合の当事者適格は，CとBにあるということになる。「判批」坂原正夫＝法学研究73巻7号（平成12年）94頁，菊地博＝朝日法学論集25号（平成12年）67頁。

8　隣地所有者が筆界付近地全域を時効取得・未登記の場合

【ケース⑧】

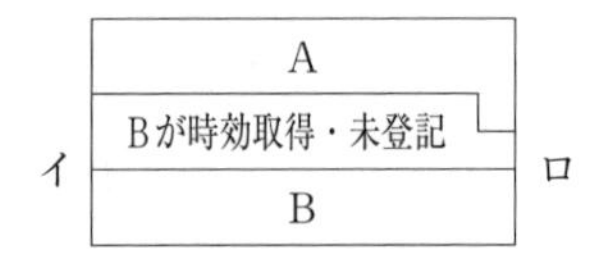

A所有一筆地のうち，イ－ロに接する部分の全域につき，隣地所有者Bに時効取得されてしまっているが，その旨の登記は未了というケース。

(1)　筆界確定訴訟の場合

前述【ケース⑦】と同様，筆界は，隣地番の所有者Bの所有に属するに至っているので，原則論からすれば，Aはイ－ロの筆界についての当事者適格を失うはずである〈33〉。

しかし，イ－ロの位置が確定しない限りAがどれほどの自己所有地をBに分筆・移転登記したらよいか判明しないという場合であれば，Aは，なお当事者適格を失わない〈34〉。

(2)　筆界調査（全般）の場合

上述【ケース⑦】と同じである。AがBへの分筆の前提として，イ－ロの筆界の確認を求めるならば，A，Bに立会・承認の適格が認められると言える。

筆界特定や地籍調査においても，A，Bに申請人適格ないし立会・承認の適格が認められる。

〈33〉　例えば東京地判平成24年5月21日判時2221号49頁は，2つのビル間の国登記名義の狭小地が一方のビル所有者に時効取得されているとき，筆界確定訴訟の当事者適格はビル所有者らであり，国ではないとしている（【ケース②】参照）。

〈34〉　最（3小）判平成7年3月7日民集49巻3号919頁。

9　隣地所有者が隣接一筆地の全部を取得・未登記の場合

【ケース⑨】

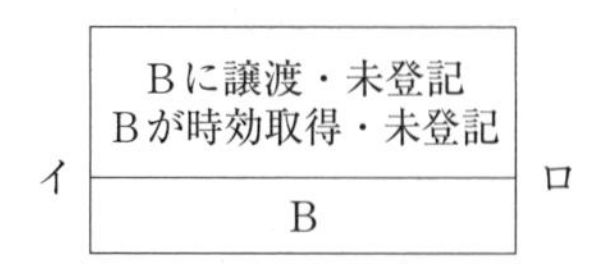

Ａは隣地所有者Ｂに自己所有一筆地の全部を譲渡し，あるいは全部を時効取得されたが，その移転登記等が未了というケース。

⑴　筆界確定訴訟の場合

たとえ相隣接土地の一方の所有権登記名義人Ａであっても，譲渡や時効取得などの事由により，その全域についてＡが処分権能を失った場合には，Ａに当事者適格は認められない。【ケース⑧】の反対解釈からも同じ結論が導かれる〈35〉。

ただ，Ａが所有権を失っていることが，たとえ譲渡あるいは時効取得の事実が証拠上明白であっても，その事実を当事者が主張しない限り，裁判所がこれを前提にＡの当事者適格を否定することは許されない〈36〉。当事者適格を基礎付ける事実については，弁論主義の適用があるからである。

⑵　登記官による筆界認定の場合

権利の登記について実質審査権がない以上，Ａが分筆登記なり地積更正登記を求めて筆界の確認を求める限り，Ａに立会・承認の適格を肯定せざるを得ないであろう。しかし，イ－ロにつき，Ｂに立会いを求め，筆界の確認を行うならば，必ずやＢは，Ａの筆界立会いを争うことであろう。そうなると筆界に争いがないとはいえないので，結局，筆界未定という結論にならざるを得ないであろう。

⑶　筆界特定の場合

ＡがＢに一筆地の全部を譲渡し，あるいはＢがＡ所有一筆地の全部を時効取得したと推定される事案なのに，なおＡが筆界特定を申し立てるのであれ

〈35〉　最（３小）判平成７年７月18日民集49巻７号2684頁。秋山＝伊藤ほか『コンメンタール民事訴訟法Ⅰ』281頁。

〈36〉　東京高判平成12年２月29日訟月46巻８号3475頁。

ば，所有者の変更についての確定判決や公正証書等の公的資料がない限り，筆界特定登記官には所有権の帰属をめぐる争いに介入する権限はないので，Aの申請人適格を認めざるを得ないであろう。

⑷　一筆地調査の場合

AがBへの一筆地全部の譲渡を否定し，あるいはBによる一筆地全部の時効取得を争う場合には，前記⑵と同様，筆界未定となるのが通例であろう。

AがBの所有権を争わないのであれば，所有権移転登記等を促し，要件を満たせば合筆を示唆することとなろう。あるいは，所有権登記名義人Aがイ－ロの筆界調査に立会し，Bもイ－ロが筆界であることに異議を述べないのであれば，立会・承認の手続を進めてよい。

10　筆界付近地の一部を第三者に譲渡・登記した場合

【ケース⑩】

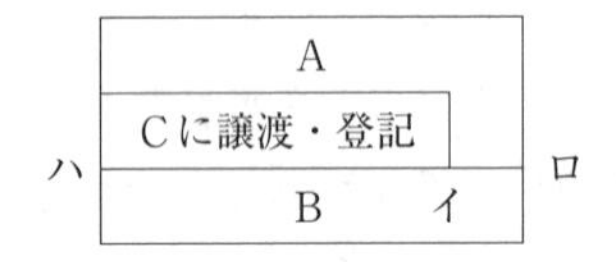

Aが自己所有一筆地のうち，ハ－イに接する部分を第三者Cに譲渡し，その分筆・移転登記を経由しているというケース。

⑴　筆界確定訴訟の場合

ハ－イ間だけを見れば，【ケース③】と全く同じである。そこで述べたのと同じ理由で，Aにはハ－イ間の筆界確定訴訟を求める適格はない。

また，イ－ロ間だけを見れば，問題なくAに筆界確定訴訟の当事者適格が認められる事案である。

⑵　筆界調査（全般）の場合

ハ－イ間についてはC，イ－ロ間についてはAが，それぞれ当事者適格を有することは，⑴と同じである。登記名義人と実質的な土地所有権者が一致している場面なので，難しい問題は生じない。

11　筆界付近地の一部を第三者に譲渡・未登記の場合

【ケース⑪】

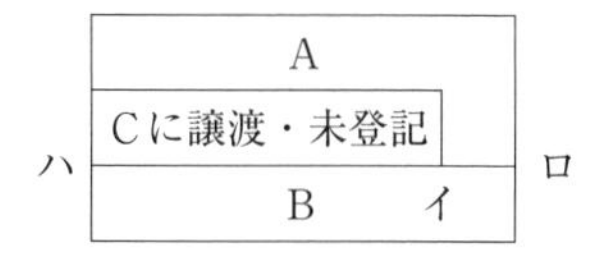

Aは自己所有一筆地のうち，ハ－イに接する部分を第三者に譲渡しているが，その移転登記は未了というケース。

⑴　筆界確定訴訟の場合

直接この類型に該当する裁判例は見当たらない。

ハ－イ間は，【ケース④】と同じ類型である。そこで述べたのと同じ理由で，原則としてCに当事者適格を認めるべきであろう。また，ハ－イ間だけを取り上げて眺めると，【ケース②】に近い類型ともいえるので，そこに述べたのと同じ理由でAにはハ－イ間の筆界確定を求める適格はないと一応いえそうである。

ただ，視野をハ－ロ間にまで広げて眺めると，後述の【ケース⑮】にも類似している。同ケースではAに当事者適格が認められているので，その類型との違いを検討する必要がある。難しい問題だが，【ケース⑮】においては，隣地所有者Bに侵食（時効取得）されたA所有土地の範囲が明確でないため，（筆界ハ－イ付近をAが現に所有していないことが明らかなのに）Aに例外的にハ－イ間についても当事者適格を認めたものと解されるのに対し，【ケース⑪】では，A自ら土地範囲を特定して譲渡している。そして，【ケース⑮】では，AとBしか当事者適格が問題となる登場人物はいないのに対し，【ケース⑪】では，所有権者Cがいるため，Aに当事者適格を認めると，筆界の確定位置いかんではCの所有権を事実上侵害するおそれがある。そう考えると，やはりAの当事者適格は否定されるべきであるかのようである。しかしながら，後述⑵及び⑶のとおり，筆界調査手続の中では，実際上はむしろAに立会・承認の適格が認められている上，Cへの分筆・所有権移転登記義務を負うAがハ－ロの筆界を確定するについて最も直接的な利害関係を有するともいえることから，筆界確定訴訟においてもなおAに当事者適格を認めてよいとも思われる〈37〉。裁判所の統一的な判断が待たれる。

なお，イ－ロ間については，問題なくＡに筆界確定訴訟の当事者適格が認められる。

⑵　筆界調査（筆界特定を除く。）の場合

イ－ロ間についてはもちろんのこと，ハ－イ間についても，分筆申請者たるＡが立会・承認の適格を有することは，所有権の帰属について登記官に実質審査権がない以上，当然の帰結と思われる。実際問題としてもＡは，Ｃへの一部譲渡に伴う移転登記義務を遂行すべく，分筆等の申請をするのが通例であろう。

また，法14条地図の作成や地籍調査についても，調査担当者に権利の登記についての実質的審査権がないことから，Ｃでなく，Ａに立会・承認の適格が認められる。

もっとも，ＡからＣへの譲渡が明らかな事案においては，ハ－イ間の筆界認定について，Ｃの意見をも徴することに問題はない〈38〉（【ケース④】と同じ。）。

⑶　筆界特定の場合

上記⑵と同様，Ａが所有権登記名義人である以上，ハ－ロ間全部につき，申請人適格を有するのはＡである。しかしながら，上記【ケース④】について述べたのと同様，ハ－イ間については公的資料によって所有権を証明できるＣにも申請人適格が認められると解される〈39〉。

〈37〉　反対，大橋・前掲注〈27〉参照。

〈38〉　ただＡ・Ｂが一致して筆界ハ－イを筆界として承認する限り，Ｃが異議を唱えても「筆界未定」（484頁３）にはならない。Ｃは後日，Ｂとの間で筆界確定訴訟によって争うことになる。

〈39〉　地籍調査等においては，Ａ・Ｂ間で筆界がハ－イであることにつき，認識の一致をみていれば，Ｃが異議を唱えても「筆界未定」とならない。前記注〈38〉。

12　筆界付近地の一部を第三者が時効取得・未登記の場合

【ケース⑫】

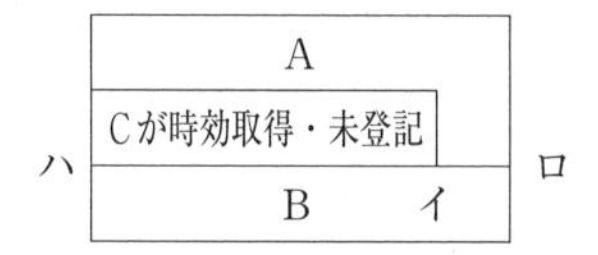

筆界付近のＡ所有地を第三者Ｃが時効取得したが，その旨の登記は未了というケース。

⑴　筆界確定訴訟の場合

この類型に該当するケースにつき，下級審裁判例は，Ａ・Ｂ間でイ－ロ間のみならず，ハ－イ間についても当事者適格を認めている〈40〉。

【ケース⑪】と論点も結論も同じである。異なるのは，ハ－イ間付近の土地部分につき，Ａは自ら特定してＣに売却したのではなく，一方的にＣに時効取得されてしまったという点である。その限りで，より【ケース⑧】と【ケース⑮】（Ａの当事者適格を肯定したケース）に近いといえそうである。裁判所は，ハ－イ間につきＡの当事者適格を否定する可能性もあるが，【ケース⑪】で述べたのと同様の理由により，Ａにも当事者適格を認めてよいのではないかとも思われる。

⑵　筆界調査（筆界特定を除く。）の場合

【ケース⑪】と同じである。すなわち，イ－ロ間についてはもちろんのこと，ハ－イ間についても，所有権登記名義人等であるＡが当事者適格を有することは，所有権の帰属について登記官や地籍調査担当者等に実質審査権がない以上，仕方のないことと思われる。

ただし，確定判決や公正証書等によりＣによる時効取得が客観的に明らかな事案においては，ハ－イ間の筆界確認につき，Ａの承認のほか，Ｃの意見をも徴することに問題はない（【ケース④】と同じ。）。

〈40〉　京都地判平成６年10月17日訟月41巻９号2417頁。ただ，ハ－イ間につきＡの当事者適格を認める理由を，「公図上，いまだＡ地とＢ地が接していること」に求めているのは，【ケース①】に照らすとき疑問であろう。

(3)　筆界特定の場合

前記【ケース⑪】の(3)と同様，所有権登記名義人であるAは申請人適格を有する。また，Cも確定判決や公正証書等の公的資料によって所有権を証明できる限り，ハ－イ間のみならずイ－ロ間についても，申請人適格が認められると解される。時効取得した土地部分の登記を求める前提としての申請となる（【ケース⑯】と同じ状況）からである。

13　筆界付近地の一部を隣地所有者に譲渡・登記の場合

【ケース⑬】

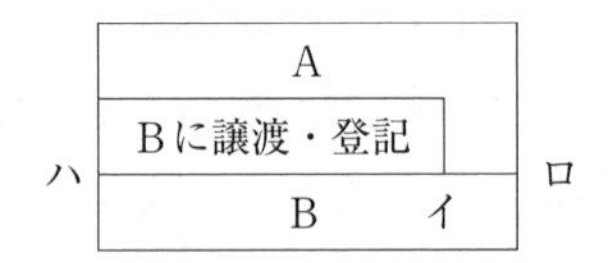

Aがハ－イに接する自己所有一筆地の一部を隣地所有者Bに譲渡し，その分筆・移転登記を経由しているケース。

(1)　筆界確定訴訟の場合

ハ－イ間については，【ケース⑥】の類型と同じであり，そこで述べたのと同じ理由によりAの当事者適格は否定される。イ－ロ間については，問題なくAに当事者適格が認められる。

(2)　筆界調査（全般）の場合

ハ－イ間についてはAに立会・承認等の適格はなく（【ケース⑥】と同じ。），イ－ロ間についてのみAに立会・承認等の適格が認められる。

14　筆界付近地の一部を隣地所有者に譲渡・未登記の場合

【ケース⑭】

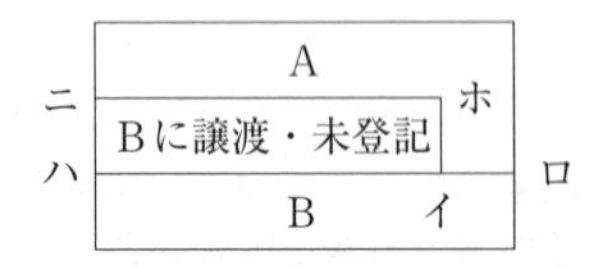

一筆地所有者Aがハ－イに接する部分を隣地所有者Bに譲渡したが，その

移転登記が未了のケース。

⑴　筆界確定訴訟の場合

ハ－イ間については，【ケース⑦⑧】，ハ－ロ全体として見れば，【ケース⑮】の類型とよく似ている。そのいずれについても判例はＡの当事者適格を肯定していることから，このケースについても肯定するであろう。Ｂに時効取得された場合と，Ｂに譲渡した場合とで事情が異なるのではないかとの反論がありそうだが，例えば，Ｂに長年占拠され，仕方なくＢとＡとの占有界（図のニ－ホ－イ間）まで売却したが，イ－ハの筆界が不明のため，Ａ所有地のうちどれほどの分量をＢに移転登記すべきものか分からないという例を想定するならば，【ケース⑦⑧⑮】と同列に扱う必要があることを了解できるであろう。

⑵　筆界調査（全般）の場合

ハ－ロの全部について所有権登記名義人等であるＡ及びＢに立会・承認適格等が認められることについては，【ケース④】と同じである。

15　筆界付近地の一部を隣地所有者が時効取得・未登記の場合

【ケース⑮】

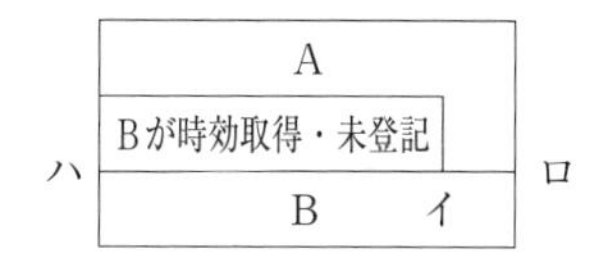

Ａ所有の一筆地のうち，ハ－イに接する部分を隣地所有者Ｂに時効取得されたが，その旨の登記が未了のケース。

⑴　筆界確定訴訟の場合

判例〈41〉は，【ケース⑧】と同じ論拠で，ハ－イ－ロ間の全部につきＡの当事者適格を認めている。

⑵　筆界調査（全般）の場合

ハ－ロの全部についてＡ及びＢの立会・承認適格等が肯定される。

〈41〉　最（３小）判昭和58年10月18日民集37巻８号1121頁。

16　筆界付近以外の一部を第三者が取得・未登記の場合

【ケース⑯】

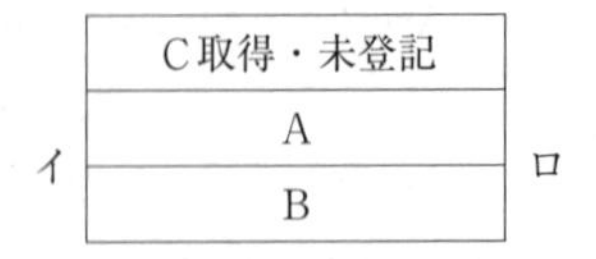

A所有の一筆地のうちB地に接しない部分（非隣接一部）をCが譲受又は時効によって取得したが，その旨の登記が未了のケース。

⑴　筆界確定訴訟の場合

所有登記名義人等であるAがイ－ロにつき当事者適格を有することは疑いない。問題はイ－ロと隣接せず，かつ未登記のCにも当事者適格を認めることができるか否かである。後記⑵のとおり，筆界特定手続において，上記のCについて当事者（正確には申請人）適格が認められている（不登規207条2項4号）。また，【ケース④⑤⑪⑫】等のケースにおいては，分筆登記手続のため，イ－ロにつき筆界確定を必要とする者につき，当事者適格が肯定される。そうすると，本ケースにおいても，分筆の上，自己への所有権登記を実現させるため必要である以上，Cについてもイ－ロの筆界確定につき当事者適格を認めることができると解される（576頁⑵）〈42〉。

⑵　筆界特定の場合

筆界特定手続の申請者は，原則として一筆地の「所有権登記名義人等」（不登法123条5号）でなければならない（不登法131条1項）。しかしながら，例外として本ケースCのような「一筆の土地の一部の所有権を取得した者」（確定判決や公正証書等の公的資料によって所有権取得を証明できる者）についても，申請人適格を認めている（不登規207条2項4号）。その理由は，一筆地の一部の所有権を取得した者が「所有権登記名義人等」になるためには，当該一筆

〈42〉　私見としては，理論上難はあるものの，CはむしろAに代位して提訴できるにとどまるとの見解に魅力を感じる。Bは，Aを相手方当事者とする場合には，時効取得や境界和解を理由とする所有権界確認訴訟を同一裁判所に併合提起できるのに対し，Cが単独でイ－ロの筆界確定訴訟を提起できるとすれば，Bはそのような紛争の解決方法を採り難いこととなるからである。

地からの分筆登記を経由した後，所有権移転登記をしなければならない。しかし，分筆登記をしようとする場合，当該一筆地の外枠（イ－ロを含む。）の確認ができないと分筆登記自体が不可能となる。その事情は，Ｃ地がイ－ロに接していようと（【ケース④⑤】），本ケースのように接していなかろうと，同じである。したがって，Ｃの救済のために，「一筆の土地の一部の所有権を取得した者」からの筆界特定申請を是認している〈43〉。

⑶　Ｃによる分筆申請の場合

所有権登記名義人又は表題部所有者でないＣによる分筆申請，地積更正の申請，地図訂正の申出等は，いずれも許されない（不登法39条１項，34条１項４号，38条，不登規16条１項）。従前の一筆地（Ａ地）の外枠であるイ－ロの筆界につき，立会・承認適格等を有する者は，Ａ及びＢである。

⑷　地籍調査・法14条地図作成作業における一筆地調査の場合

本ケースにおいてＢ地と相隣接するＡ地の所有権登記名義人等であるＡに立会・承認の適格があることが明らかである。したがって，Ｂのほかにはｌのみから立会・承認を得れば必要十分であろう。

〈43〉　平成17年12月６日法務省民二2760号民事局長通達（筆界特定施行通達）14。

第4章

機能管理者による官民境界明示等における立会・承認の適格

1　機能管理者による官民境界明示等の要件と法律効果

公物管理型（35頁）の境界明示の多くは，市町村その他の公共団体が要綱等に基づき，道路等の管理者が道路等の公物の範囲を明らかにすることによって，道路等の管理・保全を図り道路等と私有地との境界をめぐる紛争を未然に回避するために，隣地所有者の立会いを得て調査し，異議がない場合には境界標を設置し，境界明示書を交付する行為である。行政権である機能管理権の行使であって財産管理者として土地の所有権の範囲を確定するものではない。

また，公物管理界と似て非なる存在として行政界があり，道路法18条に基づく道路区域の決定がその典型例であるが，道路の区域決定は，道路法が適用される範囲を確定する行政行為であり，道路区域とされた土地については私権が制限されることとなる（道路法４条）など，道路法の各条項が適用されることとなる反面，民有地の区画（筆界）に変動を及ぼすものではなく，買収等の所有権移転手続を経ない限り，所有権界も変わらない〈1〉。これら公物管理型（37頁(ウ)）の境界管理は，道路の公物管理界にせよ，道路区域界等にせよ，いずれも言わば上物たる道路についての境界であり，底地の所有権・筆界とは関わりないという発想に基づいている。

底地の所有権界・筆界を意識した財産管理型（33頁）と顕著な差を示している。

〈1〉『公共用財産管理の手引』115頁。

2　機能管理者による官民境界明示等につき，立会・承認の適格を有する者

前記1のとおり，公物管理型においては，隣地所有者の立会いを得て調査し，異議がない場合には境界標を設置し，境界明示書を交付することが境界明示等の目的とされている。そうすると，立会・承認の適格を有する者は，一方は公物の機能管理者であり，他方は隣地所有者〈2〉であることになる。公物管理界は特段の事情がない限り，所有権界・筆界と同じ場所にあるのが望ましいことから，至極当然であろう。多くの地方公共団体の要綱等においても所有者のみを申請適格者としている。

ところが，地籍調査準則20条・23条に倣ってであろうか，境界明示等の申請人を「土地の所有者若しくはその土地に利害関係を有する者」としている例がある〈3〉。その場合でも，申請人は，地籍調査の場合と同様に，申請・立会いの適格を有する者は所有権者に限るべきであり，立会いの際に利害関係人をも立ち会わせてよいとの趣旨に解すべきであろう（517頁(2)）。

〈2〉　地方公共団体の要綱等を読む限り，所有権登記名義人を境界明示の相手方としているようである。

〈3〉　市と隣接市町との行政界の確認に係る太田市行政境界確認実施要綱2条，4条。

第５章

隣地の所有者の判定

所有権界であれ，筆界であれ，境界調査への立会いを求め，境界についての承認を求めるべき相手方は，原則として「相隣接する」一筆地の「所有者」相互である。「相隣接する」か否かの判定については，３章５節（230頁）において詳述したとおりである。しかし，境界調査の実務では，「所有者」の判定について悩むことも多い。典型的には，①多数が共有する土地の場合，立会・承認の適格を有する者は誰なのか，②未登記・無番地の土地の所有者は誰であり，立会・承認を求める官公署はどこなのか，③村はずれにある共同墓地の場合，誰に立会・承認を求めればよいのか，④明治初年以来，所有権登記のない土地の相続関係をどのようにして判定していけばよいのか，⑤隣地所有者が判明しない場合には，境界の確定を断念するしかないのか等々，担当者を悩ませる法律問題が山積している。

その全部を網羅することは著しく困難であり，筆者の能力を超える部分も多々ある。本章では，所有者の判定が困難なこれらの土地につき，所有者の判定の問題にとどまらず，幅員や時効取得等，境界問題に絡む日頃問題となることの多い論点につき，そのあらましを付加して紹介することによって実務の参考に資することとしたい。

第１節　共　有　地

１　共有地の管理一般

⑴　共有地に係る意思決定

現地で立会いの上，「境界」の位置について承諾を与えることが，共有地についての「処分行為」に当たるのなら，通常は全員の同意を要し（民法251

条)，区分所有マンション用地であれば，区分所有者と議決権の各4分の3以上の多数を要するのを原則とする（区分所有法17条1項)。これに対し，立会・承認が共有地の「管理行為」であれば，持分の過半数であるのを原則としている（民法252条本文，区分所有法18条1項本文，30条，38条，14条)。さらに，立会・承認は共有地の「保存行為」にすぎないと解されるとすれば，各持分権者が単独で立会・承認の権限を有することになる（民法252条ただし書，区分所有法18条1項ただし書)。

そうすると，立会・承認の性質をどう捉えるかによって，立会・承認の適格を有する者は，共有者全員と解する見解から，持分権者個々まで結論が異なってくる。

(2)　共有地の管理組合と境界協議の適格

①総有（共有入会地，旧財産区有地など）の場合，管理権は慣習上の管理主体たる管理組合に属する。その管理組合は権利能力のない社団であっても，境界協議等の適格を有する，②共有（合有も含む。マンション，共同相続人の遺産など）の場合，(i)管理組合が法人ならば，その管理組合が境界協議の適格を有する，(ii)管理組合が権利能力のない社団の場合には，共有者からの法令又は規約に基づく委託があれば，理事長名義で境界協議の適格を有する，(iii)管理組合がない場合，境界協議には共有者全員からの委任が必要ということになろう。

2　共有地の所有権界についての立会・承認

所有権界についての協議が民法上の和解契約を意図するものであれば，その効果は境界付近の土地についての所有権の処分（土地の互譲）を伴うものである（390頁5)。したがって，境界協議の実務では，境界を接する相隣地の一方ないし双方が共有地であるならば，前記1の「処分行為」に当たると解されていることから，原則として共有者全員が協議に参加しなければならず（民法251条)，立会・承認についても共有者全員（代理人であってもかまわない。）が参加することを建前として運用されている。

3　共有地の筆界についての立会・承認

筆界確定訴訟及び筆界特定制度は，筆界について相隣地の一方当事者が不承認であることを前提とする手続ゆえ，当然には「承認」は問題とはなり得ないが，「立会い」と同類の問題として，誰を当事者あるいは関係人等として手続に参加させるかという点が問題となっている。

この点につき筆界確定訴訟や筆界特定制度においては，当事者ないし関係人等として共有者全員の参加が求められている。すなわち，筆界確定訴訟の当事者適格に関する判例〈1〉は，共有者全員が当事者となる必要があるとし，共有者の中に当事者（原告）となるのを拒む者がいた場合についての判例〈2〉は，参加を拒む者を被告の1人とすべきものとしている。

また，筆界特定に関する不動産登記法133条は，相隣地の所有権登記名義人等（不登法123条5号）であれば，申請人以外の者は，共有者を含めて，すべて関係人（不登法133条1項1号）として取り扱われ，立会いその他の手続関与の機会が保障されている（不登法136条1項）。

同様に，登記官による筆界調査の実務〈3〉では，地積訂正等の申告書に添付すべき隣地共有者の連署・承諾書は，共有者全員の連署等が必要であり，持分の過半数の連署等では足りないとされている。前述した，筆界特定における対象土地及び関係土地（不登法123条3号・4号）の所有権登記名義人等が共有者であるときも，共有者の全員が関係人となることが予定されているのと同じ理由によるものであろう。

これらの筆界実務の取扱いは，筆界を確認する行為は事実上，所有権界を確定するのと同様，所有権それ自体を処分する（財産の処分行為）に等しい結果を招くことを実質的な根拠にしているものと推測される。しかしながら，登記官や地籍調査担当官による筆界の判定は，単なる事実行為であって，これに対する立会・承認は，直接には所有権界にはもちろん筆界にも何ら法的効果を及ぼすものではない（222頁）。したがって，筆界確認の際の立会・承認それ自体は，理論的には共有物の保存行為（民法252条ただし書）にとどまる

〈1〉　最（1小）判昭和46年12月9日民集25巻9号1457頁。
〈2〉　最（3小）判平成11年11月9日民集53巻8号1421頁。
〈3〉　昭和35年12月27日法務省民事三発1187号民事局第三課長心得回答。

といえよう。筆界に争いがある場合の筆界合意（筆界についての認識の一致）や，新たに筆界のみを示すことを明記した境界標を入れる行為〈4〉，その境界標を移動させる行為も，せいぜい筆界を管理する行為にすぎないといえよう。それゆえ，共有物の筆界認定における立会・承認の要件は，私人間の境界協議や，官民境界確定協議（410頁）など所有権界についての和解の場合とは，少なくとも理論上は扱いをもう少し緩和してよいようにも思われる〈5〉〈6〉。

さらに付言するならば，当事者の認識の一致を待つまでもなく一義的に筆界が明白な場合〈7〉における「境界合意」は，行政的手順として求められる手続的要件（22頁）にとどまるといえ，保存行為と考えても支障はないはずである。そのためか，かつては表示登記官の中には筆界が一義的に明白であれば隣地所有者の筆界承認は不要と考える者も少なくなく，これを認める実務参考書も存在した。その考え方は，筆界特定制度の存在する現時点でも妥当するといえよう。

ところが，筆界特定制度の発足により，隣地所有者が共有であるためその同意を取ることが困難な場合には，筆界特定の申出により，同意を得られな

〈４〉　好ましくはないが，一部共有者が把握できない等の場合には仕方ないであろう。なお，政府は「所在不明相続人」あるいは「特定できない相続人」の相続持分を他の相続人が取得できるようにする仕組みを2020年までに成立させるべく検討中である。

〈５〉　所有権界の協議が民法上の和解を意図するものであったとしても，「共有物の変更」（民法251条）と見るのは行き過ぎであって，「共有物の管理」（同法252条本文）と見るべきではなかろうか。ちなみに，最（３小）判平成９年１月28日判時1599号139頁は，共有株式につき商法旧203条２項にいう社員の権利を行使すべき者は，共有持分の価格に従いその過半数をもって定めるとしているが，その取扱いとも均衡を失するような感を否めない。

〈６〉　2018（平成30）年の法制審議会において，共有地の管理等の在り方について，抜本的な改正が指向されている。過去においても，共同提訴を拒む共有者につき，平成８年民事訴訟法改正の際には，立法過程では４分の３の多数者が提訴すれば残りに対して裁判所が参加命令を出す案が示されていたが立ち消えとなったという経緯がある。高橋宏志『重点講義民事訴訟法（下）〔第２版補訂版〕』（有斐閣，平成22年）242頁，254頁注41。なお，前記注〈4〉参照。

〈７〉「過去に立会い済み」（特に前所有者）や，「法14条地図の区域で座標資料が存在する」という事実のみで筆界が「一義的に明確な場合」に当たると即断してはならない。

い共有者を関係人として手続に引き入れるという方法が採用された。そのためか，隣地所有者の筆界承認が得られないケースはことごとく筆界特定を申し立てればよいとの考え方が生まれ，登記官限りで保存行為として処理する例は少なくなったといわれている。

さらに，注目されるのは，裁判所の作成した東日本大震災の「震災復興事業における財産管理制度の利用に関するＱ＆Ａ（平成25年）〈8〉」である。「用地買収の対象となる土地と隣地の境界確認のために，不在者財産管理人に立ち会ってもらうことができるか。その際，家庭裁判所の許可が必要か」という問に対し，裁判所は（要旨）筆界の確認には，筆界を確定する効力がなく，「土地の境界〈9〉の確認行為は保存行為にすぎず，家庭裁判所の許可は不要」としている。同回答は，後に不在者が現れれば不在者財産管理人による確認は法的意味を持たなくなるという特殊事情の下の回答であり，裁判所が司法行政に係る意見として述べているにとどまるが，筆界の確認それ自体は保存行為にすぎないとする私見に通じるものがある。

なお，祠の境内地や墓地等に多くみられるいわゆる「記名共有地」や「共有惣代地」（変則型登記の土地）については「所有者不明土地」の項（332頁）において詳述する。

第2節　無番地の土地

第1款　無番地と所有権の帰属

地図・公図上，土地区画の記載はあるが，地番の記載のない土地がある。さらに，地図・公図上，土地区画の記載も地番の記載もないが，現地には実際に存在する土地がある。隣地がこれらの地図・公図上無番地ないし不存在の土地（以下「無番地の土地」という。）である場合，当該無番地の土地の所有

〈8〉　青森・盛岡・仙台・福島・水戸の各家庭裁判所が軌を一にして配布している。
〈9〉　前後の文脈から，ここでは，所有権の範囲と筆界の双方を指す。

者として誰が立会・承認適格あるいは当事者適格を有するのか。結論を先に述べれば，**【図表 3-1】** のとおりである。

以下，表に補足して説明する。

【図表 3-1】

<table>
<tr><td rowspan="5">無番地の土地</td><td rowspan="3">官民有区分の終わっている土地</td><td>民有又は公有たる確証のある土地（公図等の付番の誤りや，めがね地〈10〉，飛び地の表示の欠落等のため公図等のみ無番地，私道，私有水路等）</td><td>民有地又は公有地（※1）</td></tr>
<tr><td>無番のまま国有財産台帳に登録されている土地</td><td rowspan="4">国有地（譲与後は市町村有地等）（※２）</td></tr>
<tr><td>里道・水路等，公図の記載等により官有地であることが明らかな土地</td></tr>
<tr><td rowspan="2">官民有区分のない土地</td><td>脱落地</td></tr>
<tr><td>未定（みじょう）地，（無願埋立地）</td></tr>
</table>

1　民有又は公有たる確証のある土地（【図表 3-1】の※１）

⑴　民有飛び地

官民有区分（93頁⑷）において，民有あるいは公有に区分されたにもかかわらず，現公図上，単に表示が誤って無番地と表記されている場合がある。典型的には，地租改正の当初に作成された和紙公図（121頁）上は一筆の民有地であったのに，後に道路や水路が作られてその民有地が分断され，飛び地になった場合がある。その場合，その民有地を①分割地として枝番を付す例と，②めがね地の表記をする例がある。ところが，現公図に転記する時点で，①について枝番を書き漏れ，あるいは②についてめがね地表示を書き漏らしたため，当該分割地が無番地として表記されていることがある。

⑵　字所有の飛び地

無番の箇所が同じ地番区域（大字）の別字地番のことがある。地租改正当初その場所が，他村（大字）の飛び地であった場合，当該大字の地番が付さ

〈10〉　めがね地とは，古い慣行に従い，１筆の土地が道路や水路等の長狭物を挟んで飛び地として存在する場合に，公図上，一筆地であることを示すために，○⌒○印で飛び地を結んだものを指す。東京高判昭和50年７月31日判時796号55頁。

れることはなかった。その場合，当該部分に，「何某村」又は「他村」と記入されることがあるが，それらの村（大字）の記入を漏らしたために無番地となっている例がまれにある。同様に，小字の飛び地が無番地となっている場合もある〈11〉。

上記(1)(2)の存在は，旧土地台帳（174頁）の記載，資料館等保管の図面・帳簿類や土地宝典（187頁）その他の資料を比較検討することにより判明することが多い。

字持地については，後記７節１款６（345頁）参照。

２　国有・公有無番地の土地（【図表 3-1】の※２）

地租改正条例細目（明治８年７月８日地租改正事務局議定）第３章１条本文は「番号ハ…県庁裁判所等ノ敷地…等地所ノ種類ニ不拘官民ノ所有ヲ不論一村所属ノ地ハ漏脱ナク地押順ヲ逐ヒ一筆限一村通シ番付スル歟」としており，建前としては，官有地も付番することとしていた。そのため地籍編纂事業（明治７年～明治23年）の下では，官有地にも付番され，さらには地番を有する官有地については，明治22年７月24日大蔵省主税局長通牒により，土地台帳に登載されることとされた〈12〉。土地台帳はすべての土地の地籍簿であるとの発想であろう。

そのため，和紙公図上，地番が付され，地目の記載がある土地であっても，国有地の場合がある（98頁）。それゆえ，番地が付されていることの一事をもって，民有地と推定ないし推認することはできない〈13〉。

これに対し，地租改正事業の下では，前記細目第３章１条本文にもかかわらず，国有地は元来地租を賦課する対象ではないため，付番されず，地租に関する事項の登録を目的とする土地台帳等〈14〉への登録の対象外とされた

〈11〉『山林の境界と所有』79頁。

〈12〉丹羽邦男教授の，いわゆる加茂春日神社事件における甲府地裁昭和58年（ワ）84号事件における鑑定書）による。

〈13〉大阪高判平成16年７月16日訟月51巻８号2056頁，最（１小）判平成16年11月25日（公刊物未登載）にて維持。

〈14〉明治６年地租改正事業開始時の統一地券に基礎を置く課税台帳に発し，1889（明治22）年土地台帳規則，1931（昭和６）年地租法，1947（昭和22）年土地台帳法と

(土地台帳法44条・土地台帳事務土地扱要領4条)〈15〉〈16〉。土地台帳は，あくまでも財政地籍を確立するための帳簿であるとの発想であり，その後においても，不動産登記法改正法（昭和35年法律14号）附則5条1項は，国有地・公有地を含む固定資産税を課することができない土地については，表示に関する登記申請義務の規定は当分の間，適用しないこととしており，現・不動産登記法附則9条もその建前を踏襲している〈17〉。

国道及び県道については，現在の道路台帳に相当する調書・図面を府県が調製することとされたが，里道については調製することを要せず，登記も不要とされた（明治9年6月15日内務省達乙73号「道路等級公布ニ付図面調整概則」)。さらに，里道・水路など国有無番地たる（旧）法定外公共物が市町村に譲与された後も，国又は地方公共団体が所有する土地については，上記法令により表題登記義務が免除されていることから，無番地のまま放置している市町村が大部分である。

これらのことから，土地台帳制度と登記制度との一元化作業（174頁）のとき新規登録が行われなかったものは，そのまま無番地（国有無番地・公有無番地）となっている〈18〉。

これらの無番地の土地の中でも，例えば無番のまま国有財産台帳に登録され，国有林事業や官舎用地等として積極的に活用されている土地については，立会・承認適格を有する者は，当該国有財産につき財産管理を行う権限を有する各省各庁の長（国有財産法31条の3）であって，当事者適格等の判定は容易である。のみならず，これらの土地については，無番地であっても，境界査定図（61頁(3)，179頁）や境界確定協議書等（180頁）が整備されていることから，境界争いを生じることも比較的少ない。

受継され，1960（昭和35）年不動産登記法改正による登記簿への一元化作業完了時に土地台帳制度が廃止されるまで続く。

〈15〉 昭和6年地租法88条，昭和22年土地台帳法3条2項・4条，昭和29年6月30日法務省民甲1321号民事局長通達「土地台帳事務取扱要領」4条1号等。

〈16〉 新谷正夫・川島一郎『改訂土地家屋台帳法解説』13頁。

〈17〉 国有財産法38条・同法施行令22条の2第1号は，公共公園・広場以外の公共用財産，及び貸付道路につき，国有財産台帳の作成を不要としている。

〈18〉 広島高判平成13年6月28日訟月48巻10号2371頁は，無番地の土地につき，国有と認定している。

これに対し，近代的土地所有権制度が確立した明治初年（４頁）以来，境界につき管理らしい管理が行われないまま道路・のり面，堤塘敷，水路・井溝，湖・沼，畦畔，馬入れ，海浜・島しょ等の公共の用に供されてきた土地については，立会・承認の適格者すなわち当該公共用物の所有者や財産管理者たる官庁等の判定が著しく困難なものが多い。同様に，墓地や史跡の類も所有者ないし立会・承認の適格を有する者の判定に困難を伴うことがまれではない（341頁，344頁）。

以下に項を改めて，これらの公共用物等に係る所有権の判定についてその概要を述べる〈19〉。

第２款　脱落地・未定地

１　脱落地の意味

脱落地とは，地所名称区別改定（明治７年11月７日太政官布告120号。92頁）に基づく山林原野や公共用物等の官民有区分〈20〉なり，社寺地に対する官民有区分〈21〉の作業を終えた地方にあって，調査の対象から漏れてしまった結果，国有地として国有財産台帳等に登載されることがなく，また公図上官有地である旨明確に示されることもなく，そうかといって民有地と認定されて地券が発行された形跡もない土地を指す（国有土地森林原野下戻法１条３項）。

実務上は，前述の官民有区分の対象となった土地のほか，官民有区分の必要が元来ほとんど生じなかった町地（宅地）や田畑のうち，現に国有財産台帳や公図，登記簿に何らの手掛かりのない無番地の土地をも広く脱落地と称している。理論上は，町地等の脱落地を除くべき理由はないので，脱落地の意味を実務のとおり広く解して妨げないと思われる。

〈19〉　現実の物件につき隣地の所有権の帰属を判定するに当たっては，本書に略記する基準のほか，当該地方ごとに適用された法令，慣行等を十分に考慮しなければならない。明治初年に土地所有権の帰属や筆界が形成された当時は，中央政府が制定した法令がすべてではなく，地方ごとに適用されていた法令も数多く制定され，また，地方ごとに独特の慣習法も存在していたからである。90頁注〈10〉。

〈20〉　山林原野等の官民有区分については，福島『地租改正の研究』328頁，513頁，600頁以下，公共用物の官民有区分については，同書329頁各参照。

〈21〉　社寺地に関する官民有区分については，福島『地租改正の研究』329頁，448頁参照。

2　未定地の意味

未定地とは，官民有区分作業の終了した地方において，調査の対象となりながら官民有区分未了のまま推移している土地を指す〈22〉。未了のままである理由としては，旧公有地のうち，官有地，民有地の区分けが困難であるとか，調査の際，地番が不明で当該土地の沿革を知り得ないなどが挙げられる。これらの土地については，改租の簿冊上未定地であることが記載されている〈23〉点で，前述の脱落地と異なる。

3　脱落地・未定地の所有権

(1)　行政実務

地所名称区別改定（92頁）の制定当初，全国の土地は同基準に従ってことごとく官有地，民有地のいずれかに区分されることが予定されていた。区分の基本方針は，民有でない土地はすべて官有とするというものだった。そのことは，同法令の官有地第三種に関する規定が，「山岳丘陵林藪原野河海湖沼池澤溝渠堤塘道路田畑屋敷等其他民有地ニ有ラザルモノ」はすべて官有地に区分する旨規定していることから明らかである。

ところが，官民有区分作業が一応終了した後にも脱落地，未定地という近代的土地所有権の創設未了の土地を生じた。特に当時，財産的に無価値であった土地については，かなりの土地が脱落地として残った。明治政府は，官有地に編入された土地に関する紛争を最終的に決着させるつもりで，国有土地森林原野下戻法を制定したが，同法制定を契機として，官民有区分から漏れた土地に関する紛争の余地をも根絶しようと考えたようである。そこで，同法１条３項において「未定地脱落地ニ付テハ此ノ法律ノ規定ヲ準用ス」と定め，1900（明治33）年６月30日までに下戻手続に準じた手続〈24〉をとらない限り，脱落地や未定地についても民有地編入の申請（下戻申請）をじ後一切許容しないことと規定した。

これらの脱落地・未定地に関する規定によれば，近代的土地所有権の創設

〈22〉　福島『地租改正の研究』603頁。
〈23〉　官民有未定地徴税区分方（明治22年５月７日大蔵省指令）。
〈24〉　国有土地森林原野下戻申請手続（明治32年４月18日農商務省令８号）２条。

が未了の土地である脱落地や未定地についても，下戻しの申請なく明治33年６月30日を経過した時点で，一括して官有地編入処分が擬制され，それによって近代的土地所有権が創設されたと解するのが相当と思われる。

したがって，脱落地，未定地は，時効取得が成立していない限り，国有地であり，筆界調査等について，立会・承認の権限を有する者は，財務省の普通財産管理者と考えられ，実務上もそのように運用されている〈25〉。

⑵　裁判例

脱落地については，前記⑴の行政見解に同調せず，「太政官布告等により土地支配権についていた諸制限が取り除かれた結果，所有権の内容に最も近い強力な支配力を持っていた者が，近代的土地所有権の確立によって，その土地所有者になった」という見解（いわゆる自然決定説〈26〉）を採る裁判例の一群がある。公図に記載のない三田用水路の敷地所有権についての最（１小）判昭和44年12月18日訟月15巻12号1401頁〈27〉，同道頓堀の敷地所有権についての大阪地判昭和51年10月19日訟月22巻10号2395頁などがその代表例である。この見解による限り，水路や自然のままの森林・原野など，取得時効の成立が考えにくい土地については，現時点においてもなお，明治初年において「最も強力な支配力を持っていた者」が誰かを判定し，その者を所有者と認定すべきこととなる。また，筆界についての立会・承認権者は，原則として脱落地の所有権者であり，国有財産と判定されるものに限り，財務省の普通財産管理者であるということになる。

公図に記載のない水路を（旧）法定外公共物（324頁）と国土調査担当者が判断したことに違法はないとする裁判例として，広島地呉支判平成７年４月26日判自148号83頁がある。

〈25〉　地籍調査で発見された脱落地（所有権を主張する占有者等がいないもの）については，財務局所管の普通財産として，同局に通知することとされている（昭和57年６月10日国土庁57国土国272号通達）。

〈26〉　詳しくは，『里道・水路・海浜』１編２章１節２参照。

〈27〉　三田用水事件は，地租改正当時の法令や官有地編入認定のための基礎資料が法廷に満足に提出されなかったという特殊事情のある事例であり，同最高裁判決は先例性に乏しい判決だという指摘がある。訟務座談会・訟月14巻１号44頁。なお，拙稿「国有土地森林原野下戻法による下戻不許可処分と土地所有権の帰すう」ひろば35巻６号（昭和57年）74頁。

4　脱落地・未定地と「無番地の土地」との関係

一般に，公図上無番地の土地や公図上記載のない土地があると，短絡的に脱落地であると考えがちだが，無番地の土地すなわち脱落地なのではない。公図上無番地の土地と脱落地・未定地との関係を図示すれば，前記１款の【図表3-1】（257頁）に記したとおりである。

もっとも，土地が現存するにもかかわらず公図上地番が付されず，登記もされていない原因としては，土地台帳法（昭和22年法律30号）において，民有地にはすべて付番すべきこと（同法４条）とされていたのに対し，国有地は登録の対象とされておらず（同法44条），土地台帳事務取扱要領（昭和29年６月30日法務省民事甲1321号民事局長通達）の下においても，国有地のほか専売公社・国鉄・電電公社（いずれも当時）の所有地は登録の対象外とされていたところ，登記簿と土地台帳の一元化（174頁），さらには1988（昭和63）年以降実施された登記事務のコンピュータ移行作業の際にも登記を起こすことを遺漏したとの事情が考えられる〈28〉。そうすると，旧登記簿上も和紙公図（121頁）を含む公図上も該当地番が見当たらない土地については，もともと国有無番地であったか，あるいは真正の脱落地の可能性が高いといえる〈29〉。

〈28〉　現行・不登法附則９条・昭和35年法律14号改正による不登法附則５条１項は，国有地・公有地を含む固定資産税を課することができない土地については，表示に関する登記申請義務の規定は当分の間，適用しないこととしている。ただし，国有地について登記できないという意味では，もちろんない。

〈29〉　国有無番地と判定した例として，福岡高宮崎支判昭和31年３月26日訟月２巻５号52頁，新居浜簡判昭和46年２月10日訟月17巻６号915頁（277頁(3))。なお，国が公図上無番地の土地（係争地）を民有有番地であると主張していたにもかかわらず，国有無番地たる原野であると認定した裁判例として，東京高判平成６年８月30日（公刊物未登載）がある。

第3節　道路・畦畔等

第1款　里　道

1　里道の識別と所有権の帰属

(1)　里道の定義

里道とは，道路法による道路（高速自動車国道，一般国道，都道府県道，市町村道）に認定されていない，いわゆる認定外道路のうち，和紙公図（旧土地台帳附属地図の原図・原公図。多くの場合，閉鎖公図。121頁）上，赤線で表示されているものを指す。

(2)　2000（平成12）年4月1日以前における里道の所有者

里道は，明治初年に国有地とされて以来，地番も付されず，登記もされることもなかった〈30〉。のみならず，国有財産台帳に登載する必要すらないとされていたし，報告書及び計算書に関する法の規定も適用されないことになっていた（国有財産法38条，同法施行令22条の2第1号）。したがって，ある場所が里道であること及びそこが国有地であることを明治初期ないし現在の公的文書によって直接に証明する手段は存しない。

それでは何に基づいて里道の存在を認識するのかというと，公図（マイラー化再製される前の原公図・和紙公図）上，赤の長狭線で記載されていることをもって手掛かりとしており〈31〉，実務上，里道のことを「アカミチ」とか

〈30〉　平成12年以前であっても，公図の元図上里道と確認される無番地の土地につき，土地改良事業等が実施され，その成果たる地図（それらの多くは，法14条（旧17条）地図として登記所に備えられるに至っている。）に地番が付されている例は多い。

〈31〉　官有地に編入された道路については，地所処分仮規則（明治8年7月8日地租改正事務局議定）1章処分方綱領8条で，「渾テ官有ト定ムル地処ハ地引絵図中ヘ分明ニ色分ケスヘキコト」と定められ，里道については赤の長狭線をもって記入される例となった。なお，「地引絵図」とは，本来は幕藩体制下において検地を行った際に作成された地引帳（検地対象の土地を1筆ごとに字，地番，地目，地種，所持人等を記したもの）の附属図を指すが，ここでは地租改正時に作成された地租改正地引絵図（改租図・字図。122頁）と同義に用いられていると解される。その後に作成された更正地図（124頁）においても，地租改正地引絵図（改租図）に関する前記の表

「赤線」と呼びならわしているゆえんもここにある〈32〉〈33〉。

なお，例外的にではあるが，公図上，赤く塗られていない２本の長狭線で表示された道路で，土地台帳や登記簿に登載のないものがある。これらは，他の表示との比較により里道と推定してよいものが多いと推測されるが，中には二線引畦畔（270頁）ないし未定地たる道路あるいは無番地たる私道（**【図表3-1】**（257頁）参照）もあり得よう。

さらに例外的にではあるが，市町村道等に認定され，その後供用廃止された里道の敷地所有権が旧道路法（大正８年法律58号）62条，大正８年11月25日勅令474号１条に基づいて地方公共団体に下付（譲与）された例もある〈34〉。

⑶　2000（平成12）年４月１日以降における里道の所有者

ア　現に機能を有する里道

現に公共用物としての機能を有する里道は，地方分権推進施策によって，2000（平成12）年４月１日以降，市町村（都の特別区を含む。以下同じ。）に対して譲与されることとなった（324頁）。

イ　既に他の公物管理者によって管理されている里道

里道のうちには，林道（森林法４条２項４号，５条２項５号）や自然公園道（自

記方法が踏襲され，更正地図の大多数は，里道を赤線，公共用水路を青線をもって表示している。里道が明治初年において国有とされたとする根拠の詳細については，『里道・水路・海浜』２編１章１節参照。

〈32〉　まれにではあるが，地方ごとに作成された図面・公簿が手掛かりとなることもある。例えば，愛媛県では地租改正事業（89頁以下）当時に，地押丈量（93頁⑷ア）の結果を地番順に整理した畝順帳（せじゅんちょう・地引帳の一種）が作成され，明治９年ないし同10年に完成したが，そこには，道路や溝渠敷などの公共用物が位置及び幅員とともに記載されている。そのため，公図（原図）に表示がなくとも里道や公共用水路の存在とその位置・幅員が確認されることがあるとのことである。同様の図面・公簿として，徳島県の一分一間図（いちぶいっけんず）がある（138頁）。

〈33〉　北海道では，山林，原野，河川，海岸等の大半は官有地に編入され，その上で人民への払下げや貸付けがなされているので，本款で述べることは一般に妥当しない（126頁）。沖縄についても地租改正に関する一般論は妥当しない（129頁）。

〈34〉　旧道路法の下で1936（昭和11）年までの間に東京市道に認定され，1945（昭和20）年頃までの間に供用廃止された事例につき，上記法令に基づいて里道敷の所有権が東京都に移転したとする裁判例として，東京地判平成16年１月29日（公刊物未登載）がある。

然公園法15条１項）として利用されているものもある。これらの道路の境界管理者は，当該林道や自然公園の管理者である。また，かつては里道であったが現在では都道府県道や市町村道に認定されているものがある。それらは多くの場合，当該都道府県や市町村等によって拡幅整備され，その際に正確な境界確定作業が行われており，また管理者や管理手続も確定しているため，現時点において問題となるケースはさほど多くはない。しかし，旧建設省の指導により，市町村道に認定され，譲与（323頁）により境界の管理も当該市町村となっているものの，道路幅や形状は旧里道当時のままという道路も数多く存在している。

ウ　機能を喪失している里道

2000（平成12）年４月１日の時点で，既に公共用物としての機能を喪失しているものは，普通財産に管理換えして，財務省管理の国有普通財産として管理されることとなった〈35〉。

エ　里道についての所有者ないし立会・承認をする適格を有する者

前記ア～ウによって明らかなように，公図上同じく里道として表示されていても，①現に公共用物としての機能を有している場合には，原則として市町村に譲与され，市町村が所有者となって境界の立会・承認をつかさどり，②既に他の公物管理者によって管理されている里道については，従来どおり国有財産として，当該管理者が立会・承認の適格を有し，③機能を喪失している里道については，従前どおり国が所有者のまま，所管換えの後に財務省財務局が境界についての立会・承認をつかさどることとなる。

⑷　地籍図・法14条地図上，消去された里道・水路等について

里道や水路，二線引畦畔などの長狭物が公図上存在していたのに，地籍図及びこれを承継した法14条地図においては，公用廃止等の正規の承認手続〈36〉を経た形跡もないままに大量に消去されているという現実がある。多くは地籍調査が「悪しき（不適切な）現況主義」（28頁）に陥って違法に実施

〈35〉　しかし，現実には，譲与手続が極めてラフに定められているのを奇貨として，市町村が機能喪失里道をも一括して譲与を受け，直ちに民間に払い下げている例も多いようである。

〈36〉　平成13年３月30日付け財理1268号「取得時効事務取扱要領」第３（処理手続）。

されたためと推測される。地図上消去しても，里道や水路等が国有（譲与後は公有）でなくなるわけではないので，地図の訂正が必要となる。地籍調査の手続においても現地に存在せず，位置を確認できない里道や水路等の長狭物については，地籍図上，筆界未定の処理をすべきものとされている〈37〉。

そのためか，里道や水路等の（旧）法定外公共物を恣意的に削除した地籍図ないしそれを承継した法14条地図については，地図訂正の申立てが跡を絶たない〈38〉。

2　里道の幅員

(1)　幅員に関する法令

里道の境界をめぐる裁判その他の実務で，常に問題となるのは，里道の幅員である。里道の多くは，明治初年以来，拡幅や付替え等の大規模工事が行われず，地元の人々が事実上細々と維持管理を行ってきたにすぎない。そのため，里道の境界が争われるケースでは，道の両側の隣地所有者が里道の正確な位置と幅員を争う例が多い。里道の幅員を推定させる法令は，明治９年６月８日太政官達60号（道路ノ等級ヲ廃シ国道県道里道ヲ定ム）ぐらいしか見当たらない。同太政官達では，一級国道の幅員は７間（約12.7m），二級国道は６間（約10.9m），三級国道は５間（約9.1m）を標準としており，また，県道については，４～５間（約7.3~9.1m）を標準と定めている〈39〉。これに対し，里道については「要スルニ該区ノ利便ヲ達スルニ在テ其関係スル所随テ小ナレハ必ス之ヲ一定スルヲ要セス」として，幅員は一定しないものである旨明言している。

もっとも，里道だからといって幅員が全く定まっていないというわけではなく，そのことは明治８年７月８日地租改正事務局議定（地所処分仮規則）４

〈37〉　前田幸保編『地籍調査〈一筆地調査関係〉事例問答集』〔平成15年版〕174頁以下。
〈38〉　拙稿「境界の確認をめぐる各種手続の現状と問題点（下）」登記情報40巻10号（平成12年）26頁。
〈39〉　明治初年から終戦前の間においては，国道のほか府県道，市町村道もすべて国の営造物と観念され，知事ないし市町村長が機関委任事務として管理を行っていた。建設行政実務研究会編『建設行政実務講座（第６巻）』（第一法規出版，昭和53年）75頁。

章道路堤塘処分ノ事3条が「道路堤塘ハ各地凡ソ定リタル幅員アルヘシ若シ耕地ヨリ其幅員内ヲ犯シ切開タルカ又ハ宅地ニ取囲ヒタルモノアルトキハ其歩数ハ旧道敷堤敷ニ復シ耕地宅地ノ方ハ差除キ取調ヘルヘキ事」と規定していることからも明らかである〈40〉。

⑵　幅員の実態

現実の里道は，川村正一「里道の話」〈41〉によると，

①　都市地区内では1間（約1.8m）幅くらいで，車がすれ違いできないほど狭く，路面は都心の一部を除き砂利しか敷いていないものが大部分である

②　農村部にいくと，幅員こそ1間くらいが多いものの，草ぼうぼうで，道とそれ以外の区別をつけにくい程度のものが多い

③　山間部に入ると，道の形状すらはっきりせず，草をかきわけて進む程度のものが多い

ということである。

⑶　境界確定協議における処理基準の一例

大阪府土木部作成の境界確定事務取扱要領（昭和56年）18頁によると，里道敷幅について十分に資料を収集できないときは次の基準によるとされている。

①	昔から徒歩道又は人肩による運搬路の場合	0.91m	0.5間
②	昔から肩引車による運搬路の場合	0.91m以上	0.5間以上
③	昔から二輪牛馬車による運搬路の場合	1.21m	0.67間
④	昔から四輪牛馬車による運搬路の場合	1.82m	1.0間
⑤	昔から集落と集落とを結ぶ運搬路の場合	1.82m	1.0間

⑷　幅員についての裁判例等

里道の境界に関する裁判例は多数存在するが，里道と一方の隣地との境界

〈40〉　現に，明治8年6月23日鳥取県伺（地租改正事務局別報4号）では，地押調査の際，「村往還道」は9尺，「作場道」は6尺に統一してよいかと事務局に伺を立てている。また，徳島地判平成15年2月18日（公刊物未登載）は，徳島県においては，市道認定されていない行き止まり里道は，幅員を90㎝とするのが通例と判示している。詳細は，『里道・水路・海浜』2編1章1節4参照。

〈41〉　川村正一「里道の話」道路セミナー1968（昭和43）年12月号71頁。

確定に関する事案が多いため，判決書等を参照しても里道の幅員にまで言及している事例は，必ずしも多くはない。さしあたり任意抽出の１年間（昭和60年９月１日～同61年８月31日）に判決言渡しないし和解等のあった里道に関する事案28件について調査した結果は，次のとおりである。なお，後記の件数には，同一事件の下級審と上訴審は重複計上されており，また同一事件中に複数の里道が存在する場合には，統計上複数で計上されている反面，幅員の不明な事件は計上されていない。

①　約３尺（0.90～1.21m）　　9件
②　約１間（1.77～2.18m）　　12件
③　約１間半（2.70～2.75m）　　3件
④　約２間（3.64m）　　1件

こうして見てくると，争訟の対象となっている里道には３尺道路より，むしろ１間道路の方が多いようである。

なお，これらの数値について注意すべきことは，多くの場合，判決書等によっては当該里道が公図作成当時どのような利用状況下にあったのか，分からないということである。すなわち，前掲(1)の太政官達60号にも記述されているとおり，里道の幅員は明治初年当初から一定しておらず，各個の利用状況によって様々に異なっていた。したがって，例えば当該里道が墳墓地に通じる道路であったのなら，当時の生活実態にもよろうが，一般的には，大八車が通れるだけの幅員は存在していたと推定できるし，逆に車の通行が困難な山間部の里道であったのなら，人がすれ違える程度の幅員があれば十分であったと考えられる。このように同一地方に所在する里道であっても，利用目的等により幅員はまちまちであったはずなので，同一地域の里道に関する裁判例であるからといって，必ずしも無前提的には参考となし得ないということになる。

(5)　実務の留意事項

ア　幅員の広狭及び変動

現実の道路幅は，平均３尺幅の里道といっても場所によってそれより多かったり少なかったりするのが常態であるということも留意すべきである。

さらにやっかいなのは，過去のいずれかの時点で隣接する民有地にまで里道の拡幅工事や付替えが行われているのに，そのことを等閑視したまま，地図上里道の幅員・位置が変更しているケースが後を絶たないことである（536頁(2)）。

イ　対側地所有者の立会い

道路に限らず長狭物の境界の判定一般にいえることだが，当該長狭物の相対側地所有者の主張が共に認められると，長狭物の公図上の幅員を確保し難くなるときがある。そのような場合には，当該長狭物の財産管理者は，相対側の隣地所有者を共に訴訟・協議に引き入れてできる限り合一的確定を図るべきであろう〈42〉。

里道は，幅4ｍ未満の狭隘道路ゆえ建築基準法42条2項道路に該当するものが少なくない。その場合，「その中心線」からの水平距離2ｍの線が「その道路」の境界線とみなされ，セットバックする範囲を確定すべきこととなる。ここで言う「その道路」の「その中心線」とは，現況道路の中心線なのか，本来の里道の筆界の中心線なのかについて混乱があるが，法の趣旨である道路負担の公平に鑑みるとき，後者を指すと解される〈43〉。そうすると，セットバック位置（みなし境界線）については，相対側地につき，合一的に確定することを原則としなければならないであろう〈44〉。

3　里道の付帯物

(1)　崖地に存する里道の幅員等

里道の中には，平地面より高く盛られており，その両脇がのり面になっているところがある。その場合，のり面はどちらの所有に属するのであろうか。

一般に高低差のある土地間にあっては，そののり尻に境界があり，のり尻からのり肩までののり面は，高い方の土地に属するものとされている（190頁

〈42〉　もっとも，合一的確定を図るあまり，集団和解的手法（485頁）を志向することは，時に筆界の判定を申請した者に過重な負担を強いる結果となりかねない。

〈43〉　岡田潤一郎・佐藤彰宣・曽根芳文・寳金敏明「道路内民有地に関する座談会」土地家屋調査士2015（平成27）年9月号3頁以下。

〈44〉　岐阜県各務原市など，多くの実務はそのようである。詳細は，『里道・水路・海浜』2編1章1節6参照。

⑵）〈45〉。なお，公図上，里道（赤線）と隣地の間ののり面部分が薄墨色や緑色などで着色されている場合は，次に述べる二線引畦畔として里道とは別の国有地（国有畦畔）になる〈46〉。

⑵　側　溝

里道に側溝が付帯する場合は，その部分も道路の一部として取り扱うのが通例であると思われる。もっとも，一般に，道路敷・側溝と民有地との境界（筆界・所有権界・公物管理界いずれの場合もあり得る。３頁）については，付近一帯の旧慣，地域住民との取決め等の存在を確認することが必要である。

第２款　二線引畦畔等

１　二線引畦畔の識別等

⑴　畦畔一般

畦畔とは，元来「田畑ノ界ニアルモノ」（地所名称区別細目〈明治９年５月18日内務省議定〉）を指す。通常は，段差のない田畑の間にある畦畔にあってはその中心線が所有権界兼筆界であり，段差のある田畑間の畦畔にあっては畦畔は上手の土地に所属し，畦畔の下端と下手の田畑との水平面の交点が所有権界兼筆界であるといわれている（201頁ウ）。

⑵　二線引畦畔

畦畔やのり地などのうち，公図上２本の実線の長狭線で帯状に囲まれた無番地の土地で，地券や土地台帳等の公簿上登録された痕跡の認められない土地のことを，一般に「二線引畦畔」と呼びならわしている。二線引畦畔は，ときに「国有畦畔」と呼ばれることもあるが，それは実務上，以下に述べるとおり，二線引畦畔の所有者は国であり，財務省所管の普通財産であると解されていることに由来する。

二線引畦畔について立会・承認をする適格を有する者は，払い下げられたものや時効取得されたものを除き，財務省の普通財産管理者である。

〈45〉　民有地より高地にある里道ののり尻をもって，筆界を確定した裁判例として，福岡地八女支判平成15年３月28日（公刊物未登載）。

〈46〉　昭和42年５月31日大蔵省関財調56号関東財務局長通達。

2　二線引畦畔と「内畦畔」,「外畦畔」との違い

二線引畦畔は元来国有地であるのに対し，内畦畔，外畦畔はいずれも本地たる田畑の所有者の所有に属する民有地であるところにその違いが認められる〈47〉。

内畦畔とは，登記簿・台帳の一元化実施（昭和35年～同46年）以前において，その本地である田畑の面積に含めて計算され，公簿上,「田（畑）○○歩　内畦畔○歩」と表示されていた畦畔を指す。これに対し，外畦畔とは，当時，本地の面積に算入されずに，公簿上,「田（畑）○○歩　外畦畔○歩」と記載されていた畦畔を指す。

これらの内畦畔，外畦畔は，本地たる田畑の面積に算入するかしないかの違いこそあれ，いずれにせよその所有権が本地の所有者に帰属する民有の畦畔であるので，登記簿・台帳の一元化後は，内畦畔，外畦畔の記載をなくし，いずれもすべて本地の面積に合算して登記簿上の地積欄に記入すべきこととされるに至っている〈48〉。

二線引畦畔は，前述の内畦畔や外畦畔と異なり，本地に合算されておらず，公簿上も表示された痕跡が見当たらない。また，二線引畦畔は，公図上，二線で表示されているのに対し，内畦畔や外畦畔は，ともに一本線で表示されているにすぎない〈49〉。

3　二線引畦畔の実態

(1)　畦畔の意義と機能

一般に畦畔は，田の表面（田面）よりも高く土盛りした長狭物で，地方により,「畦（あぜ，うね)」,「畔（くろ，きし)」,「澗（はざま）地」（東海地方),「青（あお）地」（関東地方),「土手代（どてしろ)」（東北地方）などと呼ばれてい

〈47〉　畦畔の取扱いについての詳細は，『里道・水路・海浜』２編１章２節参照。

〈48〉　昭和35年４月１日法務省民事甲685号民事局長通達（登記簿・台帳の一元化実施要領）第27，昭和42年３月20日法務省民事甲666号民事局長通達。

〈49〉　耕地間の畦畔で，公図上一方が実線，他方が点線ないし赤の実線で描かれているものがある。これらは，本地と同筆の土地であり，二線引畦畔ではないとされている。

るようである〈50〉。

畦畔は，多くの場合，①田畑の取水・排水の調節・管理，②農作業用の通路，③収穫物の干場，④田畑の所有権の境界などの機能を有している。

⑵　二線引畦畔の実態

ア　実態・分布

二線引畦畔の実態は，必ずしも前述した本来の意味の畦畔ばかりではないようである。山間部に所在する二線引畦畔は，むしろ高低差のある田畑の間に存する大規模なのり地が多いようであるし，平坦地においても，灌漑用水路等の両側の土手道，草生地，相当規模の農道ないしそれらののり地，馬入れなどが少なからず含まれているようである。

二線引畦畔は，全国にどのくらいあるのか，詳細は不明だが，近畿，東海，関東，東北の各地方に比較的多くみられ，特に神奈川，静岡両県における面積は，およそ335万坪（1,100万㎡）にも達すると推定されている〈51〉。反対に，長野県内にはほとんど存在しないようである。

イ　二線引畦畔の幅員及び筆界

一般に，古い二線引畦畔は，その実態において幅60㎝くらいのものが多いようだが，山間部にある二線引畦畔は相対的に大規模なものが多く，１万坪以上にもなるものが存在するとのことである〈52〉。

4　二線引畦畔の所有権

⑴　所有権の帰属に係る明治初年の法制

ア　田畑間の二線引畦畔

Ａ地とＢ地の両田畑間に存在する二線引畦畔は，元来明治９年11月13日内

〈50〉　昭和30年９月26日大蔵省蔵管3131号大蔵省管財局長から会計監査院事務総局検査第一局長宛回答。

〈51〉　全日本農民組合連合会の調査結果として，全法務労働組合編『登記所繁忙記』（大月書店，昭和56年）47頁の紹介するところによると，二線引畦畔は，神奈川県の196万坪，静岡県の140万坪をはじめ，全国で約３億筆，面積にして山梨県一県分に相当するものがあると推定されるということである。

〈52〉　二線引畦畔と民有地との筆界につき一般的な判定手法を述べるものとして，『土地境界基本実務Ⅰ』198頁。公図と現況図を対比しつつ，青地（前記３⑴）の筆界を確定した例として，横浜地小田原支判平成16年６月29日（公刊物未登載）。

務省達乙130号の定めるところにより，民有地としてA地か，B地に編入されるべき土地であった。すなわち，A・B両地間にある畦畔は，折半するか，あるいは慣行に従ってA地・B地に編入し，A・B間の境界を一線引で明確にすべきものであった。その上，A地あるいはB地に組み入れた畦畔の地積は，1876（明治9）年当初はA・Bの各公簿上に外書で記載すべきものとされ，次いで1877（明治10）年には内書に統一するように改められている。

イ　その他の大規模な二線引畦畔等

二線引畦畔の中には，灌漑用水路等の両側の土手道，大規模な草生地，相当規模の農道ないしそれらののり地，大規模な馬入れ等，元来国有畦畔として公図上明確に表示されるべきであったのに，その作業がなされないままの土地もあった〈53〉。

ウ　二線引畦畔の所有権帰属についての最終決着

前記ア・イの土地は，明治初年の官民有区分（93頁(4)）において，元来，A地，B地あるいは国有地として分類されるべき土地であった。それゆえ，官民有区分に関する最終法令たる国有土地森林原野下戻法の定める1900（明治33）年6月30日を経過してしまった土地すなわち脱落地（260頁）として，最終的に国有に帰した土地である〈54〉。

以上をまとめると，国有地たる二線引畦畔の要件は，次のとおり整理されよう。

①　公図上，二線引の無番地の土地として表示されていること〈55〉。

②　前記①が，「既に登記済みの有番地の土地（本地たる田畑に合算済みの畦畔）につき，単に公図上の処理が未了である場合」に当たらないこと。

〈53〉　大規模な畦畔の中には，実質的に官有地に編入すべきであったものも存在することは確かであり，そのことを前提として発せられた中央や地方の指令もある。詳細は，近畿財務局二線引畦畔問題研究会編『二線引畦畔について』（昭和54年）300頁，『里道・水路・海浜』2編1章2節4参照。

〈54〉　二線引畦畔が明治初年において国有とされたとする根拠の詳細については，『里道・水路・海浜』2編1章2節4参照。同旨の裁判例として，横浜地小田原支判昭和62年3月31日訟月34巻2号311頁，東京地判平成5年11月30日判タ873号157頁。

〈55〉　もっとも，たとえ一線引きの畦畔であっても，現況が土手道であるとか，大畔であり，隣地所有者が誰もその所有権を主張しない土地の場合は，公図上にあらわれない脱落地（260頁）として，国の所有に属することになる。

すなわち，畦畔の地積が本地の公簿上に事実上計上されており，同公簿上の面積が実測面積とおおむね一致するときは，公図上たとえ二線引畦畔との表示になっていても，民有畦畔と認められるべきである。

③　当該土地につき，私人による取得時効が完成していないこと。

⑵　現在の通達上の取扱い

昭和30年代（1955～1965年頃）に入り，高度経済成長に伴う地価上昇傾向を反映して，従来見向きもされなかった畦畔等についても，その所有関係が争われるようになった。法務省や大蔵省（当時）は，以下のとおり，早い時期から，二線引畦畔は脱落地であり，国有であるとの通達を発している。

ア　昭和30年9月26日大蔵省管財局長発会計検査院事務総局検査第一局長宛て

二線引畦畔は「大蔵省所管の普通財産（脱落地）に属するものである。又一般に農地の間に存し，一般公衆の利用に供されている農道又は畦畔は公共用財産に属するものである。（中略）さし当たっては，機会あるごとにこれが発見に努め国有財産台帳に登載し処分することとしたい。」

イ　昭和35年8月25日関東財務局長発東京法務局長宛て「二線引（無番地）の畦畔地について」

「当局所管の国有財産について実態調査をしたところ，二線引（無番地）の畦畔地を隣地主が地目変更（耕地より宅地）に便乗し，自己所有の畦畔地として地方行政庁の証明を取り付け公図抹消を行っている事例が各所に見受けられ，特に三多摩地区においては著しいものがあり，国有財産管理上まことに遺憾とするところであります。

ついては，これら二線引（無番地）畦畔は国有財産として大蔵省所管の普通財産に属するものであるから，これらの申請書類は受け付けないよう特段の御配慮を御願いいたします。」

ウ　昭和35年8月31日東京法務局民事行政部長通知

二線引畦畔につき，隣地の所有者から錯誤を原因として境界線抹消の地図訂正の申請があっても，「当該土地が国有地でないことの権限ある官庁の証明がない限り，当該申告は受理登録すべきでない」〈56〉。

エ　昭和41年11月22日法務省民事三発1190号民事局第三課長依命通知

里道の場合と同様，取得時効が完成している場合（52頁(5)）も，民有地と認められることになる。そこで，時効が完成しているものについての処理基準が定められ，時効が完成しているか否かの判定に当たっては，国有財産時効確認連絡会に付議し，その意見を求めて個々の事案について処理するものと定められている〈57〉。

オ　昭和54年12月５日大蔵省財理4479号理財局長通達・同日54国土国437号国土庁土地局国土調査課長通達・同年同月21日法務省訟民1489号訟務局長から法務局長宛て通達

前記エにつき，地籍調査に基づく地籍図原図及び地籍簿案の活用による一括処理などの特例が定められている。この手続においては，二線引畦畔の一筆地調査に際し，①確定判決，②①と同一の効力を有する和解調書等，③権限のある国の機関が作成した所有権を証する書面のいずれかが提出された場合に限り，二線引畦畔の時効取得を認定してよいとされている。

5　二線引畦畔の筆界

二線引畦畔と隣接する民有地との筆界の判定手法は，畦畔一般について述べたところ（200頁）と基本的に異なるところはない。高低差のある畦畔については，明治８年７月８日地租改正条例細目２章３条が，「耕地ヲ丈量スルニハ畦際ヨリ打詰ト心得ヘキコト」としていることから，二線引畦畔については，斜面（のり）の下（内詰め）が耕地と畦畔との筆界と推定できよう。

二線引畦畔の筆界をめぐる裁判例は，神奈川県や静岡県等において散見されるが，判例集に登載されることはまれである〈58〉。

〈56〉　もっとも，公図上には二線引きで表示され，着色されている無番地の土地であっても，土地台帳上に外畦畔の表示がなされており，しかも本地と畦畔の実測数量の合計と，公簿数量がほぼ合致する場合には，当該土地を民有地として処理する例も存するようである。その場合は，登記はあるが公図上の処理が未了の土地に該当するというべきなので，実務の処理は相当といえよう。

〈57〉　詳細は，財務省平成13年３月30日財理1268号「取得時効事務取扱要領」。

〈58〉　公図と現況図を対比しつつ，青地（前記３(1)）の筆界を確定した例として，横浜

第３款　脱落地たる認定外道路

⑴　意　義

事実上，一般市民の自由に出入りできる通路なり農道，畦畔などとして利用されながら，公図には道路等の記載がなく，隣地の公簿面積に算入された痕跡もない土地がある。これらの土地は，近代的土地所有権創設時における官民有区分の際に官有地，民有地のいずれにも区分されることがなかった土地すなわち脱落地であり，国有土地森林原野下戻法１条２項に基づき，1900（明治33）年６月30日の経過をもって確定的に国有地になった（99頁⑺）。したがって，これらの土地が発見されれば，さしあたり財務省所管の国有財産として管理を開始すべきことになり，立会・承認の適格を有する者も財務省ということになる。

⑵　二線引畦畔との相違

この款で述べる脱落地たる認定外道路と，前款で述べた二線引畦畔とは，同じく脱落地であるという点でよく似ている。また，両者を峻別すべき実益も見当たらない。ただ，二線引畦畔は，原公図上（換言すれば，官民有区分なり地押調査，地籍調査を担当する官吏によって），その存在が認識されながら最終的に官民有区分が明確になされなかった土地であるのに対し，ここで述べる脱落地たる認定外道路は，その存在が地券や土地台帳等の公簿のみならず和紙公図上においてすら認識されていない土地であり，官民有区分の担当官が文字どおり見落とした土地であるという点が異なるのみである。

⑶　裁判例

道路状の脱落地に関する裁判例として判例集に登載されている例は少数で，無番地の水路と農道に関する新居浜簡判昭和46年２月10日訟月17巻６号915頁，傾斜地と平坦部分から成る脱落地（普通財産）に関する神戸地判昭和58年11月29日訟月30巻５号773頁（416頁注〈7〉）などが主なものである。

地小田原支判平成16年６月29日（公刊物未登載）がある。

第4節　水路・ため池等

第1款　河川・水路

1　河川・水路と境界との関係

(1)　河川・水路の構成要素

河川は自然公物であり，水路は人工公物であるが，いずれも，流水とその敷地の統合体から構成される。もっとも，我が民法では，統合体という観念は採用されていないので，河川・水路の統合体そのものに対する私権（所有権その他の財産権）を観念する余地はない。また，流水は，絶えず流下し，変動して特定が困難であるため，有体物（民法85条）でも土地の定着物（民法86条）でもなく，私権の目的にはなり得ない〈59〉。したがって，河川・水路と隣地との境界を考えるときは，河川・水路を構成する①流水と，②河川の敷地に分解して，②についてのみ検討する必要がある。

(2)　河川・水路の敷地と境界

ア　河川の敷地の種類

河川・水路の敷地については，さらに，①継続して自然流水の通路である低水路部分（河川法6条1項1号相当の土地）と，②高水敷や，堤防その他の河川管理施設の敷地である部分に分けて考えることができる。本書で単に「河川」，「（公共用悪）水路」というときには，特段の断りのない限り，この①②を総称する。極めて例外的なケース（後記283頁4）を除いて，所有者ないし立会・承認の適格を有する者を異にすることはないからである。

イ　常時流水下にある敷地と「土地の境界」との関係

前記ア①の流水の通路である低水路部分について，「土地の境界」が成立

〈59〉　河川法2条2項には，「河川の流水は，私権の目的となることができない」とあるが，同規定は確認条項にすぎず，同法の適用のない普通河川の流水についても私権は成立しないと解されている。もっとも，公有水面埋立法1条には「河……其ノ他公共ノ用ニ供スル水流又ハ水面ニシテ国ノ所有ニ属スルモノ」という表現があり，その意味については，『里道・水路・海浜』1編3章4節参照。

するのか。

登記実務〈60〉は，常時流水下にある河川・水路の低水路部分については，私的所有権が成立しないと解している。そうだとすると，河川・水路の中央部を「境界」としている場合，「土地」でない河川敷・水路敷につき「筆」境を観念することはできないことから，その場合，筆界は存在し得ず，河川・水路の真ん中に行政界（39頁）の一種である「公有水面のみに係る市町村の境界」（公有水面界。地方自治法９条の３）が存在するだけ，という説明になりそうである。また，公共用悪水路につき，その所有権を市町村に譲与する（323頁）との立法は誤りだということになりかねない。

これに対し，学説上の多数説，国土交通省の実務及び私見は，常時水面下にある河川敷であっても所有権が成立するとしている〈61〉。この見解によるときは，河川・水路敷の中央部を「境界」としている場合，当該境界は，土地についての行政界を示すと同時に，筆界や所有権界をも示すものと解することになる。また，公共用悪水路につき，その所有権を市町村に譲与するとの立法に誤りはないという説明になる。

実務上，あまり深くは考えられていないが，上記両説は，結論においても大きな相異がありそうである。例えば，河川敷・水路敷の中央に「境界」線が通っていてその位置に争いがある場合，登記実務の見解による限り，公有水面界についての争訟〈62〉として，専ら地方自治法９条の３等によって解決されるべきとの結論になろう。これに対し，常時流水下の敷地であっても所有権が成立すると考える多数説（私見）及び国土交通省の実務によるときは，所有権界や筆界も成立し得ることになり，一般の筆界確定訴訟や筆界特定制度による紛争解決も可能であるとの結論になる。

上記の登記実務の帰結は，結論において不都合を来すように思われる。例えば，公共用悪水路の恣意的な付替えなり，拡幅・一部埋立てがあったか否

〈60〉　昭和31年11月10日法務省民事甲2612号民事局長事務代理回答は，海面以外の水流・水面にあっては，高水位を標準として土地と水面下の地盤の境界線を定めるとしている。

〈61〉　『里道・水路・海浜』２編２章１節３参照。

〈62〉　琵琶湖上の市町村界（2007（平成19）年確定），十和田湖上の青森・秋田県境，霞ケ浦上の市町村界（2009（平成21）年確定）など，その例は多い。

かが争われている事案を想定してみる。調査の結果，真実の筆界がたまたま現在の陸地部分に位置するときは，登記実務によっても，筆界確定訴訟あるいは筆界特定手続等において筆界の位置を示すことができる。けれども，真実の筆界がたまたま現在の常時流水下の地点にあるべきと判定される場合，登記実務によれば「流水下＝土地でないところに筆界はあり得ない」のだから，「筆界」確定判決なり，「筆界」特定はできないという結論になりそうである。もっとも，登記の実務立場から，この帰結を明言する文献は見当たらない。

ウ　高水敷，堤防敷等

旧河川法（明治29年法律71号）では，常時流水下の敷地のみならず，高水敷，堤防敷も河川区域内であれば私権の対象とならず，民有地についても滅失登記手続が行われた。しかし，昭和40年4月1日施行の新河川法（昭和39年法律167号）では，前記イの常時水面下の敷地部分を除き，河川区域内の土地であっても原則として私権（土地所有権）が認められるに至っている。ただし旧河川法下で私権が消滅した高水敷，堤防敷は，新法下では，国有地とされた（河川法施行法4条）が，廃河川敷になったときは，従前の所有者に下付されることとなる（同法18条）。

2　河川・水路について立会・承認の適格を有する者

(1)　適用河川

河川法の適用のある河川には，国土交通大臣ないし知事の管理する一級河川（河川法4条，9条）と，知事の管理する二級河川（同法5条，10条）があり，河川法の規定が準用される河川には，市町村長の管理する準用河川（同法100条1項）がある。後記(2)の普通河川が昇格して準用河川になる場合もある〈63〉。これらの一級河川・二級河川・準用河川は，当該河川の河川管理者ひいては境界の立会・承認の適格を有する者（当該河川の財産管理者）が法令に明記されており，その者が境界について立会・承認を行うこととなる。

〈63〉　建設省（当時）は，準用河川への昇格を促進してきた（昭和47年9月7日建設省河政発78号「準用河川制度の改正について」)。『公共用財産管理の手引』325頁。

適用河川等の場合，立会・承認の適格を有する者は，一般論としては前記のように明快である。しかしながら，再三指摘しているとおり（【図表 2-1】（84頁）参照），所有権界・筆界・行政界のいずれの境界についての立会・承認であるのか，あるいは，機能管理権しか有しない者の行う境界明示にすぎないのかにより，所管の行政機関ないし所管部署が異なる。その事実を明確に意識していないと，たとえ適用河川や準用河川であっても，立会・承認の適格を有する者の判定を誤るおそれがある。

とりわけ，地籍調査で「現地確認不能地」として処理された場合，登記記録上地番は残るが，地籍図には河川とだけ表示されることとなる（525頁(ウ))。その場合，地図上「河川」と表示されている地域内には，滅失登記の対象となる常時水面下の部分だけでなく，高水敷や堤防敷など私的所有地が含まれていることが少なくない〈64〉。この点に関連し，津地判平成12年7月27日判自223号81頁（2級河川）は，河川管理者は，河川区域の隣地所有者等利害関係人から河川区域の明示を求められたときはこれに応じるべき義務を負うところ，河川管理者である知事は，河川区域に隣接した私有地の所有者ないし占有者からの求めがあれば，河川区域侵害行為の有無にかかわらずその境界明示を行わなければならないとしている。

(2)　普通河川

河川法や下水道法など河川管理に関する特別法の適用ないし準用のない河川及び公共用悪水路等を，一般に普通河川と呼びならわしている。青線の他，民有の確証のある井溝，掘川等，脱落地たる水路などがこれに含まれる。

ア　アオセン（青線）

アオセン（青線）とは，公図上，青色で着色された無番地の長狭線で表示された河川や水路のうち，適用河川，準用河川でないものを指す。都市部にある青線は，その多くは放置されているか，あるいは市町村等によって簡略な管理がなされているにすぎず，それらの実態は，多くの場合，田畑の灌漑用水路か，付近が都市化することによって下水路となった，いわゆるドブ川

〈64〉　安曇川堤防敷の一部が民有と認められた事件として，大阪高判昭和49年3月19日民集32巻2号413頁がある。

のようである〈65〉。

青線のうち，森林原野を流れる渓流の所有権については，その流下する山林等の所有者に帰属するとの見解も存在し得るが，公図上青線で表示されているものは，特段の事情がない限り，古来国有であったと推認される〈66〉。

青線は，現に河川や水路等の機能を有する限り，譲与（323頁）の手続を経て，現在では市町村等の所有となっているのが通例である。その場合は，青線について立会・承認の適格を有する者は，市町村等において被譲与財産の財産管理の権限を有する者である。

現に河川や水路等の機能を有せず，譲与の対象とならなかった青線は，国有財産のままであり，立会・承認の適格を有する者は，普通財産管理者（財務局）になる。

イ　民有水路等

公共の用に供されている用悪水路，井溝などの中には民有であることが明らかな水路等がある。登記のない民有水路（262頁の三田用水路）等もあるが，民有の登記が存在する場合も多い。民有水路等について，立会・承認の適格を有する者は，当該用悪水路の所有者である。

ウ　脱落地たる水路・湖沼等

普通河川には，前記ア及びイのほか，公図や公簿に表示のない「脱落地たる水路等」がある。その所有者（ひいては立会・承認の適格者）が誰であるかについて争いがあることは，前述（261頁３）のとおりである。他に明白に所有権を立証できる者がいない場合には，財務省所管の普通財産として，国（財務局）が立会・承認の適格を有する者となる。

〈65〉　笹倉三郎「都市河川に関する行政監察の結果について」時法711号（昭和45年）22頁。なお，その管理責任に関する最（１小）判昭和59年11月29日民集38巻11号1260頁参照。最近の管理状況については，『里道・水路・海浜』２編２章１節３参照。

〈66〉　当事者が相隣地と認識するＡ・Ｂ両地の間に，公図上「沢流れ」があり，これは国有の普通河川（青線）であることから，Ａ・Ｂ両地間の筆界確定訴訟を否定した裁判例として，東京高判昭和55年12月16日判時993号57頁（233頁注〈22〉）。

３　河川・水路等の所有者の判定

⑴　明治初年の法制

近代的土地所有権の確立を目指した明治初年当時においては，自然公物たる河川は国の所有するものとし，その他の人工公物たる公共用悪水路，ため池，堤塘，井溝などの各敷地についても，原則的には官有地に編入するが，従来民有有租地を潰してこれらを築造し，その後も人民が貢租を弁納していたなど，特段の事情のあるものについては，例外的に地券を発行し，民有地に編入するというのが，基本方針だった〈67〉〈68〉。

⑵　所有関係の認識根拠

ア　官有の河川・水路等

公共用悪水路や堤塘，井溝などのように，官有地も民有地もあり得る公物については，その識別が必要になる。特に農業用水路については，①国有のもののほか，②地方公共団体所有のもの，③土地改良区所有のもの，④農業協同組合所有のもの，⑤個人所有のものなど，様々な所有形態があるので，立会・承認の適格を有する者を判定するに当たって，慎重に識別しなければならない。

官有の普通河川は，地所処分仮規則（明治８年７月８日地租改正事務局議定）第１章処分方綱領８条「渾テ官有ト定ムル地処ハ地引絵図中へ分明ニ色分ケスヘキコト」，また，地租改正条例細目（明治８年７月８日地租改正事務局議定）第３章第１条ただし書「井溝敷堤塘河川等ノ如キハ番外ニ為」すべしとの各要領に従って，公図上，無番地の青の長狭線（青線）によって表示された〈69〉。普通河川等の（旧）法定外公共物については，国有財産台帳が作られていないので，ある河川が官有であるのか，民有であるのかの直接の手掛かりとしては，通常は公図以外にないようである。もっとも，まれに官有地たる普通河川についても地券台帳上，官有地と明記している例が見られ

〈67〉　その詳細については，『里道・水路・海浜』２編２章１節３，４参照。

〈68〉　明治維新においては，公共用悪水路敷それ自体の所有意識は希薄であったが，水利に対する支配意識は極めて高かった。渡辺洋三『農業水利権の研究』（東京大学出版会，昭和29年）１頁。

〈69〉　青線は原則として建設省（当時）所管の国有財産であるとする通達として，昭和51年１月12日建設省東会発27号大臣官房会計課長から第二東京弁護士会会長宛て。

る〈70〉ので，明治初年における所有権の帰属を検討する場合においては，各地方ごとの法令や慣行，さらに官民有区分，地押調査，地籍調査の実施状況などに十分留意すべきである。堤塘については，無着色あるいは薄墨色の長狭物として表示されている。

なお，明治初年には無番地であったが，土地改良事業等により新たに付番されている公共用悪水路も多数ある。また，現在では，市町村が（旧）法定外公共物であった水路等の譲与（323頁）を受け，付番して登記している例もある。

イ　民有の水路等

民有たる確証のある公共用悪水路や井溝等については，地券を発行して公簿に記載し，公図上は有番地の土地として表示するのが通例である。しかし，官民有区分につき自然決定説を採る判例（262頁(2)）による限り，明治初年において所有権に最も近い支配権を有していた者については，その確証がある限り，地券発行や公図面・公簿等に記載がなくとも民有水路・井溝等と認められることとなる。

ウ　脱落地たる水路・井溝等

明治初年の官民有区分ないし地押調査，地籍調査の当時，官有地とも民有地とも認識された形跡がなく，したがって公図なり公簿上何ら表示されることがないまま放置された公共用悪水路等がある。これはいわゆる「脱落地たる水路等」であり，1900（明治33）年６月30日の経過をもって，確定的に国の所有に帰することになった（261頁３(1)）。

4　河川・水路等との境界が争われた事例

河川・水路等の境界が争われた事件は，枚挙にいとまがない。ただ，理論的には一般の境界確定訴訟と差異はないので，とりたてて公刊物に登載されることはまれである。

主な裁判例としては，公共用水路として現に使用されていない水路敷の境界を判定した大阪地判昭和54年１月16日判時928号83頁，境界の目印として

〈70〉　大阪地判昭和54年10月25日訟月26巻３号410頁・築留土地改良区事件。

境界線から１尺５寸（約45cm）後退させて畔桑を植える古くからの慣習があったことなどを理由に，公図から推定されるところとは異なった箇所を境界と認定した浦和地熊谷支判昭和61年９月18日（公刊物未登載），国有水路敷沿いの「土居」が，国有堤塘敷ではなく，屋敷地を囲む土塁として私人の所有と認められた大阪地判平成３年８月29日判タ783号258頁などがある。

なお，河川敷に堤防，犬走り，側溝，のり面（護岸壁）等が付属している場合には，筆界の判定に困難を伴うことが多いが，旧慣や地域住民の取決めなどを参考にして，個々に決することとなる〈71〉。

公共用水路ののり面が公共用水路の所有者（市）と隣接する民有地の所有者のいずれに帰属するかが争われた事件につき，仙台地大河原支判平成28年10月21日及び控訴審・仙台高判平成29年６月15日（いずれも公刊物未登載）は，河川管理者（市）と民有地所有者との間での境界協議がのり尻，のりの天端，管理道路を含めたものとまちまちのケースにつき，明治初年以降の慣行等を参考に，のり面の境界（筆界兼所有権界）は，のり尻であると判断し，河川管理者ののり面補修義務を否定している。

第２款　湖沼・ため池等

１　湖沼・ため池等の立会・承認適格等

⑴　適用河川・準用河川の一部をなす湖・沼・池

適用河川・準用河川と同一水系をなす湖や池沼については，前款で述べたことがそのまま妥当する。すなわち，当該河川敷について財産管理権（公物としての機能管理権ではない。）を有する者が，立会・承認の適格を有することとなる。

⑵　公共用物として機能している湖沼・ため池

公共用物として機能する湖沼やため池等のうち，河川法などの機能管理に関する特別法の適用のないものは，（旧）法定外公共物である。

なお，湖沼やため池等の中には，人々の利便に供されておらず，自然のま

〈71〉　筆界を判定するにつき，一応の目安を紹介する好個の文献として，『土地境界基本実務Ⅰ』195頁以下。本書196頁以下。

ま存置されているものも相当数あり，それらは「公共用物」とはいえない。

国有の湖沼やため池等のうち，公共用物（公共用財産）に該当するものは，旧来，国土交通省ないし農林水産省が財産管理を行っており，これらの者が立会・承認の適格を有する。

これらのうち，原則として国土交通省所管のもののみが地方分権推進施策による譲与（323頁）の対象となり，譲与後は，市町村等の財産管理者が立会・承認の適格を有することとなった。

⑶　公物として機能していない湖沼・ため池

国有の湖沼やため池等のうち，公共用物（公共用財産）に該当しないものは，普通財産として，財務省が立会・承認適格を有する。かつて公共用財産として機能していたか否かを問わず，現に公共用財産として機能していない湖沼・ため池は譲与の対象にはならない。

⑷　民有の湖沼・ため池

民有の確証のあるため池については，いうまでもなく当該所有者が立会・承認の適格を有する者になる。

なお，民有ため池は，元来，有番地のはずである〈72〉。もっとも，未登記の民有ため池は数多く存在しており，その場合の所有権の対抗関係は，民法177条によって決せられることになる〈73〉。

2　湖沼・ため池の所有者の判定

湖沼・ため池については，所有者の判定を誤り，そのため境界の立会・承認適格者の判定を誤ることもまれではない。特にため池については，公図の記載のみを頼りに所有者あるいは筆界についての立会・承認の適格を有する者を判断すると大きな過ちを犯すことがある〈74〉。境界調査の実務に必要な範囲で所有者の判定基準を以下に素描する。

〈72〉　土地台帳法（昭和22年法律30号）４条，44条。

〈73〉　最（１小）判昭和57年２月18日判時1036号68頁（未登記ため池・堤塘）。

〈74〉　民有地に孕在するため池（通称すりばち池）を国有と認めた京都地判平成２年９月27日訟月37巻11号1971頁（大阪高判平成５年３月23日（公刊物未登載），最（１小）判平成６年９月29日（公刊物未登載）にて維持）のケースは，所有者の判定に著しい困難を伴った典型例である。

(1)　原則的な基準

湖沼・ため池等が，一般に私権の対象となり得るものであり，それらの敷地が登記能力のある「土地」〈75〉であることは，不動産登記規則99条によって明確である。

地所名称区別改定（明治7年11月7日太政官布告120号）では，「湖，沼，池」のうち民有地でないものは，官有地第三種（地券を発行せず，地方税を賦課しない土地）に編入することとし，他方，民有の「溜池敷」は民有地第三種（地券を発行し，地方税を賦課しない土地）と定めている。また，民有荒地処分規則（明治10年1月20日太政官布告8号）は，「湖沼地即チ官有」と表現している。

ため池については，地所処分仮規則（明治8年7月8日地租改正事務局議定）が官民有区分の基準を定めており，地所処分仮規則第5章「養水溜池井手敷処分ノ事」1条は，「耕地涵養ニ設クル溜池溝渠ハ其民有ノ確証ノアルモノハ民有地第三種ニ編入シ従前ノ地税ハ蠲除（筆者注；免除のこと）スヘシ民有ノ証ナキモノハ官有地第三種ト定メ内務省ノ処分ニ帰スヘキ事」と定めている。

前述（283頁(2)ア）の河川に関する官民有区分の基準や前記各法令のニュアンスからすると，民有有租地内に私費で築造されたものであることの明らかなため池の敷地は民有地に分類し，その余の天然あるいは人造の湖，沼，池は，官有地に分類するのを原則としていると解される〈76〉〈77〉。

〈75〉　湖沼・ため池等の敷地が「土地」であるとすれば，同じ水面下の地盤でありながら，流水下や海面下の地盤がなぜ「土地」でないといえるのかが疑問になる。幾代『不動産物権変動と登記』199頁，219頁。

〈76〉　同旨・樋田豊太郎『日本農業法制（上）』（市谷書院，昭和4年）422頁。なお，通説は河川の場合と同様，ため池等も公水とその基盤の統合体であるとしている（278頁1款1(1))。これに対し，ため池の所有関係を，「溜池の地盤所有」と「溜池そのものの所有」とに峻別して考察する見解として，竹山増次郎『溜池の研究』（有斐閣，昭和33年）77頁以下がある。特異な見解というべきであろうが，同書に述べられているため池の所有・管理関係の実態は，参考になると思われる。

〈77〉　明治9年7月6日地租改正事務局別報40号橡(栃)木県の「道路堤塘敷及ヒ溝渠溜池敷処分伺」に対する指令は，ため池など「旧来除税ノ分ハ官地ニ取調候義ト可相心得尤私有ノ確証有之現今モ猶其成跡ヲ有シ地主持続度情願有之モノハ其望ニ任セ券状下渡不苦候得共渾テ右類ノ地ハ所有主一般公同ノ便益ヲ妨クルヲ不得義ト可相心得事」としている。明治9年9月21日地租改正事務局別報51号岐阜県の「旧来除税私有ノ道路堤塘溜池敷地無代価券状下渡第二種へ編入可然ヤノ旨伺」に対する指令も同旨である。いずれにせよ，所有者の判然としない湖沼・ため池等について

ところで，民有のため池等については地券が発行される扱いであったことから，道路や河川の場合と同様に，現時点で国有地か民有地かを判断する手掛かりとしては，地券発行の有無ひいては土地台帳等の公簿や公図の記載が，さしあたり最良の資料となる。すなわち，公図上，青色に着色された無番地の土地として表示され，土地台帳等の公簿上も民有地に編入された痕跡のないため池等であれば，官有地に編入された土地であると推認される。なお，官有ため池として登記されている例はまれである。

これに対し，公図上何ら湖沼ないしため池らしき記載がなく，また公簿上も民有地に編入された痕跡もないため池等であれば，それは未定地ないし脱落地たるため池等として国有に帰属することになろう。これらの論拠は，前述（284頁ウ）した普通河川（水路）の場合と同様である〈78〉。

(2)　耕地等に孕在するため池等の所有権の帰属

実務上問題となるのは，広大な一筆の耕地や山林の中に存する（孕在する）ため池等の所有者ないし立会・承認の適格を有する者の判定である。その場合，公図上ないし公簿上当該ため池等が官民有区分の際にどのように取り扱われたのか，地方法令等をも参照しても必ずしも判然としないことがある。その場合の可能性としては，次の各ケースが考えられる〈79〉。

ア　民有地に編入されている場合

当該ため池等は，官民有区分を担当する官吏において，民有地に編入すべきものと認識されており，公図上も公簿上も民有地たる耕地なり山林等の一部として取り扱われた場合である。

は，当該地方法令を十分調査しなければならない。

〈78〉 河川，湖沼，ため池等の内水一般にいえることだが，それらの地盤所有権の問題と，水の利用権の帰属の問題を混同することは厳に避けなければならない。山村恒年「大字名義で登記されている溜池の用地買収とその所有者の確定について」判自52号（平成元年）99頁。もっとも，反対の見解もある。例えば，中尾英俊「溜池をめぐる紛争……大分県別府市の事例……」西南学院大学法学論集19巻2号（昭和61年）23頁は，地盤所有権の帰属が明瞭とされている土地に堤塘を築き，湛水させてため池が造られた場合等を除き，ため池の用水利用者にため池の底地所有権が帰属すると述べている。

〈79〉 以下の分類は，京都地判平成2年9月27日訟月37巻11号1971頁（286頁注〈74〉）に関し，丹羽邦男教授が作成された『すりばち池の土地所有権決定過程について』と題する鑑定書を参考にしている。

この場合，当該ため池等はたとえ一筆の耕地や山林の中に孕在するものであっても，地目を異にするわけなので，丈量の上，独立の地番を付すべきこととされている。もっとも，一耕地内に「瑣々タル溜池」があるにとどまるときは，地券なり公簿上に「田○反歩内溜池○歩」と内書してもよいとされている〈80〉。

このように独立の地番が付されるか，あるいは民有地の地番に内書（あるいは外書）されている場合以外は，たとえ民有地に孕在するため池等であっても，当然には民有地と推認されず，後述ウの脱落地と推定される。ただ，公図なり公簿上明確な記載のないため池等であっても，土地台帳の公簿面積などの記載から，ため池等を孕在せしめている民有地の地積の中にため池等が含まれていると認めるべき特段の事情がある場合には，民有に区分されたため池等につき分筆なり内書の手続が未了であるにすぎないと認められることがあり得ると思われる。

イ　官有地に編入されている場合

アとは正反対に，官民有区分あるいは地籍調査の際，積極的に官有地に編入すべきものとされた場合である。この場合は，公図に「官有溜池」等と明記されていることが多いようだが，そうでなくとも地方によっては，地籍調査の際に作成された官有地の一筆限調査簿に官有のため池等である旨明記してある例も見られる〈81〉。

ウ　未定地，脱落地の場合

前記アイは，公図や地券，土地台帳等の公簿によって，当該ため池等が民有地，官有地のいずれに区分された土地かが判明する場合である。しかし，実際には公図や公簿等に全くあらわれないか，公図や公簿等を調査してもはっきり断定できないものも存在する。その場合は，たとえ民有地内に孕在するため池等であっても，地租改正事業の際に官民有未定のまま残された未定地か，あるいはその存在に気付かれなかった脱落地として，最終的には国

〈80〉　山林改正取調方（明治10年2月19日京都府番外6号達）15条。他の地方でも同様であろうと推測される。

〈81〉　明治29年5月23日内務省甲4号県治局長回答。

有に帰することになる〈82〉。

(3) 水路・湖沼・ため池等の所有権と水利権との関係

水利権とは，河川の流水や湖水，ため池の水など公水一般を，継続的，排他的に使用する権利をいう。水利権は物権的権利ではあるが，原則として公共用物管理法上の許可（講学上の特許）によって成立する公法上の権利である（河川法23条，23条の2等）。水利権は，実務においては用水権，水利使用権，流水使用権，流水占用権，公水利用権などと呼ばれることがある。公水使用の目的は，灌漑などの農業用水，飲料水，工業用水等様々である。

水利権者は，公共用悪水路，湖沼，ため池等の所有者としばしば混同される。特に（旧）法定外公共物の所有者決定に関する自然決定説（262頁(2)）を採りつつ，この水利権者と公共用水路やため池等の所有者を混同して語ることが多いように思われる。しかし，水路やため池等の所有権が地盤に対する排他的支配権であるのに対し，水利権は，公水に対する排他的支配権であり，両者はその対象を異にするのであって，これを混同してはならない。水利権者は，所有権界についても筆界についても，立会・承認の適格を有する者ではない。実務上は，所有者が利害関係人として水利権者の立会いを求めることが多いようである。

3　湖沼・ため池等に関する裁判例

前述（286頁注〈74〉）の通称すりばち池を国有と認めた京都地判平成2年9月27日訟月37巻11号1971頁は，ため池の所有者の判定基準を示す好個の裁判例である。このほか，沼地の下戻申請が認められなかった例として，大判明

〈82〉　末弘嚴太郎『物権法上巻』（有斐閣，大正14年）374頁は，「池沼等にして，河川法の適用ないし準用を受けざるものは，別段の慣習なき限り，其敷地の所有者の私有に属するを原則とする」と述べているが，民有地内に孕在するため池の所有権は，原則として当該民有地の所有者に属するとの趣旨であろうか。これに対し，本書と同旨の古い学説としては，市村光恵「水面の使用権」京都法学会雑誌5巻2号（明治43年）48頁が，「湖沼池澤等ニシテ従来国家以外ノ私人又ハ法人ノ所有ニ属セル証拠ナキモノハ凡テ之ヲ国家ノ所有ニ属スルモノト解シテ妨ケナシ。（中略）仮令比較的ニ小サキ湖水カ私人ノ土地ニ依テ囲繞セラル場合ニ於テモ，沿岸地所有者ハ其隣接スル水面ノ所有権ヲ獲得スルコトナシ」と述べている。武井群嗣・安田正鷹編『水に関する学説判例実例総攬』（松山房，昭和6年）307頁以下参照。

治35年４月24日行録12輯321頁がある。また，ため池に関する大判大正３年12月19日民録20輯1121頁は，官有に編入されたため池は，たとえ当該処分に瑕疵があっても，国有に帰する旨を判示して創設説〈83〉の立場を明確にしている。

池沼の時効取得が肯定された例としては，名古屋地判昭和48年２月16日訟月19巻７号66頁がある。

町の管理するため池と里道，民有地との位置関係・筆界が争われた例として，京都地判昭和63年９月21日判自60号58頁がある。

第５節　海岸付近

第１款　海浜地

１　海浜地の所有権の帰属

⑴　概　説

本書で海浜地とは，宅地・田畑など有番地の土地の海側境界線と，海と陸との境界線すなわち春分・秋分における満潮位との間の，砂浜なり磯状あるいは荒地状を呈している土地を指す〈84〉。

⑵　古来の海浜地

ア　民有海浜地

不動産登記の地目には，塩田を除き，海浜地をうかがわせるものはない（不登規99条）。近代的土地所有権の確立をみた明治初年以降の法令中にも，海浜地自体の所有関係に言及するものはまれである。もっとも，地租条例取扱心得書（明治17年４月５日大蔵省号外）１条は，地租条例所定の有租地第二類（池沼，山林，原野，雑種地）中，雑種地には，「網干場，鰯干場，浜地（中略），

〈83〉『里道・水路・海浜』１編２章２節３参照。
〈84〉「海浜地」の意義には，①海と陸との境から陸側を指すもの，②海側を指すもの，③双方を指すものの３種がある。解釈論というより立法政策により概念を異にしている。詳細は，『里道・水路・海浜』２編３章１節２。

海岸砂地」などが含まれるとし，民有の海浜地が存在することを前提としている。現に民有の海浜地が存在することを考え合わせると，古来有租地とされていた私人支配の海浜地は，官民有区分（93頁⑷）に際しても例外的に民有の雑種地に区分されるべきものであったといえる。

民有に区分された海浜地について立会・承認の適格を有する者は，当該海浜地の所有者である。

イ　国有海浜地

(ア)　無番地のもの

明治初年より存続している古来の海浜地のうち，上記ア以外のものは，官民有区分の基本法たる地所名称区別改定（明治7年11月7日太政官布告120号）にいう「原野河海……其他民有ニ有ラサルモノ」として，官有地第三種（地券を発行せず，地方税を賦課しない土地）に分類され，無番地の国有地に位置付けられていると解される。

いずれにせよ，明治初年より存続している海浜地は，民有地として公簿上登載され，付番されたもの以外は，たとえ本来民有地に区分されるべき海浜地であったとしても，1900（明治33）年6月30日経過の時点をもって脱落地（260頁）として，国の所有に帰したと推認されることになる〈85〉。

(イ)　有番地のもの

国有海浜地でも，地番が付されている例もある〈86〉。例えば，神戸地洲本支判平成16年9月14日，その控訴審である大阪高判平成17年3月25日（いずれも公刊物未登載）は，周辺住民が共同利用してきた地番のある海浜地につき，国有海浜地と認定している。

⑶　埋立てによる海浜地の所有権

公有水面埋立法（大正10年4月9日法律57号）に基づいて埋め立て，あるいは干拓することにより，新たな海浜地を生じることがある。その場合は，国有

〈85〉　ちなみに，大正11年1月14日内務省発理3号官房地理課長・官房会計課長連名の依命通牒は，「国有土地水面」として「海浜地（浜地，砂地，砂漠地，海岸空地ノ類）」を掲げている。

〈86〉　前田幸保編『地籍調査〈一筆地調査関係〉事例問答集』〔平成15年版〕130頁によれば，地籍調査の際に，無番地の国有海浜地を発見した場合には，新たに表示の登記をすべき土地（地籍調査準則34条）として処理することがある。

地のほか，民有地（同法２条２項１号，24条），公有地（一例として，同法43条）を生じることがある。これら埋立てによる海浜地については，竣功認可の告示後，地目「雑種地」として登記される（公有水面埋立法24条，不登法36条）。

上記埋立地における海浜地の財産管理者すなわち筆界についての立会・承認を行う適格を有する者は，上記竣功認可を受けた事業体であると解される。

なお，無願埋立てによる海浜地については，その所有者が誰なのか等，困難な問題を生じている（310頁）。

2　国有・公有海浜地についての立会・承認適格者

(1)　国有・公有海浜地の財産管理者

ア　1999（平成11）年以前の管理者

旧来，①海岸保全区域（海岸法２条１項）や港湾区域（港湾法２条２項）など，機能管理に関する特別法がある区域内の海浜地については，これらの機能管理者が立会・承認の適格を有していた。これに対し，②当時，法定外公共物であった海浜地については，旧建設省所管の法定外公共用財産として知事による財産管理が行われており，したがって，知事が立会・承認の適格を有する者とされていた。

イ　2000（平成12）年以降の管理者

平成11年５月28日法律54号（同12年４月１日施行）による改正後の海岸法では，（旧）法定外公共物たる海浜地（国有）は，地方自治体所有（公有）の海浜地とともに「一般公共海岸区域」として法定の機能管理に服することになった。すなわち，同法では，①国有又は公有の公共用物たる海岸地（港湾区域，港湾隣地域，漁港区域など他法令による管理地部分を除く。）と，②それと一体として管理を行う必要があるものとして知事が指定し，公示した低潮線（過去の記録上最も水位が下がったときの水際線）までの水面の双方を一括して「公共海岸」と定義し，右公共海岸から海岸保全区域（海岸法３条）を除いた区域を「一般公共海岸区域」として海岸法に基づく機能管理を行うこととされている（同法２条）〈87〉。その結果，国有海浜地の機能管理は自治事務として，知

〈87〉　同じ海岸法で，（旧）法定外公共物たる海浜地の定義が海岸保全区域のそれと異な

事が行うこととなり，ただ，一般公共海岸については，協議の上，市町村が機能管理を行うこともできるとされている（同法37条の3第1項・3項)。

なお，国有海浜地は，機能管理を行うこととなる知事（の属する都道府県）又は市町村に無償で貸し付けられたものとみなされる（地方分権一括法420条，海岸法40条の3)。その結果，(旧）法定外公共物たる海浜地については，財産管理（国有財産法9条3項・4項，同法施行令6条2項1号ホに基づき都道府県が行う法定受託事務）と機能管理の一元化が実現するに至った。

このように海浜地は，その大部分が「一般公共海岸区域」として法定の公物管理に服することになったが，民有有番地の土地から当該一般公共海岸区域までの間の国有無番地は，その大半は公物としての機能を有しない雑種地であろう。その部分は，従前どおり国（財務省）の管理すべき普通財産である。

(2)　国有・公有海浜地につき，立会・承認の適格を有する者

前記(1)に述べたところにより，宅地等の有番地と海面との間に無番地の海浜地が存在する場合，当該海浜地の財産管理者として立会・承認の適格を有する者は，以下のとおり整理される。

ア　一般公共海岸区域

国有の海浜地であれ，地方自治体所有（公有）の海浜地であれ，それらの財産管理権能を有する当該地方自治体の長（多くの場合，都道府県知事）が，筆界調査についての立会・承認の適格を有する。

ちなみに，筆界（所有権界も同じ。）に関する訴訟の当事者適格は，国有海浜地については国，公有海浜地については当該地方自治体に帰属する。立会・承認（国等の手足として動く機関）の適格と，訴訟当事者（所有権者たる国等それ自体）の適格とを混同してはならない。

イ　海岸保全区域，港湾区域等，漁港区域その他特別法による管理区域

これら特別法による管理区域については，個別に海浜地の機能管理者及び財産管理者が定められている（それらの調整規定として，例えば海岸法5条)。筆界調査における立会・承認の権限を有する者は，上記それぞれの区域内の海

るのは，海岸保全区域では，防災や国土保全が目的であるのに対し，一般公共海岸にあっては，利用や環境保護が目的であり，機能管理の目的を異にするからである。

浜地につき財産管理を行う者である。

これらの場合も，筆界・所有権界をめぐる裁判の場では，前記アと同様，国有海浜地については国，公有海浜地については当該地方自治体が当事者適格を有することとなる。

ウ　一筆地と一般公共海岸区域との間の国有無番地たる雑種地

公共の用に供されていない国有無番地たる雑種地は，たとえ海浜地に存在していても財務省が管理すべき普通財産である（前記(1)イ）。したがって，当該部分の筆界調査について立会・承認の適格を有する者は，財務省であり，海岸に近い部分の公物（機能）管理を行っている地方公共団体でないことに注意が必要である。

当該雑種地に係る筆界確定訴訟等の当事者適格は，国有地であるので，常に国が有する。

3　海浜地に関する裁判例

海浜地と民有地との境界確定の事案は，さほど多くない。山口地萩支判昭和61年11月21日（公刊物未登載）が，境界は私人設置の石垣であるとの民有地所有者の主張を排斥しつつ，詳細な理由を付して判定している。また，福岡高宮崎支判平成元年１月25日（公刊物未登載）は，自然に海没した民有地と元来の海面下の地盤との境界確定訴訟は訴訟要件を欠き不適法であるとしている〈88〉。さらに，高知地判平成７年５月22日判時1566号119頁は，かつて磯であった無願埋立地につき，私人の所有権を否定するとともに，市との間の境界確定協議を無効としている。

なお，市町村相互の境界（行政界）については，特別な境界確定手続が設けられているが（地方自治法９条），公有水面のみに係る境界確定（同法９条の３）についても，当該手続に従って関係市町村が境界確定訴訟を提起できるのか否かは，従来争いがあった。この点につき，最（３小）判平成10年11月10日判自185号18頁（人工島）は，積極に解している。

〈88〉　自然海没地について土地所有権を肯定する田原湾最高裁判決（最（３小）判昭和61年12月16日民集40巻７号1236頁。299頁(3)）による限り，筆界確定を求めることができるケースもあり得よう。

第2款　海面下の地盤

1　「土地」該当性に関する諸説

常時海面下にある地盤，例えば，自然に海水が浸るに至った建物敷地あるいは貯木場などは，そもそも筆界調査の対象となる「土地」といえるのか否かが問題となる。

この問題については，大別すると，①土地性を全面的に否定し，所有権の対象とはなり得ないとする見解（土地性否定説・否定説），②土地性を肯定し，所有権の対象となるとする見解（土地性肯定説・肯定説），③原則的には土地性否定説に立脚しながらも，例外的に私人の土地所有権を認め得る場合があるとする見解（折衷説）が対立している。不動産登記実務はおおむね否定説をとるかのごとくであり，学説の多数は肯定説を主張し，最高裁判所は折衷説をとっている〈89〉。

上記の各見解に立つとき，(i)自然海没地や(ii)人工海没地，(iii)払下海面，(iv)その他の海面下の地盤それぞれの所有関係はどうなるのか。

この問題は，上記(i)～(iv)の海面下の地盤は，「隣地」なのか，隣地とした場合，所有者は誰なのか，筆界調査について，立会・承認の適格を有する者は誰なのか等々，境界の法律問題と密接に絡む。そこで，上記①～③の各見解の帰結と，それらの代表的な裁判例・先例・学説等を，以下に簡略に整理しておく。

2　陸地が自然現象で海没した場合（自然海没地）の法律関係

(1)　自然海没地に関する土地性否定説（登記実務）

法務省民事局は現在のところ，少なくとも理論的には，土地性否定説を堅持しているかのごとくである。すなわち，登記能力のある「土地」である陸地と，「土地」でない海面下の地盤との境界は，春分・秋分における満潮位を基準にして，海水に覆われているか否かによって決するとしている〈90〉。

〈89〉　詳細については，『里道・水路・海浜』２編３章２節１参照。
〈90〉　昭和31年11月10日法務省民事甲2612号民事局長事務代理回答。

そして，前記の基準に照らし，既登記の陸地が海面下の地盤に変動したと判定されるに至ったときは，海没の経緯が天災等によるものであり，かつ一時的なものである場合を除いて，「土地」は滅失したと解している〈91〉。

この見解に立つときの帰結（登記実務）は，以下のとおりである。

ア　登記の処理

海面下の地盤は，私権の対象とならない〈92〉。自然海没により，もとの所有者は所有権を失うから，たとえ登記を有していても無効である。したがって，表題部所有者又は所有権登記名義人からの申請又は職権をもって，土地の全部滅失の登記又は一部滅失による地積減少の変更登記等（不登法42条，37条，不登規109条）をなすべきである〈93〉。

イ　海没地上の建物

海辺にある建物について，海蝕等により満潮時に海水が床下に達するようになったときは，敷地が「土地」でなくなるのだから，建物も「土地の定着物」（民法86条１項）でなくなり，建物についても滅失登記を要する〈94〉。もっとも，不動産登記事務取扱手続準則88条４項は「建物が永久的な施設としてのさん橋の上に存する場合」や「固定した浮船を利用したものである場合」には，建物所在地を「何番地先」と記録するという方法で，建物登記を是認している。建物は「土地の定着物」（民法86条１項）であり，不動産登記法44条１項１号は建物が「土地」の上に存在することを予定しているのに，上記準則（通達）は，法律の建前に反した取扱いを定めていることになる。事実

〈91〉　もっとも，登記の実際においては，水深の浅い自然海没地の滅失登記を職権で行うことには慎重のようである。寺田逸郎ほか「不動産登記に関する最近の実務上の問題をめぐって（実務座談会５）」登研582号（平成８年）19頁。

〈92〉　釜山地方法院判大正２年12月３日新聞988号24頁，朝鮮高等法院判大正５年５月９日朝鮮高等法院判決録５巻１号521頁は，土地が自然崩落して海没した場合，私人の所有権は滅失すると判示している。

〈93〉　土地台帳記載の干潟に関する昭和33年４月11日法務省民事三発203号民事局第三課長事務代理通知，河川敷地内の私有地が自然海没した事案に関する昭和34年６月26日法務省民事甲1287号民事局長通達，買収軍用地の海没に関する昭和36年11月９日法務省民事甲2801号民事局長回答など。津島安秋「海没による土地の滅失」不動産登記先例百選（昭和45年）38頁。

〈94〉　海没時の滅失登記等につき具体的方法を論じるものとして，津島安秋「土地表示登記（その１）」民月26巻４号（昭和46年）60頁以下。

上，多数説に歩み寄らざるを得ないということであろう。

ウ　固定資産税

海没を生じた場合は，その時点から土地も建物も固定資産税の課税対象でなくなる〈95〉。

エ　筆界調査

自然海没した土地は，たとえ登記が残存していても「隣地」に該当せず，したがって海没土地との間には筆界はない。

⑵　自然海没地に関する土地性肯定説（多数説）

土地性肯定説は，我が国の領海内にある海面下の地盤も，陸上の土地と同様に，支配可能性がある限り，民法上の所有権の対象となり得る不動産であるとする見解である。

昭和40年代（1965～1975年頃）を境にして，登記実務家の論稿〈96〉を除けば，多数説〈97〉となっているように思われる。私見も土地性を肯定する見解を正当と考えている〈98〉。

また，『公共用財産管理の手引』９頁以下も土地性を肯定している。

この見解に立つときの帰結は，以下のとおりである。

ア　所有権の帰属

海面下の地盤も，支配可能性さえあれば，私権の対象たり得る。したがって，ある陸地が海没しても，当然には当該地盤の所有権が消滅することはない〈99〉。

〈95〉　昭和38年９月27日自治省丁固発103号税務局固定資産税課長回答は，自然海没地は，滅失しているので，固定資産税の課税客体とはならないとしている。阿部泰隆「海面下に土地所有権は成立するか」ジュリ476号（昭和46年）134頁。

〈96〉　吉野『注釈不動産登記法総論（上)』43頁，清水湛「不動産登記をめぐる諸問題」登記先例解説集17巻４号（昭和52年）49頁以下などである。なお，幾代通教授，新田敏教授は，かつて否定説を採っておられたが，その後，幾代教授は肯定説に変更しておられるし，新田教授も折衷説を支持されるに至っている。

〈97〉　幾代通「海面と土地所有権」同『不動産物権変動と登記』215頁，篠塚昭次「判批」判評221号（昭和52年）16頁，米倉明「物（四)」法教34号（昭和58年）34頁，前田幸保編『地籍調査〈一筆地調査関係〉事例問答集』〔平成15年版〕126頁等。

〈98〉　詳細は，『里道・水路・海浜』２編３章２節４参照。私見を批判するものとして，吉野衛「土地の滅失〈登記夜話〉」登記インターネット３巻６号（平成13年）91頁。

〈99〉　その場合の土地の地目は「雑種地」あるいは「海面」ということになるであろ

その旨を明言する裁判例〈100〉及び国土交通省の通達〈101〉がある。

イ　地盤上の建物

海辺の建物の敷地が海没したとしても，当該敷地は「土地」たるを失わないから，建物登記も従前のままでよい。

ウ　固定資産税

陸地が海没しても，固定資産税の課税対象であることには変わりはない。

エ　筆界調査

陸地が海没しても，土地であることに変わりはないから，筆界は存在し，立会・承認の適格を有する者は，当該海没地の所有者である。

国土調査の実務は，常時水面下の地盤であっても，海没地の所有者の承認がない限り，滅失地として取り扱うことはできないとされている（地籍調査準則35条）。また，満潮時に海面下となっていても，平常の状態においては，筆界も確認され，船溜場，網干し場等として使用できるものは一筆地（民有地）として調査し，滅失の取扱いをすべきではないとしている〈102〉。

⑶　自然海没地に関する折衷説（判例）

最（３小）判昭和61年12月16日民集40巻７号1236頁（田原湾最高裁判決）は，要旨，次のとおり判示している。

①　海は，そのままの状態においては，所有権の客体たる土地に当たらない。

う。幾代・前掲注〈97〉208頁。

〈100〉　鹿児島地判昭和51年３月31日判時816号３頁・錦江湾事件第一審は，「自然海没地を，海没状態が単に一時的でないからという理由で，私人の所有権は消滅したとして，直ちに無償で国に帰属させることには多大の疑問が存する」と判示した上，支配可能性と財産的価値を有する海面下の地盤については，私人の所有権が認められるとしている。

〈101〉　昭和12年６月22日建設省甲44号土木局長回答は，いわゆる海成りの状態が永続するときであっても，私有水面として所有権が存続すると解している。更に，昭和32年６月29日建設省建河収石乙41号河川局長回答，昭和44年３月７日建設省建東河政発６号河川局長回答は，自然海没地に対する所有権は，財産的支配が可能な限り消滅しないと述べている。なお，公有水面埋立ての実務は，私有水面の存在を肯定する建前で手続を進めているようである。

〈102〉　昭和36年３月14日大分県農地林業部長宛経済企画庁総合開発局国土調査課長回答。

② 過去において，国が払い下げた海面は今日でも所有権の客体たる土地といえる。

③ 自然海没地は，支配可能な限り，土地としての性格を失わない。

現在では，この見解に対する学説の支持が増えている〈103〉。法務省訟務局もこの見解を主張している〈104〉。また，自然海没地の筆界確定訴訟に関する裁判例〈105〉も折衷説の論調を明確にしている。

折衷説の帰結は，次のとおりである。

ア　所有権の帰属

海面下の地盤は，原則として私権の対象たり得ない。ただし，払下海面や自然海没地は，支配可能性さえあれば，私権の対象たり得る。

イ　地盤上の建物

海辺の建物の敷地が海没したとしても，当該敷地は支配可能性がある場合に限り「土地」たるを失わないから，建物登記も従前のままでよい。

ウ　固定資産税

海没地，払下海面は，支配可能性がある限り，海面下の地盤の部分が固定資産税の課税対象であることには変わりはない。

エ　筆界調査

海没地ないし払下海面であっても，支配可能性がある限り，土地であることに変わりはないから，筆界は存在し，立会・承認の適格を有する者は，当該海没地・払下海面の所有者である。

〈103〉 阿部泰隆「海面下に土地所有権は成立するか」ジュリ476号（昭和46年）130頁，新田敏「海面下の土地所有権〈昭和61.12.16最高三小判〉」『昭和61年度重要判例解説』67頁。

〈104〉 田原湾事件に関する法務省訟務局昭和55年11月７日作成の上告理由書（訟月27巻２号232頁）は，一般論として海面下の地盤に対する所有権の存在を否定しつつも，自然海没地に対する私人の所有権が存続する余地を認める論調である。

〈105〉 福岡高宮崎支判平成元年１月25日（公刊物未登載）は，自然海没地と公有水面の地盤たる国有地との境界確定訴訟は，訴訟要件を欠き不適法であると判示するに当たり，自然海没地が当然に登記能力を欠くに至るのではなく，海没後長期間にわたって復旧の措置が講じられずに放置され，他の海面と区別して認識することが不可能となった時点において登記能力を失うに至ると説示している。

3　土地を人為的に掘削して海面下の地盤とした場合（人工海没地）の法律関係

(1)　人工海没地に関する土地性否定説

ア　否定説の帰結

私人がその所有する陸地を，貯木場や養漁場あるいは港湾の船溜り等とするために，掘削して常時海面下にある地盤とし，そこに海水を導入した場合，当該土地は滅失するのであろうか。土地性否定説の立場では，土地か否かは，常時海面下にあるか否かのみを基準として画一的に決せられるべきことなので，これらの場合も一律に土地の登記を抹消すべきことになる。したがって，当該貯木場等の所有者は，筆界調査についての立会・承認の適格を有しないことになる。

イ　否定説を採る裁判例・登記先例等

前掲（297頁注〈93〉）昭和36年11月９日法務省民事甲2801号民事局長回答は，干拓地（地目は田，宅地，雑種地）を買収して，水上飛行機の発着用に人為的に海水を導入した場合につき，民法上の所有権の成立を否定している〈106〉。

ウ　実務上配意すべき事項

筆界調査とりわけ分筆，地積更正等に際しての筆界調査の場合，申請土地の外枠を確定する必要がある。隣地が上記貯木場等であれば，当該施設所有者に立会いを求め，同施設との占有界（27頁）をもって外枠の一部と判断すべきこととなろう。さらに，後記(3)に述べる事情があることから，当該貯木場等につき土地所有権が成立する可能性も決して低くない。したがって，当該施設所有者の立会いを求める場合には，実務上は「境界」についての立会・承認を求めるのが相当であって，ことさら「筆界」，「所有権界」，「占有界」と限定すべきでないように思われる（83頁）。

(2)　人工海没地に関する土地性肯定説

ア　肯定説の帰結

貯木場，養漁場，船溜り等が，支配可能な有体物であることは疑いなく，

〈106〉　同旨・法務大臣官房訟務部編『国有財産事務提要』（昭和49年）460頁。

したがって，海面下にあるこれらの用地も当然登記能力のある民有地であり，その所有者が立会・承認の適格を有するということになる。

イ　肯定説を採る裁判例・先例等

自然海没地につき肯定説を採る国土交通省及び地籍調査実務は，人工海没地についても肯定説を採ると推測される〈107〉。

⑶　人工海没地に関する折衷説

折衷説に立つ田原湾最高裁判決（299頁⑶）は，人工海没地については直接には言及していない。しかし，私有の陸地が自然に海没した場合については，前記2⑶③のとおり，支配可能性があり，他の海面と区別しての認識が可能である限り，所有権の客体としての性格を失わないと判示していることから，人工海没地についても当然に私人の所有権の対象たるを失わないと解していると推測される。したがって，人工海没地の所有権も田原湾最高裁判決の射程距離内にあると考えられる。

ちなみに，同事件につき法務省訟務局の作成した前掲（300頁注〈104〉）上告理由書は，原則的には海面下の地盤の所有権を否定しつつ，人工海没地について私人の所有権存続を肯定している。

また，掘込港湾については土地の滅失を生じるとしつつも，海岸を掘削して造った養殖場，貯木場，ドック等については，私人の所有権の存続を認め得るとする見解もある〈108〉。

海岸付近の価値の低い陸地を，大金を投じて掘削し，貯木場なり養漁場などの価値の高い施設を造った場合，民法上，かえって無価値の空間になってしまうというのではあまりに不都合だから〈109〉であろう。

〈107〉『公共用財産管理の手引』9頁，前田幸保編『地籍調査〈一筆地調査関係〉事例問答集』〔平成15年版〕126頁。

〈108〉 角張昭次郎「土地の海没とその登記手続」登記先例解説集16巻1号（昭和51年）113頁。

〈109〉 同旨・玉田勝也「海面下の地盤に対する土地所有権の成否」民研232号（昭和51年）32頁。

４　払下げの形跡のある海面下の地盤（払下海面）の法律関係

(1)　払下海面に関する土地性否定説

ア　否定説の帰結

土地性を否定する見解を純粋に貫くならば，古来海面下の地盤であったものは，たとえ時の政府によって払下げが行われた形跡のあるものであっても，それはせいぜい埋立権を付与した行為にすぎず，払下げによって当然に海面下の地盤が民法上の所有権の対象たる「土地」に転化するものではないということになる。

イ　否定説を採る裁判例・登記先例等

大阪高判大正７年２月20日新聞1398号24頁は，海面下の地盤につき払下げがあっても，陸地形成を条件としてその総轄的支配権を取得し得べき権利を与えられたにとどまるとしている。同様に，神戸地判昭和39年６月４日訟月11巻４号565頁は，文久年間から明治中期までの間に海面に堤防を築いて埋立てに従事したが竣工することなく，その後放置されていた海面につき，所有権の成立を否定している。また，福岡高判平成14年11月28日訟月49巻10号2891頁は，諫早湾内の干潟につき，払下げの事実が認められないとして国に対する所有権確認請求及び境界確定を否定した（最（３小）決平成15年４月22日（公刊物未登載）にて維持）。

登記実務は，払下海面に関しては前述した否定説の論理のもとに「仮に既登記のものがあるとしても，これらの土地については不存在または滅失したものとして登記を抹消すべきである」としているかのごとくである〈110〉。前述（297頁注〈93〉）の昭和33年４月11日法務省民事三発203号民事局第三課長事務代理通知は，土地台帳上に登録されている干潟の土地所有権を否定し，同様に，昭和40年４月12日運輸省港管910号港湾局長通達も，従前より海面下にあった地盤については，たとえ登記がなされていても，私有水面ではなく，公有水面であるとしている。

〈110〉　もっとも，清水湛監修，新井克美著『全訂不動産表示登記入門』（民事法情報センター，平成20年）237頁は，田原湾最高裁判決に照らすとき個別具体的には判断が困難な事案を生じ得るとコメントしている。

⑵　払下海面に関する土地性肯定説

ア　肯定説の帰結

海面下の地盤は，元来国有無番地の土地であるが，現行法上は当該海面下の地盤をそのままの状態で国から私人に譲渡することは根拠規定がなく，不可能である。しかし，過去において払下げなどの政府の行為によって私人の所有に帰せしめることが可能であった時代には，当該地所が民有に帰したこともあった。そのようにして払い下げられた海面下の地盤は現在でも私人の所有に属する。

イ　肯定説を採る古い裁判例

東京地判大正３年10月９日新聞991号23頁は，幕藩体制下で「凡縄」と称する払下げを受けていた者は，海面下の地盤の所有権を当然に取得するとしており，前掲大阪高判大正７年２月20日（303頁⑴イ）もほぼ同旨である〈111〉。

羽田空港埋立地に関する東京地判昭和38年３月30日下民14巻３号521頁，東京高判昭和51年７月12日訟月22巻９号2171頁，最（１小）判昭和52年12月12日訟月24巻１号30頁は，海面下の地盤を荒蕪不毛地払下ニ付一般ニ入札セシム（荒蕪不毛地払下規則）（明治４年８月15日大蔵省達39号）によって払下げを受けた私人は，それによって当該地所の所有権を取得するに至ると判示している。

なお，田原湾事件に関する名古屋地判昭和51年４月28日判時816号３頁，名古屋高判昭和55年８月29日行集31巻８号1678頁は，満潮時に海面下に没する干潟（海没地）であっても，私的所有権の対象となる「土地」に当たると判示し，「海没」を原因としてなされた土地滅失登記処分を違法として取り消している。もっとも，両判決は，折衷説に立つ前掲（299頁⑶）の田原湾最高裁判決によって取り消されている。

⑶　払下海面に関する折衷説

ア　折衷説の帰結

海面下の地盤は，元来民法上の所有権の対象ではない。しかし，支配可能

〈111〉　武井群嗣・安田正鷹編『水に関する学説判例実例総攬』（松山房，昭和６年）695頁。

性のない深海を除き，当然に所有権の客体たり得ないというものでもない。立法的処置をとることにより，国が行政行為等によって排他的支配を可能にした上で，当該海域の公用を廃止し，私人の所有に帰属せしめることは可能である。

イ　折衷説を採る裁判例・先例等

前掲（299頁(3)）田原湾最高裁判決は，折衷説を明快に打ち出している。したがって，その後の裁判例は，前記アの基準見解に立って判定している〈112〉。

ウ　筆界調査における留意事項

田原湾最高裁判決によるとした場合，過去における払下げの有無が特に重大な関心事となる。過去に政府の手によって払下げないしこれに類する行為が行われている場合，今日的意味での所有権の譲渡行為であったのか否かは，当時の法令等に照らし，慎重に決しなければならない。

概観すれば，明治４年８月15日大蔵省達39号により，海岸や寄洲を含む「荒蕪不毛之地」の払下げが開始されたが，やむを得ない事情がある場合を除き，わずか２年後の同６年７月20日太政官布告257号により原則的に禁止される。その後も例外的な払下げは続行されたが，明治10年１月20日民有荒地処分規則（太政官布告８号）により，「海成ノ荒地」で回復が見込まれないものの地券は返還させられるようになる。また，明治12年３月４日水面埋立願ニ付取調上心得（内務省地理局通知）は，埋立てを許可にかからしめ，竣工後に土地を下付するという手続を定めている。これらの法令よりすれば，折衷説による限り，遅くとも明治10年以降は，海面下のまま私的所有権を付与する政策は廃止されているということになろう。

その間に発出された明治８年２月７日内務省達乙13号については，海面下の地盤を無償で下渡できることを定めた法令と解する見解と，単に埋立権の

〈112〉　名古屋地判平成４年３月18日行集43巻３号441頁・その控訴審名古屋高判平成９年１月30日行集48巻１・２号１頁は，旧幕から新田開発許可を受け，明治７年に新開試作地として地券の交付を受けている海面につき，排他的総括的支配権が確立されたとまでは言い切れないとして，土地性を否定。同様に，福岡高判平成14年11月28日訟月49巻10号2891頁（＝最（３小）決平成15年４月22日（公刊物未登載）にて維持）も，係争地は払下海面とは認め難いとして私人の所有権を否定している。

類を認めたにすぎないという見解に分かれている〈113〉。

なお，海面下の地盤のままで私人の所有権の存在を認め得るからといって，海面下の地盤のままで私人が当該海域を時効取得する可能性まで肯定するものではない。海面は，典型的な意味における公共用物であり，海面下のままでは黙示的にすら公用廃止を認め得ないからである。

5　その他の海面下の地盤（一般海面）についての法律関係

⑴　その他の海面下の地盤に関する土地性否定説及び折衷説

ア　否定説・折衷説の帰結

土地性否定説と折衷説は，自然海没地，人工海没地（人工海面），払下海面に私的所有権が成立するか否かについては見解を異にしているが，その他の海面下の地盤（一般海面）に対し，私人の所有権を認め得るか否かについては，一致してこれを否定している。

イ　否定説・折衷説を採る裁判例・登記先例等

昭和33年４月11日法務省民事三発203号民事局第三課長事務代理通知は，海面下の地盤については「私人の所有権は認められない」としている。また，一般論としてではあるが，前掲（299頁⑶）田原湾最高裁判決が，古来民有に帰した形跡のない海面下の地盤につき，私的所有権の成立を否定している。裁判例では，名古屋高判平成９年１月30日行集48巻１・２号１頁が，払下海面でなく，自然海没地とも認められない一般海域につき，土地の滅失登記処分を妥当としている。

⑵　その他の海面下の地盤に関する土地性肯定説

ア　肯定説の帰結

肯定説は，その他の海面下の地盤に関しても私的所有権の成立を肯定し，その所有権は国にあるとしている。

イ　肯定説に立つ若干の実務

海底から発見された物に係る文化財保護法の適用関係に関し，内閣法制

〈113〉　青柳馨「判解」昭和61年度496頁。本文掲記法文は，毛塚五郎『近代土地所有権』（日本加除出版，昭和59年）186頁参照。

局〈114〉は，海面下の地盤につき国は「私的所有権」を有するものではないが，民法241条，文化財保護法63条にいう土地の「所有者」と見ることはできるとしている。

⑶　その他の海面と立会・承認を有する者との関係

前述２⑴（296頁）及び５⑴（306頁）に照らすときは，一般の海面と陸の有番地との境界は，実務上，春分・秋分における満潮位ということになる。そうすると，有番地の海側の境界（所有権界・筆界）は客観的に定まっていることから，筆界調査等において，海岸管理者の立会・承認を観念する余地はないことになろう。しかし，実務上は，有番地の土地が直接に海面と接する例は有番地の海浜地を除きまれであって，多くの場合は，無番地の浜や磯などに接するであろうから，当該海浜地の管理者（291頁以下）が有番地の土地との筆界等につき立会・承認の適格を有する者ということになろう。

第３款　自然隆起地，再隆起地，埋立地

海面下の地盤が自然に隆起し，あるいは埋め立てられて陸地化する場合がある。これらの場合は，隣接する有番地の既存の土地との関係で，筆界がどうなるのか，当該隆起地等についての所有者ないし立会・承認の適格を有する者は誰なのか，極めて難しい法律問題を生じている。

１　自然隆起地

海面下の地盤が自然現象によって隆起し，既存の有番地と接続した場合，誰の所有地となり，立会・承認の適格を有する者は誰なのか。この問題は，寄洲と表裏の問題なので，次款（317頁）で説明する。

所有者を判定した裁判例として，東京地判昭和56年７月23日判タ465号134頁は，大地震によって隆起した海岸につき，国有地と認定している。また，和歌山地判昭和62年５月27日判自42号68頁（自然隆起地，海面，自然海没地）は，自然に干上がってできた土地は国有地であることを前提として，時効取

〈114〉　湊清和「海底から発見された物に関する文化財保護法の取扱い」前田正道編『法制意見百選』（ぎょうせい，昭和61年）812頁。

得の成立を否定している。

2　再隆起地

ある民有地が海没後，再び自然現象で陸地（再隆起地）となった場合，当該土地の所有権の帰属はどうなるのであろうか。

⑴　再隆起地に関する土地性否定説

ア　否定説の帰結

㈠　甲番が全部海没した場合

例えば，かつてAの所有していた甲番の土地が全部海没した後，再隆起した場合，土地性否定説によると，土地が新たに生じたと見て旧甲番の土地はそっくり国有無番地（民法239条2項）の土地となったと解するか，あるいは付合理論（民法242条）を適用して，水際に接する既存の土地（例えば乙番の土地）に付合すると解するか，のいずれかになる。

㈡　甲番の一部が海没した場合

甲番の土地の一部が海没した場合は，土地性を否定する限り，海没の時点で地積を減少することとなるが，その後再隆起した時点で，旧甲番の一部だった土地部分はどうなるのか。土地が新たに生じたと見て，その部分を無番地の土地と見るならば，再隆起部分は国有地ということになる。これに対し，付合理論を適用して水際に接する既存の土地に付合すると解するならば，陸地として残存する土地に旧甲番の再び隆起した土地が付合するため，結局全体が甲番の土地に復帰することになる。

イ　否定説を採る裁判例・先例等

明確なものは見当たらない。

⑵　再隆起地に関する土地性肯定説

ア　肯定説の帰結

土地性肯定説に立つときは，海没しても所有権は失われず，土地の登記は地目の点を除いてそのままなので，当該海没地がその後隆起して陸地化しても，地積や所有者等に変動はないということになる。

イ　肯定説を採る裁判例・先例等

那覇地判平成10年12月10日訟月47巻12号3600頁は，海没しても特定性と支配可能性がある限り所有権の客体たる土地であり，再隆起地については元の所有者の所有権が肯定されるとしている。また，実例として，海没後再隆起した陸地を，海没前の所有者が管理・支配するに至っている例が報告されている〈115〉。

⑶　再隆起地に関する折衷説

ア　折衷説の帰結

折衷説は，自然海没地と人工海没地のいずれについても原則的に私人の所有権の存続を肯定する。したがって，この問題に関しては肯定説と同一の結論をとるものと推定される。

イ　折衷説を採る裁判例

前記⑵イ掲記の判決の控訴審である福岡高那覇支判平成11年12月21日訟月47巻12号3587頁は，折衷説を採る前掲（299頁⑶）田原湾最高裁判決を引用しつつ，再隆起地につき元の所有者の所有権を肯定するかのごとき論調である。

⑷　立会・承認の適格を有する者

ア　結論の妥当性

本設例に関しては，土地性肯定説ないし折衷説の結論が妥当であることは，誰の目にも明らかである。土地性否定説は，特に土地の全部が海没し再隆起した場合（前記308頁⑴ア㋐のケース）に，欠陥を露呈する。すなわち，前記の設例では，国あるいは乙番の所有者（例えばＢ）が，旧甲番の土地を不当に利得したとの印象をぬぐいきれない。もっとも，国の取得の場合は，公用の廃止された旧川床敷と同様に，旧所有者Ａに無償で下付する〈116〉のが相当であろうが，国がそうするとの保証はない。私人Ｂが取得すると解する場合は，Ａとの関係では，明らかに不合理な結論といわざるを得ない。

イ　実務の在り方（私見）

前掲（299頁⑶）田原湾最高裁判決が折衷説の立場を明確にしている今日においては，筆界調査に際しても，再隆起地については，旧甲番地の所有者Ａを筆界立会・承認の適格を有する者と認めるべきであろう。

〈115〉　幾代『不動産物権変動と登記』210頁，211頁による。
〈116〉　旧河川法44条の定める処理方法。

3　法定手続を経た埋立地

海や湖などの公有水面を埋め立てて陸地とするには，公有水面埋立法による埋立免許が必要である。すなわち，埋立てをしたいと願う者は，都道府県知事から埋立免許（公有水面埋立法2条）を受けなければならない〈117〉。

埋立免許を得てから，陸地を造成することになるが，その場合，陸地ができたというだけで申請人に所有権が認められるわけではなく，申請人は，原則として竣功認可の告示の時に，当該埋立地の所有権を取得することになる（公有水面埋立法24条1項本文）〈118〉。

もっとも，適法な埋立ての場合，公有水面埋立法23条によって埋立権者が竣功認可前に埋立地を使用する権利は，埋立工事を行う限度にとどまらず，埋立ての目的に反しない限り，埋立地を自由に使用収益する権能を含むものであり，竣功認可後の所有権と実質的に異ならないとするのが判例〈119〉である。

4　無権限者による無願埋立地

(1)　無願埋立ての2つのケース

前記3に述べた法の建前に反し，古来，私人が海を無断で埋め立てる例が後を絶たなかったようである。その場合の埋立地の所有関係はどうなるのであろうか。①何らの由来なく公共用物たる海を勝手に埋め立ててしまった場合と，②自然海没地などを旧来の所有者が自己所有地として埋立てをした場合とでは，法的位置付けを異にするので，ここでは，上記①の無願埋立地についてのみ述べ，②については次項5（315頁）で説明する。

〈117〉　大正10年4月9日に公有水面埋立法が制定される以前においても，手続の違いこそあれ，時の為政者による海面の開発許可とこれに伴う埋立行為によって私有地が造成されている例がある。その裁判例等については，払下海面の項（303頁4）参照。

〈118〉　竣功認可は，埋立工事完成の事実を確認する行為であるとともに，埋立免許を受けた者に埋立地の所有権を取得させる行政処分である。雄川一郎「公有水面埋立工事の竣功認可処分の取消」田中二郎・雄川一郎編『行政法演習Ⅰ』（有斐閣，昭和38年）182頁。

〈119〉　最（3小）判昭和47年12月12日民集26巻10号1877頁。

⑵　無願埋立てと，投入土砂・土地所有権の関係

古来いかなる私人の所有でもなかった公共用物たる海を，私人が法定の手続をとることなく勝手に埋め立てた場合，投入した土砂及びでき上がった陸地の所有者は誰ということになるのであろうか。

この点に関しては，裁判例，学説に対立がある。ただ，いずれの見解によっても，無権限の無願埋立人が当該埋立地の所有権を，埋立てそれ自体の効果として取得することは認められていない。登記実務上も，無権限の無願埋立てによって事実上土地が生じていても，当該土地は，いまだ登記能力を備えていないから，表示の登記をすることはできないとされている〈120〉。

ア　付合否定説

土砂は依然として投入者の所有する動産であり，海面下の地盤の所有権については「従前どおり」（土地性否定説・折衷説によれば，「私的所有権の対象とならない地盤」，土地性肯定説によれば「国有地」）であるとする見解である〈121〉。最（１小）判昭和57年６月17日民集36巻５号824頁は，この論理を採用している〈122〉。

判例理論すなわち，海面下の地盤については原則的に私的所有権は存在せず（前掲（299頁）田原湾最高裁判決），そのような地盤に土砂（動産）を投入しても，動産のまま存在するだけだとする理論（上記昭和57年最高裁判決）を推し進

〈120〉　有馬厚彦『実務表示登記総論』（民事法情報センター，昭和62年）81頁。なお，埋立地についての所有権を証する書面（不登令７条１項６号・別表４項ハ）としては，竣功認可書（公有水面埋立法22条，24条）が相当とされている（不登準則71条１項）。無願埋立地は登記能力を有しないとする裁判例として，那覇地判昭和50年７月９日訟月21巻10号2010頁。

〈121〉　なぜ付合しないと解すべきかにつき，昭和31年内閣法制局一発26号「公有水面埋立法に関する疑義について」（法制局意見）においては，公有水面埋立法36条，35条２項は，土砂を「国ノ所有ニ属セシメルコトヲ得」としているだけであることを理由としている。これに対し，原島重義「判批」民商45巻３号（昭和36年）393頁，新田敏「判批」判評253号（昭和55年）164頁は，いずれも，海面下の地盤には私的所有権が成立せず，不動産とはいえないことを理由としている。その他，三本木健治「河川の管理」雄川一郎ほか編『現代行政法大系〔9〕』（有斐閣，昭和59年）390頁参照。

〈122〉　第一審である津地判昭和45年６月11日下民21巻５・６号781頁も，付合を否定している。

めると，私人が勝手に海面の埋立てをしても，いまだ所有権の対象となる不動産は存在せず，土砂（動産）の不法投入者が地盤の管理者たる国に対し，原状回復義務（公有水面埋立法36条，35条1項）を負担しているだけの状態であるとの結論〈123〉になる〈124〉。

もっとも，その場合でも，知事が公有水面埋立法35条1項ただし書によって原状回復義務を免除した後に国が当該願埋立地を普通財産に組み入れ〈125〉，あるいは登記をしたときは，もはや元の公有水面に戻ることなく土地として存続することが確定したと見るべきなので，土砂は地盤に付合するというべきであろう〈126〉。

イ　付合肯定説

海面下の地盤は，民法242条の不動産そのもの（土地性肯定説）あるいはこれに準じるもの（土地性否定説・折衷説）であり，その地盤に何ら権原なく土砂を投入したときは，民法242条によって付合を生じるという見解である。名古屋高判昭和35年12月27日高民13巻10号884頁，前掲昭和57年最高裁判決の原審たる名古屋高判昭和54年2月28日下民30巻1～4号103頁などがこの見解をとっている。

この見解によるときは，無権限者による無願埋立地は，国有地と解することになるであろう〈127〉。

〈123〉　浅生重機「判解」昭和57年度481頁。

〈124〉　土地性肯定説を採る場合でも，土砂投入者に原状回復義務がある限り，民法242条の付合は生じないと解することも可能であり，この見解が妥当のように思われる。

〈125〉　竣功認可以外の方法で公用を廃止することは不可能であるとする説として，山口眞弘＝住田正二『公有水面埋立法』（日本港湾協会，昭和29年）357頁。もっとも，昭和29年7月20日大蔵省蔵管2294号財務局長から東北財務局長宛て通達は，埋立免許の失効した埋立地につき，これを公共用財産から編入された普通財産と取り扱うべきであるとしている。

〈126〉　浅生・前掲注〈123〉482頁。徳島地判平成7年3月30日訟月42巻12号2819頁（無願埋立地），その控訴審たる高松高判平成8年3月29日大野重國「判批」民研476号（平成8年）48頁。

〈127〉　土地性否定説・折衷説によるときは，陸地化した時点で無主の不動産（民法239条2項）として国庫に帰属し，土地性肯定説によるときは海面下にある時点から国有であるということになる。

⑶　無願埋立ての追認

昭和48年法律84号による改正前の公有水面埋立法36条2項は，無願埋立てがなされた場合，知事はこれを追認することができると規定していた。その場合は，追認により埋立免許がなされ，竣功認可がなされることになるので，同認可の時点で，当該陸地の所有権は埋め立てた者に帰属することになる〈128〉。

現行法は，このような無願埋立ての追認の制度を廃止している。廃止の理由は，無免許埋立ての追認件数が年間200〜300件にも達し，この制度があるゆえに適正な埋立行政に支障を生じていたためである。そうだとすれば，現行法上は埋立者が無願埋立地の所有権を直接に取得する方途は閉ざされているといわざるを得ない〈129〉。

⑷　無願埋立地の払下げ

無権限者によって無許可で埋め立てられた海面（公有水面）は，海岸保全区域（海岸法3条）あるいは，（旧）法定外公共物たる一般公共海岸区域（海岸法2条2項）であれば，港湾区域内にあるなど他省庁による公物管理が行われていない限り国土交通省所管の公共用財産であるから，法定受託事務として都道府県が当該埋立ての対象となった海面の存続の必要性について判断すべきである。その結果，存続の必要がないと認めるときは，⑵アに述べた方法により当該海面（海面下の地盤を含む。）について用途廃止を行った上，普通財産として財務省に引き継ぐことになる〈130〉。

私人が当該埋立地の払下げを受けたいときは，通常の払下手続（国有財産法20条1項，地方自治法238条の5第1項）にて前記普通財産の払下げを申請する

〈128〉　追認の相手方は無願埋立者に限られ，それ以外の者に対して追認しても無効であるとする裁判例として，岡山地判昭和61年1月16日判自20号40頁（無願埋立地），その評釈として，見上崇洋「判批」判自30号（昭和62年）94頁がある。これに対し，最（2小）判平成5年11月12日集民170号405頁は，追認を肯定している。なお，後掲⑹イの高知地判平成7年5月22日は，市が市道を敷設した後，境界協議が行われた事案につき，黙示の追認の余地を示唆している。旧法下の無願埋立地につき追認を認めなかった例として，那覇地判平成7年1月25日判時141号69頁。

〈129〉　無願埋立ての後，公有水面埋立法に基づく申請をすることも，追認の申請と実質において変わりはなく，認められないと解される。なお，前掲注〈125〉参照。

〈130〉『公共用財産管理の手引』221頁。

ことになる。

(5)　無願埋立地の時効取得

無願埋立地を黙示の公用廃止理論によって時効取得する余地はないのか。

黙示の公用廃止を肯定する判例理論（53頁イ）による限り，海としての形態喪失の状態が永続しているなど，判例の示す要件を充足している事案に関しては，時効取得の余地を肯定することができる場合もあり得よう。しかしながら，前述のとおり，無願埋立てを抑制するため無願埋立ての追認すら否定した公有水面埋立法の趣旨に鑑み，また，海には高度の公共性があることを考えるとき，安易な公用廃止の認定は避けるべきものと思われる。

さらに，黙示の公用廃止の理論を適用する前提として，私人による占拠開始の時点で既に公共用物としての形態を喪失していることが必要であるとの見解は，いまや裁判実務上定着したと見ることができる（54頁ウ）。そうすると，無願埋立地の大部分は，公共用物たる海を意識的に破壊して陸地化したものであろうから，黙示の公用廃止理論によって占有者が所有権を取得することを一般論として肯定し得るとしても，その適用を受けるのは，無願埋立人に対して原状回復義務が免除された後の占有や後記平成17年最高裁判決のケースのように，埋立免許を受けて埋立工事が完成した後の不法占有など，ごくわずかな事例に限定されると思われる。

無願埋立地の時効取得に関する裁判例として，古くは大判昭和４年４月10日刑集８巻174頁が，公有水面を30年にわたり占有していた事案において，時効取得の成立を否定している〈131〉。

また，那覇地判昭和55年１月22日訟月26巻３号456頁〈132〉は，自然のままで一般公衆の用に供されている公有水面について，利害関係人の利害を調整しつつ適正かつ合理的な国土の利用を図るため，厳重に埋立てを規制している公有水面埋立法の各規定の趣旨から，公有水面を埋め立てて造成した埋立

〈131〉　黙示の公用廃止理論を採用した最（２小）判昭和51年12月24日民集30巻11号1104頁（52頁）が，この大審院判決とは事案を異にすると説示しているのは，興味深い事柄である。渡嘉敷唯正「無願埋立地と時効取得の成否」民研265号（昭和54年）41頁。

〈132〉　福岡高那覇支判昭和55年９月９日（公刊物未登載），最判昭和58年１月21日（公刊物未登載）にて維持。

地につき所有権を取得するためには，法定の手続によるほかはなく，海の無願埋立者が当該埋立地を時効によって取得する余地はないとしている。さらに，和歌山地判昭和62年5月27日判自42号68頁（海面，海没地，自然隆起地）は，無願埋立地の時効取得を一般論として認めつつ，黙示の公用廃止の要件（53頁イ）を欠くとして時効取得の主張を排斥している。さらに，徳島地判平成7年3月30日訟月42巻12号2819頁は，原状回復義務を免除されていない限り，無願埋立地に黙示の公用廃止を認めるべき客観的状況が存在したものとはいえないとして，時効取得の成立を否定している。

これに対し，最（2小）判平成17年12月16日民集59巻10号2931頁は，法定の手続にのっとって埋立工事が完成したものの，竣功認可がされていない埋立地（竣功未認可埋立地）につき，私法上所有権の客体になると認定し，公物の時効取得についての最高裁判決昭和51年基準（53頁イ）を当てはめて，当該埋立地の時効取得を肯定している〈133〉。この判決は，上記で想定している無権限者による無願埋立ての事案に関するものでなく，公有水面埋立法に基づく埋立免許を受けて埋立工事が完成した後，竣功認可がされていない埋立地を竣功後に購入した者についての判断であることに留意する必要がある。

(6)　無願埋立地につき立会・承認の適格を有する者

上記(1)〜(5)に見てきたところによれば，無権限者による無願埋立てが行われた場合，立会・承認の適格を有する者については，以下のとおり整理されることになろう。

ア　無権限者による無願埋立てが行われただけの状態の場合

そのままの状態では，当該埋立地につき埋立者及びその承継人を筆界立会・承認の適格を有する者と見ることはできない。実務上は，当該海岸の管理者（293頁(1)）に対し，追認（313頁(3)），払下げ（313頁(4)），時効取得の完成（314頁(5)）の事実がないかどうか確認し，それらの事実がなければ，既登記の有地番と無願埋立地との間の筆界調査は，無願埋立地＝海面下の地盤（307頁(3)）と同じ扱いをすべきことになる。

なお実務上，無願埋立地の国有財産としての管理者は，前述(4)の用途廃止

〈133〉　評釈その他詳細は，『里道・水路・海浜』2編3章2節6参照。

による引継ぎがなされるまでの間は，原則として都道府県知事（294頁(2)）であると解されている〈134〉。

イ　無願埋立地についての立会・承認の効力

無権限者による無願埋立地につき，境界の立会・承認が行われたとしても，無効である。

その理由は，登記実務の見解によれば，無願埋立地は，海面下の地盤と同じ，すなわち筆界・所有権界の成立する余地がない地盤だからであり，土地性肯定説（298頁(2)）によれば，無権限者すなわち立会・承認の適格を有しない者によるものだからである。

裁判例として，高知地判平成７年５月22日判時1566号119頁は，一般海面たる磯が徐々に無願で埋め立てられ，道路敷が形成され，これを市道として供用開始したという状況下で，県土木事務所長と隣地所有者が境界合意をしたという事案につき，境界合意は無効であるとしている。

5　海没地の旧所有者による埋立て

(1)　土地性否定説の帰結

土地性否定説は，海没によって，当該海面下の地盤の私権は消滅すると解している。その結果，旧所有者といえども，その水域の埋立ては，公有水面埋立法の定める要件・手続によるべきことになるとする。この見解によるときは，海没地の旧所有者による埋立ては，前記４の無権限者による無願埋立てと，何ら異ならないことになる。

(2)　土地性肯定説の帰結

「私人所有の陸地が海没した場合は，そこは，いわば『私有水面』になる。そしてそこを埋め立てようとする者は，私法上の権原を取得すること（地主から買う，借りる，収用するなど）を要し，また，かかる権原を有するかぎりは，あとは警察上の規制を遵守すれば，埋め立て行為をなし得るのであって，公有水面埋立法による免許は問題にならない」〈135〉としている。

〈134〉　昭和９年12月14日建設省甲63号土木局長から熊本県知事宛て回答，三善政二『公有水面埋立法』（日本港湾協会，昭和45年）223頁。

〈135〉　幾代『不動産物権変動と登記』207頁。

⑶　折衷説の帰結

折衷説は，自然海没地，人工海没地のいずれについても，原則として私人の所有権を肯定するので，肯定説とほぼ同一の結論を採るものと推測される。

⑷　裁判例・先例等

東京地判大正３年10月９日新聞991号23頁（303頁⑵イ）は，徳川時代に海面の払下げを受け埋め立てたが，再び自然に海没したため，明治13年から同18年の間に再度埋め立てた事案につき，私人の所有権を肯定している〈136〉。

また，鹿児島地判昭和51年３月31日判時816号３頁（299頁注〈100〉）は，昭和初期頃まで陸地であったが，その後自然海没地となっていたのを従前の所有者が埋め立てたところ，国がその所有権を否認して争った事案であるが，やはり私人の所有権を肯定している。

⑸　立会・承認の適格を有する者

前掲（299頁）の田原湾最高裁判決は，折衷説を採ることを鮮明にしている。折衷説によるときは，支配可能性のある私有水面は，公有水面埋立法によることなく私人が自由に埋立てに着手できることになる。もっとも，その場合でも港湾法37条（港湾区域内の工事等の許可）や海岸保全条例など機能管理に関する特別の規定がある場合は，その規制を受けることになるが，当該規制法令に違反した埋立てであっても，埋立てにより，私有海面が私有土地に転化するとの所有関係には影響はない。

そうすると，筆界調査者としては，土地性否定説（登記実務）にこだわることなく，旧所有者による埋立地に係る現在の所有者を立会・承認の適格者として取り扱うのが穏当であろう。

第４款　寄　洲

１　寄洲の意義

⑴　寄洲の定義

海岸や河川においては，土砂が風や波の作用で堆積し，新たな陸地となっ

〈136〉　もっとも，同判決は，払下海面は，海面下のままで私的所有権が成立するとの論旨を展開している。

たものがある。これが寄洲（よりす）である〈137〉。ここでは主として海岸に形成される寄洲について述べるが，河川の寄洲についてもほぼ同じ議論が妥当する。

⑵　埋立地との違い

寄洲は，土砂の堆積が自然現象によるものである点で，前述（310頁3款3以下）の埋立地と異なる。

⑶　自然隆起地との違い

同じく自然現象であっても，地盤自体の隆起による土地の形成とは，その成因を異にする。寄洲の場合は，陸地に動産たる土砂が接合して新たな陸地を形成するものであるが，自然隆起地（307頁）の場合は，陸地に不動産たる地盤〈138〉が接合して新たな陸地を形成するという違いがある。

⑷　島状の砂洲との違い

自然現象による土砂の堆積であっても，既存の陸地と接続しないもの（島状の砂洲）は，ここにいう寄洲とは異なる。これについては，後記4に述べる。

2　寄洲の所有権の帰属

寄洲について立会・承認の適格を有する者は誰か。

寄洲は，既存の陸地に接続して新たな陸地を形成する。ところが，登記実務は，海と陸（有番の土地）との筆界は，「春分・秋分時における満潮位」としている（296頁2⑴）。そのため，第1に，寄洲は誰の所有に属する土地なのかという問題を生じる。多くの場合，寄洲の接続する隣地は，国有無番地たる海浜や磯であろうが，まれに寄洲が民有地と直接に接合した場合，あるいはかつて民有地とされた海没地の上に形成された場合は問題が大きいといえよう。第2に，既存の陸地と寄洲との筆界はどうなってしまうのかという問題を生じる。寄洲について立会・承認の適格を有する者が誰であるかの問

〈137〉　地所名称区別細目（明治9年5月18日内務省議定）は，寄洲とは，「泥砂ノ水涯ニ堆積シテ漸ク陸地ヲ為スモノ」と定義している。

〈138〉　土地性否定説によると，海面下の地盤は不動産でも動産でもないことになるのであろうか。ここでは土地性肯定説（私見）によって説明している。

題は，上記第１と第２の帰結と密接に関連する。以下に，諸説を素描する。

⑴　付合・筆界移動説（登記実務）

寄洲の分だけ隣接する土地が膨張するとの見解である〈139〉。民法242条本文に「不動産の所有者は，その不動産に従として付合した物の所有権を取得する」とあるのを論拠としている。

この見解によると，寄洲の形成によって隣接する海との筆界（境界）が次第に移動することになる。したがって，土地が膨張した分だけ既存隣地の地積を増加することとなり，登記手続としては，地積の変更登記をするという帰結になる。この見解を仮に付合・筆界移動説と呼ぶこととする。

この説に対しては，①本来客観的に定まっているはずの土地の筆界（境界）が自然に変化することとなり，不合理であるとの批判がなされる。のみならず，②２筆以上の土地に接する寄洲が形成された場合，寄洲をどのような基準で分割しようとするのかとの疑問も提起されており，さらには，③実質的に見て，海岸に隣接する土地だけが膨張するとの結論は，不公平感をぬぐえないとの指摘もある。

付合・筆界移動説は，海面下の地盤につき，土地性否定説ないし折衷説を採ることを前提としているが，近時の多数説である④土地性肯定説からは，元来国有地である海面下の地盤がたまたま陸地化したからといって，隣地に吸収されるべき法令上の根拠は全くないとの批判がなされ得るであろう。

⑵　付合・筆界不変説

既存の土地の筆界（境界）は動かないが，既存の土地の所有者が寄洲の所有権を取得するとの見解である〈140〉。筆界一般に関する議論に依拠して，筆界は不変であるとしつつ，なお民法242条の規定によって寄洲の所有権を取得するというのが，その論拠のようである。

この見解によると，登記手続としては，寄洲についての表示登記を起こす

〈139〉　昭和36年６月６日法務省民事三発459号民事局第三課長回答が，その代表的なものである。

〈140〉　津島安秋「土地表示登記（その一）」民月26巻４号（昭和46年）58頁引用の見解。なお，津島氏自身は，土地性否定説かつ付合否定説（国有説）を採っている。吉野衛「〔再開〕不動産の表示に関する登記講義⑺」登研649号（平成14年）50頁。

べきことになる〈141〉。この見解を仮に付合・筆界不変説と呼ぶこととする。

この見解に対しては，付合・筆界移動説に対する前記②〜④と同様の批判があり得る。のみならず，付合は，元来付合の客体たる動産が主体たる不動産の中に吸収され，それと同体化した構成部分となって独立の物ではなくなるとの議論であるはずなのにもかかわらず，吸収されてしまったはずの動産が，吸収した不動産とは完全に別個独立の不動産として存在するに至るという不合理な結論になるとの批判もなされる。

(3)　付合否定説（旧来の判例）

寄洲は，海面下にあったときと同様，既存の陸地とは全く別個独立の不動産として存在するという見解である〈142〉。主として海面下の地盤に関する土地性肯定説と親和性のある見解である。すなわち，土地性肯定説では，支配可能性のある地盤である限り，海面下であっても不動産として所有権の対象となると解するので，それが海面上に顔を出すに至ったからといって，所有権の得喪を生じるはずもないと考える。民法242条は，「動産」が不動産に付加してこれと一体を成す場合をいうわけなので，付合理論の適用はあり得ないということになる。

この見解によると，自然海没地，人工海没地（人工海面），払下海面に形成された寄洲については，当該海面下の地盤の従前からの所有者に帰属し，その他の海面に形成された寄洲については，海の所有者たる国に所有権が帰属することになる。要するに，寄洲を生じたからといって，所有権者に変動を生じるものではないとの結論に至る。

この見解に対しては，そもそも海面下の地盤につき所有権の成立を肯定すること自体，疑問であるとの土地性否定説からの批判が考えられる。また，確定した判例，登記実務に反するとの批判が加えられることであろう。

もっとも，土地性否定説に立つ場合でも，①寄洲形成による筆界の移動は

〈141〉　吉野『注釈不動産登記法総論（上）』46頁，枇杷田泰助＝吉野衛監修『不動産表示登記入門〔第3版〕』（昭和59年）7頁，田川範夫「不動産表示登記取扱手続の実証的研究」法務研究報告書67集3号（昭和56年）21頁。

〈142〉　内海一『改訂不動産表示に関する登記精義』（昭和44年）348頁，遠藤浩・青山正明編『基本法コンメンタール・不動産登記法〔第4版補訂版〕』（日本評論社，平成10年）165頁〔有馬厚彦〕。

認め難い，②土地の上部への付合はあり得ても，土地の筆界の外への付合はあり得ないと解するときは，付合を否定し，無主の不動産（民法239条２項）として，国庫に帰属すると解することになろう〈143〉。

(4)　結論の妥当性（若干の私見）

私見は学説の多数である土地性肯定説（298頁(2)）を妥当と考えており，同説の帰結である付合否定説こそ，結論において最も妥当性を持つと考えている。

海の土地性を否定し，付合を肯定する場合，筆界移動説，筆界不変説のいずれをとるにせよ，海岸に隣接した土地のみが膨張することになり，また，自然海没地の上に寄洲が形成された場合を想定してみると，海没によってＡの所有権が失われ，寄洲の形成によって同地盤（旧Ａ所有地）が，隣地を所有するＢの所有地になってしまうとの覆い難い不合理を招来することになる。

また，付合肯定説は，寄洲の場合は動産たる土砂が不動産たる陸地に付合するので，民法242条の適用があると考えるのに対し，自然隆起の場合は，新たに生じた不動産が不動産たる陸地に接合するので，民法242条の適用はないと考えるようである〈144〉。そうすると，寄洲か自然隆起地かによって所有権の帰属に決定的差異を生じることになる。しかし，寄洲の形成なのか自然隆起なのかの判別は容易でないはずであり〈145〉，また，両者が競合している場合の説明が困難なように思われる。のみならず，寄洲と自然隆起地で所有者を異にするとの結論自体，妥当ではないように思われる〈146〉。

なお，判例，登記実務の詳細については，後記３参照。

〈143〉　津島・前掲注〈140〉59頁。山野目章夫『不動産登記法』（商事法務，平成21年）197頁は，この見解であろうか。

〈144〉　有馬厚彦『実務表示登記総論』（民事法情報センター，昭和62年）86頁。

〈145〉　現に，幾代『不動産物権変動と登記』213頁以下は，自然隆起地と寄洲とを同視して論じている。

〈146〉　付合を肯定する学説が現在のところ多数説だが，これらの多くは，海底の地盤の所有権を肯定する見解が多数説を占めるようになる以前に発表された学説であることに注意しなければならない。現在，土地性肯定説に立ちつつなお付合肯定説を唱える見解は，おそらく存在しないと思われる。

3　寄洲の所有に関する裁判例及び登記実務

⑴　裁判例

河川法施行前の河川敷内に生じた寄洲につき，公所有権の法理〈147〉を適用し，民法の付合理論を排斥したものとして，大判明治37年7月8日民録10輯1061頁がある。この判決は，寄洲を無主の不動産（民法239条2項）と見て国有地と認定しており，付合否定説による処理といえるであろう。また，山口地下関支判昭和60年11月18日判自30号65頁（海浜の寄洲）も，「（寄洲は）接岸地に附合することなく国の所有に属するものと解すべきである」としている。

⑵　海面下の地盤一般についての登記実務

海岸の寄洲に建築された建物の所在をどのように表示するかとの照会に対する昭和36年6月6日法務省民事三発459号民事局第三課長回答は，「寄洲は，その附合した土地の一部であるから，当該土地の地番をもって当該建物の所在を表示すべきであ」るとしており，前述（319頁2⑴）の付合・筆界移動説に基づく処理のようである〈148〉。

⑶　海没地，払下海面等についての筆界調査実務の方向性

なお，前掲（299頁⑶）田原湾最高裁判決は折衷説を採っているが，同判決に従う限り，少なくとも自然海没地，人工海没地（人工海面），払下海面については海面下であっても私的所有が肯定されるので，付合否定説で処理するのが相当ではないかと思われる。

そうだとすれば，既存の有番地に接続して自然海没地，人工海没地（人工海面），払下海面等が存在し，これらの上に寄洲が形成された場合には，前記⑵の登記先例に従うのでなく，判例理論に従って，これらの土地の旧所有者ないしその承継人を寄洲の所有者ひいては，筆界調査に際しての立会・承認の適格を有する者として取り扱うこととなるのではなかろうか。

〈147〉　詳細は，『里道・水路・海浜』1編3章2節1参照。

〈148〉　寄洲を生じたときに，①地積増加による変更登記をすべきなのか，②新たな土地が生じたものとして表示の登記を申請すべきなのか，について論じたものとして，寺田逸郎ほか「不動産登記に関する最近の実務上の問題点をめぐって（実務座談会5）」登研582号（平成8年）2頁。

4　寄洲以外の砂洲（島状の砂洲）

⑴　原　則

海域に既存の陸地に接続することなく島状の砂洲を生じた場合，その所有権は，原則として国に帰属することになる。土砂が風波によって堆積した場合であっても，自然に隆起した場合であっても，同じであって，この点，学説は結論において一致している。

土地性否定説及び折衷説は，その理由を無主の不動産は国庫に属する旨の民法239条2項に求めている。これに対し，土地性肯定説は，海面下にある状態のままで国に所有権が帰属していたのであり，海面に顔を出したとしても所有権者は依然として国であると説明している。

⑵　例　外

土地性否定説を採るとき，例外はないことになるであろう。しかし，土地性肯定説及び折衷説による場合，島状の砂洲を生じた海域が，人工海没地（人工海面），自然海没地，払下海面である場合は，たとえ海面下にあっても，土地所有権を肯定するので，砂洲を生じた場合は，その海域の従前の所有者がそのまま砂洲を所有することになる。

⑶　裁判例等

この点に関して直接判断した裁判例等は見当たらない。

いずれにせよ，自然海没地等に生じた砂洲（陸地）の所有者は，やはり従前の所有者であるべきで，この点においても土地性否定説の帰結は疑問であるといわざるを得ない。

第6節　譲　与　地

1　譲与に伴う立会・承認適格者の交代

⑴　問題の所在

譲与とは，国・地方公共団体が対価を徴収することなく国有財産・公有財産を他に譲渡する旨の契約であり，民法549条の贈与に近似する概念である（国有財産法20条1項，28条，地方自治法238条の5第1項，96条1項6号等）。

国有財産・公有財産の譲与が行われた場合，その多くは登記・地図情報に反映されることから，これらによって，所有者ないし財産管理者すなわち立会・承認の適格を有する者は容易に判明する。これに対し，地方分権一括法〈149〉に基づく（旧）法定外公共物〈150〉の譲与に関しては，所有者ないし財産管理者がどのように変わったのか，やや分かりづらい部分もあることから，以下にあらましを述べる。

⑵　地方分権一括法による譲与の時期

ア　里道・水路等

（旧）法定外公共物のうち，里道と公共用水路等として現に公共の用に供しているものは，従来，その大部分が国土交通省（旧建設省）所管の国有財産であった（264頁）が，これらは平成12年4月1日から同17年3月31日までの間に市町村（都の特別区を含む。以下，本節において「市町村等」という。）に譲与された（地方分権一括法113条，国有財産特別措置法5条1項5号，平成11年7月16日建設省会発459号「法定外公共物に係る国有財産の取扱いについて」ほか）。

イ　海浜等

また，（旧）法定外公共物たる海浜については，平成12年4月1日以降，一般公共海岸区域として法律による公物管理を行うこととなった。

なお，海浜等につき立会・承認の適格を有する者については，5節1款1及び2（291頁以下）参照。

2　譲与の対象となった財産

⑴　里道及び水路

ア　立会・承認の適格を有する者の交代

①「里道」や「水路」のうち，②道路法や河川法，下水道法の適用若しく

〈149〉　地方分権の推進を図るための関係法律の整備等に関する法律（平成11年7月16日法律87号）

〈150〉　公物（機能）管理に関する特別法の適用や準用を受けない里道や公共用悪水路等の公共用物。『里道・水路・海浜』1編1章1節1参照。

は準用のないもの〈151〉で，③現に公共用物として機能しており〈152〉，④地盤の所有権が国に属するもので，かつ⑤旧建設省所管のもの〈153〉が，市町村等への譲与の対象となった。①～⑤の要件を満たす公共用財産は，元来，法令上は国有財産とされてきたものの，地域社会に密着した存在であったことから，その機能管理は主として市町村等が行ってきた。そのため，国有財産としての財産管理は国の機関，公物としての機能管理は市町村等という二元的な管理が行われてきたが，地方分権推進施策の一環として，財産管理と機能管理を市町村等に一元化すべく，包括的な譲与手続が行われることとなった（前記１⑵）。

そのため，上記①～⑤の里道及び水路について立会・承認を有する者は，譲与前は，国有財産管理部局長たる都道府県知事，譲与後は，市町村等ということになる。

イ　譲与対象の「里道」の範囲

㈠　対象の特定

土地台帳附属地図（122頁）にアカミチ（赤道）として表示されている長狭物がこれに該当する。地方によっては，茶や一部黒色等で表示されているものもあるが，現況が道路であれば特段の事由がない限り，里道とみて差し支えない。

〈151〉　都道府県道又は市町村道に認定されている旧里道については，道路法90条２項により，公共下水道等に認定されている旧公共用水路については，下水道法36条により，いずれも当該公共用物の管理者である地方公共団体に対し，当該旧里道・旧公共用水路等を無償で貸し付け，又は譲与できるとされている。また，旧来の準用河川については，河川法100条の２第２項により，当該準用河川の管理者たる市町村に対し，旧公共用水路が無償で貸し付けられたものとみなされている。

なお，地方分権一括法の施行後に適用河川の指定（河川法４条，５条）が廃止された場合，これを市町村に譲与できる。反対に，市町村に譲与された公共用水路等の普通河川が将来において適用河川に指定される場合には，市町村から国に無償で貸し付けられたものとみなされる（地方分権一括法433条，河川法100条の２）。

〈152〉「里道」が畦畔として利用されていたり，あるいは「公共用水路」が埋め立てられて生活道路として使われたりしていてもよい。換言すれば，公共用物として機能していれば足りると解される。

〈153〉　内務省名義等で登記されている里道や公共用水路もまれに存在するが，これらも現に他の目的で法律上の公物管理が行われている場合を除いて旧建設省所管であり，譲与の対象となる。

(イ)　溝渠・従物の帰属

里道の地盤のほかに，土留めや溝渠など土地の定着物（民法86条１項）あるいは橋や道標，立木などの従物（民法87条）があれば，これらも原則として市町村等の所有に帰する（国有財産特別措置法５条１項５号）。ただし，第三者がその権原に基づいて付合せしめた工作物は，それが独立の所有権の対象となり得るものであるときは，付合せしめた者に所有権が留保されることになる（民法242条ただし書）。

(2)　二線引畦畔・堤塘・脱落地たる道路・水路等

二線引畦畔（271頁）や堤塘，その他の脱落地たる道路・水路も法定外公共物であって，立法論としては，譲与の対象として明記すべきであったと思われる。沿革的には明らかに里道や水路等とは別個の存在であることから，これらを包括的譲与（国有財産特別措置法５条１項５号）の対象と見ることは困難であろう〈154〉。しかし実務上は，二線引畦畔や脱落地たる道路を「里道」に準じ，堤塘や脱落地たる水路を後述(3)の「水路」に準じて当該譲与の対象として取り扱うこととされた〈155〉。

これに対し，二線引畦畔その他の脱落地が「法定内」公共物すなわち市町村道又は公共下水道等の用に現に供されている場合には，道路法90条２項又は下水道法36条による譲与申請を行うべきこととされた〈156〉。

(3)　公共用水路，ため池等

公共用水路のほか，現に公共の用に供されているため池や湖沼も含まれる。

公共用水路の地盤のほか，土留めなど土地の定着物，橋や立木など土地の従物が，譲与によって市町村の所有に帰することとなる点は，前記(1)イ(イ)の場合と同じである。

(4)　無償貸付財産

かつての里道や公共用水路等の中には，機能管理者たる市町村に無償で貸

〈154〉　塩野宏「法定外公共物法制の改革」用地ジャーナル８巻６号（平成11年）８頁。
〈155〉　平成12年１月18日大蔵省蔵理170号「法定外公共物の譲与に係る普通財産の取扱について」，公共用財産管理研究会編『法定外公共物の譲与』（ぎょうせい，平成13年）50頁。
〈156〉　公共用財産管理研究会編『法定外公共物の譲与』（ぎょうせい，平成13年）354頁。

し付けられていたもの（国有財産法22条1項1号ほか）や，みなし貸付道路（道路法施行法5条1項）も多い。地方分権推進施策としての（国有財産特別措置法5条1項5号に基づく）譲与は，財産管理と機能管理の一元化を推進するためのものであるから，これら貸付財産についても積極的に道路法90条2項又は下水道法36条に基づく譲与の手続を進めることが望ましいとされている。

⑸　第三者が機能管理している財産

里道や公共用水路等のうちには，土地改良区や水利組合その他の第三者が事実上，機能管理を行っている例も少なからず存在する。そのような場合であっても，市町村等への譲与の対象とすることは可能である。

土地改良区等の第三者が事実上機能管理を行っている場合であっても，譲与後において立会・承認の適格を有する者は，公物管理条例等に基づく当該第三者への授権がない限り，市町村等となる。

3　譲与手続の概要

⑴　市町村等による譲与申請

市町村等は，2000（平成12）年4月1日から2005（平成17）年3月31日までの間に，対象となる里道・公共用水路等の財産管理者たる都道府県（法定受託事務）に譲与申請をすることとされていた〈157〉。

市町村等は，まず譲与財産を抽出し，特定する。しかし，その方法は簡略化されており，法14条地図（同地図が整備されていない区域にあっては，土地台帳附属地図等の公図）の写し〈158〉を用いて，それに里道にあっては赤色，公共用水路等にあっては水色に着色することにより特定すれば足りるとされ，各々の基終点を明示する必要はあるが，幅員や面積まで示す必要はないとされた〈159〉。

里道や公共用水路等の長狭物は，しばしば市町村界に存在する。地所処分

〈157〉　地方分権一括法附則54条1項，平成11年7月16日建設省会発459号「法定外公共物に係る国有財産の取扱いについて」ほか。

〈158〉　これらと同一内容であるとの確認ができていれば，市町村備付けの資産税課税用の地籍図等を用いても差し支えないと解されている。

〈159〉　市町村等は譲与財産の一覧表を作成することを要するが，その場合の特定方法は，「○○地先」等の表示で足りる。

仮規則（明治８年７月８日地租改定事務局議定）１条は「道路堤塘河川ノ両国郡村市ノ中間ニアルモノハ（中略）中央ヲ経界トナスカ又ハ左右一方ノ傍側ヲ以テ経界トナス」としているので，境界標や古図等によって総合的に帰属を判定すべきことになる。

⑵　市町村等による管理の開始

市町村等に譲与された里道や公共用水路等は，じ後，市町村等において財産管理，機能管理の双方を行うこととなる。この事務は，自治事務ゆえ，市町村等が独自の判断によって管理することができる。その結果，筆界調査において立会・承認の適格を有する者は，名実ともに市町村等に移る〈160〉。

⑶　譲与後における登記申請・境界確認作業の必要

譲与申請時における譲与財産の特定は，迅速処理及び市町村等の事務負担の軽減を図る必要があることから，前記⑴に述べたとおり公図等の写しに里道や公共用水路等の位置を書き記すことで足りるとされた。しかし，譲与を受けた財産の所有権を第三者に対抗するためには，未登記の財産については登記所に表示登記及び所有権保存・同移転登記等を申請する必要があり，既登記の財産についても，所有権移転登記の申請をする必要がある。すなわち，未登記財産の譲与を受けた場合，市町村等は当然には表示登記申請の義務を負わず〈161〉，また国（旧建設省等）名義で登記されている財産の譲与を受けた場合でも所有権移転登記手続をとる法的責務までは負わないが，譲与財産管理の適正を期し，混乱を未然に防止する見地から，譲与財産については順次登記を経由することが望まれている（なお，331頁⑶参照）。

しかし，現実には，里道等が国有地であった頃には，土地台帳法の適用がなく（同法44条），一元化（174頁）のとき新規登録が行われなかったものは，そのまま無番地（国有無番地）となっていたし，その後，市町村等に譲与された後も，国と同様，地方公共団体が所有する土地についても，表題登記の申請義務が免除されていることから，無番地のままとなっている里道等が相当多数存在する（258頁２）。

〈160〉　譲与前に，筆界ないし所有権界について立会・承認の適格を有しない市町村等が，それと認識せずに，違法・無効な立会・承認を行った例が多数ある。
〈161〉　不登法附則９条，同法改正法（昭和35年法律14号）附則５条１項。

なお，未登記財産につき，表示登記を申請するためには，事前に境界確認の作業を行っておく必要がある。

4　譲与対象外の里道及び公共用水路等

⑴　機能喪失財産

現に公物としての機能を喪失してしまっている里道や公共用水路等（機能喪失財産）は除外される。管理の一本化の問題を生ぜず，市町村等に財産を譲与すべき理由もないからである。機能喪失財産か否かは，黙示の公用廃止の基準（53頁イ）によって決せられるべきであろう〈162〉。

⑵　特定不能財産

譲与の対象を特定し難いもの（特定不能財産）も除外される。しかし地方分権推進の目的からすれば，除外は一時的でなければならない。したがって，例えば地図混乱地域のため，当該公共用財産の位置関係すら特定できない場合であれば，特定が可能となった段階で，別途措置が講じられることが予定されている〈163〉。

⑶　機能喪失財産，特定不能財産等の管理

2005（平成17）年３月31日までに譲与されなかった里道や公共用水路等は，一括して（その財産の範囲を特定することなく）用途廃止され，じ後は財務省（財務局）所管の普通財産として取り扱われる。その結果，立会・承認の適格を有する者は，都道府県知事（公共財産の財産管理者）から財務省（財務局）に移ることとなる。

⑷　法定の公物管理が行われている里道及び公共用水路

里道や公共用水路であっても，①港湾隣接区域内（旧運輸省所管），②漁港区域内，③国有林の区域内，④国営土地改良事業により設置された土地改良施設内（②～④農林水産省所管），⑤国の庁舎等の敷地内，⑥砂防設備等を国が

〈162〉　福岡高宮崎支判平成18年11月29日（公刊物未登載）は，里道が現に公共の用に供されているとはいえないとしても，譲与の私法上の効力に影響を及ぼすものではないとしている。

〈163〉　建設省財産管理研究会編『地方分権と法定外公共物』（ぎょうせい，平成11年）62頁。

設置している里道・公共用水路敷部分については，譲与の対象から除外されている〈164〉。

したがって，これらの公共用物について立会・承認の適格を有する者は，従前どおり，上記の各公共施設の財産管理者である。

5　譲与が境界実務等に与える影響

(1)　一般的影響

譲与は，贈与契約（民法549条）類似の所有権移転行為である。したがって，当該不動産の前主たる国が行った境界確定協議の効力は，土地の売却や贈与等によって特定承継を生じた場合（393頁６）と原則として同じである。

ただ，譲与を受けた市町村等は，境界協議等との関係で，常に「純粋の第三取得者」と扱うと問題を生じることがある。市町村等は，譲与前にも当該財産を道路や公共用悪水路等として機能管理してきているのが通例であり，そのため，譲与前の官民境界確定協議に際し，財産管理者たる知事の求めに応じて官民境界の位置について機能管理者としての認識を申述しているケースも少なくないと思われる。極端な場合には，当事者適格もなく，筆界調査についての立会・承認を行う者としての適格もないのに官民境界確定協議をしてしまっている例もある。そのような場合には，無権代理行為の対象物件が本人に帰属した場合〈165〉に準じて，禁反言の法理が妥当することもあろう（405頁(3)）。

(2)　立会・承認の適格を有する者の交代

2000（平成12）年４月１日（327頁３(1)）以降に譲与があった財産については，立会・承認の適格を有する者は，譲与の時点以降，国から市町村等に変

〈164〉　平成12年３月28日大蔵省蔵理1175号「国の庁舎等の区域内にある法定外公共物の処理について」。なお，平成12年１月18日大蔵省蔵理170号「法定外公共物の譲与に係る普通財産の取扱いについて」は，在日米軍への提供財産に孕在する里道及び公共用水路等をも除外財産として例示している。

〈165〉　賃貸借の貸主としての承継につき，最（１小）判昭和34年６月18日民集13巻６号737頁，不動産の売主の地位の承継につき，最（３小）判昭和41年４月26日民集20巻４号826頁。

更となる〈166〉。したがって，その後の筆界調査は，市町村等の財産管理者が立会し，筆界の承認をすべきことになる。また，境界（筆界・所有権界）確定訴訟の当事者適格は，国でなく，市町村等が有することになる〈167〉。

(3)　時効取得への影響

里道・水路等については，古来所有意識が希薄なことから，時効取得が問題となることが多い。既に述べたとおり（53頁イ）公共用物の時効取得には，特殊な要件が加重されているが，譲与前にこれらの要件を満たし，私人が当該里道敷等を時効取得していたとしても，譲与により国から市町村等に所有権が移転する結果，当該私人と市町村等は二重譲渡の関係に立つことから，当該私人は対抗要件（登記）を具備しない限り，市町村等に時効取得を理由に対抗することはできない〈168〉。里道や水路について表示登記や所有権保存登記がないケースであっても同じである〈169〉。ただし，前記(1)の制約がある。

そうすると，2000（平成12）年4月1日（327頁3(1)）以降に譲与があった財産については，立会・承認の適格を有する者は，原則的に市町村等と認定するのが相当であり，ましてや譲与の登記（328頁(3)）後は，時効取得者は確定的に市町村等に対抗できなくなることから，里道敷や水路敷等と接する境界について立会・承認の適格を有する者は，譲与を受けその旨登記した市町村等ということになる。

上記の法理は，里道敷等の全部でなく，その一部を自己の敷地と勘違いして長年占拠してきたという事例（いわゆる境界紛争型時効取得）についても妥当する〈170〉ことに注意しなければならない〈171〉。

〈166〉　境界に関する裁判が係属している場合には，市町村等が訴訟の承継参加を申し立て，譲与した国は，原告の同意を得て脱退することになる。実例として，盛岡地三沢支判平成17年6月23日（公刊物未登載）ほか多数。

〈167〉　青森地判平成15年5月6日・仙台高判平成16年2月27日（いずれも公刊物未登載）。

〈168〉　名古屋地判平成19年3月20日判自294号77頁（里道）。

〈169〉　最（1小）判昭和57年2月18日判時1036号68頁（286頁注〈73〉）。

〈170〉　最（3小）判平成18年1月17日民集60巻1号27頁。なお，567頁15，568頁注〈9〉参照。

〈171〉　この問題は，国有財産に限らず，土地の境界争い一般の問題である。詳細は，394頁6(2)。

⑷　陥りやすい誤り

譲与財産については，以降，市町村等が旧来の公物（機能）管理権に加えて財産管理権を有するに至ったことから，公民境界協議を行うことが可能となった。その場合，従前の公物管理者がそのまま境界協議を行うためか，「公物管理界」（29頁）と「境界」（正確には，所有権界兼筆界）とを混同して協議している例が見られる。例えば，里道や水路脇の土手を民有地とするか否か（換言すれば，斜面の上縁と下縁のいずれを境界とするか）を協議する際に「里道や水路としての機能を全うするためには，上縁をもって境界とすべき」との根拠で境界協議を行う例がある。しかしながら所有権界兼筆界は，元来，公図ないしそれに由来する地積測量図等を基礎に判定されるべきものであって，公物（機能）管理上の必要を根拠とするのは誤りである（408頁⑸ア）。

また，里道等に隣接する甲番地の所有権登記名義人がＡであり，甲番地を時効取得したと主張するＢがいる場合，里道等の表示登記を起こす（328頁⑶）際に立会・承認を求めるべき者はＡである（365頁⑽）。これに対し，譲与手続後に公民境界確定協議の適格を有する者は，Ｂが真の所有者であると証明（432頁注〈16〉）できるのなら，Ｂである。

第７節　所有者・地番・所在が不明な土地

第１款　所有者不明土地

隣地が所有者の把握の難しい土地（以下「所有者不明土地」という。）の場合，筆界・所有権界など境界に係る立会いの適格者を把握することが著しく困難となり，取引の迅速・安全の見地のみならず，国土の有効活用の見地からも大いに支障を生じている〈172〉。

〈172〉　その対応策として，国土交通省は「所有者の所在の把握が難しい土地に関する探索・利活用のためのガイドライン〔第２版〕」（平成29年３月）を公表しており，実務上，有用である。

1　通常の所有者不明土地

(1)　通常の発生原因

隣接土地の地番は判明しているものの，必要な調査〈173〉すなわち登記記録，住民票・除かれた住民票，戸籍附票，法人に係る商業登記記録，当該土地の固定資産税の通知先その他の資料等を調査し，さらには近隣住民への聴取調査等を実施しても，なお所有者が判明しない土地がある。類型別に見ると，①調査によって判明した現在の所有者（不登法123条５号の所有権登記名義人等を指す。以下，本節において同じ。）の所在が不明な土地（所有者所在不明地），②現在の所有者たる法人や権利能力のない社団・財団につき，その代表者の所在が不明となっている土地（代表者所在不明地），③登記記録上の所有者たる法人あるいは権利能力のない社団・財団の代表者が現存せず，商業登記記録，当該土地の固定資産税の通知先その他の資料等を調べても現在の代表者にまでたどり着けない場合（代表者不確知地），④そもそも現在の所有者が誰であるのかという情報までたどり着くことができない場合（所有者不確知地）がある。以下，①～④をまとめて「所有者不明土地」という。

これらの状況が発生する原因としては，登記簿・登記記録の所有者欄の変更が長年にわたり行われず，相続の繰り返し〈174〉や法人・団体の事実上の消滅等によって現在の所有者や法人代表者等が不明となっている場合が多い。

なお，最近では，山林や耕作放棄地を中心に，私人が単独で土地所有権放棄の意思表示をすることが，問題とされている〈175〉が，松江地判平成28年５月23日訟月62巻10号1671頁（広島高松江支判平成28年12月21日（公刊物未登載）にて維持）は，権利濫用に当たり無効であるとしている〈176〉。

〈173〉　昭和54年２月７日国土庁54国土国27号土地局国土調査課長指示「地籍調査事業の推進上留意すべき事項について」。

〈174〉　①遺産分割期間を相続開始時点から10年に限定する，②相続人の所在不明や相続人不確知の場合，その相続人の持分を他の相続人が取得するとの民法改正（2020年目途）が実現すれば，大幅な改善が見込まれよう。

〈175〉　昭和41年８月27日民事甲1953号民事局長回答は，不動産の所有権放棄の余地もその登記の余地も否定している。

〈176〉　これに対し，大津地判昭和53年１月23日訟月24巻３号425頁は，河川区域内にある土地をその所有者及びその相続人が長年の間全く維持・管理せず放置してきたこと，付近住民や行政官庁の土地使用にも何ら苦情を述べなかったこと等を理由に，

上記①～④のいずれの場合においても，分筆・地積更正等の手続，法14条地図作成手続，地籍調査などにおける筆界調査の実務においては，立会いの適格を有する者がいないことから，以下の(2)～(4)による対処方策が功を奏さない限り，筆界未定として処理すべきこととなる。もっとも，立会・承認を得ずして筆界を判定してよい特段の事情がある場合（368頁6(3)）は別である。

(2)　隣地が所有者所在不明地である場合の対処法

ア　筆界特定制度

前記①の土地，すなわち(i)所有者Aの所在が不明（Aの生死の不明を含む。），あるいは(ii)所有者Aの死亡後，相続人の全員又は一部の所在が不明者である場合については，かつては筆界が未定の状態が永続するという不都合を招いていたが，現在では筆界特定制度（423頁以下）において，隣地の所有権登記名義人等の所在が判明しないとき及び相続の繰返し等によって所有権登記名義人等を現に承継している者が誰なのかを知り得ないときについて，特例がを設けられている。すなわち，隣地（筆界特定制度においては，対象土地及び関係土地。不登法123条3号・4号）の所有権登記名義人等（同条5号）の所在が判明しないときは，筆界特定の申請があったことや筆界を特定したことの通知を公示送達の方法で（管轄法務局に掲示して）行うことができるとしている（不登法133条2項，144条2項）〈177〉。

イ　不在者財産管理制度

前記(i)及び(ii)の場合，不在者財産管理制度（民法25条～29条）の活用が考えられる。すなわち，「利害関係人」（例えば，A所有地の時効取得者，国・地方自治体など公共事業の主体〈178〉）が，不在者A所有地に係る境界〈179〉立会を求め，あるいは訴訟の提起を行おうとする場合には，家庭裁判所に不在者財産管理人

当該土地所有者の所有権放棄を認定している。その控訴審である大阪高判昭和58年1月28日訟月29巻8号1489頁は，所有権放棄の余地を認めつつも，当該事案では積極的放棄の意思まで認められないとしている。

〈177〉　不利益処分者に対する聴聞の通知についての行政手続法15条3項に倣った規定である。

〈178〉「所有者不明土地の利用の円滑化等に関する特別措置法」（平成30年法律49号）38条は，所有者不明土地の適切な管理のために必要な場合につき，国の行政機関の長又は地方公共団体の長に，不在者財産管理人等の申立権を付与している。

〈179〉　筆界・所有権界等すべての境界を指す。

の選任を申し立て，同人は，家庭裁判所の監督を受けつつ，Ａ代理人として境界立会等の財産管理行為や訴訟を追行することになる。境界和解には家庭裁判所から権限外行為許可を得ればよい。隣地がＡ所有名義の土地であってＢ所有地との所有権界が不明である場合，ＢはＡ所有地の一部を時効取得している可能性がある者ゆえ，法律上の利害関係を有する者としてＡの不在者財産管理人の選任を申し立てることができると解される。

この点につき，前述（256頁）した東日本大震災の震災復興事業に係る関係各家庭裁判所は，要旨，筆界の確認には，筆界を確定する効力がなく，「土地の境界の確認行為は保存行為にすぎず，家庭裁判所の許可は不要」としている。上記「土地の境界の確認は保存行為にすぎず」との部分は，私見と通じるものがある。ただ，最高裁の論旨とは異なる（254頁３）ので，不在者財産管理人に特有な事情を強調しただけなのかもしれない。筆界確定訴訟の当事者適格についても所有権の範囲の確認に準じる規律が適用されるとの最高裁の論旨に従うならば，所有権界（所有権の範囲の）確定と同じく，不在者財産管理人による筆界確認についても，家庭裁判所の許可が必要と解するのが筋ということになろう。

ウ　失踪宣告制度・認定死亡制度

(ｱ)　失踪宣告制度

不在者Ａの生存が証明された最後の時から７年間にわたり生死不明，あるいは，大震災や津波など死亡の原因となるべき危難に遭遇した者で，それらの危難が去った後１年間にわたり生死が明らかでない場合には，失踪宣告制度（民法30条～32条）の活用も考えられる。しかし，失踪宣告があると，再転相続（相続人の相続人が，前の相続人が持っていた相続の承認・放棄の権利を相続により取得すること。民法896条）や代襲相続が発生して権利関係が複雑になる，遺族の心情をしん酌する必要が大きいなどの問題点があることから，法律上の利害関係人の範囲は，限定的に解釈されている。そのため，隣地所有者は前記イの不在者財産管理人の選任を申請すべきこととなろう。

(ｲ)　認定死亡制度

ある人が水難，火災その他の事変によって死亡したことが確実だが，死体の発見ができないという場合，死亡届ができず，災害復旧等に支障を来す。

そのため，その取調べをした官公署は，死亡地の市町村長に死亡の報告をしなければならない（戸籍法89条）とされ，これにより失踪宣告を受けなくとも，その人は死亡したものとされる。しかし，認定死亡の制度はあくまでも戸籍事務取扱い上の便宜的な制度であり，失踪宣告のように，宣告によって死亡とみなす制度ではなく，また，(ア)と同様の難点がある。

エ　地籍調査

土地の所有者等の所在が明らかでない場合は，原則として調査図素図上「筆界未定」と朱書することとなる。しかし，筆界を明らかにする客観的な資料が存在する場合には，当該土地の所有者等による確認を得ずに筆界を調査・記入することができる場合がある（地籍調査準則30条3項。520頁(4)ア）。

オ　不明裁決制度

後記(4)エ参照。

(3)　隣地が代表者所在不明地・代表者不確知地である場合の対処法

ア　筆界特定制度

土地の所有者は法人・権利能力のない社団・財団だが，代表者が死亡あるいは所在不明（前記(1)の②③の土地）の場合には，前記(2)ア(i)の所有者所在不明地に準じて取り扱われる。

イ　特別代理人・清算人の選任

法人等の代表者が死亡あるいは所在不明の場合には，特別代理人制度（民訴法37条，35条）の活用を検討する。すなわち，法人の代表者及び法人でない社団・財団でその名において訴え又は訴えられることができる者の代表者・管理人が，死亡あるいは行方不明の場合に境界確定訴訟等を提起し，遅滞のため損害を受けるおそれがあることを疎明して，受訴裁判所の裁判長に特別代理人の選任を申し立てた上，前記(2)イと同様の要領により，境界和解を目指すべきこととなる。

なお，休眠会社として登記官の職権で解散登記がなされ，登記用紙も閉鎖されている会社が解散前に土地を有していた場合には，当時の代表者が死亡し，かつ株主も不明であれば，当該土地について法的利害関係を有する者は裁判所に清算人の選任を求める方法もある（会社法478条２項）〈180〉。

⑷　隣地が所有者不確知地である場合の対処法

ア　筆界特定制度

前記⑴の④そもそも現在の所有者が誰であるのかという情報までたどり着くことができない土地（所有者不確知地）の場合，筆界特定制度を活用できるかという問題がある。筆界特定制度に係る前記⑵アの規定上は，前記の所有権登記名義人等（関係人）が「所在」不明の場合だけ特例が適用されるにとどまっている。しかし同規定を受けた施行通達〈181〉141では，関係人を特定することができない場合であっても不動産登記法133条２項（144条２項）の方法によって通知をしても差し支えないとしている。このように法律の定める例外規定を通達で拡大適用することには疑問がないわけではないが，不動産・商業の登記記録，住民票・戸籍附票，固定資産税の通知その他の資料や近隣（古老）の聴取調査等をしてもなお隣接土地の現時点における所有権登記名義人等を特定できないときは，公示送達の方法により筆界を特定してよいとする取扱いは，結論において是認できよう。

イ　相続財産管理制度

ⅲ所有者Ａは死亡しているが，相続人の有無が不明であるとか，ⅳＡに相続人がいない，ⅴＡの相続人全員が相続放棄しているなどの理由により，死者Ａの財産の帰属が流動的な場合がある（相続財産は法人となる。民法951条）。その場合には，相続財産管理制度（民法951条～959条）の活用が想定されている。すなわち，相続財産管理人を家庭裁判所が選任して，相続財産の管理・清算などを行わせ，存在する可能性のあるＡの相続人を捜索させ，残余がある場合には国庫に帰属させる仕組みである。

選任申立ては法律上の利害関係を有する者，例えば，特別縁故者，特定遺贈を受けた者，相続債権者，被相続人の土地を時効取得した者，相続財産の共有持分権利者，公共事業等のために土地を取得しようとする国・地方公共団体等であるが，土地境界を確定できない隣地所有者もこれに含まれると解

〈180〉　法人たる組合についても同じと解される。一般社団法人については利害関係人として裁判所に対し一時役員（一般法人法75条２項）の選任を請求できると解される。
〈181〉　平成17年12月６日法務省民二2760号民事局長通達。

すべきであろう。

ウ　認可地縁団体への移転登記

後記5参照。

エ　不明裁決制度

(ア)　収用対象土地そのものが所有者不明土地のとき

公共の利益となる事業の円滑な遂行を図るため所有者不明土地の所有者の効果的な探索を図る必要があれば，土地の所有者等に関する情報の利用・提供その他の特別の措置が認められている〈182〉。

しかし，土地収用の起業者がなし得る調査を尽くしても，土地収用対象土地につき，(i)権利者の住所も氏名も不明である，(ii)権利者の氏名は確知しているが，所在が不明である，(iii)隣接者間で土地の境界に争いがあり，収用しようとする土地の地番が不明であるときなどにおいては，不明裁決制度（土地収用法40条2項，48条4項ただし書）の活用が想定される。

すなわち，土地収用委員会は，元来，補償金を受けるべき土地所有者及び関係人の住所及び氏名を明らかにして裁決を行わなければならないが，収用委員会がこれらを確知することができないときは，不明のまま（所有者等を記載しないで）裁決できることとされている。

(イ)　収用対象土地とその隣地間の境界が不明のとき

例えば【図表3-2】のように，道路拡幅事業において，Aは任意買収に協力的であっても，Aとその隣地所有者Bとの間の境界に争いがあり，あるいはA所有地との境界が不明のB地につき，所有者の所在不明や所有者不確知の問題を生じている場合がある。その場合も，上記の不明裁決制度の活用により，事業者は土地収用の目的を達することができると解される。

〈182〉　所有者不明土地の利用の円滑化等に関する特別措置法（平成30年法律49号）38条～40条等。

【図表3-2】

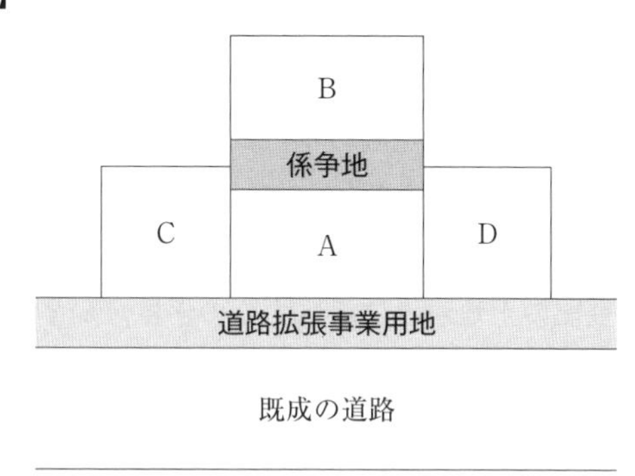

オ　平成23年最高裁判決の活用

最（2小）判平成23年6月3日訟月58巻6号2342頁は，傍論ではあるが，和紙公図に「墓地」とあるが現在では墓地としての実態がなく，表題登記もないという所有者不確知地につき，表題部所有者の登記も所有権の登記もなく，所有者が不明な土地を時効取得した者は，自己が当該土地を時効取得したことを証する情報等を登記所に提供して自己を表題部所有者とする登記の申請をし（不登法18条，27条3号，不登令3条13号，別表4項），その表示に関する登記を得た上で，当該土地につき保存登記の申請をすることができる（不登法74条1項1号，不登令7条3項1号）と説示している。その要件の曖昧さゆえに登記官は困惑している様子だが，今後，所有者不確知地の解消に向けた処理例の集積が望まれる〈183〉。

2　国・公共団体の管理不十分に伴う所有者不明土地

⑴　旧軍使用の未登記土地

ア　所有者不明土地の発生原因

旧軍が戦時中に飛行場用地等として土地の買収を進めたものの，一部は未買収，一部は未登記のまま公共施設として整地され，終戦後，所有関係が明

〈183〉　判例評釈として，今村与一・判評639号（平成24年）152〜156頁，野村秀敏・民商145巻6号（平成24年）32頁，川嶋四郎・法学セミナー58巻4号（平成25年）144頁など。

確でなくなってしまった土地が多数存在する。この場合は，上記1と異なり，隣地の所有権登記名義人がAないしその相続人と分かってはいるが，現地が（旧）公共施設であることから，当該土地が国によって買収ないし時効取得されたのではないかとの疑いもある。そのため所有関係を確定できないケースとなっている点に特色がある。

イ　旧軍未登記土地についての立会・承認適格者

それらの旧軍未登記の土地が誰に帰属するのかは，帰するところ，和解や裁判（係争土地の所有権確認訴訟）によるしかない。争点は，国による買収の成否，時効取得等になろう〈184〉。いずれ，現に公共施設として利用されている旧軍未登記の土地については，争いがある限り，筆界調査においては，筆界未定として処理する外はないであろう。

⑵　管理漏れ財産

ア　所有者不明土地の発生原因

法令の規定・買収・物納その他の理由により，国有・公有となったはずなのに，地番の書き損じや手続の中断等の過誤により，当該土地が長年放置され，国や地方公共団体等が自己の土地であることを否定し，結果的に誰の土地か分からなくなってしまっている場合がある〈185〉〈186〉。この場合は，前記⑴と異なり，国や地方公共団体が自己所有地であることを否定することから，所有者が不明となってしまっている点に特色がある。

イ　管理漏れ財産についての立会・承認適格を有する者

文献・資料調査や現地調査の結果，国や公共団体が所有者と考えられる場合は，所管部署に厳格な対応を促すしかない。それでもなお，所有権を主張する者が誰もいないか，あるいは何ら権原を証明できない不法占拠者が所有

〈184〉　旧軍未登記財産の所有権帰属が争われた例としては，横浜地判昭和53年10月25日訟月24巻12号2568頁，東京地判昭和60年12月20日判タ637号129頁など。

〈185〉　実態のない耕地整理組合名義の土地に係る立会適格を論じたものとして，荒堀『Q＆A表示に関する登記の実務（第1巻）』318頁。

〈186〉　大字所有登記名義の土地について，神戸地判平成18年6月15日判自294号70頁は，同土地につき，市長が筆界確定，分筆登記，所有権移転登記請求等を怠っているとする市民による住民訴訟に関して，同土地は市有地なのか村落共同体の所有地なのか明らかでないと判示している。

者を名乗る場合等には，筆界調査に際しては筆界未定として処理するしかない。

その場合でも筆界特定手続においては，前記1(2)ア（334頁）と同じく，公示送達の方法によることができると解される。

3　記名共有地

(1)　記名共有地の発生原因

ア　意義と実態

いわゆる記名共有地とは，土地登記簿（登記記録）表題部の所有者欄に「A外α名」と記載されているものの，所有権保存登記がないため，A以外の共有者の氏名・住所が不明の土地をいう。記名共有地は，登記簿登載当時の地目から推測される地目や相談事例等に照らすとき，村外れの小さな祠の境内地〈187〉や墓地（埋葬地），入会林野等が多いようである。

イ　記名共有地において共有者が不明となった経緯

記名共有地は，土地台帳（174頁）に権利者として「A外α名」と記載されていたことに由来する。土地台帳において「外α名」は，「共同人名簿」に登載されていた。ところが，1960（昭和35）年実施の登記簿と土地台帳の一元化〈188〉に際して，一緒に移管されるべきであった共同人名簿の中には，何らかの理由により，法務局に移管されないものがあった〈189〉。そのような共有地についても，一元化作業においては，登記簿に新設された表題部の所有者欄にもそのまま「A外α名」と移記されている。

上記の場合，「外α名」という記載は，登記簿上の共有者の記載としては特定性を欠く。しかし，そうかといって「A」の部分のみを登記簿に移記することは，土地台帳記載の権利関係（共有）と異なる権利関係（単独所有）を

〈187〉　宗教的な礼拝等の用に供していても，宗教法人でない者が所有・使用する土地は，登記・地籍調査の実務においては，「境内地」からは除外され，現況により適当に区別して調査することとされている。昭和34年4月2日法務省民事三発246号民事局第三課長心得回答。

〈188〉　昭和35年4月1日法務省民事甲685号民事局長通達（登記簿・台帳一元化実施要領）。

〈189〉　新井克美『登記手続における公図の沿革と境界』（テイハン，昭和59年）50頁。

登記簿に記載する結果となり，公示の理想に照らすとき好ましくない。そのため，記名共有地の「外α名」の部分もその氏名・住所が不明なままに登記簿に移記されることとなった〈190〉。

(2)　記名共有地について立会・承認の適格を有する者

前記(1)イの経緯から明らかなように，記名共有地「A外α名」の所有者は，A＋α名であることから，筆界確定訴訟の当事者適格（575頁1）や筆界特定手続の関係人適格（430頁2）を有する者は，A＋α名である〈191〉。また，記名共有地に係る立会・承認の適格を有する者は，Aだけでなく，A＋α名である。したがって，少なくとも理論上は，全員が一体となって初めて当事者適格等や，立会・承認の適格を有することになる（252頁以下）。

そのため，理屈の上では，記名共有地は，共有（講学上の合有）の可能性も否定できないが，沿革的な利用形態に照らすとき，特段の事情がない限り，村落の自治組織の総有に類する所有形態と推認され，持分権を観念しにくいであろう。市町村や資料館が保有する地縁団体台帳，市町村史，墓地であれば開設当時の使用者名簿等を確認することにより，記名された「共同人」の全員を知ることができるかもしれない。その結果，①地盤所有権が共同人の総有に属すると認められる場合（民法263条）には，入会団体（多くの場合，権利能力のない社団）に当事者適格・立会人の適格があることになり，②共同人の範囲が認可地縁団体（地方自治法260条の2，簡易登記手続につき同法260条の38，260条の39）の構成員の範囲と一致していると解されるならば，同団体に当事者適格・立会人の適格があることになる。

しかし，この理屈を推し進めると，共同人名簿がなくα名の氏名も構成員の範囲すらも不明であれば，当事者適格も立会・承認適格を有する者も定めることができなくなってしまう。この点に関し，平成10年3月20日法務省民三551号民事局長回答，同552号三課長通知（前掲注〈190〉）は，「A外α名（その住所・氏名が不明）」の記名共有地を時効取得したとするCが，Aの相続人Bを被告とし，証拠に基づいてCが当該記名共有地を時効取得したと判示し

〈190〉「平成10年3月20日法務省民三551号民事局長回答（解説）」民月53巻12号（平成10年）147頁以下。

〈191〉　最（3小）判平成9年3月11日訟月44巻10号1776頁。

ている所有権確認訴訟の確定判決を得た場合には，Ｃは直接自己への所有権保存登記を申請できるとしている〈192〉。

筆界調査における立会・承認の適格を有する者を判定するにつき，判決の取得といったような厳格な手続を要求するのは，明らかに失当であろう。上記α名の氏名が判明しない場合には，疑問は残るが，唯一判明している共有者たるＡないしその相続人のみを適格者として扱ってよいのではなかろうか。現実の問題としても，実地調査をしたのにＡ以外の共有者が判明しないという記名共有地の実態は，後記４の共有惣代地と同様，村落の自治組織の総有に類する所有形態であろう。そうだとすれば，代表Ａ以外の者が誰かを特定することは，さほど法的な意味を持たないことになるからである。しかしながら，そのように解しては共有地一般の法理（252頁）との整合性が保てないことから，地籍調査の実務〈193〉では，立会・承認を得られないものとして処理しているようである。

4　共有惣代地

(1)　共有惣代地の発生原因

共有惣代地とは，土地登記簿（登記記録）の表題部所有者欄に「共有惣代Ａ」と記載されている土地を指す〈194〉。前述３の記名共有地は，その実態はともかく，法形式としては持分権者が数人いる共有ないし合有の土地である。これに対し共有惣代地は，元来，持分権者が存在しない総有の土地なので，当初から共同人（共有持分権者）名簿は存在しない。

共有惣代地の多くは，社寺郷蔵，埋葬地（墓地），灌漑用ため池，入会林野のようであり，明治初年の官民有区分の折，所有者のはっきりしない公有地（92頁(3)）を解体するに際し，惣（村落全体の名によって意思決定する村民自治組織）による管理支配が行われている土地等が共有惣代地に分類され，地券が

〈192〉　議論の詳細については，福岡法務局・名古屋法務局登記実務研究会編『Ｑ＆Ａ地図整備と表示登記』（日本加除出版，平成18年）375頁。
〈193〉　前田幸保編『地籍調査〈一筆地調査関係〉事例問答集』〔平成15年版〕134頁。
〈194〉　福岡法務局・名古屋法務局登記実務研究会編『Ｑ＆Ａ地図整備と表示登記』（日本加除出版，平成18年）385頁。

交付されたのではないかと推測される。

なお，村落共同体そのものは明治22年の市制，町村制施行の際に「町村の一部」として法人格を取得している（いわゆる旧財産区）。さらに，戦後の地方自治制度の確立に伴い，旧村落の町内会又はその連合会の所有地であって未登記のものは速やかに処分することとされ，それをしない未登記不動産は所属市町村の所有に帰属することとされた〈195〉。いずれにせよ，①惣ないし村落の自治組織（地縁団体），②上記の旧財産区，③昭和28年市町村制施行前の旧市町村（地方自治法294条のいわゆる新財産区），④現市町村のいずれが所有しているか，判断の困難な旧公有地（96頁(5)ア）は少なくない。

(2)　共有惣代地について立会・承認の適格を有する者

共有惣代地の管理実態が，前記(1)にいう惣ないし村落の自治組織による管理であれば，共有惣代地は当該村落の自治組織（権利能力のない社団）の総有に属することとなり〈196〉，Ａは，登記簿（登記記録）上の代表者ということになる〈197〉。

そうすると，故人Ａの名において登記がされていた場合，Ａの相続人Ｂが当然に立会・承認の適格を有する者（当該村落の自治組織の代表者）となるわけではない。そのＢを立会・承認の適格者として取り扱うためには，当該村落の自治組織において，規約に基づいて代表者Ｂへの変更決議を行わなければならない〈198〉。

〈195〉　昭和22年政令15号，昭和31年１月13日法務省民事甲41号民事局長回答。

〈196〉　惣ないし村落の自治組織が，地方自治法260条の２による地縁団体として，市町村長の認可を受けたときは，当該団体名義の登記が可能となる。

〈197〉　共有惣代地として登記されているため池が，特定人の所有でなく，共有とされた例として，名古屋地判昭和62年７月31日判時1268号85頁がある。

〈198〉「共有惣代Ａ」の土地を時効取得したとする者は，Ａの相続人のみを被告として所有権確認訴訟の確定判決を得れば足りるとする下級審裁判例として，名古屋地判平成13年５月30日判タ1084号159頁がある。同地裁判決は，確定判決としては，自白判決や欠席判決，さらには和解や調停でも足りるとしているが，登記実務の反発が強い。福岡法務局・名古屋法務局登記実務研究会編『Ｑ＆Ａ地図整備と表示登記』（日本加除出版，平成18年）391頁以下。

５　記名共有地・共有惣代地についての対処法

隣地が記名共有地（341頁３）や共有惣代地（343頁４）などのように，代表者の個人名義あるいは，地縁団体の全構成員の共有名義で長年登記されている場合，名義人の死亡あるいは行方不明等により相続人が膨大となり，さらには相続人の特定が困難な場合が少なくない。

その場合は，認可地縁団体が所有する不動産に係る登記の特例制度（平成27年施行地方自治法260条の２，260条の38，260条の39）の活用を促すことが想定される。すなわち，町・字の区域内に住所を有する者の地縁に基づいて形成された団体は，地域的な共同活動のための不動産等を保有するため市町村長の認可を受け，認可地縁団体となることができる（平成３年改正地方自治法260条の２）が，その所有不動産については，旧来の登記簿上の登記名義人が多数で，相続登記がされておらず，現在の登記義務者が判明しないなど，認可地縁団体への移転登記に支障を来していた。そこで，平成26年地方自治法改正により，認可地縁団体が，所在する市区町村長に対し，疎明資料を添付して認可地縁団体所有不動産である旨を申請，一定の手続（３か月以上公告）を経て証明書が交付され，その証明書を添付して，認可地縁団体を所有権登記名義人とする所有権保存・移転の登記を認可地縁団体のみで申請することができることとされている。その制度の活用を促すことにより，隣地の所有者不明土地問題は事実上解消されることが期待されている〈199〉。

６　字持地

字持地とは，登記簿の表題部に「大字Ａ」又は「字Ａ」などと記録された土地を言う。字持地は，かつて村落共同体の財産であった場合が多いため，上記４と同様，①惣ないし村落の自治組織（地縁団体），②明治22年発足の旧財産区，③地方自治法294条のいわゆる新財産区，④現市町村のいずれが所有しているか，判断の困難な旧公有地（96頁⑸ア）の１つといえる。

字持地について立会・承認の適格を有する者は，前記３及び４に準じて判

〈199〉　記名共有地や共有惣代地などを「変則型登記」と称し，登記官にそれらの利用実態・歴史的経緯・真の所有者等を探索する権限を与え，文献調査・自治会等への聴取調査ができるという仕組みが，2019年通常国会で審議される見込みである。

断されることとなる。

第2款　地番不明土地

1　地番不明土地の実態

前記1款で述べた所有者不明土地は，地番は判明するものの，所有者が誰なのか不明な土地であった。これに対し，この款で述べる地番不明土地は，隣接する土地の地番が判明しないため，誰に立会・承認を求めてよいのか不明の土地を指す。①例えば，1つの土地に2つの地番が付されている二重登記の土地，反対に，②地図に地番のない土地が存在し，現地にもこれに対応する所有者不明土地があるケース〈200〉，③地図上は1番地の土地と2番地の土地の間に土地はないはずだが，現地には一まとまりの所有者不明土地が存在するケースなどがこれに当たる。地番のない所有者不明土地には，地図上の白地と地図にない空白地（脱落地。260頁）がある。また，④2つの土地が同一の地番で登記されているものの，その一方の土地所有権につき争いがある場合も，地番不明土地となる可能性がある。

2　二重登記の土地

⑴　二重登記地の発生原因

明治維新以降の土地所有は，「一地一主」主義を目指すものであったことから，土地登記においても「一不動産一登記用紙（登記記録）」主義を採る。しかしながら，実際には1つの土地が別々の者の単独所有であるかのような二重登記が現存している〈201〉。

二重登記が存在するに至った理由には，次のようなものがある。

① 登記があるのに実地調査等が不十分であったために，未登記土地と勘違いして新たに表示登記を起こし，所有権保存登記をしてしまうことがある。めがね地（257頁注〈10〉）や飛び地であることを見逃してその一方に新たな地番を起こしてしまう例がその典型である。

〈200〉 地籍調査に際し，地図上，白地とすべきか否かの判断基準を示すものとして，前田幸保「地籍調査における一筆地調査（中）」登研766号（平成23年）58頁。
〈201〉 二重登記の効力一般については，『注釈民法⑹』446頁以下〔清水響〕参照。

② 道路・河川等の敷地として民有地を買収・移転登記した後，廃道・廃河川等となり，払下げを行うに際し，既登記の用紙に払下げの記載をせず，払下げを受けた者のために別の登記用紙に所有権保存の登記をしてしまった場合がある〈202〉。

③ 実際には，甲土地の一部であるのに，地面師等によって乙番の一部と誤認させられ，乙番の一部として分筆し，地積測量図等を作成の上，登記してしまう場合がある。

④ 登記簿と土地台帳との一元化（174頁）の手続を完了する前においては，登記簿に所有権保存の登記をしたときは，土地台帳にその旨を記載することとされていたが，同記載を遺漏したため，再度の所有権保存登記をしてしまった場合がある。

⑤ 自作農創設特別措置法により，都道府県知事（国）が土地を買収したときは，旧登記簿の登記用紙は閉鎖され，国は同土地を原始取得する〈203〉。ところが，手続の混乱により，二重登記が多く作出されてしまった。第一の類型としては，知事が買収による登記用紙の閉鎖を申し出ずに放置していたのに，それが看過されて国から同土地の売渡しを受けたＡ名義で所有権保存登記がされ，他方，被買収者から同土地を取得した第三者Ｂの登記が並存するに至ったケース〈204〉，第二の類型としては，買収及びＡへの売渡しが適法に行われた場合，知事からの買収登記嘱託書が嘱託書綴込帳に綴り込まれ，その旨を示す「耳登記」が作成される〈205〉が，この耳登記を登記官が見過ごしたため，本来閉鎖されるは

〈202〉 社団法人全国土地調査協会『よくわかる『地籍』国土調査Ｑ＆Ａ』（平成14年）109頁。

〈203〉 そのため，買収処分の相手方は単なる所有権登記名義人等でなく真実の農地所有者でなければならない。最大判昭和28年２月18日民集７巻２号157頁。

〈204〉 第一類型では，被買収者の登記簿を閉鎖しないで，新たに所有権保存登記を起こしても無効であることから，国から売渡しを受けたＡはＢに対抗できない（最（１小）判昭和41年９月29日訟月12巻12号1626頁）。

〈205〉 農地解放事業による買収登記嘱託書があまりにも膨大であったため，同書を登記綴込帳に編綴させた（旧表題部欄外にその旨記載することを耳登記といった。）だけで，甲区欄への記載がなくても，所有権移転登記があったとみなされた。昭和35年以降の一元化作業（174頁）の際，その意味を正解しない登記官が，被買収者の所有権登記を閉鎖し損なったため，多くの二重登記が作出されてしまった。

ずの旧登記上，被買収者から第三者Bに移転登記が行われてしまったというケースがある〈206〉。

これらのうち，③については，登記簿と土地台帳の一元化作業の過程でその存在が確認され，所有権登記名義人等からの申請によりいずれか一方の所有権保存登記を抹消するなどの方法により，二重登記の抹消が図られていき，④及び⑤については，登記事務のコンピューター化に向けた移行作業の過程で把握され，逐次二重登記の解消が図られていった。そのためか，現在では二重登記の問題を生じているのは，上記①及び②の類型が主なもののようである。

⑥　このほか，いわゆる官地成の土地につき，一元化作業に際し，誤って民有地として表題登記を起こしてしまった場合がある（その対処法については，175頁(3)参照）。

(2)　二重登記における立会・承認適格

法14条地図の作成作業や地籍調査の担当者等が筆界調査において，隣地が二重登記であると認知したときは，隣地の所有者を（時には地番すら）特定できない場合もあることから，それらの場合には筆界未定として処理することとなる。もっとも，二重登記の一方が抹消登記されるべきことが明らかな場合には，存続する登記の所有権登記名義人等が立会・承認の適格を有する者として扱われる。これに対し，抹消登記されるべき地番は，後述（350頁3款）する現地確認不能地と同様に取り扱われる。

筆界特定の手続に際しては，登記官において表示登記を職権で抹消することが可能な場合には，その手続を先行させることになろう。

3　地番のない所有者不明土地

(1)　所有者不明の白地・脱落地

地図上の白地（無番地の土地。256頁）及び地図に記載のない無番の土地（脱

〈206〉　第二類型では，買収登記嘱託書の綴込みにより，被買収者の旧登記は無効となることから，Bの登記も無効となる（仙台地判昭和62年2月19日判タ637号135頁）。耳登記の詳細については，島田幹司ほか「欄外登記及び旧表題部登記について」民研372号（昭和63年）32頁以下。

落地。260頁）に係る原則的な立会・承認適格者ついては既に触れているので繰り返さない。ただ，元来国有であるはずの無番地の土地や脱落地，さらには，旧村落に帰属すべき旧公有地（96頁(5)ア，341頁3，343頁4）等につき，国（財務局）や市町村等が自己の所有であることを否定する場合も，見かけ上は所有者不明土地となる。このような地番のない所有者不明土地については，通常，困難な原因究明作業が必要となる〈207〉。

典型的には，海面を勝手に埋め立ててしまった地盤（無願埋立地。310頁4）の無願埋立人ないしその承継者が所有権を主張しており，海岸管理者（293頁2(1)）がそれを黙過している場合がこれに当たる。埋立地について表示登記を申請するためには，竣功認可書が必要となるが無願埋立者ないしその承継人にはそれが交付されないため，申請できない。したがって，地籍図であれ，法14条地図であれ，地図上は無番の「白地」で描かれることになる〈208〉。

(2) 所有者不明の白地・脱落地についての立会・承認適格

登記官や地籍調査の担当者による筆界調査の結果，これらの土地が管理漏れ地と判明した場合は，所管部署を説得するしかないが，説得に応じない場合には，所有者不明土地として，筆界未定となる（340頁2(2)イと同じ。）。その場合，筆界特定制度の公示送達を活用できると解すべきことについては，前述（337頁(4)ア）と同じである。

なお，公図・地図上の白地につき，周囲の土地の所有者全員が「白地は隣接するA番地の一部である」と認識していたとしても，他にそれを裏付ける客観的証拠がない限り，同白地をA番地の一部と認定することはできない〈209〉。

〈207〉　福島地判平成17年2月24日（公刊物未登載）においては，XはX所有地と河川敷・里道との間の筆界確定を求めたが，両者の間には，法14条地図上，白地の三角地が存在しており，X地と県道は相隣接しないことを理由に，訴えを不適当とした。もっとも，仙台高判平成17年12月14日（公刊物未登載）は，白地を認めず，独自に境界を認定した。

〈208〉　前田幸保編『地籍調査〈一筆地調査関係〉事例問答集』〔平成15年版〕197頁は，無願埋立地と既登記の土地との間は，原則として筆界未定となるとするようである。しかし，無願埋立地について立会・承認の適格を有する者は，原則として国（海浜地の管理者たる知事）と解すべきであろう（307頁5(3)）。

〈209〉　前田幸保編『地籍調査〈一筆地調査関係〉事例問答集』〔平成15年版〕194頁。

4　同一地番の2つの土地

同一地番が離れた地域に存在する例としては，めがね地や飛び地がある。それらの場合は，分筆処理により問題が解決される。しかし，そのいずれでもなく，登記も1つしかないのに，同一の地番が付され，しかもその一方につき所有権登記名義人（A）以外の者（B）が自己の所有権を主張して所有権登記名義人と争っているケースがある。それらのケースでは多くの場合，旧来の土地登記簿，公図，市町村備付図その他の資料調査によって，付番の誤りが判明するであろう。しかし，付番の誤りを証明できない場合もある。その場合，Aが現に管理し，所有権を主張している土地については，立会・承認の適格を有する者はAであると解される。これに対し，Bが自己所有地と主張している土地については付番が疑わしいことから，付番のない所有者不明の土地と扱わざるを得ないことが多いであろう〈210〉。

第3款　所在不明地（現地確認不能地）

1　道路内民有地

⑴　道路内民有地の意味と問題点

道路内民有地とは，旧里道など公共用道路の底地の一部が，登記記録上，民有名義となっている場合をいう。道路と民有地との境界が不明であるばかりでなく，誰の所有なのかすら分からず，そのため，①所有権登記名義人や相続人からの補償請求や買取り請求・損害賠償請求，②第三取得者等からの補償請求や買取り請求・損害賠償請求，③道路の付替え時や廃道・廃水路時の補償問題などを生じるおそれがあり，現に各地で紛争を生じている。

道路内民有地に関する著名な裁判例として，旭川地判平成27年12月8日（公刊物未登載）がある。事案は，現況は道路状の土地につき，道路管理者である町が平成2年に原因を「不詳」として表示登記の上，所有者を町とする所有権保存登記をしたものであり，争点は，Aからの寄付による係争土地の所有権移転の有無だったが，裁判所は，寄付の事実を否定し，Aの真正な登記名義回復請求を是認した。元民有名義の土地を道路用地として占有する根

〈210〉　前田幸保編『地籍調査〈一筆地調査関係〉事例問答集』〔平成15年版〕225頁。

拠を明確に示すことができない市町村に反省を迫る判決といえる〈211〉。

⑵　道路内民有地の主な成因

大別すると，次の4類型がある。成因は，次のとおりとされる〈212〉。

ア　権利設定・登記処理の漏れ

かつて道路の開設や拡幅，付替えがあった時点で，適正に分筆・移転登記の処理がされなかった結果，現時点では登記上私人名義で存在する土地が，私人からの寄付や売買があったものなのか，無償貸借なのか，あるいは無権原の使用なのか判然としないケースがある。

イ　セットバック部分の権利不明確

いわゆる狭隘道路（建築基準法42条2項・3項道路）のセットバックを行い，拡幅部分が未分筆の場合，アの道路拡幅の場合と同様，実務では権利関係が不明の状況を生じている。すなわち，セットバック部分につき，私人からの寄付や売買があったのか否か，無償貸借なのか，あるいは無権原の使用なのか判然としないケースがある。

ウ　公物管理界と筆界の不一致

道路の機能管理者が，公物管理型の境界明示等により，筆界を調査せずに公物管理界を設定した（35頁）結果，民有地の一部が道路内に取り込まれているケースがある。財産管理型の境界協議を行っている場合であっても，筆界を誤認して所有権界の合意を行っている場合には，後日，第三取得者等との間で，真の所有権界が争われることがある。

エ　官有地成由来の二重登記

民有地としての登記それ自体が，錯誤により抹消されるべきケースもある。表題部の新設を要しない国有地（国有無番地の道路敷等）とされていたのに，それを看過した場合に生じる（175頁⑶）〈213〉。

〈211〉　さいたま地（支部不詳）判平成16年12月13日（埼玉県議会予算特別委員会113頁に引用・公刊物未登載）も同趣旨か。

〈212〉　岡田潤一郎・佐藤彰宣・曽根芳文・寳金敏明「道路内民有地に関する座談会」土地家屋調査士2015（平成27）年9月号3頁以下。

〈213〉　昭和35年5月27日民事甲1279号民事局長電報回答。

⑶　道路内民有地の解消策等

ア　公有・国有の確証があるのに移転登記のみが未了の場合

登記名義を地方公共団体や国に変更する手続を行う。現在の所有者の所在が不明，あるいは現在の所有者が誰なのか不明の場合については，所有者不明土地の項（332頁）参照。

イ　使用借権などを設定済みの場合

一般的な対応策としては，設定を受けている使用借権（民法593条），借地権（民法601条）あるいは地上権（民法265条）につき，民有登記名義人から確認書等の確証を取得した上，道路台帳上などで明確にしておくことが必要である。その際，使用権の設定が地上のみなのか，ライフライン埋込みなど，区分地上権（民法269条の２，いわゆる地中権）等の設定の有無も明確にしておく必要がある。

なお，この類型においては，道路を管理する市町村等は，他主占有しているにとどまるので，土地所有権それ自体の時効取得はあり得ない。

ウ　所有者が確知されているのに，無断で使用を継続している場合

時効取得を理由に所有権登記名義を道路用地の管理者たる地方公共団体や国に移転するという方策が考えられる。

エ　所有者を確知できず，無断使用が継続している場合

移転登記請求による処理方法は，土地家屋調査士や司法書士等との連携が重要となる。詳細については，所有者不明土地の項（332頁）参照。

2　重度の筆界未定地

⑴　所在不明地と筆界未定地の関係

ア　筆界未定地の意味

法14条地図作成時や地籍調査時等の一筆地調査において，筆界に争いがあるなどの理由により，実測ができず，法14条地図や地籍図の図面上に筆界線を書き入れられない場合がある。その場合には，筆界未定地として取り扱われ，図面上には「１＋２」（１番地と２番地間が不明の意味），「３＋４＋５」（３・４・５番地間の筆界が不明の意味）などと記載され，あるいは当該図面の枠

外適宜の箇所に地番が記載され，筆界未定の旨が付記される〈214〉。

これらの筆界未定地の中には，担当官の印象としては，ほとんど筆界が推定できるものの，なお当事者が筆界を争い，さらには筆界特定等の手続を経ていないという程度の，言わば軽度の筆界未定地〈215〉と，広大な山林（とりわけ国有林）の中に点在する多数の一筆地「１＋２＋３＋…」の位置がおおよそでしか判明しないという重度の筆界未定地もある。この重度の筆界未定地は現地確認不能地である。当該土地の登記はあるが，公図にはその表示がないという場合は，重度の筆界未定地である可能性が高いといえる。

イ　筆界未定地について立会・承認の適格を有する者

筆界未定地であっても，現地において相隣接する土地の地番がＡ番地とＢ番地であることが認められる場合には，Ａ番地所有者とＢ番地所有者が立会・承認の適格を有する者である（231頁【ケース①】）。

これに対し，重度の筆界未定地すなわち現地が何番地であるのかが確認できず，何番地と何番地が相隣接しているのかすら確認し得ない場合には，立会・承認の適格を有する者も確認できない〈216〉。そのため筆界を確定するためには，地図混乱地域における筆界判定の手法（153頁３）によるしかないことになる。

⑵　所在不明（現地確認不能）地の実態と立会・承認適格を有する者

ア　鉄道敷等の内部に存在するはずもの

地籍調査においては，大規模な鉄道，道路，水路等の長狭物及びその関連施設が構築されている敷地内の土地は原則として調査しない扱いとされてい

〈214〉　昭和33年10月５日経済企画庁経企土121号－２総合開発局長通達，昭和40年11月６日法務省民事甲3187号民事局長回答。

〈215〉　地籍調査において筆界未定とされている土地でも，所有権移転登記等の申請があり，申請書の記載等に不備がない限り，登記所はその申請に基づいて所有権移転登記等の実行をすることとなる。昭和36年９月５日経済企画庁総合開発局国土調査課長通達。

〈216〉　地籍調査の際には，「現地確認不能」の処理をすることで，土地登記上の所有名義人から承認の署名・押印を徴する。承認が得られたときは，抹消処理を行い，それ以外の場合は，登記記録上は残したまま「現地確認不能」と記入する（地籍調査準則35条２項・３項）。社団法人全国土地調査協会『よくわかる『地籍』国土調査Ｑ＆Ａ』（平成14年）33頁。

る〈217〉。そのため，これらの内に含まれる登記記録（登記簿）上の各筆や公図上の里道・水路・二線引畦畔や民有地等は調査の対象とならない。これらのうち，大量の（旧）法定外公共物は，国有財産時効確認連絡会の付議を経て，時効取得財産（276頁エ）とされ，登記記録や地図等から抹消されることとなる。

これら鉄道敷内部の土地等については，そのすべてが鉄道会社等によって事実上時効取得されていることは公知の事実といえる。したがって，登記図面・公簿等から推測される所有者を立会・承認の適格者と認定するのではなく，現実に当該土地を支配している鉄道会社等を立会・承認の適格者として是認せざるを得ないであろう。

イ　大規模なため池敷等に孕在するもの（孕在地）

大規模なため池敷や山林等に孕在する（周辺の土地と筆界を接しない）土地であって，位置が不明であり，しかも当該土地の所有者が当該土地を不存在として処理することに同意しない場合も，現地確認不能地となる。

この場合は，現地及び相隣地がどこか不明であることから，当該孕在地の所有権登記名義人等は，筆界調査について，立会・承認の適格を有する者とは認められない。もっとも，地籍調査の実務においては，後記(3)のとおり，所有権登記名義人等から「現地確認不能」の処理をすることについて同意を得て，署名・捺印を徴することとされているようである〈218〉。

ウ　ミニ地図混乱地域

一個の地番から順次分筆された後の元番が，現地測量を省略したずさんな図上分筆（166頁）のため，現地のどこに存在するのか不明となっている例や，開発業者が地権者を特定しないまま乱開発し，分譲した場合などに，かなりの所在不明地を生じている。

この場合の現地確認不能地は，その多くが不存在の土地のようである。

大規模な地図混乱地域（151頁）については，地図や公図それ自体が閉鎖さ

〈217〉　地籍調査運用基準14条３項。私鉄の鉄道敷地には適用されない。前田幸保編『地籍調査〈一筆地調査関係〉事例問答集』〔平成15年版〕159頁。

〈218〉　社団法人全国土地調査協会『よくわかる『地籍』国土調査Ｑ＆Ａ』（平成14年）33頁。

れているが，一応公図があるものの，現地が混乱している程度のミニ地図混乱地域については，前記イと同様，現地及び相隣地がどこか不明であることから，当該所在不明地の所有権登記名義人等は，筆界調査について，立会・承認の適格を有する者とは認められない。もっとも，地籍調査の実務においては，この場合も，当該所有権登記名義人等から「現地確認不能」の処理をすることについて同意を得て，署名・押印を徴することとされているようである。

エ　抹消漏れの土地

過去の地籍調査の際に，本来は同一所有者に帰属する一体の私有地であり，合筆して相続登記すべき土地であるところ，同登記を漏らした土地があったにすぎないのに，その登記漏れ地（現地では相続の対象地と一体となっている土地）が，地籍図面・公簿上，ひいては登記図面・公簿上，安易に現地確認不能地として処理された例もあるという〈219〉。その場合は，形式的には現地確認不能地であっても，実際には単に登記上の処理が遺漏しているにとどまる土地であり，当該登記処理後の所有権登記名義人等に当たる者が，立会・承認適格を有する者ということになる。

オ　管理不十分の土地

登記記録（登記簿）にも公図にも存在する土地は，現地のどこかに存在している可能性は高い。しかし，所有者の管理が長年にわたって不十分であったゆえにその所在が不明となっているという場合には，他の土地に事実上取り込まれている可能性がある〈220〉。いずれにせよ，当該土地の位置が不明である限り，当該土地の所有権登記名義人等は，立会・承認の適格を有しない〈221〉。

(3)　現地確認不能地についての地籍調査の実務

地籍調査の実務における，法務省と協議の結果，筆界調査を尽くしても現

〈219〉『土地境界基本実務Ⅰ』95頁。

〈220〉 裁判例として，東京地判昭和57年４月28日判時1059号87頁，京都地判昭和62年12月10日判時1274号115頁，盛岡地判平成10年６月26日判自189号107頁等。

〈221〉 登記簿上は存在するが，公図上位置不明の土地の現地における位置・範囲は不明であるとして所有権確認訴訟が棄却された例として，和歌山地判平成８年９月12日判自168号88頁。

地を確認できない現地確認不能地についての取扱いについては，545頁(6)参照。

3　所有者・地番・所在が不明な土地についての公務員による立会・承認の可否

ある一筆地Ａの所有権登記名義人等が，次のいずれかの主張をして，Ａ地に隣接するＢ地につき国に対して国（財務局・法務局等）が境界立会・承認の適格を有する者であると主張することが実務上まれではない。

①　Ｂ地は公図上，付番されておらず，国有無番地（258頁２）であるから，財務局が立会・承認の適格を有する（実際には，民有の所在不明地のいずれかである可能性を否定し得ない。）。

②　Ｂ地は民有の所在不明地のいずれかであることから，地図・登記情報を所管する法務局がＢ地について立会・承認の適格を有する。

③　Ｂ地の現所有者が誰であるのか，判明しないことから，地図・登記情報を所管する法務局がＢ地について，立会・承認すべきである。

このようなＡ地所有権登記名義人等からの請求に対しては，国（財務局・法務局等）は，応じることができない。隣地の所有者であるとの確証のない国は，立会・承認の適格を有するとまでは認められないからである〈222〉。

第８節　筆界調査における「承認印」をめぐる諸問題

1　承認印の意義

(1)　概　説

登記官による分筆，地積更正，地図訂正の前提としての筆界調査に際しては，相隣地所有者の署名・記名及び捺印のある筆界承認書等〈223〉の提出を求

〈222〉　①のケースについての横浜地判平成３年10月28日（公刊物未登載）は，筆界確定訴訟についての被告国の当事者適格を否定している。

〈223〉　地方法務局ごとの土地建物実地調査要領は，立会証明書，筆界確認書，同意書な

めている。

また，法務局による法14条地図の作成作業や地籍調査における一筆地調査に際しての筆界調査においては，調査の対象となっている筆界についての立会・承認を証する資料として，通常，土地家屋調査士等の作成する現地調査書の所有者意見欄や地籍調査担当者の作成する地籍調査票の立会人欄〈224〉に筆界についての相隣地所有者の立会・承認を表す署名押印を求めている。

本節では，筆界調査担当者の指し示す筆界につき，相隣地所有者がこれを承認する趣旨の記載のある立会調書，立会証明書，筆界確認書，同意書，土地調書，現地調査書，実地調査書，地籍調査票などの書面を，作成者のいかんを問わず総称して「筆界承認書」と呼び，承認欄に押捺されている印影を，便宜，「承認印」と呼ぶことにする。

⑵　現地調査の省略と承認印

なお，分筆申請等に係る登記官の筆界調査は，同申請等の代理人である土地家屋調査士作成の筆界承認書がある場合，省略されることが多い。その場合は，当該筆界承認書の所定欄に記載・押捺された相隣地所有者の印影が，本節で述べる承認印に該当する〈225〉。

⑶　承認印をめぐるトラブル

筆界調査に際し，相隣地の所有者から筆界についての承認印を得るのは，多くの場合，相当の労力を要することのようであり，トラブルも絶えないようである。それゆえにこそ，承認印を徴する理由，要件等について，筆界調査担当者は，法律知識を明確にしておかなければならない。しかしながら，承認印に絡む法律問題については，従来突き詰めて議論されてはいないようであり，承認印の位置付け等については，関係各機関に相当の開きがあるよ

ど，相隣地所有者の筆界立会・承認の証明となる書類（筆界承認書）の作成を求め，立会・承認を行った者の署名又は記名及び押印を求めている。

〈224〉　地籍調査票作成要領（平成14年１月16日国土交通省国土国432号土地・水産資源局長通知）１⑻は，立会人欄に原則として「土地所有者等の立会人に署名及び押印させる」ものとしている。

〈225〉　その場合，登記官は，土地家屋調査士の作成する土地調書・現地調査書に押捺された承認印の重要性に鑑み，土地所有権登記名義人等本人のものであることを筆界承認書の記述により確認することが肝要である。

うに見受けられる。

2　承認印を徴する法律的理由

⑴　所有権界に係る承認印との比較

所有権界についての和解協議（381頁）であれば，承認印は，民法上の和解契約につき合意が成立したことを示す物証として，重い意義を有する。

これに対し，筆界は公的かつ不動の存在であること（18頁⑵）から，一私人が当該筆界の位置についての認識を表明したところで，その位置が変動するはずもない。そうだとすれば，承認印は法律的に何を意味するのか。一言でいえば，相隣地所有者の立会・承認を求めるのは，当事者が現地で指し示す争いのない筆界の位置が，地図・公図等及び現地の状況に照らして矛盾しない範囲のものである限り，これを根拠として筆界を判定することが適切であるという経験則が根底にあるからである（222頁１）。そのことを前提として，以下に承認印を徴求する理由を再確認し，実務の問題点を探る。

⑵　承認印の持つ法律的な意味合い

ア　筆界判定の証拠資料

第１の理由は，相隣地所有者間で争いのない境界は筆界である可能性が高いとの事実上の推定が働く（20頁１）ため，承認印は争いのない事実を証する第１級の証拠資料となるからである。

このような証拠資料的価値の側面から，承認印の価値の限界がかいま見える。すなわち，①いわゆる額縁分筆・日の丸分筆（145頁イ）が疑われる場合，②隣地の一方について強制執行されそうなときに，相隣地所有者が共謀して，強制執行のおそれのある土地の地積を減らし，おそれのない土地の地積を反射的に増やそうとしている場合（172頁イ），③相隣地の一部を他方に譲渡し，あるいは交換したのに，地積更正だけで済まそうとしている場合（82頁⑵）などには，承認印に証拠価値は認められない。また，現地復元性の高い地図が作成され，同時に現地に不動の境界標が設置されるに至っているときは，承認印の地図補完的意義は大幅に後退することから，承認印省略の一因になる（もっとも，後述するイ及びウの理由があることから，証拠価値の有無のみで承認印の要否を判定するのは誤りである。）。

イ　隣地侵害がないことの担保

理由の第２は，隣地を取り込んでいないことが一応担保される点にある。その結果，副次的にではあるが，所有権侵害を理由とする紛争を未然に防止する効果がある。その意味において，共有登記の所有者の更正について承諾が要件とされていること（不登法67条２項）と一脈通じるものがある。そのため，少なくとも承認印の存在を理由に実地調査を省略しようとする場合には，承認印が真に所有権侵害を受ける者（確認する対象としては，所有権登記名義人等。224頁）の意思に由来するものであるか否か，特に慎重に吟味する必要がある。

上記第２の理由だけでは，地積の減少を理由とする更正登記申請の場合でも承認印を徴すべきであるとする表示登記実務の取扱い〈226〉の説明が困難となる。やはり承認印の徴求は，第１の理由すなわち筆界認定のための証拠資料としての価値の高さに注目した取扱いであると考えられる。

ウ　紛争のないことの証明

理由の第３は，筆界調査担当者による筆界の判定は，原則として相隣地所有者による筆界相互承認を前提要件としていること（209頁３）から，承認印は境界についての紛争がないことの証明になるという点にある（369頁８）。

３　承認印を押捺する適格者の範囲

筆界の立会・承認は，筆界という公的存在を探し出すため私人が行政機関に協力する行為にすぎない（224頁２(1)）。しかしながら，承認印を押すことの事実上の効果として，相隣地の所有権界をも承認するに近い側面を有し，私人の財産処分行為に近似することから，立会・承認は本人自身である必要はなく，代理人によるものでもよいとされている（225頁４）。したがって，承認印の押印も本人の意思に基づくものである限り，本人以外が行ってもよい。

承認印を押すことができる者の範囲は，次のとおり分類できよう。

〈226〉　登研462号（昭和61年）表紙裏「登記簿」。

①　立会・承認の適格を有する本人自身

本人の指示によって第三者が本人名義の印を本人の手足となって押印する行為すなわち，履行補助者による押印の代行も，この類型に属する。

②　代表者

株式会社の代表取締役や，市町村長などはもちろん，法令上，筆界についての立会・承認の権限を有する者も，これに含まれる。その範囲は微妙であるので，後述（363頁4(5)）する。

③　法定代理人

法令に基づいて，自己の名で押印することが可能な者がこの類型に属する。成年後見人（民法8条），審判により代理権を付与された保佐人・補助人（民法12条・16条，家事事件手続法別表第一の32項・51項）〈227〉，親権者（民法818条），相続財産管理人（民法951条，952条）などである。なお，筆界確認書への署名・押印は，日常家事債務（民法761条）とは解されず，配偶者の代理権は認められない。

④　任意代理人

本人の委任に基づき，本人を代理〈228〉して承認印を押すことができる者である。本人の委任状等によって証明することにより，①の本人に代わって，代理人自身の名で押印できることとなる。

4　承認印を押捺する適格者の具体的検討

(1)　相隣地所有権登記名義人等が同一人物ないし親族である場合

その場合であっても，前記2の承認印を求める理由すなわち，筆界の相互承認があること，隣地侵害がないこと，紛争性がないことの各証明になるのが通例である。したがって，相隣地所有権登記名義人等が同一人物ないし親族であっても，原則として問題はない。しかし，額縁分筆，強制執行逃れ等

〈227〉　所有権界（所有権の範囲）の確定は，不動産に係る権利の得喪に該当し，筆界確認の立会いは，実務上，それに準じる行為と解されている。

〈228〉　筆界の承認は，所有権界の承認（217頁2(1)）と異なり，行政機関に対する事実認識の表明という準法律行為にすぎない（222頁(2)）。したがって，ここでいう代理権は，法律行為の代理とは要件・効果を異にする。

のための筆界偽装，所有権界の移動に伴う分・合筆申請の回避（前記2(2)ア）など，筆界の真正を乱す行為は，しばしば相隣地所有権登記名義人等が同一人物ないし親族である場合に発生する。資料調査及び現地調査の結果，これらの偽装行為が疑われるに至った場合には，なれ合いが疑われる親族等による承認印では足りず，相隣地のさらに外側に位置する第三者の隣地所有者の承認が必要となってくる。

(2)　隣地の所有権登記名義人等が死亡しているとき

筆界調査の担当者は相続人の全員に通知し，当該土地について相続した者を知ることができたら，その者を立会・承認の適格者と認めることとなる。相続財産につき分割が未了である場合は，法定相続人全員が当該土地の共有者（253頁2）として立会・承認の適格を有することから，その全員の承認印を要する〈229〉。もっとも，相続人の中に相続放棄をした者があれば，その者は，立会・承認の適格者から除外される（民法939条）。また，家庭裁判所により相続財産管理人（民法936条，952条）が選任されているときは，その者が立会・承認の適格を有することとなる。

したがって，承認印は，これらの立会・承認適格者ないしその代理人から徴することとなる。

(3)　管理人の名による承認印

ア　隣接土地の管理人

登記官による筆界調査に関する不動産登記事務取扱手続準則61条2項は，実地調査を行う場合，「土地……所有者……又は管理人の立会いを求め……隣地の所有者又は利害関係人等の立会いを求める」と規定する。「管理人」の意味するところが「立会し，筆界について承認の押印をするについての代理権（前記3④）を有する者」と同義であるのなら，隣地についても所有地の管理人による立会いで足りるし，同管理人名の承認印で足りるとの意味と解される。

イ　マンションの管理人

マンション所有者が共有するマンション敷地につき，前記アの代理権を有

〈229〉　昭和35年12月27日法務省民事三発1187号民事局第三課長心得回答。

しない管理人，すなわち世上よく見られる配達物の受取り・伝言や清掃のみを行っているにすぎない「マンションの管理人」には，立会・承認適格はなく，同管理人名の承認印では足りない。一般に，マンション敷地のような共有地の筆界調査に立会し，承認を与える行為は，共有地の持分権者が単独でできる保存行為でも，持分権者の過半数をもって行う管理行為でもなく，全員一致を原則とする処分行為であると解されていること（252頁以下）を考えるならば，それらの権限を有しないマンション管理人の承認印で足りるはずがないことは明らかであろう。実際問題としても，前記２の承認印を求める理由すなわち，筆界の相互承認があること，隣地侵害がないこと，紛争性がないことのいずれの証明もできる地位にない管理人が承認印を押捺できる立場にないことは容易に理解できよう。

ウ　別荘地の管理人

個々の管理規約や土地所有者の委任状等において，筆界の立会・承認を行う権限が明記されている場合を除き，別荘地の管理人は当然には立会・承認の適格を有するとはいえず，前記イと同様の理由により，管理人の承認印では足りないと解される〈230〉。

エ　区分所有マンションの管理者

共有の区分建物敷地（区分所有法２条５項）に係る立会・承認については，その分譲マンションの管理者（同法26条）は，適格を有すると解されている〈231〉。区分所有法の適用のあるマンション敷地については，前記アで述べた全員一致の原則が立法的に緩和されているからである。

⑷　マンション自治会の代表者

分譲マンション（区分建物）は，敷地共有者数が膨大になることから，マンション自治会の代表者の立会・承認で足り，承認印も同代表者のもので足りるという意見が実務では根強いようである。しかし，マンション敷地は自治会財産ではない。したがって，住民全員が自治会に参加し，自治会の会則

〈230〉　前田幸保編『地籍調査〈一筆地調査関係〉事例問答集』〔平成15年版〕50頁，荒堀『Ｑ＆Ａ表示に関する登記の実務（第２巻）』137頁。

〈231〉　法務省民事局第三課「新たな土地境界確定制度の創設に関する要綱案」民事法情報214号（平成16年）63頁は，その実務を立法的に追認しようとしたものであろう。

や決議により，会長にマンション敷地の財産管理権限〈232〉が委ねられているなど明白な権限の証明がある場合でない限り，自治会代表者の承認印をもって足りるとの考え方には疑問が残る。

(5)　会社・行政機関の従業員等

筆界調査の実務では，会社その他の法人組織については，代表者の承認印でなくとも，従業員の承認印でもよいとされている例もあるという。しかし，この場合も，前記(3)イの管理人の場合と同じく，会社を代表ないし代理する権限の全くない「受付係員」のごとき者であっては，通例，社屋敷地権等の財産管理・処分権限を有するとは思われない。そのような者が現地調査において立会・承認するには，委任状等により会社その他の法人代表者からの受任が明確でなければならない。

これに対し，会社規則等で社屋敷地の管理・処分をつかさどる立場にあることが明確な部門の部長，課長，係長などのポストにある者は，「特定の事項の委任を受けた使用人」（会社法14条１項）として，自己の名において行動する権限を有する。したがってその場合には，法人代表者からの委任状を論じるまでもなく，当該使用人の承認印があれば足りる。

同様に，法令・通達や条例・規則・通達等により，国又は地方公共団体の行政機関の長の権限が下部機関に委任されている場合は，当該下部機関は自己の名において承認印を押捺できる。

(6)　所有権登記名義人等の親族・同居人等

親族や同居人であるというだけでは，当然には本人の代理権を有しない。したがって，「本人の指図で自分（親族・同居人）が立ち会う」との申出がある場合には，委任状を徴求するのが相当である。純理としては，諸般の事情から委任があったと明らかに認めることができる場合には，委任状まで要しない〈233〉が，後日の紛争や損害賠償の問題等を避けるためには，委任状を求めておくべきであろう。

〈232〉　実務に従えば，筆界調査に係る立会・承認は，財産管理行為中，処分行為に相当する重い行為ということになる（254頁３）。

〈233〉　町が行った地籍調査に際し，本人の実兄を一筆地調査立会の代理人と認定したことに違法はないとされた例として，広島地呉支判平成７年４月26日判自148号83頁。

(7)　前所有者

分筆・地積更正等の申請に先立って，隣地の所有権登記名義人Ａの承認印を得ていたが，登記申請時には，隣地の所有権登記名義人は，Ｂに替わっていたという場合，Ｂの承認印は必要か。登記実務は，前所有者の承認印のみで足りるとしているかのようである〈234〉。しかしながら，前記２の承認印を求める理由すなわち，筆界の相互承認があること，隣地侵害がないこと，紛争性がないことのいずれの証明についても，旧所有者にすぎないＡは証明できる地位になく，Ｂからも承認印を徴するのが相当であろうと思われる〈235〉。

なお，筆界確定訴訟においては，前所有者も例外的に当事者適格を有する場合がある（575頁１）。

(8)　信託財産の委託者

信託的譲渡においては委託者Ａは，受託者Ｂに対し，一定の目的に従って財産の管理・処分をさせるために，ＡからＢに信託財産の所有権を移転している（信託法３条）。その場合，所有権だけでなく，信託財産を管理処分する権利も委託者から受託者に移転することになる〈236〉ので，Ｂの承認印が必要であり，Ａの承認印では足りないと解される〈237〉。

(9)　所有権の仮登記を受けている者が真の所有者であると主張している場合

なぜ本登記を経由していないのかという疑問は残っても，１号仮登記の仮登記権者が真の所有者である点に争いがないのなら，その仮登記権利者からのみ承認印を徴すれば足りるのではないかという議論がある。しかし，登記官，地籍調査担当者その他の者は，公的資料以外を根拠として真の所有者を判定することはできない。したがって，このケースにおいても，あくまで所有権登記名義人等（不登法123条５号）から承認印を徴するべきである（224

〈234〉　登研361号（昭和52年）表紙裏「登記簿」。反対，荒堀『Ｑ＆Ａ表示に関する登記の実務（第２巻）』140頁。

〈235〉　筆界付近地の第三者への譲渡と立会・承認適格との関係についての，【ケース④】【ケース⑩】（235頁，242頁）参照。

〈236〉　信託の有無は，対象土地の登記（信託法14条）で確認できる。

〈237〉　前田幸保編『地籍調査〈一筆地調査関係〉事例問答集』〔平成15年版〕136頁。

頁)。ただ，地籍調査等の実務では，「利害関係人」(国土調査法25条１項，地籍調査準則20条，30条，公共用地取得にかかる国交省公共測量作業規程の準則443条）として所有権の仮登記権者からも承認印を徴しているようである〈238〉。法務局の実務においても同じ考え方が妥当することから「利害関係人」(不登準則61条）としての地位を肯定すべきであろう。

⑽　時効取得者

所有権登記名義人等であるＡが，同土地はＢに時効取得されてしまったと自認しているもののいまだその旨の登記が未了の場合，Ｂの承認印で足りるかという問題がある。しかし，登記官，地籍調査担当者等は，所有権の帰属は登記記録等の公的資料のみに基づいて判定すべきことは，前記⑼と同じであるから，Ｂの承認印では足りないと解される〈239〉。利害関係人としてのＢの承認印を受領しておくのが妥当であることは，前記⑼と同じである。

⑾　地上権者等

地上権者・借地権者等は，土地の所有権登記名義人等ではない。問題は，その他の「利害関係人」(前記⑼）といえるか否かである。一般的には利害関係があるとはいえないが，当該地上権者・借地権者等が長年，不在地主に代わって土地を実際に管理しているなど，筆界についての証言を得ることを期待できる場合には，利害関係人として立会いを求め，承認印を得るのが妥当であろう〈240〉。

なお，上記とは別に，地上権者は，自ら保有する地上権の境界それ自体について，民法267条，209条，223条等に基づき，地上権界の確認を求める権利等を有する（29頁注〈67〉)。

〈238〉　前田幸保編『地籍調査〈一筆地調査関係〉事例問答集』〔平成15年版〕34頁。これに対し，荒堀『Ｑ＆Ａ表示に関する登記の実務（第１巻)』99頁は「利害関係人」としての地位も否定している。

〈239〉　筆界付近地の第三者の時効取得と立会・承認適格との関係についての，【ケース⑤】(237頁）参照。

〈240〉　荒堀『Ｑ＆Ａ表示に関する登記の実務（第１巻)』98頁。

5　印鑑証明書の添付のない承認印

(1)　実印を要求することの問題点

官公署が筆界承認をする場合を除き，承認印については印鑑証明書の添付を求めるのが一般である。しかしながら，国民の間では，実印を押すことには慎重でなければならないとの常識が定着している。ましてや，他人の土地の分筆や地積更正等のため，あるいは地図の作成のために自分の印鑑証明書を渡すことには強い抵抗感があると推測される。確かに，印鑑証明書の添付のない承認印は，三文判の可能性が高く，本人確認の点においても，意思確認の点においても，証明価値は著しく減殺される。特に他の者と共用している三文判を用いたのでは，本人の印章とすら認められない〈241〉。

しかしながら，筆界の位置につき相隣地所有者間の認識が一致しており，客観的証拠資料に照らしても問題がないにもかかわらず，印鑑証明書の添付がないことの一事をもって筆界未定として処理するのは，筆界判定の真実性及び迅速性のいずれにも反する。理屈の上でも，筆界承認書は法定添付書面ではなく，前記2に指摘した筆界の相互承認があること，隣地侵害がないこと，紛争性がないことを証明するための参考資料にすぎない。そうすると，本人確認の点については，マイナンバーカードや運転免許証等〈242〉〈243〉で補完すれば足りるし，意思確認の点については，登記官その他の筆界調査担当者が，筆界承認の重みを本人に認識させる努力をした上，専門家として本人の意思を確認することの方が重要であろう。いずれの観点に照らしても承認印についての印鑑証明書の提出を強制すべき理由はないように思われる。

(2)　実　務

実務においては，印鑑証明書の有効期限が短いことから，印鑑証明書の添付がある委任状は，本人確認だけでなく，委任状記載内容に係る本人の意思

〈241〉　最（1小）判昭和50年6月12日集民115号95頁。

〈242〉　不登準則104条2項は，利害関係を有する第三者の承諾書に印鑑証明書の添付がなくとも，「運転免許証の提示その他の方法」による確認を許容している。

〈243〉　ちなみに全国銀行協会は，口座開設の本人確認のとき，印鑑証明書，健康保険証，パスポート，年金手帳，住民票の写し（顔写真がないものの場合，追加対応を要する。）はよいが，各種会員証，名刺では足りないとしている。承認印の本人確認についても同様でよいのではなかろうか。

の確認資料としても価値が高いと考えられている。そのためか最近の法務局の実地調査要領においては，筆界承認書には，できる限り隣地所有者の印鑑証明書の添付を求めている一方で，本人意思が重きをなさない類型，すなわち地積更正等の申請に添付された地積測量図が，①法務局保管の地積測量図と符合する場合，あるいは②法14条地図作成作業等の成果と座標値が一致する場合には，隣地所有者の印鑑証明書の添付を省略できるとしている。

また，前記の基準によれば印鑑証明書を添付すべき場合であっても，承認印の押捺に際して，本人確認及び意思確認を行っていることを報告者たる土地家屋調査士等が証明し，署名又は記名・捺印をすれば印鑑証明書の添付がなくともよいとされている〈244〉。しかし，後日の紛争を予防するためにも，承認印を押捺した者に係るマイナンバーカード・運転免許証のコピー（いずれも氏名・生年月日・住所・顔写真のみ）を取るか，運転免許証の番号を控えるなどの補完資料は必要と思われる。そしてまた，そのような補完資料を徴求することを前提に，印鑑証明書の添付については，一層弾力的に運用すべきではないかと思われる。

公有地の境界協議において，例えば，山梨県道路敷地の境界確認事務取扱要領は，立会者については，運転免許証で足りると明記しているが，一般には，境界協議の当事者には，実印の押捺を求めるものが多い。実印の押捺の場合，印影は秘匿性の高い個人情報であることに留意する必要がある。

6　立会・承認印の拒否

⑴　立会・承認印拒否の態様

相隣地所有者が立会を拒否し，あるいは承認印の押捺を拒否するケースとしては，①一定の合理的な根拠を挙げながら相手方主張の筆界を争っている場合，②隣にマンションが建つのが嫌だ，立会料や判付き料を求めるなど合理的な根拠を示すことなくぐずっている場合，③関わりたくない場合，④忙しい，住まいが遠方である等の場合，⑤能力的に「立会」，「承認印」の意味

〈244〉　細田進「登記官による土地建物の表示に関する登記の実地調査とそれに伴う東京法務局における取扱いについて（下）」登記情報36巻11号（平成８年）26頁。

を理解できない場合等々，様々であろう。

⑵　立会・承認印の拒否への筆界調査担当者の対応

法務局による調査であれ，地籍調査担当者による調査であれ，筆界調査に対して，住民は協力すべき国法上の義務（調査協力義務）がある（224頁２）。担当者は，拒否者に筆界実地調査の必要性を説明し，特に前記⑴の②や③のケースなど，正当な理由がない立会拒否に対しては，地籍調査においては罰金１万円以下が課せられることがあり（国土調査法37条４号），また，登記官による質問検査を拒み，あるいは正当な理由なく所有地への立入りを拒否する行為については，30万円以下の罰金に処せられることがある（不登法29条２項，137条１項・５項，162条１号・３号）旨をしっかりと説明しなければならない。

⑶　立会拒否の態様と筆界未定との関係

一定の合理的な根拠を挙げながら相手方主張の筆界を争っている場合（前記⑴の①）には，登記官や地籍調査担当者等は紛争解決権限を有せず筆界を判定できないので，当事者に対し，筆界特定制度（423頁）なり，筆界確定訴訟等（570頁）の存在を示唆して，その利用を促すのが相当である。

それ以外の場合（前記⑴の②〜⑤）には，当事者間に紛争があるとまでは即断できない。言い換えれば，筆界調査担当者が当事者間に「争い」が存在することにより，筆界判定を不能とすべき理由になる場合とは，単に「承認印を押さない」こと（消極的拒否）を意味するのではなく，積極的拒否（前記⑴の①のみ）を意味すると解される（484頁３，520頁⑷)。したがって，文献・資料調査及び実地調査の結果，相隣地所有者の立会・承認を待つまでもなく，現地において筆界の位置が一義的に明確な場合には，積極的に筆界を判定してよいことになる〈245〉。より具体的にいえば，法務局備付けの現地復元性のある地図等，すなわち地積測量図，法14条地図，同地図と同等の精度を有する地図に準ずる図面等によって復元される地点に，確実な物証（典型的には筆界形成当初に設置した境界標等）があることから，筆界の位置が一義的に明確な場合には，立会拒否，承認印の拒否があっても筆界を判定してよいことにな

〈245〉　本文②に類する事案につき，筆界の一部についての承認印を欠いたまま筆界を判定した実例として，登記先例解説集35巻２号（平成７年）88頁。

る〈246〉。今後，作成される地図の信頼性と精度が増すことにより，立会・承認印の重要性は相対的に低下することとなろう。

7　立会証明書と承諾書との関係

表示登記実務の解説書によれば，地積更正登記の申請の場合，従前は「立会証明書」に認印を徴した上，地積測量図が完成した時点で「筆界確認書」に実印・印鑑証明を徴求するとの取扱いが一般的だったようである。

しかし，分筆の場合であれ，地積更正の場合であれ，登記官が相隣地所有者に筆界の確認を求めるのは，調査対象地たる一筆地（甲地）の外枠たる筆界を判定するためのものにすぎない。甲地の外枠さえ的確に判定されれば，その後，甲地の内側をどう区割りし，地積をどう計算するかは，隣人にとっては言わば他人の財布の中身の問題にすぎず，隣地所有者から承認をもらう筋合いではない。したがって，隣地所有者から承認印を受けるべき対象は，確認された「筆界点」についてのものであり，甲地の内側の「分筆線の位置」や「更正後の地積」についてのものではない。それにもかかわらず，更正後の地積まで記載した書面に承認印をもらうという従来の登記事務の取扱いは，無用の紛争を惹起しかねない。そこで，立会いの時点で端的に「筆界」でなく，「筆界点」だけの確認を求め，「立会証明書」に実印と印鑑証明を求めることとした実務例があるようである〈247〉。

筆界調査の対象を「筆界点」ないしその集合体たる筆界線であると割り切ることには抵抗もあろう（19頁(4)）が，相隣地所有者に過度のストレスを与えないための改善策であって，妥当であろう。

8　承認印の法的効果

(1)「筆界未定」とならない効果

承認印があったことによる最大の法的効果は，筆界に争いがないため，筆

〈246〉　分筆申請の場合，立会・承認がないというだけでは申請を却下することはできない（不登法25条9号の適用はない）から，実地調査は当然の責務である。

〈247〉　細田進「登記官による土地建物の表示に関する登記の実地調査とそれに伴う東京法務局における取扱いについて（下）」登記情報36巻11号（平成8年）27頁。

界調査担当者が筆界を判定するのに支障がないことが明らかになったという点にある。この効果は，「筆界未定」とならないことから，次の手続に進んでよいとする手続上の効果にとどまる。実体法上，争いのない位置に筆界が決定されるという効果を生じるわけではない（222頁⑵）。

⑵　実地調査の省略

分筆・地積更正等に係る筆界調査の場合，登記申請書に添付された土地家屋調査士作成の土地調書・現地調査書中に，隣地所有者の承認印があるときは，登記官は，他の資料に照らして筆界が明確と判断できれば，実地調査を省略できる（368頁⑶）。

注意すべきは，同調書中に承認印があっても，実地調査を省略できない場合があるということである。各種資料を検討した結果，額縁分筆，強制執行逃れ等のための筆界偽装，所有権界の移動に伴う分・合筆申請の回避（356頁２⑵ア）等が疑われる場合には，その点につき十分な実地調査等が必要となる〈248〉。

⑶　国家賠償請求等

筆界調査担当者が，職務上の注意義務を尽くさなかった結果，承認印の偽装を見抜けず，その結果，隣地所有者等に損害を与えた場合には，当該登記官あるいは市町村職員等の行為は国家賠償請求の対象となる（賠償義務者は，国又は市町村等。国家賠償法１条。481頁⑷）〈249〉〈250〉。さらに，土地家屋調査士や測量士等がこれに関与している場合には，同人等も不法行為責任（民法709条）を負うことがあり得る。登記官等と土地家屋調査士等の双方に注意義務違反が認められるときは，両者は共同不法行為となる（民法719条）。

〈248〉　隣地所有者全員の承認印が押捺されていたが，額縁分筆を疑い，登記官が実地調査を実施の上，地積更正申請を却下した例として，甲府地判昭和53年５月31日訟月24巻８号1609頁がある。

〈249〉　実地調査をしないまま分筆登記申請を受理した登記官に過失があったとして国家賠償請求が認められた例として，大阪高判平成３年４月26日判時1399号48頁。

〈250〉　地籍調査において，相隣地所有者の承認印を徴求せず，不立会調書すら作成せずに手続を続行したことは現地調査への立会（地籍調査準則23条２項）や調査結果の訂正の申し出（国土調査法17条２項・３項）など手続参画権を奪うものであり，市職員に過失があったとして国家賠償請求が認められた例として，旭川地判平成５年３月30日判時1487号125頁。

⑷　所有権界についての法的効果

相隣地所有者が官公署の筆界調査に際して立会し，筆界の位置について争いのないものとして承認し，その旨の承認印を押印したとしても，特段の事情がない限り，相隣地相互の所有権界についての和解の効力を生じるものではない（209頁３）。

第９節　立会・承認手続に関するトラブル

境界調査の担当者から，日頃次のようなトラブルに遭遇することが多いと聞いている。あくまで，私見であるが，おおよその解決策を以下に掲げた。これまで述べてきたことと若干重複する部分もあるが，重要性の高い部分であることから，簡略にまとめた。

１　当事者が不存在あるいは多数ゆえのトラブル

⑴　隣地の所有者が亡くなっている

相続人と境界の確認を行う。遺産分割が済んでいない場合には，法定相続人全員が当事者となり，所有者が複数いる場合と同じ取扱いとなる〈251〉。ただし，遺言執行者（民法1012条）がいる場合，遺言内容の実現のために必要な範囲であれば，その者が境界確認の権限を有する。

⑵　隣地所有者が所在不明・所有者自身が誰か分からない

「所有者不明土地」の項（332頁）参照。

⑶　一部の共有者が立会い（押印・境界標の新設・復元）を渋っている

所有権界についての立会いであれ，筆界についての立会いであれ，境界調査に立ち会い，境界を承認するという行為は共有物の「処分行為」と見て，原則として共有者の全員一致で行わなければならないと解するのが，これまでの実務の考え方であった（252頁以下）。その実務に従う限り，共有者の１

〈251〉　法務省は，①遺産分割期間を相続開始時点から10年に限定する，②相続人の所在不明や相続人不確知の場合，その相続人の持分を他の相続人が取得するとの民法改正を2020年に実現することを目指している。

人でも立会・承認を拒否（押印をしないのは承認の拒否を意味するのが通例であろう。）あるいは，境界標の新設・復元を拒否している場合には，筆界の判定作業であればその者を関係人として筆界特定制度を活用することを検討すべきであろう（不登法133条1項。434頁(8)）。筆界確定訴訟の提起も選択肢となる。

また，所有権界の確認や，共有者間の持分争いが絡むケースであれば，調査士会ADR（385頁）や持分権確認訴訟などを検討すべきことになる。

しかし，所有者所在不明土地（333頁イ）が深刻な社会問題となっているのを背景に，近時では，筆界に係る立会は保存行為にすぎないとの実務も散見されるようになった。その場合は，筆界についての立会いにとどまるものであれば，共有者の1人だけの立会いでも適法ということになる（254頁3，333頁イ）。

2　隣地所有者の意思能力への不安

(1)　老齢の本人の立会いを求めて境界承認を行った後，その配偶者や子等が異議を唱えている

ア　所有権界の和解についての立会・承認

所有権界についての立会・承認であり，その実質が所有権についての和解であれば，本人の行為能力・意思能力（民法3条以下）の問題を生じ，境界和解の効力は，その能力の有無いかんに尽きる。

一般には，所有権界に係る境界協議は，増改築・借金など重要な財産処分に相当する行為であり，日頃そのような行為ができていない人物であれば，境界協議についての意思能力も欠けていると判断されるおそれがある〈252〉。保佐人の選任など能力の補完する措置を促すべきであろう。

時間的余裕がなければ特別代理人の選任も検討すべきである〈253〉。

イ　筆界判定についての立会・承認

筆界判定についての立会・承認であれば，筆界の承認は，直接には土地所

〈252〉　公証人実務では，「改訂　長谷川式簡易知能評価スケール」を用いて意思能力の確認（知能検査）を行っている例も少なくない。

〈253〉　未成年者や認知症の人が当事者となり訴訟制度を活用する場合，便宜である（民訴法35条1項）。

有権の処分を意味するものでない（224頁２⑴）ことから，当然には前記アと同視する必要はないと解される。本人において，土地の境界がどこにあるのかという問題についての事理の弁識能力に欠けるところがなければ，妻や子ども等の異議には理由がないと解される。ただ，事理の弁識能力を欠くことが判明した場合には，立会・承認はなかったものとして，能力を補完する措置を採った上，改めて手続をやり直すこととなろう。

⑵　隣地所有者に認知症のおそれがある

隣地の所有者が認知症・知的障害・精神障害の場合には，成年後見人の選任を家庭裁判所に申立てをして，選任してもらうのが建前だが，通常，言い出しにくい。高齢者の場合，実務では，推定相続人（配偶者・子など）にも立会してもらい，承認印を求める例が少なくないという。将来の紛争予防の効果は，事実上，一定程度期待できよう。

⑶　土地所有者の配偶者又は子が立会いに参加し境界を確認したのに，立ち会った配偶者等でなく土地所有者本人の名前で同意書への署名を記載し，配偶者等が押印した

筆界確認書への署名・押印は，日常家事債務（民法761条）とは解されない。したがって配偶者や子は当然には境界承認についての代理権（設例のような非顕名方式による代理権も含む。）を有しない。そのため契約実務では，誰が現場で立ち会うにせよ，立会・境界確認についての隣地所有者の印鑑証明書と委任状が添付されているか否かが重要なチェックポイントとなる。

⑷　老齢者たる本人がうまく字が書けないと申し立て，代筆を土地家屋調査士等に依頼

いわゆる署名代行と呼ばれるものであり，印鑑証明付き実印が押されているなら，本人名は印字でも署名代行でも差し支えない。ただし，土地家屋調査士等が三文判を押捺し，本人の署名も土地家屋調査士等が代行しているという場合には，筆界確認書等の証明力が著しく減殺されよう。

3　境界合意の内容への不安

⑴　相隣地所有者が筆界とは思えない位置で境界合意している

筆界は，公的存在であることから，所有権界と異なり相隣地所有者の合意

で定められるものではない（18頁3）。公的資料からは到底認めがたい位置に筆界があると当事者双方が一致して主張している場合には，所有権界の付け替えが行われている可能性が高い。そのような場合に筆界に争いがないとして処理するのは，地図を混乱せしめ，分筆・合筆の登記制度を潜脱するものであって違法である。したがって，そのような位置において筆界を承認するとの捺印があっても，国土調査や法14条地図作成等における筆界調査の担当者はこれを拒否し，十分な説得をした上，どうしても応じない場合は，筆界未定としなければならない（その実例として370頁注〈248〉の事例がある）。

⑵　「確認された境界につき，問題が発生した場合は，A土地家屋調査士において全責任を負う」との念書を書かされた

土地家屋調査士は，調査士会ADRの業務を除いて，境界に関する法律紛争には元来関与する立場にない。したがって，土地家屋調査士が関与した事務につき法律紛争を生じたとしても，法的責任を負う立場になく，法律問題解決への関与を前提とした約定をした場合は，それ自体が弁護士法72条違反の疑いを否定できない。ただ，土地家屋調査士が自己の職務行為の質を自ら保証することは契約自由の範囲内ゆえ，自ら行った筆界調査につき土地家屋調査士としての職務義務違反があった場合の賠償を約定したというのであれば，有効と解される場合もあろう。

4　押印についてのトラブル

⑴　実印が必要な手続ではないのに，隣接者の1人が「Aの印は実印でないから，承認できない」という

押印は立会者が本人であることの確認と，境界位置を承認することについての本人意思を確認する手段にすぎない。筆界につき「認識の一致」，所有権界につき「合意」が確認されれば必要十分であって，法令も当然には印鑑証明書の添付が必要とまでは明言していない（366頁5）。その法理を関係人に丁寧に説得する以外にないであろう。正当な理由のない押印拒否については前節6（367頁）参照。

ただし，官公署が行う境界協議については，後記⑵参照。

⑵　筆界承認書に署名したが判をつかない

理屈をいえば，筆界の位置を承認することについて，本人意思が確認できてさえいるならば，署名だけでもよいはずである。ただ，押印を拒否する理由を慎重に聞き出す必要があろう。いわゆる「判付き料」を暗に請求するにとどまっていると認められる場合については，前節6（367頁）参照。

なお，民民の境界協議については，署名により合意の証明さえできれば，所有権界・筆界のいずれであっても押印までは形式要件ではない。これに対し，官公署が行う境界協議においては，その立会いの目的には，所有権界の協議，筆界についての，認識の一致の確認，公物管理界の合意など，様々なものがあり，法令や要綱等により，捺印が協議成立の形式的要件とされているものが多い〈254〉。

⑶　本人に頼まれ，公務員・土地家屋調査士等が本人から印鑑を借りて押印した

本人の手足としての行為であり，有効とされる。ただし，立会当日の都合がつかないのに，「境界線には同意するから，印鑑を預ける，後はよろしく」というのでは，手続が適正でなく，所有権界の合意ないし筆界についての認識の一致があったとは認められない可能性がある。

⑷　印鑑を忘れたので，サイン・拇印で済ませた

法令・要綱に照らしても，実印が必要な手続とは認められない場合（前記⑴の場合）であれば，押印欄にサインしたり，拇印で済ませても協議の効力には影響はない。ただし，行政実務においては，そのような証書類を公務所に提出しても，要綱・通達等を根拠に受領を拒否されることがあり得よう。

5　その他の手続要件に関するトラブル

⑴　私人が自己所有地と里道敷との筆界立会いを里道管理者に求めたところ，その管理者から近隣所有者全員の筆界承認を要求された

大規模な道路や一級河川等については，日頃から厳格な筆界管理が行われていることが多い。これに対し，里道・水路等の（旧）法定外公共物等（い

〈254〉　官民境界の管理に係る詳細については，『里道・水路・海浜』3編5章参照。

わゆる長狭物）については，管理が希薄でこれらの長狭物と隣接する私有地との境界が曖昧なまま長年放置されてきた。そのため，①長狭物の幅員を確保しつつ，②申請土地と横並びの土地所有者の承認を得，③対側地所有者の承認を得，さらには，④当該長狭物から見て申請土地の裏側に位置する私有地の承認を得ることには多大な労苦を伴うことになる。

これらの長狭物の筆界は街区の外枠を形成し，当該街区に囲まれた民有地の総面積を画することとなる公共性の強い境界である。そのため，長狭物につき，一か所でも不合理な筆界が承認されると，玉突き事故のようなトラブルを生じるおそれがある。長狭物の管理者が，隣地所有者から筆界承認を求められた際，上記②～④の承認をも要求するのは，このような玉突き事故を予防するためのものであろう。しかしながら，筆界の協議は一筆地とその隣地で個々的に行うことができる。設例における長狭物の管理者の要求は，心情的には理解できるものの，ことさら関係者全員の境界承認（集団和解）が成立しなければ申請を受理しないという類の要求であって，法的には失当という外はない。

⑵　境界確認書と境界の確定測量図をとじた場合の立会者の割印

土地家屋調査士等の立場からすれば，境界確認書には立会当日に署名押印を受領するが，確定測量図の作成は後日となるので，割印は求めにくいという。しかし，改ざん防止のためには，袋とじにした上，表紙の継ぎ目に契印（割印）を押すのが契約（公証人）実務である。割印がないと証拠価値が減殺された証書になってしまう。割印がないと受理しないという行政実務もあるが，首肯できる。

⑶　境界標の新設・復元の拒否

境界の位置自体については争いがないのに，境界標を新たに設置するとか，復元するという事実行為のみを拒否する例がある。境界標の新設・復元は境界の処分行為ではなく，管理行為にすぎないことから，共有の過半数（民法252条本文，区分所有法18条１項本文等）の承認で足りると解される。境界に争いがない土地についての筆界標識の新設や復元が費用負担を伴わないものである場合には，土地の保存行為として，一共有者が単独でできると解することができよう（民法252条ただし書，区分所有法18条１項ただし書）。いわゆる逃げ杭ないし方向杭の設置（8頁(2)ア）も検討に値する。

境界に障壁等を設置したい場合における裁判上の請求については，8頁(2)イ参照。

6　遠隔地に居住する所有者への立会・承認を求める通知を省略したい

(1)　所有権界の和解についての立会・承認

境界和解対象土地についての正当な管理人（361頁(3)）あるいは所有権界和解についての代理人がいて，その者に通知する場合は格別，そうでない場合に所有権界について立会いと承認を求めずに和解が成立することは通常はあり得ない。承認さえあれば立会いは不要なはずだが，後日の紛争を招きかねないので，後記(2)後段①～⑤記載の理由がある場合に，写真及び図面を郵送して確認するという類の，特段の事情がない限り，立会省略は好ましくない（207頁2）。

(2)　筆界判定についての立会・承認

筆界について立会・承認を行う者の法的地位（224頁2以下）を思えば，所有権登記名義人等でなければならない（228頁2）。したがって，これらの者が遠隔地に在住することを理由に立会・承認の手続を省略することは許されない。この点につき，地籍調査準則20条は「現地調査を実施する地域内の土地の所有者に……通知する」としていることから，同地域内に居住しない土地所有者には通知しなくてよいとの誤解を生じているようであるが，遠隔地に居住する所有者への通知を欠いてよいとする趣旨ではない〈255〉。

もっとも，土地所有者が遠隔地に居住している例が増えていることから，最近の境界調査の実務では，①現地復元性の高い地図・地積測量図がある，②それらと現地の境界標・点間距離が一致する，③境界に争いがない，④現地立会いができない正当な理由がある，⑤本人への通知・承認の手続が採られている，という場合には，適切に現地を示し得る資料を示して立会いを省略してよい，としているようである（215頁8，483頁2）〈256〉。

〈255〉　前田幸保編『地籍調査〈一筆地調査関係〉事例問答集』〔平成15年版〕34頁。

〈256〉　その場合でも，現地の写真を送り付けたうえ，立会証明書に押印して返送せよという取扱いは，事実に反する証明を求めるものであり，違法であろう。

7　立会・承認のやり直しを主張

⑴　筆界調査の場合

登記官や地籍調査担当者による筆界判定の見直しは，登記官等による地図記入が完了するまでの間であれば法的な制約はない。記入完了後は，地図訂正の問題として処理される。

⑵　境界協議の場合

紛争の蒸し返しとなるが，所有権界についての協議・和解は，私法上の個別契約ゆえ，関係者全員が合意すれば，可能であると解される。

第4編

境界に関する協議

第１章

民間相互の境界協議

１　新たな境界を定めるための民間相互の境界協議

⑴　相続土地の分割

ア　新たな境界の成立時期

私人は，自己所有地をどのように分割しようと自由である（44頁）。典型的には，親から遺産を共同相続した兄弟姉妹が，遺産分割として１筆の土地を複数に分割するのが，これに当たる。この分割線が新たな所有権界となる。

遺産分割の協議（民法907条１項）が調うと，通常，遺産分割協議書が作成されるが，土地を現地で分割するとの合意によって新たな所有権界が成立するためには，特段の書面を要するわけではない。例えば，「北側にある仮杭の中心と，南側にある仮杭の中心を結んだ線で分割する」との合意が調えば，その位置が現地において二義を許さない程度に明確である限り，その分割線（所有権界）は，合意（意思表示）のみで成立する。

イ　新たな境界と第三者との関係

土地分割の合意成立後，書面も作成せず，分筆登記の申請（不登法39条１項）もしていない場合であっても，土地分割は当事者間の契約としては有効であり，分割線どおりの所有権界を相互に主張することも可能である。ただ，分割対象土地について，正当に所有権登記を取得した第三者に対しては，分割された土地の単独所有を主張することはできず，したがって，分割線をもって所有権界と主張しても対抗できない（民法177条）。

ウ　新たな境界と筆界との関係

一筆地を分割していながら分筆登記が未了な場合，分割線上に「所有権界は存在するが，筆界は存在しない」という関係になる（24頁ア）。

遺産分割協議は，その実質において共有持分の交換（民法586条）であって有償であるから，贈与の場合（民法550条）と異なり，協議が有効である限り，登記や履行行為がない段階であっても，各人が意思表示を撤回することはできないと解される。

(2)　一筆地の一部の譲渡

自己の所有する一筆地の一部を隣地所有者に譲り渡す約束をした場合の法律関係も，前記(1)と同様である。一筆地の一部を譲渡する契約は，意思表示のみで効力を生じるから，新たな所有権界も約定どおりの線上に形成される。

ただ，その譲渡が無償譲渡（贈与）に当たる場合は，意思表示のみで一旦所有権界の移動を生じるものの，書面も作成せず，境界標の移設等の引渡行為も行われていないときは，当事者はいつでも贈与の意思表示を撤回することができる（民法550条）。もっとも，既に受贈者が占有支配している土地部分を当該受贈者に無償譲渡する場合には，履行を終えているので，撤回はできないと解される〈1〉。

2　既存の境界についての民間相互の協議（示談）

(1)　筆界が不明の時の示談

隣地所有者同士で話し合って，両土地の所有権の及ぶ範囲（辺縁）をどこと定めても自由である。のみならず，相隣関係（5頁）を円満に保持する必要があるときは，信義則上，相隣者は真摯に交渉する義務を相互に負担すると解される〈2〉。

〈1〉　東京高判昭和58年8月31日判時1091号85頁。

〈2〉　人家の密集する地域についての大阪高判平成10年1月30日判時1651号89頁。反対に，対側地所有者の協力が得られないことを理由として里道に接する土地所有者からの境界協議申請を国が放置したことが不法行為とならないとするものとして，奈良地判平成8年11月29日判自188号109頁。2017（平成29）年10月2日開催の「登記制度・土地所有権の在り方等に関する研究会第1回会議」（山野目章夫座長）では，相隣地所有者に「境界を確認する義務を課すべきではないか」が議論されている。

【図表 4-1】

【図表 4-2】

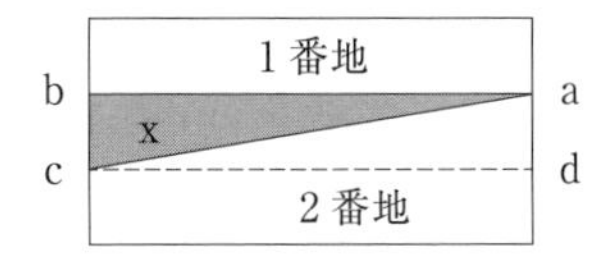

所有権界を話合いで決めようとする動機としては，自己所有地（1番地）と隣地（2番地）との地番境（筆界）が分からなくなってしまっているため，「1番地と2番地の境はa-b線に決めましょう」と合意することが考えられる（【図表 4-1】参照）。

1番地と2番地の所有者が，a-b線を「境界」（厳密には所有権界）と定めて，それぞれの占有範囲を「1番地の土地」，「2番地の土地」と呼ぶのは，当事者間では自由である。a-b線をもって1番地，2番地の境目とすることが，地図・公図における筆界の記載や地形地物などの客観的資料と矛盾せず，筆界の存在し得る幅（211頁6(1)）の範囲内であれば，何ぴともその呼び方に異議を述べないことであろう。そうすると，所有者は，あたかも1番地と2番地との地番境すなわち筆界を話合いで決めたかのような外観を呈する。実際にもこのような事例は多いものと思われる。

さらには，後日，裁判官なり登記官が1番地と2番地の土地の筆界を判定する機会があったとしても，他に特段の資料がない限り，所有権界から筆界を推認する方法により，a-b線をそのまま1番地と2番地間の筆界（所有権界兼筆界）と判定する可能性が高まるといえる。

しかしながら，理屈の上では，これまで繰り返し述べてきたとおり，所有権界は自由に定められるが，筆界は公的で不動の存在である。したがって，仮に上記【図表 4-2】の例で，真実はa-c線が筆界であるのに，隣地所有者同士が所有権界をa-b線として示談しても，1番地と2番地の地番境がa-c線であることには変わりない。その場合，x土地部分は，示談当事者間では2番地の一部と扱われることが多いであろうが，法的にはあくまで1番地の一部であるというややこしい関係になる。

その上，錯誤により示談が無効（民法95条，平成29年改正民法では，取消原因）とならないかという問題を生じることがある。その問題については，後述

(391頁(2)) する。

また，筆界調査に立会して，筆界についての承認印 (356頁) を押捺した場合，所有権界について話合いが成立したことになるのかという点も問題となる (397頁8)。

(2) 筆界を修正するための示談

1番地と2番地との地番境は【図表4-2】のa-c線であり，現地においても明確だが，そこが境界 (筆界) では使い勝手が悪いから，話合いにより「1番地と2番地の境はa-b線に決めましょう」という意図で示談が成立することがある。その示談は，筆界合意としては効力を生じないが，互いにa-b線から向こう側を相手方所有地と認め合うという，所有権界についての合意としては有効である〈3〉。しかしながら，そのような示談が成立しても，【図表4-2】のx土地部分が2番地に編入されるという効果まで生じないことはいうまでもない。その理由は，筆界は不動だからという形式的なもののほか，示談にそのような効果まで認めると，第三取得者や抵当権者等の取引の安全を損ない，さらには強制執行の免脱や脱税の手段等に用いられるおそれがあるからである (373頁3(1))。

3　既存の境界についての裁判上の和解，民事調停

例えば，貸金債権についてその存否や返済時期についてどのような和解や民事調停をしようと自由であるのと同様に，隣地所有者との間でいかなる所有権界を設定してもかまわない。ただ，前記2(1)や(2)の場合と同じく，例えば【図表4-2】の設例において，「x地を今後は2番地の一部として認め合う」との和解が裁判官の承認の下に成立したとしても，筆界はあくまでa-c間なのだから，法的に1番地の一部であるx地を2番地に変えることはできない。裁判官といえども (筆界確定判決以外の方法すなわち) 和解や調停で筆界を移動させる権限はないからである (588頁2)。

〈3〉 盛岡地一関支判昭和40年7月14日判時421号53頁。

4　調査士会 ADR（土地家屋調査士会 ADR センター）

(1)　沿　革

境界に関する紛争を私的に協議する機関としては，弁護士会や司法書士会に設置された民事紛争一般の私的仲裁機関が存在しているが，必ずしも活発に利用されているといえる状況にはなかった。

これに対し，土地家屋調査士は，従来，土地に関しては主として分・合筆，地積更正などの表示登記手続及びその前提としての筆界確認の業務を行ってきたが，現地調査の折に土地の境界に関する紛争解決についての意見を求められても，基本的には紛争に介入しないこととしていた。弁護士以外の者が報酬を得る目的で法律紛争につき鑑定，和解その他の法律事務を扱うことは，原則として弁護士法違反（同法72条）の問題を生じるためであった。

ところが，司法制度改革推進法（平成13年11月16日法律119号）の成立を機に，「訴訟手続によらずに民事上の紛争を解決しようとする紛争の当事者のため，公正な第三者が関与して，その解決を図る手続」（いわゆる ADR〈4〉）の推進の機運が高まり，法律周辺業務を扱う専門家の一層の活用が図られるに至った。これを受けて，日本土地家屋調査士会連合会は，各地の単位土地家屋調査士会ごとに「境界紛争解決センター」（通称「調査士会 ADR」）を開設することとし，2002（平成14）年10月から2016（平成28）年までの間にすべての単位会において立ち上げている。

政府は，司法制度改革の一環として，次に述べる土地家屋調査士法の一部改正等，所要の法整備を行ってその動きをサポートしている。

(2)　調査士会 ADR の概要〈5〉

ア　調査士会 ADR が取り扱える業務の範囲

調査士会 ADR が取り扱える業務は，「土地の筆界……が現地において明らかでないことを原因とする民事に関する紛争」に限られる（土地家屋調査士法３条１項７号）。実際には，ある紛争を解決するために，その前提として筆

〈４〉　土地家屋調査士法３条１項７号。ADR は，Alternative Dispute Resolution（代替的紛争解決）の略。

〈５〉　山野目章夫・清水響・松岡直武編著『境界紛争解決制度の解説―筆界特定・ADR のポイント』（新日本法規出版，平成18年）223頁以下に詳しい。

界を明らかにすることが必要なものである限り，広くこれに該当すると考えられる。具体的には，単純に境界標の設置を求めるものの他，境界を侵害する者に対する妨害排除請求として，家や庇の切取り（民法233条）を請求〈6〉し，塀や生垣等の撤去を請求している例などが主であろう。１筆の土地に設定された賃借権その他の用益権の及ぶ範囲についての確認請求もこれに該当する〈7〉。

そのため，調査士会 ADR に対する調停申立書の様式〈8〉によれば，申立ての趣旨としては，相隣地の筆界を明らかにすることの他，越境している建物等の撤去を求めることが例示されている。申立ての理由としては，①現在の土地の支配状況，②境界杭の現状，③建物等の撤去を求める理由，④その他の紛争の要点を記載することとされている。

イ　調査士会 ADR の主催者

調査士会 ADR を運営できる者は，前記アの紛争の解決の業務を公正かつ的確に行うことができる団体として法務大臣が指定する者に限られる（土地家屋調査士法３条１項７号）。調査士会 ADR 業務の社会性・公益性の高さから，所管庁たる法務大臣による許可制が採用されているといえる。

実際には，各都道府県に設置された単位土地家屋調査士会が設置している。調査士会 ADR の実務においては，境界問題に端を発する民事紛争に関する相談業務と調停業務を主に行っている〈9〉。とりわけ調停においては，現地調査や測量など土地家屋調査士の技術を活用して，調停を成立せしめ，また，その成果を地図や登記に公正かつ迅速に実現することを目指している。

ウ　申請業務を取り扱うことができる者

土地家屋調査士は，元来，表示登記の申請の他，これの前提となる境界確

〈6〉　一部のみの収去ができない不法占拠建物につき全部の収去を認めた事例として，福岡高判平成26年11月６日訟月61巻10号1855頁，その評釈として民研699号（平成27年）30頁〔小松義浩〕。

〈7〉　清水響「不動産登記法等の一部を改正する法律の概要」民月60巻５号（平成17年）77頁。

〈8〉　愛知県土地家屋調査士会『あいち境界問題相談センター様式集』（平成18年）。

〈9〉　実務を紹介するものとして，松岡道武「境界問題相談センター（土地家屋調査士会 ADR）の現状と若干の事例」仲裁と ADR２号（平成19年）50頁。

認のための調査・測量，確認された境界点に標識等を設置すること〈10〉などを業務としていた。また，表示登記の申請に関する不服申立ての手続も解釈上，代理できると解されていた。

改正土地家屋調査士法では，調査士会ADRについての代理業務及びそれに係る相談業務をも新たに土地家屋調査士の業務と認めている。ただし，すべての者に認められるのではなく，法律紛争処理事務の処理を委ねるに足りる信頼性の高い能力を担保する措置（同法３条２項～５項）を受けた土地家屋調査士（いわゆる「認定土地家屋調査士」）のみに認められる。

しかも，調査士会ADRに係る上記の代理業務は，弁護士が同一の依頼者から受任している事件に限り行うことができるとの重大な制約が課せられている（土地家屋調査士法３条２項後段）。調査士会ADRは，土地家屋調査士の有する境界についての豊富な鑑定的知識と弁護士の法律知識を結び付けて，共同で境界紛争を簡易・迅速に解決しようとする制度だからである。

エ　調査士会ADRの制度上の限界

調査士会ADRは，私人間の互譲による任意の解決を目指す制度であることから，当事者双方が同意しない限り，調停手続には入れない（土地家屋調査士法３条１項７号）。

また，より根本的な限界としては，前記アのとおり，調査士会ADRの対象とされるのは「土地の筆界が現地において明らかでないことを原因とする民事に関する紛争」に限られるにもかかわらず，筆界それ自体は公的存在であり，私人間の互譲で定めることはできず，筆界自体を公的に明らかにするためには，筆界特定制度（423頁）の活用を待たなければならないことがある（筆界特定制度との協働については，後記(4)参照）。

これらの制約を念頭に置き，境界紛争解決の相談を受けた土地家屋調査士は，①話合いで解決しようとしている最終の対象が，筆界なのか所有権界・地上権界・借地権界・永小作権界等の私的境界（４頁，27頁）なのか，②紛争の相手方に歩み寄りが見込まれるのか否かを，調査士会ADRの申請前に的確に見分ける必要がある。

〈10〉　昭和53年３月20日法務省民三1677号民事局第三課長回答。

とりわけ，境界付近地の時効取得が問題となるケースについては，調停不調の場合の迅速かつ適切な対応が不可欠である（401頁(4)。民法151条，裁判外紛争解決手続の利用の促進に関する法律25条）。

なお，これらの制約に加え，費用負担の問題があるためか，せっかく魅力ある制度が立ち上がったにもかかわらず，筆界特定制度に比して調査士会ADRの利用は必ずしも活発ではないようである〈11〉。

(3)　筆界についての調停

調査士会ADRで合意される内容は，前記(2)エのとおり，民事紛争として私人間で解決できる問題でなければならない。したがって，公的存在である筆界について合意しても無効である（587頁）。加えて，筆界特定制度との協働（後記(4)ウ）の観点からは，混乱を避けるためにも，筆界の判定は筆界特定登記官に委ねるべきであろう。しかしながら，隣地所有者相互間で，所有権界を確認するのと同時に，調停書（合意書）に「当事者双方の認識する甲番地と乙番地との筆界は，a－b－……を順次結んだ線であることを，相互に確認する」と記載することは，筆界特定手続が並行する場合においては，筆界特定登記官との確執を生じるおそれがあり好ましくないものの，違法とまでは言えないと解される。

筆界に関する上記の認識の一致は，所有権界についての合意などと異なり，何らの法的効果をも伴うものではない。しかし，登記官が分筆登記申請や地図訂正申請等を審理するに際し，調査士会ADRにおいて，隣地所有者が相互に認識する筆界が一致していることは，事実上重要な資料となり得る（396頁7(2)）。

(4)　筆界特定制度との協働

ア　制度間の不調和のおそれ

仮に調査士会ADRの調停で，筆界の位置が前記**【図表4-1】**のa－bであると当事者双方で認識の一致を見ても，その後，筆界特定手続において筆界特定登記官は，筆界の位置はa－bでなく，図の下方に平行移動したc－dで

〈11〉　今後を展望するものとして西本孔昭編著『筆界特定制度と調査士会ADR』（日本加除出版，平成19年）224頁以下。

あると判定することは十分あり得る。そうすると例えば，筆界はa-bであるとの認識を基に，a-bからc-dまでの範囲の土地を当事者の一方が時効取得したとの前提で他方に和解金を支払う旨の調停をしていたとしても，筆界特定登記官によってせっかくの調停が台無しにされてしまうこととなる。

イ　両すくみのおそれ

上記アの設例で，調査士会ADRにおいて合意された筆界認識（a-b）に基づいて筆界特定ないし表示登記手続が進められるという保証はない。他方，筆界特定登記官は，筆界特定の手続中に筆界特定登記官の認識する筆界（c-d）を前提としてa-b-c-d-a間の土地範囲について和解金による解決の機運が高まっても，拱手傍観しなければならない。

ウ　運用による問題点の克服

調査士会ADRと筆界特定制度との制度間の不調和ないし両すくみのおそれは，当事者の便宜ないし紛争の一回的解決という観点から，極めて不都合であり，制度設計の当初から問題視され，解決策が模索されていた〈12〉。しかしながら，立法の紆余曲折の過程で，解決策は示されずに終わった〈13〉。

筆界特定制度が現在のような不完全な仕組みになってしまった以上，調査士会ADRと筆界特定手続との間のギャップは，運用で克服する以外にない。幸いなことに，両手続においては，共に土地家屋調査士が関与することが予定されている。そこで取得時効や錯誤等の民事紛争と筆界紛争が並存するような事案においては，調査士会ADRの調停委員と筆界特定手続における筆界調査委員（不登法134条）を兼ねることにより，争点の把握を迅速・適正に行い，証拠収集の重複や不統一の是正等を図ることが強く望まれる。その他の点においても工夫を重ねることにより，所有権界と筆界特定を一挙に果たし，所有権界の和解から登記の分筆処理や地図訂正手続までを，調査士

〈12〉　裁判外紛争解決制度に関する調査・研究報告書平成10年度中間報告(3)①（『土地境界基本実務Ⅰ』262頁）参照。研究に参画した委員の間では，法務局主催の筆界「確定」手続中において，たまたま所有権について話合いが成立したときは，その成果を何らかの手法で書面化しておく手続が模索された。

〈13〉　筆界特定制度創設のための不動産登記法改正時に，衆参両議院の附帯決議において，筆界特定制度と調査士会ADRとの「連携」につき「十分に配慮すること」（衆議院）あるいは「必要な検討を行うこと」（参議院）が求められているのみである。

会ADRと筆界特定手続とが協働して進める実務上の手順を確立すべきである〈14〉。

この問題について和田直人講師（当時）は，「登記官による認定（中立評価）手続として筆界特定制度が担うべき役割と，調整型手続としてのADR手続が担うべき役割とを明確に設定した上で，相互の手続の協力の在り方を模索していく」ことを提唱しており，具体的には，①「事案のスクリーン（手続の入口段階）における連携・協力」と，②「それぞれの手続で作成された記録・資料の活用」として，筆界特定手続記録，ADRで作成された資料の活用，外部鑑定手続としての筆界特定制度の活用を提案しておられる〈15〉。示唆に富む提案であり，参考とすべきであろう〈16〉。

5　民間相互の境界協議の当事者間における法的効果

【図表4-3】

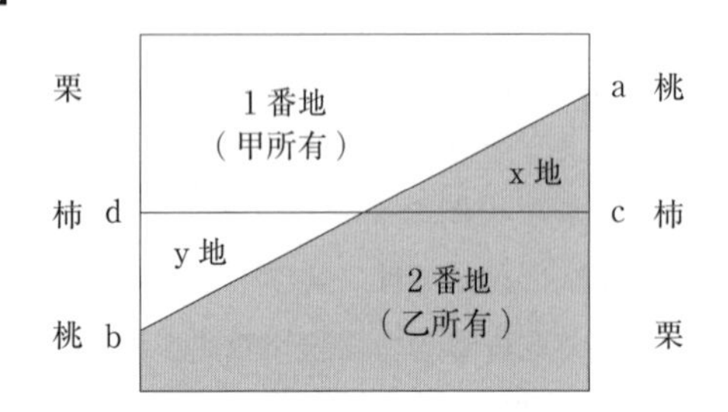

(1)　当事者間における原則的効果

相隣接する一筆地の所有者が境界につき「立会い」して現地で境界を「承認」した場合には，特段の事情がない限り，両当事者が共に「この話合いによって，今後もう争うのは止めにしよう」との意思を有するであろう〈17〉。

〈14〉　現に，不動産登記法138条を手掛かりとして，調査士会ADRと法務局間において協働の仕組み作りが進められている。

〈15〉　和田直人「筆界特定制度と訴訟手続及びADR手続との相互関係」登記情報47巻７号（平成19年）４頁。

〈16〉　平成22年３月の時点で，法務省と土地家屋調査士会との間で一応の連携の方策を取りまとめている。

〈17〉　土地区画整理事業における基準地積決定は，所有権の範囲を確定するものではな

その場合には，境界（所有権の及ぶ範囲）についての和解が効力を生じることとなる。ただ，単なる近所付き合いとしての「立会い」や，地籍調査や地図作成に際しての「立会い」の場合は，所有権界につき直ちに民法上の和解を生じるものではないことに注意すべきである（220頁1⑵）。

話合いが所有権界について行われ，民法上の和解が生じたと解される場合には，筆界と一致しない部分は，相手方に譲渡したものとみなされる（民法696条）。

その結果，例えば，**【図表4-3】**の甲と乙が話し合って，甲所有の1番地と，乙所有の2番地との境界（法的には，所有権界）をc-d線とする旨，合意したと仮定する。そのとき真の境界（筆界）がa-b線であることが後日判明したとすると，特段の事情がない限り，2番地のx部分は甲に，1番地のy部分は乙に，それぞれ相手方に譲渡したものとみなされることになる〈18〉。筆界の位置が分からないため話合いで和解した場合（前述のケース）であっても，あえて筆界を修正する意図で和解した場合（382頁2）であっても同じである。その結果，1番地の所有者甲は，2番地の所有者乙に対して，2番地中x部分を分筆して甲に移転登記するように求めることができるし，逆に乙も，1番地中y部分を分筆して乙に移転登記するよう求めることができることとなる。

⑵　錯誤による和解無効・取消しの主張

ア　和解無効・取消しを主張できない場合

和解をすると「争いの目的」であった事項については，以後蒸し返しをすることができなくなる。その結果，⑴で述べたとおり，例えば，前述の**【図表4-3】**における2番地のx部分は甲に，1番地のy部分は乙に，それぞれ相手方に譲渡したものとみなされる（民法696条）。これを和解の確定効という。和解が，甲の記憶違いや勘違いによるものであったとしても，争いの蒸

いが，基準地積決定のための境界協議において土地所有者相互間で境界合意が成立した場合には特段の事情がない限り，所有権の範囲に関する合意と解釈できるとする裁判例として，広島地判平成11年10月26日判自203号97頁。

〈18〉 村松俊夫『境界確定の訴〔増補版〕』（有斐閣，昭和52年）94頁，大阪高判昭和38年11月29日下民14巻11号2350頁，大阪高判昭和57年2月9日判タ470号136頁。

し返しは許されないのが原則である。したがって，表意者が和解の基礎とした事情についてその認識が真実に反する錯誤であったとしても，その事情が和解の基礎とされていることが表示されていない限り，和解の無効あるいは取消し（民法95条，平成29年改正民法では取消事由に改正）を主張することはできない。

例えば，**【図表 4-3】**で，左右両サイドに植栽されている桃の木を境界点とするのか，栗の木を境界点とするのか争われていた事案で，いずれの確証もないため，間にある柿の木を境界点とすることとして和解したところ，後日，資料館で発見された古文書により和解とは異なる位置が真実の境界点らしいと判明しても，甲あるいは乙は錯誤を理由とする和解無効あるいは取消しの主張は許されない。

なお，所有土地の範囲についての合意に要素の錯誤があるというためには，単に結果的に筆界についての誤解があったという一事では足りず，所有土地の範囲が筆界のみに依拠して定められるはずであったこと，すなわち筆界が後日別の位置にあると確定したときは所有土地の範囲にも変動を及ぼすことまでが合意の内容とされているなど特段の事由の存在が必要というべきである〈19〉。

イ　和解無効・取消しを主張できる場合

前記アに述べた和解の確定効を貫くと，不都合な場合を生じることがある。例えば，**【図表 4-3】**の例で，ｃの位置に当事者双方が古い境界石と認識していた石があり，その境界石を起点にして係争地を測量し，ｃ-ｄ線を境界線と定めて和解をしたとする。この不動と思われた石が，実は近所の子どものいたずらとか，道路工事関係者が工事に邪魔なので，勝手にａからｃへ移設していたものであることが後日に判明した場合を考えてみよう。そのような場合にまで和解の確定効が及んでしまうと考えるのは，明らかに乙に酷といえる。

そこで判例〈20〉は，和解によって止めることを約した「争いの目的」その

〈19〉　東京高判昭和61年12月22日東高時報37巻11・12号141頁。改正後民法95条３項２号参照。

〈20〉　大判大正６年９月18日民録23輯1342頁，最（１小）判昭和33年６月14日民集12巻

ものでなく，その前提ないし基礎とされた事項に，和解の要素となる錯誤がある場合には，確定効が及ばず，和解無効・取消しを主張できるとして，民法95条と同法696条の調和を図っている。

ウ　土地家屋調査士作成の公図の写しが誤っていることが，後日判明した場合

中立的存在である土地家屋調査士が作成した公図の写しが誤っていることが，後日判明するということがある。その場合は，事案により和解が無効になるケースとならないケースに分かれる。

まず，当事者双方とも正確な公図の写しであるとの認識で和解をしており，写しに当該誤記のないことは合意の当然の前提であり，和解の要素になっていたという事案であれば，和解は無効・取消事由となると解される余地がある。

それ以外の場合は，和解の確定効が及ぶと解される。例えば，当該公図自体もともと信用できない出来栄えのものであった上，公図の写しは和解の一資料にすぎず，その存在は和解の要素となっていたとはいえないという事案であれば，和解は有効と解されることになるであろう〈21〉。

6　民間相互の境界協議の承継人に対する効力

⑴　包括承継人に対する効力

被承継人（被相続人，合併前の会社）のした和解の効力は，包括承継人（一般承継人）に及ぶので，前記５において，甲又は乙に対する法的効果として述べたものは，甲・乙それぞれの包括承継人（相続人，合併後の存続会社，会社分割）に及ぶ。言い換えれば，各包括承継人は，所有権界についての甲・乙間の合意に拘束されることとなる。

９号1492頁，東京地判昭和45年３月11日判時603号67頁。

〈21〉　千葉地八日市支判昭和60年９月５日（公刊物未登載）は，公図の写しに誤記があったことにより境界協議を無効とした。これに対し，その控訴審である東京高判昭和61年７月17日（公刊物未登載）は，要素の錯誤とはいえないとして同協議を有効とした。

⑵　特定承継人に対する効力

ア　法律論の整理

民間相互の境界協議は，土地所有権の及ぶ範囲（所有権界）に関する和解契約と解されている（390頁５）。契約の効力は当事者間しか及ばないのが原則であることから，売買等で相隣地の一方を第三者に譲渡した場合（すなわち特定承継の場合）には，境界協議の契約上の効力は当然には買主等の第三者に及ばない。一方で，境界協議の結果，所有権界と筆界に開差を生じた場合には，その間の土地所有権は，相手方に譲渡したこととなる（390頁５）ので，相手方に譲渡したこととみなされる土地については，土地の譲渡に関する第三者関係（対抗関係）の問題となる可能性を生じることとなる。

イ　各論的検討

㋐　甲が単に「１番地」と表示して丙に売却した場合

和解で相手方に譲渡されたとみなされる土地（**【図表 4-3】**のx･y部分）は，合理的意思解釈としては，売買の時点では，例えば，甲が「１番地」と表示して土地を第三者丙に売却した場合，甲は２番地のx部分も売却の対象としていたと推測され，逆に１番地のy部分は売却の対象から除外していたと推測される。当事者は，筆界（図のa-b線）でなく，和解の成立した所有権界（c-d線）を１番地と２番地の「境界」と認識する場合が通例だからである。

その場合，丙は，甲又は乙に対してx部分の明渡しと登記移転を求めることができる反面，y部分については，売買の対象外であるため，何の請求もできないことになる。

㋑　甲が筆界の範囲を「１番地」として丙に売却した場合

甲が一方でc-d線を所有権界と定めて和解しながら，他方で筆界たるa-b線を明示の上，「１番地」を売却した場合には，甲は和解でy部分を乙に譲渡し，その後，同じy部分を含む１番地を丙に譲渡したことになる（乙から甲が取得したx部分は，甲保有のまま。）。したがって，y部分は二重譲渡となり，先に登記を取得した方が勝つという関係（民法177条）になる。

それゆえ，境界（所有権界）につき和解をする場合には，筆界とずれる部分（**【図表 4-3】**のx･y部分）については地積測量図（163頁）を作成の上，登記を移転しておかないと大変なことになりかねない。十分な留意が必要である。

もっとも，境界和解（示談）は，話合いの成立した境界（所有権界）がすなわち筆界であると認識して和解するのが通例であるから，x・y部分につき登記を要求すること自体が理不尽であろう。そのため，「境界紛争型」の所有権移転については，登記を対抗要件とする民法177条の適用はないとする学説もある〈22〉。しかしながら，例えば公図の記載が粗雑な地域においては，筆界の位置についての当事者双方の主張が，山をいくつも隔てた場所であることもまれではない（142頁注〈68〉）。そうすると，「境界紛争型」とその余の「所有地争い型」ないし「二重譲渡型」との間に明確な線引きをすることは，実務上かなり困難であろう。上述した「x・y部分につき登記を要求することが理不尽」な事案においては，実務におけるように，登記を対抗要件としつつ背信的悪意者の議論を活用すれば足りるのではなかろうか。

すなわち，実務に従い，登記が対抗要件となるとの見解に立っても，甲がy部分を乙に譲渡し，現に乙が必要不可欠な土地として利用していることを熟知しながら丙があえて当該土地部分を二重に譲受したのであれば，丙は背信的悪意者と判定される可能性がある〈23〉。さらに，現地にコンクリート杭等（8頁）が設置されているのに，これを無視してy部分を取得した第三者は，特段の事情がない限り，背信的悪意者の推定を事実上受けるといえよう〈24〉。

ウ　第三取得者に境界協議の効果を及ぼすための事実上の対抗措置

(ア)　境界協議書に引継ぎ義務を明記

実務では，境界協議書なり境界確認書の条項として，土地を第三者に譲渡するときは確認された境界についても承継するものと明記している例が多いようである（378頁7）。訓示規定にすぎないが，取引慣行として定着すれ

〈22〉　内田『民法Ⅰ』384頁。

〈23〉　最（3小）判平成18年1月17日民集60巻1号27頁。町道の一部として利用されている民有地を町が時効取得したことを認めた上，町による取得時効完成後に同土地を買い受けて所有権移転登記を了した原告を背信的悪意者と認めた裁判例として，津地熊野支判平成17年11月10日判自277号108頁。

〈24〉　地籍調査や法14条地図作成のための筆界調査の成果として設置される筆界標示杭としては，昭和55年4月24日法務省民三2609号民事局第三課長依命通知により，コンクリート杭等の容易に移動しないような埋設状態のものが要求されている（67頁2(1)）。

ば，第三取得者の注意喚起にもなろう。

(イ)　境界標の設置

永続性のある境界標を相隣地所有者が共同で設置しておき，その時の双方の領収書（写し）を各自保管しておくことにより，第三者に事実上対抗できよう〈25〉。

(ウ)　公正証書の作成

重要な境界協議の場合，その成果を境界協議公正証書として残し，その中に(ア)(イ)に係る事項を明記しておく。証拠価値は高まるが，例は少ない。

上記(ア)〜(ウ)があるにもかかわらず後日，第三取得者がそれらと異なる位置を境界として受継したと主張したとしても，背信的悪意者と認定される可能性が高まるであろう。

7　民間相互の境界協議の登記官に対する効力

(1)　法的効力

所有権並びにその外縁としての所有権界をどう処分しようと，私的自治の範囲内であるが，私法的存在としての所有権界は，公法的存在としての筆界とは，別個のものである。したがって，隣地所有者間で所有権界につきどのような和解をしようと，筆界調査における登記官の権限を法的に拘束するものではない。

(2)　事実上の効果

筆界は，本来，所有権界をなぞって形成されたものである。そうすると，所有権界について和解契約が存在している場合，それが登記簿や地図等の記載と矛盾せず，地形地物あるいは証拠関係等に照らして特段の不合理もないときは，登記官は，筆界認定のための有力な資料の１つとして，当該和解の成果を援用することができる。

〈25〉　大手不動産仲介業者で組織される（一社）不動産流通経営協会では，定型契約書ひな形で，2004（平成16）年以降，売主に境界標の設置を義務付けている。

8　筆界調査の際の「立会・承認」と「和解」との関係

⑴　問題の所在

地籍調査や登記官による筆界調査，あるいは下水道工事等に際し，土地所有者が当局側担当者との間で「境界」の確認に立会し，その場で「境界」を指示したり，当局側の指し示す「境界」に異議を述べなかったりすることがある。その場合，立会して「境界」に異議を述べなかった隣地所有者間で，所有権界につき和解なり示談が成立したということになるのであろうか。ベテランの土地家屋調査士などから，「立会してもらい，境界についての承諾をもらうのに，資料を整えて説得するなど，大変な苦労をした。それなのに，所有権界についての合意と見ることができないというのでは，不合理ではないか」との声が聞かれる。

⑵　基本的視点

契約としての和解の目的は，所有権について互譲し，私法的紛争を解消することにある。そのため，和解成立の折には，「合意した境界の向こう側に自己所有地が仮に存在していたとしても，相手方に譲り渡す」という法的効果まで伴う。したがって，和解の成立を認定するためには，①その手続中で対峙する当事者は誰なのか（私人相互が当事者として向き合い，その間での境界合意を目指す手続なのか否か），②立会した者の「その線（点）を境界（点）として取り扱うことに異議ありません」という言葉の中に，私人間で所有権を相互に交換するという効果意思まで含まれていると法令上，解釈できるかを解明することが必要である。立会の目的別に具体的に見ていくこととする。

⑶　登記官による筆界調査・筆界特定等における立会・承認と境界和解の成否

ア　原　則

私人が登記官の求めに応じて筆界の調査に立会し（不登法29条２項），さらに承諾印を押捺する行為は，法廷における証言（刑事訴訟法143条等）などと同じく，国の事務に協力する公法行為すなわち私人の登記官に対する行為である（217頁２）。しかも，そこでの調査の対象は，筆界であり，所有権界ではない。したがって，同手続の中で，例えば申請人甲の主張する「境界」を隣地所有者乙が争わず，筆界を承認する旨の押印等を行ったとしても，甲と乙がそれぞれ登記官に対して，同一の境界線を筆界と認識している旨，申述したにとどまる。当然には甲と乙との間に所有権界について私法上の合意が成立したと見る余地はない。

例えば，甲が地積更正手続のため依頼した土地家屋調査士等の求めに応じて，乙が甲の主張する境界線（点）に同意し，承諾書を作成した場合も同様である。立会いや承諾書作成の目的が甲所有地の分筆や地積更正等の表示登記の申請のためであるときは，土地家屋調査士等は，あくまで，登記所に提出する資料を収集している（登記官の側からすれば，登記官の仕事を手助けしてくれている）関係にすぎない。

筆界特定の手続に関しても同じことがいえる。法務局長・地方法務局長から指定された筆界調査委員が実地調査を行う（不登法136条１項）に際し，申請人甲が指し示す筆界線について，関係土地の所有権者（所有名義人）乙が，甲主張と同一の境界線を筆界と認識している旨，申述した場合も，当然には甲・乙間で所有権界についての合意があったと見ることはできない。

イ　例　外

前述アの場合であっても，具体的事案によっては，甲・乙間で所有権界に関する和解契約が成立したと見ることができる場合も，例外的にではあるが，あり得る。例えば，甲から依頼を受けた土地家屋調査士等が隣地所有者乙を訪ねて協力を依頼したところ，乙の方から「ちょうどよい機会だから，この際，境界をはっきりして，双方の間に共同で塀を作りたい」との提案があり，合意に達した境界線上に費用折半で塀を作った，という事案であれば，甲・乙間で所有権界についての和解が成立したと見るのが相当と思われる〈26〉。その場合，筆界についての承諾書を作成した事実や塀築造の費用を折半した事実は，和解契約成立の間接証拠となるであろう〈27〉。

〈26〉　福岡高判平成11年２月25日訟月47巻11号3205頁＝最判平成12年２月25日（公刊物未登載）にて維持。

〈27〉　しかしながら，筆界調査（有償）の際に，土地家屋調査士が関与して所有権界についての和解（示談）を勧試し，民法上の和解契約を成立させたということになると，態様によっては，弁護士法72条違反（非弁活動）の疑いを生じる。最（１小）決平成22年７月20日判時2093号161頁は，「交渉において解決しなければならない法的紛議が生ずることがほぼ不可避である案件に係るもの」は非弁活動との基準を示している。

(4)　国土調査の際の地籍調査における立会・承認

国土調査法に基づく地籍調査の際の一筆地調査は，和紙公図等を基に作成された調査図素図に基づいて，毎筆の土地についてその所有者，地番，地目及び筆界の調査を行い（地籍調査準則23条），その調査図素図の表示が調査の結果と相違しているときは，調査図素図の当該表示事項を訂正し又は修正して調査図を作成する（同条3項）作業にすぎない（510頁）。そのため，調査の成果を記録した地図や簿冊，境界標（66頁）などは，あくまで当事者の認識する筆界の位置を表記したものにとどまり，筆界を形成したり，確定したりする効力はない〈28〉。境界標は，客観的に正しい位置にあって初めて意義を有するものだからである〈29〉。また，地籍調査に際して筆界を記入するのは，隣地所有者間で筆界の位置についての相互承認があることが原則的な前提要件とされている（地籍調査準則30条）。

そうすると，地籍調査も，前述(3)の登記官の行う筆界調査と本質的に同類の調査であるといえる。したがって，また，地籍調査における立会・承認は，前述(3)と同様，調査機関に対する行為にすぎず，私人間のものではないので，当然には所有権界についての和解（示談）の効果を生じるものではない。

さらに，例えば，地籍調査の関係者が隣地所有者間の調整に尽力した結果，所有者双方が歩み寄って境界の位置について合意し，費用折半で塀を構築することとなったという事案においては，例外的に私人間で所有権界に関する和解が成立したと認められる場合があり得ることは，前述(3)イと同様である。

(5)　公共用物の機能管理者による境界明示における立会・承認

道路や河川等の公共用物の改修工事等に際して，それらの公物の機能管理者にすぎない者から境界明示（公物管理型。35頁）を求められ，境界についての立会・承認を行うことがある。その場合においても，前記(3)及び(4)と同

〈28〉　前橋地判昭和58年1月17日判自21号56頁。

〈29〉　筆界調査の成果に基づいて境界標が設置されたとしても，筆界を形成したり，確定したりする効果まで生じない。このことは，地籍調査よりはるかに厳格な手続である筆界特定の手続を経た場合においても同様である。

様，立会・承認は，公物管理者に対する公物管理界協議への立会・承認であって，私人間の所有権界についてのものではない〈30〉。したがって，例えば，道路や河川敷に面した相隣接する一筆地（Ｔ字型の左右に隣接する土地相互）同士で，Ｔ字の２線の接点について，所有権界の和解が生じることも，通常，あり得ない。

⑹　官民（公民）境界確定協議等における立会・承認

国又は地方公共団体の財産管理権限を有する機関が国有地・公有地と隣接する民有地所有者と境界確定協議等を行うことがある（財産管理型）（国有財産法31条の３。地方公共団体の条例・規則等。33頁）。その協議において私人が立会し，「境界」の位置について合意をみた場合は，前述した⑶〜⑸の場合と異なり，国・地方公共団体と当該私人との間で，所有権界に関する民法上の和解契約が成立し〈31〉，同時に，公的存在である筆界の位置を相互に確認する効果を生じると解される。詳細は後記３章（410頁）において述べる。

⑺　境界査定における立会・承認

境界査定（61頁⑶）に私人が立会し，その調査結果に基づいて境界が引き直された場合には，引き直された「境界」線どおりに筆界及び所有権界とも形成的に創設される。この手続における私人の立会いは，参考資料の収集への協力にとどまる。所有権界が形成的に創設されるのは，境界査定それ自体に付与された形成的行政処分としての効力に由来するものであって，所有権界につき民法上の和解の効力が認められるためではない。

現在では，この手続は実施されていない。

9　民間相互の境界協議の効力を争う方法

⑴　調査士会 ADR の活用

上述のとおり，境界の立会・承認などについては，実務上様々な態様があ

〈30〉　千葉地松戸支判平成13年８月31日判時1761号98頁は，道路の整備工事を目的として提出した道路使用願に添付された「町道整備工事に伴う隣地主の承諾書」は，その内容から直接一定の法律関係の存在・不存在が証明できるものには当たらないとしている。

〈31〉　倉田卓次「境界確定の訴について」最高裁判所事務総局編『境界確定訴訟に関する執務資料』（法曹会，昭和55年）611頁。

ることが分かる。これらのうち，どのケースについて，所有権界に関する民法上の和解（民法695条）が成立したのか否か，あるいは，所有権界についての和解が成立したとして，現地のどこを境界とする和解が成立したのか，さらには，和解それ自体の効力が，詐欺，錯誤を理由に取り消され得るのか否か，争われることも多いようである。

そのような場合，現行法上，もっとも簡易・迅速に紛争を解決する手段としては，調査士会ADRを活用する方法がある（385頁）。一度，調査士会ADRによる解決が図られた事案について，再度，調査士会ADRの活用を図ることも，不可能ではない。全員の同意が得られれば，再和解も可能だからである。

⑵　所有権の範囲の確認訴訟の提起

より根本的には，所有権の範囲（所有権界）の確認を求める民事訴訟を提起することも考えられる。調査士会ADRが不調に終わったときも，同様の民事訴訟を提起すべきことになる。

⑶　筆界確定訴訟の提起

筆界確定訴訟を提起しても，所有権界は確認されない。ただ，境界付近の土地の一部の時効取得が絡んでいる事案では，所有権界の確定とともに筆界をも確定の上，判決確定後，直ちに分・合筆の手続を取ることが望ましい。

また，相隣接する一筆地の所有者双方が，自己の主張する所有権界について，有力な証拠を持たないときは，所有権の範囲の確認訴訟をどちら側の所有者が提起しても，証拠不十分により棄却されてしまうことがあり得る（560頁４）。その場合には，筆界確定訴訟を提起し，その確定された範囲をもってそれぞれの所有権の範囲と一致すると見る他はないであろう。

⑷　取得時効との関係

所有権界の紛争について協議を進めるとき，忘れてはならないのが，時効の成立である。境界の紛争は長期にわたることが多く，話合いがこじれている間に，土地所有権の時効取得が成立してしまうという例も経験する。

前述⑵の所有権確認訴訟を提起し，又はこれに応訴して争うことは，土地所有権の時効取得期間を猶予・更新させる（時効取得を中断する。）〈32〉。ただし，提訴を取り下げ，あるいは応訴を取り下げると，時効期間の猶予（時効中断）の効力は失われることとなる（民法149条，平成29年改正民法147条）。

前述(1)の調査士会ADRでの調停を申し立てることも，時効取得期間の猶予・更新（時効中断）としての一定の効果を有する可能性がある（民法151条，裁判外紛争解決手続の利用の促進に関する法律25条）。

筆界確定訴訟の提起によって，所有権の時効取得を阻止できるか否かについては，7編3章8節（595頁）参照。

〈32〉　所有権確認訴訟等において，被告が自己に所有権があることを主張して請求棄却の判決を求め，その主張が判決によって認められた場合には，裁判上の請求に準ずるものとして，時効中断（更新）の効力を有するとの裁判例として，最大判昭和43年11月13日民集22巻12号2510頁。

第２章

公有財産についての境界協議

１　公有財産についての境界協議の概要

地方公共団体は，その所有ないし管理する土地につき，条例・規則・要綱等を制定し，あるいは先例や慣習のみに基づいて境界協議を行っている。協議の対象たる境界の種類に着目して分類すると，主として所有権界を協議の対象とする財産管理型の協議を行っている例と，主に公物管理界を協議の対象とする公物管理型の管理を行っている例があることについては，既に述べた（29頁１）。本章では，２において，里道・水路など（旧）法定外公共物についての境界協議固有の問題点について触れ，３において公有財産一般についての境界協議のうち，地方公共団体固有の問題点について触れることとする。

２　里道・水路等の（旧）法定外公共物についての境界協議

⑴　里道・水路等についての法整備

市町村等に譲与された里道・水路等の（旧）法定外公共物（324頁）は，じ後，名実とも公有財産となるから，公物としての機能管理，第三者への売払いや境界協議等の財産管理事務とも自治事務として実施することとなる。当面は，境界管理を適正に行うことが重要課題となろう。

⑵　譲与後の里道・水路についての境界確定協議

ア　一般的手続

里道・水路等が市町村等に譲与される以前は，これらの公共用物についての境界協議は，次（410頁３章）に述べる官民境界確定協議（国有財産法31条の3）の手続によって実施されていた。譲与以前であっても，里道・水路等の公共用物としての機能に着目した管理は，市町村が行っていたが，境界の協議は，土地所有権それ自体の譲渡を伴うものであることから（390頁５），国有財産としての管理（財産管理）を行う権限のある者でなければ行うことができない。そのため，法定外公共物についての国有財産管理部局長たる都道府県知事が機関委任事務として境界協議（財産管理型）を行ってきた。

しかしながら，譲与後の里道敷及び水路敷等は，市町村等の公有財産（地方自治法238条）となったことから，境界協議は地方自治法及び条例・規則等に基づいて財産管理として財産管理型協議（33頁）を行うことが望ましい。その場合の手続は，次のイに述べる点を除き，後記３の公有財産一般についての境界協議と同じである。ただ，市町村の中には条例・規則等や要綱で，公物管理界の確認手続のみを規定する例も少なくない（公物管理型。35頁）。そのため，市町村等と境界協議に臨む者は，どの種類の境界について協議を行うのか，理解しておかなければならない〈1〉。

なお，甲土地につき，地方公共団体と土地の所有者Ｂとの間で財産管理型の境界確定協議が成立したとしても，甲土地の前所有者Ａによる取得時効の援用が許されなくなるわけではない〈2〉。

イ　対側地所有者の関与

里道や水路等の長狭物の境界について協議する場合には，合理的な幅員を確保することが，公共の必要上，要請されていることから，長狭物の隣地所有者との境界協議に当たっては，幅員の確保が問題となる場合，同時に対側地所有者にも立会・承認を求めておく必要がある〈3〉。

対側地や隣地所有者に立会いを求めた場合でも，これらの者は公民境界確定協議の当事者（417頁３節１(1)）となるわけではない。これらの者に対する効力は，後記３章３節１(4)（419頁）に述べるところと同様である。

ウ　協議の対象となる境界の変化への留意

従前公物管理界を取り扱っていた者が譲与（323頁）により公民境界協議を

〈1〉　市民は所有権界について合意したつもりなのに，その効力が否定された例として，東京高判平成20年12月18日判時2031号18頁。

〈2〉　東京地判昭和63年８月25日判時1307号115頁。

〈3〉　対側地所有者の立会を求める方針は，合理的であって違法ではないとする裁判例として，東京地判平成15年11月25日（公刊物未登載）（現況道路）。

取り扱うこととなった場合，筆界を判定する手法でなく，従前どおり，公物管理界を定める手法で協議を成立させてしまうことがあるので注意が必要である（332頁(4)）。

(3)　譲与前の官民境界協議等の効力

市町村等が譲与を受けた里道・水路等について，既に都道府県知事が官民境界確定協議等を行っている場合には，市町村等は，その特定承継人となることから，目的物を取得した第三者の立場に立つことになる（394頁6(2)，417頁(3)）。

しかしながら，かつて，誤って国有財産たる里道・水路等につき，市町村等が国からの委任もないのに財産管理型の官民境界確定協議（33頁）をしてしまった事例が，多数存在する。そのような事例は，地方自治法153条2項に基づく委任が，黙示的に授与されていたと認められる例外的な場合〈4〉を除き，原則として協議は無効である。しかし，譲与を受ける前に，知事からの再委任のないまま無効な境界協議をしてしまった市町村等は，その後，譲与によって当該里道等の財産管理権を取得するに至った以上，信義則上ないし禁反言の法理により，境界協議の無効を主張できない場合も少なくないと思われる（330頁5(1)）。

3　公有財産一般についての境界協議

(1)　財産管理型の境界協議

ア　財産管理型境界協議の法律根拠と法律効果

法令上，都道府県や市町村等に筆界や所有権界を認定するについての特別な権能が与えられているわけではない。それゆえ，都道府県や市町村等が行う財産管理型の境界協議は，私人相互間の境界協議とその本質において異なるところはなく，その性質は，所有権界についての和解契約（民法695条）であると解される。また，公有財産についての境界協議の本質が民法上の和解契約にとどまることに鑑みるときは，そこに公権力性を見いだすことは困難

〈4〉　市町村に対する黙示の再委任が認められた例として，浦和地判平成6年5月14日（公刊物未登載），『里道・水路・海浜』3編3章2節1参照。

であろう。

なお，国有財産については，昭和23年7月1日施行の国有財産法に基づき，境界確定協議の形式が法定されている（同法31条の3～31条の5）。それに倣い，地方公共団体が管理する公物（公有財産）と民有地との境界についても，「境界査定」や「境界明示」という行政処分形式を捨て，端的に境界協議方式に切り替える例も増えている。

その場合，公物管理が行政作用であることを意識してか「官民境界協定」とする例もあるが，多くは国有財産の例にならい「境界確定協議」の方式を採っている（以下，両者を一括して「境界協議」という。）。境界協議の場合も，その法的根拠は，内規にすぎない要綱・要領によるものも少なくないようである。協議によって公物管理界兼所有権界につき合意し，さらには筆界についての認識の一致を確認する作用は，公権力の行使ではないので，協議それ自体は，必ずしも法令に基づくことは必要ではない。しかし，他人の土地への立入り（国有財産法31条の2，国土調査法24条，不登法137条5項）や境界決定（国有財産法31条の4・5）等，私人を拘束する規定を置こうとするならば，条例又は規則等の法令によらなければならない。

イ　地方公共団体の公物管理者の行う境界協議の法的効果

一般論としては，公物の機能管理の権能しか有しない管理者が境界協議（公物管理型）を行う場合には，境界協議は公物管理界についてのものにとどまらざるを得ない（30頁）。

これに対し，公物管理者が，同時に財産管理の権能まで有する場合には，別の検討が必要となる。公物管理者が境界協議方式で隣地所有者との間で境界合意をしたとき，公物管理界のみの合意をしたことになるのか，所有権界についても合意したことになるのか。その点を明確に意識していない条例・規則・要綱が相当数にのぼるように推測される。

しかし，財産管理の権限まで有する公物管理者が境界協議を行う場合には，特段の留保をしない限り，公物管理権界兼所有権界についての合意の効果があると解される。手本となる国有財産法上の境界確定協議自体が，所有権界の合意を目指すものと解されている（410頁）上，合意の一方当事者である隣地所有者（一般の国民）にとっては，後記(5)ウのとおり，所有権界・筆界についての合意こそ有意だからである。

(2)　財産管理型の境界協議の手続

所有権界についての和解は，本来は当事者双方の有する所有権の範囲（外縁）についての合意のみで法律効果を生じ，条例等に定めがない限り，何らの手続を要するものではない。しかし，市町村等は，その自治事務を円滑に処理するための公有財産管理条例なり要綱を定めて，境界協議の手順を明確化することは，もちろん可能である（地方自治法252条の17の２）。その場合，(1)アのとおり国有財産についての官民境界確定協議の手続（後記３章（410頁））に準じた手続を定めておくのが理想であろう。また，公民境界協議が成立したとき，①境界確定協議書を作成して，隣地所有者等の承認印を徴しておく，②現地復元性のある境界確定図（地積測量図に関する167頁イ(ア)(イ)参照）を作成する，③境界標を設置するとの手続は必須のものであろう。

(3)　住民訴訟との関係

所有権界の和解を伴う協議は，財産管理権の行使に当たる。そうすると，財産管理者として地方公共団体の機関が隣地所有者との間で行う協議は，住民訴訟の対象となる財務会計上の行為（地方自治法242条の２）に当たることとなる（607頁）〈5〉。

(4)　公物管理型の境界協議

地方公共団体が，条例・規則や要綱等により，「境界明示」等の名称で公物管理界のみの境界協議を行っている例も少なくない。その法的効果については，既に述べたとおりである（34頁イ）。

再三指摘しているとおり（29頁，182頁(2)イ，210頁４）市町村道等の公物について機能管理権能しか有しない者が，境界明示などの名で一般市民と境界の位置について公物管理型の協議をすることがあるが，その場合は公物管理界が話し合われたにとどまり，所有権界には何ら影響を及ぼすものではない。

〈5〉　そのことに言及する裁判例として，福岡高判平成21年２月４日（裁判所ウェブサイト）。その場合の詳細については，『里道・水路・海浜』３編７章７節３参照。

⑸　公民境界協議の問題点（境界のあるべき実務）

ア　境界協議の対象についての不明確性

実務上極めて問題なのは，「境界協議」の名において，所有権界を「確定」しようとしているのか，筆界を「確認」しようとしているのか，公物管理界を「明示」しようとしているにすぎないのか，条例・規則等や要綱上，明確でなく，当事者すら意識していない例が少なくないという現状である（332頁⑷）。その結果，公図ないしそれに由来する地積測量図に依拠することなく，公物管理のために必要がある，必要がないという基準で，あるいは「悪しき（不適切な）現況主義」（28頁）に陥って，「所有権界兼筆界」が線引きされ，その成果図が以後の地籍図（528頁7），法14条地図（119頁）に取り入れられ，筆界を歪めているという現実がある。

イ　長狭物についての境界協議

里道や水路等の長狭物につき，個別に協議を進めた結果，元来一直線となるべき境界（所有権界兼筆界）が凸凹になってしまうケースを生じている。小規模なものについては既に述べた（284頁4）。規模の大きなものについては，地域全体で協議し，所有権界につき再協議（再和解）するのが合理的であるが，それができない場合には筆界特定（423頁）を検討すべきであろう。

ウ　官公署の行う境界協議のあるべき姿

国民の目から見れば，自分の土地と隣地の間の境界は「1本」である。ところが，法令上は，実務に影響の大きいものだけでも，所有権の及ぶ範囲を示す所有権界，地番境を示す筆界，道路・水路等の範囲を示す公物管理界がある。それらは本来「1本」であるべきなのに，根拠法令の違いにより，必然的なかい離を招き（42頁2），それが国民を当惑させ，時に不幸な近隣紛争の引き金となっている。

そのことを思うとき，官公署が調査・確認し，統合に導くべき境界は「所有権界兼筆界兼公物管理界」でなければならない。実際，①官民境界協議は，沿革的には財産管理型すなわち「所有権界兼筆界」を決める手続だった（61頁⑶），②そのため，現在でも登記官は所有権界に係る官民境界協議の成果を「筆界についての認識の一致もある」と見て，筆界判断の資料としている，③国民や取引社会も所有権界と筆界とで食い違いがあるとは予期していない，④裁判官すら，公物管理界の存在を知らないままであろうか，「官有地の管理がなおざりであったり，境界が安易に確定されたりすることは考えにくい」として，公民の境界石があるところすなわち筆界があると勘違いする例がある〈6〉。したがって，官公署の境界協議を扱う者は，たとえ協議の対象が公物管理界（公物管理型）とされている場合であっても，法務局や土地家屋調査士等の専門家に照会するなどして，極力，「所有権界兼筆界兼公物管理界」を探索する責務があると言える。

〈６〉　東京地判平成26年３月26日（公刊物未登載）。その控訴審である東京高判平成29年２月15日（公刊物未登載）は，その公民の境界石は筆界を示すものではないとしている。市当局自らが境界石の１つは筆界を示すものではないとの証明をしている例として，東京高判平成28年３月24日登記情報667号80頁。

第３章

国有財産についての官民境界確定協議等

第１節　官民境界確定協議等の手続

１　概　説

各省庁の長は，その管理に属する国有財産の境界が明らかでないためその管理に支障がある場合には，隣地の所有者に対し，立会場所，期日その他必要な事項を通知して，境界を確定するための協議を求めることができる（国有財産法31条の３第１項）。この手続（財産管理型。33頁）は，一般に「官民境界確定協議」と呼ばれている。隣地所有者たる私人が立ち会わない場合に行われる「官民境界確定決定」（後記２(2)）と併せて説明するとき，本書では「官民境界確定協議等」と呼ぶ。

国有財産であれば，庁舎・官舎，道路・河川・公園，国有林野等の行政財産であっても，物納財産や貸付け財産等の普通財産であってもよい。民有地である一筆地の多くは，道路や河川等のいわゆる長狭物と隣接し，その多くは国有財産であることから，官民境界確定協議等は，極めて多数行われている。

国有財産についての官民境界確定協議等は，その効果として土地所有権の譲渡を伴うものであること（417頁３節）から，当該国有財産についての財産管理を行う権限を有する者が行わなければならず，単に公物管理の権限を有するにとどまる者は，財産管理型の官民境界確定協議等の権限を有しない。

2　官民境界確定協議等の手続

(1)　原則としての官民境界確定協議（財産管理型）

ア　手続の概要

手続の概要は，①当該国有財産の隣地所有者に対し，立会場所，期日その他必要な事項を通知して協議を求める，②隣地所有者は現地立会し，協議する義務を負う，③立会いが不可能であるとの通知があり，それが正当な理由によるものであるときは，再度，立会い及び協議を求めて通知する，④協議が調ったときは，境界確定協議書及びその添付図面（境界確定図）を作成し，これに隣地所有者，対側地所有者及び利害関係人の住所・氏名を記入・押印させ，この方法により難いときは，これらの者から承諾書の提出を求める，⑤協議の成立後速やかに境界標を設置して，確定された境界を明らかにする，というものである（国有財産法31条の３第１項～３項，同法施行細則１条の３，１条の４）。

イ　協議の実務

官民境界確定協議は，道路や水路等の長狭物に隣接する土地の所有者からの申請によって開始されるのが通例である。申請に当たっては，申請書に現地案内図，公図等の写し，現場実測平面図，隣地所有者・利害関係人の住所氏名を記載した書面を添付する。現地立会調査に際しては，公図等と現地の占有状況とを対比しつつ，隣地所有者や対側地所有者等の意見その他の資料を総合勘案して，当事者間で協議することとなる〈1〉。

この手続は，登記官や地籍調査担当者による筆界調査とほぼ類似している（現地立会の省略につき，215頁８）。

ウ　調書への記名・押印の時期

境界協議一般について言えることではあるが，近所付合いの難しさも絡むところから，立会・承認の記名・押印を徴求するタイミングが難しいとされている。上記ア④に述べた境界確定協議書及び境界確定図への記名・押印については地域により，④－１現地立会に際しては現地立会調書・同添付図面

〈１〉　石川和雄「官民境界確定訴訟における実務上の諸問題」法務研究報告書77集５号（平成３年）147頁。

を，境界が確定したときには境界確定協議書・境界確定図を各別に作成し，これらのそれぞれに立会者の住所・氏名の記入，押印ないし承諾書の提出を求める取扱いと，④－２現地立会時には書面を作成せず，境界協議が成立した時点で境界確定協議書・境界確定図を作成して，これに隣地所有者等の記名・押印（あるいは承諾書の提出）を求める方法があるようである。このほか，理屈としては，④－３現地立会で確認し，合意された境界「点」につき，現地立会調書・同添付の図面を作成し，これに隣地所有者等の記名・押印ないし承諾書を得ておき，これをもって境界確定協議書・境界確定図それ自体とみなす方法も考えられる。

④－１の方法は，最も慎重な方法ではあるが，隣地所有者等，とりわけ自らが境界確定協議を申し出た者でない対側地所有者や利害関係人等には，二重に手間を強いることとなり，時に紛争の蒸し返しを招くおそれもある。反対に，④－３は，隣地所有者等の接触の機会が少なく，簡略で紛争の蒸し返しを予防する利点はあるが，境界協議・合意の対象が筆界「線」でなく，筆界「点」であるという議論を根底にしていることから，異議が予測される。

エ　協議不調のとき

協議をしても協議が調わない場合には，国有財産管理者は，調査士会ADRあるいは筆界特定制度を活用するか，あるいは，筆界確定訴訟や所有権の範囲の確認訴訟を提起すべきことになる。もっとも，調査士会ADRは，相手方が調停手続に入ることに同意していることが要件となる（387頁エ）から，その点がネックとなろう。

⑵　例外としての官民境界確定決定

官民境界確定協議をする旨の通知を受けた隣地所有者から立会いできない旨の通知がなく，又は，通知があっても立会拒否についての正当な理由がない場合（すなわち，当該隣地所有者が正当な理由があるため立会いできない旨を通知してきた場合を除き），境界確定協議の担当官は，当該隣地の所在する市町村の職員の立会いを求めて，境界調査を進め，その結果に基づいて境界を決定することができる（国有財産法31条の４第１項・２項）。ただし，当該境界のある地域を管轄する財務局に設置された国有財産地方審議会に諮問し，その意見に従うことを要する（同条３項）。審議会は，調査審議においては，当該隣地所有者その他の権利者に対して意見を述べる機会を与えなければならない（同条４項）。

隣地所有者その他の権利者は，前記手続による境界確定決定の結果の通知・公告を受けるが，決定された境界に異議があるときは，公告の日から60日以内であれば，境界に同意しない旨の通告することができる（同法31条の５第１項）。その通告がない限り，60日の期間満了時に，境界確定決定で示された境界につき隣地所有者の同意があったものとみなされる（同法31条の５第２項）。

同意があったとみなされない場合には，国有財産管理者は，筆界特定制度を活用するか，あるいは，筆界確定訴訟や所有権の範囲の確認訴訟を提起すべきことになる。

３　他の手続との比較

⑴　民間相互の協議との比較

民間相互の所有権界についての境界協議においては，隣地所有者は当然には立会義務を負わない〈2〉。そのため，土地所有者は隣地所有者に対し，所有権の及ぶ範囲（＝所有権界）の確認訴訟を求め，あるいは境界標設置に協力するよう（69頁２節）求めて，調査士会 ADR（385頁４）を活用するか，その旨の裁判（８頁⑵）を提起すべきこととなる。これに対し，官民境界確定協議にあっては，国有財産の隣地所有者は，やむを得ない場合を除き，法律上立会義務を負っている。

民間相互の境界協議においては，口頭での合意のみで効力を生じることから，理屈としては，官民境界確定協議における前記２⑴アの①～③の手続すべてを省略して，互いの所有権の及ぶ範囲を口頭で確認するだけで足りる。ただ，所有権界の和解が成立したとまで認められない境界確認もあることから（220頁２節），境界和解によって紛争の予防ないし解決を目的とするのであれば，上記の官民境界確定協議と同様の手続を踏むのが妥当であろう。

〈2〉　民間相互の境界協議においても，境界が不明であるため，一方の土地の有効な活用が阻害されていると認められるときは，境界協議に応じないことは権利濫用（民法１条３項）と評されることもあり得よう（367頁６，382頁注〈2〉参照）。

(2)　公民の境界協議との比較

官民境界確定協議は，所有権界を確定する手続（後記2節1）なのに，協議が調わない場合は，時効取得等の問題が絡まない限り，所有権界の確定を目的とする調査士会ADRなり所有権界確認訴訟でなく，筆界の探索を目的とする筆界特定手続なり筆界確定訴訟を提起するのが通例である。その理由については，後記2節3参照。この点は，公民の境界協議においても同様であろう。

(3)　すべての他の手続との違い

官民境界確定協議の手続においては，隣地所有者が正当な理由なく立ち会わないときに前記2(2)の官民境界確定決定の手続に進むことができる点が，民民，公民の境界協議，さらには登記官や地籍調査担当者による境界調査等と大きく異なる。

第2節　官民境界確定協議等の法的性質

1　官民境界確定協議等の行政処分性

かつての境界査定処分（61頁(3)）が公権力を背景とした行政処分であったことは疑いないが，現行国有財産法の定める官民境界確定協議等が行政処分であるかどうか（処分性）は争いがある。しかし，国有財産法の立法経緯や，同法が隣地所有者の明示ないし黙示の同意がない限り境界確定の効力を認めていないことなどに鑑みるときは，国有財産法31条の3に定める境界確定協議は，国と隣地所有者との間の所有権の範囲を定める私的契約（厳密にいえば，和解契約の本質を有する無名契約）と解すべきであるし，国有財産法31条の4に定める官民境界確定決定も，上記境界確定協議手続の実効性を補完するための非権力的な事務であると解される〈3〉。

〈3〉　官民境界確定協議に関する同旨の裁判例・学説として，東京地判昭和56年3月30日行集32巻3号457頁，佐賀地判昭和58年7月8日判自1号25頁，京都地判昭和59年6月28日判タ538号139頁，大阪高判昭和60年3月29日判タ560号205頁，市事務決裁規程に基づく道路査定の処分性につき，同旨・横浜地判昭和55年7月16日行集31巻

もっとも，官民境界確定決定（412頁(2)）については，これを相手方の不同意を解除条件とする行政処分とみる学説も有力である〈4〉。

2　官民境界確定協議等に関する行政不服審査・抗告訴訟の可否

前記１のとおり官民境界確定協議等を行政処分と見ることは困難である。また，法文上も官民境界確定協議等につき，これを行政処分と解すべき根拠規定は見当たらない〈5〉。したがって，官民境界確定協議等に対する行政不服審査の申立ては不適法であるといえる。同様に，行政処分取消訴訟その他の抗告訴訟も不適法である。

ただ，官民境界確定協議は，所有権界に関するものにとどまることから，協議結果（とりわけ国有財産法31条の５第２項のみなし同意によって定まる所有権界）に不服がある者が，改めて所有権の範囲の確認訴訟あるいは筆界確定訴訟を提起することは可能である。その場合，下級審裁判例には，境界確定協議の過程に違法事由や著しい不当性がない限り，筆界を定めるに当たり，最大限尊重すべきとするものが多い〈6〉。

７号1494頁，塚本孝次郎編『国有財産法精解』（大蔵財務協会，昭和40年）497頁，倉田卓次「境界確定の訴について」最高裁判所事務総局編『境界確定訴訟に関する執務資料』（法曹会，昭和55年）611頁，森田廣住＝山田幹人編『国有財産法精解〔新版〕』（大蔵財務協会，昭和51年）616頁。なお，公法上の契約であることを強調するものとして，仲江利政「官民境界明示の効力」判自52号（平成元年）93頁，公法上の契約とする裁判例として，札幌高判平成４年４月21日判タ795号174頁（127頁注〈30〉）。

〈4〉　金子宏「国有財産の管理と処分」ジュリ186号（昭和34年）28頁，原龍之助『公物営造物法〔新版〕』（有斐閣，昭和49年）182頁，田中二郎『新版行政法（中）〔全訂第２版〕』（弘文堂，昭和51年）313頁，杉村章三郎『財政法〔新版〕』（有斐閣，昭和57年）343頁等。なお，行政処分説を採る主張例として，昭和43年９月14日付け準備書面・訟月14巻10号1091頁があるが，その後の法務省訟務局は必ずしも同説をとっていないようである。

〈5〉　実務上，官民境界確定協議については申請主義がとられているが，法令上の申請権（行政手続法２条３号）が認められているわけではなく，行政の便宜上行っているにすぎないので，申請に対する拒否についても行政処分性を認めることはできないと解される。

〈6〉　大阪地判平成４年６月22日判自105号168頁，鳥取地米子支判平成６年11月10日判自140号79頁，京都地判平成17年６月22日・同控訴審大阪高判平成18年２月24日（いずれも公刊物未登載）（水路）。

3　官民境界確定協議等と登記官等による筆界調査との関係

⑴　筆界確定の効力を生じないこととの関係

官民境界確定協議等は，直接には所有権界の確認を求める手続ではあるが，その動機は，土地取引に際して筆界を明らかにすることにあるのが通例であろう。また，官民境界確定協議等の成果として設置される境界標は，国民の目からすれば，筆界が表示されていると理解するであろう。そうすると，協議に参加する国側担当者は，筆界がどこに存在しようが所有権界さえ明らかになればよいという態度であってはならない（72頁5）。

協議に参加する国側担当者は，「所有権界兼筆界」を探求すべきであり，それが確認された時点で初めて所有権界について和解（境界合意）をすべきである。また，そのような実務であればこそ，官民境界確定協議等の成果は，登記官や地籍調査担当者等による筆界調査の成果と同じ価値を有し得るのであり，分筆担当の登記官や筆界特定登記官等が筆界を判定するに際し，官民境界確定の成果を最大限尊重することとなる（419頁⑷）。

⑵　取得時効の問題が絡む場合

上記⑴のとおり，「所有権界兼筆界」の解明を目指す官民境界確定協議手続の際に，所有権界が時効取得によって筆界と別の位置に存在することが明らかになった場合，国側担当者は時効取得完成部分の分筆・土地所有権移転登記の手続を同時に進めることにより，協議によって確定される官民所有権界は，結果的に筆界でもあることを目指さなければならない。

なお，官民境界確定協議の成立前に民有地の所有者が国有地の一部であるａ地を時効取得していた場合（筆界は官民境界確定協議たる境界と一致するが，協議成立前にａ地について私人による時効取得の要件が満たされていた場合）であっても，官民境界確定協議の成立後は，特段の事情がない限り，ａ地についての時効の援用権は喪失すると解される〈7〉。国が民有地の一部であるｂ地を時効取得していた場合も同様である。

〈7〉　同旨・神戸地判昭和58年11月29日訟月30巻5号773頁（脱落地）。なお，50頁の注〈13〉参照。

第３節　官民境界確定協議等の対人的効力

１　官民境界確定協議（財産管理型）の効力

当事者間の効力，第三者に対する効力は，基本的には民間相互の境界協議と同じである。相違点に着目しつつ，以下に概要を述べる（錯誤との関係，再度の境界確定協議については，異なるところはないので再論しない。）。

⑴　当事者間の効力

官民境界確定協議等によって，各人の保有する土地につき，その所有権の及ぶ範囲が確定される。官民境界確定協議の本質論に関する私的契約説（実務）による限り，ここで確定されるのは，私的な境界（所有権界）であって，公的な境界（筆界）ではない。したがって，筆界は別に存在するとの主張，立証，判定を行うことは，法理論的には可能である〈8〉。もっとも，官民境界確定協議等は，前記（416頁３）のとおり，最終的には筆界に裏付けられた所有権界を模索する手続であることから，その手続が適正に行われている限り，官民境界確定協議等の成果と異なる位置に存在するという事態は必ずしも多くないであろう。

なお，対側地や協議当事者以外の隣地所有者に立会いを求めた場合でも，これらの者は官民境界確定協議等の当事者となるわけではない（後記⑷ア）。

⑵　包括承継人に対する効力

官民境界確定協議等の効力は，協議の相手方たる私人の包括承継人（一般承継人）すなわち相続や会社の合併などにより所有権を取得した者に及ぶ。

⑶　特定承継人に対する効力

特定承継人に対する効力も民間相互の境界協議（394頁６⑵）と基本的には同じである。したがって，実務上の通説によれば，不動産登記の対抗関係についての民法177条によって決せられることとなる〈9〉。

〈８〉　最（２小）判昭和31年12月28日民集10巻12号1639頁。

〈９〉　国や地方公共団体が公法関係によって土地所有権を取得した場合にも，当然に民法177条の適用があるとする通説に対し，疑問を呈するものとして，吉原節夫「公共施設用地と民法177条－都市計画法40条２項の場合」民研351号（昭和61年）10頁が

ただ，国有地の場合，現地が長年道路や水路等の公共用物や，庁舎建物等の公共物として利用されていることが多いが，その事実を買主等が特定承継を行う際に認識していることも考えられる。その場合には買主等特定承継人の背信的悪意を認定し得ることもまれではなかろう〈10〉〈11〉。

とりわけ，官民境界確定協議等については，境界標は義務的に設置されている（国有財産法施行細則１条の３，１条の４）ことから，協議の成果と相容れない形で二重譲渡を受けた者の背信性は比較的容易に推定されよう。

さらに，留意しなければならないのは，例えば甲からの特定承継人乙が公共用物たるａ地の所有権を国に主張し得る場合であっても，乙はａ地については道路用地あるいは水路敷地等，公用負担を負っていることを承認せざるを得ない地位にあることである。換言すれば，乙はａ地の所有権を国に対抗できるが，ａ地上の道路や水路を撤去してａ地の明渡しを求めることまではできないと解される。

すなわち，設例において，二重譲受人である乙がａ地の所有権を取得する以前の時点で，国は官民境界確定協議等によって適法にａ地の所有権を取得し，道路区域や水路区域として公共の用に供するに至っている。そして，このように国がａ地につき公用使用を現に開始した時点で，ａ地について適法に公用制限が生じた以上，ａ地を更に譲り受けた乙は，いわば公用制限付きの所有権を取得したにとどまると解さざるを得ない。一般に，公用制限の有無は民法177条で決すべき問題ではないからである。それゆえ，二重譲受人たる乙は，国に対してａ地の使用収益権が妨げられていることを理由とする損害賠償を求めることもできないと解される〈12〉。

ある。

〈10〉　類似の裁判例として，広島地判昭和53年１月20日訟月24巻２号205頁（市道）は，市が寄付を受けた道路用地をそれと知りつつ低廉な代価で二重に譲り受けた者を背信的悪意者と認定している。

〈11〉　背信性の度合いが著しいと，二重譲受人につき不動産侵奪罪（刑法235条の２）等の刑罰が科されることもある。

〈12〉　最（１小）判昭和44年12月４日民集23巻12号2407頁（市道），原龍之助『公物営造物法〔新版〕』（有斐閣，昭和49年）76頁の注(16)参照，最（３小）判平成８年10月29日民集50巻９号2506頁（市道）。

⑷　第三者に対する効力

ア　対側地所有者に対する効力

国がＡ番の土地所有者と官民境界確定協議等を行った場合，国はその効力を対側地Ｂ番の土地所有者に対して主張することができるか。当該国有地ないし公有地が国道・県道・市町村道や水路等のいわゆる長狭物であって，その性質上幅員がほぼ一定でなければならない公共用物について，特に問題となる。

国有財産についての官民境界確定協議等の性質に関する議論（414頁１）につき，少数説である行政処分説を採るならば，その形成的効力によって，当該協議の効力は対側地所有者等の第三者に及ぶとの結論を導くことも可能であろう。

しかしながら，多数説に従って，官民境界確定協議及び官民境界確定決定は私法上の契約ないし単独行為にすぎないと解するならば，官民境界確定協議等の効果は，当然には対側地所有者等の第三者には及ばないことになる。もっとも，国とＡ番の土地所有者との間に官民境界確定協議等が存在することは，国とＢ番の土地所有者との間の境界を判定するに際して有力な資料となるであろう〈13〉。

イ　筆界調査，筆界特定手続，筆界確定訴訟等に対する効力

官民境界確定協議等の存在が認められれば，特段の事情がない限り，争いのない所有権界と同じ位置に筆界も存在すると推定するのが合理的であること（417頁１⑴）から，登記官・法務局，地籍調査担当者，裁判所等が筆界を判定するに当たっては，同協議の成果を最重要資料として取り扱うべきこととなる。しかしながら，あくまで当事者間の所有権界に係る合意にすぎないことから，詐欺・錯誤等，当該協議の成果をそのまま筆界と認めることを否定すべき特段の事情があるときは，筆界調査担当者及び裁判所が当該協議結

〈13〉　実例として東京地判昭和59年３月26日（公刊物未登載）（公共用水路），大阪高判平成18年12月26日（公刊物未登載）（里道）は，国・Ａ間の官民境界確定協議に基づく境界を基準として国・Ｂ間の筆界を確定している。同旨の裁判例として，大阪地判平成４年６月22日判自105号168頁，鳥取地米子支判平成６年11月10日判自140号79頁。石川和雄「官民境界確定訴訟における実務上の諸問題」法務研究報告書77集５号（平成３年）195頁。

果を無視して筆界を定めるべきこととなる〈14〉。

2　官民境界確定決定の効力

官民境界確定決定（国有財産法31条の４第２項）の法的性質を，私的契約たる官民境界確定協議手続の実効性を補完するための非権力的事実行為（417頁１）であると解するならば，官民境界確定決定の効力は，前記１と同様ということになろう。官民境界確定決定に官民境界確定協議より強い効力を持たせるべき実質的理由は乏しいからである。

これに対し，官民境界確定決定の法的性質につき，境界を形成する効力を有する行政処分であるとする見解によれば，出訴期間（行政事件訴訟法14条）を徒過すれば原則的に争えなくなるし，無効の主張は当該官民境界確定決定に重大かつ明白な瑕疵がない限りできないことになろう。

第４節　公物管理型の境界明示等

国有財産についても，国土交通省所管のものを中心に，専ら公物管理界についてだけ協議する手続（公物管理型。36頁）があるかもしれない。その場合は，公物管理型の境界明示について述べたところが参考となろう。東京高判平成13年４月18日（公刊物未登載）は，一般に道路境界査定の目的は民有地（道路以外の国有地を含む。）間の境界の確定を目的とするものではないと判示しているようであるが，詳細は不明である。前節までに述べた財産管理型の境界確定協議や公民境界協議の存在を忘れた立論ではなかろうか。国有財産についての公物管理型の境界明示があるとすれば，今後の検討課題としたい。

〈14〉　協議の成果が公図等や隣地の登記簿上の地積と一致しないことを理由に筆界と認めなかった例として，仙台地判平成16年２月４日（公刊物未登載）（水路），境界確定協議の錯誤無効を理由に筆界を独自に確定した例として，大津地判平成16年11月15日（公刊物未登載）（里道）がある。

第５編

筆界特定・筆界認定等

第１章

筆界特定

第１節　筆界特定制度の沿革等

１　筆界特定制度の意義

⑴　定　義

筆界特定とは，１筆の土地と相隣地との筆界が現地において明確でないとき，現地における筆界の位置を特定するか，その位置を特定できないときは，当該筆界が存在するはずの土地範囲を特定することをいう（不登法123条２号）。筆界特定制度は，所有権登記名義人等の申請に基づき，筆界特定登記官が筆界調査委員の意見を参考に行う筆界の公的な認定判断制度として平成18年１月20日に発足した〈1〉。

⑵　特　色

ア　登記官と申請人との問答形式

筆界が不明で困っている所有権登記名義人等が，筆界特定登記官に対し，その筆界を明確にするように求め，同登記官がこれに答えるという形式を採っている〈2〉。その形式は，筆界確定訴訟（570頁）が採用している当事者対立構造すなわち，相隣地の所有者が互いに自己の言い分を裁判官に訴えるという形式と根本的に異なっている。隣人紛争のとげとげしさを少しでも和らげることを慮ってのことであろう。ただし，対象となる筆界について強い利

〈１〉　筆界特定制度の立法担当者による解説として，清水響「不動産登記法等の一部を改正する法律の概要」民月60巻５号（平成17年）31頁（以下，本章において，「清水・概要」という。），平成17年12月６日法務省民二2760号民事局長通達（以下，本編において「施行通達」という。）の解説として，清水響ほか民月61巻１号（平成18年）７頁。

〈２〉「申請人」はいるが，「被申請人」はいない（435頁【図表５－４】参照）。

害関係を有する者の言い分を無視することはできないため，利害関係人にも手続的保障を与えている（447頁７）。

イ　専門家の関与

筆界特定登記官が独断で判断するのでなく，筆界についての鑑定能力を有する専門家（筆界調査委員）が手続上関与することとされている。かつて多くの筆界確定訴訟において，当事者（相隣地所有者）の主導で不合理な筆界が（再）形成されていったことへの反省が根底にある。

ウ　職権主義的運営

筆界の認定資料は，筆界調査委員及びこれを補助する法務局職員が職権で収集する。筆界確定訴訟でも職権主義的な運営が建前として存在する（583頁４）が，十分に機能していないことへの反省に基づいている。

エ　行政処分性の否定

筆界特定登記官の筆界判定には，単にその認識を対外的に公にしたという効果しか与えられておらず，行政処分性は否定されている。そのため，筆界調査の結果，筆界の位置が判明しなかったという場合には，筆界を改めて引き直す（行政処分としての形成効を生じる。）ということはできず，筆界を確定してほしいという申請人の期待はかなえられないこととなる（468頁１）。制度としては，いささか中途半端であるといわざるを得ない。

⑶　制度発足の背景

筆界は，明治初年における近代的土地所有権の創設時に，原始的に形成され，その後，分筆・合筆あるいは土地区画整理事業の実施等の都度，作り直されて現在に至っている（13頁１）。筆界は，土地登記制度にあって，一筆地の範囲を確定する外枠であるにもかかわらず，現地においては必ずしも明確ではない（20頁１⑴）。筆界が定かでない土地や，筆界について争いがある土地は，土地自体は良質であっても取引社会では「欠陥商品」扱いとされ，買い叩かれるのが通例である。同様に，筆界未定の土地を競売しようとしても，売却基準価額（民事執行法60条１項）は時価を大きく下回ってしまう傾向を生じている。

筆界特定制度は，土地取引の価額を適正に保持するとともに，取引を迅速かつ安全に行いたいとの要請に答えるべく，一定の手続的制約の下に，表示登記の公証機能を筆界について大幅に強化・拡充したものといえる。

2　筆界特定制度の沿革

(1)　行政委員会形式による紛争処理の構想

ア　表示登記官の権限の限界

土地所有権者の申請に基づいて筆界を形成するのは，表示担当登記官の事務であり，また，分・合筆，地積訂正，地図訂正に際しては，その前提作業として，表示担当登記官は現地において利害関係人の立会いの下に，筆界の調査・確認を行う。その基本的な資料としての公図（121頁），土地台帳（174頁），地積測量図（163頁）は，いずれも法務局に保管されており，筆界情報の集大成もまた，法務局に設置される地図情報システム（158頁）によって行われている。それにもかかわらず，筆界特定制度が発足するまでは，筆界の位置それ自体が不明となったときには，登記官がしかるべき公的判断をすることはできなかった。

イ　筆界確定訴訟の限界

反面，筆界を確定するための境界確定訴訟は，迅速性に乏しい〈3〉上，経済面でも当事者の負担が重いばかりでなく，その成果に疑問が残ることもしばしばであった（例えば444頁ウ，593頁2）。その原因は，筆界確定のためには法律知識と鑑定的知識がセットで必要なのに，裁判官も弁護士も鑑定的知識を持ち合わせていない一方で，登記官や土地家屋調査士など，鑑定的知識を持ち合わせている専門家の参加が予定されておらず〈4〉，弁論主義的運営（558頁(2)，584頁(2)）の制約もあって，筆界の位置判定の客観的妥当性が担保されていないためであった。

そこで，1980年代末（昭和の頃）から，法律的知識と鑑定的知識の協同が図れる組織としての，行政委員会によって筆界を確定する仕組みを創設すべ

〈3〉 筆界特定制度発足の頃の筆界確定訴訟の第一審における平均的な審理期間は約2年であったが，筆界特定手続における標準処理期間（不登法130条）は6か月と定められている。

〈4〉 民事訴訟においても，平成16年の法改正により，専門委員制度（民事訴訟法92条の2）が導入されたが，その場合でも専門委員が当然に関与するのではなく，測量したり，実地調査をしてくれるわけでもない。

きとの意見が，実務家の一部に見られた〈5〉。

⑵　民事法務協会による調査・研究報告

1998（平成10）年11月，当時検討が始まっていた司法制度改革の一環としての ADR（裁判外紛争処理制度。385頁注〈4〉）の仕組み〈6〉を利用して，筆界についての裁判外紛争処理制度ができないか，という発想の下に，法務省民事局の委嘱により，（財）民事法務協会において調査・研究が開始された〈7〉。

その成果は「裁判外境界紛争解決制度に関する調査・研究報告」〈8〉としてまとめられた。同報告は，現在の筆界確定訴訟を廃止し，それに代置する紛争処理の仕組みとして，（地方）法務局長が法律的知識と鑑定的知識を有する専門家によって構成される委員会に諮問した上，形成的行政処分としての境界確定処分を行うことを骨子としていた。その狙いは，①金と時間がかかり，しかも鑑定的知識を持ち合わせる専門家が関与しない仕組みとなっており，さらには判決の成果が当然には登記等の公示制度に反映されないという欠陥を有する現行の筆界確定訴訟を廃止し，②申請があれば，（地方）法務局長が専門家の協力を得つつ，簡易・迅速に筆界を確定し，その成果は直ちに登記等の公示制度に連動させる，③（地方）法務局長による筆界確定に不服がある者は，抗告訴訟（行政事件訴訟法３条１項）ないし形式的当事者訴訟（後述⑸イ）で争う，というものであった。また，④従来，境界については地籍調査，境界査定，官民境界確定協議，境界明示等，縦割り行政の弊害で，脈絡のない判定作業がバラバラに行われているのを，この手続に順次一本化する，⑤所有権界についても，当事者が望むなら，調停方式で同時に確定していくとの構想もあった。

〈5〉　青山正明「境界査定の制度について（風論）」登記先例解説集322号（昭和63年）４頁。

〈6〉　ADR の法制化は，平成16年法律151号「裁判外紛争解決手続の利用の促進に関する法律」まで遅れている。

〈7〉　民法・不動産登記法の学者，行政法・行政事件訴訟法の学者の他，裁判所，弁護士会，土地家屋調査士会，民間会社からも参加があった。法務省からは著者ほか数名が参加した。

〈8〉　民月56巻11号（平成13年）216頁。以下「協会報告」という。

⑶　法務省民事局による要綱案の公表

前記⑵の協会報告は，筆界確定訴訟に代わるものとして，ADR型の紛争解決制度を導入することを主たる目的にしていた。

ところが，平成15年6月27日，内閣府の都市再生本部が「今後5年間で，都市部の地図整備率を50％に引き上げ，10年でおおむね終わらせる」と言明したことから，新たなADRは，単なる紛争処理の目的を超えて，いわゆる「平成地籍整備事業」（545頁⑹）すなわち，国土交通省による地籍調査の際の一筆地調査へ法務局が主体的に協力するとの目的にも資する制度としての活用が指向された。

これを受けて，法務省では平成15年12月から翌年5月までの間，研究会が開催され，平成16年6月，新たな土地境界確定制度の創設に関する要綱案が公表された。要綱案では，前記⑵の協会報告をベースに，①職権によっても境界確定処分を行い得る，②所有権に関する紛争についても調停を行い得る，③境界標の設置を義務付けるという特色を付加して，平成地籍整備の円滑化にも資することとしていた〈9〉。

⑷　立法過程における修正

要綱案は，関係各方面の意見を徴する過程等で，**【図表5-1】**のとおり大幅に修正され〈10〉，平成17年4月13日法律29号（不動産登記法等の一部を改正する法律）により，筆界特定制度として成立し，平成18年1月20日に施行され，運用が開始された。

⑸　積み残された課題とその克服

ア　立法目的の達成度

でき上がった法律は，要綱案が協会報告より強化しようとした前記⑶①～③をすべて否定した上，協会報告の骨子である筆界確定訴訟の代替としてのADRという仕組みは認めず，基本的には，登記官による筆界判定に一定の

〈9〉「協会報告」，「要綱案」と筆界特定制度とを詳細に比較検討するものとして，七戸克彦「新不動産登記法に関する平成17年改正」市民と法34号（平成17年）46頁。
〈10〉大幅修正の経緯については，鎌田薫ほか「平成16年・17年不動産登記法改正（下）」ジュリ1298号（平成17年）140頁以下。

【図表5-1】

	要　綱　案	筆　界　特　定　制　度
①判断の対象	筆界（所有権界も）	筆界
②審理の性質	官が設定したはずの筆界を探し出し，不明のときは改めて引き直す	官が設定したはずの筆界を探し出す
③手続の本質	筆界の確定と再形成 ⇒筆界確定判決と同じ	登記官による筆界判定作業の延長 ⇒分筆・地積更正・地図訂正の前提作業たる筆界調査の発展型
④筆界確定訴訟との関係	筆界確定訴訟は廃止	（筆界確定訴訟は別途存続）
⑤証拠が乏しいとき	それでも筆界を再形成	できる範囲で特定する→できなければ面で特定
⑥判断の性質	形成的効力を伴う行政処分（公定力あり）	法的効力はない （事実上の証明力があるだけ）
⑦手続の主宰者	境界確定委員会	筆界特定登記官（行政委員会制度を採用せず，筆界調査委員を置く）
⑧判断権者	境界確定登記官	筆界特定登記官
⑨事務の所管者	本局・支局	（地方）法務局の本局のみ （支局・出張所は所管せず）
⑩職権による手続の開始	可能	不可
⑪手続の効力	第三者に及ぶ（対世的形成効あり）	第三者に及ばない（元来，形成効なし）
⑫所有権界への権限	調停を行うことも可能	権限なし（調査士会ADRを併用する以外にない）
⑬登記・地図情報等との連携	連動	当然には連動しないが，成果の存在を明記
⑭境界標の設置義務	設置義務あり	設置義務なし（通達で努力義務を明記）

重みを与えるだけという仕組みに変容し，著しく後退している〈11〉。ただ，見かけ上は，換骨奪胎されているが，たとえ隣地所有者間に合意がなくとも，外部専門家の鑑定的意見を徴しつつ法務局において筆界の判定を行うことができるという制度の枠組みそれ自体には揺るぎはなく，裁判所との連携，登記情報・地図情報等への成果の反映等もそれなりに図られている。そのため，今後の運用努力いかんによっては，当初の立法意図とあまり変わらない実績を上げることが期待できよう。現に，気軽で利用しやすいためか，利用者数は漸増し，累計で3万件を超えるに至っている。また，裁判所が筆界特定を先行させるよう当事者に要請する例も多いという。ささやかながら初期において制度設計に関わった者の1人としては，「小さく産んで大きく育てる」ことを願うのみである。

イ　要綱案の問題点等

要綱案の隘路の1つとして，法務局の筆界確定に処分性を与えた場合の行政訴訟の在り方が問題とされたようである〈12〉。この点については，協会研究においても議論が繰り返された。法務局による筆界確定処分に不服がある場合の訴訟形式としては，抗告訴訟（行政事件訴訟法3条1項）のほか，一試案として，筆界確定処分（形成的行政処分）に対する形式的当事者訴訟（同法4条前段）が検討されており，同試案は現行の筆界確定訴訟に近い形での運用を見込みつつ，現行訴訟の欠点である曖昧な対世効等の法律関係を明確にしようとするものであった。

帰するところ，立法過程において，新法の考え方（すなわち，筆界紛争を専門家の関与によって迅速に解決する仕組みとしては，登記官に筆界「特定」の権限を付与することで必要十分であるとの考え方）が，要綱案の考え方（すなわち，筆界を含む境界全体の紛争を速やかに解決することに加え，地図整備の促進に資する制度を創設すべきであるという考え方）を抑え込んだといえる。新制度立ち上げに伴う予算・人員等は要綱案のそれと新法のそれとで大差はなく，むしろ要綱案においては，筆界紛争が裁判所に持ち込まれる可能性が大幅に減少することが見込ま

〈11〉　清水・概要16頁。山本和彦「筆界特定手続の意義と課題―民事手続法の観点からみて」ジュリ1372号（平成21年）30頁。

〈12〉　清水・概要17頁。

れ，紛争の統一的・一回的解決の面ではるかに優れていると思われるだけに，立法過程における制度設計の後退には悔いが残る。とりわけ，筆界の再形成が必要な狭い範囲での地図混乱地域（ミニ地図混乱地域。437頁）は，全国に多数存在するが，その筆界の再形成のためには，立法的に「後発的原始筆界」（15頁(3)）を形成するか，あるいは筆界確定訴訟を提起して確定判決に至らなければならない（裁判上の和解すらできない。588頁2）という深刻な制度的欠陥は，全く解消されていない。そのため当分の間，「集団和解」（485頁4）という法的に認知されない解決方法に頼らざるを得ないのが，現状である。

第2節　筆界特定手続の申請

1　管　轄

筆界特定の申請は，対象土地（435頁3(2)）の所在地を管轄する法務局又は地方法務局の本局に対して行う（不登法124条1項）。対象土地を管轄する支局・出張所に申請書を提出して行う（経由申請）こともできる〈13〉（不登規211条7項）。

2　申請権者

(1)　概　要

筆界特定を申請する権利は，隣接する土地の一方の所有権登記名義人等（後記(2)及び(3)参照）に認められている（不登法131条）。双方の土地の所有権登記名義人等が共同で申請することもできる（不登法146条2項～4項）。

申請人となった場合には，申請手数料（登記手数料令8条）のほか，手続費用を負担することとなる（不登法146条。450頁8）。職権で筆界特定の手続を進めることはできない。要綱案（428頁【図表5-1】⑩）では，地図整備促進の観点から，職権での手続開始を想定していたが，立法過程で見送られた。同様

〈13〉　筆界特定に係る窓口相談は，現地につき具体的な情報を有する支局・出張所で実施されるのが，むしろ通例であろう。

に，地籍調査の実施主体たる市町村等あるいは土地収用法の手続を取り得る公共・公益事業者にも申請人としての適格が認められるべきとの議論があるが，現在のところ認められていない。

(2)　一筆地の所有権登記名義人等

ア　所有権登記名義人等

筆界特定の申請権は，「土地の所有権登記名義人等」（不登法123条5号）に認められる〈14〉。具体的には，①表題登記・所有権登記のある土地については，現時点の所有権登記名義人，②表題登記はあるが所有権登記のない場合は，表題部記載の所有名義人，③上記①②の各名義人の一般承継人（相続人・合併時の承継会社等），④未登記の土地の所有者がこれに含まれる。ここにいう所有者には，共有者も含まれる（434頁(8)）。③及び④については，所有者であることを筆界特定添付情報により証明する必要がある（不登規207条2項4号，209条1項5号）（後記449頁7(5)）。

イ　登記名義人でない所有者

前記アの①②の登記上の所有権登記名義人でない限り，同③④及び後記(3)の場合を除いて，真の所有者であっても筆界特定手続の申請権を有しない。筆界特定登記官が，表示登記の領域を超えて，私人の所有権の帰属を判断することは，その職責に照らすとき，必ずしも相当でない上，筆界特定手続の安定と簡易・迅速な事件処理を図るためには，登記記録の記載に基づいて形式的に申請人の資格を判定させるのが相当だからである。この点，所有権界の争いについては，所有権の処分を伴うことから，真の所有者のみが当事者適格を有する（563頁3）のと異なる。

ウ　筆界特定申請人の地位の承継

前記アの①②の不動産登記上の所有名義人から所有権の譲渡その他，特定承継を受け，その旨の登記を経た者は，地位承継の申立てをして，筆界特定申請人の地位を承継できる（449頁7(5)）〈15〉。

所有権登記名義人等の特定承継人が地位承継の申立てをしないときは，手

〈14〉　この場合の所有権を証する情報は，表示登記の表題部所有者となる者についての情報と同じである。具体的には，後述注〈16〉参照。

〈15〉　施行通達別記第6号様式。

続続行の利益を欠くに至るから，当初の筆界特定申請は却下される（不登法132条１項２号）。

⑶　一筆地の一部の所有者

【図表 5-2】

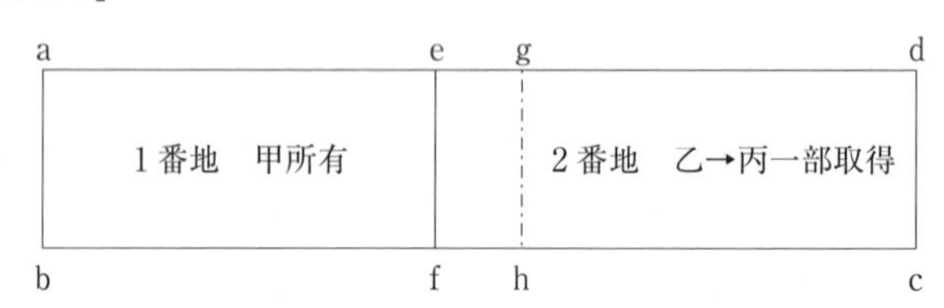

一筆地の一部の所有権を取得した者〈16〉（【図表 5-2】の丙）には未登記であっても，筆界特定添付情報により証明すれば，申請権が認められる（不登規207条２項４号，209条１項５号）。丙が分筆地について登記を取得するためには，当該一筆地を区画するすべての筆界の位置（外枠）を確認した上，分筆し，所有権移転登記を得る必要を生じるからである。その場合，丙が取得した土地部分が筆界特定を要する土地（【図表 5-2】の１番地）と接していなくとも，申請権は認められる（施行通達14，15）。分筆のためには，丙所有地が２番地のどこに位置するにせよ，【図表 5-2】の２番地の範囲（外枠）がe－f－c－d－eなのか，g－h－c－d－gなのかが確定されなければならないからである。

⑷　仮登記名義人

所有権の仮登記名義人には，いわゆる１号仮登記（不登法105条１号）であっても，申請権は認められない。仮登記名義人は，登記上の所有権について利害関係を有するに至った者ではあるが，いまだ登記上の所有権を処分し得る地位には達していないからである〈17〉。

⑸　地上権者・抵当権者

地上権者や抵当権者など当該一筆地に対する所有権以外の物権を有する者

〈16〉　その証明は，判決書その他の公文書，当該一筆地の所有登記名義人作成の一部譲渡を証する情報（譲渡した区画を特定するに足りる測量図及び印鑑証明書を添付のもの）等によって行う。

〈17〉　筆界特定登記官等の除斥事由に関する「登記名義人」には，仮登記名義人も含まれる（不登法126条，134条２項）。除斥事由の性質上，利害関係人を広めに捉えるのが相当であるとの理由による。清水・概要33頁。

は，筆界特定申請の適格を有しない。筆界について最も強い利害関係を有するのは，相隣接する土地の所有者であることから，筆界確定訴訟の当事者適格は，土地所有権者に限られている（225頁３）。筆界申請の当事者適格についても平仄を保っているといえる。

⑹　代位権者

筆界特定申請については，民法423条等に基づく代位申請（権利の登記に関する不登法59条７号）は認められておらず（不登規209条参照），手続的保障もない〈18〉。筆界は，権利の登記と異なり，公的存在であって私権の対象でないこと（18頁３⑴）に由来する。

⑺　隣接しない土地の所有権登記名義人等

申請人所有の甲土地と隣接しているのは乙土地である場合，その対側地丙土地と乙土地との筆界については，たとえ甲・乙地間の筆界の紛争の火種が乙・丙間の筆界紛争に由来する場合でも，甲地所有者が，乙・丙地間の筆界特定を申請することは認められない（【図表5-3】参照）〈19〉。しかしながら，そのようなケースにおいては，可能な限り，甲・乙地間の筆界と乙・丙間の筆界とを合一的に特定するよう，丙地所有者からも意見や資料を徴求するなど，手続上の工夫をすることが望まれる（乙が申請する場合については，439頁⑵イ参照）。

〈18〉　国土調査時に筆界未定とされた土地についての分筆登記の代位は，分筆部分が紛争と関係ない部分であること等が確認できるときは，許容される。昭和47年２月４日法務省民事三発110号民事局第三課長回答。

〈19〉　その申請は，不登法132条１項２号により却下される。筆界確定訴訟については，577頁２参照。

(8)　共有者の１人による申請

【図表 5-3】

〈例〉乙地（道路）管理者は，幅員の確保にしか興味がなく，丙地の所有者が道路位置は甲地寄りだと主張して紛争を生じている場合

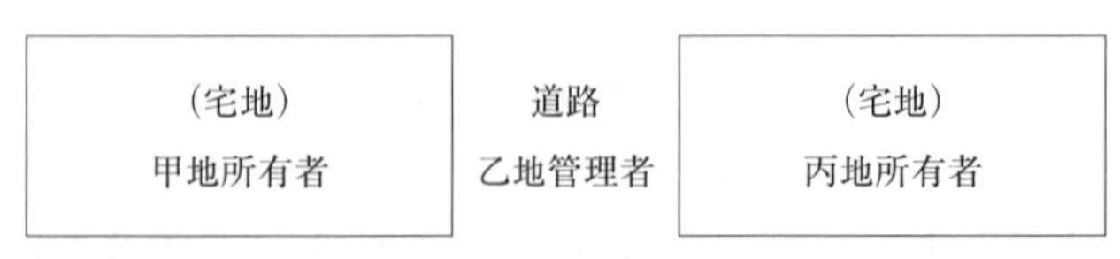

共有物の処分の性質を有する土地境界の確定については，共有者の全員が参加しなければならないとされている（252頁１）。しかしながら，共有者の１人が単独で筆界特定の申請をすることは可能であり，その場合，他の共有者は，関係人となる（不登法133条１項，施行通達16）〈20〉。共同相続人のうちの１人が申請する場合の他の共同相続人についても同じである。

3　筆界特定の対象土地と関係土地

(1)　概　要

筆界は，相互に接する一筆地と他の土地（表示登記のない，いわゆる未登記の土地でもよい。）の間に存する〈21〉。したがって，筆界特定の手続は，常に２つの「対象土地」の所有権登記名義人等の間で行われることを基本としている。

しかしながら，土地がＴ字型やＨ字型，Ｙ字型に接している場合を想定すれば明らかなとおり，対象土地の間に存する筆界は，他の土地の筆界特定にも事実上影響を与える可能性が高い。不動産登記法は，対象土地と筆界あるいは筆界点を共有するために筆界特定の影響を受ける土地を「関係土地」と

〈20〉　最（３小）判平成11年11月９日民集53巻８号1421頁は，共有者のうちに境界確定訴訟を提起することに同調しない者がいるときは，隣接者の所有者とともに同調しない共有者をも被告として提訴すべきものとしている。

〈21〉　私見は，対象土地の双方が未登記の土地（例えば，国有無番地たる官舎敷地と市町村等に譲与された旧里道敷）であっても，公図上に筆界の記入がある限り，筆界特定は可能であることから，双方の土地を「対象土地」として取り扱うのが相当であると考えている（26頁(3)）。

呼ぶ。

筆界特定の影響は，直接的には，筆界特定を申請した対象土地の所有権登記名義人等に及ぶ。しかし，①申請人でない対象土地の所有権登記名義人等，②関係土地の所有権登記名義人等にも直接の影響が及ぶことから，不動産登記法は，①と②を「関係人」と呼び，これらの者に，筆界特定手続上の保障を与えている。

以上の関係を図で例示すると，**【図表5-4】**のとおりである（点線部分が申請する筆界）。

【図表5-4】

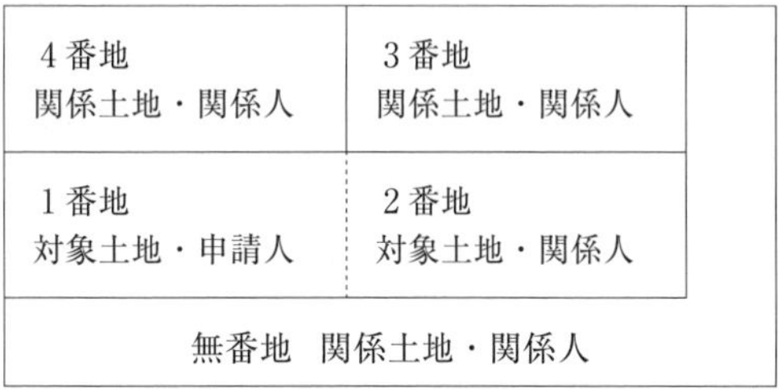

<table>
<tr><td>4番地
関係土地・関係人</td><td>3番地
関係土地・関係人</td><td rowspan="2"></td></tr>
<tr><td>1番地
対象土地・申請人</td><td>2番地
対象土地・関係人</td></tr>
<tr><td colspan="3">無番地　関係土地・関係人</td></tr>
</table>

⑵　対象土地の意義

対象土地とは，相互に隣接する一筆地と他の土地（不登法123条3号）を指す。筆界特定手続の客体は，対象土地の間に存する筆界である。「他の土地」には，里道，公共用悪水路，二線引畦畔や海浜（264頁～332頁）の一部など表示登記のない土地も含まれる。

筆界を特定する必要があれば，筆界が接する一筆地，他の土地のいずれの所有者が申請人となってもよいと解される。実務上は，表示登記のない道路や水路等の財産管理者〈22〉が筆界特定を申請するケースも多いと推測される。

⑶　地図上の相隣接と「対象土地」該当性

ア　地図上の相隣接

筆界特定は，現存する地番境を探し出す作用であるから，対象土地の隣接

〈22〉　公物管理者にすぎない者（機能管理権能しか有しない行政機関）は，境界確定訴訟を提起する適格を有しない。同様に，筆界特定を申請する権限も有しないと解される。

関係は，現地において認められなければ意味がない。したがって，地図や公図上，一筆地が互いに境を接しているように描かれている場合，すなわち，筆界特定申請情報の内容及び地図又は地図に準ずる図面によれば申請に係る１筆の土地と他の土地とが相互に隣接しており，かつ，現地における土地の配列及び区画又は形状がおおむね地図又は地図に準ずる図面の表示と一致していると認められるときは，筆界特定の申請時においては当該各土地を対象土地として，申請は一応受理される。しかし，事実を調査した結果，当該各土地が相互に隣接していないことが確認されれば，隣接していないことが確認された時点で，不適格な申請として却下されることになる（不登法132条１項２号，施行通達３）。いわゆるミニ開発等によって，狭い範囲で地番の不整合を生じるときや字境などに，その例が見られる。その場合は，まずは近隣同士で認識されている地番を順次確認し，現地における地番と地図上の地番の整序を図るのが先決である（231頁【ケース①】）。

仮に甲地の所有者が自己所有地を１番地と表記し，隣接する乙地を２番地と表記して申請していたとしても，現地で地番の整序を図った結果，乙地は３番地と判明すれば，単なる誤記として申請を補正させれば足りると解される。不動産登記法123条３号・４号で「相互に隣接する」，「接する」とは，現地で（相隣）接することを指すと解されるからである。

イ　現地における相隣接

反対に，法14条地図や公図の上では隣接していない（例えば，地図上は１番地と２番地が隣接しており，１番地と３番地は隣接していない）土地であっても，現地で地番の整序を図った結果，隣接していることが判明するのであれば，現地において両土地の筆界は存在するのであるから，両土地（１番地と３番地）を対象土地とした申請は適法と解すべきであろう。施行通達３は，「筆界特定申請情報の内容及び地図又は地図に準ずる図面によれば」相隣接することを申請の要件としているが，地図等それ自体では相隣接していなくとも，「筆界特定申請情報の内容」（施行通達17）から相隣地だと判明すれば足りると解されるからである。相隣接するか否かについては，通常，申請書受理の段階では明らかでなく，前記アの場合と同じく，審理の途中の段階で却下事由の存否が判明することになる。

ウ　筆界未定地

国土調査法に基づく地籍図（528頁7）あるいは法14条地図（116頁）において「筆界未定地」とされていることは，筆界特定申請を妨げる理由にはならない。筆界未定地を法的に解消する手段としては，従来は筆界確定訴訟(561頁(3))しかなかったが，筆界特定制度は，筆界につき争いがあるため登記官等としては筆界未定とせざるを得なかった土地についても，関係者の意見を聞きながら筆界を特定させることを目的とする制度だからである。

エ　地図混乱地域の取扱い

地図混乱地域（151頁）内においては，前記ア及びイの場合と異なり，地番の整序を図っても対象土地を確定し得ないことから，土地特定制度は機能しない〈23〉。すなわち，地図混乱地域内においては，どの所有権登記名義人等が申請人となっても，対象土地の隣接関係が判明しない（証明できない）ことから，申請人適格を欠くこととなり，筆界特定申請は却下される（不登法132条1項2号）。

オ　セミ地図混乱地域，ミニ地図混乱地域の取扱い

実務上，「地図混乱地域」と呼ばれているものの中には，前記エの地域のように表題部登記を凍結（151頁1）するまでには至らず，①地図・公図等に記載された土地の配列，区画，形状等は，全体としてはそれなりに現地と整合しているが，各別の区画の記載については，かなり乱れている地域（言わば「セミ地図混乱地域」）や，②いわゆるミニ開発や登記官の地図等への記入ミス等により，地図等の一部に混乱がある場合（言わば「ミニ地図混乱地域」）がある。これらの地域内の土地については，上記エと異なり，現地における土地の相隣接関係は明白である場合が多い。そうすると，上記イの対象土地適格に問題はない。のみならず，そのような地域内の土地こそ筆界特定手続によって筆界を明確にすることの効果が顕著に現れるのであるから，これらの

〈23〉　平成10年，11年における協会報告（426頁(2)）においては，地図混乱地域対策には，沖縄における土地明確化法（129頁4）の類や，地域内の土地の一括収用と売払いの権限を国に付与する特別法の制定が有効であり，新たな境界確定の仕組みの中で地図混乱地域の解消を図るには無理があるとの議論が行われていた。

土地についての筆界特定申請を拒絶する理由はない〈24〉。

⑷　関係土地の意義

関係土地とは，「対象土地以外の土地（表題登記がない土地を含む。）であって，筆界特定の対象となる筆界上の点を含む他の筆界で対象土地の一方又は双方と接するもの」（不登法123条４号）をいう。例えば，**【図表5-4】**における無番地，３番地，４番地の土地がこれに該当する。

対象土地と接しているか否かは，とりあえずは地図・公図等の記載により推測して判定する。厳密に言えば，審理の結果，対象土地の筆界が特定されない限り，対象土地と接している土地（関係土地）に当たるか否か判断できないはずである。しかしそれでは関係土地の所有者たる関係人の地位が不安定となることから，地図等と現地の状況を踏まえ，両者がおおむね一致している（言い換えれば，対象土地と接している蓋然性が高い）ときは，関係土地として取り扱うこととなる。

なお，関係土地の所有者が不明の場合の救済手続については，332頁参照。

４　申請事項

⑴　概　要

筆界特定の申請に当たっては，①申請の趣旨，②申請人の氏名又は名称及び住所等，③対象土地の特定に足る事項，④筆界特定を要する理由（後記⑷）などを明らかにする必要がある（不登法131条２項１号～４号，不登規207条１項・２項各号）。これらが明らかでないとき及び所定の手数料を納付しないときは，申請は却下される（不登法132条１項３号・８号）。

これに対し，申請人の連絡先や現地の占有状況，関係人の主張する筆界線などの情報（不登規207条３項各号）は，記載することが望ましいが，それらが欠けていたとしても，却下事由にはならず，審理開始後に解明されるべきこととなる（施行通達17）。

以下に，特に理論上問題となる点を素描する〈25〉。

〈24〉　法務局は現在，セミ地図混乱地域，ミニ地図混乱地域について，積極的に法14条地図の整備を心掛けている。

〈25〉　申請・受付の手続の詳細については，筆界特定実務研究会編著『筆界特定制度・

⑵　申請の趣旨

ア　記載を要する事項

記載を要する事項は，①自己が所有権登記名義人等（431頁２⑵）である一筆地，②同土地に隣接する土地，③対象土地（①土地と②土地）の筆界の特定を求める旨である。申請に係る筆界について筆界確定訴訟が係属しているときは，その事件番号等を記載することが求められる（不登規207条３項９号）。

申請人は，求める筆界の具体的な位置を特定する必要はない。測量図のほか，既存の地積測量図，公図，住宅地図，写真等を用いつつ相隣地を表示してその筆界の特定を求める旨を記載すれば足りる。筆界を特定して主張することももちろん可能である（測量費用につき450頁８⑵）。しかし，筆界は公的存在であるから（18頁３⑴），申請人がその位置を具体的に特定して主張しても筆界特定登記官はこれに拘束されない。

特定を求めることができる境界は，あくまでも筆界であって，所有権界ではない。したがって，例えば「自己が売買によって取得した甲土地の所有範囲を特定する」との申請は却下されることになる（不登法132条１項３号・５号）。もっとも，国民はしばしば筆界と所有権界との差異を知らないこと（81頁２）から，当該申請は，筆界の特定を求める趣旨である可能性も高い。筆界特定登記官は，却下する以前に適切な問いを発し，補正を示唆すべきであろう。

イ　複数筆界についての申請

対象土地の一方を共通とする複数の筆界特定の申請を１つの手続で行うことができる（不登規208条）〈26〉。

甲土地の所有者が，甲土地の四囲の筆界（４本の筆界）につき，一挙に筆界特定を求めるのがその例である。

ウ　同一筆界についての複数申請

同一筆界について複数の特定手続申請が行われることがある。例えば，１筆の土地（甲地）の一部をＡがＢに譲渡した場合，甲地と隣接する乙地との筆界につき，ＡもＢも筆界特定を求める適格を有する（248頁【ケース⑯】）こ

一問一答と事例解説』（日本加除出版，平成20年）67～118頁に詳しい。

〈26〉　その場合，手続番号は１筆ごとに付される（施行通達55）。

とから，２つの筆界特定申請が同時又は異時に係属する可能性がある。同時申請の場合，筆界確定訴訟の場合には，裁判手続では合一的確定が図られる（580頁(5)）。筆界特定手続においても，合一的特定がされなければならないと解される〈27〉。

エ　筆界の一部の特定申請

筆界の一部（極端な場合，１つの筆界点。19頁）のみの特定申請も理屈の上では不可能ではないと解される。しかしながら，筆界特定申請手数料規則１条１項，施行通達40等は対象土地の価額を算定基準としており，筆界の一部の特定申請を適法な申請とは想定していない。

原則としては実務の取扱いでよいが，裁判例のいう「長大な境界の特定の一部のみに争いがあり，その確定によって一筆全体の確定がなされたと同様の効果があるなど特段の事情」〈28〉がある場合には，例外として，１筆の土地の一部についての筆界特定申請も適法と解すべきであろう。

(3)　対象土地の特定

対象土地を特定するためには，所在市区町村等及び地番（不登法34条１項１号・２号）を明らかにしなければならない。申請人が所有権登記名義人等（431頁(2)）である場合には，その記載から申請人としての適格を判定できる。したがって，対象土地たる一筆地の筆界を表示した図面を申請人が作成して保管している場合でも，申請人がそれを添付して申請するか否かは任意である。

これに対し，表示登記がない土地については，実体法上の所有者が申請人となるので，申請に当たっては，表題登記の申請の場合と同様，所有権を証する情報の提供が必要になる（不登規209条１項４号）〈29〉。

旧里道敷，河川敷，二線引畦畔，海浜などのいわゆる長狭物の中には，明治初年以降登記されたことのない国有無番地の土地も多く存在する（258

〈27〉　登記手数料の算定につき，登記手数料令８条。

〈28〉　筆界確定訴訟においても，１筆の土地の一部の確定を求める訴訟は特段の事情がない限り不適法とされている（573頁４）。

〈29〉　公有水面埋立ての竣功認可（公有水面埋立法22条），官公署の譲与等証明など申請人の所有権を推認することができる書面（不登法36条，不登令別表４項ハ）。

頁）〈30〉。これらの表示登記のない土地についても，地番を明らかにすることはできないから，地先を表示するしかない（不登法131条2項3号括弧書き）。しかし，これらの土地の所有関係は法14条地図あるいは公図等，法務局が保管する情報から推認可能であるから，これらの土地と一筆地との筆界特定の申請には所有権を証する情報の提供は不要（不登準則71条）と解される。

(4)　筆界特定を必要とする理由

筆界特定を必要とする理由の記載が必要的とされている（不登法131条2項4号，施行通達30）のは，筆界特定の制度を誤解して申請する者を早期に把握することにより，当該申請者を救済する一方，事案の特質を把握して筆界調査委員の選任の参考に資する等，迅速処理を図るためである。筆界特定は，新たに筆界が創設された当時，現地のどこを筆界と定めたのかを探るものであるが，その制度の目的が意味をなさないケースは，申請の理由をチェックすることにより排除すべきことになる。それゆえ，理由の記載としては，単に「筆界を特定する必要がある」というだけでは不適法である（後述6(4)）。そのため，例えば，①相隣地所有者が認識する筆界の位置にズレがある，②隣地所有者が筆界立会いに応じない，③隣地所有者が行方不明のため境界協議できない，④隣地所有者が判明しない等の記述が必要となる。

5　申請の代理人

筆界特定手続の代理人は，土地家屋調査士，弁護士及び簡裁訴訟代理等関係業務を行うことができる司法書士（いわゆる認定司法書士）及びこれらを構成員とする法人である（土地家屋調査士法3条1項4号，68条，司法書士法3条1項8号・2項）。ただし，認定司法書士が代理をできるのは，対象土地の価額を基準に，筆界特定により利益を受ける割合として法務省令で定める割合を乗じて得た額が140万円（裁判所法33条1項1号）〈31〉を超えないものに限る。

〈30〉　その所有権帰属の認定方法については，『里道・水路・海浜』1編2章3節5，同6に詳しい。

〈31〉　対象土地の価額の合計額の2分の1に100分の5を乗じて得た額が140万円を超えてはならない（司法書士法3条1項8号，同法施行規則1条の2）。その算定方法は，筆界特定の申請手数料の算定基礎のそれ（筆界特定申請手数料規則1条）と同様だが，筆界確定訴訟における訴訟物の価額の算定方法（571頁注〈6〉）と同じでは

6　申請の却下

(1)　概　要

不適法な筆界特定申請は，却下される。具体的な却下事由（不登法132条１項各号）としては，①管轄外，②申請権を有しない（430頁２），③申請の理由（441頁(4)）の記載を欠き，補正されない，④申請情報の提供が，法令の方式に適合しない，⑤申請が筆界特定以外を目的としている（441頁(4)），⑥筆界確定判決が確定している（443頁(5)），⑦既に筆界特定がされている（445頁(7)），⑧手数料の不納付，⑨測量費用等の予納命令に反していることが掲げられている。

以下に，特に理論上問題となる点について素描する。

(2)　真の土地所有権者による申請

申請人は，土地の所有権登記名義人等でなければならないから，たとえ真の所有権者であることを公正証書等で証明しても，その旨の登記がないときは原則として（一筆地の一部を取得した者を除き）筆界特定の申請権はない（431頁(2)イ）。また，所有権登記名義人による筆界特定申請を，真の所有者は自分であるとして阻止することもできない。真の所有者は，必要ならば裁判で登記名義を実現すべきであって，筆界特定登記官が所有権登記の真実性を判断することはできない。

(3)　隣接する土地の地番が齟齬（そご）する場合の申請

法14条地図や公図の上では相隣接している土地であっても，現地で隣接していないのであれば，両土地を対象土地とする申請は不適法である（221頁２）。また，地図混乱地域として，地図が閉鎖されている地域（真正地図混乱地域）については，対象土地を特定するのは不可能であるから，筆界特定申請は不適法となる（437頁(3)エ）。

(4)　筆界特定以外を目的とする申請

筆界特定は，過去に登記官等が設定した一筆地とその隣地間の筆界を探し出すことを目的とする制度であって，現在の所有関係や借地権関係等を明らかにするための制度ではない。ところが，国民にとっては，筆界と所有権界

ない。

その他の境界等（3頁1）の違いが分かりにくいことから，制度の目的を誤解した申請が多いと予測される。筆界特定制度は，所有権界等についての判断権能を厳しく制限している（428頁【図表5-1】⑫参照）ことから，国民に無駄な労力を使わせないようにするためにも筆界特定登記官は申請の目的（441頁(4)）が法の趣旨を逸脱していないか，早期に的確に見極める必要がある〈32〉。

目的を誤った申請としては，境界付近の時効取得や未分筆のままの一部売買を争点とする事例，一筆地内の境界争い（26頁(1)，381頁1），筆界付近地を交換したことによる新たな筆界を分・合筆手続を経ることなく，筆界特定手続で認定してもらおうとする場合（82頁(2)），道路や河川の公物管理者にとどまり，財産管理権を有しない者を相手とする申請など，筆界でなく，所有権界や公物管理界について争いがあるにとどまる場合が典型であろう。

これに対し，土地境界の多くは「所有権界兼筆界」であるが，その筆界の特定を求めることは，もちろん可能である。もっとも，申請者が「所有権界兼筆界」の特定を求めると主張しても，筆界特定の成果として公に証明されるのは，あくまで「筆界」のみである。

(5)　筆界確定判決の存在

ア　確定した筆界確定判決の存在

対象土地の筆界について，既に民事訴訟の手続により筆界の確定を求める訴えに係る判決すなわち筆界確定訴訟（裁判所における慣用句としての「境界確定訴訟」）の本案判決が確定しているときは，その後に筆界特定申請をすることはできない（不登法132条1項6号）。判例・通説（554頁ウ）によれば，筆界確定訴訟は，筆界の位置が不明な場合，裁判官が筆界を探し出し，見つけるのが不可能なときは，裁判官が改めて筆界を引き直す作用である。しかも，その筆界の位置についての判断は登記官を拘束すると解されている（591頁1）。したがって確定した筆界確定判決があるときは，筆界特定登記官は同一の筆界について重ねて判断することができないことになる。

まれに，筆界そのものにつき，意図的に裁判上の和解を行う例を見かける

〈32〉　その結果，調査士会ADRとの連携（385頁4）が必要となるケースも多いであろう。

が，一見明白に無効である（588頁2）ことから，その存在は筆界特定申請の却下事由にはならないと解される。

イ　主文が不完全な筆界確定判決の存在

例外として，筆界確定判決の主文（特に添付図面との関連）が不完全で，主文に表示された境界線の基点が，判決理由及び添付図面と対照しても，現地のいずれの地点に当たるかを確定し得ないときは，たとえ当事者間においてはその起点の位置に争いがなかったとしても，主文不明確の無効な判決〈33〉ゆえ，筆界特定登記官は，当該判決に拘束されない。

ウ　相矛盾する複数の筆界確定判決の存在

【図表5-5】

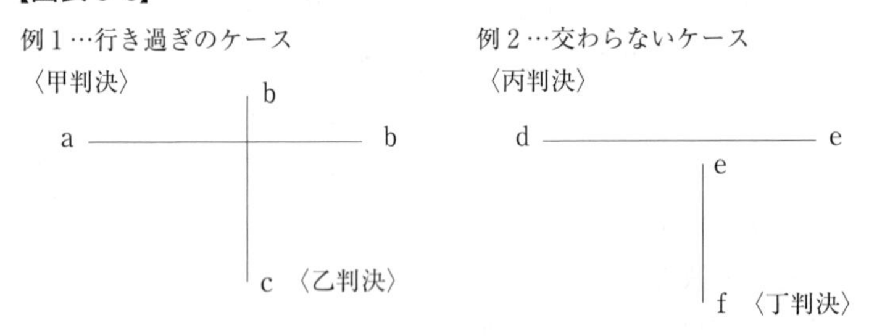

問題は，2つの筆界についての別個の確定した筆界確定判決があり，そこで確定されたはずの1つの筆界点が1点で重ならない場合である（【図表5-5】におけるb点あるいはe点）。

このような事態は，筆界確定判決の手続に専門家の関与が保障されておらず，訴訟は弁論主義的に運営されており，しかも判決後も登記所との連携が確保されていないことから，実務上，まれではない。

この場合は，各筆界につき筆界が未確定と見て，再度の筆界確定訴訟を提起することができると解される（594頁(2)）。しかしながら，判決相互に矛盾がある場合は，前記イの主文自体が不明確で無効な筆界確定判決の場合と異なり，筆界特定登記官は，筆界を特定する権限を有せず，専ら裁判所による

〈33〉　最（3小）判昭和35年6月14日民集14巻8号1324頁。

解決に委ねられると解される〈34〉。

エ　筆界確定判決の存在の不告知

確定した筆界確定判決の存在を申請人その他の関係者が告知しなくとも，筆界特定登記官が何らかの事情でその存在を知っていた場合には，上記アの理由により筆界特定申請は不適法であるから，却下されなければならない。しかし，確定した筆界確定判決の存在が明らかでない限り，筆界特定手続は進められる（施行通達33）。

(6)　所有権界に係る判決・調停・和解等の存在

所有権界（所有権の及ぶ範囲）を確定する判決が存在していても，筆界特定申請を却下する理由とはならない。裁判所における所有権界についての調停や和解であっても，同様である。所有権界等の判決が「所有権界兼筆界」についての判決であっても，判決主文が所有権界ないし所有権の範囲に限定されているとき〈35〉は，前記(5)の筆界確定判決と同視することはできない。したがって，そのような所有権界に係る判決等があることを理由に筆界特定申請手続を却下することはできない。もっとも，所有権界と筆界が重なるべきケースにつき，的確な資料を基に所有権界を認定している判決であれば，その判断の基礎となる事実関係につき異なった認定に至らない限り，筆界特定登記官としても裁判所の判断を最大限に尊重する必要がある。それゆえ，上記のケースに関して所有権界を認定した確定判決が存在する場合，筆界特定登記官がその判決に同調しないときは，筆界特定書にその理由を簡略に明記すべきであろう。

(7)　筆界特定の存在

筆界特定手続は，筆界調査委員や利害関係人等が関与して職権的に進められ，その成果は，現地復元可能な図面・数値等で記録され，公にされることになる。したがって，紛争の蒸し返しを防止するためにも，同一筆界につき

〈34〉　不登法132条1項6号（既存の筆界確定判決）には，同7号（既存の筆界特定）と異なって「更に筆界特定をする特段の必要があると認められる場合を除く」との例外規定がないことも，消極的運用の根拠とされている。清水・概要47頁。

〈35〉　筆界確定判決と所有権界確認判決の見分けには注意を要する。判決に付された事件名のみならず，棄却を求めているか否かなど判決理由まで読み込まないと，訴えの変更（581頁）等で裁判の対象に変更があることを見逃すおそれもある。

既に筆界特定があるときは，再度の申請は不適法とされる（不登法132条１項７号）。

しかし，筆界特定は行政処分ではなく，法的拘束力はない（468頁５節）から，更に筆界特定をする特段の必要があると認められる場合には，再度の筆界特定をすることが可能とされている（不登法132条１項７号ただし書）。特段の必要としては，①前回の認定の前提となった事実に誤りがあった（例えば，不動と思われていた境界石がいたずら等で移設されていた），②前回認定を揺るがすに足りる重要な新証拠が発見された（例えば，筆界創設時の一筆図が発見された），③筆界特定書などの記録が滅失している，などのほか，施行通達64によれば，④関与した筆界特定登記官又は筆界調査委員に除斥事由があった，⑤申請人が無権限，⑥脅迫などの刑事罰に相当する行為で意見を妨げられた，⑦無権代理，⑧書証・物証に偽・変造がある，⑨結論に影響する虚偽陳述，などの事由が想定されている。また，⑩申請土地の売却等によって，特定承継があったにもかかわらず，これを看過するなどして筆界特定をしてしまった場合には，却下事由（不登法132条１項２号）を看過した違法な手続となる。しかしながら，この場合でも，筆界特定には元来何ら法的効力も伴わず，事実上の証明力があるだけだから，その手続が無効であるとまではいえない。ただ，土地の買受人などの特定承継人につき改めて筆界特定の申請を認めるべき特段の必要があるといえよう。

⑻　官民境界確定協議の存在

官民境界確定協議（410頁）は，直接には所有権界の確認を求める手続であることから，前記⑹と同様，同協議が成立していることも，筆界特定手続を進めるに当たって何ら妨げにはならない。しかし，官民境界確定協議を行う動機は土地取引に際して筆界を明らかにすることにあるのが通例であり，その実質は「筆界の位置についての認識の一致」を探る協議であるといっても過言ではない（416頁３）。したがって，その存在が明らかであるのに同協議の成果を採用しないときは，筆界特定書にその理由を簡略に明記すべきであろう。

⑼　却下事由の審理

申請に不適法な事由があっても補正が可能である場合は，筆界特定登記官は相当な期間内に補正をすべき旨を通知する。却下は，通常は関係人に対する通知や公告（不登法133条）前にされることが多いであろうが，時期に制限はない。

筆界特定登記官は，いわゆる形式審査に限らず，筆界調査委員の調査結果や提出された意見や資料（不登法139条，140条）を基に却下事由の有無を審査できる。

⑽　却下に対する不服申立て

筆界特定それ自体には法的効力は与えられておらず，行政処分ではないから，審査請求はできない。これに対し，筆界特定申請に対する却下については，登記官の処分とみなされ，不動産登記法所定の審査請求が認められる（不登法132条２項，156条１項）。

7　申請人及び関係人に対する手続保障等

⑴　概　要

筆界特定の影響は，申請人のほか，①申請人所有地と隣接する対象土地の所有権登記名義人等，及び②申請人が共有者の一部にとどまる場合の他の共有者，③関係土地の所有権登記名義人等にも直接的に及ぶ（431頁⑵，432頁⑶，434頁３⑴）ことから，不動産登記法は，①〜③を「関係人」と呼び，これらの者に一定の地位を与えて筆界特定手続上の保障を与えている（435頁）。行政処分等ではないので聴聞（行政手続法15条）を行う必要はないし，筆界は公的存在であって申請人等から意見や資料を徴するのは，鑑定資料を徴するためにすぎないが，関係人は筆界確定訴訟では当事者ないし参加人の地位に立つことを考慮して，強い手続的保障（手続参画権）を与えているのであろう。

ただし，手続の迅速化を図るため，必要な調査を行っても関係人の所在が判明しないときは，公示送達類似の手続すなわち法務局等の掲示板に掲示する方法により通知することが認められている（申請の通知につき不登法133条２項，意見聴取等の期日の通知につき不登法140条６項，筆界特定の通知につき不登法144条２項。関係人の不明につき，334頁⑵ア，337頁⑷ア参照）。掲示日から２週間を経過した時点で，当該通知が関係人に到達したものとみなされる。

なお，一筆地は互いに整合性を保ちつつ広範囲で連鎖していることから，関係人以外の第三者についても，筆界特定手続の重要な部分については，公告される。さらに，筆界特定手続開始後に申請人や関係人につき，相続や譲渡等の承継を生じたときには，一定の承継手続を経ることが必要とされている。

⑵　申請の通知・公告

筆界特定の申請があったときは，申請を却下すべき場合を除き，その旨を公告し，関係人に通知する（不登法133条１項）。

⑶　対象土地の測量・実地調査の通知等

筆界調査委員（通例は土地家屋調査士）は，対象土地・関係土地の測量や実地調査を行い，申請人・関係人等から事実聴取したり資料の提出を受けるなど，筆界特定に必要な調査を行う（不登法135条１項，施行通達84以下）（詳細は，後記452頁⑶）。

筆界調査委員が対象土地の測量又は実地調査を行うときは，その旨と日時・場所を申請人と関係人に通知し，立会いの機会を与えなければならない（不登法136条）。この通知は，事実上当事者的立場にある申請人及び関係人に対する立会権の保障を意味する。

これに対し，対象土地以外の土地の測量又は実地調査に際しては，上記の保障はない。調査土地に立ち入る場合の一般原則に立ち返り，占有者に対する事前通知（不登法137条）だけ行えば足りる。

なお，地籍調査時の資料その他を収集する必要があるとき，法務局・地方法務局の長は，関係する公務署や公私の団体に対し，協力を求めることができる（不登法138条）〈36〉。

⑷　意見又は資料の提出

筆界特定登記官は，意見聴取等の期日を開いて，申請人及び関係人に対し，意見陳述及び資料を提出する機会を与えなければならない（不登法140条１項）。申請人及び関係人は，筆界特定登記官が期限を定めない限り，随時，意見や資料を提出することができる（不登法139条，不登規218条以下）。

〈36〉　この規定は，地籍調査終了地域についても筆界特定が可能であるとする実務の間接的な根拠となり得よう。法14条地図作成作業が完了した地域につき474頁⑵参照。

上記の意見又は資料の提出があった場合，対象土地の所有権登記名義人等には，適宜の方法により通知され，反論の機会が与えられる（施行通達105）。他の関係人と異なり，対象土地の所有権登記名義人等は，そのまま筆界確定訴訟における当事者となることが想定されることから，一層の手続参画権が認められているといえる。

⑸　申請人・関係人の交代

ア　申請人の一般承継

筆界特定の申請人につき，相続や会社の合併等による一般承継（包括承継）の事由を生じたときは，申請人の地位も当然に承継される。筆界特定の申請権は，土地所有権の公法的投影とも言うべき権能であり，一身専属性は問題とならないからである。そのため，①表題登記がある土地について相続等の登記があり，あるいは②同土地について，表題部記載の所有者の一般承継人を登記名義人とする所有権保存登記がされれば，職権通知により境界特定登記官は，一般承継の事実を確認できるので，確認後はこれらの者を申請人として扱う。それ以外の場合は，一般承継人の協力を得つつ，あるいは職権で資料を収集して一般承継の事実を確認すべきこととなる。

イ　申請人の特定承継

筆界特定の申請後，手続の終了前に申請人が対象土地を売却するなどして特定承継人に所有権登記名義を移転した場合には，前記アと異なり，前者の人格を包括的に引き継ぐわけではないから，申請人の地位は当然には特定承継人に受け継がれない。ただ，特定承継人が自由意思に基づいて手続を承継しようとする場合までこれを否定すべき理由はない。そのため，特定承継の場合は，地位承継の申出〈37〉がある場合に限り，申請人の地位の承継を認めることとしている。

ウ　関係人の交代

関係人については，相続等の一般承継であると，買受け等の特定承継であるとを問わず，その事実が確認されれば，一律に関係人として扱われる。関係人は，申請人とは異なって，筆界特定手続について主体的に当事者的立場

〈37〉　施行通達52・別記第６号様式「地位承継申出書」による。

に立つのではなく，対象土地あるいは関係土地の所有権登記名義人等であることそれ自体により，当然に利害関係を有することとなるため，意思と関わりなく関係人となるのである。したがって，たとえ特定承継人であっても，承継の申出の手続は必要としない。

⑹　筆界特定の通知等

筆界特定をしたときは，①申請人に対して，筆界特定書（不登法143条）の写しを交付し，②関係人に筆界特定した旨を通知するとともに，③筆界特定した旨の公告を行う（不登法144条）。筆界特定は，あくまで申請人に対する応答である（423頁１⑵ア）ことから，申請人に対しては，特定の結論と理由の要旨を記した筆界特定書の写しを交付する。これに対し，関係人は，手続参画権的地位しか有しないことから，筆界特定があった旨の通知を受けるにとどまる。

関係人は，一般の人と同じ立場で，①筆界特定書のほか，②筆界調査委員等が作成した地積測量図その他の図面を閲覧し，その写しの請求をすることができる（不登法149条１項，不登令21条２項）。また，それ以外の筆界特定手続記録も，利害関係を持つ部分については閲覧できる（不登法149条２項）。

8　手続費用

⑴　原　則

筆界特定手続を実施するについて生じた測量費用，鑑定費用等の諸費用は，原則として筆界特定の申請人（430頁２⑴）が負担する（不登法146条１項。申請人が複数いる場合は同条２項～４項所定の負担割合による）。負担の範囲は，筆界特定登記官が相当と認める者に命じて行わせた測量，鑑定その他専門的な知見を要する行為について，その者に支給すべき報酬及び費用の額として筆界特定登記官が相当と認めたものに限られる（不登規242条）。

⑵　測量費用の二重負担

申請人は自己の主張する筆界の範囲を示さなくともよく，示す場合も公図，住宅地図等によることもできる（439頁⑵ア）。そうなると，申請人が自己費用で測量しても，前記⑴に述べたとおり，二重に測量費用を負担させられるおそれが理屈の上ではあり得る。しかし申請人が測量図を提出した場合，同図面が，筆界調査委員による現況等把握調査の測量結果として予定されている測量図と同程度の的確な図面であれば，実地調査における測量は要しないとされ，同委員作成の意見書図面ひいては筆界特定図面として利用されることとなる可能性も高い〈38〉。そのため，申請時に的確な測量図を添付しておけば，手続費用は軽減され，筆界特定審理の期間も大幅に短縮されることが期待できよう。

第3節　筆界特定の審理

1　審理の主体

(1)　概　要

筆界特定手続は，筆界特定登記官が主催し（不登法125条），外部専門家である筆界調査委員の意見を踏まえて筆界特定を行う（不登法127条，143条）。筆界調査委員による調査は法務局職員〈39〉が補助する（不登法134条4項，137条）。

(2)　筆界特定登記官

筆界特定登記官は筆界特定につき，言わば審判官のような地位に立つ。そのため法務局長又は地方法務局長は，通例，筆界特定登記官を表示担当登記官の中でも特に経験豊かな者を指名することになろう（不登法125条）。また，中立・公正を保つ必要があることから，除斥事由が定められている（不登法126条）。筆界特定自体は，筆界確定の判決と異なり，何ら法的拘束力を生じるものでないが，公の証明力ないし事実上の通用力を有する（468頁1）ことから，筆界について実質的な利害関係を有する対象土地や関係土地の所有権登記名義人等や真実の所有者（当然には申請人適格を有しないことにつき，431頁(2)イ）並びにそれらの親族等が除斥される。

筆界特定登記官がかつて対象土地・関係土地に係る分筆や地積更正等の登

〈38〉　執行通達89(1)ウ・123なお書き。

〈39〉　筆界調査委員を補助して，資料収集，調査図素図の作成，現地調査の事前準備，調査結果の報告等（施行通達86～90）を行う。筆界特定の迅速かつ適正な処理に欠かせない存在といえる。

記手続に関与していたとしても除斥事由とはならない。除斥事由に該当する筆界特定登記官が関与した筆界特定は，証明力が著しく減殺される結果，再度の筆界特定申請が可能となる（445頁(7)）。

(3)　筆界調査委員

筆界調査委員は，筆界特定について測量，実地調査，資料収集等，必要な事実の調査を行い，筆界特定登記官に対して，鑑定人的立場から意見を提出することを責務とする（不登法127条，135条１項，142条）。筆界確定訴訟（570頁）においては，このような体制が貧弱なため，訴訟の遅延や判断の不正確さが問題となっている〈40〉。筆界調査委員は，より迅速により正確に筆界を特定するために必要・不可欠の機関といえよう。

筆界調査委員は，法務局長又は地方法務局長が任命する非常勤公務員である〈41〉が，法務局長等は，具体的事件ごとに任命者リストの中から担当委員を指定することになる（不登法134条１項）。筆界調査委員には，土地家屋調査士の他，筆界確定訴訟に通暁する弁護士・簡裁訴訟代理関係事務を行い得るいわゆる認定司法書士（司法書士法３条１項８号・２項）が任命されるであろうが，具体的事件の特質に応じた専門知識を有する委員を指定することになる。

指定される筆界調査委員の数に制限はない。複数いる場合には，判断資料を共通にする必要があるため，実地調査や関係人・参考人からの事情聴取等，職務は原則として共同で行わなければならない（不登法134条３項本文）。しかし，例えば文献調査等の職務につき，単独あるいは分担して行うことは，筆界特定登記官の許可を得れば可能である（同項ただし書）。その場合でも，判断資料を共通にする必要は変わらないので，各人が調査した結果については，共有しなければならない。

複数の筆界調査委員が指名されている場合でも，合議体を構成するわけではない。したがって，各委員は判断資料を共有し，意見交換を密にすべきは

〈40〉　専門委員制度（民訴法92条の２～92条の７により，平成16年から導入）はあるものの土地家屋調査士が任命されている例は極めて少ない。西田寛「シリーズ対談（第６回）」登記情報633号（平成26年）28頁。さらに補佐人（民訴法60条）の活用も図るべきであろう。

〈41〉　そのため，国家公務員法100条に基づく守秘義務を負うことになる。任期は２年であるが，再任を妨げない（不登法127条３項・４項）。

当然だが，筆界特定登記官に提出する意見（不登法142条）まで同一である必要はない。

筆界調査委員の判断の公平さを確保する趣旨から，任命に際しての欠格事由が定められ（不登法128条1項），具体的事件の担当に際しての除斥事由が定められている（不登法134条2項）ほか，職務上の義務違反等があった場合には解任される（不登法129条）。

欠格事由，除斥事由，解任事由を看過した筆界特定の効力は，当該筆界特定の証明力が著しく減殺される結果，再度の筆界特定申請が可能となる（不登法132条1項7号ただし書）と解される。

⑷　筆界特定登記官と筆界調査委員との関係

筆界特定登記官は，審理における最終的な判断権者である。これに対し，筆界調査委員は，専門家の立場からの鑑定的な意見を筆界特定登記官に申述する立場にとどまる。したがって，筆界特定登記官は，筆界調査委員の意見を尊重すべきではあるが，これに拘束されることはない。筆界調査委員の意見が割れた場合は当然のこと，それ以外の場合であっても，筆界調査委員の意見が合理性を欠くと認めるときは，その意見と異なる筆界特定をすることも可能である。

いずれにせよ，筆界特定登記官にとって筆界調査委員は欠くべからざるパートナーであることから，事件を受理したら速やかに同委員に一件記録を示し，事案の解明を共に行うことが，迅速処理のために不可欠といえよう。

2　審理の内容

⑴　他の筆界調査手続との比較

筆界特定手続において，筆界が現地のどこに存在するかを調査・審理する手法及びその内容は，筆界に争いがあることに留意するほか，基本的には登記官による筆界調査，地籍調査・法14条地図作成作業時における一筆地調査，さらには境界確定訴訟における調査・審理と異なるものではない（81頁，101頁）。すなわち，土地の測量又は実地調査，関係者等からの事情聴取，資料や文献等の収集・調査などが主である（不登法135条１項）〈42〉。そのため，ここでは筆界特定手続に固有な問題に留意しつつ，簡略に述べるにとどめる。

⑵　調査目的の限定

筆界特定制度においては，所有権の範囲（所有権界。４頁）を特定することは権限の範囲外とされている（428頁【図表5-1】⑫）。したがって，筆界調査委員や補助職員による調査は，対象土地の所有権界の特定を目的とするものであってはならない（不登法135条２項）。

しかしながら，筆界の特定を目的にして，その前提として所有権界を確認することは，むしろ積極的に行わなければならないのが通例である。元来，筆界は所有権界をなぞって創設されたもの（所有権界兼筆界）であり，その所有権界に沿って占有界が形成されるのが基本であることから，現地における占有界から所有権界を推定し，所有権界から筆界を推定することが，調査の最も合理的な手法だからである（87頁）。

⑶　事前準備

ア　資料の収集

主として法務局補助職員（451頁１⑴）が，登記所・他の官署・民間等が保有する資料を収集する（施行通達86，87）。

イ　調査図素図の作成

対象土地・関係土地等に関する情報を一元的に整理した図面（調査図素図）を作成する（施行通達88）。通例，地図等に登記情報，境界標，筆界点間の距離，各種境界協議の概要等を書き込んで作成する。

ウ　現況等把握調査

調査図素図を基に実地調査・測量など現況等把握調査を行う（施行通達89）。実質的に見て最も重みのある作業である。同調査において筆界調査委員・補助職員は，紛争の正確な把握に努めなければならない。すなわち，現況等把握調査に際しては，①申請人・関係人（434頁３⑴）が主張する筆界の現地における位置，②それぞれの主張の根拠，③紛争に至った経緯，④対象

〈42〉　手続の詳細を解説するものとして，筆界特定実務研究会編『筆界特定制度・一問一答と事例解説』（日本加除出版，平成20年）144頁以下。

土地の過去から現在までの占有・使用状況，⑤対象土地・関係土地さらには周辺土地の必要な範囲に存在する境界標の位置及び設置者・設置時期等の確認，⑥塀，生け垣その他の構築物等の位置及び設置者・設置時期等を念入りに調査する必要がある（115頁１節）〈43〉。

筆界確定訴訟に係る調査についても同じことがいえるが，上記の調査を丁寧に実施し，これを地図情報等と突き合わせることにより，双方の主張の弱点ひいては真実の筆界の位置がおのずと浮かび上がってくることが多い（193頁１(2)）。

エ　画地調整等

現況等把握調査の結果として，筆界点の座標値や工作物の位置等を記入し，必要があれば画地調整を行う（施行通達89(2)(3)）。画地調整は，調査図素図上において，既存の公図・地積測量図などから得られる地図情報等と現況把握調査で得られた既設の境界標・工作物・地形等の街区情報に係る測量データとの照合及び点検を行い，各土地の形状，筆界点間の距離，面積比率等を総合的に勘案して面積・辺長の調整計算を行い，周辺土地との均衡を図ることによって筆界点の特定をしようと試みる作業である。

画地調整は，例えば，筆界がブロック塀の中心線なのか，東の外側なのか，西の外側なのかが争われている場合に，近隣地を含めた地図情報等と街区情報に係る測量データとの照合・点検を行うことによって正確な筆界を特定するなど，時として極めて重要な役割を果たすことになる。

(4)　論点整理

上記の事前調査の成果を踏まえて論点整理を行う（施行通達90）。その成果に基づいて，特定調査（後述(5)）において測量すべき箇所すなわち筆界点となる可能性のある点の位置が決定される。

(5)　特定調査

筆界調査委員は，事前準備調査及び論点整理の成果を踏まえ，特定調査すなわち現地において筆界を特定するための調査を行う。特定調査において

〈43〉　それらの調査の際，必要があれば，後記(6)の場合と同様，事前通知等の手続を経た上で他人の土地に立ち入ることができる（不登法137条１項）。

は，申請人・関係人に立会いの機会を与えた上で，対象土地の測量又は実地調査を行い，筆界点となる可能性のある点の位置を現地において確認し，これを記録する（不登法136条1項，施行通達91）。

⑹　測量・実地調査に絡む若干の問題

ア　要　件

現況等把握調査（前記⑶ウ）や特定調査（前記⑸）に際して行われる筆界調査委員・補助職員による土地の測量又は実地調査（不登法135条1項）は，正確な筆界特定のためには必須である。縄伸び率を比較する必要がある場合や，境界標に係る慣行を知る必要がある場合などには，対象土地や関係土地（434頁3）以外の土地を測量又は実地調査することもできる。

実地調査を的確に行うためには，申請人・関係人のほか，賃借人等の占有者，古老などが現地で立ち会うことが望ましい（457頁ウ）。ただ，事前調査としての現況等把握調査に申請人・関係人が立ち会った場合でも，後続の特定調査において立会いの機会を与えることは法律上の要請（不登法136条1項）であることから，その手続を怠ってはならない。

イ　立入り調査

これらの調査は，任意調査を建前としており，相手方の同意を要件としている。しかしながら，土地の立入り調査については，土地の占有者は，正当な理由がない限り，これを拒絶したり妨害してはならない（不登法137条5項）。この場合にも，筆界調査委員等は，実力で立ち入ることまで認められているわけではないが，正当な理由のない立入り拒絶や妨害に対しては罰則による制裁が課されることとなる（不登法162条3号）。

もっとも，立入りは通常，周囲測量，境界標の有無や形状等を調査するためであろうから，その必要な範囲を超えた土地部分にまで立ち入ることは認められない。そのほか，事前通知，立入りの際の通告，立入り時間の制限，身分証明書の携帯・提示，損失補償など，厳重な占有者保護の規定がある（不登法137条各項）。

ウ　損失補償

上記立入りによって損失を受けた者は，国に対して通常生ずべき損失の補償を請求することができる（不登法137条7項）。補償額について合意できないときは，補償を求める訴えを提起する。この訴訟は，行政主体に対する公法上の法律関係に基づく補償請求であることから，民事訴訟ではなく，行政訴訟としての実質的当事者訴訟（行政事件訴訟法4条後段）であると解される〈44〉。

(7)　意見聴取等の期日における調査等

ア　意見聴取期日

筆界特定登記官は，筆界を特定するまでの間に必ず1回は意見聴取の期日を開き，申請人及び関係人に対し，意見陳述と資料提出の機会を与えなければならない（不登法140条1項）。機会を与えれば，仮に申請人・関係人が立ち会わなくとも期日を実施してよい。期日には，筆界調査委員が立ち会わなければない上，期日経過調書を作成して，陳述の要旨等を記載しなければならない（同条3項・4項）。

イ　期日における手続の制約

これらの意見聴取や資料収集は，公的存在である筆界について客観的に正確な証拠資料を収集するための手続にすぎず，裁判のような当事者対立構造を採っているわけではない。それにもかかわらず，不利益処分における告知聴聞手続（行政手続法15条）類似の意見聴取等の手続を法定したのは，申請人及び関係人は筆界確定訴訟における当事者ないし参加人の地位を潜在的に有していることに鑑み，意見陳述及び資料提出の機会を保証したものといえよう。もっとも，当事者・参加人そのものではないから，意見聴取期日における審理には，裁判手続における当事者主義や弁論主義（553頁【図表7-1】）の制約はない。したがって，筆界特定登記官は，申請人や関係人の主張や自白に拘束されることはなく，職権による証拠収集も引用も自由にできる。

ウ　期日の内容

期日の実質は，証拠収集にあるから，申請人や関係人からの意見聴取や資料収集にとどまらず，申請人等が任意同道してきた参考人すなわち証人や鑑定人として専門的知見を有する者等からも陳述を聴取する。土地を長期にわたって借り受けて占有している者や，地形地物を熟知している古老などがい

〈44〉「不動産登記法等の一部を改正する法律の施行に伴う手続に関する事務の取扱いに関する通達の概要と筆界特定の実務」民月平成18年号外48頁。

れば，立会いを求めるのが筋であろう。また，申請人・関係人の親族や対象土地・関係土地の借地人等は，筆界特定登記官の許可を得て期日を傍聴し（不登規224条３項），意見を述べる機会も与えられている（不登法140条２項）。

筆界特定登記官及び同人から許可を得た筆界調査委員は，意見陳述者に対して質問を発することができる（不登法140条３項）。

エ　期日調書，収集資料の閲覧

申請人及び関係人は，筆界特定の通知がされるまでの間，作成された調書及び提出・収集された資料の閲覧を請求でき，筆界特定登記官は，第三者の利益を害する等の正当な利益があるときでなければ，請求を拒めない（不登法141条）。

第４節　筆界特定の成果

１　筆界調査委員の意見書

(1)　意見書の内容

筆界調査委員は，所定の調査手続（454頁２(3)～(7)）を終了したときは，遅滞なく筆界特定登記官に対し，筆界特定についての意見及びその理由を記述した意見書〈45〉を提出する（不登法142条，不登規230条，施行通達123）。意見書においては，①図面（意見書図面）及び②基本三角点等に基づく測量の成果による座標値（基本三角点等に基づく測量ができない特別の事情がある場合には，近傍の恒久的地物に基づく測量の成果による座標値）により，筆界特定の対象となる筆界に係る筆界点と認められる各点（筆界の範囲の特定にとどまるときは，その範囲を構成する各点。以下同じ。）の位置を明らかにしなければならない（施行通達122）〈46〉。

〈45〉　意見書には，筆界確定訴訟に移行した後においても，重要な証拠（鑑定的書証）として機能することが期待されている。

〈46〉　意見書起案の手引が，筆界特定実務研究会編『筆界特定制度・一問一答と事例解説』（日本加除出版，平成20年）558頁以下に紹介されている。

⑵　意見書図面の記載内容

意見書図面は，原則として，特定調査の際に行われた筆界を示す要素に関する測量（施行通達92⑴）に基づき，筆界特定図面（不登法143条２項）に準ずる様式で作成し，①特定すべき筆界点の位置のほか，必要に応じ，②対象土地の区画又は形状，③工作物及び囲障の位置，③その他の現地における筆界の位置を特定するために参考となる事項を記録する。

⑶　他の資料を活用した意見書図面の作成

意見書図面は，上記⑵の方法によらずとも，①現況等把握調査における測量の結果，②申請人その他の者（通常は，申請人代理人たる土地家屋調査士）が提出した図面，③既存の測量図（法務局備付けの地積測量図。163頁２）等を利用して作成することで足りる場合には，それらを利用して差し支えない。

⑷　意見書の活用

筆界特定登記官は，意見書を吟味し，調査に不足がある時は，追完を求めたり，再調査を命じることができると解される〈47〉。

申請人及び関係人は，記録の閲覧（不登法141条）によって筆界調査委員の意見を知ることができる。

2　筆界特定書

⑴　概　要

筆界特定登記官は，筆界調査委員の意見を踏まえつつ，しかしその意見に拘束されることなく，筆界を特定し，その結果及び理由の要旨を筆界特定書に記載する（不登法143条）。

筆界特定書によって筆界特定登記官の公的な認定判断が示されると，申請当事者には筆界特定書が交付され，関係人にも通知されるほか，筆界が特定された旨は公告されることになる（不登法144条）。また，筆界が特定されると，対象土地を管轄する登記所の登記官は，職権で登記記録の表題部の地図番号欄にその旨記録する（不登規234条）。さらに，筆界特定書や成果を記載し

〈47〉　仮に意見書の提出がないままに筆界特定が行われたとしても，筆界特定は行政処分ではなく，元来事実上の効果しか有しないのであるから，事実上の証明力が低下するだけであり，筆界特定が無効になるわけではない。清水・概要57頁。

た地積測量図等は，何人も閲覧及び写しの交付を請求することができることとなる（不登法149条１項・２項）。

⑵　筆界特定の要領

筆界特定の要領は，筆界判定の一般と同じ（81頁）ゆえ，繰り返さない。不動産登記法143条１項は，①登記記録の内容，②地図又は地図に準ずる図面の内容，③登記簿の附属書類の内容，④対象土地及び関係土地の地形・地目・面積及び形状，並びに⑤工作物・囲障・境界標の有無その他の状況，及び⑥工作物等の設置の経緯，⑦その他の事情〈48〉を総合的に考慮することとしている。①〜③は登記情報（地図情報等），④〜⑥は現地情報（街区情報）であるが，これらは，あくまでも最低限考慮すべき事項を例示しただけであって，事案に応じ，他の官公署・民間の保管する図面等（178頁以下）の調査等，適宜の調査を行い，それらを総合的に勘案すべきである。

⑶　筆界を特定できないとき

調査を尽くしても，筆界点のうちの１つ又は複数の位置を特定できないときは，その筆界点が存在する位置の範囲〈49〉を示すことになる（不登法123条２号括弧書き）。筆界調査一般の手法（81頁）を尽くしてもなお筆界を特定できないという事態は，地図混乱に準じる地域においてさえも容易に想定し難いといえよう（22頁）〈50〉。

⑷　筆界特定書の様式

筆界特定書には，その結論と理由の要旨を記載する。また，図面及び図面上の点の現地における位置を示す方法として法務省令で定めることにより，筆界特定の内容を表示しなければならない（不登法143条１項・２項，不登規231

〈48〉　道路管理図等に表示された土地の区画や筆界に関する慣習等。特集・座談会「筆界特定制度をめぐる諸問題」登記インターネット93号（平成19年）217頁。

〈49〉「筆界点が存在する位置の範囲」で判断された場合の対応につき，土地家屋調査士の立場から述べるものとして，西本孔昭編著『筆界特定制度と調査士会ADR』（日本加除出版，平成19年）131頁。

〈50〉　平成地籍整備事業（545頁⑹）に由来する地図整備において，法務局は地図混乱に準じるような地域（いわゆるセミ地図混乱地域・ミニ地図混乱地域）を中心に筆界調査を実施している（546頁２）が，筆界を判定できないケースは，相隣地所有者が相矛盾する証拠に基づいて筆界を争う場合など，ごく例外的なケースであって，その他は筆界を判定できている。

条)。

すなわち，筆界点の位置は，より正確かつ永続的な現地復元をするため，公共座標値によって表示するのを原則とするが，近傍に基本三角点等が存在しない場合や，地形等の制約のため測点から基本三角点等を見通せないなどの特別な事情がある場合には，恒久的地物（167頁注〈123〉）に基づく測量の成果による筆界点の座標値（任意座標値）によって表示することも許される（不登規231条5項。167頁イ）。任意座標値に基づく相対的な位置を示すにとどまるのは，特に永続性の観点から好ましくないが，測量コストの観点から，現時点ではやむを得ないとされたものである。

筆界点の位置は，筆界特定書と一体を成す筆界特定図面に記録されているが，同図面には，そのほか対象土地の区画又は形状，工作物及び囲障の位置その他の現地における参考事項も，必要に応じて記録される（施行通達125）。

⑸　筆界特定書の実際

ア　結論と理由の要旨

筆界特定書には，判決主文に相当する「結論」と，判決理由に相当する「理由の要旨」を記載する。

イ　理由の要旨として記載される事項

理由の要旨は，次の構成で記載されるのが例となっている〈51〉。

㈠　事案の概要

① 対象土地・関係土地の地番，所有・位置関係，現地の大まかな地勢・地目等

② 対象土地の所有権移転についての略歴，関係土地の現所有者（公物の場合は，財産管理の権限を有する者），それぞれの土地についての占有状況

③ 対象土地の地目変更・分筆の経緯

㈡　申請人・関係人の主張

㈢　筆界特定登記官による「検討」

〈51〉 筆界特定書起案の手引が，特集・座談会「筆界特定制度をめぐる諸問題」登記インターネット93号（平成19年）334頁以下，及び筆界特定実務研究会編『筆界特定制度・一問一答と事例解説』（日本加除出版，平成20年）571頁以下に紹介されている。

① 境界標・囲障等

② 地図・公図等

③ 地積測量図

④ 公簿面積と現況面積の比較

⑤ その他の関係証拠についての検討結果

(エ) 結　論

(6) 筆界特定書に記載すべき理由の程度・範囲

ア　記載すべき理由の程度

判断理由としては，収集した関係資料や現地調査の結果等を明示した上，それらの資料等を逐一検討し，証拠としての価値や資料相互の整合性等を勘案しつつ，筆界を特定するに至った（あるいは至らなかった）過程を論理的に記述することが必要である。

理由の記載は「要旨」（不登規231条1項4号）で足りることから，心証形成過程の詳細まで記述する必要はないと解されている。しかしながら，筆界特定書それ自体は，公定力も第三者効もなく，極論すれば，筆界特定登記官が筆界調査委員の助力を得て作成した鑑定意見書のようなものといえる。それだからこそ，十分に説得力のある理由を掲げることに特に意を用いなければならない。

イ　欠落させてはならない判断理由

①法14条地図に筆界の記述がある，②和紙公図等に原始筆界（15頁，87頁）の記載がある，③現地に境界標等が設置されている，④筆界位置についての「合意」（認識の一致）があるなどの場合には，これらは筆界特定に際しての第一級の資料であることから，これらについての判断理由は欠落させてはならない。そしてまた，これらの事実に依拠することなく筆界を特定する場合には，依拠しない理由の要旨を明記しておく必要がある。

さらに，筆界確定判決や所有権界兼筆界に関する判決，あるいは既に筆界特定が行われているのに，それらに同調しない場合（443頁(5)～(7)）にも，その理由を欠落させてはならない。

ウ　他の文書の引用

判断理由の記載において，筆界調査委員作成の筆界特定意見書（不登法142

条）記載の理由を引用することは可能である。しかしながら，筆界特定登記官による「検討」（461頁(5)イ(ウ)）の部分まで筆界調査委員の意見書を援用するのは，筆界特定登記官の判断の主体性を疑わせるものであって，好ましいものではない。のみならず，引用・援用した同意見書部分を筆界特定書の別紙として掲げることを怠ると，行政手続法８条２項の趣旨に反することとなろう〈52〉。

エ　実務に関する若干の印象

これまで参照し得た筆界特定書を読んだ限りでは，理由の記載は要旨で足りるとされているためか，和紙公図その他の資料についての証拠評価が画一的に過ぎる（88頁３，131頁１～141頁４等で述べた指摘を等閑視している）嫌いがある。また，不利益を受ける当事者・関係人の主張に対し，それを排斥する理由の記述が十分でないとの印象を否めない〈53〉。筆界特定登記官としては，安易に「先例」のスタイルを踏襲するのではなく，常に説得力のある表現を心がける必要がある。最近では，迅速処理のために「筆界特定書のコンパクト化」を図りつつ，申請者が筆界特定登記官の判断した筆界の正当性を示す事実を理解できる程度に簡潔に示すことを心掛けているようである〈54〉。

なお，かつては古い裁判例に倣ってか，占有界を重視する傾向があったが，最近では，筆界は「登記された時」の結線情報（不登法123条１号）であることを念頭に，公図（和紙公図）と現況図の重ね図を基に筆界を判定する手法が優位を占めるに至っているようである〈55〉。

〈52〉 筆界特定書については直接には行政手続法２章の適用はない（不登法152条）ものの，裁決書に記載される理由が自己完結的でなければならないのは，行政手続通有の原則といえよう。

〈53〉 裁判所によって破棄された筆界特定事例のうち，７例を紹介するものとして，宮崎文康・塚田佳代「筆界特定を行った事案についての裁判例の動向」登記情報657号（平成28年）８頁。

〈54〉 コンパクト化した事例を集めたものとして，大阪法務局不動産登記部門地図整備・筆界特定室編著『筆界特定事例集３』（日本加除出版，平成29年）がある。

〈55〉 典型例として，東京法務局不動産登記部門地図整備・筆界特定室編著『筆界特定事例集２』（日本加除出版，平成26年）事例４。なお，同書掲載事例７件中６件が公図の図形・点間距離を用いて判定しており，同『筆界特定事例集』（日本加除出版，平成22年）では６件中１件であったのと対比すると，公図重視の傾向が顕著といえる。ちなみに，同『事例集２』において占有界を重視する例はない。

3　筆界特定の成果の活用

(1)　通知及び公告

申請人に対しては，筆界特定書（前記２）の写しを交付する等の方法により，筆界特定の内容及び理由を通知する（不登法144条）。関係人（435頁）に対しては，筆界特定図面（不登法143条２項，前記２(4)）の写しを用いて，特定された筆界（の範囲）を通知する（施行通達140(5)・別記36号様式）。関係人が筆界特定の詳細や理由を知りたいときは，一般人と同様，登記官に筆界特定書等の写しの交付や記録の閲覧を求める必要がある（不登法149条。後記(イ))。

申請人も関係人も，筆界特定につき直接の利害関係があるのに両者を分けて扱うのは，筆界特定手続が申請人に対する応答という法形式を採用している（423頁１(2)ア）からである。

また，筆界特定は，公定力や第三者効こそ有しないものの，事実上の証明力・通用力（468頁１）を有することから，対象土地（435頁(2)）につき筆界が特定された旨を公告する（施行通達137(4)・別記28号様式）。

(2)　閲覧・謄写請求

何人も，①筆界特定書のほか，②筆界調査委員等が作成した地積測量図その他の図面を閲覧し，その写しの請求をすることができる（不登法149条１項，不登令21条２項）。それ以外の筆界特定手続記録については，プライバシー情報が含まれていることから，筆界確定訴訟を提起するなど，利害関係を持つ者が利害関係を持つ部分についてのみ閲覧できることとされている（不登法149条，不登規238条２項）。

(3)　保存期間

筆界特定手続の一件記録は，対象地の所在地を管轄する登記所において，筆界特定書は永久に，その他の記録は30年保管される（不登法145条，不登規235条１項）。

(4)　情報公開請求

筆界特定書及び筆界調査委員等が作成した地積測量図その他の図面は，前記(2)の手続で公開されることから，登記記録同様，不動産登記法による公開手続のみによることとされる。それ以外の一件記録については，前記(2)による閲覧等の請求権は限定的であることから，同手続とは別に，情報公開法

（行政機関の保有する情報の公開に関する法律）による開示をも請求できる（不登法153条，149条１項，不登令21条２項）。

⑸　自己情報開示・訂正請求

申請者や関係人等が，筆界特定の一件記録全部のうち自己の個人情報につき，開示や記載の訂正，利用停止を求めることは，個人情報保護法（行政機関の保有する個人情報の保護に関する法律）第４章の各規定によって可能である。

4　筆界特定の成果の登記記録への反映

⑴　法の建前

筆界特定の成果が対象土地を管轄する登記所に送付され（不登規233条），保管されるに至った後も，その成果に基づいて，職権で地積更正の登記や地図訂正が行われるとの明文の規定はない。その理由は，①もともと地積更正の登記や地図訂正等は職権でできる〈56〉ことから，新たな法的手当てを要しない，②筆界特定は，１つの筆界についてのものだが，地積更正や地図訂正のためには，対象土地それぞれの四囲の筆界が特定されていなければならない，③筆界特定を申請する動機の相当部分は，地積更正，分筆，地図訂正に隣地所有者が応じないという例であろうが，それらの場合は，筆界特定の後，当事者から地積更正等の申請が行われることが当然予測され，あえて職権で行うとの義務付けは必要でないということにある〈57〉。

⑵　実務における登記記録への筆界特定情報の記入

前記⑴の建前を貫くと，対象の筆界について筆界特定が行われているとの情報が登記記録に反映されず，登記制度の利用者への情報提供が不完全となる〈58〉。そこで，実務上は，筆界特定手続記録又は筆界特定書等（不登法143条）の写しの送付を受けた管轄登記所の登記官は，対象土地の登記記録に

〈56〉　もっとも，職権登記は行わず，登記官が地積更正登記申請を促すにとどめるのが，法務省の基本方針といえる（平成18年１月６日民二27号通知第３・１⑴）。

〈57〉　もっとも，ある筆界について境界確定判決が存在するとの情報とのリンクの方が，より重要であるが，当該情報は登記記録に反映されず，立法政策として極めて問題である。平成11年度の協会報告（426頁⑵）では，この点が強調されていたが，平成18年施行の立法では問題は先送りされた。

〈58〉　清水・概要61頁。

「筆界特定がされた旨」を記録しなければならないとされている（不登規234条）。その筆界特定手続記録は，手続番号（不登規214条２項，施行通達55）によって特定されていることから，後記⑶の運用と相まって，登記記録から当該土地についての筆界特定に関する記録にたどり着けることとなる（施行通達162）。

⑶　実務における筆界特定書の保管・運用

筆界特定の成果を受領した登記所は，筆界特定書の原本を「筆界特定書つづり込み帳」（不登規18条13号）につづり込む一方で，筆界特定の手続番号（上記⑵）を記載した「筆界特定書目録」（施行通達156・別記５号様式）に登載するなど，閲覧の便宜に供することとしている。

⑷　地積更正・地図訂正等に関する意見の伝達

前記⑴の建前では，筆界特定と地積更正・地図訂正等の手続は連動していない。しかしながら，筆界特定の成果及び法務局保管資料により，登記記録に記載された地積や地図等を職権で訂正することが可能となったとき，それを放置することは妥当でない。そこで，実務〈59〉上，筆界特定登記官は，「対象土地について筆界特定に伴い地積に関する更正の登記又は地図訂正等の訂正をすることが相当と認めるときは，管轄登記所の登記官に，その旨の意見を伝えるものとする」とされている。新法の欠陥（427頁⑸）を運用で補う効果が期待されることから，筆界特定登記官のこの責務は極めて重いといわなければならない。

⑸　地積更正の意見があったとき

前記⑷において地積更正相当の意見通知を受けた登記官は，地積更正等の可否を調査し，その結果，対象土地の登記記録の地積に錯誤があると認めるときは，対象土地の登記名義人その他の所有者等に対し，同登記の申請を促し，同人らがこれを行わないときは，職権で同登記を行うこととなる〈60〉。

⑹　地図訂正の意見があったとき

前記⑷の手続によって，地図訂正相当の意見通知を受けた登記官は，調査

〈59〉　平成18年１月６日法務省民二27号民事局第二課長依命通知。
〈60〉　前掲注〈59〉依命通知第３・１⑴。

の結果，①地図（不登法14条）又は②筆界未定地が存在するために不動産登記事務取扱手続準則13条１項による図面にとどめおかれている図面の訂正が可能と認められるときは，職権で地図等の訂正を行うこととなる。対象土地の所有者等に地図訂正の申出を促す規定はないが，促すべきだとの考え方もある〈61〉。

5　筆界特定の現地への反映

筆界特定は現地における筆界を再確認するための制度ゆえ，成果を確実に保全するためには，再現された筆界点に境界標を設置しておくのが最善である。現地復元性のある地図に数値を記載しても，測量誤差等〈62〉を伴うのみならず，地図の測量基点が任意座標値（460頁(4)）であるときは，測量基点そのものが失われるおそれがあるからである。また，現地に筆界標があると，その後の境界についての錯誤や詐欺的な取引を大幅に減少させる効果を生じることが期待できる。

しかし，筆界標の設置は法律で義務付けられなかった。筆界特定には法的効果や費用負担を伴わないことを理由とする。ただ，通達では，筆界特定を終えた時点で，申請人・関係人に対して，永続性のある境界標を設置することの意義とその重要性について，適宜の方法により説明するものとされている（施行通達129）。特に上記任意座標値を測量基点としている場合には，基準点等が失われた場合，筆界特定で示された筆界を現地で復元できないという問題を生じ得る。その危険性を示唆しつつ申請人等を説得して筆界標の設置の必要を強調する必要があろう〈63〉。

〈61〉　前掲注〈59〉依命通知第３・１(2)。その場合の地図訂正の要領については，筆界特定実務研究会編『筆界特定制度・一問一答と事例解説』（日本加除出版，平成20年）259頁。

〈62〉　500分の１の図面に0.2ミリ線を引いた場合，この線は現地で10㎝幅，誤差が「精度１」でも30㎝幅で動く可能性がある。詳細は，荒堀『Ｑ＆Ａ表示に関する登記の実務（第２巻）』343頁。

〈63〉　境界標の共同設置を拒否された場合，現地に表示がないことは好ましくないゆえ，特定された地点に第三者機関による統一規格に係る逃げ杭ないし方向杭を設置することを検討すべきであろう。境界標設置を求める訴えについては，８頁(2)イ参照。

第５節　筆界特定の法的効果

１　筆界特定の法的性質

(1)　行政処分との関係

筆界特定は，筆界特定登記官が筆界調査委員の意見を参考に行う公的な認定判断である（423頁１(1)）が，その性質は，過去に創設された筆界が現地のどこにあるのかについての，筆界特定登記官の認識を公に表明する行為にとどまる。筆界のおおよその位置しか判明しないときは，筆界の存在し得る範囲を面で示すしかない。したがって，筆界を特定する行為は，行政庁の優越的地位の発動ではなく，公権力の行使とはいえないことから，「処分」や「裁決」などの行政処分（行政事件訴訟法３条）には当たらないと解されている。

そのため，筆界特定には，筆界を法的に確定して争いを遮断する公定力や不可争力等の効力はない。また，筆界を改めて引き直すなどの形成的な効果も伴わず，第三者効（591頁１）もない。この点，境界確定判決が既判力や形成力を有し，境界査定処分（61頁(3)）が，形成的行政処分としての公定力や形成力を有するのと異なる。

しかしながら，筆界特定の成果は前記（462頁３）の方法により公示することが法律上予定されていることから，地目や地積など表示登記事項についての公示と同様，公の証明力すなわち公の機関が法定の手続に従って示した公的な認定判断としての事実上の通用力を有するといえる〈64〉。特定された筆界は，裁判所で筆界特定登記官の筆界判断が覆されない限り，取引社会において事実上の通用力を持つことが予定されているのである。

(2)　時効中断・更新・完成猶予との関係

筆界確定訴訟を提起した場合，その実質は係争地の所有権保全のための行為であることから，裁判実務は原則として土地所有権の取得時効の進行を中

〈64〉　高い専門性を有する筆界特定登記官が，鑑定的知見を有する筆界調査委員を関与させて判断するなど，筆界特定の判断には，他の表示登記事項の判断より高度なものが予定されている。その意味で，筆界特定の公の証明力は，他の登記事項の公示の効果以上のものがあるといえる。

断・更新する効力があるとしている（595頁）。筆界特定の申請は「裁判上の請求」（民法149条＝平成29年改正民法147条１項１号）ではないから，上記の中断・更新効を生じると解することはできない。しかし，いわゆる「裁判上の催告」と同様，筆界特定の申請手続が係属している間は「催告」（民法153条＝平成29年改正民法153条１項の完成猶予効）の効力が持続すると解する余地はないだろうか。

2　登記官による筆界認定との比較

登記官は，分筆・合筆（不登法39条），地積更正（不登法34条１項４号・38条）の各登記，地図訂正（不登規16条）の前提作業として，現地において筆界の判定を行う（481頁(2)）。

この筆界判定作業（実務の慣用句としての「筆界認定」）は，筆界特定と同じく，現地で関係者立会いの下に筆界の位置を確認する作業だが，この筆界認定は，分筆・合筆など他の表示登記行為を適正に行うための前提作業にすぎず，それ自体が事実上の証明力を有する独立の表示登記行為ではない点で，筆界特定がそれ自体独立の表示登記行為に類する行為であるのと大きく異なる。

より具体的には，上記の筆界認定は，①筆界が現地において明確であるか否かを要件とせずに行われ，②筆界特定登記官以外の表示登記担当登記官でも行うことができ，③筆界調査委員の意見を聞く手続は存在せず，④筆界認定の成果は，筆界特定書（459頁２）という形をとらず，分筆・合筆，地図訂正の成果それ自体に埋没し，⑤一方当事者の同意を得ることができないときは，筆界が存在するはずの土地範囲を特定することは原則として行われず，分筆・合筆，地図訂正の各申請が却下されるという点で，筆界特定手続と異なる。

もっとも，厳密にいえば隣地所有者の同意は，筆界認定の要件ではない。したがって，明確な同意がない場合でも，地積測量図や地形地物等によって，現地において二義を許さない程度に明白に筆界を確認することができ，しかも利害関係を有する土地所有者が，合理的な根拠をもって筆界を争うものでないときは，筆界認定をすることも実務上行われている。隣地所有者が，いわゆる判付き料を要求するにとどまる例が，その典型である〈65〉。

第６節　筆界特定制度と他の筆界判定手続との関係

１　筆界特定と筆界確定訴訟との関係

(1)　筆界特定前に筆界確定判決が確定しているとき

ア　筆界特定の審理手続に与える影響

筆界確定判決は，筆界についての最終判断であり，筆界特定登記官をも拘束することから，筆界確定訴訟の本案判決が確定しているときは，筆界特定申請自体が不適法となる（不登法132条１項６号）。筆界特定の審理の途中で，確定した筆界確定判決の存在が明らかになったときも，筆界特定手続は速やかに中止され，申請は却下されなければならない。紛争の蒸し返しを遮断するためである。

ただし，確定した筆界確定判決の主文が不特定のとき（590頁１）は，当該判決は事実上効力を生じないので，筆界特定登記官は，当該判決を無視して審理を進めてよい。

なお，実務上，筆界確定訴訟の審理中に境界についての和解が成立し，和解調書が作成されることがあるが，和解によって確認された境界は，所有権界あるいは占有界等であって，筆界ではあり得ない（588頁(2)）。したがって，筆界確定訴訟につき和解が成立していたとしても，筆界特定登記官は，それに拘束されることなく，筆界特定の手続を進めてよい。

また，筆界確定訴訟の判決と次に述べる所有権界の確認判決とは，判決書の体裁が似ているが，要件も効果も全く異なるので，混同してはならない。事件名にとらわれず，請求棄却を求める体裁になっているか否かなど判決書全体を熟読して，両判決のいずれであるのかを判別する必要がある。

〈65〉　法外な判付き料の返還が命ぜられた裁判例として，大阪地判平成９年８月27日判タ967号161頁。

イ　所有権確認訴訟判決が確定している場合

所有権確認訴訟は，所有権の及ぶ範囲（所有権界）についての判決であるから，その判決が確定していたとしても，筆界特定の審理には何らの影響をも及ぼさない（565頁11）。所有権確認訴訟の判決書に筆界の認定についての記述があっても，理由中の判断にすぎず，筆界特定の審理には直接には影響を及ぼさない。ただ，筆界特定登記官がその理由中の判断を十分参酌すべきは当然のことである。

(2)　筆界特定の手続中に筆界確定訴訟が係属しているとき

ア　筆界特定登記官の権限

筆界特定登記官は，申請時あるいは審理中に，筆界確定訴訟が係属していることが明らかになったとしても，当該訴訟についての本案判決が確定している場合（前記(1)ア）を除き，裁判の存在を考慮することなく手続を進めてよい。

むしろ，筆界特定制度が発足して以降，筆界特定申請時に筆界確定訴訟が係属しているとき，裁判所は同制度の専門性を活かした資料収集及び判断に注目し，筆界特定の成果に期待する（後記(3)）であろうことは容易に想定し得る〈66〉。したがって，筆界特定の申請時に筆界確定訴訟が係属し，あるいは筆界特定の審理手続中に筆界確定訴訟が係属することとなったとしても，筆界特定登記官は，その審理の成果が裁判所に活用されるであろうことを念頭に，迅速で的確な資料収集及び筆界特定の審理促進に努めるべきである。

イ　裁判所の権限

筆界特定の手続が進行している間，裁判所は，前記アの成果を期待して，訴訟の進行を筆界特定の手続に合わせることは可能である。しかし，筆界特定の手続で収集された資料を，釈明処分あるいは証拠調べとしての送付嘱託（後記(3)）で取り寄せることはできない。現に進行している筆界特定手続に支障を生じるおそれがあるためである。

〈66〉　要綱案は，それゆえに法務局による筆界確定処分を前置させ，筆界確定訴訟を廃止しようとしていた。特集・座談会「筆界特定をめぐる諸問題」登記インターネット93号（平成19年）51頁によれば，実務上，筆界確定訴訟の係属している裁判所が当事者に対し，まず筆界特定制度による解決を促す例も少なくないようである。望ましい傾向であるといえる。

もっとも，筆界特定の申請人や関係人が自ら筆界調査委員に提出した資料（不登法135条１項，139条１項）や，筆界特定手続中に閲覧した資料の写しを証拠化して裁判所に提出することは，差し支えない。

⑶　筆界特定後に筆界確定訴訟が係属しているとき

筆界確定訴訟の係属中に筆界特定登記官が筆界特定を行ったときは，裁判所は，釈明処分すなわち事案の解明を図るための処分として，筆界特定手続の一件記録の送付を嘱託することができる（民訴法151条１項６号）。

民事訴訟においては，釈明処分としての文書送付嘱託は原則として認められていないが，筆界確定訴訟に限って特則が認められている。筆界確定訴訟は，その実質において登記官等の行った筆界を再形成する非訟事件（形式的形成訴訟）ないし私見によれば実質的当事者訴訟（行政事件訴訟法４条後段）である（555頁オ）ことから，登記官の収集した資料を積極的に活用する道が開かれているのである。その趣旨に照らすとき，筆界特定の成果があるときは，筆界確定判決の公的性格を担保すべく，裁判所は特段の事情がない限り，釈明処分としての送付嘱託を積極的に活用すべきであろう。

このほか，当事者の申請に基づく，証拠調べとしての文書送付嘱託（民訴法226条）も可能である。

なお，所有権界が争われる所有権確認訴訟においては，釈明処分としての文書送付嘱託は，職権主義的な色彩が強いことから，一般原則にのっとり許されておらず，弁論主義に由来する証拠調べとしての文書送付嘱託のみが許されている。

⑷　筆界特定後に筆界確定判決が確定したとき

筆界特定には，事実上の効力としての公の証明力・通用力しかない（468頁１）。これに対し，筆界確定訴訟は，筆界の再形成すなわち筆界を改めて引き直す形成的効力を有する（591頁）。したがって，筆界特定の内容と異なる内容の筆界確定判決が確定したときは，当該筆界特定は，当該判決に抵触する範囲において，その効力すなわち事実上の証明力・通用力を失う（不登法148条）。

筆界確定判決が確定したことは，当然には登記所には知らされない。そのため，筆界特定書を保管している登記官は，申請人・関係人その他の者から筆界確定判決の正本又は謄本の提出を受けたときは，それが却下判決である場合を除き，当該筆界特定書に確定判決の事件番号等を明記する（不登規237条）とともに，提出された判決正本・謄本を筆界特定書とともに保存する（施行通達164）。

しかしながら，現行法令上，そもそも筆界特定がされた対象土地につき筆界確定訴訟が係属することとなったり，筆界確定訴訟が確定したことそれ自体を登記所が直接把握するための仕組みが欠落している。ましてや，当該確定判決の内容を筆界特定書に反映させ，当然に地図訂正等に結び付ける仕組みはない。市民の立場から見ると，当該筆界について筆界特定が行われたことは明らかだが，それ以外に筆界確定判決があるのか否かは確かでなく，しかもたまたま筆界特定書の付記から同判決があることが分かったとしても，それが筆界特定の成果と一致するか否かは，市民が自分の責任で判断するという仕組みとなっている〈67〉。

2　筆界特定と他の法務局事務との関係

(1)　筆界特定と地図訂正・地積更正との関係

筆界が現地で正確に特定されることにより，従来，法14条地図や公図等に記載されていた筆界の位置が不正確であったと判明する場合，あるいは，登記記録に記載されている地積の表示が不正確であったと判明する場合がある。その場合でも，筆界特定によって当然に地図や登記記録上の地積の記載が書き改められるわけではなく（465頁４），利害関係を有する土地所有者の申請又は職権により，地図訂正あるいは地積更正を行うことになる（57頁２(1)，465頁４）。

地図訂正により，地図等の上では，筆界の位置が移動することになるが，これは真実の筆界が判明したことによる筆界の書き直しにすぎず，言わば「筆界の見かけ上の移動」（57頁２）にすぎない。真実の筆界は，土地の切り分けによって一旦創設された以上，天変地異がある場合を除き，不動である

〈67〉　法務局による筆界確定制度を必要的に前置させるという仕組み（426頁(2)）を立法的に採用しなかったことによる歪みといえよう。

(18頁３⑵)。現地において真実の筆界が特定され，それに合わせて筆界の地図上の表記が訂正されたとしても，筆界は動くものではない。このことは，筆界特定の手続を経ずして地図訂正の申請が行われ，登記官が筆界確認(480頁２章）を経て地図訂正を行う場合と全く同じである。

筆界の特定を契機に地積更正が行われた場合も，筆界の特定によって当該地番の真実の地積が判明した結果が登記に反映されただけにとどまり，当該地番の地積に実質的変動をもたらすものではない。

⑵　法14条地図作成作業との関係

ア　法14条地図作成作業

法務局の行う法14条地図作成作業（546頁２）は，整備対象街区の全体を測量した上，同街区内に存する多数の一筆地の筆界を現地で確認し，その成果を法14条地図に反映させることを目的としている〈68〉。その法14条地図作成作業において法務局職員は，登記記録や公図等との整合性を勘案しつつ，１筆ごとに原則として隣地所有者の立会いを求めて，筆界を確認していく。その本質は，前記⑴の地図訂正等の前提作業としての筆界確認と同じである。

地図作成作業の手続中で，筆界特定制度を利用する必要を生じるのは，登記記録や公図等の資料に基づいて復元した筆界推定線につき，隣地所有者の立会確認を得られない場合である。その場合，要綱案（427頁⑶）においては，地籍調査担当官が筆界特定を申し立てることができるとされていたのだが，現行法では，あくまで隣地所有者の筆界特定申請を要することとされた。

イ　法14条地図作成作業の完了した地域内における筆界特定の可否

地図の作成や筆界の現地復元の際は不可避的に誤差を生じる（467頁５)。したがって，法14条地図とりわけ高精度の数値地図（169頁）が備え付けられている地域内においても，筆界特定申請は可能である（地籍調査を終えた地域につき，不登法139条，不登規218条)。さらに，地図作成作業の一筆地調査時に対象土地の筆界につき立会し，承認を与えていた場合であってもよい。承認は錯誤であったとか，適格のない者が立会したとか，立会者に弁識能力がな

〈68〉　対象土地（435頁⑵）の筆界を特定するために街区全体を測量し，１筆ごとに現地を確認することがあっても，筆界特定制度の成果として筆界特定が生じるのは，当該対象地の筆界のみである。

かったとかを争う場合がこれに該当しよう。いずれ，法14条地図で公示されている筆界といえども，筆界確定判決（591頁）で筆界が一義的に確定し，既判力・第三者効を生じている場合を除き，筆界特定を行うことは可能である。地図作成の前提作業としての一筆地調査における筆界の確認行為も地図を備え付けてこれを公示する行為も，ともに不可争力のある行政処分とはいえない（603頁５，604頁６）からである。

ただし高精度の数値地図から現地復元される筆界は，土地台帳附属地図（122頁２）や初期の法17条地図（117頁２）から推定される筆界より，はるかに証明力が強い。測量精度においても手続の慎重さにおいても，信頼性が高いからである。それゆえ，一般に地図整備の完了した地域内の筆界特定は，より簡易・迅速に行えるケースが多いであろう。

第７節　筆界特定に対する不服申立て

１　筆界特定をしたことに対する不服申立て

⑴　筆界特定の行政処分該当性

筆界特定の法的効果は，前述（423頁）のとおり，筆界特定登記官の認識を公に表明するにとどまるものであって，筆界特定登記官がどのように認識しようと，真実の筆界が移動するわけでも新たに筆界が形成されるわけでもない。そのため，申請人や関係人（435頁）の法律上の地位には直接何らの影響を及ぼすものではない。したがって，筆界特定は行政処分性を有する行為すなわち処分その他公権力の行使に当たる行為とはいえないと解される。この点において，分筆・地積更正の登記申請や地図訂正の申出に際して登記官が筆界につきどのような認識を示しても，真実の筆界には何ら変動を来さないことから，登記官の筆界認定には処分性がないと解されている（604頁６）のと同様である。

⑵　抗告（処分取消）訴訟の可否

抗告訴訟（行政事件訴訟法３条）は，取消しの対象となる公務員の行為が行政処分性を有する場合でなければ認められない（同条２項）。そうすると，前記(1)のとおり筆界特定は行政処分性を有しないことから，その取消しを求めて抗告訴訟を提起することはできないと解されている。

(3)　行政不服審査の可否

一般に，登記官の処分を不当とする者は，法務局長に対して審査請求をすることができる（不登法156条）。しかしながら，筆界特定をすることによって筆界が動くことはないから，申請人の法律上の地位に何ら変動はない。したがって，審査請求もできないと解されている。

(4)　再度の筆界特定の申請

前記(1)に述べたように，筆界特定に何らの処分性もないのであれば，例えば，Ａ筆界特定登記官の行った筆界特定に不満があるのなら，Ａ筆界特定登記官に改めて筆界特定を求め，あるいは後任のＢ筆界特定登記官に再度，筆界特定を求めることができてもよさそうなものである。理屈の上ではそのとおりだが，同じ筆界についての特定手続を何度も許すことは，手続の安定性を損ない，また関係者の迷惑にもなることから，実務では，原則として再度の筆界特定申請は許さず（不登法132条１項７号），例外として既に行われた筆界特定の妥当性を疑わせる特別の事情がある場合にのみ再度の筆界特定の申請を許している（445頁(7)）。

(5)　筆界確定訴訟の提起

前記(1)～(4)に述べたところによれば，申請人なり関係人が筆界特定に不満があっても，これに対して直接不服を申し立てることは，極めて難しい。

ただ，筆界特定には，元来，筆界を動かす力（再形成力）はないのだから，不服のある申請人や関係人は，自らが当事者適格を有する限り筆界確定訴訟（570頁）を提起して，特定された筆界と異なる位置に筆界を確定（再形成）してもらえば良い〈69〉。当然のことながら，筆界特定と異なる位置に筆界を確定（再形成）した筆界確定訴訟の確定判決が登記所に提出されれば，登記官は，既存の筆界特定の成果を無視してその筆界確定判決に従うべきこととなる（不登法132条１項６号。例外につき，443頁(5)，592頁(3)）。これを別の側面

〈69〉　筆界確定訴訟において筆界特定とは異なる判断がされた事案の概要を紹介するものとして，宮崎文康・塚田佳代「筆界特定を行った事案についての裁判例の動向」登記情報657号（平成28年）８頁。

から見れば，筆界特定には処分性がなく，不服のある者はいつまでも筆界特定の結論と異なる筆界を主張して筆界確定訴訟を提起し得ることから，筆界特定制度は，法的安定性には著しく欠ける仕組みとなっているともいえる。

2　筆界特定申請の却下に対する不服申立て

筆界特定の申請が，申請人としての適格を欠くとか，既に筆界確定判決が存在するなどの理由により却下される場合があるが，その場合は同却下決定には立法政策上，行政処分性が与えられていることから，抗告（却下処分取消）訴訟の提起も，不動産登記法上の不服審査の申立ても可能である（不登法132条２項，156条１項。447頁⑽）。

第８節　筆界特定と所有権界・占有界との関係

1　筆界特定と所有権界との原則的関係

筆界が特定されたとしても，前述（468頁）のとおり，真実の筆界は不動であり，現地における所有権関係にも，当然には影響を生じるものではない。すなわち筆界は，当該地番上に成立している所有権界をなぞって創設されたものであるから，現地で筆界が特定されれば，それに伴って真実の所有権界と推定されるものが現地において事実上明確になるにすぎない。

2　筆界特定と占有界との関係

筆界特定に伴って判明する真実の所有権界と推定される位置と，事実としての占有界（塀や生け垣等で区画された位置）が異なることが判明すれば，塀や生け垣等によってかたち作られている占有界を真実の所有権界と推定される位置に適合するよう移設すべきことになる。筆界特定の実務上の効果は，多くの場合このような作用に求められよう。

ただし，時の経過等によって真実の筆界が現地のどこに存在するのか不明確になった時点で，誤った地点を真実の筆界と誤認し，それに基づいて一筆地の所有権売買等が行われた場合等には，後記3のとおり，真実の筆界と所有権界の不一致を生じることがある。

3　筆界特定の結果，誤った所有権界の設定が判明した場合

【図表5-6】において，2番地の正しい土地範囲（筆界）は，g–h–c–d–gであるのに，誤って（例えば，法14条地図上に引かれた誤った筆界を真正なものと信じて）e–f–c–d–eを2番地の土地範囲と表示してその範囲を実測して乙から丙に所有権を移転し，その後，甲からの筆界特定申請により，真実の筆界はe–fではなく，g–hと特定されたとする。

【図表5-6】

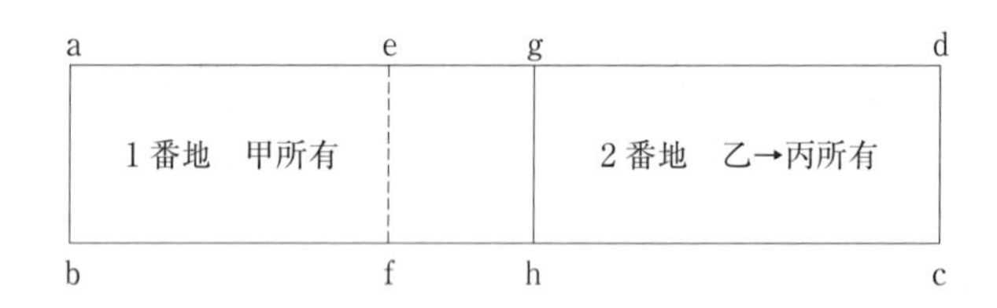

その場合，誤った筆界をなぞって乙・丙間で創設された所有権界e–fは，筆界特定で明らかになった真実の筆界g–h（多くの場合，それと一致する真実の甲・乙間の所有権界）と齟齬（そご）することとなる。言い換えれば，乙・丙がe–f–h–g–eも2番地の一部であり，当然乙の所有権が及ぶと認識して行った土地売買は，他人物売買，錯誤さらには時効取得の問題として処理されることになる（45頁以下）。

その法律関係は，真実の筆界（と推定される）g–hが発見された経緯が，丙自身の調査によるものであれ，登記官による筆界認定（後記2章）であれ，筆界特定登記官による筆界特定であれ，さらには境界確定訴訟の成果によるものであれ，異なるところはない。

第9節　調査士会ADRとの関係

筆界特定手続は筆界の明確化を対象とするのに対し，調査士会ADR（385頁）は，所有権界や借地権界等についての紛争解決を目指すものであることから，法律論としては，取り扱う領域を異にする。のみならず，実際上も，未分筆地内における所有権界を争うケース（26頁3）や，境界付近の土地部分の時効取得を争うケース〈70〉においては，専ら所有権界のみが争われ，筆界特定手続と重なり合う部分は，当面は存在しない。そのようなケースにおいては，まずは調査士会ADRにおける所有権界についての調停の成立を期待するのみである。

しかしながら，多くの事案においては，筆界と所有権界は表裏一体の「所有権界兼筆界」として存在することから，筆界特定手続と調査士会ADRの手続で，事実上，同一の社会的事象に関する紛争を取り扱うことになる（その現れとして，土地家屋調査士法22条の2第3項柱書）。また，上述した専ら所有権界のみが争われるケースですら，対象となる所有権界について調停が成立した後に，その成果を登記に反映する過程で改めて筆界の位置が問題となるケースもまれではないであろう。それゆえ，所有権界についての調停の成果に合わせて，筆界の位置を特定して，分・合筆の手続をすることが事案の解決として最良であるとのケースも相当数予測される。そのようなケースに備えて，法務局と土地家屋調査士会は，連携の仕組みを作る必要がある（388頁(4)）。

〈70〉　土地家屋調査士の立場から境界付近地の時効取得事案につき概説するものとして，馬渕良一『土地境界紛争処理のための取得時効制度概説』（日本加除出版，平成20年）がある。

第2章

分筆・地積更正・地図訂正等における筆界認定

第1節　境界の形成・認定に関する登記官の権限

(1)　筆界を形成する権限

筆界（真の筆界。24頁ウ）は，土地が新たに生じた場合等の表題登記（不登法36条），土地の（一部）滅失登記（不登法42条），分筆又は合筆の登記（不登法39条1項），分合筆の登記（不登規108条）の際に，登記官によって形成〈1〉される。

これらのうち，表題登記，（一部）滅失登記は，土地の物理的状況を正確に公示するための，いわゆる報告的登記であることから，所有権取得者等には変更を生じた日から1か月以内に登記申請をする義務が課され，登記官は職権でも登記できることとされている（不登法28条，29条）。これに対し，分筆・合筆等の登記は，多くの場合，私人による土地分割・併合の権能に由来する形成的登記〈2〉であることから，権利の登記と同様，登記申請義務は課されず，職権登記も認められないのを原則としている。

いずれの登記においても，登記官の手で筆界（真の筆界）が形成されるものである点で変わりはないが，私人の土地分割権と交錯する分筆の登記については，その錯誤に関して難しい法律問題を生じている（498頁5）。

〈1〉　私見によれば，土地の隆起や海没等によっては，筆界は動かない。しかしながら，登記実務はそれらも筆界移動の原因となると解している（296頁2款）。本章での説明は，登記実務に依拠している。

〈2〉「形成的」とは，登記官が筆界を形成するという意味であって，私人が形成するという意味に理解するべきではない。491頁(4)。

⑵　筆界を認定する権限

登記官には，登記情報としての筆界（見かけ上の筆界。24頁イ）が，真の筆界と合致しているか否かを調査し，筆界の位置を判定する（実務の慣用句としての「筆界認定」）権限がある。地積更正の登記（不登法38条），地図・地積測量図等の訂正（不登規16条１項，88条１項），法14条地図作成作業（不登法14条１項。546頁２）などにおいて筆界認定が行われる。

平成18年１月20日施行の筆界特定制度（不登法123条以下。423頁）は，登記官に筆界認定の権限があることを前提に，その権限を立法的に強化・拡充したものと見ることができよう。

なお，地図等の訂正申出は現・不動産登記法の下では所有権登記名義人等及びその一般承継人（不登規16条）のみが申出権を有するが，あくまでその者に手続参画権が認められているにすぎず，他の者の申出により登記官が職権で筆界を認定し，地図等の訂正を行うことは許されている〈3〉。ましてや所有権登記名義人等といえども，隣地所有者に対し，地図等の訂正申立手続に同意するよう求める権限まで有するものではない〈4〉。

⑶　実地調査権

登記官は，前記⑴及び⑵の権限を行使するに際し，その前提として実地調査権を有する（不登法29条１項）。土地の物理的状況を正確に把握するためのものであることから，担当登記官は，事情が許す限り実地調査に出向かなければならない（不登準則60条。例外につき，482頁）。

⑷　国家賠償

筆界に関する登記官の前記⑴～⑶の権限は，その多くは取消訴訟等の対象となる処分（行政事件訴訟法３条２項）としての性質を有するものではないが，公権力の行使たる行為であるから，その権限の行使に職務上の義務違反があり，それによって，私人に財産上の損害を与えたときは，国家賠償の対象となる（国家賠償法１条）。

〈３〉　平成17年２月25日法務省民二457号民事局長通達第１・11⑵ア。地図訂正手続の詳細は，荒堀『Ｑ＆Ａ表示に関する登記の実務（第２巻）』388頁以下参照。

〈４〉　名古屋地判昭和53年９月22日下民29巻９～12号276頁，高知地判平成２年７月16日判自82号53頁。裁判例の位置付けは，611頁⑶。

登記官の過失が認められた著名な裁判例としては，①登記官が分筆登記申請書添付の地積測量図に分筆土地に接する土地の地番の表示が欠けていることを看過した点に形式的審査における注意義務違反の過失があり，また，信ぴょう性の疑わしい同測量図と既存の地積測量図との対比照合を怠った点に実質的審査における注意義務違反の過失があるとしたもの〈5〉，②県が嘱託した分筆登記の地積の記載の誤りを登記官が看過して過大な地積の分筆登記をし，これに伴う地積変更通知により市の土地固定資産課税台帳に過大な地積が記載された土地所有者の相続人が，登記簿上の過大な地積に基づき過剰納付した相続税相当額の損害賠償を求めた事案につき，登記官の過失が認められたもの〈6〉などがある。

第2節　筆界認定の手順

1　筆界認定の基本的な手順

⑴　前提としての実地調査（一筆地調査）

土地の表題登記，分筆，地積更正等，表示に関する登記の申請があった場合，登記官は，不動産登記法29条に基づく実地調査を行い，調査の対象となる一筆地の外枠となる筆界の位置を判定しなければならない（不登規93条本文）。例外的に実地調査を省略することが許されるのは，①土地家屋調査士作成の不動産調査報告書その他の申請情報と併せて提供された情報，又は②公知の事実若しくは③登記官が職務上知り得た事実により，実地調査をする必要がないと認められる場合に限られる（同条ただし書）。

また，地図訂正の申出があった場合にも，同様に実地調査を行い，現地における筆界の位置を判定する必要を生じる（不登規16条12項，不登準則60条）。

⑵　筆界認定の手法

筆界の認定に際して，現地において筆界標識その他の地物，工作物等によ

〈5〉　大阪地判平成2年2月19日訟月36巻10号1803頁及びその控訴審である大阪高判平成3年4月26日判時1399号48頁。
〈6〉　広島高判平成8年3月13日判自156号48頁。

り区画された土地の位置・形状が，地図のそれとの対比において一応の妥当性が確認でき，これについて土地所有者との隣地所有者との間に争いがなく，かつ当該地域に存する承認関係とも合致したとき，その物的証拠を結ぶ線をもって筆界と認定することになる〈7〉。その詳細については，筆界調査の一般（81頁以下）と同じゆえ繰り返さない。

2　筆界認定権の限界

登記官による筆界認定の権能がどのような場面にまで及ぶかは，微妙な問題である。前記１で引用した田川論文は，①「地図の図解力の範囲を極端に超え」る場合と，②「土地の筆界に関し関係当事者に争いがある場合において，適当な物的・人的証拠等の保管資料等が現地に存在しないとき」は，登記官に付与されている土地特定機能はもはや機能しないとしている。この基準を裏から見ると，「当事者間に争いはあるものの，申請人の指示する筆界が地図の図解力を極端には超えておらず，かつ当該筆界の正当性を裏付けるに足る適当な物的・人的証拠等の保管資料等が現地に存在する」場合は，筆界を認定してよいことになりそうである。また，実務の取扱いを紹介した文献〈8〉でも「承諾書が得られないときは，……登記官が実地調査をしてその申請の受否が決せられます。結果的に何も認定する資料がないということになれば，不動産登記法49条10号（現行25条11号）により却下されることになります。」と記述しており，争いがあることは却下理由とならないとしている。通達〈9〉が，関係資料や証言等から，当該筆界の表示が明らかに誤りであることを登記官において確認できる場合には，必ずしも利害関係人全員の同意書の添付を要しないとしているのは，これらと同趣旨と解される。

もっとも，筆界に争いがあるときは，調査結果との不付合（不登法25条11号）を理由に却下されると端的に記す文献もある〈10〉。

〈7〉　田川範夫「不動産表示登記取扱手続の実証的研究」法務研究67集３号（昭和56年）９頁，147頁。

〈8〉　登記先例解説集23巻１号（昭和58年）34頁。境吉彦「登記官の実地調査権をめぐる諸問題」登研400号（昭和56年）109頁も同旨。

〈9〉　昭和52年12月７日法務省民三5936号民事局第三課長回答。

〈10〉　登研361号（昭和52年）表紙裏「登記簿」。なお，同488号（昭和63年）表紙裏「登

そのような登記官の筆界認定権の限界についての要件・基準の曖昧さは，申請人間の公平を旨とし，画一的処理が図られるべき不動産登記実務としては問題がないではない。また，筆界特定制度（423頁）が施行されている現在，相隣地の一方の所有権登記名義人等が現地における筆界の位置を争う以上，登記官による筆界認定の権限は謙抑的に行使されるのが望ましいといえなくはない〈11〉。そのためであろうか，筆界特定制度発足後の登記実務は，境界標が設置されており，過去に境界を確認済みであって，現地の筆界を当事者が境界と認めている等の特段の事情がない限り立会いの省略は認めない傾向を生じている。筆界の争いが感情的なものである場合には，近隣融和のためにも，分筆登記等の申請人に筆界特定制度の活用を示唆すべきであろう。

しかしながら，現地の境界標や既存の地積測量図，他の隣地所有者の証言その他の客観的資料に基づいて，登記官において容易に筆界を認定できる反面，筆界を争う者が争うについての合理的根拠を示さない場合には，登記官が筆界認定をためらう理由はないように思われる（367頁６）〈12〉。

３　筆界を認定できないときの法的効果

登記官が実地調査等の各種の調査を行っても，なお筆界（点）が現地のどこにあるのか確たる心証を得ることができない場合や，当事者間に筆界（点）について争い（積極的拒否。367頁６）があるときは，登記官は当該部分を「筆界未定」として処理しなければならない。そして，そのような未定の筆界を申請土地（地番）の外枠とする分筆登記申請や更正登記申請は，結局，分筆位置や更正すべき地積が不明なので，不動産登記法25条11号によって却下すべきことになる。

このことは，申請対象土地について，登記申請人が実体的に土地分割権を持っているとの事実が判決等によって明らかにされているときでも同じであ

記簿」比較参照。

〈11〉　一方当事者が筆界を争っているのになお分筆申請どおり分筆した登記官の筆界判断が誤っていたとする裁判例として，東京高判平成29年２月15日（公刊物未登載）がある。

〈12〉　荒堀『Ｑ＆Ａ表示に関する登記の実務（第１巻）』345頁，同『（第２巻）』130頁は，本書と同趣旨であろう。

る。例えば，１筆の土地の一部について所有権移転登記手続を命じる確定判決を代位原因証書として分筆登記の申請があったとしても，登記官は，隣地との筆界が確認できなければ，当該分筆登記申請を却下すべきことになる〈13〉。

その場合，申請人は改めて筆界特定手続（423頁）を申請するか，あるいは筆界未定の隣地の所有者を被告として筆界確定訴訟（570頁）を提起し，その確定判決を得なければ申請目的は達せられない。

4　地図の混乱と地図訂正

⑴　地図の混乱への対処

地図と現地が符合しない地図混乱地域（151頁）の場合，前記１の一般的手順による限り，地図の訂正は許されないこととなる。しかしながら実務では，明確な法令上の根拠は見当たらないものの，いわゆる集団和解方式による地図訂正が認められている〈14〉。

⑵　集団和解の要件

地図混乱地域であっても，土地所有者等の全員の合意がある場合には，いわゆる集団和解による地図訂正（不登規16条）の手法により，地図混乱が収束される。その要件は，実務上，次のとおりとされている〈15〉。

具体的には，①土地所有者や抵当権者など登記上の利害関係人全員の所有権界に係る合意と関係市町村等の協力が得られること，②現地における各筆が境界標等により明確に区画されており，現況区画について占有及び権利関係が安定し，将来とも係争が生じる具体的なおそれがないこと，③対象区域内の里道・水路等の（旧）法定外公共物（324頁）のうち，無断で付け替えられ，あるいは占拠されているものについて，付け替え，払下げ等の法的手続をとることができること，④登記事務に活用し得る現況図面の作成が可能で

〈13〉　大阪地判平成６年９月９日判タ874号137頁。

〈14〉　地図混乱の解消策全般については，153頁３参照。

〈15〉　小林康行「地図訂正をめぐる諸問題」法務研究74集４号（昭和62年）137〜138頁，田川範夫「不動産表示登記取扱手続の実証的研究」法務研究67集３号（昭和56年）12頁。

あること，⑤登記及び地図訂正に関する事務手続等について，取りまとめ役を果たす申請代理人等の選定が可能であること，⑥地図訂正の申出書及びそれに添付される同意書等に印鑑証明書の添付が可能であることとされている。

(3)　集団和解方式の諸問題

ア　定義のゆらぎ――抵当権者等

前記(2)の定義では，「抵当権者など登記上の利害関係人」も合意の当事者と想定されている。しかし，地図混乱地域につき，現況どおりで集団和解を実施するというのであれば，集団和解によって抵当権者等の合理的期待は損なわれない。そのためか，抵当権者等を当事者に加えるのは，集団和解により，抵当権設定当時と担保地の区画・形状を異にするなど事情変更がある場合に限られるとの実務が多いようである。

イ　定義のゆらぎ――全員一致要件の弛緩

地籍図作成作業であれ，法14条地図作成作業であれ，地図作りの場面では，しばしばそれらが「集団和解の手法」によるものであると説明されている。

しかし，地図作りにおいて，一方で「所在不明地」や「筆界未定地」の存在を認めつつ，他方で筆界認識についての全員一致が要件とされている「集団和解」であると説明するのには無理があるように思われる。

なお，一部所有者が不明であったり，感情的な理由で判を押さないなどのため全員の一致が得られず，集団和解ができないために開発が遅れて「塩漬け土地」となるなど，深刻な問題を引き起こしている例もある。

その場合，公共事業であれば，所有者不明裁決（土地収用法48条4項）の手続（338頁エ）を経て集団和解を行っているようだが，民間事業の場合は対象地区の全員が当事者となって提起する「集団筆界確定訴訟」を是認する外はないのだろうか。

ウ　定義のゆらぎ――占有等の安定性

前記(2)の定義では，「現況区画について占有及び権利関係が安定」していることが要件とされている。しかし，例えば，開発業者が和紙公図の筆界を無視して（換言すれば，分筆・合筆等の手続を経ることなく），ほしいままに区画・筆界を描き，それに沿う永久的境界標を設置して，その成果図をもって集団和解の成果図と称したとする。その場合，分筆・合筆を必要とする登記手続に抵触しており，集団和解の法的効果が認められるはずがない。したがって，上記の定義が妥当するのは，それまで安定した占有関係すら成立しなかった真正地図混乱地域（152頁）に限られる。

これに対し，占有関係や所有権の相互承認関係が長年継続しており，分筆・合筆等を経ずとも不動産登記法や税法の理念に抵触しないと認められる場合には，集団和解を認めて良い。そのような類型にあっては，現況区画についての占有及び権利関係が，将来のみならず，過去においても「長年」その境界標が筆界として認識されていたという要件が付加されることが必須と解される。

エ　「集団」の範囲

地図混乱地域の場合，地図の閉鎖（表示登記情報の凍結）が予定されている（153頁３(1)）ことから，公図全部につき混乱している場合のみを指すとのイメージがある。しかし，明治初年にほぼ前後して作成されたＡ・Ｂ２枚の絵図公図の一部につき，現況が一部Ａ図に合致し，一部Ｂ図に合致するという例がある。また，無責任な宅地分譲によるミニ地図混乱地域（437頁）も，公図の一部地域について生じる。

そのような場合も集団和解方式による地図訂正等が実務上認められている。すなわち，一定の広がりを持つ街区と，その範囲内に現地が地図と著しく不整合な地域（セミ地図混乱地域。437頁）があれば，そこが地図混乱地域に指定されておらず，公図の閉鎖のない地域だとしても，その地域内でおおむね前記(2)の要件を満たすときは，地図訂正の申し出を受理するという実務慣行がある。

登記官が，そのような弾力的処理を行う理由の１つには，法務局が地図混乱地域に指定して地図を閉鎖するとその影響は大きく，地域内の取引の不安を招くことにあるという。客観的に前記(2)の要件を満たす限り，そのような取扱いも是認されてよいように思われる。

もっとも，公図が閉鎖されていない一部地域における集団和解の場合，「集団」とは何筆，どれくらいの範囲の地域を指すのか，登記官によって必ずしも一様でないといわれている。難しい問題だが，例えば精度の高い公図において，Ｓ字型の里道やあぜ道が100年も前に直線に改修されている場合などのように，集団和解を認めても不動産登記法や租税法の理念を害するとまでは言えない場合には，分筆・合筆の手続を経ない地図訂正（厳密に言えば地図修正。58頁）を認めてもよいのではなかろうか。

オ　集団和解と地図訂正・地籍調査等・法14条地図作成との関係

例えば，㋐新道が開設され，それを機に新道沿いでは土地の区画・形状が新道に対して長方形となるよう改められたが，地積に変動がないためか，分筆・合筆等の手続が採られていないまま100年以上を経過しているというケースや，㋑換地区域と公図区域との不整合を合意で補正しているケース，㋒かつては公図上も現地もギザギザの鋸状の道路であったが，沿道の建造物の建替え等を契機に100年以上の長きにわたり，順次，直線に改められているケースがある。

それらの場合，集団和解の成立を理由に，①ミニ地図混乱地域として地図訂正ができるのか，②地籍調査の際，修正主義（507頁⑵）を超えているが，なお修正できるのか，③国土調査法19条５項地図作成の際に修正できるのか，④法14条地図の作成の際にはどうか，という問題を生じている。実務は，㋐のケースについては消極，それ以外については「集団和解」の名の下に積極，という印象があるが，果たして整合性があるのだろうか。特に㋒のケースは，100年以上の長きにわたって緩慢に改修されており，最新のものは昨日直線に改修したという例もあるゆえ，集団和解の定義と相容れないように思われる〈16〉。

⒜筆界の記載の当初から誤りがある場合の地図の訂正が，本来の「地図訂正」である。⒝後日の筆界の作り変えによる記載の変更は「地図修正」（地図の変更）〈17〉であって，表示登記・権利の登記の変動なくしては許されない。⒞それゆえに，地籍調査の場合は，修正主義の名の下，地図の修正と同時に，登記所に対し，分筆・合筆のための新たな付番（地図等の変更についての不登準則16条１項本文・４号・５号等）を促した上，現状に適合するように権

〈16〉　土地区画整理事業（土地区画整理法２条１項）により補正するのが筋であろう。
〈17〉　荒堀『Ｑ＆Ａ表示に関する登記の実務（第２巻）』428頁。

利の登記が移転等されることを期待して手続を終える（家庭菜園の事例；518頁【図表6-1】）。そのような不動産登記法の建前に忠実であろうとすると，(a)と(b)の混同は決して許されるものではない。しかし，古来，Ｓ字型であった里道や畦畔を100年以上も前に作り変えてしまっているケースを考えると，不動産登記法や租税法の理念〈18〉に反しないことを前提として，集団和解の名の下に(c)の手順を経ない上記①～④の「地図訂正」を行うことも許される場合があると考えたい。

第３節　分筆・合筆

１　私人による土地分割・併合と分筆・合筆申請

(1)　土地の分割・併合

土地の分割・併合それ自体は，所有者固有の形成権であり（３頁），本人のみが行使でき，債権者その他の第三者がその権限を行使する（分割・併合を約束する）ことはできない〈19〉。土地の分割あるいは併合によって，登記官による分筆登記が実行される以前であっても，所有権界が形成され，あるいは消滅することとなる。

(2)　分筆・合筆の登記申請

ア　申請の法的性質

所有者自身によって土地分割・併合の意思が表明され（すなわち形成権が行使され）た後に，これを原因として登記申請をする行為は，厳密な意味においては「形成的行為」ではなく，あくまで「形成権行使の結果，土地の分割・併合を生じたこと」を登記原因としてその事実を登記官に申述し，分筆・合筆の登記を求める行為（私人の公法行為）にすぎない。分割・併合を生

〈18〉　相続税・贈与税が課税される見込みの土地を集団和解で地図上過小に記載しておき，課税のおそれがなくなった時点で，再度地図訂正を申し立てる例があるという。

〈19〉　甲の所有地の一部を乙が時効取得した場合，乙は甲の意思に反してでも当該一筆地の分筆を代位申請することができるが，それは乙自身が所有権の一部を原始取得した効果であって土地分割権行使の効果ではない。

じてもそれを登記せずに放置しておくことが可能である（26頁３）ことから，分筆・合筆の登記については，その申請を義務付けられたり，申請がなくとも職権で登記されたりすることがないのを原則とする（例外は，後記２(3)ア）という点で，表題登記や地積更正登記その他の表示登記と異なるにすぎない。

イ　分筆に際しての留意事項

原始筆界の復元は，公図等の精度や地形地物をを綿密に調査することにより，ある程度類型的に行える。これに対し，分筆はその時期や所有者の事情，費やした費用等によって千差万別といえるので，その復元は必ずしも容易ではない。分筆の直接の根拠資料は，分筆時に登記所に提出する地積測量図であり，現在では，それのみで現地復元性のある情報の記載が求められている（168頁ウ）。しかし，古い時代の，地積測量図がないか，あっても現地復元性のないものである場合を中心に，紛争を生じた場合の対処に困難を伴うことが多い。

そのため，(1)に述べた土地の分割及び分筆に携わる者としては，①筆界点に永久標識を埋設し，近傍の不動点，基準点等との関連付けを明確にして，万一境界標を亡失したときに，数値情報から筆界を復元できるかを確認する，②法定図面以外にも図面・見取図や写真集等を作成して，５Ｗ１Ｈを織り込んだ記録として関係者が共有しておく，③土地の譲渡に際しては，分筆界を含む筆界情報を譲受人に引き継ぐ義務を相互に確認しておき，境界標の位置の確認や分筆関係書類の引継義務を文書で明定しておくなどの配慮が必要であろう。

(3)　土地の分割等と分筆申請等との関係

上記分割・併合それ自体と登記申請は，法的には別ものである。土地の管理態様という側面から見ると，土地の分割・併合は，権利の性質を変更する私法行為（代理に関する民法103条２号，共有に関する民法251条）である。これに対し，分筆・合筆の登記申請は，既に変動している分割・併合の結果に対応した分筆・合筆の登記を求める公法行為であって，権利の性質の変更に至らない改良行為（民法103条２号）ないし管理行為（民法252条）と見ることができよう（494頁３(2)，同(3)比較参照）。

(4) 「形成的登記」の意味合い

ところで，分筆・合筆の登記は実務上「形成的（創設的）登記」と呼ばれており，その理由は「登記により，登記記録上（法律上）の不動産の個数及び不動産の範囲に変更が生じる」〈20〉という点に求められている。しかし，土地分割・併合の実体上の効果すなわち所有権界の変動は，登記申請がなくとも既に生じている（26頁3）。したがって，「法律上（民法上）」の「不動産の個数及び範囲」は，登記以前に既に変更が生じているはずであり，「登記記録上」（不動産登記法上）の「不動産の個数及び範囲」だけが登記官の登記実行行為により，形成（創設）される関係にある。

(5) 土地分割等と分筆等の淵源

そこで，登記官の筆界形成・創設の権限と，私人の所有権界を創設する自由との関係をどう捉えたらよいのか，どちらがより根元的なものかということが問題となる。観念の遊びみたいに思えるかもしれないが，この議論は，分筆申請の錯誤無効（取消し）を理由とする分筆登記無効の主張が可能かどうかのほか，表示登記・地図等の是正要件についての説明の仕方等に多かれ少なかれ影響してくる。同様に，筆界に関する登記や地図訂正等に対する取消訴訟を許すかどうか，さらには，裁判実務上の「境界確定訴訟」の本質論ともリンクしてくる（後二者については，596頁）。

2　分筆の本質

前記1(5)に述べた登記官による筆界の形成・創設権限の淵源をめぐる問題は，分筆の本質をどう捉えるかという議論として顕著に現れる。実務上，登記官の分筆権限にウエイトを置く考え方（地割権説）と，私人の土地分割の自由にウエイトを置く考え方（権利分割説）に分かれている。もっとも，議論の結論においては，顕著な差異はないように思われる。

(1) 地割権説

法務省内の伝統的な考え方は，分筆の法的性質は，登記官の専権である地

〈20〉 法務総合研究所研修教材『不動産登記法（表示に関する登記）〔第6版〕』（平成18年）14頁。

割権の行使であるとしている。地割権説の代表的見解である枇杷田泰助先生の言葉を引用すると，「土地が日本国土の中で区画（地割）されているのだということがまず公法的に決められて，その土地の上に誰のどのような権利が存在するかが私法的に決められるというのが論理的にも制度的にも正しいと考えますから，土地の所在や筆界は，土地の区画（地割）を管掌する登記所が権利以前の問題としてこれを明確にする責任を負えないでいては，話にならぬと思うのです。」という考え方である〈21〉。

⑵　権利分割説

反対説は，権利分割説と呼ばれている見解で，分筆の本質は，所有者のした権利の分割の効果を登記法の手続で承認するものにすぎないとしている。その論拠は，おそらく，私人が所有地を自由に分割する権利は，近代市民法理に由来する重要な権利であり，分筆登記の申請権は，その従的権能にすぎないというところにあると思われる。「不動産登記法は民法の侍従」という考え方をベースにしているともいえるであろう〈22〉。

⑶　若干の検討

ア　分筆の多様性

分筆には，①一筆地を所有者本人が分割し，それを理由に分筆を申請する場合のほか，②所有者本人が分割し，一部譲渡済みの土地を差し押さえようとする第三者が，本人の手元に残った土地部分を差し押さえる前提として，分筆登記を代位申請する場合，③一筆地の一部を譲渡や時効により取得した者による代位請求（以上，②③につき不登法39条1項，民法423条，不登令7条1項3号〈23〉），④地図作成時に一筆地の所有者の意思確認を経て行う職権分割〈24〉，⑤一筆地内に複数の地目がある場合における職権分割（以上，④⑤に

〈21〉　枇杷田泰助「地図のはなし」法務通信367号（昭和57年）10頁。石井寛明「筆界の特定」登記情報605号（平成24年）7頁も同趣旨か。

〈22〉　分筆申請者提出の図面は筆界を精確に示していないとする裁判例として，東京地判昭和55年12月18日判時1001号82頁，分筆した土地の範囲は，公図によるのではなく，当事者の真意に合致した地積測量図による分筆範囲をもって判定すべきものとする裁判例として，大阪地判昭和57年12月27日判タ496号147頁。これらは机上分筆等，地積測量図の精度が劣る頃の分筆界に関するものといえる。

〈23〉　昭和27年9月19日法務省民事甲308号民事局長回答。

〈24〉　法14条地図作成作業上，必要であれば，土地の一部が溝渠，石垣，柵，塀などで

つき不登法39条２項・３項）など，いくつもの態様がある。

イ　地割権説の妥当性

地割権説によれば，土地の区画（地割）を管掌する登記所が権利以前の問題として区画を明確にする責任を負うため，分筆登記制度を設営しているというものであることから，前記ア①～⑤の態様の分筆が存在することは登記制度の目的に照らし，当然ということになる。

のみならず，登記官によって地割りされた地番及びその範囲（筆界）は不動とされ，私人は上記地番及び筆界を単位として土地取引をし，その結果を権利の登記に反映させていく限り，物権的保護を受けることができることとされている。これらの現行法の仕組みに照らすときは，分筆は不動産登記法上，上記各種の必要を満たすために登記官に付与された専権であるという他はない。

加えて，分筆登記に対して取消訴訟を提起できないとする下級審裁判例（599頁２(1)），さらには，筆界確定訴訟において最高裁が，私人主張の境界（所有権界）は筆界認定の一資料にすぎないとしている（570頁１）ことなど，裁判実務の基底には地割権説の考え方が横たわっているように思われる。

ウ　権利分割説への疑問

権利分割説は，当事者による「権利分割」（すなわち所有権界の形成）及び分筆申請がある場合（前記ア①のケース）に限定して分筆の本質を論じており，前記②～⑤のような所有者の意思に関わりのない分筆登記の理論的基礎を説明できていない。また，前記①のケースについても，土地の分割すなわち所有権界の形成と分筆登記すなわち筆界の形成とを混同した議論をしており，両者は別個独立の法体系に由来すること（３頁１）を忘れた議論であるといわざるを得ない〈25〉。

区画されているなど，土地の管理上，明らかに分筆登記を行うことが相当と認められ，所有権登記名義人等において異議がなければ，職権で分筆登記できる。平成５年７月30日法務省民三5320号民事局長通達第４・１ア。

〈25〉　所有権界と筆界とを峻別する考え方が透徹されていなかった時代はともかく，筆界特定制度の創設（423頁）以降は，両「境界」を同一視するような議論はその基礎を失ったといえよう。いわゆる「境界」確定訴訟の本質論についても同じようなことがいえる（556頁(3)）。

3　分筆申請の適格者等

⑴　登記名義人でない真の所有者による分筆登記申請

分筆登記の申請ができるのは，所有権の登記がない場合の登記記録表題部に記録された所有者及び所有権の登記がある場合の所有権登記名義人である（不登法39条１項)。これら以外の者は，たとえ真実の所有者による申請であっても，申請人としての適格を欠く〈26〉。すなわち，真実の所有者は，所有権界を形成できるものの，筆界の形成を登記官に求めることはできないことになる。

⑵　共有物についての分筆登記申請

共有物たる土地の分割は，共有物の変更行為に当たるため，共有者の全員一致を要する（民法251条)。これに対し，分筆登記の申請は，土地を分割した結果，新たに所有権界が既に形成されているという事実を前提に，これに対応した分筆の登記を登記官に求める公法行為であって，権利の性質の変更に至らない改良行為（民法103条２号）ないし共有物の管理行為（民法252条）と見ることができよう（490頁⑶)。しかしながら先例〈27〉は，分筆申請を共有地分割と同様，共有物の「変更」に当たるとして，その分筆登記は共有者全員で申請しなければならないとしている。共有地の筆界確定訴訟及び筆界特定制度の場合（254頁３）と同様，行きすぎの感を否めない。共有地分割のみが処分に当たると解すれば必要かつ十分であろう。この先例は，後記⑶の実務とも整合性を欠くように思われる。

⑶　相続財産管理人による分筆登記申請

ア　相続財産管理人の一般的権限

相続開始の原因が生じたにもかかわらず，相続人の有無が明らかでないときは，その相続財産は財団を形成し，法人とされる（民法951条)。その相続財産管理人として選任された者は，不在者の財産管理人に準じ，処分権限以外の権限すなわち保存・利用・改良行為については，家庭裁判所の許可を得ることを要しない（民法953条，28条，103条)。

〈26〉　分筆登記手続の過程で登記官が真の所有者を判定するという仕組みは，妥当でないからである。筆界特定手続に関する431頁⑵イと同じ。

〈27〉　昭和37年３月13日法務省民事三発214号民事局第三課長回答。

イ　相続財産管理人による分筆登記申請の適法要件

相続財産管理人が分筆登記申請を行うケースとしては，①相続財産管理人自らが土地分割を行うケース，②被相続人が土地分割をした後，分筆登記の申請をする前に死亡したケースがあり得る。

①のケースは，土地の分割は所有者固有の処分権能であることから，少なくとも「土地分割」を行うには家庭裁判所の許可が必要であろう。その許可さえあれば，私見によれば「分筆登記申請」それ自体は，前述（490頁⑶）のとおり保存行為類似の管理行為にすぎないことから，相続財産管理人は，家庭裁判所の許可を得ることなく行うことができると解される。しかしながら，共有地分割に係る前記⑵の先例は「分筆登記申請」そのものも処分行為と解しているようである。

②のケースでは，分筆登記の申請は被相続人による処分（土地分割）の効果を登記上に反映させる行為にすぎないことから，管理行為（民法103条２号）に該当し，家庭裁判所の許可は要しないと解される。実務上もそのように解釈・運用されているようであるが〈28〉，前記⑵の先例との整合性には疑問が残る（むしろ⑵の先例に疑問があることは，前述のとおり。）。

⑷　同一人所有の筆界不明地を取得した者による分筆申請

甲の所有に属する筆界不明の２筆の土地につき，その土地の一部を取得した乙は，本来であれば，筆界不明の２筆につき筆界特定を申請し（423頁），各土地範囲を明らかにした上，それぞれにつき，甲に代位して分筆申請を行うこととなる。しかしながら，筆界が容易に知れない土地が，本来合筆が相当な土地（不登法39条３項）であれば，そのような土地の筆界を詮索することは無用であることから，乙は甲に代位して，合筆の登記と分筆の登記を申請することができると解されている〈29〉。

〈28〉　登研516号（平成３年）195頁「質疑応答〔7139〕」。なお，荒堀『Ｑ＆Ａ表示に関する登記の実務（第１巻）』54頁も同様に管理行為にすぎないとしているが，上記本文①②のいずれのケースについて論じているのか不明である。おそらく②のみを論じるものであろう。

〈29〉　昭和39年８月14日法務省民事甲2799号民事局長回答。

4　筆界に紛争がある場合の分筆

筆界に争いがある土地の分筆申請に関しては，実務上問題が多い。

⑴　全体測量の原則

分筆申請に際しては，分筆線を明らかにした上，分筆後の各土地の地積測量図を添付しなければならない（不登規78条）。そうすると，分筆前土地の筆界（外枠）の一部にでも筆界未定地がある場合には，分筆後の各筆の地積をすべて明らかにすることはできないので，分筆申請は不適法ということになる。

既に述べたとおり（165頁），1977（昭和52）年10月以降，分筆に際しての測量は土地分割前の土地全体を測量するのを原則とするに至った。残地を測定しなくてもよいとする取扱いが行われていた当時（一部では1993（平成５）年頃まで。167頁注〈124〉）は，残地を過大に申請して地積更正を行い，その結果，第三取得者に不測の損害を与えるなどの不祥事が絶えず，登記の信頼性を著しく損なう事態が多発していた（詐欺取引につき145頁⑹）。その反省に立ち，上記取扱いの変更が行われたものであり，筆界が記載された地図等の精度を確保するためには当然のことであろう。

⑵　例外的取扱い

全体測量の原則は，厳格に貫かれなければならない。しかしながら現実には，残地に筆界が未定の部分があっても分筆を受理せざるを得ない場合がある。すなわち，先例〈30〉は，地籍図（528頁７）上に筆界未定地と表示されている広大な土地（広大地）のごく一部を，市町村が公共用地（道路敷地）として買収し，代位による分筆登記（492頁⑶アの③類型）を嘱託するというケースにつき，提供された関係者の証明書，公正証書等において，当該買収部分が紛争部分に全く関係ないことが証明・図示され，登記官においてもこのことを現地において確認し得るものであれば，便宜，受理して差し支えないとしている。この通達は，公的必要に基づく緊急避難的な事態に対処するものであって，緩やかに解釈されてはならない。

⑶　「特別な事情がある場合」における筆界点の座標値等の記載省略

旧法下においては，分筆申請時に添付される地積測量図（165頁以下）には

〈30〉　昭和47年２月４日法務省民事三発110号民事局第三課長回答。

分筆後の土地のうち1筆（残地）については，求積及びその方法は明らかにしなくともよいとされていた（旧不登準則123条ただし書）。その理由は，分筆前の土地（全体地）は登記情報と地図によって特定されていることから，残地につき求積方法等を明らかにしなくとも全体地の地積から求積方法等が記載されている土地の地積を差し引くことで残地の範囲は特定できるというものである。残地の筆界が未確定であったり，不明確なままであってもよいとの趣旨でないことはいうまでもない。

現・不動産登記法（平成16年6月18日法律123号）の下では前記(1)の原則を厳格に維持するため，残地の求積方法等を省略してよいケースは，一層明確化されるに至っている。すなわち，「特別な事情」があるときに限り，分筆申請添付の地積測量図上において広大な土地部分（残地）の求積方法，筆界点間の距離，筆界点の座標値を記録することを便宜省略できることとされている（不登準則72条2項）。この取扱いは，あくまで分筆前の土地範囲が従前の登記記録や地図等で明確であることを前提としているのであって，残地の筆界が未確定であったり，不明確のままであってよいという趣旨では決してない。

実務では，「特別な事情」として，①広大地のうち，分筆後の土地の一方がわずか，②法14条地図が備え付けられており，分筆前地積と分筆後地積の差が誤差の限度内，③座標値が記録されている既存の地積測量図等の地積と，分筆後の地積の差が誤差の限度内，④道路買収などの公共事業に基づく登記の嘱託が大量一括にされ，かつ，分筆前地積と分筆後地積の差が誤差の限度内，⑤登記官が分筆前の筆界（外枠）が確認できる場合であって，かつ(i)分筆後の一方土地が公有地に面していて境界確定協議・境界明示に長時間を要する，(ii)分筆後の一方土地の隣地所有者が正当な理由なくして筆界立会いを拒否している，(iii)分筆後の一筆地の隣地所有者が行方不明で筆界立会いができない等の事情が掲げられている〈31〉。

登記所の窓口では，上記⑤の(ii)や(iii)を根拠に，「特別な事情」を緩やかに解してほしいとの要求が強いようである。しかしながら，その真意は，残地

〈31〉　平成17年3月4日日調連発373号日本土地家屋調査士会連合会長通知。法務局との確認事項を通知したもの。

部分につき筆界を確定し難い事情があるとか，測量費用がかさむというのが本音のものもあり，残地の範囲を確定しないで済んだ時代への逆戻りを志向し，筆界特定制度の潜脱ともなりかねないことから，これを許してはならない。筆界特定制度の活用を促すのが筋であろう。

5　分筆・合筆の錯誤

(1)　分筆に錯誤があるときの分筆登記の効力に関する一般論

ア　地割権説による（旧来の）説明

地割権説（491頁2(1)）は，分筆は登記官の専権ゆえ，申請時に錯誤があっても分筆登記は無効とはならないとしている〈32〉。地割権説によれば，所有者の区画割（所有権界の形成）を原因とする分筆登記の申請は，登記官に地割権の行使を求めるに際しての資料の提供にすぎない。したがって，登記官は登記申請に添付された地積測量図に従って筆界を形成することを要する一方，申請に際しての申請人の真意がどうであったかは分筆の有効性を左右する理由とはならない。したがって，申請時に錯誤がある場合には，一旦合筆申請し，改めて分筆申請をし直すべきこととなる。

イ　地割権説の補足説明（私見）

旧来の地割権説は，土地分割によって形成された所有権界と，登記官の形成した筆界に不一致を生じたとしても，分筆登記の更正ないし抹消の問題は一切生じないとの論調である。しかしながら，前述2(3)ア①（492頁）の類型，すなわち，土地分割を行ったことを理由とする登記名義人本人による分筆申請の場合には，分筆申請（私人の公法行為）の有効性は，登記官の登記処分に影響を与えないと即断できないはずである。私人の公法行為に錯誤がある場合の効力については，それぞれの行政法規の法意に照らして各別に検討すべきところ〈33〉，当該類型においては，第三者の権利利益に影響を与える分筆登記抹消申請は許容されないが，それ以外の場合には，所有権界と筆界

〈32〉『不動産登記先例百選〔第2版〕』（昭和57年）34頁〔石川隆〕，名古屋法務局事務改善研究会『不動産登記実務の手引・表示編』（六法出版社，平成9年）162頁。

〈33〉最（1小）判昭和39年10月22日民集18巻8号1762頁及びその調査官解説（渡部吉隆「判解」昭和39年度384頁）。

は本来一致すべきであるとの表示登記の原則にのっとり，分筆申請の錯誤を原因とする分筆登記の抹消を認めるのが不動産登記法の法理に照らし，相当であろう。ただし，その場合であっても，筆界は登記官の専権で一旦適法に形成されていることから，地図の訂正は登記官の分筆登記の抹消を経た後に行うべきこととなろう。

ウ　権利分割説による説明

権利分割説は，所有者の真意を反映しない無効の登記と考える。権利分割説によれば，登記官は適式な申請があった場合には，却下事由（不登法25条各号）がない限り，そのまま受理して申請どおりの分筆登記をしなければならない。そのため，申請人の内心的効果意思と分筆登記処分の内容とが異なる場合には，その分筆登記には錯誤があることから，申請主義の原則を採る以上，抹消登記の申請を認めて錯誤の解消を図る必要がある〈34〉。

エ　権利分割説への疑問

権利分割説は，その出発点自体に疑問がある（493頁ウ）。加えて，元来「錯誤」＝無効という意思表示論は，表意者の主観（動機，内心，表示行為）に係る議論にすぎないことから，前記イにおいて他人（登記官）の行為結果まで取り込んで議論していること自体，意思表示の錯誤・無効論と行政行為の瑕疵論とを混同しているとのそしりを免れない〈35〉。また，分筆申請に際しての錯誤は登記申請（すなわち私人の公法行為）に際し申請人の内心に生じた問題にすぎないところ，その無効が当然に筆界登記の無効を招来するということになると，分筆申請に主観的な錯誤がある場合には，いかなる利害関係人が現れたとしても，民法の論理としては，錯誤による分筆登記の抹消を常に承認せざるを得なくなるはずである。例えば，分筆後の一筆地を差し押さえ

〈34〉　民法上の錯誤論をベースに，権利分割説に極めて近い論調を採る文献として，高柳輝雄「分筆錯誤・合筆錯誤を原因とする抹消登記申請の可否」民月34巻11号（昭和54年）３頁。

〈35〉　もっとも，登記関係法令においては，登記記録と客観的事実との間の不一致をもって「錯誤」と表現する例（例えば，不登規16条２項）があることから，「錯誤」の用語自体は誤りとまではいえない。しかし，表意者の内心的錯誤が何ゆえ登記官の行為の無効にストレートに結び付くかについての論証は別途必要であろう。ちなみに，民法の分野では，最（１小）判平成14年７月11日集民206号707頁など，動機の契約内容化構成が定着し，平成29年改正民法95条２項により明文化している。

た者が出現した場合であっても，意思表示の錯誤論を採る限り，分筆無効・差押無効論を貫かなければ議論として一貫しないはずである。ましてや，平成29年改正民法95条２項は，錯誤による意思表示の取消しは，その事情が法律行為の基礎とされていることが表示されていたときでなければできないとしており，権利分割説は民法の解釈論としてすら論拠を失うこととなる。

⑵　分筆錯誤を地図訂正の方法により是正することの可否

ア　実　務

先例〈36〉は，分筆錯誤を地図訂正の方法により是正することは認められないとしている。そして，分筆登記が錯誤を理由に抹消されれば，その時点で地積測量図は閉鎖されることとなる（不登規85条２項２号）。

イ　地割権説・権利分割説からの検討

地割権説によれば，分筆申請者に錯誤があっても筆界は登記官の専権により地積測量図どおりに形成されていることから，登記官によって分筆登記が抹消されない限り，登記官による分筆線記入に問題はないはずで，地図訂正は許されないということになる。

これに対し，権利分割説によれば，分筆錯誤は分筆無効を招来するというのであるから，無効な分筆による地図への筆界の記入も当然無効となり，分筆登記の抹消を経ずして地図訂正の申立てを行うことも可能という論理になるはずである。

そうすると，この点については，実務は地割権説に立って処理されていると考えた方が明快である。

⑶　分筆後，他人の権利登記出現前における分筆登記の錯誤抹消の可否

ア　実　務

最近の実務解説書〈37〉によれば，分筆登記の後に第三者の権利の登記がない限り，錯誤を原因とする分筆登記抹消を認めているとのことである〈38〉。

〈36〉　昭和43年６月８日民事甲1653号民事局長回答。

〈37〉　荒堀『Ｑ＆Ａ表示に関する登記の実務（第１巻）』432頁。同書は，登記実務は権利分割説に立っていると説明している。

〈38〉　合筆に係る申請手続の錯誤についても，合筆後に合筆登記の申請人からの申請に基づく新たな登記がされていない限り，錯誤による抹消登記を認めても差し支えないとする見解として，荒堀『Ｑ＆Ａ表示に関する登記の実務（第２巻）』87頁。前掲

イ　地割権説からの検討

分筆錯誤という概念を認めない旧来の地割権説に立つとき，実務上一定範囲で分筆錯誤の申立てが認められていることの説明に窮することになる。この点につき，旧来の地割権説に立つ枇杷田先生は，「登記により公法上，分筆の効果が初めて生じると考えるべきでしょう。だから，分筆錯誤というのは本来おかしいと私は思いますが，所有者の意思と違う場合に，もういっぺんやり直して，合筆して分筆するというようなことをやるのは登記経済上問題があるから便宜，分筆錯誤という形でやるのも実務的な知恵かもしれません。しかしそれは一種の中間省略的な便宜措置にすぎないので，分筆錯誤という先例があるから，だから地割権説はおかしい，というのは，その方がおかしいのではないか〈39〉」と述べておられる。

しかしながら，本人により土地が分割（所有権界が形成）され，それを反映した筆界形成を登記官に求めるという分筆類型（492頁(3)ア①類型）の場合，分筆は登記官の専権ではあるが，分筆申請という私人の公法行為に瑕疵（錯誤）があることの効果として，登記官は分筆抹消が他に影響を与えない限り，分筆登記の抹消処理を行う義務を生じるといえよう（前記498頁５(1)イ)。このような考え方（言わば修正地割権説）は，所有権界と筆界の一致という不動産登記法の理念に沿うものである。

ちなみに，東京高判昭和59年10月30日訟月31巻７号1487頁は，土地台帳の分筆の登録及びこれに応じた分筆の登記がなされていても，その分割線が全く不明な場合は，分筆後の各土地が特定されないから，その分筆の登録及び登記は無効であるが，このような場合のじ後の処理としては，その所有者が同一である限り，分筆を無効として申請により合併するか，又はそのうちの一筆の土地を不存在として登記官が職権により滅失に準じた登録をして土地台帳を除却し，他の一筆の土地については地積の変更の登録をすることができるとしている。

注〈36〉昭和43年６月８日民事甲1653号回答はそこまで明言していない。
〈39〉　枇杷田泰助「地図のはなし」法務通信367号（昭和57年）25頁。

ウ　権利分割説からの検討

錯誤を原因とする分筆登記抹消を認めているとのことであれば，その取扱いは，錯誤の表意者保護の理念は第三者の権利を侵害する場合であっても貫かれるのであるから，分筆登記の後に第三者の権利の登記があっても分筆抹消を認めなければ一貫しないはずである。ところが登記実務〈40〉は，一定の場合に錯誤を理由とする分筆抹消を許していない。

前記イの修正地割権説の方が優るといえよう。

(4)　抵当権等の登記ある土地に係る分筆登記の錯誤抹消の可否

ア　実　務

抵当権など所有権以外の権利の登記がある土地について誤って分筆登記がされたが，分筆前の状態に復元するには合併禁止規定（不登法41条６号）に抵触することになり，通常の手続では分筆前の状態に復元することが不可能な場合には，便宜，分割錯誤を認めている〈41〉とのことである〈42〉。

イ　地割権説・権利分割説からの検討

旧来の地割権説によれば，まさに「便宜」的措置ということになる。その他，前記(3)で検討したところと同じである。私見（修正地割権説）は分筆申請の瑕疵を理由に分筆登記を抹消すべき１つのケースということになる。権利分割説は申請無効の一態様ゆえ，当然に分筆抹消を認めるべきということになろう。しかし，平成29年改正民法95条２項の下では，登記所に提出された記録それ自体から錯誤が明確でない限り，申請錯誤の議論すら成り立ち得ないこととなる。

〈40〉　根抵当権設定登記のある土地の分筆申請のケースにおいて，分筆後の一部土地については根抵当権を消滅させる旨の承諾書を添付して，分筆登記がされた後においては，当該土地の分筆が錯誤であったとして，分筆抹消を求めることは許容されていない。登研380号（昭和54年）83頁「質疑応答〔5678〕」。分筆後の一筆地につき差押登記があった場合も，分筆錯誤・差押登記無効の主張は許していないであろう。

〈41〉　昭和38年12月28日法務省民事甲3374号民事局長通達は，抵当権設定登記のある土地についてなされた分筆登記につき，錯誤を原因とする分筆登記の抹消を認めている。

〈42〉　林良平ほか編『不動産登記の基礎』（青林書院新社，昭和51年）249頁〔清水勲〕。

第６編

地籍調査

第１章

地籍調査の目的

１　沿　革

⑴　明治期の地租改正事業における筆界の形成と地図の作成

これまで述べてきたとおり，筆界の起源は，不動産表示登記制度の前身としての地租改正事業に遡る（89頁）。

地租改正から表示登記制度の確立に至る潮流は，徴税目的による一筆地把握の必要と，その集合図としての地租改正地引絵図（改租図）（93頁⑷ア）の調製，その延長としての土地台帳制度（174頁５）から表示登記制度へ（117頁２）という流れであり，言わば財政地籍というべきものである（107頁２⑴）。

⑵　明治期の地籍編纂事業

前記⑴の流れとは別に，明治初年以降，国土保全の理念に基づき筆界を調査し，その成果を地図等のかたちで残してきたという潮流がある。国域を守り邦境を堅固にするために地籍編製地籍地図〈1〉を作成するという地籍編纂事業（186頁）の流れであり，民事地籍に通じる。

この流れは，前記⑴と異なり，明治年間に一旦途絶え，第二次世界大戦後，新たな国土調査事業の一環として事実上，復活することになる〈2〉。

⑶　地租改正事業と地籍編纂事業における筆界の位置付け

地租改正を契機に作成された上述の地租改正地引絵図（改租図）等が徴税のために作成されたものであることから，①自己所有地を過小に申告することが横行し，②地目と地積の把握に力点が置かれ，課税価値の低い土地に係る作図には，筆界に重大な関心が払われなかった上，③国有地・公有地の把握は，なおざりにされたという経緯がある（95頁）。

〈1〉　戦後の地籍調査の成果図たる「地籍図」と区別するため，本書では「地籍地図」と略称する。

〈2〉　鮫島『日本の地籍』29頁以下。

これに対し明治期の地籍編纂事業における地籍調査にあっては，紛争を予防することが目的とされたこと〈3〉から明らかなように，官民を問わず，各所属地の境界を明確にすることに力点が置かれ，国有地・公有地も詳細に調査することが予定されていた。この地籍調査が目論見どおりに実行されて，その成果たる地籍地図が作成されていれば，今日ほど境界紛争が多発することはなかったであろう。

しかし地籍編纂事業は，政府にとっても市町村にとっても目先のメリットが少ないことから，挫折していく。そのため，前記(1)の地租改正地引絵図（改租図）そのものが地籍地図に流用されてしまったり，地籍地図自体が作成されずに終わったりして，結局，明治23年6月に中断してしまうことになる。

2　国土調査法に基づく地籍調査

(1)　現行の地籍調査における筆界調査の目的と機能

第二次世界大戦後，我が国は，狭い国土に高い人口密度を抱えることとなり，国土を正確に把握し，効率的に利用する必要が謳われるに至った。その目的に資するべく国土調査法（昭和26年6月1日法律180号）が制定され，久しく途絶えていた地籍調査制度の理念が復活することとなった。地籍調査の目的は「地籍の明確化」〈4〉にあり（国土調査法1条）。そのため，地籍調査では「毎筆の土地について，その所有者，地番及び地目の調査並びに境界及び地積に関する測量を行い，その結果を地図（地籍図）及び簿冊（地籍簿）〈5〉に作成すること」（同法2条5項）を行う。

地籍図は，一筆ごとの筆界点を測量した成果を縮尺250分の1～5,000分の1で表している。図郭は25cm×35cmごとに区画して定められる（平成14年地籍調査準則40条）〈6〉。そのため1枚の地籍図には複数の市町村界や字界等の行政

〈3〉　明治7年12月28日内務省達乙84号には「官民ヲ問ハス各箇所属地ノ境界ヲ明ニシ人民ヲシテ遂ニ訴ナカラシムヲ要領トス」と定められていた。

〈4〉　もっとも，国土調査法（昭和26年法律180号）制定当時には，この目的は明記されておらず，明文化されたのは，昭和32年法改正時である。

〈5〉　一筆ごとの土地の所在，地番，地目，地積及び所有者の住所・氏名等を記載したものであり，その様式は，不動産登記法による土地登記簿の表題部と同じ。

〈6〉　法務局作成の法14条地図も同一の図郭で作成される（不登準則12条2項・別記第

界が混在することもある。地籍図において筆界は，基本三角点を基に地球の緯度・経度に関連付けた公共座標値で表されているため，仮に現地における筆界が災害等で不明になっても，その筆界を現地に復元することが可能となる。

そのように境界も調査の対象になっていたにもかかわらず，明治期の地籍編纂事業における地籍調査は，境界を明らかにして紛争を予防することを明快に掲げていたのに対し，国土調査法に基づく地籍調査は，そこまで明言していない。「国土調査が実態調査を主旨とすること」に加え，「その他裁判権等との関係をも考慮して」筆界紛争解決機能を国土調査法には謳わなかったのだという〈7〉。

しかしながら，実際には今日まで国土のおよそ半分について地籍調査が実施され，その成果として作成される地籍図及び地籍簿の写しは，1957（昭和32）年以降法務局に送付され，法14条地図として活用されている（528頁9）〈8〉。とりわけ1988（昭和63）年以降に実施された地籍調査の成果は数値法（117頁）によるいわゆる数値測量によるものとされ，現地復元能力が高いことから，国土調査は筆界把握のための重要なシステムとして機能し，事実上，相当程度の紛争予防機能を果たし，さらには，取引安全や公共事業の効率化，災害復旧の迅速化に大きく寄与しているといえよう〈9〉。

(2)　地籍調査に係る修正主義の採用

国土調査においては，もともと存在していた筆界（18頁）を現地で再確認した上で，登記所備付け図面と対査し，同図面の歪みや不精確さを修正することが主たる目的とされている。これを修正主義という〈10〉。

すなわち，地籍調査においては，関係土地所有者らの立会いの下に登記所

11号様式)。

〈7〉　経済審議庁国土調査課編著『国土調査・土地及び水の基礎構造』(昭和29年) 4頁。

〈8〉　法務局の登記官は，筆界の形成・認定それ自体を職務としているものの，人員と予算の制約から法14条地図を自ら作成することは著しく困難であるため，地籍調査の成果に頼らざるを得ない現状にある。

〈9〉　鮫島『日本の地籍』112頁以下に，実例が紹介されている。なお，登記基準点の設置作業にも同様の効果がある。本書118頁３(1)。

〈10〉　鮫島『日本の地籍』82頁，前田幸保「地籍調査における一筆地調査(上)」登研765号（平成23年）６頁。

備え付けの図面（主として和紙公図）に基づいて作成された調査図素図に基づいて，毎筆の土地についてその所有者，地番，地目及び筆界の調査を行い（地籍調査準則23条）その調査図素図の表示が調査の結果と相違しているときは，調査図素図の当該表示事項を訂正し又は修正して調査図を作成するとされ（同条3項），修正主義が採用されている。

⑶　修正主義を採用する理由

修正主義が採用されているのは，仮に現地の占有界をありのままに地図に引き写すことを地籍図作成の目的とするならば，その成果は，登記記録と必ずしも整合しないこととなる。他方，不動産取引は不動産登記情報を基礎として行われていることから，登記記録を無視した地図を作成することは，かえって取引活動を混乱させ，妥当でない（518頁イ）。そのため，登記情報と一体として活用されている公図（広義。130頁）を基に調査図素図を作成し，それと関連付けて表示事項を訂正し又は修正して調査図（完成後は地籍図）を作成することとしたのである。

⑷　創設主義（現況主義）の立法例

登記記録上の筆界とは無関係に，現在及び将来の権利関係・利用関係に合致した筆界を直接創設する立法例を，実務上，創設主義と呼んでいる〈11〉。土地改良図（土地改良法54条）や，土地区画整理図（土地区画整理法104条）など換地処分によって創設された筆界（後発的原始筆界）を表す地図作成例がこれに該当する。

⑸　初期における現況主義との混同

前記⑵のとおり，地籍図作成において創設主義（現況主義）は採用されていない。そのため，分筆・分合筆等の登記的処理が行われないままに旧来の原始筆界を改変することは許されない。そのため原始筆界それ自体を改変するためには，前記⑷の立法を待たなければならない。

しかし，昭和26年発足時における地籍図は，河川等の地形や農作物の種類なども記載した土地利用図的色彩の強いものであった〈12〉。昭和32年改正法

〈11〉　前田幸保「地籍調査における一筆地調査（上）」登研765号（平成23年）6頁。
〈12〉　鮫島『日本の地籍』82頁。

によって地籍調査の目的が地籍の明確化にある旨明記された後も，「国土の実態を科学的……に調査する」との国土調査法１条の目的を調査担当者が誤解したためであろうか，かつては地籍調査としての地図作成が「実態」（ありのままの現況）を書き表すことだと誤解し筆界を前記(4)の後発的原始筆界さながらに作り変えて表記した例が少なからず存在したようである（その実例は535頁２）。

さらに，登記と地籍図とで筆界の判定作法が事実上異なること（107頁４款）が，この問題を増幅している。

(6)　地籍調査の効用――真の筆界との関係

地籍調査の成果である地籍図は，筆界を改変するものではない（18頁）。しかし公図の歪みや曖昧さ，不精確さを補正する価値は極めて高い。

特に，筆界に争いがある場合，あるいは調査担当者が不合理と認める場合（520頁(4)）には，地籍図上「筆界未定」となるのが原則であることから，地籍図（最終的には法14条地図として取り扱われる。）に筆界が記載されていれば，他に特段の事情がない限り，記載の位置に争いのない，あるいは合理的な根拠のある筆界が記載されている〈13〉との事実上の推定が働く。そのため，地籍図作成によって，筆界が容易に復元され，しかも取引安全に資することとなる。

その推定は，「真の筆界は別の位置にある」という立証がされれば覆るものではあるが，その立証がない限り，筆界確定訴訟を司る裁判所も，当該争いのない筆界をもって新たな筆界と判断すべきこととなろう。

〈13〉　推定の重要な根拠には「争いがない」ことがある。それゆえ地籍調査の成果を急ぐあまり，当事者の手続参画権（520頁(4)ア）を軽視することは厳に慎まなければならない。

第２章

地籍調査の一般的手順

１　地籍調査の一般的手順

地籍調査においては，毎筆の土地について，その所有者，地番及び地目の調査並びに境界及び地積に関する測量を行い，その結果を地図及び簿冊に作成する（国土調査法２条５項）。その一般的手順については，地籍調査作業規程準則（地籍調査準則と略称）及び同運用基準（地籍調査運用基準と略称）に詳しい。地籍調査のうち，筆界の調査に係る手順の概要は以下のとおりである。

２　国による基本調査

(1)　四等三角点の設置

測量の基準点には，国土地理院が基本測量として設置している，国の骨格的な測量の基礎となる国家基準点（一等～三等三角点等）がある。しかし，地籍調査において行われる測量では，位置の基準とするために，さらに細かい基準点の設置・測量が必要となる。そのため，国土調査法に基づき国土地理院が基本調査として基準点測量を実施し，四等三角点を設置している。四等三角点は，市町村等の要望に基づき，地籍調査実施予定地区に原則として地籍調査の前年度に設置される〈1〉。選点場所には，土地の所有者・管理者の承諾を得て，標識を設置する。四等三角点の場合は，御影石（花崗岩）の柱石が主に使われるが，金属標による四等三角点も設置されている。

得られた測量成果は，成果表，点の記等に整理され，後続の地籍調査に活用されるとともに，他の利用者にも提供される。成果表は基準点の位置情報が記載されたもので，点の記は三角点などの基準点までの経路，所在地等が

〈1〉　国土地理院のウェブサイト（地理空間情報ライブラリー。平成30年４月１日現在）によれば，四等三角点は，都市部では約１㎢に１点，山村部では約４㎢に１点が設置されており，これまでに累計で70,000点以上の四等三角点が設置されている。

記載されている。

⑵　補助基準点の設置

市町村等（国土調査法２条１項３号）が行う地籍調査は自治事務であるが，その負担は大きく，進捗率が上がらない一因となっている。その負担の軽減により地籍調査の更なる促進を図るべく，2010（平成22）年度からは一部の地域において国による補助基準点の設置が行われている。それにより四等三角点の設置に加え，より高密度に（基準点間の距離が短くなるように）基準点が設置されることとなる。

⑶　都市再生街区基本調査

2004（平成16）年度以降，実施が特に遅れている都市部での地籍調査を推進するため，都市再生街区基本調査が強力に推し進められている。街区外周の屈曲点を含む濃密な街区基準点網の整備を主眼としている。後（543頁⑷）に項を改めて説明する。

3　市町村等による事業計画の策定

⑴　事業計画の策定・公示

市町村等は，国土調査事業十箇年計画〈2〉に基づき，地籍調査の実施計画及び作業規程を作成し，都道府県知事に届け出て，知事はその実施計画等を公示する（国土調査促進特別措置法３条１項，４条，国土調査法６条の３，６条の４，地籍調査準則９条等）。

土地改良事業及び土地区画整理事業に基づき作成され，法14条（旧17条）地図（116頁）に指定された地図の地域は，改めて地籍の明確化を図る必要がある地域を別として，事業計画との関係では実施済みとして取り扱われる（地籍調査運用基準４条１項）〈3〉。

⑵　住民説明会

事業計画を策定すると同時に，地権者に対する説明会を開催する。そこでは，調査地域，着手時期，境界標の設置等について説明が行われる。

〈２〉　2018（平成30）年時点では，第６次。
〈３〉　昭和56年５月26日国土庁国土国198号土地局長通達。

４　一筆地調査の概要

⑴　準備作業（筆界案等の作成及び単位区域界の調査）

市町村等は，実施区域の事前調査を行い，地籍調査を行おうとする地域の範囲を実地にて概定する（地籍調査準則14条）。

さらに，登記所地図（後記⑵ア）の他，地積測量図（163頁２），官民境界を示す官民土地境界図（180頁３），道路台帳附属図面（182頁⑵）等の既存図面を収集・整理した上，土地登記名義人等の協力を得つつ，できる限り後記⑶の現地調査の前までに，事前調査の結果から推定される筆界点を復元測量によって現地で特定して，筆界案を策定する〈4〉。

その際，市町村側が主張する外沿線（いわゆる主張線）をも作成する。主張線策定のとき，道路台帳附属図面記載の境界が筆界でなく，道路区域界あるいは公物管理界にすぎない場合も多い（29頁４節）ので，これを筆界と勘違いしてはならない。復元測量に際しては，市町村界や道路や公共用悪水路等の位置すなわち骨格となる筆界点を財産管理者及び隣地所有者等の立会いを求め，それらの者の同意を得て，分岐点，屈曲点その他必要な地点に境界標を設置する。なお，市町村界のうち，宅地の乱開発や山林の違法伐採等で筆界が明瞭でなくなっているものについては，和紙公図その他の原資料を基に慎重に筆界を復元する必要がある。

関係者の同意が得られないときは，調査図素図の当該部分に「境界未定」と朱書しておく（地籍調査準則22条）。

また，現地には，標札（土地所有者氏名・名称，地番，地目を記載したもの）及び筆界標示杭を設置する。数筆の筆界「標示杭」のうち，周辺の土地の特定に有効なものを筆界「基準杭」とし，永続性のある標識を設置するものとされている（地籍調査準則21条。67頁２⑴）〈5〉。

市町村によっては，前記の工程において，土地家屋調査士等との連携により，筆界点の座標データ等を入手して地籍のデータ整備を推進している〈6〉。

〈４〉　もっとも，都市部以外では復元測量を行っていない例もあるという。
〈５〉　これに対し，通常の筆界「標示杭」については，永久的な標識を設置するように努めるものとしているにとどまる（地籍調査運用基準11条１項）。
〈６〉　国土調査ワーキンググループ最終報告（平成16年８月）。

⑵　調査図素図等の作成

ア　原則的な手順

一筆地調査は，調査図素図，調査図一覧図及び地籍調査票を作成して着手する（地籍調査準則15条）。調査図素図は，調査の単位区域を区分した部分ごとに，登記所地図すなわち，法14条地図（同条１項地図）又は公図（同条４項の地図に準ずる図面）を複写し，これに登記記録から，土地所有者の氏名・名称，地番，地目等を記載して作成する（地籍調査準則16条）。市町村保管の土地課税台帳等を用いて作成することもできるが，その場合は登記所地図との照合を要する（同条３項）。

調査図一覧図は，調査図素図の接合関係を示す図面であり（地籍調査準則17条），現地調査後は調査図綴りにつづり込まれて，調査図の索引の役割を果たす。

地籍調査票は，毎筆の土地について，登記簿に依拠して作成し，地番区域ごとに，地番の順序につづり，表紙を付し，これに土地の所在，最初の地番及び最終の地番，簿冊の番号等を記載する（地籍調査準則18条）。

イ　地図空白地域における調査図素図の作成

登記所地図がもともと作成されていない地域や，災害等で登記簿が滅失した地域がある。その場合は，管轄登記所と協議の上，土地登記簿の記載や市町村保存の地図，空中写真等に基づいて作成することとされている（地籍調査運用基準８条２項）。

ウ　地図混乱地域における調査図素図の作成

地図混乱地域（151頁）については，登記所を含む関係機関と十分に協議を重ねた上，①登記所において地図混乱地域に指定して地図の閉鎖手続を経た後に，上記イの地図空白地域に係る地籍調査運用基準８条２項に準じた手続を行う，②形式上，いわゆる集団和解方式による地図訂正手続（485頁４）を地籍調査の手続とは別に行い，地図が現況と符合する形に修正されるという段階を踏んで，地籍調査の成果とするという方法が考えられている〈7〉。

〈７〉　前田幸保「地籍調査における一筆地調査（上）」登研765号（平成23年）11頁。

⑶　現地調査の実施

現地調査では，調査図素図に基づいて，毎筆の土地について，その所有者，地番，地目及び筆界の調査を行う（地籍調査準則23条１項）。その際には，対象となる土地の所有者等の立会いを求めるとともに，その経緯を地籍調査票に記録する（同条２項）。また，調査図素図に調査年月日を記録するとともに，調査図素図の表示が調査の結果と相違しているときは，当該表示事項を訂正し又は修正しその他調査図素図に必要な記録をして調査図を作成する（同条３項）。

⑷　地番・地目等の修正主義に基づく補正準備

ア　登記官による職権分筆・合筆（基礎知識）

登記官は，①１筆の土地の一部が異なる地目になっていたり，法14条地図作成に際し，②塀などの構造物等で明確に区分できている土地について所有権登記名義人等に異議がないときは分筆でき，同様に，③隣接する土地で字・地目・所有者が同一であり，所有権登記名義人等に異議のない場合には，他に支障がない限り，合筆できる（不登法39条２項・３項。492頁⑶ア）。これらはいずれも登記官が職権で行うことができる。

イ　地籍調査担当者が上記事由を発見したとき（修正主義の実行）

毎筆の土地について登記記録に基づいて地番を調査する。その際に，上記アの事由その他の職権登記事項を発見したときは，地籍調査担当者は，その成果を記録にとどめておく必要がある。すなわち，土地の分割又は合併があったものとして調査する必要がある場合等（国土調査法32条，地籍調査準則24条～26条）の他，例えば，めがね地（257頁注〈10〉）を発見したときは，付番のない土地部分が①分割により新たに区画された土地である場合には飛び地分割としての処理を行い，②同一所有者であることから地番の記入を省略しただけの場合は，新しく表示登記をすべき土地として処理すべきことになる。その他，法務局の登記記録（登記簿）や公図等に照らして，地番が重複していたり，逆転している等の誤りがある場合，さらには新規登録地を発見した場合など，地番を変更するのを適当とする場合等で所有者の同意がある場合には，仮に地番を付しておく〈8〉。あるいは，調査した地目と調査図素図の地目とが異なる場合には，その変更の年月日を調査し調査図素図に記録しておく（地籍調査準則29条，31条～36条）。地番や地目は，元来，法務局が定めるものであることから，地籍調査においては，まず仮地番を定めるなどして，地籍調査の結果を法務局に送付し，法務局による表示登記の職権変更を待つこととなる（代位登記申請につき後記エ）。

実務上問題となるのは，宅地に隣接する野菜畑や藪，わずかな私道等を宅地から分離して別の地目とすべきか否かであるが，登記実務と同様，これらのものは宅地と一体としてその一部をなすものとして処理すべきこととされている。

ウ　土地所有者の同意の要否

上記のいずれの処理についても土地所有者の同意が要件とされているが，一筆地の一部が別地目となっている場合（不登法39条２項）には，土地所有者が長期不在で同意を得ることができない場合には，地籍調査票（地籍調査準則18条）にその旨を明らかにして分割の調査をしてよいとされている〈9〉。元来登記官が土地所有権登記名義人等の同意を得ることなく進めることができる作業だからである〈10〉。

なお，分割又は合併があったものとして調査する場合における土地所有権登記名義人等の同意権者の範囲は，登記実務における立会・承認の適格者（226頁）と同一と解される。

エ　代位登記の申請

市町村等は，土地の合併があったものとして調査を行う場合において必要があるときは，所有権登記名義人等に代位して，①所有権登記名義人等の氏名・名称・住所の変更・更正登記，②所有権保存登記，③相続による移転登記を申請することができる（国土調査法32条の２）。これらはいずれも現登記の

〈8〉　仮地番の付番は，昭和32年10月24日経企土179号経済企画庁総合開発局長通達に従う（地籍調査運用基準16条）。その手続の詳細については，前田幸保「地籍調査における一筆地調査（中）」登研766号（平成23年）44頁以下。

〈9〉　昭和32年５月18日経済企画庁調整官回答。

〈10〉　土地所有権登記名義人等が調停手続で合意しても，地番付替えの更正登記申請をすることはできない。平成４年12月10日法務省民三6951号民事局第三課長回答。

正確性を高めるための保存行為にすぎない。これに対し，売買・交換や時効取得があった等の特定承継に係る登記（権利の登記）は，私的自治に委ねられており，表示の登記とは手続要件に違いがあることから，市町村等が代位登記を申請することは許されない。それを逸脱した結果となるのが，後記5(3)イの例である。

(5)　長狭物の調査

道路，運河，用悪水路，堤防，みぞ，導水管，送水管，排水管，鉄道線路，軌道又は河川等の施設の敷地（以下「長狭物」という。）が相互に交さする場合には，その交さ部分がいずれの長狭物として表示するのかという問題がある。法令や慣習がない場合については，例えば，河川と道路又は鉄道線路とが交さする場合には，河川とする等，地籍調査準則28条に判断基準が示されている。

(6)　筆界の調査

筆界についての一筆地調査（現地調査）は，筆界は目に見えない存在であり，しかも境界が多様であるのに，担当者が必ずしもそれを正解していないため，多くの困難を伴う。以下に項を改めて詳述する。

5　一筆地調査（各論的諸問題）

(1)　概　要

現地調査は，調査図素図に基づいて，おおむね土地の配列の順序に従い，1筆ごとの土地について，土地所有者その他の利害関係人又はこれらの代理人の立会いの下に，所有者，地番，地目，筆界をそれぞれ登記記録と対査しつつ調査して行う（地籍調査準則23条）。一筆地調査は，従前，市町村等の職員が主体となって実施してきたが，平成15年以降，土地家屋調査士等の専門技術者を活用して外注の方法により調査を実施できることとなった〈11〉（なお，法務局の協力につき，545頁(6)参照）。

筆界の調査に当たっては，慣習，筆界に関する文書等を参考とし，かつ現地において，土地の所有者その他の利害関係人又はこれらの代理人による位

〈11〉　平成15年4月1日国土交通省国土国504号土地・水資源局国土調査課長通知。

置確認を行う（地籍調査準則20条，30条1項）。

以下に，筆界調査についての手順を略記する。

(2)　立会・承認の適格を有する者

筆界調査においては，相隣接する一筆地所有者又はその代理人の立会いを求め，さらに必要に応じ借地人や道路対側地の所有者など利害関係を有する者の立会いを得て実施する。

この筆界調査手続における立会いの法的地位は，登記官による筆界認定（481頁）及び筆界特定（423頁）とその本質において同じである。すなわち第一に，地籍調査担当者には，当該一筆地の真の所有者が誰かという実質的調査権はない〈12〉。したがって，立会適格を有する所有者とは，「所有権登記名義人等」（不登法123条5号）でなければならないと解される。

第二に，立会適格を有するのは，筆界の位置が地籍図ひいては法14条地図に明記されることにつき，事実上最も強い利害関係を有する土地所有権登記名義人等でなければならない。それゆえ，地籍調査準則23条が「土地の所有者その他の利害関係人又はこれらの者の代理人」の立会いがあれば足りるとして，あたかも所有者以外の賃借人や抵当権者等ないしその代理人でも立会適格を有するかのように規定しているのは，疑問である。最低限，相隣地の土地所有権登記名義人等又はその代理人（225頁4）の立会いを求め，必要があれば適宜，借地人その他の利害関係人又はその代理人に立会いを求めるとの趣旨と解される〈13〉。ましてや地元代表が立ち会えば土地所有者が立ち会えなくてもよいとする一部地域の慣行は，（後記(4)アのような）特段の事情がない限り違法であろう。

(3)　筆界調査の目的と限界

ア　筆界調査の目的

筆界は，地租改正時もしくはその後の分筆・合筆時に形成された後は，不動のものである（18頁）。一筆地調査の際の筆界調査は，そのような「不動の

〈12〉　経済審議庁国土調査課編著『国土調査・土地及び水の基礎構造』（昭和29年）84頁。

〈13〉　前田幸保編『地籍調査〈一筆地調査関係〉事例問答集』〔平成15年版〕118頁問94は，本書と同趣旨と推測される。

筆界」が，現地のどこにあると相隣地の所有者が認識しているか，さらにはその認識が合理的か否かを調査することを目的とする。具体的には，和紙公図等の登記記録に描かれている筆界が，現地のどこにあるのかを復元して，当該公図等の精度を検証しつつ，①相隣地所有者間で認識の一致をみた筆界が合理的なものと認められれば，その結線情報を成果とする。②復元の結果，土地の権利関係ないし利用関係に変動があることが判明すれば，その変動に応じて，土地の分割・合併があったものとして結果を記すこととなる。

イ　修正主義の限界

前記ア②の変動がある場合，地図（地籍図）の書換えにより売買や交換等の権利変動登記の効果まで生じさせることは，権利の登記と表示の登記を峻別する不動産登記法の体系に反するので許されない。このことは，前述1章2(2)（507頁）のとおり，一筆地調査においては，調査図素図（登記所備付けの地図）の表示が調査結果と相違しているときは，調査図素図の当該表示事項を訂正し又は修正して調査図を作成するとされており（地籍調査準則23条3項），現況主義でなく修正主義を採用していることからも明らかである。

【図表 6-1】

園芸用地の譲渡を発見したとき
→1番の2分筆＋2番への移転登記をしないままに，地籍図上直線をクランク型に訂正＋1番減歩・2番増歩の処理で済ませてよいか。

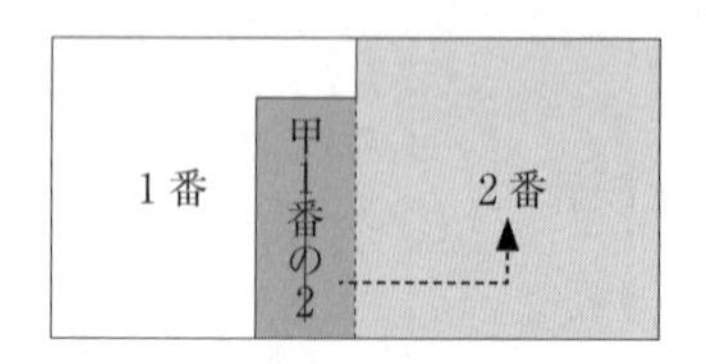

例えば，一筆地調査の時点で，**【図表 6-1】**のごとく，1番地（登記簿上も実測も500㎡）の所有者Aが隣接する2番地（登記簿上も実測も500㎡）所有者Bに庭先での菜園スペースとして甲部分100㎡を譲渡していたが未登記であったとする。その場合，地籍調査の成果として，①1番地を400㎡に減歩，②2番地を600㎡に増歩，③1番地と2番地の筆界を従前の直線から甲部分譲

渡後のクランク型に修正する，との措置をする事例が少なくない。しかし，この事案では元来，権利の登記として（申請主義の下で）甲部分の分割（それに伴う地図の修正・地図の変更，58頁）・所有権移転登記手続が実行されなければならず，それをせずに表示登記（職権主義）のみで権利移転登記の効果を生ぜしめることはできない。誤って①〜③で処理した場合，甲部分については，権利移転の登記が未了なのだから，Ａが１番地を第三者Ｃに売却した場合，（甲部分につき二重譲渡となっているゆえ）Ｂは甲部分を失うこととなってしまう〈14〉。要するに，修正主義は，不動産表示登記の枠組みを超えるものではなく，その処理を誤ると将来の不動産取引に混乱を招き，一般国民（事例のＢ）に不測の損害を生ぜしめるおそれすら生じる。それゆえ，上記設例は，現況をそのまま地籍図に記載してしまう「悪しき（不適切な）現況主義」の顕著な一例といえよう。

上記の設例の場合は，甲部分につき，土地所有者の同意を得て土地の分割があったものとして調査する（国土調査法32条，地籍調査準則24条）にとどめ，後日の権利移転登記を待つこととなる〈15〉。

ウ　筆界調査と集団和解

地籍調査は修正主義による手続ゆえ，例外的に現況主義によることができるのは，いわゆる集団和解の要件を満たす場合（513頁４⑵イ（地図空白地域）及び同ウ（地図混乱地域））に限られている。

しかし実務では，相隣地所有者の認識が一致した場合のみ土地の筆界標が打設されることを原則としていることから，あたかも当該地域内の当事者の合意に基づいて筆界の位置を決定するかのような外観を呈するが，一筆地調査は決して筆界を話合いなり協議によって決定するための手続ではない。

ところが，実務では，地籍調査への住民の協力を求めるあまり，住民説明会において紛争予防・解決効果を過度に強調したり，あるいは「筆界未定」を減らしたいという思惑もあいまって，筆界調査の場においては，かなり多くの場合，地域内のすべての民有一筆地相互間の筆界についての和解の場で

〈14〉　同旨・前田幸保「地籍調査における一筆地調査（中）」登研766号（平成23年）27頁。

〈15〉　前田幸保「地籍調査における一筆地調査（中）」登研766号（平成23年）49頁。

あるかのような説明を行っている場合もあるようである。しかし，担当者は，筆界調査には合意どおりに筆界を確定する法的効果はなく（530頁1(1)），ましてや地籍調査による地図作成それ自体の成果として売買・交換などによる権利変動を生じる余地はないことを強く認識しなければならない。

同様のことが，国有地・公有地である道路・河川敷等と一筆地間の筆界調査についてもいえる。一筆地調査の際に，たとえ道路・河川等の公物管理者と当該公物と隣接する一筆地所有者の立会いを求めたとしても，当然には財産管理型の官民境界確定協議（33頁，410頁）の効力を有するものではない。ましてや財産管理権を有しない公物管理者が地籍調査に立ち会ったとしても，筆界あるいは所有権界を確定する効力を生じるはずはない（30頁(2)，182頁(2)イ）。

地籍調査の成果としてであろうか，古い時代の地籍図においては，公図上，アカミチ（旧里道）やアオセン（公共水路等）として表示され，当時国有地であったことが明らかな土地について，公共用物の時効取得に関する法的なチェック〈16〉を経ることなく，地籍図上，大量に消去されている例が多く見られるが，多くの場合，違法という他はない〈17〉。

(4)　立会・承認がない場合における筆界の記載

ア　立会いがないが筆界を確認できるとき

土地の所有権登記名義人等の立会いが得られないことにつき，相当の理由があり，かつ筆界を確認するに足りる客観的な資料が存在する場合においては，当該資料により作成された筆界案を用いて筆界の確認を求めることができる（地籍調査準則30条2項）。すなわち現地立会調査の時期までに筆界を承認する旨の返答がなされ，かつ，調査に支障がないと認められるならば，現地立会調査への立会いを要しない（地籍調査運用基準10条の2）。さらに，土地所有者等の所在が明らかでないため立会いを求めることができない場合であっ

〈16〉　国有財産時効確認連絡会平成13年3月30日財理1268号取得時効事務取扱要領第3によるチェックなど。『里道・水路・海浜』1編4章4節6参照。

〈17〉　前田幸保編『地籍調査〈一筆地調査関係〉事例問答集』〔平成15年版〕160頁，174頁，304頁掲記の各設例解説では，これらの旧里道，水路等も独立した土地として地籍地図上に表記すべきものとしている。

ても，筆界を明らかにする客観的な資料が存在する場合であれば，法務局など関係行政機関と協議の上，当該土地所有者等の確認を得ずに調査することができる（地籍調査準則30条３項）。ただし，立会いは土地所有者等の重要な手続参画権であることから，所在不明の判断には慎重な手順が前提とされている（地籍調査運用基準15条の２第３項）。

前記の「客観的な資料が存在する場合」とは，現地において境界標又は恒久的地物（167頁注〈123〉）により筆界点の位置が明確な一筆地であって，①地積測量図に記載された位置及び形状が誤差の範囲で一致する場合，②当該一筆地の位置，形状及び周辺地との関係が，既存資料又は現地精通者の証言により矛盾なく確認される場合をいうものとされている（地籍調査運用基準15条の２第１項）。

要は，登記官が筆界確認をするに際し，隣地所有権登記名義人等の立会・承認がない場合でも筆界の位置を判定してもよい場合（483頁２）と同じ程度の明白性があればよいとする趣旨であろう〈18〉。

ただ，②の場合，公図や地積測量図の精度を確認しないまま現況道路界（＝単なる公物管理界）を筆界と即断する（37頁(ウ)）など，「悪しき（不適切な）現況主義」（28頁）に陥る例があることに注意しなければならない。その懸念があるためか，法務局における法14条地図作成要領（546頁２）では，②の手法によることは認められていない。

所有者不明の土地についても，筆界を確認することができる客観的な資料が存在する場合には，所轄登記官との協議の上，筆界を記入できるとされている（平成22年改正後の地籍調査準則30条３項）。この施策により，従来であれば所有者の所在が不明であることを理由に筆界未定となる筆のうち，半数以上の筆界が確認されているという〈19〉。筆界も確認できない場合については，後記(6)参照。

〈18〉　地籍調査準則30条３項が登記官との協議を規定しているのは，判定基準が同一であることを前提としているためと解される。

〈19〉「国土調査事業十箇年計画の平成26年第６次計画中間年における見直し（国土審議会・国土調査のあり方に関する検討小委員会報告書）」（平成26年）６頁。

イ　争いがあり筆界を確認できないとき

地籍調査の目的は「地籍の明確化」（国土調査法１条）にとどまることから，あくまで土地（の筆界）をあるがままを調査・把握してこれを記録する作業にすぎない〈20〉。そのため，隣地所有者間に争いがあって筆界を確認できないときは，何らの措置をすることもなく，調査図素図のその部分に「筆界未定」と朱書きするにとどめなければならない（地籍調査準則30条４項）。もっとも，筆界調査の際に，所有権界についての話合いを求める当事者があれば，調査士会 ADR（385頁４）の活用を示唆し，筆界の争いを解決したいという者がいれば，筆界特定制度（423頁）の存在を教示することが奨励されている〈21〉。

ウ　「筆界未定」の効果

(ア)　登記所に成果が送られた時点での登記簿上の処理

地籍調査の成果が登記所に送付されても，筆界が未定の土地については，筆界未定地を構成する土地全部について一括してなされる地目変更，地番変更，所有者の住所・氏名の更正・変更以外の，例えば地番ごとの地目変更や地積更正などの登記記録上の処理はされない。筆界未定地が含まれていても法14条地図として備えることは差し支えないが，地図上明らかでないときは，枠外適宜の箇所に地番を記載し，筆界未定の旨付記すべきこととされている〈22〉。

(イ)　成果送付・登記記録修正後の登記申請への対応

筆界が未定で現地での一筆地の範囲が特定できないのであるから，地目変更・地積更正・分筆・合筆等の表示登記の申請があっても，原則として受理されない。例外として，筆界未定地を構成する土地全部について一括してな

〈20〉　経済審議庁国土調査課編著『国土調査・土地及び水の基礎構造』（昭和29年）85頁。

〈21〉　筆界未定地については，市町村等は，土地所有者等に対し，筆界特定手続の利用に関する情報の提供を行うこととされている（平成18年１月19日国土国282号土地・水資源局国土調査課長通知）。

〈22〉　昭和40年11月６日法務省民事甲3187号民事局長回答。例えば，10番と11番の土地の筆界が不明である場合には，地図上は「10＋11」と表示される。そのことから，筆界不明地は実務上「プラス表示の土地」と呼ばれている。

される地目変更登記申請や，合併の申請は，外枠部分の筆界が特定されている以上，受理されると解される〈23〉。

これに対し，筆界未定地であっても，所有権移転や抵当権設定等の権利の登記については，登記を実行することに何ら支障を生じない〈24〉。

(ウ)　筆界未定が解消したとき

地籍調査の成果が登記所に送付された後に筆界未定が解消した場合は，その土地を管轄する登記所に対し，所有権登記名義人等が地図訂正の申出をすべきこととなる〈25〉。そのための測量費用・登記手続費用は，地籍調査時と異なり，申出人の自己負担となる。

(5)　里道・水路等についての筆界調査

地籍調査の実務においては，里道や水路などの長狭物（いわゆる（旧）法定外公共物）についての現地調査が，おおむね次の要領で実施することとされている〈26〉。

ア　公図にあるが現地に存在しない里道・水路等についての調査

(ア)　地籍調査の手続中における里道・水路等の処理

公図に記載がある里道・水路等が現に機能を失っていても，払下げや時効取得の事実が判決その他の公的資料で確認されない限り，（旧）法定外公共物として調査図上に表示（まずは地籍調査準則15条・16条による調査図素図上に表示し，最終的には地籍調査準則88条・89条による地籍図に表示。以下同じ。）しなければならない。

里道・水路等が別の地に勝手に付け替えられたがために，公図上の位置の里道・水路等が機能を失ってしまっている場合であっても，地籍図上は，公図上からうかがえる元の位置に里道・水路等を再現する。その処理をせず，恣意的な付替えの現況をそのまま地籍図に記載し，混乱を生じている例として，那覇地沖縄支判平成23年9月5日（公刊物未登載）がある。

〈23〉　前田幸保編『地籍調査〈一筆地調査関係〉事例問答集』〔平成15年版〕155頁。

〈24〉　昭和36年9月5日経済企画庁総合開発局国土調査課長通知。

〈25〉　昭和32年8月2日経済企画庁総合開発局国土調査課長回答。なお，筆界が記載されている土地につき，地籍調査手続に過誤があるとして申出があっても，過誤が明白な場合を除き，関係人に筆界特定制度等の利用を促すにとどめるべきであろう。

〈26〉　前田幸保編『地籍調査〈一筆地調査関係〉事例問答集』〔平成15年版〕171～305頁。

里道・水路等が現地に存在しなくとも，公図の縮尺，地域の慣習，近隣の里道等の幅員を参考に，関係土地所有者の立会・承認を得て，現地で里道・水路等を確認する。承認が得られない場合には，地籍図上は里道・水路等との筆界は未定との処理をすることになる。

現に一級河川敷地内に取り込まれている里道・水路等についても，調査が可能な限り現地調査を行い，その成果を地籍図上に表示する。

(イ)　地籍調査後における里道・水路等の処理

地籍調査が適正に処理されたかどうかを調査した結果，里道・水路等が存在していたのに地籍図上記載が漏れていることが明らかとなった場合は，関係土地所有者の承諾を得て，地方税法381条7項に準じて，成果の訂正申出を行うことができる。周りの土地所有者が里道・水路等の存在を認めているのに隣接土地所有者が承諾しない場合には，成果の誤りとして里道・水路等の存在を明記し，「筆界未定」とする訂正申出も可能と解される。

なお，地籍調査の手続に誤りがなく，土地所有者等が筆界を誤認していたにとどまる場合であっても，地籍調査の「成果の誤り」に該当することはいうまでもない。

イ　公図にないが現地に古道・水路等がある場合の調査

公図にはないが現地に古道や水路（沢）等がある場合，他の資料との対比等により，公図作成当時既に里道・水路等が存在していたと推定され，公図上アカミチ・アオセンの記載漏れであることが明らかであれば，地図訂正の申出（不登規16条）をした後に調査を進める。

公図作成後の築造によることが明らかならば，築造の経緯や所有関係を調査の上，一部地目変更及び分割調査を行う（地籍調査運用基準14条1項）〈27〉。

公図の誤りか否か判然としない場合には，未登記（未分割）の民有道路，民有水路の可能性も考慮する。民有道路，民有水路の場合にも一部地目変更・分割があったものとしての調査が必要となる。

調査を尽くしても所有者が判明しない場合は，地籍図上，白地で処理する。

〈27〉　古道や水路等が保安林指定の区域内にあるときは，形質の変更は禁止されている（森林法34条2項）ことから，一部地目変更・分割処理の前に，保安林指定解除の手続を先行させる必要がある。

ウ　里道・水路等が拡幅されている場合の調査（いわゆる道路内民有地の扱い）

里道・水路等が拡幅され現況は道路・水路の一部になっているのに，民有の登記名義の土地が残存する場合〈28〉（道路内民有地等。348頁１），地籍調査においては，次のとおり取り扱うこととされている〈29〉。なお，2010（平成22）年の地籍運用基準改正前までは，道路など長狭物内の民有地等についての調査は行わないとされていたが，改正後は，調査を行うことが可能となっており〈30〉，現に調査を尽くしている例がある〈31〉。

㈠　分筆予定地としての取扱い

里道・水路等が拡幅されている場合，工事計画書・実測図・土地所有者の意見等を参考にして本来の筆界と拡幅部分の境を明らかにし，地籍図上，元の筆界をも表示して分筆（予定地として）処理する。すなわち，一部地目変更（地籍調査準則29条）及び分割の調査（地籍調査準則24条，32条）を行う（地籍調査運用基準14条１項）。

㈡　筆界未定地としての取扱い

一筆地の一部が長狭物の敷地となっているのに未分筆である場合には，原則として前記㈠の処理を行うが，前記参考資料によっても分割すべき範囲を確認できないときは，「筆界未定」として処理（地籍図上は，破線で表示）することとなる（地籍調査運用基準14条２項・４項）。

㈢　現地確認不能地としての取扱い

①一筆の民有地等の全部が長狭物の敷地となっている場合や，②長狭物の敷地が未登記である場合であって，その境を明らかにできないときは，現況

〈28〉　安曇川堤防敷の一部が民有と認められた事件として，大阪高判昭和49年３月19日民集32巻２号413頁。

〈29〉　前田幸保「地籍調査における一筆地調査（中）」登研766号（平成23年）32頁。

〈30〉　國見利夫・猪木幹雄・宮原邦弘『実務者のための地籍調査作業規程準則逐条解説』（日本加除出版，平成25年）166頁は，調査が困難な場合を除き長狭物内の土地については一筆地調査を行うべきであるとしている。

〈31〉　道路内民有地につきプラス表記すらしないのは，表示登記の理念に照らし，適当でないとした上，できる限り道路内民有地を地籍図に明記している実例もある。岡田潤一郎・佐藤彰宣・曽根芳文・寳金敏明「道路内民有地に関する座談会」土地家屋調査士2015（平成27）年９月号３頁以下。

により当該長狭物の両側の境を調査するにとどめ，それらの土地の筆界の調査は省略することができる（地籍調査運用基準14条３項・４項，別表第三）。省略した場合は「現地確認不能地」として処理する。その結果，地籍図には，実務上，いわゆるプラス表記もなく何らの表示もされない扱いとなっている。

その場合，登記記録上地番は残るが，地籍図には道路・河川などとだけ表示されることとなるため，それらの長狭物内に現地確認不能とされた土地が潜んでいることを一般市民は知り得ない可能性が大きい。とりわけ，地図上「河川」と表示されている地域内には，滅失登記の対象となる常時水面下の部分だけでなく，高水敷や堤防敷など私的所有地が含まれている場合が少なくないのに，地籍図上は表示されないこととなる。

エ　里道・水路等へのはみ出し不法占拠が明らかな場合の調査

用途廃止・払下げを経ていない（旧）法定外公共物は，地籍図上，里道・水路等として表示する。不法占拠者が里道や水路等との筆界を承認しないときは，筆界未定として処理する。

オ　海浜についての調査

㈠　自然海没地，人工海没地

自然海没地（296頁２）や，例えば小船の通行用に人工的に発破，海没せしめた人工海没地（301頁３）は，滅失土地として扱う。

これらの海没地については，土地所有者が土地の滅失を承認する場合には，調査図素図に滅失時期・滅失事由を記載しておく（地籍調査準則35条１項）。滅失の承認がないならば，地籍図上は「現地確認不能地」として表示する（同条３項）。

一部滅失の場合，土地所有者の承認が得られれば，土地一部滅失の処理を行い，承認がない場合には，地籍図上「海との筆界未定」として表記する。

㈡　無願埋立地

無願埋立地（埋立免許の範囲を超えた埋立地を含む。310頁４）は，地籍調査に際しては，地籍図上「白地」として表示されることとなる〈32〉。

〈32〉　昭和47年９月22日経済企画庁総合開発局国土調査課長回答。

(6)　土地の所在も所有者も不明な地番についての筆界調査

土地台帳や登記簿（登記記録）にも公図にも記載があっても，地籍調査準則30条1項・2項の定める手順を尽くし，かつ土地台帳の地積，公図の表示を勘案して調査しても，筆界を明らかにすることができない場合（＝現地確認不能地）で，しかもその所有権登記名義人の住所が不明の場合は，筆界未定として処理せざるを得ない〈33〉。

なお，土地台帳等に登載されているが，所有者現住所は不明であり，公図に記載されていない場合には，土地台帳等の余白に「土地台帳及び登記簿に記載されている所有者について調査するもその現住所不明，かつ，現地が確認できない」旨を記載し，地籍簿には，当該土地の地籍簿用紙の次行の沿革欄に「現地が確認できない」旨を記載する〈34〉。

(7)　調査図の作成等

現地調査を行った結果，筆界情報のほか，地番，地目，所有者名で修正すべきものがあれば，あらかじめ作成していた一筆地調査図（調査図素図）と異なる部分については，これを修正し，調査図を作成する（地籍調査準則23条3項）。

また，土地の分割，合併，地番の訂正等があれば，地籍調査票にその旨を記入する。地籍調査票の「所有者意見」欄には土地所有者又はその代理人の署名押印を徴することとされている〈35〉。

6　地籍細部測量

1筆ごとの土地について，現地調査によって確認された成果に基づいて，筆界の位置を特定する。その結果，あらかじめ打設してあった境界標示杭等が不適切な位置にあった場合は，適正な位置に移設する。このようにして正しい境界標示杭の位置を確定した上で，一筆地ごとの正確な座標値を求める

〈33〉　昭和33年10月5日経企土121号経済企画庁総合開発局長通達。

〈34〉　現地確認不能地の取扱いをした場合，昭和49年8月5日経済企庁49国土国2号土地局長通達以前は，地籍簿へは記載せず，別に現地確認不能調書を作成していた。前同日付国土調査課長「地籍簿案の作成について」三(8)。

〈35〉　地籍調査票作成要領（平成14年1月16日国土交通省国土国432号土地・水資源局長通知）1(12)。

ための測量，すなわち地籍細部測量を行う。

7　成果の縦覧，認証

⑴　地籍図の原図・地籍簿の案の作成

一筆地調査及びこれに基づく地籍測量の成果等を取りまとめて，地籍図（506頁2）の原図及び地籍簿の案を作成する（地籍調査準則88条，89条）。

⑵　原図・地籍簿案の縦覧・認証

上記⑴を閲覧の用に供し，誤りがあると思料する土地所有者からの異議の申出を受け，補測・修正が必要な部分については，補測・修正する（国土調査法17条）。その時点で，地籍図の原図は地籍図，地籍簿の案は地籍簿となる（地籍調査準則89条1項）。その後，市町村等は都道府県知事の認証（国土交通大臣の事前認証が必要。）を受ける（国土調査法19条）。

⑶　地籍図・地籍簿の保管と情報の補正

地籍図・地籍簿は，そのままの状態で保管される。

地籍調査後の土地の異動等については，地籍図・地籍簿の写し又は電磁的記録を用いて継続的に補正される（地籍調査準則89条2項）。

8　成果の法務局等への送付

成果物である地籍図・地籍簿は，市町村等で保管され，各種業務における活用が期される。また，地籍図・地籍簿の写しは，法務局に送付される（国土調査法20条1項）〈36〉ほか，都道府県知事や市町村長にも送付・保管されて（同法18条，21条），土地に関する基礎的資料として活用される。

9　法14条地図としての活用

地籍図及び地籍簿は，相隣接する一筆地の所有者間に争いのない筆界がそこ（地籍図・地籍簿から判明する地点）に存在するという事実を表象している。

〈36〉　2004（平成16）年の第156回衆議院法務委員会における答弁によれば，法務局所管の法14条地図のうち，約86％・294万枚は国土交通省関係の地籍図に由来し，約14％・47万枚は農林水産省関係の土地改良図に由来する。法務局作成の法14条地図は，1％に満たず，約4千枚にすぎない。

そうすると，地籍調査の成果は，制度発足当初のものを中心に，筆界の位置特定が公図等，筆界形成当時の適正な資料を基にする適格な鑑定的判断に基づいて行われているのかという危惧は残る（535頁２）ものの，調査目的に照らすときは，原則として法14条地図（116頁）の適格性を有するといい得る。特に最近のものは，的確な筆界判断が履践されて成果が作成されている。そのため，上述のとおり地籍図及び地籍簿は筆界調査等の貴重な成果として，法務局に送付され，取引安全に資する主要な資料として，さらには行政の不動産情報統合（188頁14）の基盤として利活用が期待されている。

登記官は，地籍調査後の分筆又は合筆等についてその保管する地積測量図等に基づいて所要の補正を施すなどした上，従来の土地登記記録を修正し〈37〉，公図しか存在しない土地については，それに代えて法14条地図として備え付ける（国土調査法20条２項・３項，不登規10条５項）〈38〉。

この手続によって，土地の形状のみならず，分・合筆や，土地所有権登記名義人の表示の誤り等についての貴重な情報が法務局にもたらされることとなる〈39〉。

また，法務局は上記事項についての登記が完了した旨を市町村長に通知する（地方税法382条１項・２項）。

法14条地図は，登記所備付け地図等の全体の９割近くが地籍図由来の地図となっている。

〈37〉　昭和32年６月３日政令130号国土調査法による不動産登記に関する政令（平成17年２月18日政令24号改正後）１条。

〈38〉　秦愼也「登記所備付地図の整備（地籍調査の整備を中心として）」登研794号（平成26年）３頁。

〈39〉　もっとも，地籍調査由来の法14条地図の場合，一筆ごとの地積測量図は法務局に備え付けられることはない。根拠条文がないからだが，法務局作成の法14条地図の場合と取扱いが異なることとなる。改善を要しよう。

第3章

地籍調査の効果

1　原則的効果

(1)　法的効果

地籍調査は，筆界を精確に表示することを目的にしているが，後発的原始筆界（15頁）を創設する作業ではない（508頁(5)）。したがって，一筆地調査において土地所有者が立会し，筆界案について承認したとしても，それは，相隣地所有者間で「筆界の位置についての認識が一致している」ことを地籍調査担当者に申述する行為（222頁1(2)）にすぎず，筆界の位置につき何らの法的効果を生じるものでもない〈1〉。その意味において，登記官による筆界認定の効果と同じである（397頁8）。

それゆえ，地籍調査が行われても筆界に変化はないので，従前の地積測量図は閉鎖されない。

(2)　立会・承認を争う法的手段

立会・承認の成果として筆界が地籍図及び地籍簿に記載されたとしても，上記(1)の理由により，それによって新たに権利・義務が創設・変更されるわけでも，土地の位置範囲（筆界）が法的に確定するものでもない〈2〉。したがって，地籍図及び地籍簿の作成・認証行為は，土地の権利関係を新たに形成したり確定したりする効力を有せず，取消訴訟等や不服審査の対象となる「処分」（行政事件訴訟法3条2項，行政不服審査法1条）には当たらない（争訟手段の詳細については，603頁5参照。）。

そのため，地籍図に記載された筆界の位置に不服のある土地所有者は，後

〈1〉　東京高判平成7年7月27日（公刊物未登載），福岡高判平成11年2月25日訟月47巻11号3205頁，甲府地判平成17年11月18日（裁判所ウェブサイト）。

〈2〉　福島地判昭和39年9月24日行集15巻9号1874頁，前橋地判昭和60年1月29日訟月31巻8号1973頁，本書606頁8掲記の各裁判例。

記３の是正措置を申し立てるか，より抜本的には，筆界特定制度（423頁，448頁注〈36〉）を利用し，あるいは筆界確定訴訟（570頁）を提起すべきこととなる。

2　例外的効果

地籍調査に際しては，相隣地所有者間において筆界位置を相互に承認するとの手続を踏むことが原則となっているが，前述１のとおり，筆界についての相互承認は，当然には私人間の境界に関する契約の効力を生じない。しかしながら，同相互承認時の事情いかんによっては地籍調査等それ自体の効力としてでなく，同時点で別個に成立した特段の合意の効力として，境界契約ないし民間相互の境界協議としての効力（382頁２）を肯定できる場合があり得よう（397頁８）。

3　調査結果の事実上の是正措置

⑴　縦覧時の修正の申出

地籍図の原図・地籍簿案は縦覧に供される（528頁７⑵）ので，その記述に誤りがあると思料する土地所有者は異議の申出を行うことができ，補測・修正が必要と認められた場合には，補測・修正が行われる（国土調査法17条）。

⑵　成果の認証後，登記所へ未送付の段階での是正

地籍図・地籍簿となった（地籍調査準則89条１項）後であっても，異議の申出等を契機として成果に誤りがあることが明らかになれば，市町村は，成果を是正のうえ，遅滞なく当該土地所有者及び利害関係人に是正事項を通知することとされている〈3〉。成果の記載には何ら法的効果を伴わず，単に事実を表示するものにすぎないことから，より正しいものに是正することが地籍調査の理念にかなうからである。

⑶　地方税法381条７項に準じる手続

市町村長は，登記されている事項が事実と相違するため課税上支障があると認めるときは，固定資産税の課税の適正を期する必要があることから，登

〈3〉　昭和32年８月２日経済企画庁総合開発局国土調査課長回答。

記所に対し，地方税法381条7項に基づく登記事項の修正その他の措置を申し出ることができる〈4〉。

登記所に送付されている地籍図，地籍簿の訂正についても，上記の手続に準じて登記事項の修正，地図訂正等の申出を市町村長から登記所に宛てて行うことができるとされている〈5〉。同申出に当たっては，事前に，①修正対象土地の所有者・代理人の同意，並びに②地図訂正・増歩となる地積更正の場合は，隣地所有者及び利害関係人の承諾を得た上，修正申出書に地図訂正，地目訂正，地積更正等の修正目的を明記し，地図訂正・地積更正については，地積測量図を添付するものとされている。

(4)　行政評価事務所によるあっせん

地籍調査は，国民の権利・義務に直接の影響を及ぼさず，したがって，その成果に対する行政的な不服の申立ては許されない（前記1(2)）。しかしながら，誤った地籍調査の成果を受け継いだ表示登記も誤っている場合，国民はその表示登記を是正するために，事実上，更正登記等の申請をしなければならず，その費用の負担を強いられることになる。

例えば，誤った地籍調査により隣地と入れ替わって表示されてしまった土地登記がある場合，法務局は，申請人が新たに測量した地積測量図を添付して地積の変更を伴う更正登記の申請をするように求める。ところが，そうであっては，申請人は申請費用に加え，専門家に依頼して新たな地積測量図を作成することとなるが，そのためには多大な測量費用の負担を強いられる。

その場合，法的には，費用を支出した国民が誤った地籍調査手続ないし表示登記手続を行った国又は市町村に対し，国家賠償請求をすれば足りる〈6〉

〈4〉　土地台帳・同附属地図のうち権利情報面を承継する法務局保管地図・図面と，課税情報面を承継する課税台帳制度とは，元来，地方税法381条7項・382条を活用して車の両輪のように連携すべきだが，現実にはほとんど連携が図られていない。

〈5〉　前掲注〈3〉掲記の昭和32年先例のほか，昭和38年4月5日経済企画庁総合開発局国土調査課長通知，昭和48年10月24日同課長通知。

〈6〉　地籍調査の成果に担当者の過失による過誤があり，その結果損害を被った者は，国家賠償法1条に基づく損害賠償を請求することができる。地積表記の誤りを理由とする請求認容例として，福岡高宮崎支判平成元年3月27日判タ713号106頁。土地所有者に対する適正な通知がされなかった事案に係る請求認容例として，旭川地判平成5年3月30日判時1487号125頁。

ということになろう。

そのような事案につき，行政評価事務所が調査した結果，地籍調査時に測量した土地の形状に変更はなく，また本来の地積にも変更がないことが判明したことから，市町村長が前記(3)の地図訂正申出の手続を行うこととなった，言い換えれば，国民自身がいわゆる自腹を切って更正登記の申請をする必要がなくなったという実例があった〈7〉。

〈7〉 総務省行政評価局のウェブサイト（平成18年7月10日現在）が紹介するあっせん例。

第4章

地籍調査の今後に残された課題

地籍調査は，事実上，相当程度の紛争予防機能を果たし，さらには，取引安全や公共事業の効率化，災害復旧の迅速化に大きく寄与している。しかしながら，現実には，以下に述べるような重大な問題点に直面しており，その対策が望まれる。

1　進捗の遅れ

1951（昭和26）年に地籍調査が開始されて以来，2016（平成28）年度末で65年を経過しているのに進捗状況は52％にとどまっている。特に都市部（DIDと呼ばれる人口集中地区）と山村部において低調である。

低調である原因は，主に以下の3つに大別することができるとされている〈1〉。

⑴　一般的な要因

①境界の確認などに時間と手間がかかる，②地籍調査の対象地域が，より困難な地域へと移行してきている，③地籍調査の必要性や効果が住民に十分理解されていない，④地方公共団体の予算や職員不足により，体制の確保が困難化〈2〉している。

⑵　特に都市部で地籍調査が進まない理由

①調査に費用や時間がより多く必要，②土地の資産価値が高く境界確認に時間を要する，③住民の立会等の調査への協力が得られない場合が多い。

〈1〉　地籍調査ウェブサイト（平成30年11月1日現在）。

〈2〉　国土交通省は，地籍調査経験者・土地家屋調査士・測量士等からなる地籍アドバイザーを約40名地籍整備課に登録し，市町村を支援している（地籍調査ウェブサイト平成30年11月1日現在）。

⑶　特に山村部で地籍調査が進まない理由

①登記所の図面の精度が悪い，②調査の優先度が高くならない，③測量や調査が困難な地域が存在する，④土地所有者等の高齢化や不在村化が進行している〈3〉。

⑷　代替的手法の検討

遅々として進まない地籍調査を待つことなく，国土調査法19条５項を活用した地図作りを推進しようとする動きが進んでいる。

他方，最新の測量技術及びIT技術を活用して，土地家屋調査士及び測量士の筆界測量成果を紡いで地図情報としようとする提言がある。すなわち，土地家屋調査士や国土調査法19条５項の地図の作成に関わった測量士の各々が作成した調査図素図を（クラウドCADを使って），法務局の地図情報システムに書き込み，ジグソーパズルの要領で「国民のための地籍図」作成システムを構築するとの議論〈4〉であり，地籍調査と並行して進めるべき手法として，早期の導入を検討すべきであろう。

2　古い地籍図における登記記録との不整合（「悪しき（不適切な）現況主義」）の是正

⑴　遠　因

筆界を正しく判定して地籍図に記入するためには，①法律知識，②公図の信頼性等についての鑑定的知識，③測量に関する知識のすべてが総動員されなければならない。ところが，地籍調査は市町村の担当者が実施することとされ，とりわけ1955（昭和30）年頃から1985（昭和60）年頃にかけては，①～③のいずれについても知識・意識が十分でないままに成果が作成されてきたという歴史的実態がある〈5〉。古い地籍図と登記記録との不整合の問題は，

〈３〉　山林の特有の境界問題及びその解消策につき，『山林の境界と所有』。

〈４〉　小野伸秋「G空間」土地家屋調査士2012（平成24）年１月号３頁以下，小野伸秋「シリーズ対談（第11回）」登記情報672号（平成29年）56頁以下。

〈５〉　前掲（532頁注〈5〉）の昭和38年国土調査課長通知は，「おって地籍調査の実施に当たっては，関係法令及び実施要領等の研究を怠ること」がないよう，改めて注意喚起を促している。

多くの場合，上記①及び②の欠けつに由来しているといえよう〈6〉。それらの誤った地図情報は，早期の是正を図る必要がある。

(2)　公図の無視（主として初期の作図例）

真の筆界を知る手掛かりは，多くの場合，登記記録・公図（土地台帳附属地図。122頁）から得られる（13頁以下）。形成された当初の筆界は登記記録・公図に記載されているからである。ところが，昭和60年頃までに作成された地籍図及びこれを承継した法17条（現・法14条）地図は，修正主義（507頁(2)）の趣旨を正解せず，地籍調査を行う際に登記記録・公図についての十分な検討を行っていなかったことから，法14条地図から読み取れる土地の位置，地積，筆界は，真実を反映していないことが少なくない。この点は，登記事務や訟務事務に従事する実務家の多くが指摘するところである。

しばしば指摘される地籍図・法14条地図と登記記録・公図との不整合は，以下のとおりである。

ア　里道・水路等についての記述

里道・水路その他の（旧）法定外公共物（324頁）につき，①法定の手続（520頁注〈16〉）を経ることなく，大量に消去してしまっている，②位置を民有地内に付け替えたにもかかわらず，登記記録を直さないので，地図と登記記録に不一致を生じている，③民有地の一部を買収して拡幅を行ったのに，その民有地の分筆及び一部譲渡の手続を省略して，現況をそのまま地図に表示している。あるいは，拡幅に際してラインを引き間違え，拡幅後の筆界線を連続的に誤記している。これとは逆に，④公図に記載のない道路・水路等（脱落地たる道路・水路等。260頁１）が，表示登記を起こすことなく，地図上に有番地として記入され，筆界が表示されている，などの例がある〈7〉。

イ　土地分割・併合・交換についての記述

公図及び登記記録と照らし合わせれば，土地の分割・併合・交換をしなければならない事案であることが明らかであるのに，現況そのものが従前の筆

〈6〉　国土調査の成果を反映した法17条（現・法14条）地図が，係争地付近につき公図とも法務局保管の地積測量図とも整合せず，信ぴょう性に乏しいとした裁判例として，仙台高判平成17年12月14日（公刊物未登載）。

〈7〉　福永宗雄『14条地図利活用マニュアル』（日本加除出版，平成19年）37頁。

界そのままであるかのように成果を作成してしまっている例が多い。典型例としては，①私人間で筆界付近の土地を交換したことに伴って，分筆・交換の登記手続をすべきところ（384頁⑵），それらを行わずに（所有権界と筆界の不一致のまま）現況により地図上に虚偽の筆界を表示してしまっている，②話合いで区画整理を実行したのに，換地処分手続が未了のままである土地区域につき，国土調査の成果として占有界をそのまま筆界と表記している〈8〉，③めがね地（257頁注〈10〉）や飛び地の一方を見落とし，隣地を大きく表示して作図している，などが挙げられる〈9〉。

⑶　古い地籍図における法定手続の不遵守

ア　所有者立会いの違法な省略

筆界未定（地籍調査準則30条３項，522頁⑷イ）を減らし，あるいは地籍調査の成果を加速したいという意図によるものか，1985（昭和60）年頃までに作成された地籍図に係る一筆地調査の実務においては役場の職員や村の世話役等の代表者のみが現地立会したり，立会不要の要件（520頁⑷ア）を不当に拡大解釈して立会いを省略しているという例も後を絶たないようである。その場合，地籍図に記載された筆界は，単なる占有界（27頁）を記載した可能性が高く，真の筆界はおろか，所有権界（４頁）すら推認させるものではない。

ちなみに，旭川地判平成５年３月30日判時1487号125頁は，地籍調査の担当者が現地調査への立会い及び閲覧期間中の誤り等訂正申出の手続への参加等の機会（手続参画権）を奪ったとして国家賠償請求を認容している。

イ　他機関との連携の欠如

2004（平成16）年当時でも，土地家屋調査士等との連携が低い場合や，市町村部局間の連携が十分ではないことにより，収集される資料が限定されて

〈8〉　②の例として，昭和30年６月18日経済審議庁審計土73号経審庁計画部長回答（広島県農地部長照会）「水害復旧地等の一筆地調査について」のケースが論じられることがある。同事例が集団和解の要件（485頁４⑵）を満たすものであったとすれば，同回答の手続は不適切とまではいえないであろう。要は，地図混乱地域につき，地籍調査を実施する場合には，所管する登記所との密接な連携の下に，将来の紛争のタネとならないように十分配慮しつつ行うべきである。

〈9〉　そのほか，福岡高宮崎支判平成元年３月27日判タ713号106頁は，実測面積の誤記によって競落人に誤解を与えたケースつき，国家賠償を命じている。

いる場合があり〈10〉，さらに地図の精度についての認識不足からか，精度が乙1地区と乙2地区が混在しているのに，法14条地図上，地区界の記載がなく，渾然と表記されるという例を生じている。

今後は，筆界未定を減らすためにも，筆界特定との連携が進められるべきであり，そのためには，地籍調査担当者に筆界特定の申請権限を与える必要があるように思われる。

3　現地保全体制の欠如

地図に表示されている筆界点（線）は，その点を測量した図根点との相対的位置関係で決まる。ところが図根点の精度が悪い上に，設置されたはずの図根点（基準点）が管理されないまま現地で亡失してしまう例が多いため，現地復元にブレを生じてしまっている〈11〉。地籍調査の成果のうち，現地復元の可能な数値情報を持たない地図においては，特に現地保全体制の早期策定が望まれる。

4　争訟手続の不備

前述（530頁1⑵）のとおり，地籍図及び地籍簿については，その記載が何ら法的効果を伴うものではないことから，これを直接に是正するための争訟手段は用意されていない。そのような事態は，地図（筆界）情報にとどまるものでなく，表示に関する登記情報の是正全般について生じている。例えば，自己所有地の現況は宅地であるのに，登記記録上，池沼と記載されていても，従来の実務の考え方による限り，その是正を直接に求める争訟手段はない（602頁）。

しかしながら，情報化社会の今日，地図情報の是正を求める行政争訟の手続が用意されていないのは，少なくとも立法論としては疑問であろう。特に奇異に感じられるのは，①何ら法的効果を伴わないとされる地籍図・地籍簿等の成果が，②筆界につき形成力を有し，強い法律効果を伴うとされる土地

〈10〉　国土調査ワーキンググループ最終報告（平成16年8月）第2・1⑸。

〈11〉　図上読取りによる復元の場合は，測量誤差（467頁5）があるため，現地復元の際のブレは不可避となる。

区画整理の成果，③同じく形成力を有するとされる土地改良法による換地処分の成果などと，ほぼ同等の価値を有する情報として，法14条地図になるということである。土地所有者が，②・③の成果なら争うことができ〈12〉，①の成果は争えないというのでは，やはりアンバランスとの印象を免れない。国民の権利利益の実効的救済を主眼とする平成16年改正行政事件訴訟法の下で，裁判所がどこまでこの問題に対応できるか，注目したい（599頁(3)）。

〈12〉　例えば，最（3小）判平成元年10月3日集民158号31頁が，土地区画整理の仮換地処分の違法性を認めるなど，裁判所は土地区画整理法や土地改良法に基づく土地・筆界の整序については，処分性を認め，実体判断に立ち入っている。

第５章

都市部の地籍調査における特則

１　都市部における地籍調査の促進

(1)　概　説

地籍調査は，1951（昭和26）年に開始され，国土調査促進特別措置法（昭和37年法律143号）に基づく国土調査事業十箇年計画が数次にわたって策定され，地籍整備が推進されている。それにもかかわらず，全体としては2017（平成29）年度末時点で52％，地価の高い都市部（DID 地区）では25％と，特に都市部において実施の遅れが著しい。そのため，国土交通省を中心に都市部の地籍調査を促進している。

その詳細を紹介することは本書の目的ではないので，境界判定の基礎知識として重要な部分のみを簡略に述べることとする。

(2)　都市部地籍調査促進事業

1990（平成２）年に制度化された都市部地籍調査促進事業の内容〈1〉は，①概況調査（公図と地域の現況のかい離状況を把握し，地籍調査実施上の問題点を明らかにする〈2〉。），②地籍基本調査（地籍調査の直接的実施が困難な地域について街区（道路，線路，河川・水路等により区画された区域）の測量等を行うことにより，地籍の明確化の基礎資料とする。），③予備調査（地図混乱地域等，地籍調査実施の困難性が高い地域で準備作業を行い，法定外公共物等の払下げ等のための調査も行う〈3〉。），④高密度基準点設置（上記②の地籍基本調査や土地区画整理事業等の実施予定地域において高い密度で基準点を設置する。）を制度化するというものであった。

〈１〉　平成２年９月28日国土庁国土国466号土地局長「都市部地籍調査促進事業の推進について」。

〈２〉　平成２年９月28日国土庁国土国467号土地局国土調査課長「概況調査について」。

〈３〉　平成２年９月28日国土庁国土国468号土地局国土調査課長「予備調査の実施について」。

⑶　都市再生地籍調査事業

ア　概　要

1992（平成14）年に開始された都市再生地籍調査事業〈4〉は，都市部において，計画的かつ集中的に短期間で地籍調査を完了させるため，調査の一部又は全工程にわたって民間の専門技術者を活用することを主眼としている。この事業は，官民及び官官の境界を一筆地調査に先行して確認の上，地図（街区調査図等）及び薄冊（街区整理簿等）を作成し，官民境界等（街区境界）の明確化を図ることを目的としており，市町村から民間業務委託が行われている。

イ　官民境界等先行調査（街区先行型地籍調査）の概要

都市再生地籍調査事業において先行させる調査は，「官民及び官官境界の一部又は全部の筆界点の調査及び測量のみを実施する調査」である。通常の一筆地ごとの筆界調査に先行して，官民及び官官の筆界を調査するのは，道路や公共用悪水路等の公共用物の筆界を先に確定し，道路・水路等で，言わば「外枠」を固めた上で，その内側にある民民の筆界について，順次確定していこうという手法であろう〈5〉。

官民境界等先行調査において調査・測量を実施する筆界点（先行筆界点）については，官官，官民，民民のいずれであっても，当該筆界に係る土地の「所有者その他の利害関係人又はこれらの代理人」の立会いを求め，これらの者の確認を得るものとされている〈6〉。その手順は，筆界調査の一般的手法と異なるものではない。ただ，先行手続であることから，公図等に記載された道路と隣地の官民界が道路の拡幅等により，現況の官民界と一致しなくなっていることが判明した場合には，原則として現況の官民界（後続の地籍調査の成果として記入されるべき分割線）を確認するにとどめ，後続する地籍調査

〈４〉　平成14年４月１日国土交通省国土国635号土地・水資源局長通達「地籍調査事業等の推進について」，同日国土国638号土地・水資源局国土調査課長通知（平成17年４月１日国土国392号最終改正）「都市再生地籍調査事業実施要領」。

〈５〉　前掲注〈4〉の都市再生地籍調査事業実施要領第四⑷によれば，先行調査の成果に基づき，街区ごとの「外枠」を記入した街区調査図（基本調査成果図）が作成されることとなる。同図は，紛争誘発のおそれがあることから，不開示情報とされている。高松地判平成20年12月１日（公刊物未登載）。

〈６〉　前掲注〈4〉都市再生地籍調査事業実施要領第四⑵。

において，公図等の官民界等の位置を確認するものとされている〈7〉。

官民境界等先行調査によって確認された先行筆界点は，地方公共団体等に送付され，調査図素図（513頁(2)）に記入される。反対に，公図等の官民界等（道路の拡幅等によって現況の官民界と一致しなくなっている場合には，現況の官民界）が確認できなかった場合には，調査図素図に「確認未了」と朱書される。

ウ　官民境界等先行調査のメリット

官民境界のみの地籍調査を先行して行うことにより，通常の地籍調査よりも広範囲で調査が可能となる。その結果，①境界トラブルの軽減効果が広範囲で発現する，②特に街区単位での開発が多い都市部においては，街区外周の境界情報のみでも民間開発事業等に有効な情報となる，③整合した地積測量図が作成されることで，将来これを活用した地籍調査を行うことができるようになり，調査の効率化を図ることができる，④官民境界の情報整備は，地方公共団体が保有する土地の管理等にも役立つことから，調査を行う際に地方公共団体等の行政内部での理解や他部局の協力も得やすくなる，⑤今後想定される大規模災害等において，被災後の迅速な復旧・復興に資することができる，等々の効果が期待されている。

とりわけ注目されるのは，地積測量図の精度向上の効果であろう。分筆や地積更正の都度法務局に提出される地積測量図（163頁）は，官民境界が明らかになっていない地域では，個々の地積測量図がバラバラに作成され，隣り合う地積測量図が重なり合ったり，ずれが出てきたり，隙間が空いたりする可能性があり，官民境界とも整合しない可能性がある。官民境界は多くの場合，個々の地積測量図の外枠を画する役割を果たすので，それら外枠を先行の地籍調査により確定しておくことにより，整合性のない地積測量図の作出を予防する効果が期待できよう〈8〉。

エ　官民境界等先行調査についての留意事項

官民境界等先行調査における筆界調査といえども，その手順も法律効果も

〈7〉　前掲注〈4〉都市再生地籍調査事業実施要領第四(1)。

〈8〉　のみならず，過去に作出された地積測量図の歪み等を補正し，確定された官民境界に適正に当てはめていくことにより，地籍調査を省略する効果すら期待できよう。535頁(4)。

通常の一筆地調査と異なるものではない。しかしながら，次の２点は，官民境界等先行調査特有の懸念として指摘しておかなければならない。

第一に，「悪しき（不適切な）現況主義」（28頁）に陥る懸念である。道路や水路等の公共用物（長狭物）を筆界調査対象地域の「外枠」として，その筆界確定作業を先行させることは，それ自体，合理的であることは疑いない。しかし，道路や水路等の長狭物の位置それ自体が，あたかも不動かつ無謬の存在であるかのような先入観をもって筆界調査する傾向を否めない。道路や水路等の現況は，公図等や登記記録に反している〈9〉のではないか，道路や水路の付け替え，あるいは長狭物の両側地所有者の力関係等によって道路や水路の位置に歪みや偏りが生じていないか等の慎重な吟味を怠ってはならない。さもないと，誤った「外枠」のもとに，その内部にある民有地につき，歪められた筆界を国民に強要するおそれを否定し得ない。

第二に，先行調査の基礎となる官官の境界あるいは官民境界は，「筆界」でなく，「公物管理界」（29頁）あるいは「所有権界」（官民境界確定協議と筆界との関係につき，72頁５，415頁２）にとどまるのに，この点を看過しているのではないかという懸念である。所有権界や公物管理界は，時として真の筆界とかい離する（42頁）。この関係でも，既にある官官の管理界や官民の協議結果が，公図等や登記記録を無視したものでないかを改めて審査する必要がある〈10〉。

オ　官民境界等先行調査の精度向上施策

前記エに述べた官民境界等先行調査の懸念を払拭するためには，①法務局との連携を充実強化する，②土地家屋調査士が個人及び組織として有する筆界情報を活用する，③ポイントとなる筆界に不明な点がある場合には筆界特定制度（423頁）を積極的に活用することなどが重要である。

⑷　都市再生街区基本調査

国は，2004（平成16）年度から2006（平成18）年度にかけて，都市部の地籍

〈９〉　那覇地沖縄支判平成23年９月５日（公刊物未登載）は，権利の登記処理を経ずに里道と民地を交換して表示した地籍図の記載を違法・無効としている。

〈10〉　千葉県土地家屋調査士会の2013（平成25）年業務研修会において，官民境界等先行調査における境界杭が，原始筆界と東西・南北にそれぞれ数十cmかい離している例が報告されている。その後，県・市・土地家屋調査士会・測量士会が協議を行っていると仄聞している。

調査を推進するための基礎的データの整備を目的として，都市再生街区基本調査を実施した。あくまで地籍調査の基礎とするための基本調査なので，土地所有者等の立会いは実施していない。

都市再生街区基本調査の調査対象地域は，全国のDID地域〈11〉のうち，地籍調査が行われていない地域全域（約10,100㎢，719市区町）で行った。

その事業内容は，①官公署が保有している道路台帳附属図（道路台帳平面図，道路区域線図等），土地境界図面等（民地の分筆時における，市区町の立会いの下で行われる民地側が行う官民境界等測量によって作成される図面等），公共基準点の配点状況を表示した図面及び測量成果，都市計画図，建物等の状況を撮影した空中写真，公図等の資料収集，②現況測量のため四等三角点や公共基準点等，街区基準点〈12〉の整備・測量，③公図上の角（公図の四隅等）の現況測量，すなわち，街区基準点等を基準として，公図の四隅又はこれに相当する地点（街区点）の調査・測量を実施し，街区点の測量に必要となる補助的な基準点（補助点）を設置・測量する，④公図の数値化，すなわち，登記所備付け公図のうち，紙ベースのものについて数値化（ベクトルデータ化）を行う，というものであった。

上記①～④の成果は，その後実施される地籍調査で活用される。のみならず，②の街区基準点は，市町村が管理しており，その成果は，国土地理院において閲覧することが可能であるため，民間開発事業や，不動産登記の際の測量にも活用することができる。

なお，上記の成果を活用し，調査当時における，登記所に備え付けられている図面（現公図）と，実際の現地がどの程度ずれているのかを把握し，街区基準点の情報や現公図と現況のずれの状況については，国土交通省のウェブサイトで公開されている。ただ，「公図と現況のずれＱ＆Ａ」を参照するに当たっては，参照した「現」公図に描かれている一筆・一筆についての

〈11〉　人口集中地区（Densely Inhabited District）の略語。平成12年国勢調査において設定される人口密度が1ha当たり40人以上，人口5,000人以上の地域で，実質的な都市地域を表す。

〈12〉　街区三角点すなわち公共測量2級基準点相当で約500m間隔で設置される点と，街区多角点すなわち公共測量3級基準点相当で約200m間隔で設置される点を街区基準点として整備した。

「原」公図（和紙公図）の精度がすべて劣悪という意味でないこと，とりわけ原始筆界については，原公図（和紙公図）記載の筆界の精度は，高いままのものもあることに留意しなければならない〈13〉（140頁(イ)）。

⑸　都市部官民境界基本調査

都市部における地籍調査に先行した官民境界の整備は，平成22年以降，都市部官民境界基本調査の名の下に全額国費負担とされ〈14〉，一層の促進が図られている。

都市部官民境界基本調査においては，①現地の塀や境界標，マンホールや電柱等，官民境界に関する現況を測量し，地図に表示する，②登記所備付けの現公図や，地積測量図，道路台帳附図等が示す官民境界を復元測量して地図に表示し，必要に応じて地図が示す境界の位置を現地に復元する。

これらの測量成果については調査実施地区の市町村に送付され，各市町村はこれを活用して境界の立会調査など，地籍調査（官民境界の調査）を行うこととなる。ただ，前記⑶エ同様，「悪しき（不適切な）現況主義」に陥ってはならない。

⑹　法務局によるいわゆる平成地籍整備事業

都市部における地籍調査が遅々として進んでいない状況下にあって，2003（平成15）年６月26日，内閣府の都市再生本部（首相官邸）は「民活と各省連携による地籍整備の推進」を掲げ，「今後５年間で都市部の地図整備率を50％に引き上げ，10年間で終わらせる」と言明した。これが法務局において平成地籍整備事業と呼ばれているものである。その最大の特色は，地籍調査の最大のネックとなっている筆界調査等に専門性を有する法務局が，説明会への出席，現地調査への協力など，補助的に関与することにある〈15〉。

この協力体制は，2010（平成22）年度以降，都市部以外の宅地における地籍調査にも拡大されている〈16〉。

〈13〉　その一例として，東京高判平成29年２月15日（公刊物未登載）。

〈14〉　2010（平成22）年度からは，都市部官民境界基本調査を国が経費を全額負担して実施している。

〈15〉　その詳細を通達するものとして，平成16年６月30日法務省民二1870号通達・同1871号通知。

〈16〉　前田幸保「登記所備付地図作成作業とは」登研745号（平成22年）31頁。

さらに，都市部のうち特に緊急を要する地図混乱地域（151頁以下）660㎢を対象として，法務局自身による地図作成作業が実施されている。同地域においては，筆界の認定や表示登記に関する専門的な知識や経験が特に必要とされるため，筆界についての専門的な知見を有する登記所の登記官が主体となって実施されている。しかし，2014（平成26）年度着手分で111㎢が完了したにとどまっていたため，法務省は，法14条地図作成作業第2次10か年計画を策定し，2015（平成27）年度からの取組を強化するに至っている。

2　法務局における街区基準点等の活用（法14条地図の作成）

⑴　法務局における法14条地図作成要領

法務局は都市部の地図に準ずる図面と現況とのずれが著しく大きい地域（要するに，地図混乱地域に準じる地域）で法14条地図（116頁）の作成を積極的に進めている。その要領は，具体的には，「法務省不動産登記法第14条第1項地図作成作業規程（基準点測量を除く）」（以下，本項において「作業規程」という。），調査図素図等作成要領及び不動産登記法第14条第1項地図検査要領，さらには大都市型地図作成作業において作成される筆界点調査図を作成するための筆界点調査図作成要領などに定められているが，最新の一般の地籍調査・地籍図作成の場合（510頁2章2～6）と大きく異なる点はないので詳細な手順の説明は割愛し，筆界判定に係る特色を中心に以下に略記する〈17〉。

⑵　筆界調査手順の特色

ア　手順の概要

筆界の調査の関係で重要な特色を略述するならば，法務省の作業規程では，①関係官公署及び土地の所有者その他利害関係人に協力を求めた上で実施する現地事前調査は，必要に応じて行えば足りる（同規程17条），②一筆地調査における一筆地立会いは必須の要件でなく（同規程3条），③所有者等の立会いが得られないことについて相当な理由がある場合には，所有者等の立会いを得ずに調査することができるが，その場合には，計画機関は，当該所

〈17〉　法14条地図の作成要領を述べるものとして，登記地図研究会編『都市部における不動産「登記地図」作成作業』（日本加除出版，平成17年）がある。

有者等の所在が明らかでない場合を除き，収集した資料に基づき作成した筆界案を送付又は提示するなどして，当該所有者等の意見を求める（同規程21条），④所有者等の同意の有無にかかわらず，筆界を確認することができる（同規程22条），⑤筆界点に関係する土地の所有者の同意を得たときは，永続性のある標識を設置できる（同規程39条），⑥地積測量図は，筆界が確認された全てにつき，一筆地ごとに作成する（同規程62条），さらに調査図素図等作成要領では，⑦公図がなかったり，あっても調査図素図として不適格な場合は，都市計画図等を利用して素図とすることができる（同要領第2章第2）とされている。

イ　法14条地図作成要領の狙い

国土調査由来の地籍調査（516頁5）が，相隣地所有者の「筆界についての認識の一致」すなわち，所有権界の合意に限りなく近い境界を地籍図に記載することを主眼としていたのに対し，前記ア①～④の手順（とりわけ④）は，筆界は現所有者の意思とは別個の客観的存在であることを強く意識した手続と言える。不在地主や所有者不明土地の増加や地籍調査の一層の迅速化という社会的要因が，上記手続の背景にあるといえよう。そのためか上記の手順に関しては，最近では国土調査由来の地籍調査においても同じような傾向を示している。

さらに，上記⑦は公図を活用できない地区につき，都市計画図等を利用して素図とすることができるとしているが，地図混乱地域における筆界の事実上の再形成を目指す意図が明白にうかがえる。国土調査に由来する地籍図と同様，法務省作成の法14条地図についても，法律上，筆界を再形成する法的効果までは想定されていない。しかし，作成手順が上記のように厳格かつ適正なものである限り，その手順・要件に沿って生み出された新たな筆界情報については，筆界確定訴訟においても裁判所が当該筆界情報を基に筆界を再形成することが想定され，期待される。

⑶　筆界判定の要素

ア　原則的に考慮すべき要素

一筆地調査に際しては，計画機関の職員は，登記記録，地図に準ずる図面及び登記簿の附属書類の内容，関係官公署及び所有者その他利害関係人が所有する書類等，土地の地形，地目，面積及び形状並びに工作物，囲障又は境界標の有無その他の状況及びこれらの設置の経緯その他の事情を総合的に考慮して，筆界の確認を行う（作業規程22条1項・2項）ものとしている。筆界特定に関する不動産登記法143条（103頁(3)）と同趣旨だが，関係する官公署や土地所有者らの保有する書類を追記している〈18〉。

イ　所有者の同意なくして筆界確認できる場合

計画機関の職員は，①当該筆界について，既に民事訴訟の手続により筆界の確定を求める訴えに係る判決（訴えを不適法として却下したものを除く。）が確定しているとき，②当該筆界について，既に筆界特定登記官による筆界特定がされている場合において，その後特に状況の変化がないと認められるとき，③境界標又は恒久的地物により土地の筆界点の位置が明確な場合であって，当該土地の位置及び形状が不動産登記規則10条4項に規定する誤差の限度で一致する地積測量図があるときに，所有者の同意なくして筆界確認できる。

上記③の要件は，地籍調査一般に比して，相当に厳格である。すなわち，地籍調査一般に関する地籍調査運用基準15条の2では，上記③のほか，当該一筆地の位置，形状及び周辺地との関係が，既存資料又は現地精通者の証言により矛盾なく確認される場合を掲げており，「悪しき（不適切な）現況主義」に陥るおそれを払拭できないと懸念されている（521頁）が，上記においてはその要件を掲げていない〈19〉。

〈18〉　103頁(3)の指摘と同趣旨の追加であろう。

〈19〉　地籍調査の実施機関は，適宜，相互にあるいは関係機関と情報を交換し，それぞれに実施している事業情報をリンクさせるなど，地籍調査の質を高める施策を検討すべきであろう。

第7編

境界に関する裁判

第１章

境界に関する私人間の裁判

１　２つの裁判手続

相隣地の所有者相互間で境界紛争を解決するための裁判手続として，実務上，所有権確認訴訟と『境界確定訴訟』がある。同じく「境界」に関する裁判手続でありながら，所有権確認訴訟は土地所有権の及ぶ範囲ないし所有権界を確認するものであるのに対し，『境界確定訴訟』は筆界を確認ないし形成するものであることから，２つの裁判手続の要件・効果は著しく異なる。主な違いは概略【図表 7-1】(553頁）のとおりである。

なお，登記官や地籍調査担当者等による筆界特定（423頁），筆界認定（481頁⑵）に対する裁判手続については，項を改めて述べる（596頁以下)。

２　『境界確定訴訟』についての学説の概要

⑴　問題の所在

かつて，裁判所構成法（明治23年法律６号）14条は，「不動産ノ経界ノミニ関ル訴訟」(以下，この項では，旧来のいわゆる境界確定訴訟を指すときは，「筆界確定訴訟」でなく『境界確定訴訟』と表記する。）については，区裁判所が管轄すると規定していた。また，昭和22年改正前の旧民事訴訟法（明治23年法律29号）旧々22条１項は，「不動産ニツイテハソノ所在地ノ裁判所ハ……経界ノ訴ヲ専ラニ管轄ス」ると規定していた。ところが，昭和22年に，上述の２法は廃止されてしまったので，現行民事訴訟法上，解釈の手掛かりとなる規定を失っている。

もっとも，平成17年改正後の不動産登記法は，筆界特定制度（423頁）を創設し，その132条１項６号，147条，148条には旧来の「境界確定訴訟」に相当する「筆界確定訴訟」に関する規定が置かれ，同訴訟類型の存在が間接的に認知されるに至っている。しかし前記２つの旧法条や不動産登記法の各規定が前提としている『境界（筆界）確定訴訟』とは，いかなる性質の訴訟なのかを解釈する直接の手掛かりが存在しないという意味では，昔も今も変わらないといえる。そのため，①『境界確定訴訟』で確定される境界とは何なのか，②どのような手続で裁判が進められるのか，③判決の効力は第三者に及ぶのか，④和解や請求の認諾・放棄ができるのか等々については，明治初年以降，様々な論争が繰り返されている（なお，①については，改正不動産登記法123条１号により明確となった。）。論争の根底にあるのは，『境界確定訴訟』とその背後にある所有権に関わる紛争とをどの程度関連付け，取り込むかについての対立である〈1〉。

⑵　学説の対立

ア　確認訴訟説

フランス民法の影響を色濃く受けつつ我が国の民法を起草した梅謙次郎博士は，土地の境界に関する紛争には，所有権の範囲に関する争いが必ず随伴するから，通常の民事訴訟の一類型である確認訴訟として争わせれば足りると考えていた〈2〉。また，ドイツ物権法の起草者も確認訴訟説を採っていた。そのようなことから，我が国では当初，『境界確定訴訟』は自己の土地所有権が及ぶ限界の確認を目的とする所有権確認訴訟，あるいは経界線上にある経界権の確認を求める訴訟であるとの見解が有力であった〈3〉。

〈１〉　加藤新太郎「境界確定訴訟の当事者適格」『裁判実務大系（第11巻）』（青林書院，昭和62年）459頁，高橋宏志『重点講義民事訴訟法（上）〔第２版補訂版〕』（有斐閣，平成25年）82頁。

〈２〉　明治27年６月26日第23回法典調査会議事速記録。

〈３〉　吉野衛「土地の境界」鎌田薫ほか編『新・不動産登記講座２』（日本評論社，平成10年）321頁。古い判例として，大判大正９年７月６日民録26輯958頁。

【図表 7-1】

訴訟類型	所有権の範囲の確認訴訟	『境界確定訴訟』
①争いの対象	所有権の及ぶ範囲	地番と地番の筆界
②訴訟の本質	民事訴訟としての確認訴訟 →家屋所有権確認訴訟等と同じ	非訟事件（形式的形成訴訟） →ex.遺産分割の裁判に似る
③訴訟の当事者	所有権の範囲を確認するための訴訟＝所有権はどう処分しようと自由　∴所有者	相隣地所有者（所有権登記名義人等）
④裁判外の解決	自由（私的自治の原則ゆえ，話合いによる解決が建前）	裁判外で筆界の合意をすることはできない（筆界の合意としては無効）
⑤話合いによる解決	和解できる（「所有の自由」の当然の帰結）	できない（和解したいときは境界確定訴訟から所有権確認訴訟に交換的に変更する。異説あり）
⑥認諾・請求の放棄・調停ができるか	できる（処分権主義）	できない（処分権主義を制限）
⑦原告が自己の主張する境界を特定しないことの効果	請求の趣旨において，主張の境界線を特定しないと，請求が不特定となり，訴えの却下	主張の筆界線を特定しなくとも，「Ａ番とＢ番の境界の確定を求める」でよい
⑧反訴を提起することの当否	提起できる（反訴を提起しないと，自己に有利な境界線を引いてもらえない）	提起できない（裁判所は，当事者の主張にとらわれずに筆界線を引く）
⑨上訴審での不利益変更禁止（民訴法304）の適用の有無	適用あり（被上訴人が有利に変更してもらいたいときは，付帯上訴をする必要がある）	適用なし（上記⑦⑧と同じ理由による）
⑩証拠が乏しいとき	原告の請求を棄却する…証拠がなければ請求を認容できない（その結果，境界が引けなくとも良い）	裁判所はどこかに筆界を引き直さなければならない（被告は請求棄却を求めてはならない）
⑪職権による証拠調べ	できない（弁論主義…処分の自由の訴訟的投影）	できる（筆界＝公的存在ゆえ。ただし，異説がある）
⑫自白の拘束力	ある（弁論主義）	ない（弁論主義の適用なし）
⑬判決の効力は第三者（含・登記官）に及ぶか	及ばない（民事訴訟は，当事者間の紛争の個別的・相対的解決を目的とする）	及ぶ（公的存在としての筆界線は，誰との関係でも不変だから。異説がある）
⑭境界の１点を３者が共有するとき	Ａ対Ｂ，Ｂ対Ｃ，Ｃ対Ａの訴訟で相対的に解決すればよい（必要的共同訴訟ではない）	（判例＝左に同じ）（理論的には，徹底しないが，訴訟が際限なく広がるのを防ぐため）
⑮ADR・筆界特定との連携	調査士会ADRによる民事調停	釈明処分としての筆界特定記録の送付嘱託（不登法147）

イ　形成訴訟説

確認訴訟説を純粋に貫くと，境界の位置を証拠によって認定できないとき，相隣地のどちらの所有者が提訴しても証拠不十分で請求が棄却されてしまうという不都合を生じる（560頁４⑴）。そこで，ドイツにおける学説の変遷に呼応して，形成訴訟説すなわち『境界確定訴訟』は，民事訴訟法の想定する通常の形成訴訟であるとする見解が登場する。ところが，形成訴訟は，形成要件が法定されていることが必須の前提であるが，『境界確定訴訟』においては形成要件が法定されていない。そこで形成訴訟説は，慣習法により形成要件が定められている，と説明していた。しかし，我が国において形成要件が慣習法で定められているとはいえないことから説得力を欠き，支持は少ない。

ウ　形式的形成訴訟説（判例・通説）

前記イのとおり，形成の基準となる法律規範（形成要件）を欠き，法律的主張としての請求もないことから，『境界確定訴訟』の本質は，共有物分割手続（民法258条１項）などと同様，非訟事件だが，前記⑴の沿革から，形成訴訟のかたちを取っているものであり，形式的形成訴訟であると説明する〈4〉。通説〈5〉であり，判例の立場〈6〉でもある。

形式的形成訴訟説に対しては，①当事者は，公的な境界（筆界）でなく隣接する土地の所有権の及ぶ範囲（所有権界）について関心があるのに，形式的形成訴訟説のように解したのでは，紛争の実質的，抜本的解決に資するところがないし，②この訴えについて何ら根拠規定のない現在，実質的な非訟事件であり，しかも所有権という権利の帰属や範囲に関係のないものが，なぜ訴訟事件として扱われるのかという批判がある。このような批判的検討の

〈４〉　村松俊夫『境界確定の訴〔増補版〕』（有斐閣，昭和52年）78頁，伊藤眞『民事訴訟法〔第５版〕』（有斐閣，平成28年）166頁等。

〈５〉　兼子一『新修民事訴訟法体系〔増補版〕』（酒井書店，昭和40年）146頁，畑郁夫「境界確定訴訟」新堂幸司編著『特別講義民事訴訟法』（有斐閣，昭和63年）215頁。

〈６〉　大連判大正12年６月２日民集２巻345頁，最（３小）判昭和38年10月15日民集17巻９号1220頁，最（２小）判昭和41年５月20日集民83号579頁，最（３小）昭和42年12月26日民集21巻10号2627頁，最（３小）判昭和58年10月18日民集37巻８号1121頁，最（３小）判平成７年３月７日民集49巻３号919頁等。

下に，最近では，後記の複合訴訟説や，従来のように民事訴訟として捉えるのではなく，行政訴訟たる当事者訴訟であるとする説が現れている。

エ　複合訴訟説

形式的形成訴訟説による限り，私人は「境界」の紛争を解決する意図で提訴するのに，判決は筆界のみを確定し，所有権界ないし所有権の範囲については，既判力を生じず，境界の紛争は抜本的には解決しないことになる。この点を批判しつつ登場したのが，複合訴訟説である。この見解〈7〉によれば，裁判所が「境界線」（筆界）を非訟的に確定し，その確定により同時に相隣者の所有権の範囲（所有権界）が確定されることになる。

しかしながら，この見解に対しても前記ウ②の批判が妥当しよう。

オ　実質的当事者訴訟説

所有権界については，所有権の範囲の確認訴訟（562頁）が用意されている。これに対し，筆界は公的存在かつ不動の存在であって，私人間で処分できるものではないが，その位置が確認されない場合，公法上の法律関係である筆界の位置確認を求めることは公法上の法律関係を確認する手続である当事者訴訟によって可能であり，それが『境界確定訴訟』であるとする見解である〈8〉。前記ア～エの各学説が，いずれも『境界確定訴訟』は民事訴訟であるとの前提で議論を展開しているのに対し，この見解は，『境界確定訴訟』の本質は行政訴訟であり，実質的当事者訴訟（行政事件訴訟法4条後段）であると主張している点に特色がある。この見解は，筆界確定訴訟を実質非訟事件であるとする通説に対し，共有物分割協議（民法258条1項）などと異なり，筆界確定は協議になじまないことから，非訟事件とは異質であるとする。この見解が正当であろう（後記(3)）。

〈7〉　小室直人「境界確定訴訟の再検討」中村宗雄先生古稀祝賀記念論文集刊行会編『民事訴訟の法理』（敬文堂出版部，昭和40年）144頁，新堂幸司『新民事訴訟法〔第2版〕』（弘文堂，昭和57年）146頁，同第5版（平成23年）213頁。

〈8〉　従前より実質的当事者訴訟説を採る学説として，山本和彦「境界確定訴訟（民事訴訟の基本問題4）」判タ986号（平成11年）94頁。

(3)　実質的当事者訴訟説の私見による補足

ア　平成16年・17年における不動産登記法及び行政事件訴訟法の法整備

平成17年改正不動産登記法は，裁判実務の見解を立法的に取り入れ，『境界確定訴訟』の対象が公的かつ不動の存在としての「筆界」であることを明記し，「筆界確定訴訟」と位置付けるに至っている（16頁２(1)）〈9〉。すなわち，不動産登記法132条１項６号，148条等は「民事訴訟の手続により筆界の確定を求める訴え」を明記し，判例理論（553頁【図表7-1】）を立法化したと解される一方，所有権の範囲の確認訴訟はこれと別個の争訟であることを前提とした法整備が行われている（例えば，土地家屋調査士法３条１項７号）ことから，少なくとも旧来の『境界確定訴訟』の対象が「筆界」のみであり，別途独立の裁判手続と位置付けられている所有権確認訴訟の対象たる「所有権界」を含むものでないことは実定法上，明確になったといえよう。加えて，「筆界確定訴訟」においては，「訴訟関係を明瞭にするため」の釈明処分が許容されている（不登法147条）が，これは，同訴訟が実質的当事者訴訟であることから，同種の釈明処分に関する平成16年改正後の行政事件訴訟法41条１項，23条の２と同様の規定を置く必要があったものとも理解できよう。

そうすると，『境界確定訴訟』の対象が「不動産登記法すなわち公法上の存在である筆界」であり，筆界の位置の確定を求める訴訟は「公法上の法律関係に関する確認の訴え」（平成16年改正後の行政事件訴訟法４条後段）ないし形成の訴え〈10〉すなわち実質的当事者訴訟であることは，平成16年以降，一層明確になったというべきであろう〈11〉。

〈９〉　平成11年の協会報告は，法務局長等による筆界確定決定に対する不服の裁判として，抗告訴訟（行政事件訴訟法３条１項）のほか，形式的当事者訴訟（同法４条前段）を想定の１つとしていた（426頁(2)）。

〈10〉　裁判所は，筆界の位置を証拠により確認することができないため筆界を再形成する場合もある（561頁(3)）。したがって，筆界確定訴訟は，確認の訴えを基礎としていながら，確認ができない場合についての形成の訴えの要素を含む結合体であるといえる。山本・前掲注〈8〉98頁。

〈11〉　不動産登記法は，「民事訴訟の手続により」としており，「行政事件訴訟の手続により」とはしていない。しかし，同規定を「行政事件訴訟の実質を有しつつもなお民事訴訟手続によっている」という意味に解釈することは可能であろう。

イ　実質的当事者訴訟説による『境界確定訴訟』の審理

前記アのように理解することにより，釈明処分の規定が置かれている理由（前記ア）のほか，職権証拠調べ（行政事件訴訟法41条１項，24条）や，登記官に対する拘束力（同法41条１項，33条１項）など判例理論の説明が容易となろう。さらに，なれ合いによる筆界確定訴訟に対しては，行政庁たる登記官の訴訟参加（同法41条１項，23条）への道を拓く可能性を生じよう。

ウ　管轄の問題

もっとも，実質的当事者訴訟説によるときは，境界確定訴訟を簡易裁判所が取り扱っているという裁判実務は，不当ということになる（裁判所法33条１項１号）。そのため，筆者は従前，境界確定訴訟の本質は実質的当事者訴訟であるとの見解（前記⑵オ）は，理屈の上ではそのとおりだが，実務と相容れない見解であると感じていた。しかしながら，平成16年の上記不動産登記法・行政事件訴訟法の改正に伴い，実務上，境界確定訴訟には行政的紛争解決手続である筆界特定手続が先行することが期待されることとなったため，境界確定訴訟は，（筆界特定登記官の認識する）筆界の位置を私人間で争うという当事者訴訟としての性格が一層強まったと見ることができよう。そうすると，他の行政事件同様，簡易裁判所でなく地方裁判所が管轄するのは自然であり，少なくとも筆界特定手続が並存ないし先行している場合には，筆界確定訴訟は地方裁判所で審理されるのが適切であろう〈12〉。

3　２つの裁判手続の相違

⑴　概　説

裁判実務は，前述（554頁⑵ウ）のとおり，形式的形成訴訟説に立っている。そのため，所有権の範囲の確認訴訟とは別に『境界確定訴訟』という名の筆界確定訴訟を認めているので，以下は，この裁判実務の見解に沿い，所有権の範囲の確認訴訟（所有権確認訴訟）と筆界確定訴訟の関係について説明

〈12〉　筆界特定手続は，法務局・地方法務局の本局のみが管轄する（不登法124条１項）。本局は地方裁判所に対応して設置されていることから，境界確定訴訟を簡易裁判所で扱わないとしても不均衡とはいえないであろう。

する〈13〉〈14〉。なお，筆界確定訴訟の実務の詳細については，後記３章（570頁）で述べる。

⑵　筆界確定訴訟と所有権確認訴訟の違い

境界に関する２つの訴訟の相異を，図表で表すと，前掲【図表7-1】（553頁）のとおりである。もっとも，実務や学説がこの表のようにスッパリと割り切っているかというと，必ずしもそうではない。割り切ることのできない根本の原因は，筆界は公的存在であり，不動のものと言いながらも，元来，私的に創設された所有権界をなぞっただけのものにすぎないという二面性を有する（20頁以下）からである。

言い換えれば，筆界確定訴訟は，登記官等が形成した筆界という公的存在を探し出す作業とは言いながら，例えば，県境・市町村界等の位置を確定する作業（39頁）と異なり，所詮は隣地所有者間の一対一の私的な境界紛争を解決する手段にすぎない。所有権界をめぐる私的紛争と根底は同じである。そのことが，解釈論の場にも投影するため，筆界確定訴訟の解釈論さらには訴訟運営の実態を曖昧なものにしており，分かりにくいものにしている。

⑶　理論的相異

ア　筆界確定訴訟

２つの訴訟の違いを，判例理論を踏まえつつ誤解をおそれずに単純化して説明すると，まず，筆界確定訴訟は，登記官（昭和25年の土地台帳・同附属地図の登記所移管前は，改租担当官・収税官吏等）が引いたはずの筆界が現地のどこにあるのか分からなくなってしまった場合に，筆界の位置を探し出し，不明の場合には改めて筆界を引き直す作業である。本来ならば，登記官が行うべきであり，そのため平成18年以降は筆界特定制度（423頁）が創設されている。しかしながら筆界についての争いは実質的に私的な所有権争いの側面を有す

〈13〉　実務の解説書として，第二東京弁護士会民事訴訟改善研究委員会編『新民事訴訟法実務マニュアル〔改訂版〕』（判例タイムズ社，平成12年），塩崎勤・澤野順彦・齋藤隆編著『不動産関係訴訟』（民事法研究会，平成22年）698頁以下，体系書を兼ねたものとして，藤田広美『講義民事訴訟〔第３版〕』（東京大学出版会，平成25年）がある。

〈14〉　この項では，私見（実質的当事者訴訟説）でなく，通説・判例の立場（形式的形成訴訟説）を筆者なりに噛み砕いて説明する。

る。そのような私的紛争を公権的に解決するのは裁判所の本来の使命である。そこで，裁判官が，本来の意味での裁判ではないが（言い換えれば，民事行政としての非訟事件の本質を有しながらも），なお訴訟事件のかたちを借りながら，その中で筆界認定を行うのが筆界確定訴訟である。

同じような非訟事件としては，共有物の分割手続（民法258条１項）や遺産分割手続（民法907条２項）がある。これらの場合，どこをどう分割するかということが法律で決まっているわけではないから，裁判官といえども法的判断はできない。そうかといって紛争を放置しておくわけにはいかないので，当事者の請求があれば裁判所が後見的に，当事者になり代わって分割を行う。筆界についても，私的紛争を放置できないことから，法的判断作用そのものではないが，裁判所が登記官になり代わって筆界線を引き直す，それが筆界確定訴訟の本質であると理解するのが判例理論の立場といえよう〈15〉。

イ　所有権確認訴訟

境界の争いは，所有権確認訴訟で解決を図ることもできる。境界についての所有権確認訴訟は，例えば，財布の落とし主と称する者が２人現れて，財布の所有権を争う訴訟と同じごく普通の民事訴訟である。

次頁**【図表 7-2】**の例で説明すると，a-b-d-c-a で囲まれた土地部分（係争地）が，甲所有地か乙所有地か争いがある場合，甲は，当該土地部分が自己の所有に属することの確認を求めればよいわけである。裁判所は，甲主張のとおり，a-b 線が所有権界と認めるならば全部勝訴の判決をする。c-d 線が所有権界と認めるならば，甲の請求を棄却する。中間のイ－ロ線が所有権界と認めるならば，イ－ロ－d－c－イの土地部分の所有権を甲のものと確認して，その余の部分（イ－ロ－b－a－イ）についての請求を棄却することになる。

〈15〉　そのため，筆界判定についての専門知識の不足を補うべく専門委員（民訴法92条の２。土地家屋調査士・元登記官等）ないし補佐人（民訴法60条）の活用を図るべきであろう。

【図表７-２】

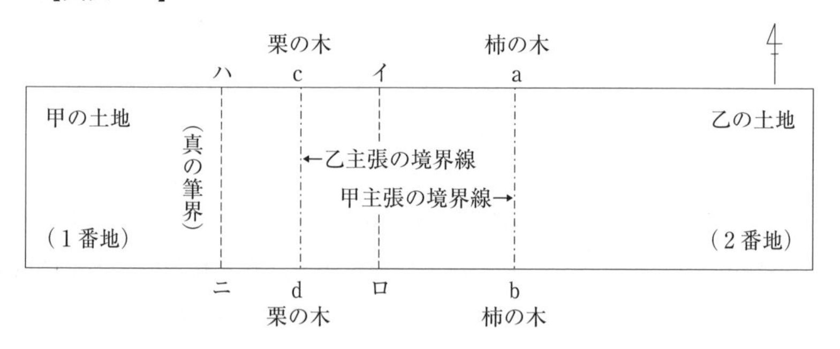

４　２つの裁判手続が存在する理由

上述のとおり境界紛争を解決する手段として，普通の民事訴訟としての所有権確認訴訟があるのなら，明確な根拠規定もないのに，なぜ筆界確定訴訟を認める必要があるのか。その理由は以下のとおりである。

⑴　証拠資料が不足している場合の隘路

もし所有権確認訴訟しか許されないとなると，裁判で境界を明らかにできない場合を生じてしまう。

例えば，【図表７-２】の１番地の所有者甲は，２番地の所有者乙と先祖代々境界争いをしていたが，ある日，甲が自己の所有地は柿の木と柿の木を結んだ線（a-b）までだと主張して，乙を被告として所有権確認訴訟を提起したとする。

裁判所が甲に対し，柿の木を結んだ線までが甲所有地だとする証拠を示すよう求めたところ，甲には「死んだ爺さんがそう言っていた」という以外に証拠はない。民事裁判で主張が認められるためには，証拠が必要（甲には立証責任がある。）なので，主張が認められず，甲の請求は棄却されてしまう。

それに勢いづいて，今度は乙が，自己の所有地は栗の木と栗の木を結んだ線（c-d）までだと主張して，甲を被告として所有権確認訴訟を提起した。裁判所が乙に対し，栗の木を結んだ線までが乙所有地だとする証拠を示すよう求めたところ，「死んだ婆さんがそう言っていた」という以外に証拠はない。結局，証拠不十分で，乙の請求は棄却されてしまうことになる。

境界争いのある土地については，決定的な証拠がないのが通例といえる。

そうすると，この例のように，所有権確認訴訟では，甲，乙のいずれが提訴しても請求が棄却されてしまい，裁判では境界を確定できない例が多発するおそれがある。そうであっては，境界争いは実力行使に任される結果となりかねず，法治主義が貫徹されないことになってしまう〈16〉。

⑵　登記官を拘束しないことに伴う隘路

所有権確認訴訟でせっかく勝訴しても，登記官はその判決を参考としないことも十分あり得る。法的には，所有権確認判決は登記官を拘束しないからである。なぜ拘束しないかというと，そもそも民事訴訟の判決の効力は，当然には登記官など第三者に及ばない（民訴法115条）。加えて，所有権確認訴訟で確認されるのは，私人において処分が自由な所有権（その外縁としての所有権界）であるのに対し，登記官が表示登記において確定の対象としているのは，公的存在であり，私人において自由に処分できない筆界である。したがって，所有権確認判決を勝ち取っても，登記官はこれを参考程度にしか扱わなくてよい。

⑶　問題の解消手段としての筆界確定訴訟

私人間の境界紛争は，筆界を明確にすればおのずと解消する例が多いといえる。筆界は，もともと所有権界をなぞったものゆえ，「所有権界兼筆界」が通常の姿だからである。また，筆界が確定していることは，不動産取引の安定のためには不可欠であり，筆界を明確化することは国家の責務とすらいえよう。したがって，筆界が不明確なために私人が難渋しているときは，証拠資料の有無を問わず，筆界を明確にする手続が必要とされる。筆界確定訴訟は，上記の手続と位置付けることができよう。

また，筆界確定訴訟により，登記官になり代わって確認され，再形成された筆界は，その性質上，詐取判決など特段の事情（592頁⑶）がない限り，当然に登記官を拘束することになる。したがって，前記⑵の隘路も筆界確定訴訟を許容することにより，解消されることになる。

〈16〉　大連判大正12年６月２日民集２巻345頁は，その趣旨を明言している。

第２章

所有権確認訴訟（所有権の範囲の確認訴訟）

１　審判の対象

所有権確認訴訟（正確に言えば，所有権の範囲の確認訴訟）は，一般の民事訴訟である。【図表７-２】（560頁参照）の例で説明すると，a-b-d-c-aの範囲の土地が甲の土地か乙の土地か争われている場合，その係争地部分の範囲を特定して自己所有地であるとの確認を求めて提訴する場合がこれに当たる。

所有権確認訴訟において「審判の対象」となるのは，直接的には所有権の辺縁としての所有権界であるが，判決の効力はa-b-d-c-aの係争地全体の所有権の帰属に及ぶ。したがって，当事者は係争地が自己の所有に属することの原因として，売買，贈与，取得時効等の事実を主張・立証すべきこととなる。筆界確認訴訟では，審判の対象（本案）としては，そのような事情は問題とならず，その筆界が引かれた時の状況のみが立証の対象であり，その後，筆界付近の土地（係争部分）につき，贈与や時効取得があったことなどは，主張・立証しても本案の審理には影響がないことに注意しなければならない。他人の土地の一部を受贈や時効取得したとしても，所有権の範囲（外縁としての所有権界）は変動するが，筆界には何ら変動を来すものではないからである（24頁ア）。

２　訴訟の本質

土地所有権がぶつかり合う場面において，係争部分が自己の所有権に属することの確認を求める民事訴訟である。相手方が借金の存在を争う場合に，貸金債権の確認を求めるのと同じく，私権の法的実現を求める作用である。

3　訴訟の当事者

所有権（界）を確認する法的利益があれば，相手方は誰でもよいわけであるが，隣地所有者との所有権争いであれば，いうまでもなく相隣接する土地の真の所有者のみが当事者としての適格を有することになる。

この点，筆界特定申請の適格を有する者は「土地の所有権登記名義人等」（不登法131条１項，123条５号）であり，筆界確定訴訟の当事者適格を有する者が「筆界を確定するについて最も密接な利害を有する者」（後記３章３）であるのと微妙に異なることに注意する必要がある。

所有権の範囲の確認訴訟では，文字どおり所有権の範囲（その外縁としての所有権界）が確定されるので，当事者適格を有するのは，相隣地の所有権者のみである。もっとも，乙が甲から譲り受けた不動産につき丙が所有権を主張して返還請求をする場合に，甲が売主としての担保責任（契約不適合責任）を免れるために，乙の授権を得て丙に対し訴訟担当者として訴訟をすることは許される〈1〉ので，所有権界（所有権の範囲の）確認訴訟においても甲の訴訟担当は許されると解すべきであろう。

当事者適格は，訴訟要件ではあるが，訴訟提起の時ではなく，口頭弁論が終結するときまでに備わっていれば足りる〈2〉。

4　裁判外の解決

所有権はどう処分しようと自由ゆえ，裁判手続によらずに私人が話合いで所有権界を決めることも自由である。

5　裁判上の和解

前述４と同じ理由で，裁判の場での和解も可能である。なお，地図混乱地域における集団和解，集団調停については，後記16（568頁）参照。

〈1〉　中野貞一郎ほか編『新民事訴訟法講義〔第２版補訂２版〕』（有斐閣，平成30年）184頁。
〈2〉　秋山＝伊藤ほか『コンメンタール民訴法Ⅰ』268頁。

6　認諾・請求の放棄・調停

相手方主張の所有権界を全面的に認める訴訟行為すなわち請求認諾及び請求の放棄（民訴法266条，267条）あるいは裁判所における調停（民事調停法16条）も，前述4，5と同じ理由で可能である。

7　原告が自己の主張する境界を特定できない場合

訴状の請求の趣旨においては，自己の主張する所有権界を特定しなければならない。それができない場合は，提訴自体が不適法となる。およそ「自分の土地だと確認してくれ」と主張しながら，その範囲を明示できないというのは自己矛盾だからである。

実務上，しばしば問題となるのは，当事者が作成した図面上，係争地が特定されているように見えて，実は基点となる基準点・引照点〈3〉・恒久的地物（167頁注〈123〉）等の記載がないため，判決主文で引用されても境界点の位置が一義的に特定できないというケースである。そのような場合は，判決の中身がいかに優れたものであっても，事実上無効であり，上級審で破棄されてしまう〈4〉か，確定しても使い物にならないことから，注意が必要である。

8　反訴を提起することの当否

前掲【図表7-2】の例で，原告甲が「2本の柿の木を結んだ線が境界だ」と主張するのに対し，被告乙が「2本の栗の木を結んだ線が境界だ」と主張する場合，所有権界の確認訴訟では，乙の主張線を反訴（民訴法146条）として提起する必要がある。そうしないと仮に甲の主張が通らない場合，判決主文としては「請求棄却」になるだけであり，「2本の栗の木を結んだ線までは乙所有地だ」という判決を得ることはできない。

〈3〉　測量した筆界点が滅失するおそれがある場合，あるいは現地に境界標を設置できない場合に，その点を復元するために支障のない場所にあらかじめ設ける点・座標値。

〈4〉　土地所有権の範囲の確認訴訟に関する最（3小）判昭和32年7月30日民集11巻7号1424頁。

9　控訴審での不利益変更禁止の適用の有無

前述8の延長上の理屈になるが，民事訴訟においては相手方の主張に反論しているだけだと，仮に反論の方が正しいと認められたとしても相手方主張の権利の全部又は一部が公に確認されないだけであり，自己に有利な内容を実現する判決主文にはならない。そのため控訴審でも不利益変更禁止（民訴法304条）の原則が適用される。したがって，一部敗訴の第一審判決を自己に有利に変更してほしいと考える被控訴人は，附帯控訴（民訴法293条）をする必要がある。例えば，【図表7-2】のケースにおいて，イ－ロが所有権界と判決され，乙のみが同判決を不服として控訴した場合，甲が控訴審で2本の柿の木を結ぶ線との判決を得たいときは，甲において附帯控訴する必要がある。

10　証拠が乏しいとき

【図表7-2】の例で，甲が提訴しても乙が提訴しても，証拠が乏しいときはいずれも棄却されてしまうことは前述（560頁4(1)）した。

11　職権による証拠調べ

争いの対象は私権（所有権）であり，本来自由に処分できる性質のものゆえ，証拠を提出するか否かも当事者の自由とされている。したがって，職権証拠調べは許容されない。

12　自白の拘束力

上述の11と同じ理由により，裁判所は当事者の自白に拘束される。

13　判決の第三者効

民事訴訟は，審判の対象となる私権を当事者が自由に処分できる反面，その判決の効果は当事者限りであることが原則である。したがって，所有権界について判決があったとしても，登記官を法的に拘束することはない。登記官が参考にすることができる資料にとどまる（筆界確定判決に関する591頁1比較参照）。

14　３以上の地番境が１点で交わるとき

公簿上，３以上の地番境が１点で交わっているときでも，所有権界の確認訴訟は，２当事者間で行うことができる。例えば，Ｙ字型あるいはＴ字型に甲所有地，乙所有地，丙所有地が存在し，その地番境が一点ｘで交わるときでも，甲は，乙又は丙のみを被告として所有権界の確認訴訟を提起することができる。

その結果，甲・乙間の判決で**【図表 7-3】**の実線に所有権界が位置するとされ，甲・丙間の判決では同図の点線が所有権界と認定されることがあり得る。しかし，もともと所有権界と筆界は一致するとは限らない（24頁２）上，前述13で述べたとおり，甲・乙間の判決は丙を拘束しないし，甲・丙間の判決は，乙を拘束しない。ましてや登記官を拘束することもない。したがって，不一致は何ら問題とならない。他の例で言うと，ｘ建物の帰属が争われているとき，甲・乙間の判決では甲の所有物と認定され，甲・丙間の判決では丙の所有物と認定されることがあるのと同様である。

しかしながら，通常は判断がまちまちに分かれるのは好ましいことではない。したがって，Ｙ字型あるいはＴ字型さらには十字型に交差する所有権界が争われる場合は，関係する所有者全員を被告として提訴するのが合理的であろう。その場合でも裁判所は類似必要的共同訴訟とはならないと考えているが，証拠共通の原則が働くことから，事実上，相互に矛盾のない合一的確定をすることが期待できる（民訴法38条，40条）。

【図表 7-3】

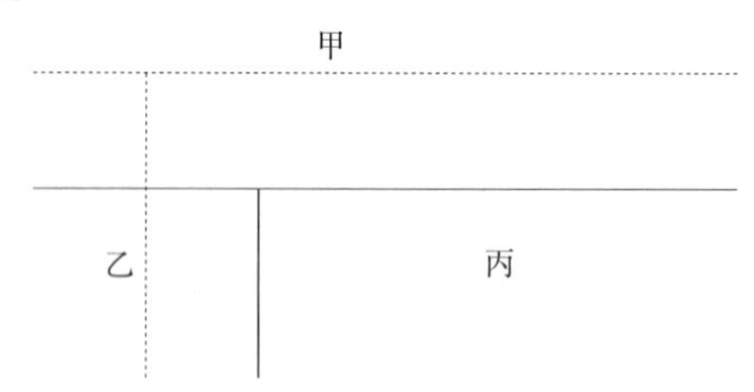

15　所有権の範囲確認訴訟と時効取得

相隣地の境界付近の土地部分（係争部分）につき，所有権界が争われる場合，取得時効（46頁３）が問題となることが多い。

裁判に関わりの深い部分のポイントだけを再論すると，境界付近地の時効取得が争われる事件でも，一般民事事件と同様，時効取得の効果を土地の第三取得者に対抗できるか否かは，登記の有無で決せられる。すなわち，係争部分を時効取得した甲は，時効完成前に係争部分の所有権移転登記を取得した者には時効取得を対抗できるが，甲の時効取得が完成した後に係争部分の所有権移転登記を取得した者（乙）には対抗できない〈5〉。そうすると，係争部分を自己所有地番の一部と信じ込み，長い間占有している者は，長ければ長いほど，時効取得完成後に乙が出現して時効取得の利益を根底から否定されるリスクが増大することとなる。

さらに言えば，ある地番の一筆地の所有権移転登記の効力の及ぶ範囲は，客観的に定まっている筆界線によって囲まれた地域の範囲に限られ，たとえ当該地番の土地の売買に当たり当事者が任意にその地番の地域の範囲を越えて他の地番の土地の一部を当該地番の地域の範囲であると指示して売買しても，当該地番の所有権移転登記の対抗力は，その地番の範囲を越えた地域に及ぶものでない〈6〉。その結果，法律に精通しない買主は思わぬリスクを背負い込むことになる〈7〉。

そのためか，裁判所は，境界紛争型時効取得のケースにおいては，背信的悪意者の法理〈8〉を多用して甲を救おうとする傾向がある。すなわち，乙が移転登記を受けた時点で，①甲が多年にわたり係争部分を占有している事実を現に認識しており（「悪意」要件），②甲の登記の欠けつを主張することが信義に反するものと認められる事情が存在する（「背信性」要件）ときには，乙は甲が時効取得の登記を経由していないことを，信義則上，主張できな

〈5〉　最（１小）判昭和33年８月28日民集12巻12号1936頁。

〈6〉　広島高判昭和23年７月21日高民１巻２号152頁。

〈7〉　事案によっては，売主に表明責任を問うこともできよう。潮見佳男『新債権総論Ⅰ』（信山社出版，平成29年）420頁以下。

〈8〉　最（３小）判昭和40年12月21日民集19巻９号2221頁。

い〈9〉として甲の保護を図っている。

16　地図混乱地域における和解

⑴　乱開発による地図混乱

宅地開発業者が，山林等を区画割りして宅地を造成する際に，里道や水路を無断で付け替えるなどしたのに分筆や交換等の登記手続を取らなかったため，元来の筆界を示す公図（121頁）の記載と現地の区画や取付道路等の位置が登記情報と全くかい離しているという例がまれではない。いわゆる地図混乱地域の１つである（151頁）。

⑵　裁判の手順

このような真正の地図混乱地域において，筆界確定訴訟を提起しても，相隣地であることの証明すらできないことから，当事者適格を欠き訴えは却下されることとなる。

そのため，一定の範囲内の土地（例えば，道路や水路等の公共用物で囲まれた街区）について集団的に所有権確認の提訴ないし民事調停の申立てを行い，それぞれの現在の占有関係（占有界。27頁）に係る争いを解消して，それを基に所有権界を確定し，所有権界について集団的に和解する。それを資料として現況測量図を作成し，これを登記所備付けの地図と差し替えるという方法が取れないか，登記所と協議するという手順が考えられる。登記所からは，実務上，集団和解方式を是認する前提条件として前述（485頁４⑵①～⑥）の要件を満たすことを求められるのが通例であることは念頭に置かなければならない。

これらの手順を踏むならば，実務上，地図混乱地域においても所有権界及び仮の筆界を再現することが可能となる。

⑶　法律論の整理

繰り返すまでもなく，筆界を話合いで決めることは許されていない。ただ，地図混乱地域のように筆界が不明な地域において，境界（所有権界兼筆

〈9〉　最（３小）判平成18年１月17日民集60巻１号27頁。もっとも，同判決は，原審が要件①について「調査をすれば甲による時効取得を容易に知り得た」と判断したのに対し，その事実のみでは「悪意」とはいえないとして，原審に差し戻している。

界）について話合いが成立した場合，少なくとも所有権界の合意としては有効である。加えて，筆界についても「地域における利害関係人全員の認識の一致」をみているという事実は，登記官としては無視できないであろう。

確かに純理としては，乱開発のケース（前記⑴）のように公図の記載が無視され，里道や水路等の位置も付け替えられていることが明確な場合には，一筆地につき地図訂正や地積更正等の申請があったとしても，筆界の位置等につき登記官の調査結果と合致しないことを理由に却下すべきことになる（不登法25条11号）。土地改良事業や土地区画整理事業のごとき手続を経ることができれば抜本的解決になるが，宅地造成事業についてはそのような法的手段は用意されていない。そのため，法的根拠を欠くとして，登記所は集団和解方式を拒否するのが理屈ではあろう。しかし，利害関係人の全員が筆界につき認識の一致を示し，しかも集団和解方式の要件（485頁４⑵①～⑥）を満たすときは，他に有効な法的手立てを見出し難い現在，集団和解方式によって筆界を再生するという方法を否定すべき実質的根拠がないという他はない。

そのようにして再生された筆界は，事実上，あたかも後発的原始筆界（15頁⑶）に類する存在となる。また，その後仮に筆界確定訴訟が提起されたとしても，裁判所は，真の筆界が不明であり，かつ集団和解につき手続的適正が遵守されている限り当該合意された境界をもって筆界として再形成する（585頁６）こととなるであろう。

立法論としては，地図混乱地域や震災による境界混乱地域に限り，「合分筆の登記」すなわち地権者・担保権者全員の合意で，区域内のすべての地番につき，地番・所有者については変更のないまま合筆と同時に再分筆を行い，地図訂正・地積更正を行うという方法が最良であろう〈10〉。

〈10〉　枇杷田泰助「地図のはなし」法務通信367号（昭和57年）21頁，青山正明「境界紛争の予防とその解決のための諸方策について」登研517号（平成３年）43頁。しかし，不動産登記法・税法の潜脱となることを危惧したためか，現在でも実現に至っていない。

第３章

筆界確定訴訟

この章においては，筆界確定訴訟（裁判実務の慣用句としての『境界確定訴訟』）の実際について，その概略を説明する。説明は，基本的には裁判実務である形式的形成訴訟説（554頁ウ）によるが，必要に応じて私見（実質的当事者訴訟説。555頁オ）によった場合の帰結についても言及する。

第１節　裁判の入口論

1　審判の対象

⑴　対象となる「境界」の種類

筆界確定訴訟は判例法上認められている訴訟形式であり，その手続や判決の効力についての直接の規定はない（ただ不登法132条，147条，148条にはその存在を前提とする規定が置かれている。）。その本質は，登記官になり代わって裁判官が筆界を探し出し，不明のときは引き直す裁判手続であると解される。この訴訟で審判の対象となるのは，地番境すなわち筆界である〈1〉。相隣地の所有権界（所有権の範囲）は審判の対象でなく，したがって判決主文において所有者の表示は不要であり〈2〉，判決の効力も土地所有権には及ばない〈3〉。

借地権界（28頁）も筆界確定訴訟の対象とはなり得ない〈4〉。

〈1〉　審判の対象が地番境（筆界）であることを明言するものとして，最（３小）判平成７年３月７日民集49巻３号919頁。大橋弘「判解」平成７年度325頁。

〈2〉　最（３小）判昭和37年10月30日民集16巻10号2170頁。

〈3〉　大判昭和15年７月10日民集19巻1265頁。

〈4〉　名古屋高判昭和32年７月13日判時123号13頁。借地権の範囲の確認訴訟が可能となるのみである。

⑵　基本的な注意事項

筆界確定訴訟の判決においても，所有権確認訴訟における（564頁７）のと同様，判決書添付の筆界を示す図面上，筆界点が特定されているように見えて，実は基点となる公共基準点・恒久的地物（167頁注〈123〉）等の記載がないため，筆界点の位置が一義的に特定できていないというケースがまれではない。そのような場合は，所有権確認訴訟の場合と同様，判決の中身がいかに優れたものであっても，また，たとえ当事者間においてはその基点の位置につき争いがなかったとしても，上級審で破棄されてしまうこととなる〈5〉。のみならず，事実上無効の判決であるから，登記官を拘束することもない。

２　事物管轄

⑴　形式的形成訴訟説による説明

判例・通説は，『境界確定訴訟』（すなわち筆界確定訴訟）において筆界を確定する作業は，私権の実現作用ではなく，非訟事件に近い性質を有するものの，訴訟形式としては民事訴訟たる形式的形成訴訟であると説明している（554頁ウ）。その見解によるときは，筆界紛争の対象となる土地範囲の評価額〈6〉が140万円を超えない場合には，簡易裁判所が第一審としての裁判権（事物管轄）を有することになる（裁判所法33条１項１号）。その場合でも，簡易裁判所はその裁量により訴訟を地方裁判所に移送することができる（民訴法18条）し，本案弁論前に被告の申立てがあれば地方裁判所に移送しなければならない（民訴法19条２項）。

⑵　私見（実質的当事者訴訟説）による説明

前述（557頁ウ）のとおり，筆界特定制度が地方裁判所の管轄と同じ管轄で運営され，しかも行政的紛争解決手段たる筆界特定の成果を筆界確定訴訟の当面の争点とする構図が定着するのが理想であることを思えば，少なくとも行政事件訴訟法が改正され（平成17年），筆界特定制度が発足（平成18年）した以降は，筆界確定訴訟の実質的当事者訴訟としての本質を直視し，簡易裁判

〈５〉　最（３小）判昭和35年６月14日民集14巻８号1324頁。

〈６〉　筆界確定訴訟の訴額は係争地域の価額であることにつき，昭和31年12月12日最高裁判所民事甲412号民事局長通知。

所で扱うのは相当でないとすべきなのではなかろうか。

3　訴えの利益

(1)　筆界認識の一致と訴えの利益

相隣地所有者の認識する筆界の位置が一致している場合であっても，筆界確定訴訟を提起できるかについては，実務上，争いがある。実務の多数は，境界に争いがないことになり，訴えの利益を欠くことから，一般に筆界確定訴訟を提起しても却下されることとなるとしている〈7〉。

これに対し，少数ではあるが，裁判所は当事者の認識と異なる位置に筆界を確定することも可能であることを理由に，筆界確定訴訟においては，相隣地所有者の認識は，訴えの利益を検討するに際しての判断要素とならないという考え方もある。私見（実質的当事者訴訟説。555頁オ）のように，筆界確定訴訟を「公法上の法律関係の確認」に関する争訟と捉える限り，その訴えの利益は「筆界が未確定な状態にあること」のみで足りる（後は当事者適格の問題だけが残る）のであって，公的存在である筆界につき関与する余地のない「隣地所有者」の「認識」は元来，訴えの利益の判断要素たり得ないことになる。

(2)　争いが潜在的な場合

判例・通説の立場を採るとしても，例えば，①里道や水路等の長狭物とこれに接する土地所有者との間では，筆界の位置についての認識の一致をみているが，対側地の所有者がこれに異議を唱えていて，長狭物の幅員に影響を及ぼしかねないとき，②公的機関が，客観的にみて筆界が明らかでない土地につき，開発許可など公務遂行の必要上，筆界の証明を求めるときなどには訴えの利益が認められるべきであろう。とりわけ，上記①の場合には，長狭物の所有者とこれに接する土地所有者甲間で筆界の位置についての認識が一致していたとしても，当該長狭物の対側地所有者乙がこれに異議を唱え，そのため建築基準法42条２項等の法定の幅員を確保できなくなるおそれがあるときは，長狭物の所有者たる国や市町村等は，甲の申請があっても，国（市

〈7〉　その例として，大阪高判昭和43年５月31日判タ224号162頁。

町村等）と甲間では，境界確定協議（410頁）に応じないのが通常の取扱いとなっている〈8〉。その意味において，国（市町村等）と甲間においては，潜在的な紛争があることから，訴えの利益を肯定できよう〈9〉。

上記①の場合は，実質的な紛争当事者は，長狭物を挟んで対峙する甲と乙である。したがって，境界確定協議ができないことを契機に国（市町村等）と甲との間で相隣地の筆界確定訴訟が係属したときは，長狭物所有者たる国（市町村等）は，対側地所有者乙に対して訴訟告知（民訴法53条１項）をすることにより，合一的な紛争解決を目指すべきであろう。告知を受けた乙は，訴訟を傍観していても参加的効力（民訴法53条４項，46条）を受ける。そのため乙は，補助参加して，自己の信じる国（市町村等）・甲間の筆界の位置を主張すべきことになる。上記①の場合，甲と国（市町村等）は，乙が主張する筆界とは異なる位置に国（市町村等）・甲間の筆界があると主張しているのであるから，乙の主張は，補助参加を受ける国（市町村等）とは対立することになる。この点で乙の地位は通常の補助参加人と異なるため，「共同訴訟的補助参加」と呼ばれている〈10〉。

４　筆界の一部についての提訴

⑴　一部提訴否定説

一部についての提訴を否定する見解〈11〉は，その論拠として，①筆界は相隣地の間に存在する不可分な１個の線である，②筆界は公法上のものであり，私人による任意の処分は許されない，③筆界確定訴訟において，裁判所は当事者の申立てに拘束されない等を理由とする。

⑵　中間説

基本的には上記⑴説に立ちつつも，筆界の一部について争いがない場合には，その部分については紛争性を欠き，訴訟要件を欠くこととなる等の理由により，争いのある部分についてのみの筆界を確定できるとする見解があ

〈８〉『公共用財産管理の手引』125頁。
〈９〉京都地判平成６年11月28日，大阪地判平成16年７月13日（いずれも公刊物未登載）。
〈10〉伊藤眞『民事訴訟法〔第５版〕』（有斐閣，平成28年）660頁。
〈11〉東京高判昭和37年７月10日下民13巻７号1390頁。筆界特定につき440頁エ参照。

る〈12〉。

同じく原則的に上記(1)説に立ちつつも，長狭物の一部の境界確定のように，特段の事情がある場合に限っては筆界の一部を確定することができるとする見解もある〈13〉。

(3)　一部提訴肯定説（私見）

相隣地の一方にとっては筆界の全部であっても，他方にとっては筆界の一部にすぎない場合もあることから，筆界の一部について境界確定を求めることができないというのは，理屈に合わない〈14〉。加えて，筆界は地番と地番の境を形成する線であるが，これを「確認されるべき事実」に着目して検討すると，筆界「点」及びその結線情報から成り立っている（不登法123条１号。19頁(4)）。そうすると，筆界確定訴訟における審判の対象は，究極には各個の筆界点であり，土地所有者は，争いのある筆界点（私見＝前記３によれば，客観的に不明確な筆界点）についてのみ提訴することができるはずである。

現実の問題として，道路・水路などの長狭物や広大な山岳のように，長い筆界を有する土地のごく一部の筆界についてだけ争い（客観的に不明確な筆界点）がある場合に，争いのない残部についてまで測量図を作成し，印紙を貼付しなければならないとすることは，当事者に無用の負担を強いることとなる〈15〉。また，争いのある筆界部分だけを審判の対象とすることは，当然には筆界を任意に処分することにはならない。

もっとも，裁判所は当事者の主張する筆界線に拘束されずに筆界を確定できる（584頁５）。そのため，審理の結果，当事者間で争いがないとされている筆界点が，裁判所の認識と異なるときは，筆界の一部だけが審判の対象とされていることに留意し，適切な訴訟指揮をしなければならないことになろ

〈12〉　盛岡地一関支判昭和43年４月10日判時540号68頁。

〈13〉　東京高判平成12年３月14日訟月47巻４号706頁（＝最決平成12年９月８日（公刊物未登載）にて維持）（里道）は，長大な境界の特定の一部のみに争いがあり，その確定によって１筆全体の確定がなされたと同様の効果があるなど，特段の事情がない限り，当事者が境界の任意の一部や起点のみの確定を求めることは許されないとしている。

〈14〉　倉田卓次「境界確定の訴について」最高裁判所事務総局編『境界確定訴訟に関する執務資料』（法曹会，昭和55年）606頁。

〈15〉　安藤一郎『よくわかる境界のトラブルＱ＆Ａ』（三省堂，平成13年）99頁。

う〈16〉。

第２節　当事者・参加

１　訴訟の当事者

(1)　所有者

筆界は，公的存在であり，私人が任意に処分・移動できるものではない。しかしながら，筆界が不明な場合，これを引き直すことについて，最も切実な利害関係を有するのは，登記官等の公的機関でなく，当該筆界付近地を所有する私人である。そのため，筆界確定訴訟について当事者としての適格を有する者は，「何ぴとをしてその名において訴訟を追行させ，また何ぴとに対し本案の判決をすることが必要かつ有意義であるかの観点から決すべきである」ことから，「相隣接する土地の各所有者が，境界（筆界）を確定するについて最も密接な利害を有する者として，その当事者となる」とされている〈17〉。

筆界があるところには所有権界もあると事実上推定されることから，筆界確定訴訟の当事者適格は，相隣地について処分権能を有する所有権者のみが有すると解される。そのため，相隣地につき，所有権を有しない地上権者等には当事者適格を認めることはできない（225頁３）。当事者適格を有する者の詳細については，立会・承認適格の項（211頁，229頁）で詳述しているので，ここでは繰り返さない。

登記記録上，甲が所有名義を有していても，第三者乙に譲渡して所有権を喪失している場合には，甲には筆界確定訴訟の当事者適格はない〈18〉。

〈16〉　京都地判平成６年10月17日訟月41巻９号2417頁（水路）は，筆界の一部の確定請求に対し，被告国の主張を容れて，その全部について筆界を確定している。また，長崎地厳原支判平成16年３月９日（公刊物未登載）は里道の一部の筆界確定請求を認めている。

〈17〉　最（１小）判昭和43年５月23日集民91号65頁，最（１小）判昭和47年６月29日集民106号377頁，最（３小）判平成７年３月７日民集49巻３号919頁。

〈18〉　水戸地下妻支判平成10年５月27日判自187号104頁。任意的訴訟信託につき，235頁

また，国有地を市道として管理している場合のように，公物の機能管理者（29頁１⑴）であっても国有地としての財産管理の委任を受けていない者（市）には筆界確定訴訟の当事者適格はない〈19〉。

これに対し，前所有者甲がＡ地番を所有していた当時に乙がＡ地番内の立木を不法伐採したと主張しているのに対し，乙が伐採した場所はＡ地番内でなく乙所有地内であるとして争っている事案であれば，乙がＡＢ両地の境界を争う限り，甲は乙の伐採を不法行為として損害賠償を求める前提として，乙に対し中間確認の訴として筆界確認の請求をすることができると解される〈20〉。

⑵　代位による提訴

ア　問題の所在

筆界付近地の一部を時効取得した者は，筆界につき，立会・承認を行う適格があり（245頁【ケース⑫】），筆界確定訴訟の原告適格も有すると解される。

これに対し，一筆地のうちＡ所有地とＢ所有地間の筆界（本件筆界）付近以外の一部を第三者Ｃが時効取得したケース（248頁【ケース⑯】）については，①Ｃには本件筆界訴訟を提起する当事者（原告）適格が認められるのか，あるいは，②ＣはＡに債権者代位（民法423条１項）して提訴できるのか，あるいは，③Ｃには当事者適格も債権者代位も認められないのか，実務の見解は定まっていないようである。

イ　検　討

前記【ケース⑯】（248頁）で引用した裁判例〈21〉を類推すれば，①説のとおり，Ｃ取得地がＢ所有地と相隣接していなくとも原告適格が認められることになりそうである。また，①説は，筆界特定に関する不動産登記規則207条２項４号がＣに申請人適格を認めていることとも整合性がある。

これに対し，②説及び③説を採る下級審裁判例もある〈22〉。Ｃによる代位

４⑴参照。

〈19〉　大阪地判昭和59年１月27日下民34巻５～８号860頁。

〈20〉　前橋地判昭和28年４月21日下民４巻４号553頁。

〈21〉　最（２小）判平成11年２月26日判時1674号75頁も手掛かりとなろう。

〈22〉　Ｃによる債権者代位を肯定する見解として，長崎地佐世保支判平成11年９月13日（公刊物未登載），否定する裁判例として，千葉地判平成13年６月５日訟月48巻８号

を肯定する②説〈23〉は，結論の座りが良いように思われる（248頁注〈42〉）が，同説に対しては，代位の対象となる筆界確定請求権なるものは存在せず（433頁(6)），またCが元来取得していないA所有の本件筆界付近地の所有権を行使できるとの構成にも無理があるとの批判があろう。

帰するところ，最高裁が筆界確定訴訟の原告適格を有する者を「境界（筆界）を確定するについて最も密接な利害を有する者」（前記(1)）としていることから，端的にAと並んでCにも原告適格を認めるという①説が妥当であろう。

2　第三者の訴訟参加等

(1)　補助参加

ア　補助参加が問題となるケース

例えば，甲地と乙地間の筆界確定訴訟の決着いかんでは，乙地を挟んで甲地と向かい合う（対側地の）関係にある丙地との間で「押せ押せ」（甲地⇒乙地→丙地）で筆界争いを生じる懸念がある（572頁3(2))。あるいは筆界確定訴訟で甲地・乙地間の筆界が争われている場合，その筆界とT字又はY字に交わることにより1つの筆界点を共通にする丁地との間で，新たな争いを生じる（593頁2）可能性を否定できない。そのような場合，甲・乙間の筆界確定訴訟に丙あるいは丁が自己に有利な主張をする甲又は乙を援護して，甲・乙間の訴訟に参加できないか（筆界特定については，433頁(7))。

イ　補助参加の要件

一般に現に争われている民事訴訟の結果につき「利害関係を有する者」は，当事者の一方に補助参加できる（民訴法42条)。この利害関係は，単なる経済的なものではなく，法律的な利害関係でなければならない〈24〉。もっとも，法律的な利害関係とは何かについては，判決の主文における判断の結果

1899頁。

〈23〉　藤田耕三＝小川英明編『不動産訴訟の実務〔7訂版〕』（新日本法規出版，平成22年）477頁は代位肯定説か。

〈24〉　大決昭和7年2月12日民集11巻119頁，秋山＝伊藤ほか『コンメンタール民訴法Ⅰ』405頁。

について利害を有することが必要であるとする見解と，判決の理由中の判断いかんによって法律上の不利益を受けるという程度で足りるとの見解に分かれており，裁判実務は明確でない〈25〉。しかしながら，裁判実務は筆界確定訴訟につき形式的形成訴訟説を採用していることから，係争筆界についての判決の効力は，第三者（上記設例の丙あるいは丁）にも及ぶと解されている（591頁１）。そのため，利害関係の意味について上記のいずれの見解を採るにせよ，甲・乙間の筆界確定いかんによって，自己所有地につき自らが認識する筆界（点）に変動を及ぼすおそれがあるならば，設例における丙，丁その他の第三者は補助参加を認められることとなろう。

実務上，甲地⇔乙地⇔丙地の配列関係にある乙地が道路や水路等の長狭物である場合に，補助参加手続の利用が多い。長狭物の幅員はおおむね一定であることから，対側地に係る筆界の判定にも事実上，影響するので，対側地所有者は，法律上の利害関係を有する（民訴法42条）こととなり，訴訟参加が可能であると解されているからである。

もっとも実務では，訴訟当事者が異議を述べない限り，裁判所は補助参加の許否を判断しないこと（民訴法44条）から，筆界確定訴訟においては補助参加が比較的緩やかに運用されているとの印象がある。

ウ　補助参加の効力

判例・通説〈26〉によれば，補助参加人に対しては，判決主文に示された権利関係のみならず，判決理由中の事実認定や先決的権利関係の存否に係る判断についてもその拘束力（参加的効力）が及ぶ。例えば，現地に境界標として設置してある石標が，子どものいたずら等で誤った場所に移設されたものであるか否か，過去の所有権界協議の際，合意が成立したか否か等の判断についても蒸し返しを許さないという効果を生じる〈27〉。

〈25〉　主文について利害関係を必要とするとの見解として，東京高決昭和58年９月30日行集34巻９号1697頁等，理由中の判断についての利害で足りるとするものとして，東京高決平成９年９月２日判時1633号140頁等。

〈26〉　最（１小）判昭和45年10月22日民集24巻11号1583頁，秋山＝伊藤ほか『コンメンタール民訴法Ⅰ』435頁。

〈27〉　もっとも，筆界確定訴訟においては，真実発見の要素が優先する。後記582頁４節２～７参照。

⑵　訴訟告知

筆界確定訴訟の当事者は，訴訟の係属中，前記⑴の参加をすることができる第三者に対して，訴訟告知をすることができる（民訴法53条１項）。訴訟に万全を期するためと，告知を受けた者との後日の紛争を予防・回避するためである。そのため，訴訟告知をされた者が訴訟に参加しなかった場合でも，前記⑴の参加的効力が及ぶことになる（同条４項）。

⑶　行政庁の訴訟参加

判例・通説は，筆界確定訴訟を民事訴訟と解しているので，登記官が証人として出廷することは格別，登記官を訴訟参加の手続で法廷に引き入れることまでは想定していない。

これに対し，実質的当事者訴訟説（私見。555頁オ）によるときは，裁判所は行政庁たる登記官に訴訟参加を求めることができるし，行政庁たる登記官自身あるいは訴訟当事者が訴訟参加を申し立てることも可能ということになる（行政事件訴訟法41条，23条）。なれ合い訴訟が疑われる場合などにおいては，登記官の訴訟参加を得て効果的に訴訟を運営することも期待されよう。しかし，なれ合いが疑われる場合には，筆界特定制度が採用されている現在，裁判所はまずは当事者に対し，筆界特定制度の成果を得ることを促すべきであろう。

⑷　独立当事者参加

相隣接する甲地・乙地間の筆界が争われており，その筆界とＴ字又はＹ字に交わることにより１つの筆界点（ｘ点）を共通にする丁地がある場合，丁はｘ点につき自己と認識を同じくする甲又は乙に補助参加してもよい（577頁２⑴イ）が，①ｘ点についての認識が甲とも乙とも異なるため，ｘ点を起点とする甲・丁間の筆界及び乙・丁間の双方の筆界をも確定したい場合はもちろんのこと，②ｘ点を起点とする甲・丁間の筆界又は乙・丁間の筆界の一方のみについて筆界を確定したいときは，第三の当事者（独立当事者参加人）として，甲・乙間の筆界確定訴訟に参加することができる（民訴法47条１項）。①の場合は三面訴訟となり〈28〉，②の場合は片面的当事者参加訴訟となる。

〈28〉　３筆が１点で交わる土地につき，甲・乙間で筆界点に争いがなくとも，関係者が

いずれにせよ，x点の位置については，矛盾のないよう，合一的に確定することを要し，類似必要的共同訴訟として規律される（同条4項，40条1項～3項）と解すべきであろう〈29〉。

(5)　弁論の併合による共同訴訟

前記(1)の設例のように，甲地と乙地間の筆界確定訴訟の決着いかんでは，乙地を挟んで甲地と向かい合う（対側地の）関係にある丙地との間で「押せ押せ」（甲地→乙地→丙地）で筆界争いを生じる懸念がある場合がある。乙は土地の幅員にだけ興味があり，筆界の位置が甲側にぶれようと丙側にぶれようと興味がないという例（多くの場合乙地は長狭物）に多い。この場合，乙は丙に訴訟告知してもよい（前頁(2)）が，まずは乙・丙間の筆界確定を求める訴訟を別途に提起しておき，その訴訟を既に係属している甲・乙間の訴訟との併合審理（民訴法152条1項）を求めるという方策もある。その場合，裁判所は，乙地の幅員を甲・乙間の訴訟でも乙・丙間の訴訟でも合一的に認定する必要がある〈30〉ことから，乙地の幅員は矛盾なく確保されるということになる〈31〉。

立ち会わず，境界合意ができないときは，甲乙丙間の三面訴訟の利益があるとする裁判例として，岡山地判平成8年5月16日訟月43巻4号1157頁。

〈29〉　裁判実務のように単純併合と考えても，証拠共通の原則による縛りが強く作動するため，合一的確定をすべき場面といえよう。

〈30〉　裁判実務上は，類似必要的共同訴訟とまでは考えられていないが，証拠共通の原則が働くことから，事実上，矛盾のない判決を期待できる。

〈31〉　甲地・乙地間の筆界確定訴訟に，乙地・丙地間の筆界確定を求める丙が当事者参加を求めた場合，甲・乙事件と乙・丙事件との別事件として併合審理することは，民事訴訟法47条1項の合一的確定の要請に反し違法である。しかし，第一審が実質的に合一的確定をできるよう併合審理を遂げた場合，第二審としては控訴を適法と認めた上で同法47条1項による参加として直ちに実体判断を行うのが相当であり，原判決を取り消すまでの必要はない。同旨の裁判例として，広島高岡山支判平成18年1月26日（公刊物未登載）。

第3節　訴えの併合・変更

1　訴えの併合

(1)　併合の可否

所有権の範囲の確認訴訟（所有権確認訴訟）が，一般民事事件であるのに対し，判例・通説によれば，筆界確定訴訟は民事訴訟の手続で処理されているものの，本質的には非訟事件であるとされている。そうすると，前記（553頁【図表7-1】）のとおり，理論的にも手続の実際においても両者は，著しく性格の違う訴訟ではあるが，筆界確定訴訟を所有権確認訴訟と併合提起することも可能と解されている〈32〉。

もっとも，形式的形成訴訟説によるときは，非訟事件と一般民事事件を何ゆえ併合審理できるのかという批判を甘受することとなろう。私見のように実質的当事者訴訟説（555頁オ）によるときは，行政事件訴訟法41条2項・16条〜19条に基づいて併合できるという説明になる。

(2)　併合（客観的併合）の実益

併合提起の実益が大きい事案としては，所有地の一部が時効取得されているが，その範囲に争いがある上，筆界が明らかでないため一部時効取得を原因とする移転登記もできないというケースが考えられる（その和解については，588頁(2)参照）。

2　訴えの追加的・交換的変更

①所有権確認訴訟を提起したが，証拠資料が手薄のため請求が棄却されるおそれがあるという場合や，②筆界確定訴訟を提起して争ってきたが，和解の機運が出てきたという場合などにおいては，①の場合は，筆界確定訴訟を，②の場合は，所有権確認訴訟を，それぞれ追加的に，あるいは交換的に変更することができる。

〈32〉　藤田耕三・小川英明編『不動産訴訟の実務〔7訂版〕』（新日本法規出版，平成22年）479頁。

なお，所有権確認訴訟において，境界確定訴訟を中間確認の訴えとすることはできない〈33〉。先決関係にないからである。

第4節　審　　理

1　原告が自己の主張する境界を特定できない場合

訴状の請求の趣旨においては，自己の主張する筆界線を特定すべきなのであるが，それができない場合でも提訴は不適法とはならない〈34〉。筆界は，地番境に不動のものとして存在するはずであり，裁判所は，当事者の主張にとらわれることなく，信じる場所で筆界を確定すべきものだからである。

なお，国有無番地や（旧）法定外公共物（324頁）の筆界が争われている場合，公図上は国有無番地等の土地があるはずだが，現地のどの辺に所在するのか皆目見当がつかないという例もまれではない〈35〉。その場合は，例えば「○○所在の国有無番地とその北側に隣接するA番地の土地との境界の確定を求める」という類の請求の趣旨でも違法ではない。もっとも，裁判所は，訴額（民訴法8条）を定める必要（571頁2）から，極力係争土地部分を特定するよう求めるのが通例となっている。

2　反訴を提起することの当否

【図表7-2】（560頁）の例で，原告甲が「2本の柿の木を結んだ線が境界だ」と主張するのに対し，被告乙が「2本の栗の木を結んだ線が境界だ」と主張する場合，所有権界の確認訴訟では，被告の主張を反訴（民訴法146条）として提起する必要がある（564頁8）。ところが筆界については，前記1で述べたごとく，裁判所は，当事者の主張にとらわれることなく自己の信じる場所に筆界を認定し，再形成すべきであるから，反訴は意味をなさず，不適法ということになる。

〈33〉　最（1小）判昭和57年12月2日判時1065号139頁。
〈34〉　最（2小）判昭和41年5月20日集民83号579頁。
〈35〉　二線引畦畔に関する東京地判平成5年11月30日判タ873号157頁。

裁判所は，当事者主張からはみ出したところ，例えば，【図表7-2】の例でハ－ニの線が筆界であると認定してもよいわけである。

3　筆界の認定手法

裁判所は，まずは筆界の復元を目指すこととなる。すなわち，当事者主張のいかんを問わず，「登記記録，地図に準ずる図面及び登記簿の附属書類の内容，関係官公署及び所有者その他利害関係人が所有する書類等，土地の地形，地目，面積及び形状並びに工作物，囲障又は境界標の有無その他の状況及びこれらの設置の経緯その他の事情を総合的に考慮して」（法務省法14条第１項地図作成作業規程22条１項・２項），さらには，地方ごとの慣習や資料館等保管の古文書等をも調査して，筆界の復元を目指すべく〈36〉，当事者に示唆すべきであろう（106頁ウ）。筆界特定を経た提訴であれば，上記の諸要素についての筆界特定登記官の判断（459頁）があるので，その当否が当面，主張立証の対象となる。

審理の結果，筆界の復元ができないと思料するときは，係争地域の占有状況，隣接両地の公簿面積と実測面積との関係，公図・地図，境界標等を証拠によって確定し，それらの事実を総合して判断し，合理的な理由のもとに筆界を再形成すべきこととなる〈37〉。

4　職権による証拠調べ

(1)　職権証拠調べの可否

筆界は公的存在であり，判決の効力は第三者にも及ぶこと，さらには証拠が乏しくとも訴えを却下できないこと（後記６）を考えれば，裁判所は当事者の主張の有無にとらわれずに，職権をもってしても証拠資料を収集すべきことになる〈38〉。ただ，判例・通説である形式的形成訴訟説による限り，何

〈36〉　具体的手法としては，筆界特定施行通達87～93が参考となる。

〈37〉　東京高判昭和48年８月30日判時719号41頁。旧来の裁判実務の掲げる占有状況や公簿面積割合の比較という手法は，上記本文の各要素による判断が困難な場合において筆界を「再形成」する場合に係る限定的な手法と考えないと，法務省関係各法令との整合性を維持できないであろう。

〈38〉　伊藤瑩子「境界確定の訴訟に関する判例・学説」最高裁判所事務総局編『境界確

ゆえに職権証拠調べができるのかについては説明が容易ではない。

これに対し，実質的当事者訴訟説（私見）によれば，行政事件訴訟法41条２項・24条により，職権証拠調べは当然可能ということになる。

⑵　裁判実務

裁判実務においては，所有権確認訴訟も境界確定訴訟も同じ感覚で訴訟運営がなされていることから，調査嘱託と当事者本人尋問を除いては職権証拠調べには抵抗感のある裁判官が多いように思われる（前述（558頁⑵）に指摘した曖昧な訴訟運営の１つの具現化といえよう。）。

しかし上述の悩みは，2006（平成18）年に発足した筆界特定制度の積極的活用と，その成果を裁判所が釈明処分によって入手する（不登法147条）という方策によって，大幅に改善されることとなろう。

５　自白の拘束力

筆界は公的かつ不動であり，当事者の自由にはならない存在ゆえ，裁判所が当事者の自白に拘束されることはない〈39〉。さらに，被告が呼出しを受けても出頭せず，答弁書も提出しなかったとしても自白は擬制されないので，欠席による不利益な取扱い（民訴法159条３項）はできない〈40〉。もっとも，形式的形成訴訟説を採る判例・通説においては，訴訟の性質論から処分権主義や弁論主義の制約の根拠を説明し切ることは困難であろう。そのため，審判の対象が不動産登記法に基礎を置く筆界であり，当事者が自由に処分できる存在ではないということから自白の拘束力排除を説明することとなろう。

これに対し，実質的当事者訴訟説（私見）を採る場合，行政訴訟においては，処分権主義・弁論主義の基盤である私的自治の原則が大幅に後退している場面ゆえ，その制約は理論上当然といえよう。

定訴訟に関する執務資料』（法曹会，昭和55年）698頁。

〈39〉　最（２小）判昭和41年５月20日集民83号579頁。

〈40〉　最（２小）判昭和31年12月28日民集10巻12号1639頁。

6　証拠が乏しいとき

(1)　請求棄却の可否

地番境がある限り，筆界は必ずどこかにあることになる。したがって，裁判所は，証拠が皆無であってもどこかに筆界を再形成しなければならない〈41〉。例えば，里道や水路などは，公図に赤線や青線が引かれているだけで，地番がなく，登記記録にも記載がない上，現地には道路や水路の痕跡すらないというものも多いわけであるが，それでも裁判所は，公図の記載のみを頼りに現地に筆界を再現（再形成）する職責を負う。

当事者適格のある者の間の訴訟である限り，どんなに証拠が乏しくとも，請求を棄却することはあり得ない〈42〉。したがって，被告としても請求棄却を求めてはならない。

(2)　筆界・所有権界の併合審理の場合

前記(1)の点において，筆界確定訴訟と所有権の範囲の確認訴訟とは決定的に異なる（565頁10）。しかしながら，例えば筆界確定訴訟と所有権の範囲の確認訴訟が併合提起されている場合（581頁３節１(1)）を想定すれば容易に知れるように，「所有権界兼筆界」の争いにおいて，この論理を貫くならば，「筆界は，a-bと確定する。所有権界については，請求を棄却する」という判決となりかねず，いささか奇妙な結論となる。そのためか，裁判例の中には，形としては所有権界の争い（所有権の範囲の確認訴訟）でありながら，実質は筆界の争いである場合には，通常の民事訴訟のように証明責任に頼るのではなく，筆界確定訴訟と同様に，両当事者に主張・立証を尽くさせ，どちらの主張がより説得的・合理的かを限界まで追求すべきであるとの判断を示すものがある〈43〉。

〈41〉　東京地判昭和46年４月28日下民22巻３・４号496頁は，双方主張の中間点を結ぶ線をもって筆界とせざるを得ないとしている。また，（旧）法定外公共物に関する千葉地判平成14年９月20日訟月49巻４号1149頁（里道），高松地丸亀支判平成18年９月20日（公刊物未登載）（水路）は，公図と現況が一致せず，不一致の理由も不明な事案につき，裁判所の合理的な裁量によって境界を確定するほかはないとして，筆界を再形成している。

〈42〉　大連判大正12年６月２日民集２巻345頁，千葉地判平成14年９月20日訟月49巻４号1149頁。

〈43〉　福岡高判平成18年３月２日判タ1232号329頁。これに理解を示す学説として，佐藤

なお，地図混乱地域に係る裁判手続につき，２章16（568頁）参照。

⑶　当事者の一方の欠席

第１回目の口頭弁論期日においては，いずれかの当事者が欠席しても審理を開始するため，訴状又は答弁書，その他の準備書面に記載した事項が陳述したものとみなされる（擬制陳述による対席判決主義。民訴法158条）〈44〉。これに対し，続行期日に当事者が欠席する場合には，上述の陳述擬制は行われず，欠席した当事者は原則として不利な扱いを受ける。特に，欠席者（通常は被告）が明確に争っていないときは，その事実について自白したものとして扱われるのが建前である（擬制自白。民訴法159条３項）。しかし，筆界確定訴訟においては，擬制自白が認められない（前述５）。そのため，出席当事者は，相手方が欠席を続けても，主張する筆界に係る証拠資料を裁判所に提出しなければならない。

⑷　訴訟費用の負担

客観的な証拠資料が乏しいため，当事者が筆界を認識することができない事案についての訴訟費用の負担はどうなるのか。疑問は残るものの，民事訴訟一般の原則に従って，実質的に敗訴と認められる当事者等に負担させる他はない〈45〉といえよう。

7　上訴審での不利益変更禁止の適用の有無

前記１，２で述べたところと同じく，筆界確定訴訟は，当事者の有利・不利を超えて筆界が認定され，再形成されることを目的とする手続だから，控訴審・上告審でも不利益変更禁止（民訴法296条１項，304条）の適用はなく，附帯控訴（民訴法293条）・附帯上告も必要ではない〈46〉。

例えば，Ｘ所有地・Ｙ所有地（長狭物）・Ｚ所有地と並ぶ土地につき，Ｘ→Ｙ間の筆界確定訴訟（甲事件）と，Ｙ→Ｚ間の筆界確定訴訟（乙事件）が係属

鉄男「判批」私法判例リマークス36号（平成20年）122頁。

〈44〉　旧民事訴訟法246条～265条は，被告が欠席するときは自白を擬制し，原告の請求を認容した（欠席判決）が，新法では廃止されている。

〈45〉　東京高判昭和39年９月15日下民15巻９号2184頁。

〈46〉　最（３小）判昭和38年10月15日民集17巻９号1220頁。

し，併合審理されていて，甲事件・乙事件とも勝訴したＹは，Ｚが乙事件につき控訴した以上，勝訴している甲事件について控訴する利益を有すると解される。乙事件の筆界がどこに引かれるか未確定である限り，長狭物の幅員確保のためには甲事件を確定させることはできないからである〈47〉。

第５節　当事者による自主的解決

１　裁判外での解決

筆界は公的かつ客観的存在ゆえ，裁判手続によらずに私人が勝手に話合いで位置を認め合い，あるいは再形成することはできない。したがって，相隣地所有者間で「境界」につき合意しても，それは所有権界についての合意にすぎず，裁判所はそれと異なる位置を筆界と確定してよい〈48〉。同じ理由により，一方の欠席を理由とする，証拠調べを省略した不利益判決（民訴法159条３項）をすることは許されない（584頁５）。

実務上，しばしば誤解されるのは，官民あるいは公民の境界確定協議等である。これらの協議の対象は所有権界であって筆界ではない（415頁２）。しかしながら，担当者も私人も，筆界と所有権界の区別を知らず，筆界について協議が成立したものと誤解する例が後を絶たない（72頁５，416頁３）。

なお，平成18年に発足した筆界特定制度（423頁）は，筆界について鑑定的な知識を有する者が主体となって筆界の位置を調査し，筆界特定登記官の名において，特定された筆界の位置を公的に宣言するという制度であって，事実上，裁判外における簡易・迅速な筆界紛争処理制度としての機能が期待されている。筆界についての鑑定的知識が必ずしも十分でない裁判官の負担を大幅に軽減することが見込まれることから，筆界特定制度は，裁判に前置する紛争解決制度として活用されることが期待されている。

〈47〉　東京高判平成18年４月27日（公刊物未登載）。
〈48〉　最（２小）判昭和31年12月28日民集10巻12号1639頁。

2　裁判上の和解・民事調停

⑴　原　則

裁判官は筆界を確認し，再形成する権限があるわけだが，筆界はあくまで公的・不動の存在ゆえ，たとえ裁判官の面前であっても話合いによる解決は許されないと解されている〈49〉。理由は次のとおりである。すなわち，裁判上の和解（民訴法89条）や民事調停（民事調停法２条）は，裁判官の面前においてなされるものの，本質は当事者間の合意にすぎないものに訴訟法的な拘束力（民訴法267条，民事調停法16条）を持たせようとする制度である。したがって，本来，私人間の自由（訴訟法的観点から見れば，「互譲」）に委ねることのできない筆界（点）の位置について，「和解」なり「調停」をすること自体，自己矛盾となってしまう。そのため，裁判官といえども，公法的存在である筆界を確認し，あるいは再形成させて登記官その他に対する第三者効を及ぼし得るのは，形成的効力を有する判決手続による場合だけに限られると解されているのである。

⑵　裁判・調停手続における「境界」和解

筆界が『境界確定訴訟』（筆界確定訴訟）の手続で争われ，当事者間で当該「境界」（３頁）につき和解（裁判上の和解）の機運が高まった場合には，筆界確定訴訟を所有権の範囲の確認訴訟に交換的に変更した上，所有権の範囲（所有権界）について和解すべきこととなる。その場合，筆界は未確定のまま裁判を終えることになる〈50〉が，和解（調停）調書中に「当事者は，筆界がa−b（所有権界と同じ位置）であるとの認識で一致していることを相互に確認する。」との一項を挿入しておくことが推奨される。登記官や地籍調査の担当官にとっては，当該条項は，筆界調査につき立会・承認を得たと同様の効果（222頁）があり，登記官その他の筆界調査担当者は，特段の反対証拠がない限り，事実上，a−bが筆界であると判定してよいこととなるからである。

〈49〉　最（２小）判昭和31年12月28日民集10巻12号1639頁，最（３小）判昭和42年12月26日民集21巻10号2627頁。

〈50〉　その不合理を指摘するものとして，枇杷田泰助「境界紛争の解決と登記（甲句乙句）」登記先例解説集22巻７号（昭和57年）２頁。筆界特定制度を立法化する際の法務省民事局要綱案（427頁）は，筆界と所有権界を一挙に確定するとの制度設計を行っていたが，見送られた。

とりわけ，和解の対象となった所有権界の位置が裁判官及び当事者の認識する筆界と異なり，新たな分筆手続を要すると判断される場合は，前記の「筆界についての認識が一致している」旨の情報は，分筆登記手続の迅速処理に資することとなろう。ただし，そのような条項があっても，それが登記官の筆界認定権（481頁(2)）に法的な制約を課するものでないことはいうまでもない。

なお，裁判実務においては，上記のような訴えの交換的変更を経ることなく，境界（所有権界）についての和解調書が作成される例も存在する。裁判の対象外である所有権界について和解し，裁判全体としては，訴訟終了文言ないし訴え取下げの合意をもって終結させるという方式である〈51〉。そこで合意の成立が認められている「境界」が「筆界」を指すものであれば，当該和解条項は無効である。したがって，和解の対象たる「境界」は所有権界であり，確認の内容は，土地所有権の及ぶ範囲であることを明確にしておく必要がある〈52〉。

3　認諾・請求の放棄

請求に対する認諾及び請求の放棄（民訴法266条，267条）は，私人が争いの目的となっている権利を自由に処分できること（処分権主義の適用）が前提となっている。ところが筆界は，私人が自由に処分できる存在ではないので，そのいずれも許されない〈53〉。

〈51〉　小川弘喜・渡辺昭二「書記官事務を中心とした和解条項に関する実証的研究」裁判所書記官研修所実務研究報告書19巻1号（昭和55年）18頁。裁判所職員総合研修所監修『民事実務講義案Ⅰ〔5訂版〕』（司法協会，平成28年）302頁は，あえて訴えの変更をしたり境界確定の訴えについて取下げをしたりする必要はないとする。

〈52〉　筆界確定訴訟において，所有権界につき「調停に代わる決定」をして抜本的紛争解決を打診した例として，大阪地判平成13年3月30日判タ1083号276頁。

〈53〉　最（3小）判昭和38年10月15日民集17巻9号1220頁。倉田卓次「境界確定の訴について」最高裁判所事務総局編『境界確定訴訟に関する執務資料』（法曹会，昭和55年）616頁，伊藤瑩子「境界確定の訴訟に関する判例・学説」同690頁。

第6節　判決主文

1　主文引用図面の不適切に起因する主文不特定

筆界確定訴訟における判決主文では，当事者が作成した図面をそのままあるいは加工して引用添付するのが通例となっている。しかし，当事者作成の図面において係争地が特定されているように見えて，実は基点となる基準点・引照点（564頁7）・恒久的地物（167頁注〈123〉）等の記載がないため，判決主文で引用しても筆界点の位置が一義的に特定できず，筆界を現地で復元できないというケースが目につく。その場合，当事者間ではその基点の位置につき争いがなかったとしても，主文不明確の違法を免れない〈54〉。筆界特定手続を経ていない事件では，特に注意が必要である。

2　主文に記載の程度

一定地域が一定地番の土地の一部に属することを確定する旨の主文は不適法である。そのような訴え自体が確認の利益を欠き，不適法だからである〈55〉。

当事者が数筆の地番のそれぞれについて隣地との筆界の確定を求めているのではなくて，同人所有の地続きの数筆を併せて一個の地域として，これと隣接の他人所有地との筆界の確定を求める訴訟においては，一筆ごとに隣地との筆界を確定判示する必要はない〈56〉。

また，筆界確定の訴えにおいては，判決主文において，係争土地相互の筆界を確定判示すれば足り，当該土地の所有者が誰であるかを主文に表示することは必要ではない〈57〉。

〈54〉　東京地判昭和35年6月14日訟月6巻7号1379頁。
〈55〉　東京高判昭和51年1月28日判タ337号225頁。
〈56〉　最（2小）判昭和37年2月23日集民58号883頁。
〈57〉　最（3小）判昭和37年10月30日民集16巻10号2170頁。

3　裁判中の所有者の交代と主文

筆界確定訴訟の係属中に係争地の所有権を譲り受けた者が，第二審において第一審被告を相手方として第一審判決主文と同旨の筆界確定を求める旨当事者参加をした場合に，第二審は，係争地の筆界線が第一審判決の結論と同一との結論に達したとしても，控訴棄却の判決をすべきではなく，新請求として新たな判決をすべきであって，もし，第二審判決が控訴棄却の主文を記載したときは，上告審は第二審判決を破棄して，自判することができる〈58〉。

第7節　判決の効力

1　判決の第三者効

(1)　形式的形成訴訟説による説明

公的存在で，不動である筆界が裁判官によって確認され，あるいは再形成された以上，その形成的効力が第三者にも及ぶ〈59〉ことは，制度の目的に照らすとき必要な効力として是認されよう。ただ，それが判決の対世的効力によるものか否かについては争いがある。条文根拠のないままに人事訴訟法24条1項を類推して対世効を認めるのが通説であるが，筆界確定の形成的効果が事実上の反射的効力を及ぼすにすぎないという見解も有力である〈60〉。

(2)　実質的当事者訴訟説による説明

実質的当事者訴訟説（私見）によれば，登記官に対しては当然に効力が及ぶ（行政事件訴訟法41条，33条1項）ものの，行政事件訴訟法41条は，32条を準用していないことから，判決の対世効は否定されることになろう。もっとも，山本教授は解釈によって準用を肯定しておられる〈61〉。準用をせずと

〈58〉　最（1小）判昭和39年12月17日集民76号547頁。

〈59〉　東京高判昭和59年8月8日訟月31巻5号979頁。

〈60〉　伊藤瑩子「境界確定の訴訟に関する判例・学説」最高裁判所事務総局編『境界確定訴訟に関する執務資料』（法曹会，昭和55年）690頁は，対世効を肯定し，倉田卓次「境界確定の訴について」同643頁は，反射的効力にすぎないとする。

〈61〉　実質的当事者説を採る山本和彦「境界確定訴訟（民事訴訟の基本問題4）」判タ986号94頁は，登記制度に照らすとき，行政事件訴訟法32条を準用して判決の対世効

も，当事者訴訟たる筆界確認訴訟において確認される対象は，筆界という公的にして普遍の存在であることから，その存在が確認されたことに伴う事実上の反射的効力が第三者に及ぶと考えることも可能であろう。いずれ，どの学説によるにせよこの第三者には，登記官が含まれることも，制度の目的に照らして当然のことであろう〈62〉。したがって，判決によって明らかにされた筆界が，登記官自らが実地調査を行った結果と反するものであろうとも，後記(3)の場合を除いて，登記官は判決を無視できないということになる〈63〉。

(3)　詐取判決の登記官に対する効力

現実の裁判では，担当裁判官には筆界確定訴訟が第三者効まで有するとの認識は極めて薄く，訴訟運営も所有権界の確認訴訟などの一般の民事訴訟と大差ない意識で行われている。最高裁も，この実態を追認する趣旨であろうか，筆界確定判決が一定地番の土地の所在位置を認定していることは，別件の筆界確定訴訟の認定判断を拘束しないと説示している〈64〉。そのため，客観的には極めて不合理と思われる主張でも，当事者が争わず，反対証拠を提出しない限りは，その主張・立証に沿った筆界が形成されてしまう傾向を否めない。最悪の場合，なれ合い訴訟で筆界が確定されてしまう可能性すらある（172頁イ）。

そうすると，例えば，登記官が実地調査の結果，申請人主張の筆界は明らかに真実と異なっているとの確信を持ち，不動産登記法25条11号（調査結果との不付合）を理由に却下し，あるいは申請を取り下げさせても，その後，隣地所有権登記名義人との間のなれ合い訴訟によって筆界確定訴訟の判決を得て，これを添付資料として再度申請してきた場合には，登記官はこれを受理しなくてはならないことになってしまいそうである。しかし，その結論は

を承認すべきであるとされる。

〈62〉　手続的保障がないことを理由に，登記官には効力が及ばないとする見解として，藤原勇喜『公図の研究〔５訂版〕』（朝陽会，平成18年）326頁。

〈63〉　登記官に対する第三者効を明言する裁判例として，高知地判昭和51年12月６日訟月22巻12号2763頁。その評釈として，岸本隆男「判批」ひろば30巻12号（昭和52年）72頁。

〈64〉　最（２小）判昭和41年５月20日集民83号579頁。

明らかにおかしいといえる〈65〉。判例の中には，公序良俗に反する行為によって詐欺的に取得された判決につき，判決の「無効」を認定しているものがある〈66〉。上記のようになれ合い訴訟によって取得された判決は，無効判決とみて，あるいは，判決としては適法であっても，効力は当事者限りのものであり，対世的効力までは生じないと解して〈67〉，当該判決に基づく地積訂正等の申請を却下するのが登記官のあるべき姿であろう。

立法論としては，なれ合い訴訟判決に対する登記官による再審請求の途が開かれるべきであろう（解釈論として，登記官の訴訟参加の可否につき，579頁(3)）。

2　３以上の地番境が１点で交わるとき

(1)　筆界点の共有に係る裁判実務

例えば，Ｙ字型あるいはＴ字型に甲所有地，乙所有地，丙所有地が存在し，その地番境が１点ｘで交わるとき，甲は，乙だけでなく，丙をも被告として筆界確定訴訟を起こさなくてはならないのか。筆界が相互に矛盾のない確定を要する公法上の存在であることや，前述１の第三者効を考えると，乙，丙の双方を被告としなくてはならないようにも思われる（固有必要的共同訴訟。民訴法40条）。

しかし，その理屈を貫くと，筆界は際限なくつながっているので，訴訟が次々に提起されるという連鎖反応を起こすおそれがある。加えて裁判実務は，前述（558頁(2)）したとおり，筆界確定訴訟を所有権確認訴訟と同じような感覚で運用している例が多いので，筆界紛争も所有権界の紛争と同様に争いのある当事者間だけで相対的に解決すればよいとの雰囲気がある。そのため実務では，理屈を貫かずに，甲は，争っている乙だけを相手に訴訟をすればよいとの見解を採っている〈68〉。

〈65〉　前記注〈63〉のケースはその一例。

〈66〉　最（３小）判昭和43年２月27日民集22巻２号316頁は，詐言により公示送達による勝訴判決を得たケースにつき，判決の効力を無効とした。

〈67〉　筆界確定の判決として適法だが，判決本来の効力は生じないとする判例として，最（３小）判昭和31年２月７日民集10巻２号38頁。大場茂行「判解」昭和31年度６頁。

〈68〉　大判大正３年12月24日民録20輯1173頁，山梨簡判昭和53年５月30日判時937号100

さらに，筆界確定訴訟で確定されるのは，その訴訟で争われた筆界線だけで，たとえＴ字型に接し，１点で交わる関係にあっても，後の裁判所で他の筆界線を確定するのを拘束することにはならないとしている〈69〉。

⑵　登記官への影響

前記⑴の裁判実務は，登記官との関係では，いささか無責任との印象をぬぐえない。別々に訴訟をした結果，例えば，**【図表7-3】**（566頁）のような線引きになったら，登記官をどう拘束するというのであろうか。私見では，甲・乙間の訴訟で確定する（登記官を拘束する）筆界部分は，甲所有地と乙所有地間の筆界（点）だけであり，甲・丙間，乙・丙間も同様と考える。しかし，そう解したとしても，ｘ点を決定しかねる。難問だが，甲・乙間の訴訟で確定したかに見えたｘ点は，甲・丙間で他の地点がｘ点と認定された結果，再び筆界（点）未定と扱われるべきことになると思われる。そして，ｘ点を最終的に確定したい当事者は，再審事由がある場合に類するものとして，３者間の筆界確定訴訟を提起し，合一的確定を求めることができると解すべきであろう〈70〉。

3　筆界確定訴訟終了後の所有権の範囲の確認訴訟の提起

Ａが筆界確定訴訟で勝訴した後，Ｂが所有権界確認訴訟を提起することは，実質的に前訴の蒸し返しとなるが，訴訟物は異なることから，特段の事情がない限り，信義則違反とまではいえない〈71〉。また，筆界確定訴訟で勝訴しても所有権に基づく明渡訴訟において所有権が否定され請求が棄却されたならば，時効中断効（時効期間の更新）は生じない〈72〉。

頁は，境界の１点を３者が共有している場合でも，固有必要的共同訴訟ではないとしている。なお579頁⑷。

〈69〉　東京高判昭和59年８月８日訟月31巻５号979頁。

〈70〉　２つの確定判決が矛盾するため，筆界を現地で再現できないときは，再訴の利益があるとする裁判例として，長野地判平成７年４月20日（公刊物未登載）がある。

〈71〉　福岡高判平成７年６月16日判タ891号251頁。

〈72〉　最（３小）判平成元年３月28日判時1393号91頁。林家礼二「判批」民商101巻４号624頁。

第８節　時効中断（時効期間の更新）との関係

(1)　原　則

甲所有地の一部（560頁【図表7-2】の２本の栗の木以西，２本の柿の木まで）を隣地所有者乙が不法占拠している場合，甲が係争地部分につき所有権確認訴訟を提起すれば，その効果として乙による係争地に対する取得時効の進行を中断（時効期間を更新）できる（民法147条１号）。

これに対し，筆界確定訴訟における審判の対象は公的存在としての筆界であって係争地の所有権ではないから，筆界確定訴訟において乙が係争地の時効取得を主張すること自体が失当〈73〉である。そのため，甲が筆界確定訴訟を提起しても，係争地に係る時効取得の中断（時効期間の更新）も審判の対象たる筆界とは無縁のものと一応は言えそうである。しかしながら，判例・通説〈74〉は，筆界確定訴訟の提起もその実質は係争地の所有権保全のための行為であるから，乙による取得時効の進行を中断（時効期間を更新）すると解している。また，取得時効との関係では筆界確定訴訟と所有権確認訴訟は双子のような関係にあるので，例えば，係争地は自己所有地であるとの主張を維持しつつ，筆界確定訴訟を所有権確認訴訟に交換的に変更しても，前者の提起による時効中断（時効期間の更新）効は存続すると解されている〈75〉。

(2)　時効が中断（時効期間が更新）しない場合

筆界確定訴訟と所有権に基づく明渡請求訴訟との併合審理の事案につき，判例〈76〉は，所有権が否定され明渡請求が棄却された場合には，筆界確定訴訟で勝訴しても，時効中断（時効期間の更新）効を生じないとしている。より直接的な所有権保全のための訴訟で敗訴しているからである。

〈73〉　最（１小）判昭和43年２月22日民集22巻２号270頁。
〈74〉　大判昭和15年７月10日民集19巻1265頁，鈴木正裕「判批」民商47巻４号584頁，後記注〈75〉判決についての瀬戸正二「判解」昭和38年度１頁。
〈75〉　最（２小）判昭和38年１月18日民集17巻１号１頁。
〈76〉　最（３小）判平成元年３月28日・前掲注〈72〉。

第4章

筆界判定に対する行政訴訟

1　表示登記に対する取消訴訟等についての一般論

分筆や地図訂正等の表示登記に関する行政訴訟が許されるか否かの議論は，後記2以下において述べるとおり，裁判例が激しく分かれている。その根底には，以下の⑴～⑶に対する認識の差異が横たわっているように思われる。

⑴　表示登記に対する取消訴訟等の要件

ア　表示登記の「処分性」に関する通説

処分取消訴訟（行政事件訴訟法3条2項）や無効確認訴訟（同条4項），義務付け訴訟（同条6項），差止訴訟（同条7項）などの抗告訴訟の対象となる「処分」とは，判例（最（1小）判昭和39年10月29日民集18巻8号1809頁）の掲げる定式によれば，国や公共団体等の「行為のうち，その行為によって，直接国民の権利義務を形成しまたはその範囲を確定することが法律上認められているもの」をいうとされている。

ところで，土地の表題登記（不登法36条），地目・地積の変更登記（不登法37条），分筆・合筆の登記（不登法39条），滅失登記（不登法42条）などの表示登記行為は，当該土地の取引の単位としての土地の客観的な性状を公に示すことを目的としている。これを裏から見れば，不動産に係る表示登記の実行行為それ自体によって，土地が生まれたり，消滅したり，地目等が実際に変動を来したりするという性質の行為ではない。したがって，表示登記の実行行為には，原則として処分性がない，すなわち取消訴訟等の対象とならないとの考え方が支配的である。

イ　「公証力」と処分性

このように説明すると，権利登記であれ，表示登記であれ，登記には公証力があるのだから，そのこと自体で，「私人の権利なり法律上の利益に影響を与える」といえるのではないか，と反論されそうである。しかし，権利の登記が対抗要件となるのは，民法の規定によるもの（言い換えれば，民法に由来する法律効果）にすぎず，登記の実行行為自体の効果ではない〈1〉。そのため，ある権利の登記がたとえ，実体に合わないものであっても，一旦登記が完了した以上，登記官を被告として登記の実行行為の取消訴訟を提起することは，不動産登記法25条１号（管轄外の登記）・２号（非登記事項の登記）の場合を除き，許されないこととなる〈2〉。ましてや，表示の登記については，例えば地目が「池沼」と表示されても，現地が「宅地」であれば，その性状に影響を与えるものでもない。加えて，公証力なるものは，反対証拠によって覆る性質のものゆえ「法律上の効果」でなく，事実上の効果にすぎないといえる〈3〉。要するに，権利の登記であれ，表示の登記であれ，登記の実行行為自体は，あくまで「過去に起きた事実」あるいは「土地の性状」を広く一般に知らしめる行為にすぎず，私人の「権利なり法律上の利益に直接影響を及ぼす行為」ではないといえる。そのため，登記記録の表題部に所有者を記載する行為〈4〉や土地の滅失登記〈5〉のように，例外的に一定の法律効果が随伴する特殊な登記の実行行為を除き，登記の実行行為は処分性を欠き，取消訴訟等の対象とはならないと解する見解が有力となっている。もっとも，例外についての線引きは，後述のとおり，微妙である。

⑵　登記申請却下に対する取消訴訟等の可否

ア　登記申請却下の処分性

表示登記についての申請を却下する行為については，①当該申請に対する応答が義務付けられており（不登法19条），②実体的却下事由と理由付記が要求され（不登法25条），③「登記官の処分」として審査請求が認められている（不登法156条）場合であるならば，その却下行為は，「申請権」を侵害するものとして処分性が肯定され，取消訴訟等が許されるとする見解が大勢となっ

〈１〉　司法研修所編（中込秀樹ほか）『行政事件訴訟の一般的問題に関する実務的研究』（法曹会，平成７年）31頁。
〈２〉　最（１小）判昭和42年５月25日民集21巻４号951頁。
〈３〉　最（３小）判昭和46年６月29日判時635号110頁。
〈４〉　最（３小）判平成９年３月11日訟月44巻10号1776頁。
〈５〉　最（３小）判昭和61年12月16日民集40巻７号1236頁。

ている〈6〉。例えば，分筆登記申請〈7〉，さらには権利の登記である所有権移転登記申請〈8〉については，裁判所は，いずれも当該申請を却下する行為に処分性があることを前提に，主張の中身（本案）の当否について判断している（地目変更登記の申請及び地図訂正の申出については，602頁４，603頁５）。

これに対し，平成17年３月31日民二851号法務省民事局長通達は，①土地の表題登記（不登法36条），②地目・地積の変更登記（不登法37条），③土地表題部の更正登記（不登法38条），④土地滅失登記（不登法42条）等の申請却下決定については，処分性が認められないとしている。

イ　行政不服審査の対象か否かの差異

処分取消訴訟の対象となる却下「処分」があるか否かを検討する前提として，登記官への不服申立てをいかなる（根拠法令に基づく）審査請求と解すべきかについて，考えておく必要がある。この点については，以下の裁判例が参考となる。すなわち，福岡高判平成25年11月14日（公刊物未登載）（上告棄却・上告不受理）は，「処分についての審査請求は，原則として，上級庁があるときにできるとされるところ（行審法５条１項１号），独任制の官庁として自己の名において完結的にその事務を執行することができる登記官については，その事務に関して上級行政庁は存在しないが，『登記官の処分を不当とする者は，当該登記官を監督する法務局又は地方法務局の長に審査請求をすることができる』との不動産登記法156条１項の規定は，行政不服審査法５条１項２号の『法律に審査請求をすることができる旨の定め』であると解されるから，登記官が地積測量図等の訂正に応じないことなどについて行った審査請求について，これを行審法でなく，不動産登記法156条１項に基づくものであるとしてした裁決に違法はない。」と判示している。この論旨のように，登記官の申請却下行為が，処分一般について妥当する行政不服審査請求の対象なのか，それとも不動産登記法156条１項に基づく特殊な不服審査の対象なのか，その違いを押さえておくことは，後記２～５の議論の前提

〈6〉　多数説は，①～③の要件を満たす限り，供託物取戻請求却下決定の処分性を肯定した最大判昭和45年７月15日民集24巻７号771頁の射程距離に入ると考えている。
〈7〉　最（２小）判昭和42年８月25日民集21巻７号1729頁。
〈8〉　最（２小）判平成元年11月24日民集43巻10号1220頁。

として欠かせない。

(3)　平成16年の法改正が境界関係訴訟に与える影響

平成16年６月公布・翌17年３月施行の改正不動産登記法及び平成16年６月公布・翌17年４月施行の改正行政事件訴訟法は，筆界認定に対する取消訴訟等の境界関係訴訟を含む土地の表示登記に関する訴訟の幅を相当程度変化させる可能性がある。改正不動産登記法は，地図訂正の申出に係る手続を明確化し，あるいは筆界特定を法制化するなど，国民にとって使い勝手の良い法制度を目指している。同時期に成立した行政事件訴訟法は，原告適格を緩和し，抗告訴訟の種類を拡充してその間口を広げ，公法上の当事者訴訟の拡充を図るなど，国民の権利利益救済の実効性を向上させることを目的としている。本書で詳細に触れる余裕はないが，以下に述べる旧来の裁判例学説の動向は，平成17年をターニングポイントとして一定程度変わる可能性がある〈9〉。

実際，境界確定訴訟は，筆界確定訴訟と呼び習わされるようになった上，ドイツ法の影響のためであろうか，かつては占有重視の傾向が強かったものが，不動産登記法の改正を睨みつつ，現在では原始筆界を探求する傾向に変化しつつある（105頁イ，106頁ウ）。また，処分性の疑われる表示登記の分野では，事案に応じ，抗告訴訟でなく，公法上の当事者訴訟（行政事件訴訟法４条後段）の活用が画策されることとなろう。

２　「分筆」の取消訴訟等

(1)　分筆の処分性を否定した裁判例

分筆登記の実行行為につき，その処分性を否定し，登記官を被告とする取消訴訟等を許さなかった裁判例としては，①東京高判昭和45年６月29日訟月16巻12号1412頁，②東京地判昭和45年11月20日判時626号65頁，③大阪高判昭和52年６月29日訟月23巻10号1763頁（第一審＝神戸地判昭和51年８月27日訟月23巻10号1766頁），④高松高判昭和59年12月18日訟月31巻８号1874頁等がある。

〈９〉　本書が，筆界確定訴訟の本質につき，従来の形式的形成訴訟説を見直し，平成17年法改正を１つの契機として実質的当事者訴訟とみるべきこととなったと主張している（556頁(3)）のもそのささやかな一例である。

このうち，①判決は，偽造による分筆登記がなされたとする登記名義人からの分筆登記無効確認請求につき，前述1(1)で述べた一般論をそのまま適用し，登記は公証行為であって，新たに国民の権利義務を形成し，あるいはその範囲を明確にするものではない（法が特に定めた効果にすぎない）としている。また，③及び④判決は，隣地の所有者が自己所有地を侵害されたとして，分筆登記等の無効確認を求めた事案につき，分筆は，土地の物理的形状には何らの変動もないまま，登記簿上細分割して数筆の土地としてその所属籍を変更するにすぎない，したがって，私人の権利関係や土地の物理的形状に変更なく，分筆登記行為の処分性は否定される，としている。

これらのうち，特に③判決は，分筆の本質につき，登記官の分筆権限に軸足を置いて理解しようとする地割権説（491頁2(1)）の考え方とその基底において通じるところがある。

(2)　分筆の処分性を認めた裁判例

前記(1)の裁判例は，処分性に関する通説（596頁1(1)ア）と整合性があるといえる。これに対し，分筆登記の実行行為について処分性を肯定し，取消訴訟等を認めた裁判例もある。⑤松山地判昭和59年3月21日訟月30巻8号1443頁である。

この裁判例は，一般論としては前述1(1)の通説的見解を前提としつつも，所有者には民事実体法上の権利としての分筆申請権（ないし分筆の自由）があり，申請意思と登記の実行行為とが異なるときは，法律上保護されたこれらの利益に影響を生じるとして，処分性を肯定している。また，文献としては，⑥樋口哲夫・民研257号（昭和53年）93頁が，土地所有者の有する土地分割権の侵害となることを理由に処分性を肯定し，⑦都築弘・ひろば36巻5号（昭和58年）73頁も，「所有者の分割・合筆権に対する侵害を理由として処分性を肯定することができようか」としている。

これらのうち，少なくとも，⑤～⑦は，分筆の本質につき，私人の土地分割権に軸足を置いて理解しようとする権利分割説（492頁(2)）と共通の認識に立つといえよう。

3 「地積更正」の取消訴訟等

(1) 地積更正登記行為に対する取消訴訟等

ア　地積更正の処分性を否定した裁判例

下級審裁判例〈10〉は，いずれも隣地の所有者が自己所有地を侵害されたとして，地積更正登記等の無効確認等を求めた事案であるが，地積更正登記は客観的に存在する土地の範囲を前提とし，これに従って地積の表示を訂正するにすぎないとして処分性を否定し，取消訴訟等を門前払いしている。

なお，最高裁〈11〉は，この種の訴訟につき，隣地所有者の「地積更正登記の取消しを求める法律上の利益」を否定している。この判決は，地積更正登記の実行行為が取消訴訟の対象になるかどうか（処分性があるかどうか）の問題に対して直接答えず，少なくとも隣地所有者にはそのような取消訴訟を提起する資格（原告適格）がないとして，訴訟を門前払いしている。

イ　地積更正の処分性を肯定した裁判例

見当たらない。しかしながら，前記ア最高裁判決の原審である東京高判昭和53年7月19日（公刊物未登載）〈12〉は，処分性を否定した第一審〈13〉の判示のうち，処分性を否定した判示部分をあえて削除している。裁判所が地積更正，地目変更等の処分性をにわかに否定することについて抵抗感を抱いていることをうかがわせるものとして注目される。

(2) 地積更正登記申請の却下に対する取消訴訟等

登記申請の却下に対しては不服申立ての手続が法定されており，処分性が認められている（597頁(2)）。裁判例としては，登記官がいわゆる額縁分筆の申請を却下した処分を適法とした例がある（146頁注〈74〉）。

〈10〉 大阪高判昭和52年6月29日訟月23巻10号1763頁（一審＝神戸地判昭和51年8月27日訟月23巻10号1766頁）（前述2(1)の③と同一判決），大阪地判昭和54年11月12日行集30巻11号1852頁，大阪高判昭和55年7月18日行集31巻7号1523頁等。

〈11〉 最（1小）判昭和54年3月15日判時926号39頁。

〈12〉 藤原勇喜『公図の研究〔5訂版〕』（朝陽会，平成18年）314頁。

〈13〉 千葉地判昭和52年12月21日訟月23巻13号2317頁。

4　地目変更登記に関する取消訴訟等

⑴　処分性を否定する判決

福岡高判昭和55年10月20日行集31巻10号2080頁（上告取下げで確定）は，要旨，土地の地目は，登記簿上の地目の記載とかかわりなく，土地の客観的状況によって決すべきであり，これにより直接国民の権利義務を形成し，あるいはその範囲を明確にする性質を有しない。土地の所有者に地目又は地積変更登記の申請義務を賦課したのは，登記官の職権発動を容易ならしめるためのものであり，土地所有者に登記の申請権を賦与したものではないとする。

上記論法に対する，審査請求の仕組みが法定されている場合には，申請の対象となる行為の処分性が認められる（前記597頁⑵ア）との反論には，名古屋地判平成13年10月19日判タ1089号145頁（控訴審である名古屋高判平成14年２月27日（裁判所ウェブサイト）は原審の判断を維持）〈確定〉は「行政庁の一定の行為について審査請求を可能ならしめ，かつ，その便宜に供するための定めがあっても，内部的な不服審査手続は独自の有用性を有し，それ自体完結的な手続であると考えられるから，そのことから直ちに当該行為が抗告訴訟の対象と解すべきではな」いとしている〈14〉。前記１⑵イの議論を踏まえての議論である。

⑵　処分性を肯定する判決

宇都宮地判昭和63年３月31日行集39巻３・４号193頁は，①申請に対しては理由を付した決定で却下しなければならず（不登法49条11号），この決定に対しては，審査請求ができる（不登法156条１項）こと，②登記簿上の地目が農地であればその取引に際しては実際上は農地法上の制限を受ける土地として扱われるという不利益を受けること，③登記簿上の地目の如何によって課税に著しい差異が生ずることも否めないことを理由として，取消訴訟を肯定している〈15〉。

⑶　公法上の当事者訴訟の成否

なお，処分性がないのならば，公法上の当事者訴訟としての確認請求訴訟

〈14〉　否定例としては，他に千葉地判平成元年４月12日判タ695号122頁がある。
〈15〉　同判決は，東京高判昭和63年12月12日行集39巻12号1491頁にて維持されている。

が許されるべきかとも思われるが，裁判例は見当たらない。

5 「地図訂正等」の取消訴訟等

(1) 地図訂正等を行ったことに対する取消訴訟等

ア　取消訴訟等を否定した裁判例

裁判例の多数〈16〉は，公図等の備付けは，登記官が，登記された土地についての事実状態の把握を目的として行うものにすぎず，それによって土地の権利関係に何ら法律的な変動を及ぼすものではないから，処分性がなく取消訴訟の対象にはならないとしている。

イ　取消訴訟等を認めた裁判例

公図訂正の無効確認訴訟を認めた（その上，重大明白な瑕疵はなく，無効ではないとして請求を棄却した）裁判例がある〈17〉。この判決は，地図訂正等の行為は「一種の公証行為」であり，公図への正しい記載を求める私人の利益は，前記1(1)ア（596頁）に述べた「権利ないし法律上の利益」とはいえないが，なお「行政訴訟による保護を受けるに値する利益」が認められるとしている。通説的見解に立たないことを意識した上であえて処分性を認めた裁判例といえよう。

(2) 地図訂正等の却下に対する取消訴訟等

法14条地図や公図について，その訂正の申出の却下を不服として取消訴訟等を提起した例としては，熊本地判平成15年10月30日（公刊物未登載）がある。同裁判例は，地図訂正等についての「申請権」（597頁(2)）がまだ法定されていない旧不動産登記法下のものである。

平成16年公布の現・不動産登記法の下においては，地図訂正等の申出につ

〈16〉 盛岡地判昭和30年10月11日訟月2巻1号94頁，長野地判昭和43年4月23日行集19巻4号730頁，秋田地判昭和46年12月20日判時656号38頁，東京地判昭和49年2月13日判時752号64頁，東京地判昭和55年6月26日訟月26巻11号2030頁，最（3小）判昭和59年11月6日判時1139号30頁，広島地判平成6年11月24日判タ885号175頁，広島高判平成16年2月27日民月60巻6号83頁等。地籍図の写しを法14条地図として法務局に備え付ける行為（528頁9）につき同旨＝福岡高判平成15年1月22日（公刊物未登載）。地積測量図の土地図面綴込み帳への編綴（てつ）行為につき同旨＝千葉地判平成16年2月10日民月60巻6号90頁。

〈17〉 盛岡地判昭和30年10月11日行集6巻10号2343頁。

き，その要件及び却下事由を定め，それがない場合については，登記官に地図等を訂正する義務を課している（不登規16条）。そのため却下によって「法律上の申請権」が侵害されたという関係は一応成立する。しかしながら，地図訂正等の申請の当否について最終的に争われるのは，地図等の記載の当否であるところ（同条12項・13項５号・６号），地図等の記載がどうあれ，私人の権利関係や土地の物理的形状には変更ないことから，地図等の訂正行為が行われた場合と同様，地図等の記載に誤りがないことを理由とする却下（同項５号・６号）についても処分性を認めることはできず，取消訴訟等は許容されないと解されている〈18〉。

それ以外の理由による却下（同項１号～４号）の場合は，取消訴訟等は可能であると解される（597頁１⑵）〈19〉。

6　筆界認定それ自体に対する取消訴訟等

筆界に係る登記官の認定行為（481頁⑵）それ自体は，合筆や地積更正等の登記を実行すべきか否かを検討するための登記官の一連の調査活動の一部にすぎず，独立した処分行為ではない。それゆえ，筆界の認定につき，ことさら事件番号をとったり，認定書を作成したりすることはない。このように行政官が行う一連の行政手続の中間の一部を取り出して，取消訴訟を提起することは，訴訟の輻輳を招くおそれがあり，また訴訟経済にも反するので，許されないとするのが実務の大勢である。加えて，当該筆界認定それ自体，何ら法律上の利益に影響を及ぼすものでもない（596頁１⑴）。

同じ理由により，隣地の分筆登記申請に際し筆界を認定するために登記官が実地調査をすることの差止訴訟も許されない〈20〉。

〈18〉　平成17年６月23日法務省民二1422号民事局第二課長回答，是木智美「公図訂正中止処理の行政処分性」民研584号（平成17年）29頁。

〈19〉　前掲１⑵の平成17年３月31日民二851号法務省民事局長通達も同趣旨。

〈20〉　山口地判平成16年６月15日民月60巻６号92頁。

7　筆界特定に対する取消訴訟等

(1)　筆界特定に対する取消訴訟の可否

筆界特定は，筆界特定登記官が，筆界調査委員の関与その他所定の手続的制約のもとに，筆界の位置についての公的な認定判断である（不登法123条２号）。

筆界特定の効力が，単に筆界特定登記官の認識を対外的に公にしたという行為にとどまるとすれば，既に（475頁１）指摘したとおり，行政処分としての要素を欠き，取消訴訟の対象とはならない。

筆界特定の効力として，単なる公的な認識の表明という効力のほかに，かつての境界査定処分（61頁(3)）のように，筆界を改めて引き直す効力（形成力）を与え，さらには第三者を巻き込んだ不可争力（第三者効）まで付与するか否かは，立法政策の問題である。そのような形成力や第三者効が付与されるとすれば，筆界確定は国民の権利に直接の影響を及ぼすこととなり，これに対する取消訴訟等あるいは当事者訴訟の余地は肯定される。立法時の協会報告及び要綱案（427頁(3)）では，筆界特定に形成力を付与することが提唱されていたが，立法過程で削除され，筆界特定は国民の権利に対する何らの影響も与えないものとなった。したがって，筆界特定には，何らの行政処分性も伴わないことから，登記官一般の行う筆界認定（前述６）と同様，取消訴訟等や当事者訴訟の対象とはならない。

(2)　筆界確定訴訟の可否

筆界特定それ自体は，前記(1)のとおり行政処分性を伴わないといっても，その成果に基づいて，分筆登記や地積更正登記，あるいは地図訂正が実行されることとなる。さらに，当該筆界については，筆界特定書や図面等が開示される（不登法149条）ことから，自己に不利な筆界を特定された利害関係人等は，何らかの法的手段を取らなければ，事実上の不利益が継続することとなる。

その場合は，筆界確定訴訟（570頁以下）を提起するのが最良である。その確定判決は，原則として登記官をも拘束するので，その成果を基に上述の不利益の解消を図るべきである。

筆界特定手続を経て筆界確定訴訟を提起するとなると，当事者にとっては，二度手間であることから，筆界特定手続を経た筆界確定訴訟の審理にあっては，裁判所は，釈明処分としての筆界特定手続記録の送付嘱託（不登法147条，民訴法151条1項，556頁(3)ア）を活用することにより，審理の促進を図るのが相当であろう。

(3)　筆界特定申請の却下に対する取消訴訟の可否

筆界特定それ自体は，前記(1)のとおり行政処分性はないが，筆界特定申請の「却下」は不動産登記法132条2項により行政処分とみなされていることから，取消訴訟も可能であると解される（477頁)。

8　地籍調査の成果に対する取消訴訟等

既述（530頁）のとおり，一筆地調査において土地所有者が立会し，筆界案について承認したとしても，それは，相隣地所有者間で「筆界の位置についての認識が一致している」ことを地籍調査担当者に申述する行為にすぎず，筆界の位置につき何らの法的効果を生じるものでもない〈21〉。そのため，立会・承認の成果として筆界が地籍図及び地籍簿に記載されたとしても，それによって新たな権利・義務が創設・変更されるわけでも，土地の位置範囲（筆界）が法的に確定するものでもない。したがって，地籍図及び地籍簿の作成・認証行為さらにはこれらに基づく表示登記は，土地の権利関係を新たに形成したり確定したりする効力を有せず，取消訴訟等や不服審査の対象となる「処分」（行政事件訴訟法3条2項，行政不服審査法1条）には当たらない〈22〉。

同様に，筆界の表示が誤っていることを理由とする地籍図・地籍簿の訂正の申出（国土調査法17条）には不服申立制度の適用はなく，これに対する却下にも処分性は認められないので，取消訴訟等の対象とはならない〈23〉。

〈21〉　例外として，所有権界についての特段の合意が別途に成立していることを認め得る場合があることにつき，399頁(4)。

〈22〉　最（2小）判昭和61年4月4日法務省民事局『三訂国土調査登記詳解』（平成3年）186頁，最（2小）判昭和61年7月14日地籍調査研究会編『地籍調査必携'05年』708頁，東京地判平成15年5月27日（公刊物未登載)。

〈23〉　岡山地判昭和59年3月21日判タ534号210頁＝広島高岡山支判昭和60年6月27日・最（2小）判昭和60年4月4日（いずれも公刊物未登載）にて維持，前橋地判昭和60年1月29日訟月31巻8号1973頁＝東京高判昭和60年7月30日・前掲〈22〉の最（2小）判昭和61年7月14日にて維持，最（3小）判平成3年3月19日判時1401号40

9　道路区域変更処分に対する取消訴訟等

市町村道など道路区域を縮小する道路区域変更処分により道路に接しなくなった土地所有者が，道路区域変更処分の無効確認を求めるためには，日常生活上の著しい支障などの特段の事情が必要とされる〈24〉。

10　境界争いを端緒とする住民訴訟

⑴　住民訴訟多発の契機

住民訴訟とは，地方公共団体の住民が，自己の属する地方公共団体の首長・職員等による財務会計上の行為の適正を保つために，特に法定された訴訟を言い，住民であり，住民監査請求（地方自治法242条１項）を経た者であれば，誰でも提起できる（同法242条の２）。

2005（平成17）年度までに，現に公共用財産として機能する里道・水路等の（旧）法定外公共物は市町村に譲与され（324頁），市町村有財産となった。それにより，里道・公共用水路等の管理を「財務会計上の行為」と解する余地を生じたことから，譲与を契機に住民監査請求・住民訴訟がにわかに脚光を浴びるようになった〈25〉。

⑵　所有権の範囲（所有権界）についての提訴をしないことと住民訴訟の成否

里道や水路の敷地の一部又は全部が第三者によって占拠され，時効取得されそうになっているのに，それを放置することは「財務会計上」不適正な行為に当たる。その場合，どの範囲の土地（その外縁としての所有権界）が，市町村所有であり，管理を怠っている道路・水路敷地に当たるのかが，争点となることが多い。見方を変えれば，所有権界がハッキリしないのに裁判を起こさないのは，里道敷・水路敷の所有者としての管理を怠っていることになる。

この点につき，福岡高判平成21年２月４日（裁判所ウェブサイト）は，市が，市道の隣地所有者との間でした同市道と同隣地の境界確認協議につき，

頁，東京地判平成20年10月24日（公刊物未登載）。

〈24〉　名古屋地判平成14年12月20日判自243号73頁は，道路隣地所有者の日常生活上の著しい支障を否定して，訴えを却下している。

〈25〉『里道・水路・海浜』３編７章７節３に詳しい。

（福岡市においては，国有財産法31条の３～31条の５に類似した規定を福岡市公有財産規則として規定しているのであるから）同規則に基づいてなされた本件境界確認協議は，私法上の契約の性質を有するものと解するのが相当であり，住民訴訟の対象となる財務会計上の行為に当たるとしている。

⑶　筆界確定訴訟等を提起しないことと住民訴訟

横浜地判平成20年５月14日（裁判所ウェブサイト）は，筆界確定訴訟の提起又は筆界特定申請により公法上の境界を確定することは，当該土地の財産的価値に着目し，その価値の維持，保全を図る財務的処理を直接の目的とする行為ということはできず，財務会計上の行為としての財産管理行為には当たらない，と判示している。

形式論としてはそのとおりであるが，所有権界確認訴訟と言い，筆界確定訴訟と言っても，その実態は所有土地の境界を争うものであるとして，目的に実質上の違いはないことに着目する見解もある。すなわち，さいたま地判平成20年１月30日判自307号82頁は，公道敷管理懈怠違法確認請求事件（隣地が道路にはみ出している事例）につき，原告らが，原告らの土地に隣接した市有地である本件道路がＡらに不法占有されているとして，被告市長に対し，本件道路と原告らの土地とＡらの土地との境界を確定しないこと及びＡらに明渡請求等をしないことの違法確認を求めた住民訴訟（３号請求）につき，請求を全部認容している。その判旨は，「本件における道路敷地の占有は，道路管理の問題にとどまらず，道路の財産管理の問題も含み，境界を明確にしないことや，占有者に対し，是正指導，勧告及び明渡請求等を怠ることは，住民訴訟の対象となる」としている。この立場が妥当と考えるが，住民訴訟において３号請求として住民が求め得るのは，前記さいたま地判平成20年１月30日の主文同様，「本件道路と（各土地）との境界を明確にすること」までであろう〈26〉。

〈26〉　詳細は，『里道・水路・海浜』３編７章７節３参照。

第５章

表示登記に係る民事訴訟

１　表示登記請求権を根拠とする民事訴訟

(1)　表示登記についての登記請求権一般

ア　権利の登記請求権との比較

権利の登記に誤りがある場合，真の権利者は登記官を相手に当該登記の取消訴訟等の抗告訴訟を提起するのではなく，不実の登記名義人に対し，当該登記の抹消登記等を請求する民事訴訟を提起すべきことになる。その場合，請求の原因としては，民事実体法上の登記請求権を行使することになる。

分筆・地積更正等の表示登記や，地図訂正についてはどうであろうか。権利の登記の場合と同じように，私人間の民事訴訟で表示登記に関する登記請求権，例えば，「地積更正登記の抹消登記申請をせよ」という類の登記請求権を行使することは認められているのであろうか。また，地図訂正の申出に協力せよとの民事訴訟を求めることができるのであろうか。

イ　表示登記に係る登記請求権についての諸説

(ア)　積極説

客観的現況に合致しない表示登記があり，それによって所有権や抵当権など第三者の権利行使が妨げられている場合，権利の登記の場合と同じように，表示の登記についても私人間において登記請求権が認められるとする見解も有力である〈1〉。

(イ)　消極説

表示登記について登記手続を命じる判決が出されても，私人間の判決（とりわけ理由中の判断）は当然には登記官を拘束せず，しかも登記官には実体的

〈１〉　幾代通『登記請求権』（有斐閣，昭和54年）218頁，吉野『注釈不動産登記法総論（上）』548頁，小林久起「不動産登記制度の課題と展望」登記先例解説集35巻11号（平成７年）10頁。

調査義務（不登法29条，不登規93条）が課され，調査結果が申請と異なるときは，登記官は申請を却下しなければならないのだから，表示登記に関して私人間に登記請求権を認めても意味がないとする見解である〈2〉。純理としては，消極説の方が優れているといえよう。

(ウ)　折衷説

最高裁判所は従来，表示登記に係る私人間の登記請求権を否定していた〈3〉。しかし，最（１小）判平成６年５月12日民集48巻４号1005頁は，建物合棟による旧建物の滅失登記がなされたところ，旧建物の根抵当権者が当該滅失登記の抹消登記を求めたという事案につき，登記請求権を肯定した。このケースでは，これまでの表示登記請求の事案と異なり，同請求を認めなければ，無効な表示（建物滅失）登記によって根抵当権が登記記録上公示されないままになってしまい，実体法上の円満な権利行使が妨げられるという関係にあった（もっとも平成５年の旧不登法93条ノ12ノ２改正により，現在では旧建物の抵当権登記を移記）。そのため，これまでの判例と結論を異にしたといえよう〈4〉。このように最高裁判所は，表示登記請求権を原則として否定しつつも，実体法上の権利行使に支障がある場合については，例外的に表示登記請求権を肯定しているといえよう。

(2)　地積更正登記についての登記請求権

裁判例はいずれも，地積更正登記は権利に関する登記ではないから，不動産登記法現66条の適用はなく，登記上利害関係のある第三者の承諾を得る必要はないことを理由に，第三者たる私人に対する地積更正の承諾請求を棄却している〈5〉。同様に，地積更正登記をした土地の隣地所有者による当該更正登記の取消しを求める訴えも処分性を欠き不適法であるとしている〈6〉。

〈２〉　田中康久「表示に関する登記請求権」香川最高裁判事退官記念論文集『民法と登記（上）』（テイハン，平成５年）402頁以下。

〈３〉　建物滅失に関する最（１小）判昭和45年７月16日判時605号64頁，建物所有権保存に関する最（１小）判平成３年７月18日判時1395号63頁。

〈４〉　井上繁規「判解」平成６年度350頁，浜秀樹「判批」民研481号（平成９年）34頁。

〈５〉　金沢地判昭和36年９月15日下民12巻９号2302頁，東京高判昭和45年７月13日判時605号65頁。

〈６〉　千葉地判昭和52年12月21日訟月23巻13号2317頁。

もっとも最高裁〈7〉は，上記理由に加えて，地積更正登記の如何によって法律上の地位に影響を及ぼさないことをも説示しており，前記⑴イ㈦の折衷説の立場を採っていると考えられる。

⑶　地図訂正等についての登記請求権

ア　地図訂正等の登記請求権を否定する裁判例

甲所有のＡ番地が法14条地図（116頁）や公図（121頁）上，乙所有のＢ番地の一部であるかのように表示されている場合，甲は乙を被告として地図等の訂正を求める（あるいは，地図等の訂正申請に協力するように求める）ことができるか。

裁判例の主流〈8〉は，地図訂正等の申出（481頁）については，いわゆる双方申請主義が採られていないから，不動産登記法現66条の適用はなく，登記上利害関係のある者の承諾を得る必要はないことを理由に，地図訂正等に関して登記請求権類似の請求権を有するものではないとしている。前記⑴イ㈠，同⑵の流れに沿うものといえよう。

イ　地図訂正等の登記請求権を肯定する裁判例

地図・公図の機能を重視して，地図訂正等の登記請求権を肯定する裁判例〈9〉がある。

同判決は，公図の記載は，地番の所在や土地の形状に関して，公定力こそ有しないものの，これらを証明すべき公の資料であってその記載いかんによっては，私人間の権利義務について無用の紛争を引き起こすおそれがあるから，地番の記載に誤謬があるときは，当該地番の所有者は，利害関係人に対し，公図訂正の申出に協力すべきことを請求し得るとしている。しかし，地番の記載の誤謬は，登記官が職権ででも是正すべきものであり，利害関係人が同意すれば是正される筋合いのものではないことから，同判決には疑問がある。

〈7〉　最（３小）判昭和46年２月23日判時625号51頁。

〈8〉　東京地判昭和49年２月13日判時752号64頁，高知地判平成２年７月16日判自82号53頁。なお，千葉地判平成12年５月26日登記インターネット３巻５号55頁は，地図混乱地域における一部の公図の訂正を是認している。吉野衛「『再開』不動産の表示に関する登記講義（五）」登研646号（平成13年）64頁。

〈9〉　宇都宮地判昭和37年３月15日下民13巻３号422頁。

⑷　妨害排除請求としての筆界確認請求

ア　消極説（私見）

分筆登記，地積更正登記，地図訂正の申出等をするについて，さらには単純に自己所有地を売却するについて，隣地との筆界が明確でないことが妨げとなっていることを理由に，隣地所有者に妨害排除請求としての筆界確認請求をできるか。①表示登記請求権についての消極説（609頁1⑴イ(イ)）の説くとおり，私人間に表示登記請求権を認めても法的には意味を持たないこと，②筆界が明確でないとしても，隣地所有者が互いに「相手方の所有権の円満な行使を妨げている」との関係にあるとはいえないことを思えば，表示登記請求権としての筆界確認請求権を認めることはできないというべきであろう。それだからこそ，登記官を直接拘束する筆界確定訴訟（570頁）が裁判実務上認められるに至っているのだともいえる。

イ　積極説

ところが，①宇都宮地判昭和37年3月15日下民13巻3号422頁は，公図記載の地番の誤りにつき，当該地番の所有者は，利害関係人に対し，所轄登記所に対する地番訂正の申告に協力すべきことを請求でき，その実現のための民事訴訟を提起できるとしている。前述（610頁(ウ)）した平成6年最高裁判決との対比で興味深い判決といえよう。また，②横浜地判昭和58年6月24日判タ509号174頁は，買い受けた土地につき，不実の公図等が作成されているとして，実体に沿った再度の分筆登記手続等を求めた事案につき，請求を認容している。もっとも，判決主文等の詳細は不明である上，この判決は，登記実務上，どのように事後処理をさせようとしているのか疑問というべきであろう。

2　登記官・国を被告とする境界（筆界）認定請求訴訟等の提起

⑴　問題の所在

登記官に分筆や地積更正，地図訂正を申し立てる以前の次元の問題として，公図（121頁）が不正確で，しかも地形地物や人証など，筆界認定の決め手となる資料もないため，隣地所有者間で筆界を確認できず，分筆等の申請すらできないというケースもまれではないと推測される。

この問題の多くは，平成18年施行の筆界特定制度の活用によって解消されることが期待される。しかしながら，筆界特定登記官といえども，証拠の乏しい事案では，筆界をピンポイントで特定することはできず（不登法123条2号括弧書き），結局，分筆や地積更正は実現されないこととなる〈10〉。

その場合，もともと筆界の形成・認定は登記官の権限なのに，登記官がはっきりさせないのが悪いのだからという理由で，登記官あるいは国（登記官の行為の効果の帰属主体）を相手方として筆界認定請求訴訟などを提起できないかという疑問を生じる。分筆や地積更正等のために筆界認定を申請する者としては，今後も末永く付き合っていかなければならない隣地の所有者を「被告」と名指しして筆界確定の裁判を提起することは心苦しい限りであろう。したがって，隣地所有者でなく，筆界が定まらないことの言わば張本人ともいえる登記官ないし登記官の行為の効果の帰属主体である国を被告にして，境界を認定せよという類の裁判を起こすことが許されるならば好都合なわけである。

⑵　登記官を相手方とする筆界認定請求等の可否

ア　不作為違法確認訴訟

一般に，登記官が法令に基づく申請に対して，相当の期間内に何らかの「処分」をすべきにもかかわらず，これをしない場合には，処分を怠っていることに対しての違法の確認を裁判所に求めることができる（行政事件訴訟法3条5項）。これを不作為違法確認訴訟という。それでは，登記官が筆界確定の権限行使を怠っていることを理由として，登記官が筆界を明確にしないことの違法の確認を求めることはできないか。

登記官に対する，単に筆界を明確にしてほしい旨の申出は，筆界特定の申請（不登法131条）と異なり，法律上に明文の根拠のある申請ではない。また，分筆申請や地積更正の申請は，法律に基づく申請だが，分筆申請や地積更正の申請手続の中での筆界認定それ自体は手続の中間的一部にすぎないから，独立の「処分」と解することはできない。しかも，筆界について争いが

〈10〉　法務省民事局の要綱案（427頁⑶）においては，証拠が乏しくとも登記官が筆界を再形成できるものとし，この問題の抜本的解消を図っていた。

あるため，登記官が筆界を認定できないと判断した場合は，登記官は分筆申請や地積更正申請を却下するのであって，申請に応答しないのではない。のみならず，筆界特定制度を活用してもなお分筆や地積更正を可能とする程度にまで筆界を特定できないというケースにおいては，登記官はその権限を最大限行使しているのだから，権限不行使を理由とする訴訟は認め難いというほかはない。そのように考えると，登記官に対する不作為確認訴訟が功を奏する場面はなさそうである。

イ　義務付け訴訟

行政庁が法令に基づく申請等に対して処分をすべきであるにもかかわらずそれをしないときは，一定の処分をすることを命じる義務付け訴訟が認められる場合がある（行政事件訴訟法3条6項1号）。しかし，筆界認定それ自体を「処分」とみることはできない（前記ア）上，隣地所有者間に筆界につき争いがある場合には，登記官は筆界を認定すべき責務を負わないと解され，また，筆界特定の制度を活用したとしても，なお筆界を曖昧にしか特定できない場合は，筆界特定登記官には筆界を再形成する権限までは与えられていない（上記ア）ことから，義務付け訴訟も功を奏しないと考えられる〈11〉。

ウ　登記官を被告とする当事者訴訟

裁判実務上定着している『境界確定訴訟』の本質は実質的当事者訴訟であるとする見解（私見。555頁オ）によれば，その当事者適格を有する者は相隣地所有者（229頁）であって，行政行為者たる登記官ではない。

仮に筆界の確定を求める相手方として，当該筆界を形成した登記官を名指しした場合，そのような訴訟は，当事者訴訟でなく，登記官の行為に対する非申請型義務付け訴訟（行政事件訴訟法3条6項1号）であるということになろう〈12〉が，相隣地所有者間で筆界確定訴訟を提起すれば足りる上，土地所有

〈11〉　国や県に対する公図への区画・地番の記入を求める請求が棄却された裁判例として，高知地判平成2年7月16日判自82号53頁。

〈12〉　最（3小）判平成元年7月4日訟月36巻1号137頁は，河岸の土地所有者が河川管理者（知事）を被告として自己所有地が河川区域外であることの確認を求めた事案につき，そのような訴訟は，当事者訴訟でなく，無名抗告訴訟であることを前提として，他の法的手段では回復し難い重大な損害を被るなどの特段の事情がない限り許されないとしている。その解説として，増井和男「判批」ジュリ953号（平成2

者と登記官との間で，登記官がなすべき「一定の処分」を想定することもできないことから，そのような非申請型義務付け訴訟は許されないといえよう。

(3)　国を被告とする筆界確定訴訟

ア　隣地所有者が判然としないとき，国を被告として筆界確定訴訟を提起できるか

隣地（仮にA土地と呼ぶ。）の現在の所有者が誰なのか，登記記録や公図等を調査しても判明せず，しかも隣地との筆界も定かでないという場合がある。そのA土地の隣地所有者が当該筆界を確認しようとするとき，どうしたらよいか。

イ　無主物を理由とする提訴

そのような場合，「A土地は，無主物（民法239条2項）であり国有地である」と主張して国を相手に筆界確定訴訟を提起する例がある。しかし，多くの場合は，登記記録などに照らすとき，現在の所有権者が判然としないだけ（356頁3）であって，A土地は国以外の誰かの所有権に属することが推認される事例である〈13〉。そうだとすれば，国に帰属するとの立証ができないことになるので，被告とすべき者（被告適格を有する者）を誤っていると判断されてしまう。

ウ　所有者が知れないことを理由とする提訴

説例のA土地のように現在の所有者が誰なのか，合理的手段では知り得ない場合，「国を被告として筆界確定訴訟を提起するについての訴えの利益がある」と主張して，国を相手取って提訴する例がある。その主張の趣旨が明確でないせいであろうか，裁判実務では，上記の主張を「無主物＝国の所有物である」旨の主張と同視して，被告を誤っていると判示し，訴えを門前払いしている例にお目にかかることがある。しかし，通常考えられる手段を尽くしてもなお隣接するA土地の現在の所有者が誰か知り得ないとき，自有地の分筆や地積更正を諦めろというのは，酷であろう。

この点については，筆界特定制度（423頁）において救済的運用がされてい

年）84頁。

〈13〉　脱落地であれば，原則として国有と解される（261頁3）。

る（334頁(2)ア，337頁(4)ア）。したがって，隣地の所有者が知れないときは，筆界特定制度の活用を検討する必要がある（所有者不明土地の詳細については，332頁以下参照）。

事項索引・判例索引

事 項 索 引

【ち】

【つ】

【て】

【も】

【よ】

【り】

【れ】

【わ】

判 例 索 引

【大審院時代】

【昭和20年～29年】

【昭和30年～39年】

【昭和40年～49年】

【昭和50年～59年】

【昭和60年～63年】

【平成元年～9年】

【平成10年～19年】

【平成20年～29年】

著者略歴

寳　金　敏　明（ほうきん　としあき）

弁護士。1946年，石川県に生まれる。1973年，検事に任官し，その後，大阪・仙台の各法務局訟務部付，東京地方裁判所判事補，法務省訟務局付，法務総合研究所教官・同研修第三部長，札幌・東京の各法務局訟務部長，法務省訟務局租税訟務課長，東京国税不服審判所長，東京法務局長を経て，最高検察庁検事にて退官。内閣府情報公開・個人情報保護審査会常勤委員，駿河台大学法科大学院教授，中央大学法科大学院客員教授等を歴任。

主著に『里道・水路・海浜—長狭物の所有と管理—』（ぎょうせい），『実務のための行政法・地方自治法・地方公務員法』（日本加除出版），『山林の境界と所有—資料の読み方から境界判定の手法まで』（共著・日本加除出版）などがある。

改訂版　境界の理論と実務

2009年４月20日　初版発行
2018年12月６日　改訂版発行
2025年４月10日　改訂版第５刷発行

著　者　寳　金　敏　明
発行者　和　田　　裕

発行所　日本加除出版株式会社
本　社　〒171－8516
東京都豊島区南長崎３丁目16番６号

組版　㈱粂川印刷　　印刷　㈱精興社　　製本　牧製本印刷㈱

定価はカバー等に表示してあります。
落丁本・乱丁本は当社にてお取替えいたします。
お問合せの他、ご意見・感想等がございましたら、下記までお知らせください。

〒171-8516
東京都豊島区南長崎３丁目16番６号
日本加除出版株式会社　営業部
電話　03-3953-5642
FAX　03-3953-2061
e-mail　toiawase@kajo.co.jp
URL　www.kajo.co.jp

【お問合せフォーム】

ISBN978-4-8178-4523-8